सामान्य मनोविज्ञान

डॉ. रामप्रसाद पाण्डेय

राजकमल प्रकाशन
नयी दिल्ली पटना इलाहाबाद

ISBN : 978-81-267-2190-0

मूल्य : ₹ 750

पहला संस्करण : 2012

प्रकाशक : राजकमल प्रकाशन प्रा. लि.
1-बी, नेताजी सुभाष मार्ग
नई दिल्ली-110 002

शाखाएँ : अशोक राजपथ, साइंस कॉलेज के सामने, पटना-800 006
पहली मंजिल, दरबारी बिल्डिंग, महात्मा गांधी मार्ग, इलाहाबाद-211 001

वेबसाइट : www.rajkamalprakashan.com
ई-मेल : info@rajkamalprakashan.com

आवरण : मनोज श्रीवास्तव

मुद्रक : बी.के. ऑफसेट
नवीन शाहदरा, दिल्ली-110 032

SAMANYA MANOVIGYAN
by Dr. Ram Prasad Pandey

पूज्य पिताजी के चरणों
में
सादर समर्पित

प्राक्कथन

प्रोफेसर रामप्रसाद पाण्डेय विरचित 'सामान्य मनोविज्ञान' को आद्यन्त पढ़ने का सुअवसर मिला। समीक्षात्मक दृष्टि से पुस्तक को पढ़ने के पश्चात् मुझे यह कहने में अत्युक्ति नहीं जान पड़ती कि मनोविज्ञान जैसे गम्भीर वैज्ञानिक विषय पर राष्ट्र-भाषा हिन्दी में यह एक अनुपम कृति है। जब से भारतीय विश्वविद्यालयों ने राष्ट्र-भाषा हिन्दी को अध्ययन-अध्यापन का माध्यम अंगीकार कर लिया है, तब से हिन्दी में विभिन्न वैज्ञानिक विषयों पर अनेकानेक पुस्तकें प्रकाश में आने लगी हैं। मनोविज्ञान पर भी हिन्दी में अब तक कई पुस्तकें निकल चुकी हैं, किन्तु पाण्डेयजी की प्रस्तुत पुस्तक उन पुस्तकों में बेजोड़ है। मेरे जानते हिन्दी में इस विषय के अंग्रेजी ग्रन्थों का विकल या अविकल अनुवाद-मात्र ही अब तक के लेखकों की अन्यतम देन रही है। पाण्डेयजी ने अपनी पुस्तक में उनकी परम्परा का अनुकरण नहीं कर मौलिक ढंग से विषयों का वैज्ञानिक विवेचन प्रस्तुत किया है। निस्सन्देह, यह उनका नवीन उपक्रम है।

पुस्तक की सर्वमान्य एवं सर्वोपरि विशेषता, जो सहसा पाठकों के मन-प्राणों को आकृष्ट करती है, वह है इसकी शरद्-पूनो की अमल-धवल चाँदनी-सी प्रांजल पारदर्शी भाषा में विषयवस्तु का सरल वैज्ञानिक प्रतिपादन। मतमतान्तरों के ऊहा-पोह में जहाँ अन्य पुस्तकें मौन हैं तथा सुलझी हुई नहीं, वहाँ प्रस्तुत पुस्तक में विद्वान लेखक ने उनका आलोचनात्मक उल्लेख कर विषय के विश्लेषण में निष्पक्षता के आग्रह का पूर्णरूपेण निर्वाह किया है। किसी मत-विशेष के प्रति अन्धभक्ति न रखकर उन्होंने सन्तुलित तथा मान्य विचारों एवं निष्कर्षों को ही उपस्थित किया है। पुस्तक में प्रारम्भ से परिसमाप्ति तक वैज्ञानिक परम्परा का निर्वाह विशेष रूप से द्रष्टव्य ही नहीं, अपितु उल्लेख्य भी

है। अभिव्यक्ति में कहीं भी दुरुहता नहीं आई है और न वह दूरान्वय-दोष से ही दूषित है। शैली की सरलता, सुबोधता एवं प्रांजलता से कहीं भी विषयों के विवेचन-विश्लेषण में क्लिष्टता का भान नहीं होता। मनोविज्ञान—जैसे दुरुह वैज्ञानिक विषय पर इतनी स्वाभाविक एवं प्रवाहपूर्ण भाषा में विचारों की अभिव्यक्ति लेखक के विषय और भाषा, दोनों ही पर पूर्ण अधिकार का परिचय देती है। पारिभाषिक शब्दों के चयन में भी लेखक ने बड़ी योग्यता एवं विद्वत्ता से काम लिया है। विशेषतः मनोविज्ञान के प्रारम्भिक पाठकों की सुविधा के लिए लेखक ने अंग्रेजी के पारिभाषिक शब्दों को कोष्ठकों में दे दिया है। स्थल-स्थल पर उपयुक्त चित्रों एवं उदाहरणों के सहारे कठिन विषयों को भी ऐसे सुगम ढंग से उपस्थित किया गया है कि उनकी बोधगम्यता में किसी प्रकार की कठिनाई नहीं होती।

मुझे गर्वमिश्रित हर्ष के साथ यह कहने में संकोच का अनुभव नहीं होता कि पाण्डेयजी ने इस पुस्तक को प्रत्येक दृष्टिकोण से अनुपम तथा अद्वितीय बनाकर राष्ट्रभाषा हिन्दी की जो अमूल्य सेवा की है, उसके लिए वे अवश्य ही श्लाघा तथा प्रोत्साहन के पात्र हैं। हिन्दी में वैज्ञानिक विषयों पर ऐसी पुस्तकों का नितान्त अभाव है। मनोविज्ञान के क्षेत्र में इस पुस्तक से निस्सन्देह एक बड़े अभाव की पूर्ति हुई है।

अन्त में मुझे विश्वासपूर्ण आशा है कि यह पुस्तक अध्ययनशील विद्यार्थियों के बड़े काम की होगी और भारतीय विश्वविद्यालयों के प्रारम्भिक छात्रों की पाठ्य-पुस्तक के रूप में अत्यन्त उपयोगी सिद्ध होगी। मैं पाण्डेयजी को उनकी प्रथम सफल कृति पर हार्दिक बधाई देता हूँ।

—डॉ. आनन्दी हजारी

प्राध्यापक एवं अध्यक्ष
मनोविज्ञान-विभाग,
बिहार विश्वविद्यालय, मुजफ्फरपुर

दो शब्द

मनोविज्ञान पर हिन्दी में कुछ लिखने की प्रवृत्ति पहले से ही थी। वर्षों से विद्यार्थियों के सतत आग्रह ने उसे और भी प्रबल बना दिया। अन्ततोगत्वा उसकी परिणति 'सामान्य मनोविज्ञान' की रचना में हुई। अपनी इस प्रथम रचना को पाठकों के समक्ष प्रस्तुत करते हुए मुझे प्रसन्नता का अनुभव होना स्वाभाविक ही था, किन्तु अब मुझे प्रसन्नता के साथ-साथ असीम परितोष भी है कि मननशील पाठकों और सुयोग्य समीक्षकों ने इसे पर्याप्त सराहा है।

राष्ट्रभाषा हिन्दी के माध्यम से मनोविज्ञान को हृदयंगम करनेवाले पाठकों की गुण-ग्राहकता के परिणामस्वरूप ही पुस्तक का यह नवीनतम संस्करण प्रस्तुत है। विभिन्न विश्वविद्यालयों के पाठ्यक्रमों को दृष्टि में रखकर इसमें पर्याप्त संशोधन, परिमार्जन एवं परिवर्द्धन किए गए हैं। अतएव यह पुस्तक अनेकानेक विश्वविद्यालयों के छात्रों के लिए उपयोगी सिद्ध होगी, ऐसा मेरा विश्वास है।

मनोविज्ञान एक प्रगतिशील विज्ञान है। अतः इसमें अनेक विचारधाराओं का समावेश स्वाभाविक ही है। किन्तु प्रस्तुत पुस्तक में किसी भी विशेष विचारधारा के प्रति आग्रह न रखकर मान्य एवं सन्तुलित विचारों के निष्पक्ष विवेचन-विश्लेषण की चेष्टा की गई है। पुस्तक की रचना में प्रारम्भ से परिसमाप्ति तक वैज्ञानिक दृष्टिकोण का निर्वाह करना लक्ष्य रहा है। मनोविज्ञान के प्रारम्भिक पाठक विषय को सहज ढंग से ग्रहण कर सकें, इसके लिए दैनिक जीवन के उदाहरणों की सहायता से विषयवस्तु का सरल विवेचन प्रस्तुत किया गया है। भाषा के प्रयोग में वैज्ञानिकता के साथ-साथ सरलता एवं बोधगम्यता का भी ध्यान रखा गया है। छात्रों की सुविधा के लिए अभ्यास के प्रश्न अंग्रेजी के साथ-साथ हिन्दी में भी दिए गए हैं।

पारिभाषिक शब्दों के आकलन, निर्माण एवं परिष्कार में प्राच्य-पाश्चात्य साहित्य के लब्धप्रतिष्ठ विद्वान, कुशल कवि, कथाकार एवं समीक्षक पूज्यपाद गुरुवर स्वर्गीय प्रो. नलिन विलोचन शर्मा तथा हिन्दी-संस्कृत के मननशील, विद्वान, लोकादृत कवि एवं समीक्षक पूज्यवर आचार्य श्री जानकीवल्लभ शास्त्री की निरन्तर स्नेहपूर्ण सहायता मिलती रही है। शास्त्रीजी का सान्निध्य सचमुच मेरे लिए प्रेरणा-स्रोत रहा है। उनके स्नेह के उल्लेख में शब्द मौन हो जाते हैं। मैं यहाँ अपने अनन्य मित्र डॉ. विद्यानाथ मिश्र का नाम लिये बिना भी नहीं रह सकता जिनका पुस्तक-प्रणयन में सतत सहयोग मिलता रहा।

पुस्तक के प्रणयन में श्रद्धेय प्रो. आनन्दी हजारी (अध्यक्ष, मनोविज्ञान विभाग, लंगट सिंह कॉलेज, मुजफ्फरपुर) की अमूल्य सम्मतियों से मुझे अत्यधिक सहायता मिली है तथा उन्होंने पुस्तक का प्राक्कथन लिखकर मेरे प्रथम प्रयास को अत्यन्त महत्त्व प्रदान किया है। मैं सचमुच उनका अत्यन्त आभारी हूँ। परम सहयोगी मित्र प्रो. गोपाल प्रसाद, (मनोविज्ञान विभाग, लंगट सिंह कॉलेज) के प्रति भी मैं अपनी हार्दिक कृतज्ञता प्रकट करता हूँ, जिन्होंने पुस्तक की हस्तलिपि को आद्यन्त पढ़कर स्थल-स्थल पर अपनी आलोचनात्मक सम्मतियों से पुस्तक के परिमार्जन में अतुल सहायता प्रदान की। सचमुच यदि उनका हार्दिक एवं सुरुचिपूर्ण सहयोग प्राप्त न होता तो पुस्तक की सफलता सन्दिग्ध रह जाती। पुस्तक की रचना में मुझे जिन मित्रों से निरन्तर प्रोत्साहन मिलता रहा है, उनमें प्रो. प्रेमनन्दन राय, प्रो. रमावल्लभ चौधरी तथा प्रो. सरयू प्रसाद के नाम विशेष रूप से उल्लेखनीय हैं। मैं प्रो. रत्नाकुमारी शर्मा, (हिन्दी विभाग, दर्शनदास महिला कॉलेज) का भी अत्यन्त अनुगृहीत हूँ जिनसे प्रस्तुत पुस्तक लिखने की निरन्तर प्रेरणा मिलती रही है।

मनोविज्ञान के आचार्य एवं गुरुवर स्वर्गीय श्री एस.जेड. आब्दीन की अमूल्य सम्मतियों के लिए मैं उनका अत्यन्त ऋणी हूँ। मैं प्रख्यात विद्वान डॉ. एस.एम. मोहसिन, डॉ. ए.के.पी. सिन्हा तथा डॉ. विमलेश्वर डे का भी आभारी हूँ, जिन्होंने अपनी अमूल्य सम्मतियों से सदा मेरा उत्साहवर्द्धन किया है। विषयवस्तु के प्रतिपादन में यत्र-तत्र किए गए परिवर्तन मेरे सहयोगियों एवं विद्वान मित्रों की आलोचनात्मक सम्मतियों के प्रतिफल हैं। ऐसे सहयोग प्रदान करनेवालों में बन्धुवर डॉ. विश्वनाथ सिंह, प्रो. अवधेश कुमार सिन्हा, प्रो. अजीमुर्रहमान, प्रो. चन्द्रेश्वर प्रसाद ठाकुर, प्रो. गुरु प्रसाद चौधरी, प्रो. महेन्द्र प्रसाद जायसवाल,

प्रो. रामचन्द्र ठाकुर, प्रो. शुक्लदेव प्रसाद सिंह, प्रो. नलिनीरंजन सिंह, प्रो. रामसुन्दर प्रसाद शाही तथा प्रो. चन्द्रशेखर प्रसाद सिंह तथा श्री रामलखन सिंह के नाम विशेष रूप से उल्लेखनीय हैं।

मनोविज्ञान के विश्रुत विद्वान डॉ. एम. जलोटा का निरन्तर स्नेहामृत प्राप्त कर मैं जिस रूप में अनुरंजित हुआ हूँ, उसे मात्र उपचार-वचनों में आबद्ध नहीं किया जा सकता। डॉ. मोहनचन्द्र जोशी (प्राध्यापक एवं अध्यक्ष, मनोविज्ञान विभाग, जोधपुर विश्वविद्यालय), डॉ. लालवचन त्रिपाठी (प्राध्यापक एवं अध्यक्ष, मनोविज्ञान विभाग, गोरखपुर विश्वविद्यालय), डॉ. चौहान (अध्यक्ष, मनोविज्ञान विभाग, आगरा कॉलेज, आगरा), प्रो. दीक्षित (आगरा कॉलेज, आगरा), डॉ. कपिल (बी. आर. कॉलेज, आगरा), डॉ. एस.सी. श्रीवास्तव (अध्यक्ष, मनोविज्ञान विभाग, डी.ए.बी. कॉलेज, कानपुर), डॉ. एस. वर्मा (अध्यक्ष, मनोविज्ञान विभाग, आचार्य नरेन्द्रदेव नगरमहापालिका महाविद्यालय, कानपुर) तथा डॉ. जे. पाण्डेय (अध्यक्ष, मनोविज्ञान विभाग, टी.डी. कॉलेज, जौनपुर) प्रभृति विद्वानों के प्रति कृतज्ञता ज्ञापित किए बिना भी नहीं रह सकता, जिनके सद्भावनापूर्ण सहयोग से ही पुस्तक का प्रस्तुत संस्करण सम्भव हो सका है।

अन्त में, मैं रामदयालुसिंह महाविद्यालय के प्राचार्य श्री गया प्रसाद सिंह के प्रति आभार-ज्ञापन किए बिना नहीं रह सकता, जिनके स्नेह से निरन्तर कुछ लिखने की प्रेरणा मिलती रही है। मैं उन सभी लेखकों के प्रति भी अपनी कृतज्ञता ज्ञापित करता हूँ जिनकी पुस्तकों से मुझे कुछ भी सहायता प्राप्त हुई है। कुछ प्रमुख सहायक ग्रन्थों की सूची पुस्तक के अन्त में दे दी गई है।

पुस्तक के प्रकाशन में सर्वप्रथम बन्धुवर कुमार दयालशरण सिंह ने जिस हार्दिक आतुरता एवं उत्साह का परिचय दिया था, वह मेरे जीवन में एक मधुर स्मृति बनकर रहेगा। पुस्तक की रचना में मित्रवर रामबहादुर प्रसाद का सहयोग भी उल्लेखनीय रहा। मैं अत्यन्त आभारी हूँ अपने उन सभी विद्यार्थियों का, जिनसे पुस्तक की रचना में किसी भी प्रकार की सहायता प्राप्त हुई।

प्रसिद्ध कलाकार श्री कलाधरजी हार्दिक बधाई के पात्र हैं, क्योंकि पुस्तक में यत्र-तत्र दिए गए चित्रों का श्रेय उन्हें ही है।

यह निवेदन कर देना भी उचित प्रतीत होता है कि इधर मनोविज्ञान के कतिपय विद्वान लेखकों ने इस पुस्तक का स्वागत किया है तथा सामान्य मनोविज्ञान विषयक अपनी पुस्तक में इसकी

शैली, अभिव्यक्ति, वाक्य तथा वाक्यांशों तक को विकल या अविकल रूप से अपना लिया है। इतना ही नहीं, उन्होंने इसका संकेत-मात्र कर देने में भी संकोच का अनुभव किया है। पर इसमें सन्देह नहीं कि उनकी इस अद्भुत गुण-ग्राहकता ने मुझे प्रेरित और प्रभावित ही किया है।

इतने वर्षों के अन्तराल में पुनर्मुद्रण के लिए मेरी द्वितीया पुत्री डॉ. आशा पाण्डेय एवं जामाता डॉ. सत्यनारायण पाण्डेय का सहयोग सराहनीय है, जिनके प्रयास से यह सम्भव हो सका है, मैं इनके उज्ज्वल भविष्य की कामना करता हूँ।

अन्ततः प्रबन्ध निदेशक श्री अशोक महेश्वरी (राजकमल प्रकाशन प्रा.लि., दरियागंज, नई दिल्ली) का मैं आभारी हूँ, जिन्होंने छात्र-हित में इस पुस्तक के पुनः प्रकाशन को सहज ढंग से स्वीकार किया है। वे विशेष रूप से धन्यवाद के पात्र हैं।

—डॉ. रामप्रसाद पाण्डेय

भूतपूर्व अध्यक्ष, मनोविज्ञान विभाग
ललित नारायण मिथिला विश्वविद्यालय
कामेश्वरनगर, दरभंगा (बिहार)

अनुक्रम

1

विषय-प्रवेश

आधुनिक मनोविज्ञान की उत्पत्ति और विकास का इतिहास वैज्ञानिक प्रगति का इतिहास कहा जा सकता है। जैसे-जैसे विज्ञान प्रगति करता गया, वैसे-वैसे मनोविज्ञान भी वैज्ञानिक रूप ग्रहण करता गया। वैज्ञानिक प्रगति के पूर्व मनोविज्ञान का इतिहास दर्शनशास्त्र के इतिहास से संश्लिष्ट था।

वस्तुतः दर्शनशास्त्र से मनोविज्ञान का सम्बन्ध इतना प्राचीन है कि लगभग दो हजार वर्षों तक दार्शनिक लोग मनोवैज्ञानिक समस्याओं पर अपनी लेखनी चलाते रहे। ईसा के पाँच सौ वर्ष पूर्व ग्रीस के दार्शनिकों ने मनुष्य के अनुभवों और व्यवहारों की व्याख्या आत्मा (Soul) के आधार पर की। उस समय के प्रसिद्ध दार्शनिक प्लेटो (Plato), अरस्तु (Aristotle) और डेकार्टे (Decartes) के विचारों का संक्षेप में उल्लेख करना ही पर्याप्त होगा।

प्लेटो (Plato) ने विचारों (Ideas) के साथ मन (Mind) का तादात्म्य स्थापित किया। विचारों की व्याख्या करते हुए उन्होंने स्पष्ट शब्दों में कहा कि विचार अभौतिक (Immaterial) होते हैं तथा भौतिक शरीर से अलग उनका स्वतन्त्र अस्तित्व है। इस प्रकार, प्लेटो ने शरीर (Body) और मन को एक-दूसरे से अलग माना।

अरस्तु ने शरीर और विचारों के सम्बन्ध पर प्रकाश डालते हुए बतलाया कि विचारों का शरीर से अलग कोई स्वतन्त्र अस्तित्व नहीं है, वरन् विचार शरीर के ही कार्य-मात्र हैं। उनके अनुसार विचार की उत्पत्ति प्राणी पर वातावरण के प्रभाव के फलस्वरूप होती है। वातावरण में उपस्थित उत्तेजनाएँ ज्ञानेन्द्रियों को प्रभावित करती हैं। फिर, यह प्रभाव मनुष्य के हृदय तक पहुँच कर विचारों की सृष्टि करता है। स्पष्ट है कि हृदय पर पड़े हुए प्रभाव के परिणामस्वरूप विचार उत्पन्न होते हैं। उदाहरण के लिए, एकान्त सड़क पर बिलखती हुई किसी विधवा के करुण-क्रन्दन को कान ग्रहण करते हैं। फिर, इस करुण-क्रन्दन का प्रभाव हृदय पर पड़ता है। फलस्वरूप, मनुष्य में करुणापूर्ण विचार उत्पन्न हो जाते हैं। करुणा की अनुभूति होते ही स्वभावतः उस विधवा के प्रति सहानुभूतिपूर्ण व्यवहार होने लगते हैं। इस प्रकार, सर्वप्रथम

अरस्तु ने अनुभूति और व्यवहार की व्याख्या के लिए प्राणी की आन्तरिक शारीरिक बनावट की ओर संकेत किया। बाद में मनोवैज्ञानिकों ने स्नायु-मण्डल (Nervous System) के आधार पर अनुभूति और व्यवहार की व्याख्या करने की चेष्टा की। किन्तु, सर्वप्रथम इस नवीन दृष्टिकोण को उपस्थित करने का श्रेय अरस्तु को ही है।

डेकार्टे ने प्राणी की अनुभूति और उसके व्यवहार की व्याख्या स्नायु-मण्डल (Nervous System), ज्ञानेन्द्रियों (Sense-organs) तथा मांसपेशियों (Muscles) की क्रियाओं के आधार पर की। उन्होंने बताया कि प्राणी एक ऐसी जटिल यन्त्र-रचना (Mechanism) है, जो प्रकाश आदि बाह्य भौतिक उत्तेजनाओं से ही क्रियाशील हो उठता है, उसमें क्रियाशीलता लाने के लिए किसी अभौतिक पदार्थ की आवश्यकता नहीं पड़ती। उनके अनुसार पशुओं के व्यवहार बिल्कुल उनकी यन्त्र-रचना पर ही निर्भर करते हैं। उनके आत्मा नहीं होती; किन्तु मनुष्य के आत्मा होती है। कभी तो आत्मा यन्त्र-रचना को प्रभावित करती है और कभी यन्त्र-रचना का प्रभाव आत्मा पर पड़ता है। डेकार्टे के विचारों से स्पष्ट है कि उस समय तक स्नायु-मण्डल की बनावट और उसके कार्यों का समुचित ज्ञान न प्राप्त हो सका था। तभी तो डेकार्टे ने स्नायु-मण्डल के आधार पर अनुभूति और व्यवहार की व्याख्या करते हुए मनुष्य में आत्मा के अस्तित्व को स्वीकार किया था।

ग्रीस के दार्शनिकों तक ही मनोविज्ञान पर दर्शनशास्त्र (Philosophy) का प्रभाव सीमित न रह सका, बल्कि उन्नीसवीं शताब्दी तक मनोविज्ञान पर इसका प्रभाव बना रहा। उन्नीसवीं शताब्दी में भी मनोविज्ञान के क्षेत्र में दार्शनिकों की देन कम नहीं है। उस शताब्दी के प्रसिद्ध मनोवैज्ञानिक विलिमय जेम्स (William James) और विलहेल्म वुण्ट (Wilhelm Wundt) भी दार्शनिक ही थे। विलियम जेम्स मनोविज्ञान की प्रसिद्ध पुस्तक 'मनोविज्ञान के सिद्धान्त' (Principles of Psychology) लिखने के बाद पुनः दर्शनशास्त्र की ओर मुड़े और अपनी अपूर्व देन से दर्शनशास्त्र के भण्डार को भरा। अब तक दार्शनिकों ने मनोविज्ञान को दर्शनशास्त्र के एक सहायक अंग के रूप में ही ग्रहण किया था। किन्तु मनोविज्ञान की वह स्थिति उस शताब्दी के नवीन मनोवैज्ञानिकों को, जो प्रयोगात्मक मनोविज्ञान (Experimental Psychology) के समर्थक थे, मान्य न हो सकी। फलतः उन्होंने मनोविज्ञान के स्वतन्त्र अस्तित्व पर जोर दिया। उनका विश्वास था कि दर्शनशास्त्र से अलग होकर ही मनोविज्ञान अन्य विज्ञानों की भाँति वैज्ञानिक रूप ग्रहण कर सकता है तथा इसके अपने विचार, सिद्धान्त और पद्धतियाँ स्थापित हो सकती हैं। इसके अतिरिक्त मानव-जीवन की कितनी ही ऐसी समस्याएँ थीं जिन्हें गौण समझकर दार्शनिकों ने उनकी ओर अपना ध्यान नहीं दिया। किन्तु उन्नीसवीं शताब्दी के नवीन मनोवैज्ञानिकों ने मानव-क्रियाओं की समुचित व्याख्या के लिए उनका भी विवेचन आवश्यक समझा।

मनोविज्ञान : चेतना के विज्ञान के रूप में

जब मनोविज्ञान ने अपना स्वतन्त्र अस्तित्व स्थापित कर लिया, तब मनोवैज्ञानिकों का ध्यान इसकी परिभाषा निर्धारित करने की ओर गया। फलतः, मनोविज्ञान की परिभाषाएँ होने लगीं। मनोविज्ञान की उस समय प्रधान परिभाषा यह थी–मनोविज्ञान चेतना (Consciousness) का विज्ञान है।

चेतना की व्याख्या करते हुए उन्नीसवीं शताब्दी के मनोवैज्ञानिकों ने यह बतलाया कि चेतना उस आन्तरिक अनुभूति (Internal experience) को कहते हैं, जो बाह्य प्रकृति से भिन्न होती है। वह व्यक्तिगत (Personal) होती है। व्यक्तिगत अनुभूति के समुचित अध्ययन के लिए अनुभव करनेवाले व्यक्ति का अध्ययन भी आवश्यक समझा गया। परिणामस्वरूप, उस समय के मनोवैज्ञानिकों का ध्यान अनुभूति तथा अनुभव करनेवाले व्यक्ति के अध्ययन तक ही सीमित रहा। चेतन अनुभूति के अध्ययन के लिए उन्होंने अन्तर्निरीक्षण (Introspection) को विधि के रूप में अपनाया। संक्षेप में, उन्नीसवीं शताब्दी तक अन्तर्निरीक्षणात्मक विधि (Introspective method) के द्वारा चेतन अनुभूति (Conscious experience) का अध्ययन ही मनोविज्ञान का प्रधान विषय बना रहा।

यद्यपि उन्नीसवीं शताब्दी के मनोवैज्ञानिक ने मनोविज्ञान की परिभाषा निर्धारित कर उसके क्षेत्र को सीमित कर दिया था, तथापि प्रयोगशाला में अध्ययन करनेवाले मनोवैज्ञानिकों ने उस पर ध्यान नहीं दिया था, परिणामस्वरूप, प्रयोग की अवस्था में उन्होंने प्रयोज्य (Subject)[1] को अनुभवकर्त्ता के रूप में नहीं ग्रहण किया, वरन् कार्यकर्त्ता (Performer) के रूप में उसका अध्ययन किया। उनके सामने यह प्रश्न नहीं था कि प्रयोगशाला में कार्य सम्पादित करते समय प्रयोज्य क्या अनुभव करता है, बल्कि यह कि वह किस प्रकार कार्य सम्पादित करता है। उदाहरणार्थ, प्रयोगशाला में वे निरीक्षण करना चाहते थे कि प्रयोज्य की प्रतिक्रिया (Reaction) तीव्र होती है अथवा मन्द; उसका प्रत्यक्षीकरण निश्चित होता है अथवा अनिश्चित; वह किसी नवीन कार्य को किस प्रकार सीखता है, वह किस तरह विचार करता है तथा किस प्रकार पूर्वानुभूत विषयों का स्मरण करता है इत्यादि। भावों (Feelings) तथा संवेगों (Emotions) के अध्ययन में यन्त्रों के द्वारा प्रयोज्य की श्वास आदि क्रियाओं की माप की जाती थी। इस प्रकार, उन मनोवैज्ञानिकों का लक्ष्य था–मनुष्य की क्रियाओं का वैज्ञानिक रीति से अध्ययन करना। इन सभी अध्ययनों में वस्तुनिष्ठ पद्धतियों (Objective methods) का प्रयोग किया गया। पहले इन पद्धतियों का महत्त्व इसी बात में था कि इनके द्वारा चेतन अनुभूतियों के स्वरूप पर प्रकाश पड़ता था, स्वतः इनका कोई महत्त्व नहीं था। किन्तु, यह मनोवृत्ति धीरे-धीरे बदल रही थी। जैसे-जैसे प्रयोगशालाओं में नवीन अनुसन्धान होते गए, वैसे-वैसे मनोवैज्ञानिकों की अभिरुचि

चेतन अनुभूति से हटकर प्रयोज्य के कार्यों (Preformance) की ओर होती गई। यद्यपि अब कार्यों के अध्ययन की प्रधानता हो गई, लेकिन फिर भी अन्तर्निरीक्षण-पद्धति (Introspective method) का प्रयोग जारी रहा। अब प्रयोज्य का अन्तर्निरीक्षणात्मक विवरण (Introspective report) उसके कार्यों की व्याख्या में सहायक के रूप में ग्रहण किया जाने लगा।

स्पष्ट है कि उन्नीसवीं शताब्दी तक सिद्धान्त में तो मनोवैज्ञानिकों ने चेतन अनुभूति को ही मनोविज्ञान के विषय तथा अन्तर्निरीक्षण को उसकी पद्धति के रूप में ग्रहण किया, किन्तु व्यवहार में उन्होंने प्रयोज्य के कार्यों को मनोविज्ञान के विषय तथा वस्तुनिष्ठ पद्धतियों को पद्धति के रूप में अपनाया। उन्नीसवीं शताब्दी तक कदाचित् मनोविज्ञान की यही रूपरेखा थी।

बीसवीं शताब्दी मनोविज्ञान की प्रगति के इतिहास में एक महत्त्वपूर्ण काल है। इस काल में मनोविज्ञान के क्षेत्र में अनेक विचारधाराएँ आईं तथा कितने ही वादों की स्थापना हुई। इन विभिन्न विचारधाराओं के विस्तार में न जाकर यहाँ केवल इतना ही प्रस्तुत करना अभीष्ट है कि मनोवैज्ञानिकों ने चेतन अनुभूति के स्थान पर व्यवहार को मनोविज्ञान के विषय के रूप में तथा अन्तर्निरीक्षण के स्थान पर बाह्य निरीक्षण को मनोविज्ञान की विधि के रूप में अपनाया।

मनोविज्ञान की परिभाषा

जैसा कि 'मनोविज्ञान' शब्द से जान पड़ता है, यह मन का विज्ञान है। किन्तु मनोविज्ञान का आज जो स्वरूप है, वह इसके शाब्दिक अर्थ से स्पष्ट नहीं हो पाता। इसमें कोई आश्चर्य नहीं कि शब्दों के अर्थ बदलते रहते हैं। 'मनोविज्ञान' शब्द के साथ भी कुछ ऐसी ही बात है। शताब्दियों पूर्व ग्रीस के दार्शनिकों ने इसकी परिभाषा आत्मा अथवा मन के विज्ञान के रूप में की थी। मनोविज्ञान के अंग्रेजी रूपान्तर 'Psychology' शब्द की व्युत्पत्ति पर ध्यान देने से यह बात स्पष्ट हो जाती है। 'Psychology' शब्द 'Psyche' और 'Logos' से बना है। 'Psyche' शब्द का अर्थ है आत्मा (Soul) तथा 'Logos' का बातचीत करना (To talk)। वस्तुतः मनोविज्ञान का शाब्दिक अर्थ तथा ग्रीस के दार्शनिकों द्वारा की गई परिभाषा, दोनों ही भ्रम उत्पन्न करनेवाले हैं। उनसे मनोविज्ञान के सच्चे स्वरूप पर कोई प्रकाश नहीं पड़ता। मन तथा आत्मा को आधुनिक मनोविज्ञान का विषय नहीं माना जाता, क्योंकि इसका अध्ययन वैज्ञानिक रीति से सम्भव नहीं है। स्पष्ट है कि जिन विषयों का वैज्ञानिक रीति से अध्ययन न हो सके, उन्हें किसी भी विज्ञान के विषय के रूप में नहीं स्वीकार किया जा सकता। अतएव, यह निर्विवाद रूप से कहा जा सकता है कि मन अथवा आत्मा का आधुनिक मनोविज्ञान में कोई स्थान नहीं है। मनोविज्ञान के सच्चे स्वरूप को समझने के लिए उन्नीसवीं तथा बीसवीं शताब्दी के मनोवैज्ञानिकों के कार्यों एवं अनुसन्धानों पर दृष्टिपात करना अनिवार्य है।

मनोविज्ञान के विकास के इतिहास से जान पड़ता है कि सभी मनोवैज्ञानिक किसी-न-किसी रूप से प्राणी की क्रियाओं का अध्ययन करते रहे। यदि कुछ मनोवैज्ञानिकों ने प्राणी की चेतन क्रियाओं अथवा अनुभूतियों का अध्ययन किया, तो कुछ अन्य ने उसकी शारीरिक क्रियाओं अथवा व्यवहारों का। पहले ही व्यक्त किया जा चुका है कि उन्नीसवीं शताब्दी तक तो मनोवैज्ञानिकों ने सिद्धान्ततः चेतन अनुभूति (Conscious experience) को मनोविज्ञान का विषय माना, किन्तु व्यवहारतः प्राणी की क्रियाओं (Performances) का अध्ययन किया। बीसवीं सदी के व्यवहारवादी मनोवैज्ञानिकों ने सिद्धान्त में भी प्राणी की क्रियाओं अथवा व्यवहारों को ही मनोविज्ञान का विषय माना।[2] चेतन अनुभूति का खण्डन करते हुए उन्होंने बतलाया कि वह व्यक्तिगत (Personal) तथा आत्मनिष्ठ (Subjective) होती है। अतएव, उसके स्वरूप को वैज्ञानिक विधियों से नहीं जाना जा सकता। उस पर बाह्य निरीक्षण (Objective observation) तथा प्रयोगात्मक विधि (Experimental method) को लागू करना सम्भव नहीं है। उसके अध्ययन की एकमात्र विधि है–अन्तर्निरीक्षण (Introspection)। अन्तर्निरीक्षण को उन्होंने वैज्ञानिक विधि के रूप में नहीं स्वीकार किया। इसलिए, चेतन अनुभूति को भी उन्होंने मनोविज्ञान के विषय के रूप में नहीं ग्रहण किया।

उपर्युक्त विवेचन से जान पड़ता है कि सिद्धान्ततः उन्नीसवीं शताब्दी के मनोवैज्ञानिकों ने यदि चेतन अनुभूति पर अधिक जोर दिया, तो व्यवहारवादी मनोवैज्ञानिकों ने क्रिया अथवा व्यवहार के अध्ययन पर। वस्तुतः दोनों ही दृष्टिकोणों में अतिशयोक्ति है। मनोविज्ञान गें, चाहे जिस रूप में भी हो, अनुभूति और व्यवहार दोनों का ही अध्ययन होता है। यदि कुछ मनोवैज्ञानिक अनुभूति के अध्ययन पर अधिक जोर देते हैं तो कुछ व्यवहार के अध्ययन पर; किन्तु अधिकांश आधुनिक मनोवैज्ञानिक इन दोनों के ही अध्ययन को आवश्यक मानते हैं। कदाचित् इस दृष्टिकोण को अपनाते हुए मनोविज्ञान की परिभाषा 'अनुभूति और व्यवहार के विज्ञान' के रूप में की जाती है। यहाँ यह स्पष्ट कर देना आवश्यक जान पड़ता है कि अनुभूति और व्यवहार के सम्बन्ध में आधुनिक मनोवैज्ञानिकों का सुचिन्तित विचार यह है कि इन दोनों का अध्ययन, उत्तेजनाओं के प्रति प्राणी के समायोजन (Adjustment) के रूप में करना वांछनीय है।[3] इसका तात्पर्य यह है कि जब प्राणी वातावरण के सम्पर्क में आता है, तब वातावरण की विभिन्न उत्तेजनाओं (Stimuli) के प्रति अपनी अनुभूतियों और व्यवहारों के द्वारा अपने को समायोजित करने की चेष्टा करता है। अतएव, यहाँ निम्नांकित परिभाषाओं पर विचार किया जाएगा।

मनोविज्ञान : अनुभूति और व्यवहार का विज्ञान है

विज्ञान (Science)–विज्ञान किसी भी वस्तु अथवा विषय का क्रमबद्ध अध्ययन प्रस्तुत करता है। विज्ञान के तीन प्रधान पक्ष होते हैं–

(1) सामग्री (Data) का संग्रह करना।

(2) उसे क्रमबद्ध रूप देना।

(3) उसकी पूर्णरूप से व्याख्या प्रस्तुत करना।

विज्ञान के इन तीनों पक्षों को दृष्टिकोण में रखकर किया गया अध्ययन वैज्ञानिक होता है। अतएव ऐसे अध्ययन से निकला हुआ निष्कर्ष (Conclusion) भी सही (Valid) तथा विश्वसनीय (Reliable) समझा जाता है। इस प्रकार का सही तथा विश्वसनीय ज्ञान वैज्ञानिक विधियों (Scientific methods) से ही प्राप्त किया जा सकता है। मनोविज्ञान भी अन्यान्य विज्ञानों की भाँति निरीक्षण (Observation) तथा प्रयोग (Experiment) के आधार पर ही मनोवैज्ञानिक समस्याओं का अध्ययन करता है। अतः मनोविज्ञान निस्सन्देह एक विज्ञान है। विज्ञान की प्रधान विशेषता यह होती है कि इसमें सामान्य नियमों (General laws) की खोज की जाती है और उन्हीं के आधार पर वस्तु विशेष की व्याख्या होती है। मनोविज्ञान भी सभी विज्ञानों की तरह निरीक्षण तथा प्रयोग जैसी वैज्ञानिक विधियों के आधार पर प्राणी की क्रियाओं के सम्बन्ध में कुछ सामान्य नियमों की स्थापना करता है। उन सामान्य नियमों के आधार पर ही प्राणीविशेष की क्रियाओं की व्याख्या प्रस्तुत की जाती है। इस प्रकार स्पष्ट है कि मनोविज्ञान एक विज्ञान है।

सामान्यतः विज्ञान के दो भेद किए जाते हैं–(1) समर्थक विज्ञान (Positive Science) तथा (2) आदर्शनिर्धारक विज्ञान (Normative Science)। समर्थक विज्ञान वस्तुविशेष या घटनाविशेष का निष्पक्ष वर्णन प्रस्तुत करता है। जो वस्तु अथवा घटना जैसी है, ठीक उसी रूप में उसका वर्णन, समर्थक विज्ञान में पाया जाता है। इसका सम्बन्ध स्पष्टतः वर्तमान परिस्थिति या 'है' से रहता है। कोई भी वस्तु अथवा घटना कैसी है, इसी का अध्ययन समर्थक विज्ञान का प्रमुख विषय है। आदर्श-निर्धारक विज्ञान किसी भी वस्तु अथवा घटना की व्याख्या पूर्वनिर्धारित आदर्शों को दृष्टिकोण में रखकर करता है। यह समर्थक विज्ञान की तरह किसी भी वस्तु अथवा घटना का ज्यों-का-त्यों वर्णन नहीं करता, बल्कि उसके आदर्श स्वरूप का वर्णन प्रस्तुत करता है। इसका सम्बन्ध 'चाहिए' से रहता है, अर्थात् किसी भी वस्तु अथवा घटना को कैसा होना चाहिए। इन दोनों प्रकार के विज्ञानों के स्पष्टीकरण के लिए एक उदाहरण लें।

भौतिक विज्ञान (Physics) एक समर्थक विज्ञान है जो सभी भौतिक पदार्थों का ज्यों-का-त्यों अध्ययन करता है। इसके विपरीत, आचारशास्त्र (Ethics) एक आदर्शनिर्धारक विज्ञान है जो पूर्वनिर्धारित आदर्शों के आधार पर मनुष्य के आचरण (Conduct) का अध्ययन करता है। आचारशास्त्र यह बतलाने की चेष्टा करता है कि व्यक्ति का आचरण कैसा होना चाहिए। विज्ञान के भेदों पर विचार कर लेने के पश्चात् यह प्रश्न अत्यन्त समीचीन प्रतीत होता है कि मनोविज्ञान क्योंकर एक

समर्थक विज्ञान है। मनोविज्ञान को इसीलिए एक समर्थक विज्ञान माना जाता है कि यह प्राणी की सभी तरह की क्रियाओं का ज्यों-का-त्यों अध्ययन करता है। मनुष्य की कैसी भी क्रियाओं का, जो सामाजिक दृष्टिकोण से वांछनीय हों अथवा अवांछनीय, मनोविज्ञान सामान्य अभिरुचि के साथ अध्ययन करता है। मनोविज्ञान यह बतलाता है कि मनुष्य की क्रियाएँ कैसे होती हैं।

अनुभूति (Experience)–मनुष्य एक अनुभूतिशील प्राणी है। वह निरन्तर बाह्य अथवा आन्तरिक उत्तेजनाओं से उत्तेजित होता रहता है। फलतः उसे विभिन्न प्रकार की अवस्थाओं की अनुभूति होती रहती है। इसलिए अनुभूति के स्वरूप (Nature) के अध्ययन में युगों से मनोवैज्ञानिकों की अभिरुचि रही है। वैज्ञानिक विधियों (Scientific methods) के सहारे भी अनुभूति के अनुसन्धान की चेष्टा की गई है। निस्सन्देह, अनुसन्धानकर्त्ताओं को वैज्ञानिक विधियों से इसके अध्ययन और अनुसन्धान में कठिनाइयों का सामना करना पड़ता है। कारण, अनुभूति वैयक्तिक (Personal) होती है। किसी क्षण-विशेष की प्राणी की अनुभूति उसी तक सीमित होती है। इसकी स्पष्ट व्याख्या करते हुए कहा जा सकता है कि यह एक ऐसी अपूर्व घटना (Unique event) है, जिसका निरीक्षण-परीक्षण बाह्य निरीक्षक (Objective observer) नहीं कर सकता अथवा किसी दूसरे क्षण वह अपने मूल रूप में नहीं प्रस्तुत की जाती। अपनी इस विशेषता के कारण ही यह बाह्य व्यवहार से भिन्न होती है। बाह्य व्यवहार का निरीक्षण (Observation) और प्रमापन (Verification) अनेक प्रयोगकर्त्ताओं द्वारा सम्भव है। वैज्ञानिक विधियों से अनुभूति का अध्ययन तभी सम्भव है जब अध्ययनकर्त्ता पूर्वधारणाओं (Prejudices) से अनुरंजित न हो, उसका दृष्टिकोण अविकल और स्पष्ट हो। यहाँ चेतन अनुभूति (Conscious experience) की कुछ प्रधान विशेषताओं (Characteristics) पर प्रकाश डालना अप्रासंगिक न होगा।

चेतन अनुभूति की विशेषताएँ (Characteristics of conscious experience)–चेतन अनुभूति की दो प्रधान विशेषताओं का उल्लेख किया जा सकता है। पहली यह कि प्रत्येक अनुभूति किसी वस्तु की चेतना है। यह कोई ऐसी स्थिति नहीं जिसका अस्तित्व अपने-आपके ही लिए हो। प्रायः व्यक्ति अपने वातावरण की वस्तुओं और घटनाओं के प्रति सचेत रहता है। वह अपने सामने की वस्तुओं को देखता है, कहीं से आती हुई आवाज को सुनता है तथा शीत, ताप आदि का अनुभव करता है। उसे शब्दों, सम्बन्धों, स्मृत घटनाओं, काल्पनिक वस्तुओं आदि की निरन्तर अनुभूति होती रहती है। संक्षेप में, अनुभूति वातावरण के प्रति व्यक्ति के सम्पूर्ण समायोजन (Whole adjustment) का एक अंगमात्र कही जा सकती है।

अनुभूति की दूसरी विशेषता यह है कि चेतना (Awareness) निरन्तर एक क्रिया है, एक गत्यात्मक घटना (Dynamic event) है। वह कोई स्थिर वस्तु अथवा सत्त्व (Entity) नहीं है। प्रतिदिन के जीवन में लोग प्रायः ऐसा प्रयोग करते हैं कि

अमुक व्यक्ति को सुख है, अमुक व्यक्ति को दुःख है इत्यादि। इस तरह के प्रयोग मनोवैज्ञानिक दृष्टिकोण से उचित नहीं; क्योंकि ऐसे प्रयोगों से यह भ्रम होता है कि सुख अथवा दुःख की अनुभूति कोई स्थिर वस्तु या सत्त्व है। वस्तुतः सुख अथवा दुःख की अनुभूति कोई स्थिर वस्तु या सत्त्व नहीं, वरन् वह तो अति चंचल तथा गत्यात्मक स्वभाव (Dynamic nature) की एक घटना है।

भौतिक जगत् में भी प्रायः ऐसी घटनाएँ घटित होती रहती हैं। उदाहरण के लिए, हवा कोई स्थिर वस्तु अथवा सत्त्व (Entity) नहीं, बल्कि एक घटना है। अनुभूति के स्वरूप (Nature) को एक साधारण उदाहरण द्वारा प्रस्तुत किया जा सकता है। यदि कोई बालक खेल रहा हो और जब उसका खेलना समाप्त हो जाए, तब हम यह प्रश्न करें कि उस बालक का खेल अब कहाँ है? क्या अब भी उसके खेल का अस्तित्व है? स्वभावतः हमारा उत्तर यही होगा कि अब उस खेल का कोई अस्तित्व नहीं है। कारण, दह तो एक क्रियामात्र है। इसलिए, उसका अस्तित्व तभी तक सम्भव है, जब तक वह घटित हो रहा हो। इसी प्रकार किसी भी व्यक्ति में विचार (Idea) तभी तक कायम रहता है, जब तक विचार करने की क्रिया चल रही हो। विचार करने की क्रिया के समाप्त हो जाने पर उस विचार का अपने मूल रूप में कदापि अस्तित्व कायम नहीं रह सकता। इन उदाहरणों से स्पष्ट है कि अनुभूति के चंचल स्वरूप में कोई सन्देह नहीं। चेतन अनुभूति (Conscious experience) के चंचल स्वरूप की ओर टिचेनर (Titchener) ने स्पष्ट शब्दों में संकेत किया है।[4] अतएव, मनोविज्ञान में अनुभूति के अध्ययन का महत्त्व एक समायोजनात्मक क्रिया (Adjustive activity) के अध्ययन के रूप में ही स्वीकार करना अभीष्ट माना गया है। शैफर, गिल्मर और शोयन (Shaffer, Gilmer and Schoen) ने स्पष्ट शब्दों में उल्लेख किया है कि "मानव-अनुभूति का अध्ययन उसकी समायोजनात्मक क्रिया (Adjustive activity) का अध्ययन है, न कि सत्त्व की निष्क्रिय स्थिति का परीक्षण।"[5]

चेतन अनुभूति पर विचार कर लेने के पश्चात् यह भी स्पष्ट कर देना अभीष्ट जान पड़ता है कि केवल चेतन अनुभूति को मनोविज्ञान के विषय के रूप में स्वीकार करने में मनोवैज्ञानिकों ने आपत्ति उपस्थित की है और ऐसा करना उचित भी लगता है। कारण, यदि केवल चेतन अनुभूति को ही मनोविज्ञान के विषय के रूप में स्वीकार कर लिया जाए, तो मनोविज्ञान का विषय-विस्तार बहुत ही सीमित हो जाएगा। मनोविश्लेषण (Psycho-analysis) के महान् विचारक सिग्मण्ड फ्रायड (Sigmund Freud) ने बतलाया है कि मानव-जीवन में चेतन (Conscious) से बढ़कर अचेतन (Unconscious) का महत्त्व है। अचेतन से मनुष्य का सम्पूर्ण व्यवहार तथा व्यक्तित्व प्रभावित होता रहता है। अचेतन अनुभूतियाँ (Unconscious experiences) वे हैं, जिनकी तात्कालिक चेतना मनुष्य को नहीं रहती किन्तु जीवन पर उनका सतत प्रभाव पड़ता रहता है। फलतः मनुष्य को उनके अस्तित्व को स्वीकार करने में कोई हिचक

नहीं होती। जीवन में अनेक रूपों में उनकी अभिव्यक्ति होती रहती है। अचेतन अनुभूतियों की अभिव्यक्ति प्रायः स्वप्नों (Dreams), दैनिक मनोविकृतियों (Psychopathologies of everyday life) तथा सम्मोहनोत्तर संकेतों (Post-hypnotic suggestions) में हुआ करती है। अचेतन के अतिरिक्त, फ्रायड ने उपचेतन (Subconscious) का भी उल्लेख किया है। उपचेतन में निहित दुर्बल विचार जब अति प्रबल हो जाते हैं, तब चेतन (Conscious) में चले आते हैं। अतः, मनुष्य को उपचेतन अनुभूतियों (Subconscious experiences) की जानकारी अपेक्षाकृत सुलभता से हो जाती है।

संक्षेप में, मनोविज्ञान में अनुभूति से हमारा तात्पर्य चेतन (Conscious), अचेतन (Unconscious) तथा उपचेतन (Subconscious)--इन तीनों प्रकार की अनुभूतियों से है। तीनों को दृष्टिकोण में रखकर ही मानव-स्वभाव (Human nature) का समुचित ज्ञान प्राप्त किया जा सकता है।

व्यवहार (Behaviour)--व्यवहार प्राणी की उन क्रियाओं (Activities) को कहते हैं, जिन्हें व्यक्ति बाहर से देख सकता है अथवा जिनका निरीक्षण (Observation) प्रयोगकर्त्ता (Experimenter) के यन्त्रों (Instruments) के सहारे किया जा सकता है। उदाहरणार्थ, चलना-फिरना, खाना-पीना, पढ़ना-लिखना इत्यादि ऐसी क्रियाएँ हैं, जिनका सभी निरीक्षक (Observers) बाहर से निरीक्षण कर सकते हैं। वैसे ही रक्तप्रवाह (Blood circulation), रक्तचाप (Blood pressure), हृदय की धड़कन, साँस की गति इत्यादि ऐसी क्रियाएँ हैं, जिनका निरीक्षण यन्त्रों के सहारे किया जा सकता है।

व्यवहार के विवेचन में उसके दो पक्षों (Aspects) पर विचार करना अनिवार्य जान पड़ता है--(1) व्यवहार का तथ्यात्मक वर्णन (Factual description) और (2) व्यवहार उत्पन्न करनेवाली अवस्थाओं (Conditions) का अध्ययन। पहले का सम्बन्ध इस बात से है कि प्राणी क्या करता है अथवा किस प्रकार अपनी प्रतिक्रिया प्रकट करता है, और दूसरे का सम्बन्ध इस बात से कि प्राणी जो भी करता है, क्यों करता है। उदाहरण के लिए यदि यह निरीक्षण किया जाए कि एक बच्चा दूसरे बच्चे को इसलिए धक्का दे रहा है कि वह जमीन पर गिर पड़े और इसका ज्यों-का-त्यों वर्णन प्रस्तुत किया जाए, तो इसे व्यवहार का तथ्यात्मक वर्णन कहेंगे।

व्यवहार के तथ्यात्मक वर्णन (Factual description) का महत्त्व इस बात में है कि यह व्यवहार के कारणों की खोज के लिए आधार प्रस्तुत करता है। ऊपर दिए गए उदाहरण में यह जान लेने पर कि एक बच्चा दूसरे बच्चे को धक्का दे रहा है, हम यह जानने की चेष्टा करते हैं कि वह ऐसा क्यों कर रहा है। इस बात की खोज के क्रम में यदि यह प्रकट होता है कि वह कई बार ऐसा कर चुका है और कई बच्चे उसके इस व्यवहार के शिकार हो चुके हैं तथा यह भी कि उसका

ऐसा व्यवहार तभी हुआ है, जब दूसरे बच्चों ने उससे कुछ छीन लिया या अपने साथ खेलने में उसे भाग नहीं लेने दिया, तब स्वभावतः निरीक्षक इस निष्कर्ष (Conclusion) पर पहुँचता है कि वह (पहला बच्चा) आक्रमणकारी (Aggressive) है और उसका दूसरे बच्चे को धक्का देना, उसके आक्रमणकारी व्यवहार (Aggressive behaviour) का ही एक अंग है। इतना जान लेने पर एक और प्रधान एवं विचारणीय समस्या उठ खड़ी होती है और वह यह कि यदि वह आक्रमणकारी व्यवहार का है, तो क्यों? इस समस्या के अनुसन्धान-क्रम में यह जान लेने पर कि उस बच्चे ने तभी आक्रमणकारी व्यवहार अपनाया, जब दूसरे बच्चों ने उससे कुछ छीन लिया या उसे अपने साथ खेलने में भाग नहीं लेने दिया, अनुसन्धानकर्त्ता इस निष्कर्ष पर पहुँचता है कि आक्रमणकारी व्यवहार उस बच्चे की निराशा (Frustration) का ही परिणाम है। अब इस आधार पर यह कहना सुलभ है कि निराशा की स्थिति में व्यक्ति में आक्रमणकारी व्यवहार अपनाने की सम्भावना बनी रहती है। इस प्रकार, यह ज्ञात हो जाता है कि कोई क्यों आक्रमणकारी व्यवहार अपनाता है। निष्कर्ष यह कि मनोविज्ञान यह अध्ययन करता है कि कोई प्राणी क्या करता है अथवा किस प्रकार अपनी प्रतिक्रिया (Reaction) प्रकट करता है और वैसा क्यों करता है।

अन्त में यह व्यक्त कर देना आवश्यक जान पड़ता है कि जिस प्रकार प्राणी अपनी अनुभूतियों (Experiences) के द्वारा वातावरण के साथ समायोजन (Adjustment) स्थापित करने की चेष्टा करता है, उसी प्रकार व्यवहार द्वारा भी वातावरण के साथ समायोजन स्थापित करना ही उसका लक्ष्य होता है। कुछ मनोवैज्ञानिकों ने मनोविज्ञान की परिभाषा 'प्राणी की क्रियाओं' के रूप में की है, जिनमें अनुभूति और व्यवहार दोनों ही समाहित हैं। इसका अनुसरण करते हुए मनोविज्ञान की यह परिभाषा की जा सकती है–

मनोविज्ञान वातावरण के सम्पर्क से उत्पन्न होनेवाली प्राणी की क्रियाओं का विज्ञान है।

क्रिया (Activity)–जब मनोविज्ञान में 'क्रिया' शब्द का प्रयोग किया जाता है, तब उसका तात्पर्य व्यक्ति की प्रत्येक अभिव्यक्ति से होता है, चाहे वह मानसिक अभिव्यक्ति हो, अथवा शारीरिक; चेतन अभिव्यक्ति (Conscious expression) हो, अथवा अचेतन (Unconscious); तथा व्यक्तिगत अभिव्यक्ति हो, अथवा सामूहिक। मनोविज्ञान में न केवल चलना-फिरना, बोलना आदि शारीरिक क्रियाएँ ही सम्मिलित हैं, बल्कि सीखना, ध्यान देना, स्मरण करना, विचार करना आदि मानसिक क्रियाएँ भी शामिल हैं। इसमें प्रेम करना, क्रोध करना, घृणा करना, डरना आदि संवेगात्मक क्रियाएँ तथा प्रसन्न होना, उदास होना आदि भावात्मक क्रियाएँ भी सन्निहित रहती हैं। मनुष्य की क्रियाएँ प्रायः दो तरह की होती हैं–चेतन तथा अचेतन। चेतन क्रियाएँ वे हैं, जिन्हें मनुष्य जान-बूझकर करता है, जिनकी पूर्ण जानकारी उसे होती

है। अचेतन क्रियाएँ वे हैं, जिनकी जानकारी तो उसे नहीं होती, लेकिन जिनका प्रभाव निरन्तर उसके जीवन पर पड़ता रहता है। अचेतन क्रियाएँ अक्सर स्वप्नों में प्रतीकात्मक रूप (Symbolic form) में प्रकट होती है।

व्यक्तिगत क्रिया (Individual action) **तथा सामूहिक क्रिया** (Group action)– इन दोनों में भी अन्तर होता है। एक ही व्यक्ति की क्रिया एकान्त में कुछ और होती है तथा समूह (Group) में कुछ और। यदि एकान्त में वह शिष्टतापूर्ण तथा तर्कसंगत व्यवहार करता है, तो समूह में अशिष्ट तथा तर्कविहीन व्यवहार उपस्थित कर सकता है। समूह में व्यक्ति की क्रिया उसकी मूल प्रवृत्तियों (Instincts) से प्रेरणा ग्रहण करती है। अतः वहाँ तर्क का नितान्त अभाव स्वाभाविक ही है। जैसा कि ले बोन (Le Bon) ने कहा है–

"Isolated he may be cultivated individual, in a crowd, he is a barbarian—that is, a creature acting by instinct."

मनोविज्ञान दोनों ही अवस्थाओं में व्यक्ति की क्रियाओं का अध्ययन करता है। अतः मनोविज्ञान के अन्तर्गत व्यक्तिगत तथा सामूहिक–दोनों प्रकार की क्रियाएँ चली आती हैं।

सामान्यतः मनोविज्ञान का सम्बन्ध इसी प्रकार की क्रियाओं से है, किन्तु विशेषतः इसका सम्बन्ध मानसिक क्रियाओं (Mental activities) से ही है। प्रत्येक मानसिक क्रिया में मस्तिष्क (Brain), ज्ञानेन्द्रियाँ (Sense organs) तथा मांसपेशियाँ (Muscles) शामिल रहती हैं। शरीर के सभी अंग किस प्रकार कार्य करते हैं, यह शरीर-विज्ञान (Physiology) के अनुसन्धान का विषय है। शरीर-विज्ञान अलग-अलग इन सभी अंगों के कार्यों का अध्ययन करता है। किन्तु मनोविज्ञान पूर्ण इकाई (Whole unit) के रूप में व्यक्ति तथा वातावरण की परस्पर-क्रिया (Interaction) से उत्पन्न व्यक्ति की प्रतिक्रियाओं (Reactions) तथा समायोजनों (Adjustments) का अध्ययन करता है। कहना न होगा कि व्यक्ति निरन्तर चारों ओर के वातावरण के सम्पर्क में आता रहता है। इस सम्पर्क के परिणामस्वरूप ही उसमें किसी तरह की क्रिया उत्पन्न होती है। व्यक्ति वातावरण से प्रभावित होता रहता है, किन्तु वह निश्चेष्ट होकर इस प्रभाव को ग्रहण नहीं करता जाता, प्रत्युत वह वातावरण में अपने को सफलतापूर्वक अभियोजित करने की सतत चेष्टा करता है। इन चेष्टाओं का अध्ययन ही मनोविज्ञान का विषय है। उदाहरण के रूप में यह कहा जा सकता है कि यदि कोई पागल कुत्ता एकाएक किसी व्यक्ति पर टूट पड़े, तो स्वभावतः वह भयभीत होकर वहाँ से भाग खड़ा होगा। स्पष्ट है कि भयभीत होना तथा भाग खड़ा होना, ये दोनों ही व्यक्ति की उस विशेष वातावरण के प्रति प्रतिक्रियाएँ हैं। इन प्रतिक्रियाओं से समायोजन की चेष्टा भी स्पष्टतः परिलक्षित होती है। वह कदाचित् इसलिए भाग खड़ा होगा कि इससे उसकी प्राण-रक्षा होगी। अस्तु वक्तव्य यही है कि मनोविज्ञान व्यक्ति की प्रतिक्रियाओं तथा समायोजनाओं का अध्ययन प्रस्तुत करता है।

प्राणी (Organism)–जीवित वस्तु को प्राणी कहते हैं, यथा–पशु, मनुष्य आदि। प्राणियों का प्रधान गुण यह है कि वे वातावरण से निरन्तर प्रभावित होते रहते हैं। वातावरण में उपस्थित भौतिक उत्तेजनाएँ (Physical stimuli) प्राणियों की ज्ञानेन्द्रियों को प्रभावित करती हैं। फलस्वरूप, उनका स्नायु-मण्डल (Nervous system) क्रियाशील हो उठता है और वे किसी-न-किसी प्रकार की प्रतिक्रिया (Reaction) अवश्य ही प्रकट करते हैं। जन्म, विकास, मरण आदि भी प्राणियों के प्रधान गुण हैं। सभी प्राणी जन्म ग्रहण करते हैं, चारों ओर के वातावरण में उनका क्रमशः विकास होता है, युवा होने पर वे सन्तान उत्पन्न करते हैं तथा अन्त में मर जाते हैं। उनके शरीर के सभी अंग संगठित रूप से कार्य करते रहते हैं। तभी तो प्राणी वातावरण के साथ समुचित समायोजन (Adequate adjustment) स्थापित कर पाते हैं।

वातावरण (Environment)–वातावरण को दृष्टिकोण में रखे बिना प्राणी की क्रियाओं का अध्ययन सम्भव नहीं है। कारण, वातावरण की उत्तेजनाओं के सम्पर्क में आने से ही प्राणी में क्रिया उत्पन्न होती है। वस्तुतः कोई भी प्राणी शून्य में नहीं रहता। वह चारों ओर से भौतिक शक्तियों–शीत, ताप, ध्वनि, प्रकाश आदि से घिरा रहता है। इसके अलावा, वह अन्य प्राकृतिक वस्तुओं तथा व्यक्तियों के सम्पर्क में भी रहता है। इन्हें ही मनोविज्ञान में वातावरण की संज्ञा दी जाती है। स्पष्ट है कि प्राणी निरन्तर अपनी ज्ञानेन्द्रियों (Sense organs) तथा समस्त स्नायु-मण्डल द्वारा वातावरण के सम्पर्क में आता रहता है। अतः यह कहना उपयुक्त प्रतीत होता है कि मनोविज्ञान वातावरण के सम्पर्क से उत्पन्न प्राणी की क्रियाओं का अध्ययन है।

यह पहले ही बतलाया जा चुका है कि मनोविज्ञान में अनुभूति और व्यवहार का अध्ययन उत्तेजनाओं (Stimuli) के प्रति प्राणी के समायोजनों (Adjustments) के रूप में किया जाता है। मनोविज्ञान वातावरण के सम्पर्क से उत्पन्न होनेवाली प्राणी की क्रियाओं का समर्थक विज्ञान है–इस परिभाषा के विवेचन-क्रम में भी स्पष्ट किया जा चुका है कि प्राणी अपनी क्रियाओं के द्वारा वातावरण के साथ समायोजन स्थापित करने की ही चेष्टा करता है। निष्कर्ष यह कि मनोविज्ञान में चाहे हम अनुभूति और व्यवहार का अध्ययन करें, या प्राणी की क्रियाओं का, पर उनके द्वारा प्राणी के समायोजनों का ज्ञान प्राप्त करना ही लक्ष्य होता है। अतएव मनोविज्ञान की निम्नांकित परिभाषा सबसे अधिक उपयुक्त जान पड़ती है–

मनोविज्ञान एक ऐसा विज्ञान है, जो वातावरण के प्रति प्राणी के समायोजनों का अध्ययन करता है।

प्रत्येक प्राणी का प्रधान लक्ष्य है जीवित रहना। जीवन की मूल प्रकृति में ही क्रिया-परिवर्तन और समायोजन सन्निहित रहते हैं। अतएव, मानव-स्वभाव कोई स्थिर सत्त्व (Static entity) नहीं, वरन् कुछ करते रहने का ही गत्यात्मक (Dynamic)

रूप है। इसलिए, मनोवैज्ञानिकों ने मानव-स्वभाव की व्याख्या करते हुए कहा कि 'मानव-स्वभाव जो कुछ करता है, वही मानव-स्वभाव है।'[6]

जीवित रहने की यह क्रियाशील प्रक्रिया (Active process) शून्य में नहीं सम्पन्न हो सकती, बल्कि यह तो परिवर्तनशील वातावरण (Changing environment) में ही सम्भव है। वातावरण की उत्तेजनाएँ प्राणी को निरन्तर प्रभावित करती रहती हैं और वातावरण पर भी प्राणी का प्रभाव पड़ता रहता है। यह परस्पर-क्रिया (Interaction) चलती रहती है। अतएव यहाँ उत्तेजना तथा प्रतिक्रिया इन दो शब्दों की व्याख्या की जाएगी और तब समायोजन के स्वरूप पर प्रकाश डाला जाएगा।

उत्तेजनाएँ (Stimuli)–वह शक्ति जो ज्ञानेन्द्रियों को प्रभावित कर उन्हें क्रियाशील बनाती है, उत्तेजना कहलाती है। उदाहरण के लिए, प्रकाश, ध्वनि, गन्ध, रस तथा स्पर्श उत्तेजनाएँ हैं, जो क्रमशः आँख, कान, नाक, जीभ और चमड़े को उत्तेजित करती हैं। उत्तेजनाओं का सम्बन्ध ज्ञानेन्द्रियों से रहता है। किन्तु अप्रत्यक्षतः इनका सम्बन्ध सम्पूर्ण शरीर से भी माना जा सकता है। जब ज्ञानेन्द्रियाँ उत्तेजित होती हैं तो ज्ञानवाही स्नायुएँ (Sensory nerves) तथा मस्तिष्क (Brain) उत्तेजित हो जाते हैं। व्यक्ति के शरीर का एक अंग दूसरे अंग को उत्तेजित करता है और इस प्रकार पूरा व्यक्ति क्रियाशील हो जाता है। उदाहरणार्थ, क्रियाशील ज्ञानेन्द्रियाँ ज्ञानवाही स्नायुओं को उत्तेजित करती हैं। ज्ञानवाही स्नायुएँ मस्तिष्क को उत्तेजित करती हैं। मस्तिष्क गतिवाही स्नायुओं (Motor nerves) को उत्तेजित करता है तथा गतिवाही स्नायुएं मांसपेशियों (Muscles) को उत्तेजित करती हैं। इस प्रकार यह स्पष्ट है कि ज्ञानेन्द्रियों के उत्तेजित हो जाने पर प्रायः शरीर के सभी अंग उत्तेजित हो जाते हैं। फलतः व्यक्ति में क्रियाशीलता आ जाती है।

प्रतिक्रियाएँ (Reactions)–उत्तेजना के द्वारा उत्पन्न क्रिया, उस उत्तेजना की प्रतिक्रिया कहलाती है। प्रतिक्रिया का सदा अपनी उत्तेजना से सम्बन्ध रहता है। यदि देखना एक प्रतिक्रिया है, तो प्रकाश उसकी उत्तेजना; यदि सुनना एक प्रतिक्रिया है, तो ध्वनि उसकी उत्तेजना। तात्पर्य यह है कि प्रतिक्रिया किसी उत्तेजना के प्रति ही होती है।[7]

विभिन्न उत्तेजनाओं के प्रति प्रतिक्रियाएँ भिन्न-भिन्न रूपों में प्रकट होती हैं। कभी व्यक्ति उत्तेजना पाकर क्रियाशील हो जाता है, तो कभी उत्तेजना के कारण उसकी पूर्वक्रिया में परिवर्तन आ जाता है, अथवा वह दूसरी क्रिया की ओर उन्मुख हो जाता है। कभी-कभी तो उत्तेजना के कारण उसकी पूर्वक्रिया ही बिल्कुल रुक जाती है। अतः यह स्पष्ट है कि प्रतिक्रियाएँ प्रायः क्रियाशीलता (Activity), कार्य-परिवर्तन (Change in activity) तथा रुकावट (Inhibition) के रूप में अभिव्यक्त होती हैं। उदाहरण के लिए, कोई भी उत्तेजना सामान्यतः व्यक्ति को क्रियाशील बना देती है। यदि पहले से ही उसमें क्रियाशीलता वर्तमान है तो उत्तेजना से प्रभावित होकर वह

अपनी पूर्वक्रिया को छोड़ देता है; जैसे, यदि कोई अपने एकान्त कमरे में कुछ पढ़ रहा हो और एकाएक उसे दरवाजा खटखटाने की आवाज सुनाई पड़े तो वह पढ़ना छोड़कर दरवाजे के निकट चला जाएगा। दरवाजा खोलने पर अपने मित्र को देखते ही वह आनन्द से भर जाएगा और उससे बातचीत प्रारम्भ कर देगा। यदि थोड़ी ही देर के बाद कमरे के बाहर किसी वस्तु के जमीन पर गिरने के कारण जोर की आवाज हो तो मित्र के साथ बातचीत बन्द कर सम्भवतः उस ओर जाने को तत्पर हो जाएगा जिस ओर से आवाज आई हो। स्पष्ट है कि आकस्मिक आवाज को सुनते ही बातचीत की पूर्व क्रिया बन्द हो गई।

समायोजन (Adjustment)–प्राणी की कई प्रकार की आवश्यकताएँ (Needs) होती हैं। जीवन-धारण के लिए उन आवश्यकताओं की पूर्ति अनिवार्य है। उसकी कुछ तो बुनियादी शारीरिक आवश्यकताएँ होती हैं, जैसे भूख, प्यास इत्यादि और कुछ सामाजिक आवश्यकताएँ, जैसे–सुरक्षा (Security), मैत्री (Companionship), आत्मस्थान (Self-assertion) इत्यादि। इन शारीरिक तथा सामाजिक आवश्यकताओं की पूर्ति सदा सहज ढंग से ही नहीं हो पाती। वातावरण (Environment) के कारण उनकी पूर्ति में व्यक्ति को कठिनाइयों का सामना करना पड़ता है। फलतः वातावरण की विभिन्न अवस्थाओं (Conditions) के प्रति अपनी प्रतिक्रियाएँ (Reactions) प्रकट करने के क्रम में उसे अपने व्यवहार (Behaviour) में परिवर्तन अथवा परिमार्जन अनिवार्य जान पड़ता है। अपने परिमार्जित व्यवहार (Modified behaviour) के द्वारा ही वह वातावरण के साथ अपना समायोजनात्मक सम्बन्ध (Adjustive relation) स्थापित करने में सफल हो पाता है। अतः समायोजन की व्याख्या करते हुए यह कहा जा सकता है कि "वह परिवर्तनशील और समायोजनात्मक व्यवहार, जिसके द्वारा प्राणी और उसके वातावरण के बीच सन्तुलन कायम हो सके, समायोजन की प्रक्रिया है।"[8] स्पष्ट है कि प्राणी और उसके वातावरण के बीच सन्तुलन (Balance) स्थापित हो, इसके लिए उसके व्यवहार में परिवर्तन या परिमार्जन (Modification) का होना अनिवार्य है। इसे एक साधारण उदाहरण द्वारा स्पष्ट किया जा सकता है। कॉलेज की घण्टी बजते ही छात्र अपने-अपने विषयों की पढ़ाई होनेवाले कमरे में चले जाते हैं। वहाँ जाकर वे बैठते हैं और आपस में तरह-तरह की बातें करते रहते हैं। और इस प्रकार उनका मनोविनोद चलता रहता है। किन्तु जैसे ही कमरे में अध्यापक प्रवेश करते हैं, वहाँ बिल्कुल शान्ति छा जाती है। सभी विद्यार्थी परस्पर की बातचीत बन्द कर सुनने और लिखने की मुद्रा में आ जाते हैं। स्पष्ट है कि अध्यापक के उस कमरे में प्रवेश करते ही विद्यार्थियों के पूर्वव्यवहार में परिवर्तन अथवा परिमार्जन (Modification) आ जाता है। इस परिवर्तित अथवा परिमार्जित व्यवहार के फलस्वरूप वे अध्यापक के भाषण को दत्तचित्त होकर सुनने और लिखने लगते हैं। इस प्रकार विद्यार्थियों और उस वर्ग के वातावरण के बीच एक सन्तुलित सम्बन्ध स्थापित

हो जाता है। इसे हम वर्ग-कक्ष-समायोजन (Class-room-adjustment) कहते हैं। इसी भाँति सामाजिक, बौद्धिक एवं दूसरे प्रकार के मानव-समायोजनों की भी व्याख्या की जा सकती है।

मनोविज्ञान की उपयोगिताएँ

मनोविज्ञान मानव-समस्याओं के सम्यक् ज्ञान एवं समाधान के लिए समुचित दृष्टिकोण उपस्थित करता है। व्यक्ति में समुचित दृष्टिकोण का विकास हो, इसके लिए यह अनिवार्य है कि उसे मानव-जीवन-सम्बन्धी तथ्यों एवं सामान्य सिद्धान्तों का ज्ञान हो तथा वह इनकी खोज की विधियों से भलीभाँति परिचित हो। समुचित दृष्टिकोण का तात्पर्य है व्यक्ति की अवैयक्तिक (Impersonal) एवं वस्तुनिष्ठ (Objective) मनोवृत्ति। ऐसी मनोवृत्ति अपनाकर ही मनोवैज्ञानिक मानव-समस्याओं की खोज करता है। फलतः वह असामान्य व्यक्तियों (Abnormal individuals) को परामर्श, सहायता अथवा चिकित्सा का पात्र समझता है, न कि घृणा का। चोरी, हत्या जैसे असामाजिक कार्यों में संलग्न अपराधियों के प्रति भी वह घृणा के बदले सहानुभूति की मनोवृत्ति रखता है। उनके अपराध के कारणों की खोज कर उन्हें दूर करने के उपाय बतलाता है। इसी भाँति प्रतिदिन के जीवन में घटित होने वाले सभी व्यवहारों के प्रति भी, चाहे वे वांछनीय हों अथवा अवांछनीय, अवैयक्तिक एवं वस्तुनिष्ठ मनोवृत्ति अपनाकर ही विचार करता है।

मनोवैज्ञानिक अनुसन्धान का क्षेत्र दिनानुदिन बढ़ता ही जा रहा है। जीवन के विविध पक्षों की मनोवैज्ञानिक खोज हो रही है। व्यक्तिगत समायोजन से लेकर विश्वजनीन समायोजन तक मनोवैज्ञानिक विचार का विषय बन गया है। तभी तो पूर्वाग्रह से मुक्त सह-अस्तित्व के आधार पर विश्व-शान्ति की बात की जाती है। इस पृष्ठभूमि में मनोविज्ञान की कुछ प्रमुख उपयोगिताओं पर प्रकाश डालना ही हमारा लक्ष्य है। मनोविज्ञान की कुछ प्रमुख उपयोगिताएँ निम्नांकित हैं–

1. सफल समायोजन–जीवन की सफलता सफल समायोजन पर ही निर्भर है। उदाहरण के लिए, पारिवारिक जीवन की सफलता का आधार है पारिवारिक समायोजन, बौद्धिक जीवन की सफलता का आधार है बौद्धिक समायोजन, सामाजिक जीवन की सफलता का आधार है सामाजिक समायोजन तथा राजनीतिक जीवन की सफलता का आधार है राजनीतिक समायोजन। इस प्रकार के अनेक उदाहरण प्रस्तुत किए जा सकते हैं। अन्त में इतना कहना ही पर्याप्त होगा कि मनोविज्ञान सफल समायोजन में अत्यन्त सहायक सिद्ध होता है।

2. बाल-निर्देशन–बाल-मनोविज्ञान बच्चों की अन्तर्निहित शक्तियों पर प्रकाश डालता है। उनके विकास का भी विवेचन प्रस्तुत करता है। इन बातों को दृष्टि में रखते हुए बच्चों का उचित मार्गोपदेशन किया जा सकता है, उन्हें समुचित दिशा की ओर निर्देशित किया जा सकता है।

3. शैक्षिक विकास–शिक्षा-मनोविज्ञान के अध्ययन से स्पष्ट है कि छात्रों का समुचित शैक्षिक विकास तभी सम्भव है जब मनोवैज्ञानिक आधार पर शिक्षा दी जाए। मनोविज्ञान ने शिक्षा को एक नई दिशा प्रदान की है, जिसके फलस्वरूप प्राचीन शिक्षा-प्रणाली एवं परीक्षा-पद्धति में पर्याप्त परिवर्तन हुए हैं। छात्रों की योग्यताओं एवं अभिरुचियों को दृष्टि में रखकर शिक्षा देने की प्रवृत्ति दिनानुदिन बढ़ती गई है। फलस्वरूप उनके व्यक्तित्व का वांछनीय विकास सम्भव हो गया है।

4. औद्योगिक विकास–औद्योगिक मनोविज्ञान ने यह स्पष्ट कर दिया है कि उद्योग केवल यन्त्रों के सहारे नहीं चल सकते। उनके सफल संचालन एवं विकास के लिए मानव-शक्ति का समुचित उपयोग अनिवार्य है। यह भी आवश्यक है कि कर्मचारियों के चुनाव, औद्योगिक वातावरण आदि पर मनोवैज्ञानिक दृष्टिकोण से विचार हो। निष्कर्ष यह कि उद्योग-धन्धों का विकास मनोवैज्ञानिक आधार पर हो।

5. सामाजिक विकास–समाज-मनोविज्ञान समुचित सामाजिक विकास के लिए ठोस आधार प्रस्तुत करता है। सामाजिक जीवन की सफलता इस बात पर निर्भर है कि कोई अपने को समाज में कितने प्रभावपूर्ण ढंग से समायोजित करता है। दूसरों की मनोवृत्तियों को समझते हुए समुचित समायोजन सफल सामाजिक जीवन की कुंजी कही जा सकती है।

6. सामाजिक रोगों की चिकित्सा–फ्रायड आदि मनोवैज्ञानिकों के अनुसन्धानों के पूर्व मानसिक रोगों को पाप का फल या दैवी प्रकोप समझा जाता था। असामान्य मनोविज्ञान की खोजों ने इस दृष्टिकोण में आमूल परिवर्तन कर दिया। फलस्वरूप असामान्य व्यक्तियों को मानसिक रोगी के रूप में ग्रहण किया जाने लगा और उनकी चिकित्सा होने लगी। मानसिक रोगों की चिकित्सा के लिए चिकित्सा-गृह (Clinic) स्थापित होने लगे। अब तो अधिकांश शारीरिक बीमारियों की चिकित्सा में भी मनोविश्लेषण आवश्यक समझा जाता है।

7. अपराधियों का सुधार–मनोविज्ञान ने अपराधियों के प्रति लोगों की मनोवृत्ति में पर्याप्त परिवर्तन ला दिया है। इसलिए अपराधियों को दण्ड का पात्र न समझकर स्नेह एवं सहानुभूति का पात्र समझा जाता है। उन्हें सुधारने की चेष्टा की जाती है। मनोवैज्ञानिक दृष्टिकोण अपनाकर अपराध के कारणों की खोज की जाती है तथा अपराधियों को वांछनीय वातावरण में रखकर अच्छा नागरिक बनाने की चेष्टा की जाती है। इस लक्ष्य की पूर्ति के लिए ही अन्य उन्नत देशों की भाँति भारत में भी कई सुधार-केन्द्रों (Reformatory Centres) की स्थापना की गई है।

8. व्यावसायिक निर्देशन (Vocational guidance)–व्यवसाय को बहुत अंशों में जीवन-निर्माण का आधार कहा जा सकता है। व्यक्ति का अधिकांश समय उसकी

आजीविका (Occupation) में ही व्यतीत होता है, यथा–शिक्षक का अधिकांश समय अध्ययन-अध्यापन में, डॉक्टर का रोगी की चिकित्सा में, व्यापारी का व्यापार में तथा प्रशासक का प्रशासनिक कार्य में ही व्यतीत होता है। अतएव यदि किसी का व्यावसायिक जीवन सफल एवं सन्तोषप्रद हो, तो उसका व्यक्तिगत जीवन भी सम्भवतः सफल एवं सन्तोषप्रद ही होगा। कारण, जब व्यक्ति व्यवसाय (Vocation) का चुनाव करता है, तो वह वास्तव में अपनी जीवन-शैली चुन लेता है। निस्सन्देह, व्यवसाय के बुद्धिसंगत चुनाव के लिए व्यावसायिक निर्देशन अनिवार्य है।

9. व्यक्तित्व-विकास–मनोवैज्ञानिक दृष्टिकोण को अपनाकर व्यक्ति का समुचित विकास किया जा सकता है। व्यक्तित्व का समुचित विकास सफल जीवन का आधार कहा जा सकता है। सन्तुलित व्यक्तित्व जीवन को उन्नत बनाता है तथा असन्तुलित व्यक्तित्व असफलता की ओर ले जाता है।

10. विश्वशान्ति का आधार–मनोविज्ञान युद्ध तथा सामाजिक एवं अन्तरराष्ट्रीय तनाव को कम कर विश्वशान्ति की ओर अग्रसर होने का आधारस्तम्भ कहा जा सकता है। मनोविज्ञान बतलाता है कि अधिकांशतः स्पर्द्धा एवं घृणा के कारण ही युद्ध तथा सामाजिक और अन्तर्राष्ट्रीय तनाव उत्पन्न होते हैं। यदि समुचित रूप से मनोवैज्ञानिक दृष्टिकोण अपनाया जाए, तो इन समस्याओं का समाधान हो सकता है। वस्तुतः समुन्नत मानव-जीवन के मार्गदर्शक के रूप में मनोविज्ञान का विशिष्ट स्थान है।

सन्दर्भ

1. प्रयोगशाला में जिस व्यक्ति पर प्रयोग किया जाता है, उसे प्रयोज्य (Subject) कहते हैं।
2. "Psychology may be best and most comprehensively defined as the positive Science of the conduct of living creature."
   —Willam McDougall : 'Physiological Psychology', 1905.
   "Psychology is the positive Science of the conduct or behaviour."
   —William McDougall : Introduction to Social Psychology. 1898.
   "Psychology may be most satisfactorily defined as the Science of human behaviour."
   —W.B. Pillsbury : Essentials of Psychology, 1911.
3. "Psychologists look upon experience and behaviour as adjustments of the organism to the stimuli which impinge upon it."
   —N.L. Munn : Psychology, p. 16.
4. "In strictness, we can never observe the same consciousness twice over; the stream of mind flows on, never to return."
   —Titchener.

5. "The study of human experience is the study of adjustive activity, not an examination of passive states of being."
   —Shaffer, Gilmer and Schoen : Psychology, p. 199.
6. "Human nature is what human nature does."
   —Shaffer, Gilmer and Schoen : Psychology, p. 16.
7. Reaction is "Any activity of the organism in relation to Stimulus."
   —Myers : Text book of Experimental Psychology.
8. "The variable and adaptive behaviour by which the organism and its environment are kept in balance is the process of adjustment."
   —Shaffer, Gilmer and Schoen : Psychology, p. 16.

2

मनोविज्ञान की विधियाँ तथा शाखाएँ

सभी विज्ञानों की तरह मनोविज्ञान में भी वैज्ञानिक विधियों (Scientific methods) का ही व्यवहार किया जाता है। वस्तुतः विज्ञान (Science) अनुसन्धान की एक विधि है। इस विधि का अनुसरण कर जो भी अध्ययन किया जाता है, उसे वैज्ञानिक अध्ययन कहते हैं। भौतिक विज्ञान (Physics), रसायन-विज्ञान (Chemistry) आदि अन्य विज्ञानों की भाँति मनोविज्ञान में भी इस विधि का ही अनुसरण कर समस्याओं का अध्ययन किया जाता है। ज्ञान के किसी भी क्षेत्र में खोज करनेवाले वैज्ञानिकों के लिए कुछ मूलभूत सिद्धान्तों (Fundamental principles) का अनुसरण अनिवार्य है। वे मूलभूत सिद्धान्त ये हैं–

1. तैयारी (Preparation)–सर्वप्रथम अनुसन्धान के लिए समस्या चुन ली जाती है। उस समस्या-सम्बन्धी जितने अध्ययन अथवा अनुसन्धान पहले हो चुके हैं, उनका जब भली-भाँति परिचय प्राप्त कर लिया जाता है, तब यह निर्णय करना सुलभ हो जाता है कि उस समस्या के सम्बन्ध में और भी अधिक ज्ञान प्राप्त करने के लिए किस दिशा में अनुसन्धान आवश्यक है। तत्पश्चात् अनुसन्धान के लिए एक योजना (Plan) बना ली जाती है, जिसमें मुख्यतः दो बातें सन्निहित रहती हैं–(क) प्रयोग-सम्बन्धी सारे उपकरणों (Materials) की एक सूची तथा (ख) उन अवस्थाओं (Conditions) की स्थापना, जिनमें निरीक्षण वांछित हो।

2. निरीक्षण (Observation)–अब मनोवैज्ञानिक यह निश्चित कर लेता है कि उसे किस प्रकार की निर्देशनात्मक पद्धति (Instructional technique) को अपनाना है तथा किस प्रकार के परीक्षणों (Tests) को सन्निहित करना है। वह अपने अध्ययन-क्रम में अवस्थाओं को सुनिश्चित ढंग से परिवर्तित करता है, उन सभी अवस्थाओं में सावधानीपूर्वक निरीक्षण करता है तथा फलों (Results) के सभी विस्तृत अभिलेख (Detailed record) तैयार कर लेता है। निरीक्षण प्रायः बहुत समय तक चलता रहता है।

3. वर्गीकरण (Classification)–विभिन्न अवस्थाओं में किए गए निरीक्षण के आधार पर प्राप्त फलों का विश्लेषण किया जाता है। यह विश्लेषण तब तक अधूरा रह जाता है, जब तक उपलब्ध सामग्री (Data) का क्रमबद्ध ढंग से वर्गीकरण नहीं कर लिया जाता।

4. साधारणीकरण (Generalization)–फलों के सारांश (Summary) तैयार कर लिये जाते हैं और उनके आधार पर निश्चित सामान्य नियम (General laws) स्थापित किए जाते हैं। कभी-कभी ये सामान्य नियम गलत भी सिद्ध हो जाते हैं। ऐसी स्थिति में और भी अधिक अध्ययनों और अनुसन्धानों के आधार पर उनके सत्यापन (Verification) की आवश्यकता होती है।

5. सत्यापन (Verification)–किसी भी अध्ययन के आधार पर प्राप्त निष्कर्षों (Conclusions) की विश्वसनीयता (Reliability) तथा सत्यता (Validity) की जाँच को सामान्यतः सत्यापन की संज्ञा दी जाती है। कोई भी मनोवैज्ञानिक अपने निष्कर्षों का विवरण प्रस्तुत करते हुए प्रायः अपने अध्ययन में प्रयुक्त पद्धति (Technique) का विस्तृत विवरण दे देता है। फलतः उसी क्षेत्र में काम करनेवाले दूसरे मनोवैज्ञानिक भी उस प्रयोग को ज्यों-का-त्यों दुहरा सकते हैं और निष्कर्षों को सत्यापित कर सकते हैं या उस पद्धति में भी कोई कमी निकाल सकते हैं। जब किसी प्रयोग का फल स्वीकृत सिद्धान्तों के विरुद्ध पड़ता है, तब सत्यापन अनिवार्य हो जाता है। यदि सत्यापन के बाद वह फल सत्य (Valid) और विश्वसनीय (Reliable) सिद्धान्त हो जाता है, तो उसे स्वीकार कर लिया जाता है।

मनोविज्ञान में वैज्ञानिक विधि
(The Scientific method in Psychology)

मानव-व्यवहारों (Human behaviour) और समायोजनों (Adjustments) से सम्बद्ध विविध समस्याओं के अध्ययन में उन्नीसवीं सदी के मध्य से ही मनोविज्ञान में वैज्ञानिक विधि का प्रयोग शुरू हो गया था। शुरू में दार्शनिकों ने इसका विरोध किया, किन्तु मनोविज्ञान इस दिशा में प्रगति करता गया और अन्ततोगत्वा उन्नीसवीं सदी के उत्तरार्द्ध में दर्शनशास्त्र से बिल्कुल अलग एक स्वतन्त्र विज्ञान के रूप में घोषित हुआ। तत्पश्चात् वैज्ञानिक निरीक्षणों और प्रयोगों के आधार पर मानव-क्रियाओं (Human activities) का अध्ययन होने लगा।

प्रारम्भ में मनोवैज्ञानिकों ने भौतिक विज्ञान और शरीर-विज्ञान की अनेक विधियों तथा यन्त्रों को अपनाया। किन्तु, कालक्रम से उनके सामने अनेक नई-नई मनोवैज्ञानिक समस्याएँ आती गईं और वे उनके उपयुक्त अध्ययन के लिए नए यन्त्रों, नई पद्धतियों तथा नई विधियों की खोज करते गए। जैसे-जैसे मनोविज्ञान विकसित होता गया, मनोवैज्ञानिक इस बात पर जोर देते गए कि मनोविज्ञान में जिन विधियों का प्रयोग

हो वे वैज्ञानिक अवश्य हों। इस पृष्ठभूमि में ही यहाँ कुछ वैज्ञानिक विधियों का उल्लेख किया जाएगा।

अन्तर्निरीक्षण
(Introspection)

साधारणतः लोग समझते हैं कि अन्तर्निरीक्षण-विधि मनोविज्ञान में दर्शनशास्त्र से आई, परन्तु यह विचार भ्रमात्मक है। वस्तुतः मनोविज्ञान में अन्तर्निरीक्षण-विधि की प्रेरणा दर्शनशास्त्र से नहीं, प्रत्युत भौतिक विज्ञान तथा शरीर-विज्ञान से मिली। भौतिक विज्ञान ने प्रकाश और ध्वनि के अध्ययन में आत्मनिष्ठ निरीक्षण (Subjective observation) का प्रयोग किया। वैसे ही, शरीर-वैज्ञानिकों ने भी ज्ञानेन्द्रियों (Sense-organs) के अध्ययन में इसका प्रयोग किया। यद्यपि अपने विकास-क्रम में इन विज्ञानों ने आत्मनिष्ठ निरीक्षण का परित्याग कर दिया है, तथापि मनोविज्ञान में अब भी परिमार्जित रूप में इसका प्रयोग होता है, जिसे प्रयोगात्मक अन्तर्निरीक्षण (Experimental introspection) कहते हैं।

यहाँ प्रयोगात्मक अन्तर्निरीक्षण और आकस्मिक अन्तर्निरीक्षण (Casual introspection) में भेद करना आवश्यक प्रतीत होता है। प्रयोगात्मक अन्तर्निरीक्षण के प्रयोग करने के पहले निरीक्षक को अपनी मानसिक क्रियाओं पर ध्यान देने और उनके विवरण प्रस्तुत करने के सम्बन्ध में भलीभाँति प्रशिक्षण प्राप्त करने की आवश्यकता होती है, किन्तु आकस्मिक निरीक्षण में ऐसी बात नहीं होती है।

जब कोई व्यक्ति अपनी मानसिक क्रियाओं का स्वयं निरीक्षण करता है, तब उसे अन्तर्निरीक्षण कहते हैं। उदाहरण के लिए, यदि कोई व्यक्ति यह कहता है कि वह प्रसन्न है अथवा अप्रसन्न, वह विचार कर रहा है अथवा किसी बिम्ब (Image) का अनुभव कर रहा है, तो निस्सन्देह यह उसके अन्तर्निरीक्षण का ही परिणाम कहा जाएगा। अपनी मानसिक क्रियाओं के निरीक्षण के आधार पर व्यक्ति जो सामग्री प्रस्तुत करता है, उसे अन्तर्निरीक्षणात्मक सामग्री (Introspective data) कहते हैं। अब यहाँ अन्तर्निरीक्षण-विधि के गुण-दोषों पर विचार किया जाएगा।

अन्तर्निरीक्षण-विधि के गुण
(Merits of the method of Introspection)

1. अनुभूतियाँ वैयक्तिक होती हैं। व्यक्तिविशेष की अनुभूतियाँ उसी तक सीमित रहती हैं। उनका बाह्य निरीक्षण सम्भव नहीं। अनुभवकर्त्ता ही अपने अनुभवों का निरीक्षण कर उनका विवरण प्रस्तुत कर सकता है; कोई दूसरा व्यक्ति उसके अनुभवों का निरीक्षण नहीं कर सकता। ऐसी स्थिति में अनुभूतियों के ज्ञान, विवेचन एवं विश्लेषण के लिए अन्तर्निरीक्षण-विधि अनिवार्य है। यद्यपि अन्तर्निरीक्षण बाह्य निरीक्षण

की तरह सुलभ नहीं है, तथापि अभ्यास से अन्तर्निरीक्षण में निपुणता प्राप्त हो सकती है। एक प्रशिक्षित अन्तर्निरीक्षक (Trained introspectiontist) अपनी मानसिक क्रियाओं अथवा अनुभूतियों का निरीक्षण ठीक उसी प्रकार निष्पक्ष रूप से कर सकता है, जिस प्रकार किसी भी बाह्य वस्तु का निरीक्षण।

2. कुछ ऐसी मनोवैज्ञानिक समस्याएँ हैं, जिनका सम्यक् अध्ययन अन्य किसी विधि द्वारा सम्भव नहीं है। उदाहरण के रूप में कल्पना (Imagination) तथा भावों (Feelings) के अध्ययन को प्रस्तुत किया जा सकता है। कल्पना तथा सुख-दुःख के भावों का सीधा अध्ययन (Direct study) अन्तर्निरीक्षण द्वारा ही सम्भव है। यही कारण है कि मनोवैज्ञानिकों ने सुख-दुःख के भावों के अध्ययन में मुख्यतः प्रयोज्यों के अन्तर्निरीक्षणात्मक विवरण का ही सहारा लिया है।

अन्तर्निरीक्षण में इन गुणों के रहते हुए भी इसकी कड़ी आलोचना हुई है तथा इस पर अनेक आपत्तियाँ उपस्थित की गई हैं। यहाँ उनमें से कुछ प्रधान आपत्तियों का उल्लेख कर उनकी विवेचना की जाएगी।

अन्तर्निरीक्षण-विधि के दोष
(Demerits of the method of Introspection)

1. अन्तर्निरीक्षण पर सबसे पहली आपत्ति यह की जाती है कि यह आत्मनिष्ठ तथा व्यक्तिगत होता है। व्यक्ति अपनी मानसिक क्रियाओं का अपने-आप निरीक्षण कर उनका विवरण प्रस्तुत करता है। ऐसी अवस्था में इसे आत्मनिष्ठ तथा व्यक्तिगत कहना युक्तिसंगत ही है। अब प्रश्न यह है कि इस विधि के आधार पर प्राप्त निष्कर्ष कहाँ तक वैज्ञानिक हो सकते हैं? इस पर विचार प्रकट करते हुए अनेक मनोवैज्ञानिकों का कहना है कि अन्तर्निरीक्षण-जैसी आत्मनिष्ठ तथा व्यक्तिगत विधि के आधार पर प्राप्त निष्कर्ष सत्य तथा विश्वसनीय नहीं हो सकते। अतः यह विधि वैज्ञानिक नहीं कही जा सकती। वैज्ञानिक विधि वह है जिसके द्वारा सत्य तथा विश्वसनीय निष्कर्ष प्राप्त हो सकें।

यदि गम्भीरतापूर्वक विचार किया जाए, तो जान पड़ेगा कि अन्तर्निरीक्षण पर आरोपित यह आपत्ति उचित नहीं है। कारण, अन्तर्निरीक्षण-विधि के आधार पर भी सामान्य तथा व्यापक मनोवैज्ञानिक नियमों (General and universal Psychological laws) की स्थापना सम्भव है। यदि किसी विशेष परिस्थिति में अनेक अन्तर्निरीक्षण एक ही प्रकार की मानसिक क्रियाओं का विवरण प्रस्तुत करें, तो निश्चय ही उनके विवरण के आधार पर सत्य तथा विश्वसनीय निष्कर्ष निकाला जा सकता है। अतः उस निष्कर्ष की वैज्ञानिकता पर किसी प्रकार का सन्देह नहीं किया जा सकता। इसे स्पष्ट करने के लिए एक उदाहरण लें। यदि प्रेम की स्थिति में अन्तर्निरीक्षण हर्ष, उत्सुकता, उल्लास आदि का विवरण प्रस्तुत करें, तो उनके विवरण के आधार पर

यह निष्कर्ष निकाला जा सकता है कि प्रायः प्रत्येक व्यक्ति प्रेम में हर्ष, उत्सुकता, उल्लास आदि का अनुभव करता है। यह सामान्य नियम अवश्य ही सत्य तथा विश्वसनीय होगा। अतः यह वैज्ञानिक नियम समझा जाएगा।

2. अन्तर्निरीक्षण पर दूसरी आपत्ति यह की जाती है कि मनुष्य की अधिकांश मानसिक क्रियाएँ इतनी चंचल एवं गतिशील होती हैं कि उनका अन्तर्निरीक्षण सम्भव ही नहीं है। जब कोई व्यक्ति अपनी मानसिक क्रियाओं का निरीक्षण करना शुरू करता है, तब प्रायः वे मानसिक क्रियाएँ ही लुप्त हो जाती हैं और उनके स्थान पर दूसरी मानसिक क्रियाएँ प्रारम्भ हो जाती हैं। यह बात विशेषतः संवेगों में देखने को मिलती है। उदाहरणस्वरूप, क्रोध को लें। जिस समय कोई व्यक्ति क्रोधावेश में रहता है और उस समय वह अपने क्रोध की मानसिक क्रिया का निरीक्षण प्रारम्भ करता है, तब सम्भवतः उसका क्रोध लुप्त हो जाता है और उसके स्थान पर विचारने की प्रक्रिया शुरू हो जाती है।[1]

इस आपत्ति के सम्बन्ध में यह उल्लेख्य जान पड़ता है कि अधिकांश मानसिक क्रियाओं और विशेषतः संवेगों का अन्तर्निरीक्षण कठिन अवश्य है, किन्तु असम्भव नहीं। इस कठिनाई को दूर करने का उपाय यह है कि जब कोई मानसिक क्रिया शुरू हो, तब उसे अबाध गति से ज्यों-का-त्यों चलने देना चाहिए और जैसे ही समाप्त हो जाए, वैसे ही उसका निरीक्षण शुरू कर देना चाहिए। इसे अन्तर्निरीक्षण न कहकर अनुनिरीक्षण (Retrospection) कहा जाता है। अनुनिरीक्षण से लाभ यह होता है कि मानसिक क्रिया में किसी प्रकार की बाधा भी नहीं पहुँचती और उसका तात्कालिक निरीक्षण भी होता है।

3. अन्तर्निरीक्षण के विरोध में कभी-कभी यह तर्क प्रस्तुत किया जाता है कि इसमें एक ही व्यक्ति को अनुभवकर्त्ता और निरीक्षक–दोनों ही का काम करना पड़ता है और ये कार्य परस्पर-विरोधी हैं। अतः एक ही व्यक्ति को अनुभवकर्त्ता और निरीक्षक–दोनों ही मान लेने में तार्किक दोष हो जाता है। यह आपत्ति सिद्धान्ततः तो ठीक जान पड़ती है, किन्तु व्यवहारतः समुचित नहीं दीख पड़ती। व्यावहारिक जीवन में प्रतिदिन का अनुभव बतलाता है कि एक ही व्यक्ति एक ही समय में किसी प्रकार का अनुभव भी कर सकता है तथा उसका निरीक्षण कर विवरण भी दे सकता है। उदाहरणार्थ, एक ही व्यक्ति दुःख का अनुभव भी करता है और उसका निरीक्षण कर शब्दों के द्वारा अपने दुःख को प्रकट भी करता है। यदि इस प्रकार की यथार्थता हमारे सामने हो, तो इसे स्वीकार करना ही वैज्ञानिक होगा। जब सिद्धान्त और यथार्थता में विरोध उपस्थित हो जाए, तब यथार्थता को अपनाना ही वैज्ञानिक तथा श्रेयस्कर है। इसलिए अन्तर्निरीक्षण पर आरोपित यह आपत्ति निर्मूल है।

4. अन्तर्निरीक्षण की अन्तिम, किन्तु प्रधान त्रुटि यह है कि इसका प्रयोग सभी तरह के प्राणियों पर सम्भव नहीं है। बच्चे तथा पशु इस विधि का प्रयोग

नहीं कर सकते। अतएव, अन्तर्निरीक्षण का क्षेत्र मनोविज्ञान की अन्य विधियों की अपेक्षा संकुचित कहा जा सकता है। वस्तुतः अन्तर्निरीक्षण का समुचित प्रयोग केवल प्रौढ़ व्यक्ति ही कर सकता है। यद्यपि इस विधि के प्रयोग का क्षेत्र सीमित है, लेकिन तो भी इसकी सहायता से अनेक मनोवैज्ञानिक समस्याओं का अध्ययन हुआ है। वास्तव में अन्तर्निरीक्षण मनोविज्ञान की एक उपयोगी विधि है, इसमें कोई सन्देह नहीं।

बाह्य निरीक्षण
(Objective observation)

बाह्य निरीक्षण के द्वारा स्वाभाविक परिस्थिति में होनेवाले व्यक्ति के व्यवहारों का अध्ययन किया जाता है। बाह्य निरीक्षण की विधि को मनोविज्ञान में प्रमुख स्थान देने का श्रेय व्यवहारवादी मनोवैज्ञानिकों को ही है। उन्होंने स्पष्ट शब्दों में व्यवहार को मनोविज्ञान का विषय तथा बाह्य निरीक्षण को उसकी विधि घोषित किया है। यहाँ यह व्यक्त कर देना आवश्यक जान पड़ता है कि व्यवहार व्यक्ति की शारीरिक क्रियाओं में अभिव्यक्त होता है। फलतः बाह्य निरीक्षक व्यक्ति की शारीरिक क्रियाओं का निरीक्षण कर उसके आधार पर सामान्य मनोवैज्ञानिक नियमों की स्थापना करते हैं। शारीरिक क्रियाओं के निरीक्षण के आधार पर मानसिक क्रियाओं का भी ज्ञान हो जाता है, क्योंकि इन दोनों का परस्पर-सम्बन्ध है। मानसिक क्रियाएँ प्रायः शारीरिक क्रियाओं में ही अभिव्यक्त होती हैं। किसी विषय पर सोचते समय कुछ और तरह की शारीरिक क्रियाएँ होती हैं और क्रोध, प्रेम, भय तथा घृणा आदि संवेगों का अनुभव करते समय कुछ और ही तरह की। इस प्रकार मानसिक क्रियाएँ विभिन्न प्रकार की शारीरिक क्रियाओं द्वारा अभिव्यक्त होती हैं।

शारीरिक क्रियाएँ प्रधानतः दो प्रकार की होती हैं–(1) स्थूल शारीरिक क्रियाएँ, और (2) सूक्ष्म शारीरिक क्रियाएँ। शरीर के बाहरी अंगों में होनेवाली क्रियाएँ, जिन्हें कोई भी सरलता से देख सकता है, स्थूल शारीरिक क्रियाएँ कहलाती हैं। उदाहरणस्वरूप हाथ-पैर की गति, हँसी, होठों की गति आदि को प्रस्तुत किया जा सकता है। शरीर के भीतर होनेवाली क्रियाएँ, जिन्हें बाहर से प्रत्यक्ष रूप से नहीं देखा जा सकता, सूक्ष्म शारीरिक क्रियाएँ कहलाती हैं। सूक्ष्म शारीरिक क्रियाओं का निरीक्षण यन्त्रों की सहायता से किया जाता है। इनका अध्ययन मनोविज्ञान में अत्यन्त महत्त्वपूर्ण है। इनके उदाहरणस्वरूप रक्त-प्रवाह, साँस की गति, पाचन-क्रिया, खून में रासायनिक परिवर्तन (Chemical changes in blood), रक्तचाप आदि को उपस्थित किया जा सकता है। इन सूक्ष्म शारीरिक क्रियाओं का निस्सन्देह यन्त्रों के द्वारा निरीक्षण किया जा सकता है। इन दोनों प्रकार की शारीरिक क्रियाओं के बाह्य निरीक्षण द्वारा ही मनोविज्ञान-सम्बन्धी सामान्य नियमों की स्थापना की जाती है।

बाह्य निरीक्षण के गुण
(Merits of objective observations)

1. बाह्य निरीक्षण का सर्वप्रथम गुण यह है कि यह वस्तुनिष्ठ (Objective) और अवैयक्तिक (Impersonal) होता है। किसी शारीरिक क्रिया का निरीक्षण सभी निरीक्षक सामान्य रूप से कर सकते हैं। यह विधि अन्तर्निरीक्षण की तरह व्यक्ति-विशेष तक ही सीमित नहीं होती, बल्कि इसका प्रयोग सभी व्यक्ति कर सकते है। फलतः इसके आधार पर प्राप्त निष्कर्ष की सत्यता और विश्वसनीयता सरलता से प्रमाणित की जा सकती है। कोई भी निरीक्षक किसी व्यक्ति के शरीर के भीतर होनेवाले रक्त-प्रवाह को यन्त्र के सहारे आसानी से देख सकता है। वैसे ही, किसी व्यक्ति के पैर की गति को कौन नहीं देख सकता? अपने इस विशेष गुण के कारण ही बाह्य निरीक्षण मनोविज्ञान की एक उपयुक्त विधि माना जाता है।

2. अन्तर्निरीक्षण की भाँति बाह्य निरीक्षण केवल प्रौढ़ व्यक्तियों तक ही सीमित नहीं होता। इसका प्रयोग बच्चों पर भी सम्भव है। बाल-मनोविज्ञान में अधिकांश सामग्रियाँ बाह्य निरीक्षण से ही प्राप्त होती हैं। स्वाभाविक परिस्थिति में शिशुओं के व्यवहार का निरीक्षण कर उनके व्यवहार के कारणों की खोज की जाती है। उदाहरण के लिए, क्रुद्ध बच्चे के क्रोधात्मक व्यवहार का निरीक्षण कर उसके कारणों की खोज की जाती है। इसी भाँति शिशुओं की अन्य समस्याओं की खोज में भी बाह्य निरीक्षण का प्रयोग किया जाता है!

3. शिशु की तरह ही असामान्य व्यक्ति (Abnormal individuals) अथवा पागल अन्तर्निरीक्षण नहीं कर सकते। ऐसी स्थिति में उनकी क्रियाओं अथवा व्यवहारों के अध्ययन में बाह्य निरीक्षण का सहारा लेना अनिवार्य है। यही कारण है कि असामान्य व्यवहारों के अध्ययन में इस विधि की उपादेयता को स्वीकार किया गया है।

4. पशुओं को भाषा का ज्ञान नहीं रहता। अतः उनके लिए अन्तर्निरीक्षणात्मक विवरण प्रस्तुत करना सम्भव नहीं है। उन पर प्रयोगात्मक विधि भी अच्छी तरह लागू नहीं हो सकती। कारण, प्रयोगशाला की नियन्त्रित अवस्थाओं में उनके व्यवहार स्वाभाविक नहीं रह जाते। अतएव पशुओं की स्वाभाविक प्रतिक्रियाओं अथवा व्यवहारों के अध्ययन की एकमात्र विधि बाह्य निरीक्षण ही है। निरीक्षण के समय बाह्य निरीक्षक पशुओं के जीवन पर किसी प्रकार का प्रतिबन्ध नहीं रहने देते, बिल्कुल स्वाभाविक परिस्थिति में उनके व्यवहारों का निरीक्षण करते हैं। इस प्रकार बाह्य निरीक्षण द्वारा पशुओं की अनेकानेक समस्याओं का अध्ययन सम्भव है।

5. स्वाभाविक परिस्थिति में घटित होनेवाले जन-समुदाय के सामाजिक व्यवहारों का अध्ययन मात्र बाह्य निरीक्षण द्वारा ही सम्भव है, अन्य किसी विधि द्वारा नहीं। अन्तर्निरीक्षण व्यक्तिविशेष तक सीमित होता है। अतएव इसके द्वारा जन-समुदाय

के व्यवहारों का अध्ययन सम्भव नहीं। प्रयोगात्मक विधि प्रयोगशाला की नियन्त्रित अवस्थाओं में व्यवहारों का अध्ययन करती है। फलतः एक तो व्यवहारों की स्वाभाविकता मिट जाती है और दूसरे सामाजिक व्यवहारों को प्रयोगशाला में प्रस्तुत करना सम्भव भी नहीं है। क्या लाखों की सभा को प्रयोगशाला में प्रस्तुत किया जा सकता है? कदापि नहीं। ऐसी अवस्था में जन-समुदाय के व्यवहारों के अध्ययन की एकमात्र विधि बाह्य निरीक्षण ही है। इसी भाँति समाज-मनोविज्ञान की अधिकांश समस्याओं का अध्ययन बाह्य निरीक्षण द्वारा ही किया जाता है।

बाह्य निरीक्षण के दोष
(Demerits of objective observation)

1. बाह्य निरीक्षण का सबसे बड़ा दोष यह है कि व्यवहारों का निरीक्षण करते समय निरीक्षक प्रायः अपनी पूर्वधारणाओं (Prejudices) से प्रभावित हो जाता है। उसका निरीक्षण निष्पक्ष न होकर सम्भवतः पूर्वधारणाओं से अनुरंजित हुआ करता है। इस प्रकार के पक्षपातपूर्ण निरीक्षण के आधार पर प्राप्त निष्कर्ष वैज्ञानिक नहीं हो सकता। इसके उदाहरण हमें प्रतिदिन के जीवन में मिलते हैं। प्रायः यह देखा जाता है कि जब किसी व्यक्ति में एक बार किसी के प्रति अश्रद्धा के भाव उत्पन्न हो जाते हैं, तब सम्भवतः उसके अच्छे कार्य भी बुरे दीख पड़ने लगते हैं। इसके विपरीत, जिसके प्रति एक बार श्रद्धा के भाव बन जाते हैं, उसके कार्य अधिकांशतः अच्छे ही जान पड़ते हैं। यह मात्र पूर्वधारणा का ही परिणाम है। यहाँ यह उल्लेखनीय है कि बाह्य निरीक्षण के आधार पर प्राप्त निष्कर्ष तभी सत्य और विश्वसनीय हो सकता है, जब बाह्य निरीक्षण पूर्वधारणा तथा पक्षपात से रहित हो। अतः बाह्य निरीक्षक के लिए यह आवश्यक है कि वह तटस्थ होकर निष्पक्ष रूप से प्राणी के व्यवहारों का निरीक्षण कर सामान्य मनोवैज्ञानिक नियमों की स्थापना करे। ऐसी अवस्था में वे नियम सम्भवतः सर्वव्यापक, सत्य तथा विश्वसनीय होंगे।

2. व्यवहार अथवा शारीरिक क्रियाओं के बाह्य निरीक्षण के आधार पर मानसिक क्रियाओं का ठीक-ठीक ज्ञान प्राप्त करना बड़ा कठिन हो जाता है। कारण, व्यक्ति की एक ही प्रकार की शारीरिक क्रियाएँ विभिन्न प्रकार की मानसिक क्रियाओं को द्योतित कर सकती हैं। ऐसी अवस्था में शारीरिक क्रियाओं के निरीक्षण के आधार पर मानसिक क्रियाओं का ठीक-ठीक ज्ञान सम्भव नहीं जान पड़ता। उदाहरणार्थ, बच्चे क्रोध की स्थिति में साँस रोक लेते हैं और शरीर को कड़ा कर देते हैं। भय की स्थिति में भी वे ऐसा ही व्यवहार करते हैं। अब प्रश्न यह है कि इन व्यवहारों को देखकर निरीक्षणकर्त्ता उन्हें क्रोध की स्थिति का द्योतक समझे या भय की स्थिति का? यदि क्रोध के कारण ये शारीरिक क्रियाएँ उत्पन्न हों और निरीक्षणकर्त्ता उन्हें भय का द्योतक समझ ले, तो निश्चय ही उसका निरीक्षण तथा उसके आधार पर

प्राप्त निष्कर्ष गलत होंगे। इसी प्रकार, यदि भय के कारण उत्पन्न इन शारीरिक क्रियाओं को वह क्रोध का द्योतक समझ बैठे तो भी उसका निरीक्षण तथा उसके आधार पर प्राप्त निष्कर्ष गलत ही होंगे। बाह्य निरीक्षण की इस कठिनाई को दूर करने का उपाय यह है कि निरीक्षणकर्त्ता जिसके व्यवहार या शारीरिक क्रियाओं का निरीक्षण कर रहा हो, उसके वर्तमान वातावरण से पूर्णरूपेण अवगत हो। व्यक्ति के वर्तमान वातावरण को दृष्टिकोण में रखकर किए गए निरीक्षण में इस कठिनाई के उपस्थित होने की सम्भावना नहीं रह जाती।

अन्तर्निरीक्षण और बाह्य निरीक्षण की तुलनात्मक समीक्षा
(Comparison between Introspection and objective observations)

अन्तर्निरीक्षण और बाह्य निरीक्षण एक-दूसरे के विरोधी नहीं, वरन् पूरक हैं। जहाँ अन्तर्निरीक्षण का प्रयोग सम्भव नहीं, बाह्य निरीक्षण द्वारा प्राणी का अध्ययन किया जाता है। उदाहरण के लिए, बच्चे, पशु तथा असामान्य व्यक्तियों (Abnormal individuals) के अध्ययन में बाह्य निरीक्षण का प्रयोग किया जाता है; क्योंकि वे प्राणी अन्तर्निरीक्षण में समर्थ नहीं होते हैं। प्रौढ़ व्यक्तियों के अध्ययन में अन्तर्निरीक्षण अत्यन्त सफल सिद्ध हुआ है। इस प्रकार, यह स्पष्ट है कि इन दोनों विधियों के संयोग से सभी प्रकार के प्राणियों का अध्ययन सरलता से सम्पन्न हो जाता है।

अन्तर्निरीक्षण और बाह्य निरीक्षण में कोई मौलिक भेद नहीं है। भेद केवल इतना ही है कि अन्तर्निरीक्षण व्यक्तिगत होता है, व्यक्ति अपनी मानसिक क्रियाओं का अपने-आप निरीक्षण करता है। किन्तु, बाह्य निरीक्षण सार्वजनिक होता है, कई व्यक्ति एक-सी ही क्रियाओं का निरीक्षण कर सकते हैं और उनके निष्कर्षों का तुलनात्मक अध्ययन भी हो सकता है। मनोविज्ञान के विस्तृत क्षेत्र के अन्तर्गत चेतन अनुभूति और व्यवहार—दोनों ही आ जाते हैं। इतना ही नहीं, व्यक्ति की चेतन अनुभूति का उसके बाह्य व्यवहार से घनिष्ठ सम्बन्ध रहता है। वस्तुतः ये दोनों एक ही मानसिक क्रिया के दो अंग कहे जा सकते हैं। मानसिक क्रिया के अनुकूल ही चेतन अनुभूति होती है और बाह्य व्यवहार भी। चेतन अनुभूति का अध्ययन अन्तर्निरीक्षण द्वारा और बाह्य व्यवहार का अध्ययन बाह्य निरीक्षण द्वारा किया जाता है। अतः यह निष्कर्ष अत्यन्त उपयुक्त जान पड़ता है कि जिस प्रकार चेतन अनुभूति और बाह्य व्यवहार परस्पर-सम्बद्ध हैं, उसी प्रकार अन्तर्निरीक्षण और बाह्य निरीक्षण का भी परस्पर घनिष्ठ सम्बन्ध है।

प्रयोगात्मक विधि
(Experimental Method)

प्रयोगशाला में जिस प्राणी पर प्रयोग किया जाता है; उसे प्रयोज्य (Subject) कहते हैं और प्रयोग करनेवाले को प्रयोगकर्त्ता (Experimenter)। प्रयोग किसी विशेष

समस्या से आरम्भ होता है। प्रयोग के लिए मनोवैज्ञानिक यन्त्रों (Apparatus) एवं उपकरणों (Materials) की आवश्यकता होती है। प्रयोगकर्त्ता उनसे भलीभाँति परिचित रहता है। वह उन्हें सुव्यवस्थित कर प्रयोज्य को यथास्थान आराम से बिठा देता है। तब वह प्रयोज्य को प्रयोग-सम्बन्धी कुछ निर्देशन (Instructions) देता है और प्रयोग आरम्भ हो जाता है। वह प्रयोग के अन्त में प्रयोज्य का अन्तर्निरीक्षणात्मक विवरण (Introspective report) ले लेता है। अन्त में वह इस भाँति प्राप्त सामग्रियों का संख्यात्मक निरूपण कर सत्य एवं विश्वसनीय निष्कर्ष निकालता है।

प्रयोगात्मक विधि द्वारा नियन्त्रित अवस्थाओं में प्राणी की अनुभूतियों एवं व्यवहारों का अध्ययन किया जाता है। प्रयोगकर्त्ता अनुभूतियों एवं व्यवहारों को प्रभावित करनेवाले तत्त्वों (factors) पर नियन्त्रण रखता है। वह बाह्य निरीक्षक की तरह स्वभावतः घटित होनेवाले प्राणी के व्यवहारों की प्रतीक्षा नहीं करता, वरन् प्रयोगशाला में कुछ ऐसी परिस्थिति उत्पन्न कर देता है कि अभीष्ट व्यवहार घटित हों। प्राणी की अनुभूतियाँ और उसके व्यवहार कई तत्त्वों से प्रभावित होते हैं, यथा बुद्धि, आयु, सीखने की क्षमता, भूख, थकावट आदि। ये तत्त्व (Factor) सदा एक-से नहीं रहते, वरन् परिवर्तित होते रहते हैं। इसलिए इन्हें परिवर्त्य (variable) कहते हैं। वास्तव में, कोई भी तथ्य (Fact) जो सदा एक-सा नहीं रहता, बल्कि परिवर्तित होता रहता है, उसे ही परिवर्त्य की संज्ञा दी जाती है।

परिवर्त्य (Variables) दो प्रकार के होते हैं–(1) स्वतन्त्र परिवर्त्य (Independent Variable) तथा (2) आश्रित परिवर्त्य (Dependent Variable)। जो परिवर्त्य किसी दूसरे परिवर्त्य को प्रभावित करता है, उसे स्वतन्त्र परिवर्त्य तथा जो परिवर्त्य किसी दूसरे परिवर्त्य से प्रभावित होता है, उसे आश्रित परिवर्त्य कहते हैं। उदाहरण के लिए, यदि फल का ज्ञान (Knowledge of result) स्वतन्त्र परिवर्त्य है, तो कार्य-कुशलता अथवा सीखना आश्रित परिवर्त्य। प्रयोग की जिस परिस्थिति में स्वतन्त्र परिवर्त्य वर्तमान रहता है, उसे प्रयोगात्मक अवस्था (Experimental Condition) तथा जिस परिस्थिति में अनुपस्थित रहता है, उसे नियन्त्रित अवस्था (Controlled Condition) कहते हैं। प्रयोग के समय प्रयोगकर्त्ता जिन परिवर्त्यों को सभी अवस्थाओं में एक-सा रखता है, उन्हें स्थिर (Constant) कहा जाता है। उदाहरण के लिए, यदि प्रयोगकर्त्ता को यह जानना है कि कार्य-कुशलता अथवा सीखने की क्रिया पर फल के ज्ञान का क्या प्रभाव पड़ता है, तो वह एक परिस्थिति में प्रत्येक प्रयत्न (Trial) के अन्त में फल का ज्ञान करा देगा तथा दूसरी परिस्थिति में फल का ज्ञान नहीं कराएगा। पहली परिस्थिति को प्रयोगात्मक अवस्था (Experimental Condition) तथा दूसरी परिस्थिति को नियन्त्रित अवस्था (Controlled Condition) की संज्ञा दी जाएगी। फल के ज्ञान के अतिरिक्त अनुप्रेरणा, बुद्धि, आयु आदि सभी परिवर्त्य प्रयोग की सभी

अवस्थाओं में एक-से रखे जाएँगे। इन एक-से रहनेवाले परिवर्त्यों को स्थिर (Constant) कहा जाएगा।

अब मनोवैज्ञानिक प्रयोग को अच्छी तरह समझने के लिए एक अन्य उदाहरण लें। मान लीजिए कि हमें यह खोज करनी है कि सीखने की क्रिया किस तरह के वातावरण (शान्त अथवा कोलाहलपूर्ण) में अच्छी तरह सम्पन्न होती है तो वातावरण के अतिरिक्त सीखने की क्रिया को प्रभावित करनेवाले अन्य सभी परिवर्त्यों का पता लगा लेना होगा। यह जान लेने पर, कि सीखने की क्रिया वातावरण के सिवा बुद्धि, आयु, अभिरुचि, सीखने की विधि, अनुप्रेरणा आदि परिवर्त्यों पर निर्भर करती है, प्रयोग प्रारम्भ हो जाएगा। प्रयोग में केवल वातावरण में ही परिवर्तन किया जाएगा—कभी वातावरण शान्त और कभी कोलाहलपूर्ण रखा जाएगा, किन्तु अन्य सभी परिवर्त्य प्रयोग के प्रारम्भ से अन्त तक सभी अवस्थाओं में समान (Constant) बने रहेंगे। इस विशेष प्रकार की नियन्त्रित अवस्था में प्रयोज्य को कुछ सीखने के लिए दिया जाएगा और एक अवस्था में वातावरण शान्त और दूसरी अवस्था में कोलाहलपूर्ण रखा जाएगा। वातावरण की इन दो विभिन्न अवस्थाओं में उसके सीखने की क्रिया का निरीक्षण किया जाएगा। इस निरीक्षण के आधार पर जो भी निष्कर्ष निकलेगा, निस्सन्देह वह सीखने की क्रिया पर वातावरण के प्रभाव को लक्षित करेगा, क्योंकि प्रयोग में इस क्रिया को प्रभावित करनेवाले अन्य सारे परिवर्त्य तो समान ही हैं, परिवर्तन केवल वातावरण में ही हुआ है। यदि यह पाया जाए कि शान्त वातावरण में प्रयोज्य के सीखने की क्रिया अच्छी तरह सम्पन्न हुई और कोलाहलपूर्ण वातावरण में वह अच्छी तरह नहीं सीख सका, तो हम यह निष्कर्ष निकाल सकते हैं कि सीखने की क्रिया के लिए शान्त वातावरण अनुकूल होता है तथा कोलाहलपूर्ण वातावरण प्रतिकूल। इस प्रयोग में वातावरण स्वतन्त्र परिवर्त्य (Independent Variable) है, सीखना आश्रित परिवर्त्य (Dependent Variable) तथा बुद्धि, आयु, अभिरुचि, सीखने की विधि, प्रेरणा आदि स्थिर (Constant) हैं।

मनोवैज्ञानिक प्रयोग में नियन्त्रण के महत्त्व का उल्लेख किया जा चुका है। प्रयोगकर्त्ता व्यक्ति की आन्तरिक दशाओं पर भी यथासम्भव नियन्त्रण रखने का प्रयास करता है, किन्तु वह पूर्ण रूप से उन पर नियन्त्रण नहीं रख पाता है। इसके अतिरिक्त, विभिन्न व्यक्ति एक ही परिस्थिति में विभिन्न प्रकार के व्यवहार प्रकट करते हैं। अतएव यह आवश्यक है कि कोई भी मनोवैज्ञानिक प्रयोग कई व्यक्तियों के समूहों पर किया जाए और उसे बार-बार दुहराया जाए। इस प्रकार के प्रयोग के आधार पर जो औसत फल (Average result) प्राप्त हो, उसे ही दृष्टिकोण में रखकर कोई निष्कर्ष निकाला जाए। तभी वह निष्कर्ष सत्य और विश्वसनीय हो सकता है।

प्रयोगात्मक विधि के गुण
(Merits of Experimental method)

1. यह विधि मनोविज्ञान की सर्वाधिक वैज्ञानिक विधि मानी जाती है। मनोवैज्ञानिक समस्याओं के अध्ययन में जैसे-जैसे इस विधि का अधिक प्रचलन होता गया, वैसे-वैसे मनोविज्ञान भी वैज्ञानिक रूप ग्रहण करता गया। अन्ततोगत्वा इसने भौतिक विज्ञान, रसायन-विज्ञान तथा जीव-विज्ञान की भाँति पूर्णतया वैज्ञानिक स्थान प्राप्त कर लिया। इस विधि द्वारा प्रयोगकर्त्ता प्रयोगशाला की नियन्त्रित अवस्थाओं में प्राणी के व्यवहारों का अध्ययन कर उनसे निष्कर्ष निकालता है। फलतः निष्कर्ष अन्य विधियों से प्राप्त निष्कर्षों की अपेक्षा अधिक निश्चित और यथार्थ होते हैं।

2. प्रयोगकर्त्ता प्रयोग की सभी नियन्त्रित अवस्थाओं से भलीभाँति परिचित रहता है। फलस्वरूप, वह जब चाहे तभी उस प्रयोग को ज्यों-का-त्यों दुहरा सकता है तथा अपने निष्कर्ष की सत्यता (Validity) एवं विश्वसनीयता को सिद्ध कर सकता है। इतना ही नहीं, वह दूसरे प्रयोगकर्त्ता को भी अपने प्रयोग की सारी नियन्त्रित अवस्थाओं को ज्यों-का-त्यों दुहराकर उससे प्राप्त पूर्वनिष्कर्ष की सत्यता एवं विश्वसनीयता की जाँच कर सकता है। इस प्रकार यह स्पष्ट है कि प्रयोगात्मक विधि में निष्कर्ष की जाँच की काफी गुंजाइश है। फलस्वरूप, इस विधि द्वारा प्राप्त निष्कर्ष अपेक्षाकृत अधिक वैज्ञानिक होते हैं।

3. इस विधि द्वारा किसी एक तत्त्व (Factor) को परिवर्तित (Vary) कर क्रिया अथवा व्यवहारविशेष पर उसके प्रभाव की जाँच की जा सकती है। किन्तु मनोविज्ञान की अन्य विधियों में इसकी कोई गुंजाइश नहीं।

4. जहाँ अन्तर्निरीक्षण द्वारा केवल अनुभूतियों का तथा बाह्य निरीक्षण द्वारा केवल व्यवहार का अध्ययन सम्भव है, वहाँ प्रयोगात्मक विधि द्वारा इन दोनों का अध्ययन किया जा सकता है। इस विधि में प्रयोगकर्त्ता प्रयोज्य का अन्तर्निरीक्षणात्मक विवरण भी लेता है तथा नियन्त्रित अवस्थाओं में उसके व्यवहारों का निरीक्षण भी करता है। फलस्वरूप अनुभूति एवं व्यवहार दोनों ही का अध्ययन हो जाता है। अतएव यह कहा जा सकता है कि प्रयोगात्मक विधि द्वारा व्यापक रूप से मनोविज्ञान के सम्पूर्ण विषयवस्तु का अध्ययन सम्भव है।

प्रयोगात्मक विधि के दोष
(Demerits of Experimental method)

1. प्रयोगात्मक विधि के आलोचक प्रायः यह कहते हैं कि इस विधि का प्रयोग प्रयोगशाला की अस्वाभाविक परिस्थिति में होता है, फलतः प्रयोज्य अपने अस्वाभाविक

व्यवहारों को ही प्रकट करता है तथा स्वाभाविक व्यवहारों को छिपा लेता है। अब प्रश्न यह है कि इन अस्वाभाविक व्यवहारों के निरीक्षण के आधार पर प्राप्त निष्कर्ष कहाँ तक सत्य, विश्वसनीय तथा वैज्ञानिक हो सकते हैं। वस्तुतः प्रयोगात्मक विधि के आलोचकों का यह दोषारोपण समुचित नहीं है। यहाँ यह उल्लेख कर देना अपेक्षित जान पड़ता है कि यद्यपि प्रयोगकर्त्ता प्रयोगशाला की नियन्त्रित अवस्था में प्रयोग करता है; फिर भी वह इस प्रकार प्रयोग सम्पादित करता है कि प्रयोज्य को यह भान नहीं हो पाता कि प्रयोग की परिस्थिति अस्वाभाविक है। अतएव, इस प्रकार के प्रयोग के आधार पर प्राप्त निष्कर्ष की सत्यता, विश्वसनीयता तथा वैज्ञानिकता में शंका करना निराधार है।

2. इस विधि पर एक और दोष लगाया जाता है कि सभी प्रकार के प्रयोग मनुष्य पर सम्भव नहीं हैं। उदाहरण के रूप में यह कहा जा सकता है कि यदि कोई सीखने की क्रिया पर मस्तिष्क के विभिन्न भागों के प्रभावों का अध्ययन करना चाहे तो उसे पशुओं पर प्रयोग करके ही सन्तोष करना पड़ेगा। परम्परागत मनोवैज्ञानिकों ने ऐसा ही किया भी है। उन्होंने चूहे, बिल्ली और बन्दरों पर कई प्रयोग किए हैं। सीखने की क्रिया पर मस्तिष्क के जिस विशेष भाग का प्रभाव जानना होता था, उसे ऑपरेशन के द्वारा मस्तिष्क से अलग कर लेते थे। तत्पश्चात् पशु-विशेष को कुछ सीखने को देते थे और उसकी सभी प्रतिक्रियाओं का निरीक्षण करते थे, इन प्रतिक्रियाओं की तुलना ऑपरेशन के पूर्व सीखते समय प्रकट की गई प्रतिक्रियाओं से करते थे। यदि ऑपरेशन के पूर्व की सीखने की क्रिया की अपेक्षा ऑपरेशन के बाद सीखने की क्रिया में किसी तरह की कमी आती, तो वे यह निष्कर्ष निकाल लेते थे कि वह कमी मस्तिष्क के उस अमुक भाग के नहीं रहने के कारण ही हुई। इस प्रकार प्रयोगकर्त्ता निश्चित रूप से यह जान जाते थे कि सीखने की क्रिया पर मस्तिष्क के अमुक भाग का क्या प्रभाव पड़ता है। पशुओं पर किए गए इस प्रकार के प्रयोगों के आधार पर ही मनोवैज्ञानिकों ने यह बतलाया है कि सीखने की क्रिया पर मनुष्य के मस्तिष्क के विभिन्न भागों का क्या प्रभाव पड़ता है। अब प्रश्न यह है कि क्या पशु के सीखने की क्रिया के सम्बन्ध में किए गए इन प्रयोगों से प्राप्त निष्कर्ष मनुष्य के सीखने की क्रिया पर भी लागू हो सकते हैं? शरीर-विज्ञान के सिद्धान्तों की ओर ध्यान देने से इस प्रश्न का उत्तर सहज ही प्राप्त हो जाता है। प्रसिद्ध शरीर-विज्ञानवेत्ता लैश्ले (Lashley) का कहना हैं कि पशु और मनुष्य के सीखने की क्रियाएँ मूलतः समान होती हैं। मनुष्य के मस्तिष्क के विभिन्न भागों का सीखने की क्रिया के साथ जो सम्बन्ध है वह पशुओं से मूल रूप में भिन्न नहीं है। अतएव, प्रयोगात्मक विधि के क्षेत्र को सीमित कहकर इस पर दोषारोपण करना समुचित नहीं जान पड़ता।

मनोविज्ञान की शाखाएँ
(Branches of Psychology)

मनोविज्ञान के विकास-क्रम में उसकी कितनी ही शाखाएँ हो गई हैं, किन्तु मूल रूप में सभी शाखाएँ प्राणी की क्रियाओं (अनुभूति एवं व्यवहार) का ही अध्ययन करती हैं। अतएव, वे एक-दूसरी से सर्वथा भिन्न नहीं, वरन् परस्पर-सम्बद्ध हैं। यहाँ मनोविज्ञान की कुछ प्रमुख शाखाओं पर विचार प्रस्तुत करना ही अभिप्रेत है।

1. सामान्य मनोविज्ञान
(General Psychology)

यों तो सामान्य मनोविज्ञान विभिन्न प्राणियों की भिन्न-भिन्न क्रियाओं का अध्ययन करता है, किन्तु विशेष रूप से मानव-स्वभाव के मौलिक पहलुओं से ही सम्बन्ध रखता है। कोई भी एक व्यक्ति दूसरे व्यक्ति के बिल्कुल समान नहीं होता। सभी व्यक्तियों में अवश्य कोई-न-कोई विभिन्नता रहती है, किन्तु इस विभिन्नता के साथ-ही-साथ उनके स्वभाव में कुछ मौलिक समता भी पाई जाती है। मानव-स्वभाव की यह मौलिक समता मनुष्य की अनुभूतियों और उसके व्यवहारों में लक्षित होती है। उदाहरणस्वरूप, यह कहा जाता है कि प्रेम में सामान्यतः सभी व्यक्तियों की अनुभूति एक प्रकार की ही होती है और उसी के अनुकूल उनके व्यवहार भी होते हैं। वैसे ही सभी व्यक्तियों के सीखने और विचार करने की क्रियाओं में सामान्यतः कुछ-न-कुछ समता पाई जाती है। सामान्यतः मनोविज्ञान सामान्य व्यक्तियों (Normal Individuals) की कुछ इन्हीं सामान्य क्रियाओं, व्यवहारों और अनुभूतियों का अध्ययन प्रस्तुत करता है। इसमें संवेदना, प्रत्यक्षीकरण, भाव, संवेग, प्रेरणा, सीखना, स्मरण करना, विचार करना, व्यक्तित्व आदि विषयों का अध्ययन किया जाता है। मनोविज्ञान की अन्य शाखाओं के समुचित अध्ययन के लिए सामान्य मनोविज्ञान के मूल सिद्धान्तों का ज्ञान आवश्यक है।

2. प्रयोगात्मक मनोविज्ञान
(Experimental Psychology)

सामान्य मनोविज्ञान का प्रयोगात्मक मनोविज्ञान के साथ घनिष्ठ सम्बन्ध है। उन्नीसवीं शताब्दी के प्रारम्भ तक सामान्य मनोविज्ञान काल्पनिक दर्शनशास्त्र से मिला हुआ था। किन्तु प्रयोगात्मक मनोविज्ञान के आगमन के साथ ही दर्शनशास्त्र से इसका सम्बन्ध टूट गया। फलतः सामान्य मनोविज्ञान ने प्रयोगात्मक विधियों को अपनाया। परिणामस्वरूप, उसके निष्कर्ष भी प्रयोगात्मक तथा वैज्ञानिक होने लगे। इससे यह स्पष्ट है कि प्रयोगात्मक मनोविज्ञान सामान्य मनोविज्ञान से सर्वथा भिन्न और स्वतन्त्र

नहीं है। वस्तुतः, यह सामान्य मनोविज्ञान का ही एक नवीन रूप अथवा प्रधान अंग कहा जा सकता है।

प्रयोगात्मक मनोविज्ञान की व्याख्या में सम्भवतः दृष्टिकोण के अन्तर हो सकते हैं। कुछ मनोवैज्ञानिक इसकी व्याख्या करते हुए इसकी विधियों पर अधिक जोर देते हैं, तो कुछ इसके विषय पर। किन्तु सामान्यतः प्रयोगात्मक मनोविज्ञान को वैज्ञानिक ढंग से किए गए प्राणियों के अनुभवों और व्यवहारों के अध्ययन का विज्ञान कहा जा सकता है। 'प्रयोगात्मक मनोविज्ञान' शब्द का प्रयोग उस प्रकार के मनोविज्ञान के लिए किया जाता है, जो अपने दृष्टिकोण तथा अपनी विधियों में आत्मनिष्ठ एवं दार्शनिक दृष्टिकोण से सर्वथा भिन्न होता है। संक्षेप में, इसकी विशेषताओं को इस प्रकार व्यक्त किया जा सकता है–

1. यह नियन्त्रित अवस्थाओं में प्राणी के अनुभवों, व्यवहारों तथा प्रतिक्रियाओं का अध्ययन करता है।
2. वैज्ञानिक ज्ञान प्राप्त करने के लिए इसमें यन्त्रों का भी उपयोग किया जाता है।
3. सामग्री (Data) को संख्यासूचक अभिव्यक्ति दी जाती है।
4. फलतः प्रयोग के आधार पर प्राप्त निष्कर्ष वैज्ञानिक होते हैं। उनमें सत्यता तथा विश्वसनीयता पाई जाती है।

अन्त में, यह कहा जा सकता है कि प्रयोगात्मक मनोविज्ञान विशेष रूप से सामान्य वयस्क (Normal human adults) की क्रियाओं का वैज्ञानिक अध्ययन प्रस्तुत करता है। उदाहरणस्वरूप, संवेदना, प्रत्यक्षीकरण, भाव, संवेग, ध्यान, स्मरण, विस्मरण, कल्पना, सीखना आदि क्रियाओं को प्रस्तुत किया जा सकता है।

3. बाल-मनोविज्ञान
(Child Psychology)

बाल-मनोविज्ञान एक ऐसा विज्ञान है, जो बच्चे की गर्भाधान से परिपक्वता तक की (शारीरिक तथा मानसिक) क्रियाओं के क्रमिक विकास का अध्ययन प्रस्तुत करता है। इसका आधुनिक दृष्टिकोण विकासात्मक है। यह वैज्ञानिक विधियों के आधार पर बच्चों के मानसिक, सामाजिक, संवेगात्मक, प्रेरणात्मक, नैतिक तथा भाषा-सम्बन्धी विकासों का अध्ययन करता है। संक्षेप में, बच्चे के भीतर विभिन्न क्रियाओं का किस प्रकार विकास होता है, इसका अध्ययन ही बाल-मनोविज्ञान का प्रमुख विषय है। भनुष्य के समस्त जीवन को ठीक-ठीक परखने के लिए बाल-मनोविज्ञान का अध्ययन अनिवार्य है। कारण बाल्यावस्था सम्पूर्ण जीवन की आधारशिला है। मनोविश्लेषण के मननशील विद्वान् फ्रायड ने स्पष्ट शब्दों में इसकी पुष्टि की है। उनका कहना है कि मानव-जीवन के सभी मनोविकारों का मूल

बाल्यकाल में ही निहित रहता है। उदाहरण के रूप में, उनकी हिस्टीरिया-सम्बन्धी व्याख्या प्रस्तुत की जा सकती है। उन्होंने हिस्टीरिया की व्याख्या करते हुए उसके मूल कारण का निर्देश बाल्यकाल के काम-विकास में किया है। वस्तुतः इसमें कोई अत्युक्ति नहीं कि बाल्यावस्था ही मानव-जीवन के आनन्द और हितों का निरूपण करती है। यदि बाल्यावस्था में बच्चे की विभिन्न मानसिक क्रियाओं का सहज एवं समुचित विकास हुआ, तो निश्चय ही उसका सम्पूर्ण जीवन सुखी होगा। परिस्थितियों के प्रति बाल्यकाल के समायोजन भावी जीवन के समायोजनों के द्योतक होते हैं। यदि विभिन्न परिस्थितियों के प्रति बाल्यकाल के समायोजन सफल हुए, तो सम्भवतः भावी जीवन के समायोजन भी सफल होंगे और यदि वे असफल हुए, तो भावी जीवन के समायोजन भी सम्भवतः असफल ही होंगे। अतः मानव-जीवन को अच्छी तरह निरखने-परखने के लिए बाल-मनोविज्ञान का अध्ययन आवश्यक है।

4. पशु-मनोविज्ञान
(Animal Psychology)

डार्विन के विकासवाद के सिद्धान्त (Theory of Evolution) से प्रभावित होकर शरीर-वैज्ञानिक तथा मनोवैज्ञानिक पशु की क्रियाओं के अध्ययन की ओर प्रवृत्त हुए। उनके अध्ययन का दृष्टिकोण तुलनात्मक था। उन्होंने पशु की मानसिक क्रियाओं की तुलना मनुष्य की मानसिक क्रियाओं से की। उनकी जिज्ञासा यह थी कि मानसिक क्रियाओं का सृष्टि के प्रारम्भ से किस प्रकार क्रमिक विकास हुआ है। उदाहरण के लिए, वे यह जानना चाहते थे कि सीखने की योग्यता अथवा बुद्धि का सर्वप्रथम आविर्भाव कब हुआ और पशु से प्रारम्भ होकर मनुष्य तक इसका किस प्रकार उत्तरोत्तर विकास होता गया। संक्षेप में, पशु-मनोविज्ञान यह अध्ययन करता है कि किस प्रकार अमीबा (Amoeba) से शुरू होकर मनुष्य तक क्रमशः मानसिक क्रियाओं का विकास होता गया और इस विकास-क्रम में किस तरह मानसिक क्रियाएँ सरल से जटिल होती गईं। यहाँ यह स्पष्ट कर देना आवश्यक प्रतीत होता है कि अमीबा सबसे सरल और सबसे निम्न कोटि का प्राणी है तथा मनुष्य सबसे जटिल और सबसे उच्च कोटि का प्राणी है।

मनोविज्ञान का प्रधान विषय है मनुष्य की क्रियाओं का अध्ययन। मनुष्य की क्रियाएँ अत्यन्त जटिल होती हैं। उसका सरल रूप पशु-जीवन में ही उपलब्ध होता है। अतएव, पशुओं की क्रियाओं का अध्ययन अत्यन्त महत्त्वपूर्ण है। उदाहरणस्वरूप, सीखने की क्रिया को लें। सीखने की क्रिया के सम्बन्ध में पशुओं पर किए गए प्रयोगों के आधार पर कई सिद्धान्त स्थापित हुए हैं, वे मनुष्य के सीखने की क्रिया में भी लागू होते हैं। उदाहरण के लिए प्रयत्न और भूल (Trial and error) सम्बन्ध-प्रत्यावर्तित प्रतिक्रिया (Conditioned response) तथा सूझ अथवा अन्तर्दृष्टि (Insight) के सिद्धान्त के आधार पर पशु एवं मनुष्य दोनों के सीखने की क्रिया की व्याख्या समान रूप से प्रस्तुत की जा सकती है। स्पष्टतः पशु-मनोविज्ञान के अध्ययन का दृष्टिकोण तुलनात्मक है। कदाचित् इसीलिए इसे तुलनात्मक मनोविज्ञान (Comparative Psychology) भी कहा जाता है।

5. शारीरिक मनोविज्ञान

(Physiological Psychology)

शारीरिक मनोविज्ञान मानसिक क्रियाओं से सम्बद्ध शारीरिक क्रियाओं का अध्ययन करता है। मानसिक क्रियाओं का शारीरिक क्रिया से घनिष्ठ सम्बन्ध है। वस्तुतः प्रत्येक मानसिक क्रिया की उत्पत्ति में शारीरिक क्रिया अनिवार्य रूप से वर्तमान रहती है। प्राणी ज्ञानेन्द्रियों (Sense organs) द्वारा बाह्य उत्तेजनाओं, जैसे ध्वनि, प्रकाश, गन्ध आदि के सम्पर्क में आता है। बाह्य उत्तेजनाओं के कारण ज्ञानेन्द्रियों में सक्रियता आती है। यह सक्रियता ज्ञानेन्द्रियों तक ही सीमित न रहकर समस्त स्नायु मण्डल में फैल जाती है। फलतः मस्तिष्क, पिण्डों तथा मांसपेशियों में भी सक्रियता आ जाती है। परिणामस्वरूप, विभिन्न प्रकार की मानसिक क्रियाएँ उत्पन्न होती हैं, यथा–संवेदना, प्रत्यक्षीकरण, भाव, संवेग इत्यादि। अतएव यह अत्यन्त समीचीन जान पड़ता है कि शारीरिक मनोविज्ञान में विभिन्न मानसिक क्रियाओं के शारीरिक आधारों की खोज की जाए। सम्भवतः इसीलिए शारीरिक मनोविज्ञान में ज्ञानेन्द्रिय, स्नायु-मण्डल, मस्तिष्क, पिण्ड, मांसपेशी, रक्त-प्रवाह, श्वास-क्रिया आदि का विशेष रूप से अध्ययन किया जाता है। प्रयोगात्मक अध्ययन से स्पष्ट हो चुका है कि विभिन्न मानसिक क्रियाएँ भिन्न-भिन्न प्रकार की शारीरिक क्रियाओं में अभिव्यक्त होती हैं। अतः शारीरिक क्रियाओं का अध्ययन आवश्यक हो जाता है। इस सम्बन्ध में यह उल्लेखनीय है कि शारीरिक मनोविज्ञान शरीर-विज्ञान की तरह शरीर के विभिन्न भागों का अलग-अलग नहीं अध्ययन करता, वरन् वह तो सभी शारीरिक क्रियाओं का समग्र रूप से अध्ययन करता है।

6. सामाजिक मनोविज्ञान

(Social Psychology)

सामाजिक मनोविज्ञान विशेष रूप से तीन बातों का अध्ययन करता है–

1. एक व्यक्ति का दूसरे व्यक्ति के साथ सम्बन्ध;
2. व्यक्ति का समुदाय के साथ सम्बन्ध;
3. एक समुदाय का दूसरे समुदाय के साथ सम्बन्ध।

सर्वविदित है कि मनुष्य एक सामाजिक प्राणी है। वह अपने जीवन में प्रतिक्षण समाज के सम्पर्क में आता रहता है। फलतः उसका सम्बन्ध समाज के विभिन्न व्यक्तियों के साथ स्थापित हो जाता है। सामाजिक सम्बन्ध का परिणाम यह होता है कि वह दूसरे व्यक्तियों के व्यवहारों से प्रभावित होता है और कुछ अपना प्रभाव भी उन पर छोड़ जाता है। इसके अतिरिक्त, जब कोई व्यक्ति किसी समुदाय के साथ अपना सम्बन्ध जोड़ लेता है, तब उसका सम्पूर्ण व्यक्तित्व ही बदल जाता है। यदि कोई व्यक्ति यों सभ्य, शान्त तथा सुसंस्कृत दीख पड़ता है, तो वही समुदाय में चले जाने पर असभ्य, बर्बर तथा चंचल व्यक्ति की तरह व्यवहार करने लगता है। संक्षेप में कहा जा सकता है कि उसकी मूल प्रवृत्तियाँ नग्न रूप में जग जाती हैं। वह उनकी पूर्ति के लिए असंगत व्यवहार करने में तनिक भी नहीं हिचकता है। सामाजिक मनोविज्ञान एक समुदाय के दूसरे समुदाय के साथ सम्बन्ध का भी अध्ययन प्रस्तुत करता है। विभिन्न जातीय विद्वेष (Racial rivalries) को इसके उदाहरण के रूप में लिया जा सकता है। एक समुदाय के सदस्य अपने को दूसरे समुदाय के सदस्यों से भिन्न समझते हैं। इतना ही नहीं, एक समुदाय प्रायः दूसरे समुदाय पर अपना आधिपत्य स्थापित करना चाहता है। अन्त में, यह उल्लेखनीय प्रतीत होता है कि प्रचार, जनमत, नेतृत्व, अफवाह, सामाजिक क्रान्ति, युद्ध, जातीय विद्वेष, सामाजिक संघर्ष आदि सामाजिक मनोविज्ञान के प्रमुख विषय हैं।

7. शिक्षा-मनोविज्ञान
(Educational Psychology)

शिक्षा को सर्वप्रथम वैज्ञानिक रूप देने का श्रेय शिक्षा-मनोविज्ञान को ही है। शिक्षा-मनोविज्ञान की प्रगति के साथ ही मनुष्य की मानसिक योग्यताओं की निश्चित माप शुरू हो गई। इसके पूर्व मनुष्य की मानसिक योग्यताओं के सम्बन्ध में ज्ञान प्राप्त करने के लिए शिक्षकों को आत्मनिष्ठ मूल्यांकनों (Subjective evaluations) पर निर्भर करना पड़ता था। मानसिक योग्यताओं की माप के आधार पर शिक्षा-मनोविज्ञान यह बतलाता है कि प्रत्येक बच्चा अपनी बुद्धि, मानस-वृत्ति तथा अभिरुचि में एक-दूसरे से भिन्न हुआ करता है। अतः बच्चों की शिक्षा भी भिन्न-भिन्न प्रकार की होनी चाहिए। यदि किसी की अभिरुचि साहित्य जानने की है, तो उसे साहित्य की ही शिक्षा ग्रहण करनी चाहिए।

शिक्षा-मनोविज्ञान वर्तमान शिक्षा-पद्धति को दोषपूर्ण बतलाता है; क्योंकि इसके आधार पर प्राप्त शिक्षा से व्यक्तित्व का सर्वतोमुखी विकास सम्भव नहीं है। वास्तविक जीवन से इस शिक्षा का गहरा सम्बन्ध नहीं दीख पड़ता। इससे योग्यता में कुछ वृद्धि अवश्य हो जाती है, किन्तु व्यक्तित्व के अन्य प्रधान पक्षों के समुचित विकास के लिए अवकाश नहीं मिल पाता। इसमें ऐसा कोई निश्चित कार्य-क्रम नहीं दीख पड़ता,

जिसके द्वारा चरित्र-निर्माण सम्भव हो अथवा संवेगों तथा मूल-प्रवृत्तियों को परिमार्जित रूप देकर उन्हें समाज के अनुकूल बनाया जा सके। फलतः, यह शिक्षा व्यक्ति को सफल सामाजिक समायोजन (Social adjustment) के लिए तैयार नहीं कर पाती है, जो कदाचित् शिक्षा का प्रधान लक्ष्य है। इसी प्रकार, वर्तमान परीक्षा-पद्धति के सम्बन्ध में कहा जा सकता है कि इसमें विद्यार्थियों की बुद्धि की पूर्ण रूप से परीक्षा नहीं हो पाती है, बल्कि उनकी स्मृति की ही विशेष रूप से परीक्षा होती है। शिक्षा-मनोविज्ञान समुचित ढंग की शिक्षा के लिए स्वस्थ मनोवैज्ञानिक आधार प्रस्तुत करता है। यदि शिक्षा-मनोविज्ञान के सिद्धान्तों को दृष्टिकोण में रखकर शिक्षा का कार्यक्रम बनाया जाए और उसके अनुकूल शिक्षा हो, तो सम्भवतः व्यक्तित्व का सर्वतोमुखी विकास होगा, इसमें सन्देह नहीं।

8. असामान्य मनोविज्ञान
(Abnormal Psychology)

असामान्य मनोविज्ञान व्यक्तियों के असामान्य व्यवहारों तथा असामान्य मानसिक क्रियाओं का अध्ययन करता है। असामान्य व्यवहारों को सामान्य व्यवहारों से भिन्न कर लेना आवश्यक जान पड़ता है। असामान्य मनोविज्ञान के अध्ययन से जान पड़ता है कि सामान्य तथा असामान्य व्यवहारों के बीच कोई निश्चित विभाजक रेखा नहीं खींची जा सकती। कारण, जो व्यवहार एक समाज के लिए सामान्य हैं, वे ही दूसरे समाज के लिए असामान्य हो सकते हैं। किन्तु इरा विवाद में न पड़कर संक्षेप में यह कहा जा सकता है कि जो व्यवहार औसत व्यक्तियों में नहीं पाए जाकर कुछ ही लोगों में पाए जाएँ, वे ही असामान्य व्यवहार हैं। इस प्रकार के असामान्य व्यवहारों के स्पष्टीकरण के लिए दो-एक उदाहरण लें। काम-वृत्ति (Sex-instinct) की परितुष्टि सामान्यतः मैथुन के द्वारा होती है। किन्तु, यदि कोई व्यक्ति मैथुन के बिना ही केवल शरीर-स्पर्श, चुम्बन आदि के द्वारा काम-वृत्ति को परितुष्ट करना चाहे, तो निश्चित ही उसका यह व्यवहार असामान्य समझा जाएगा। इसी तरह अपनी उपलब्धियों के द्वारा आत्म-सम्मान की भावना को तृप्त करना एक सामान्य व्यवहार है; क्योंकि यह साधारणतः सभी व्यक्तियों में पाया जाता है। किन्तु यदि कोई मद्यपान कर नशे में अपने को महान् व्यक्ति समझकर आत्म-सम्मान की भावना को परितुष्ट करने लगे, तो अवश्य ही उसका यह व्यवहार असामान्य कहलाएगा।

सामान्य मनोविज्ञान में असामान्य व्यवहारों का ही अध्ययन किया जाता है, किन्तु उसके आधार पर सामान्य व्यवहारों को समझने में भी बड़ी सहायता मिलती है। मानसिक रोगों के अध्ययन से असामान्य मनोविज्ञान का विशेष सम्बन्ध रहता है। असामान्य मनोविज्ञान का प्रादुर्भाव भी मानसिक रोगों की चिकित्सा के क्रम में ही हुआ है। मानसिक रोगों के कारणों, लक्षणों तथा उन्हें दूर करने के उपायों के

सम्बन्ध में शार्को (Charcot), जैनेट (Janet), फ्रायड (Freud) आदि मनोवैज्ञानिकों के विचार उल्लेखनीय हैं। मनोविज्ञान की इस शाखा का आधुनिक साहित्य पर भी महत्त्वपूर्ण प्रभाव पड़ा है। मनोविश्लेषण के सिद्धान्तों के आधार पर कला की व्याख्या की जाती है तथा साहित्य को परखने की चेष्टा की जाती है। अन्त में यह कह देना अभीष्ट जान पड़ता है कि अचेतन, स्वप्न, काम-वृत्ति आदि असामान्य मनोविज्ञान के प्रमुख विषय हैं।

9. औद्योगिक मनोविज्ञान
(Industrial Psychology)

औद्योगिक मनोविज्ञान उद्योग-धन्धों में मनुष्य के महत्त्व पर प्रकाश डालता है। उद्योग-धन्धों के सफल संचालन के लिए केवल यन्त्रों का उपयोग ही पर्याप्त नहीं है, बल्कि यन्त्रों को समुचित रीति से संचालित और नियन्त्रित करने के लिए व्यक्तियों की योग्यताओं तथा मनोवृत्तियों का अध्ययन भी अत्यन्त आवश्यक है। अतएव, मनोविज्ञान की यह शाखा उद्योग के मानवीय पक्षों का अध्ययन प्रस्तुत करती है। वस्तुतः यह मनोविज्ञान व्यक्ति-विभिन्नताओं (Individual differences) के सिद्धान्तों पर ही आधारित है। अनुभवों और प्रयोगों से ज्ञात होता है कि प्रत्येक व्यक्ति अपनी बुद्धि, योग्यता, मनोवृत्ति, अभिरुचि, शिक्षा आदि में दूसरे से भिन्न होता है। अतएव, यह निष्कर्ष युक्तिसंगत जान पड़ता है कि कोई भी व्यक्ति सभी कार्यों के सम्पादन में समान रूप से निपुण नहीं हो सकता। इसी तरह यह भी निश्चित रूप से कहा जा सकता है कि सभी कार्यों के लिए एक ही तरह की योग्यता उपयुक्त नहीं होती। इन दोनों बातों को दृष्टिकोण में रखकर ही औद्योगिक मनोविज्ञान व्यक्ति-विभिन्नता तथा कार्य-विश्लेषण (Job-analysis) के सिद्धान्तों का प्रतिपादन करता है। जिस प्रकार व्यक्तियों में भिन्नता पाई जाती है, उसी प्रकार कार्यों में भी विभिन्नता देखने को मिलती है। विभिन्न कार्यों के सफल सम्पादन के लिए विभिन्न योग्यताओं तथा मनोवृत्तियों की आवश्यकता होती है। अतः औद्योगिक मनोविज्ञान का प्रधान विषय है–प्रत्येक कार्य के लिए योग्य व्यक्ति तथा प्रत्येक व्यक्ति के योग्य कार्य का निर्माण करना। इसके लिए कई प्रकार के मनोवैज्ञानिक परीक्षणों का सहारा लिया जाता है; जैसे–मानसिक योग्यता (Mental ability), यान्त्रिक कौशल, व्यक्तित्व, अभिरुचि तथा मनोवृत्ति-सम्बन्धी परीक्षण।

प्रत्येक कारखाने का लक्ष्य होता है उत्पादन की वृद्धि। इस लक्ष्य की पूर्ति तभी हो सकती है, जब कारखाने के काम योग्य व्यक्तियों के द्वारा सम्पन्न हों। यहाँ यह उल्लेखनीय है कि यन्त्र स्वयं उत्पादन की वृद्धि के कारण नहीं हो सकते, बल्कि योग्य व्यक्तियों के द्वारा उनके संचालन के फलस्वरूप ही उत्पादन की वृद्धि सम्भव है। सचमुच, जब कोई व्यक्ति कारखाने में अपनी योग्यता तथा अभिरुचि

के अनुकूल कार्य का भार ग्रहण करता है, तब स्वभावतः वह कार्य को सम्पन्न करने में अपनी सारी शक्ति लगा देता है; क्योंकि उस कार्य के सफल सम्पादन से उसे सन्तोष प्राप्त होता है। परिणामस्वरूप, व्यक्ति की सन्तुष्टि के साथ-ही-साथ उत्पादन की वृद्धि होती है। इसके विपरीत, जब किसी व्यक्ति को उसकी योग्यता से निम्नकोटि के कार्य का भार सौंपा जाता है, तब उसे स्वभावतः असन्तोष होता है और वह उस कार्य पर ध्यान नहीं देता तथा अधिकांशतः दिवा-स्वप्नों में विचरण करता रहता है। फलतः उत्पादन कम हो जाता है। उसी तरह, जब किसी को उसकी योग्यता से कठिन कार्य करने को कहा जाता है, तभी उत्पादन में कमी आ जाती है।

अन्त में, यह कहा जा सकता है कि औद्योगिक मनोविज्ञान प्रधानतः हड़ताल, दुर्घटना, निरन्तर एक तरह के काम करते रहने के कारण उत्पन्न एकरसता (Montony), थकावट और विश्राम, पारिश्रमिक की विभिन्न पद्धतियाँ तथा कारखाने का वातावरण, जैसे प्रकाश, तापक्रम, वायु, शोरगुल इत्यादि विषयों का अध्ययन करता है।

सन्दर्भ

1. "Cool consideration of an emotion is fatal to its very existence, anger disappears, your disappointment evaporates, as you examine it."

—Titchener.

3

स्नायु-मण्डल

मनोविज्ञान की आधुनिक विचारधारा के अनुसार मनुष्य की सभी तरह की मनोवैज्ञानिक क्रियाएँ वातावरण की विभिन्न उत्तेजनाओं के प्रति प्रतिक्रिया मात्र हैं। इसे प्रायः उत्तेजना-प्राणी-प्रतिक्रिया-सूत्र (S-O-R Formula) के द्वारा व्यक्त किया जाता है। इस सम्बन्ध में एक महत्त्वपूर्ण प्रश्न यह है कि कौन-सी बाह्य एवं आन्तरिक उत्तेजनाएँ हैं, जो मनुष्य में प्रतिक्रियाएँ उत्पन्न करती हैं। बाह्य उत्तेजनाएँ तो बाहरी वातावरण से उपलब्ध होती हैं, किन्तु आन्तरिक उत्तेजनाओं की उत्पत्ति मनुष्य के शरीर में ही होती है। उनके यथार्थ स्वरूप के परिज्ञान के लिए मानव-शरीर के सभी भागों का अध्ययन आवश्यक है। प्राणी और प्रतिक्रिया का भी स्वरूप जानना समीचीन प्रतीत होता है। स्पष्टतः इन समस्याओं के सम्यक् ज्ञान के लिए स्नायु-मण्डल का अध्ययन महत्त्वपूर्ण है।

शरीर-विज्ञानवेत्ताओं ने तो स्नायु-मण्डल का विशद् अध्ययन प्रस्तुत किया है, किन्तु मनोवैज्ञानिकों ने स्नायु-मण्डल में प्रधानतः उन्हीं तत्त्वों की खोज करने की चेष्टा की है, जिनका सीधा सम्बन्ध मनोवैज्ञानिक प्रश्नों से है। वस्तुतः मानसिक क्रियाओं तथा शारीरिक व्यवहारों में बड़ा घनिष्ठ सम्बन्ध है। उदाहरणार्थ, जब कोई व्यक्ति क्रुद्ध होता है, तब उसके सारे शरीर में उथल-पुथल मच जाती है। उसकी आँखें लाल हो जाती हैं, होठ काँपने लगते हैं, पाचन-क्रिया बन्द हो जाती है, हृदय की गति बढ़ जाती है तथा रक्त-प्रवाह तीव्र हो जाता है। ये क्रियाएँ स्नायु-मण्डल के द्वारा ही संचालित और नियन्त्रित होती हैं। अतएव, मानसिक क्रियाओं के सम्यक् ज्ञान के लिए स्नायु-मण्डल का समुचित अध्ययन अनिवार्य है।

कोषाणुओं के कार्य
(The Functions of Cells)

रॉबर्ट हूक (Robert Hooke) ने प्रथम बार सन् 1965 ई. में घोषित किया कि अत्यन्त निम्नकोटि का प्राणी (Organism) कॉर्क (Cork) कोषाणुओं (Cells) से

निर्मित है। उनके इस अनुसन्धान से प्रेरित होकर इस प्रकार के कई अध्ययन किए गए। फलतः आज हम यह मानने लगे हैं कि कोषाणु-सिद्धान्त (Cell-theory) सभी पशुओं और पौधों पर लागू होता है। वास्तव में कोषाणु जीवित प्राणियों की मूलभूत इकाई (Fundamental unit) है। अतः प्राणियों के व्यवहार के सम्यक् ज्ञान के लिए इसका अध्ययन आवश्यक है।

कोषाणु के तीन प्रधान भागों का उल्लेख किया जा सकता है। वे हैं–कोषावरण (Membrane), कोषद्रव (Cytoplasm) और कोषकेन्द्र (Nucleus)। ये तीनों भाग परस्पर-सम्बद्ध हैं। फिर भी, कोषाणु के जीवन में प्रत्येक भाग का अपना अलग-अलग महत्त्व है। प्रत्येक भाग कोषाणु के कुछ गुणों (Properties) के लिए प्रधान रूप से उत्तरदायी है।

कोषावरण के गुण–(Properties of the membrane)–कोषावरण कोषाणु की सीमा है। यह कुछ चीजों को कोषाणु के बाहर और कुछ चीजों को कोषाणु के भीतर रखता है। यह छिद्रपूर्ण होता है। इसलिए इससे होकर बहुत-सी चीजें गुजर सकती हैं। यहाँ चीजों से हमारा तात्पर्य रासायनिक अणुओं (Chemical molecules) अथवा विद्युन्मय 'आयनों' (Charged ions) से है, जिनसे अणुओं के अभिनिविष्ट (Positive) या प्रतिनिविष्ट (Negative) अंगों (Parts) का निर्माण होता है।

कोषावरण के बुनियादी गुणों में से एक है दबावों (Pressures) तथा कोषावरण के दोनों ओर 'आयनों' (Ions) के सन्तुलन (Equilibrium) की रक्षा। कुछ 'आयन' और अणु (Molecules) बाहर से भीतर की ओर दबाव डालते हैं और कुछ भीतर से बाहर की ओर। इसमें कुछ भीतर जाते हैं और कुछ बाहर आते हैं। दबाव और गतियाँ विशेष प्रकार के सन्तुलन में रहने की ओर प्रवृत्त हुआ करती हैं। अतः सन्तुलन कोषावरण का एक सामान्य गुण (General Property) कहा जा सकता है। सन्तुलन के सामान्य गुण से कोषावरण के अन्य कई प्रधान गुण उत्पन्न होते हैं। उनमें से कोषावरण की संस्थिति (Polarization of the membrane) भी एक है।

प्रारम्भिक रसायनविज्ञान से ज्ञात है कि कुछ पदार्थ, जिन्हें 'इलेक्ट्रोलाइट्स' कहते हैं, जब पानी में मिल जाते हैं, तब ये अलग-अलग हो जाते हैं। फलतः, शरीर में बहुत-से पदार्थ (Substances) हो जाते हैं। अणु दो भागों में बँट जाते हैं। उनमें से एक के द्वारा अभिनिवेश (Positive charge) का संचालन होता है और दूसरे से प्रतिनिवेश (Negative charge) का। प्रत्येक भाग को 'आयन' कहते हैं। प्रत्येक वस्तु को कोषावरण अपने भीतर नहीं आने देता है। फलस्वरूप, प्रायः कोषावरण के एक ओर अधिक अभिनिविष्ट 'आयन' (Positive ions) संचित हो जाते हैं तथा दूसरी ओर प्रतिनिविष्ट 'आयन' (Negative ions)। आयन-सन्तुलन (Equilibrium of ions) सम्भव है; क्योंकि कोषावरण के दोनों ओर समान संख्या में 'आयन' हो सकते हैं, यद्यपि एक भाग दूसरे की अपेक्षा अधिक अभिनिविष्ट या अधिक प्रतिनिविष्ट

हो सकता है। इस क्रिया-कलाप (State of affairs) को ही कोषावरण की संस्थिति कहते हैं।

संस्थिति से कोषाणु के जो दो प्रधान गुण उत्पन्न होते हैं, वे हैं–संक्षोभ (Irritability) और संचरण (Conductivity)। जहाँ तक कोषाणु की क्रियाओं का प्रश्न है, इन दोनों में अन्योन्याश्रय सम्बन्ध है।

जब कोषावरण का सन्तुलन भंग हो जाता है, तब विप्रतिक्रिया (Counterreaction) उत्पन्न हो जाती है; क्योंकि कोषावरण निरन्तर सन्तुलन कायम रखने की ओर प्रवृत्त होता है। ऐसी स्थिति में 'आयनों' में गतिशीलता आ जाती है। वे पुनः कोषावरण में एक विशिष्ट क्रम में एकत्र होने की चेष्टा करने लगते हैं। कोषावरण के इस गुण को ही संक्षोभ की संज्ञा दी जाती है। कभी-कभी यह विप्रतिक्रिया कोषावरण के संक्षुब्ध भाग (Irritated part) तक ही सीमित नहीं रहती। 'आयन' और अणु कोषावरण के अन्य समीपवर्ती भागों में भी फैले हैं और वे संक्षुब्ध भाग के सन्तुलन को पुनः लाने में सहायता प्रदान करते हैं। तात्पर्य यह कि संक्षोभ कोषावरण के एक भाग तक ही सीमित नहीं रहता, वरन् सारे कोषावरण में एक बिन्दु से दूसरे बिन्दु तक फैल जाता है। इसे ही संचरण (Conduct) कहते हैं। शरीर के कुछ कोषाणुओं का यह बड़ा ही महत्त्वपूर्ण गुण है।

कोषद्रव के गुण (Properties of cytoplasm)–कोषद्रव (Cytoplasm) कोषाणु का प्रधान पुंज (Mass) है। यह कोषावरण के भीतर और कोषकेन्द्र (Nucleus) के बाहर कोषाणु के सामान्य क्षेत्र का निर्माण करता है। कोषद्रव में उसकी बनावट (Structure) और रासायनिक रचना को लेकर काफी विभिन्नता पाई जाती है। इसमें सामान्यतः पर्याप्त मात्रा में पानी पाया जाता है। इसमें अनेक छोटे-छोटे दाने (Granules) और सूक्ष्म रचनाएँ (Minute Structures) पाई जाती हैं, जिनके आधार पर विभिन्न प्रकार के कोषाणुओं और उनके स्वास्थ्य की स्थिति में भेद किया जा सकता है।

सामान्यतः कोषद्रव के दो प्रधान गुण माने जाते हैं–(1) स्राव (Secretion) और मलोत्सर्ग (Excretion) तथा (2) आकुंचन (Contractibility)।

स्राव (Secretion) **और मलोत्सर्ग** (Excretion)–कोषद्रव में पाए जानेवाले रासायनिक पदार्थों (Chemical substances) के बीच एक-दूसरे के प्रति इस प्रकार की प्रतिक्रियाएँ होती रहती हैं, जिससे नए पदार्थों का निर्माण होता है जो कोषाणु के बाहर नहीं पाए जाते। ये पदार्थ कोषाणु के भीतर रहकर उसके जीवन की महत्त्वपूर्ण क्रियाओं में सहायता प्रदान करते हैं, अथवा कोषावरण से बाहर जाकर दूसरे कोषाणुओं में फैल जाते हैं और उनके लिए उपयोगी सिद्ध होते हैं। ऐसे पदार्थ, जिनका कोषद्रव में निर्माण होता है और जो कोषावरण से बाहर जाकर जीवन-प्रतिक्रियाओं में रचनात्मक ढंग से सहायता प्रदान करते हैं, उन्हें स्राव कहते हैं। इनके अतिरिक्त कोषाणु में कुछ ऐसे पदार्थ भी होते हैं, जो उसके लिए बिल्कुल आवश्यक नहीं होते हैं। स्वभावतः

कोषाणु उन्हें अपने भीतर नहीं रखना चाहता। फलतः वे कोषावरण से बाहर चले जाते हैं। उन्हें मलोत्सर्ग कहते हैं।

कोषद्रव का दूसरा प्रधान गुण है आकुंचन। यह भी रासायनिक प्रतिक्रियाओं का ही प्रतिफल है। जब अणु अपने आकार-प्रकार में परिवर्तित हो जाते हैं अथवा कोषाणु-पुंज में ही इस प्रकार गतिशील हो जाते हैं कि कोषावरण और कोषाणु के आकार-प्रकार बदल जाते हैं, तब इसे ही आकुंचन की संज्ञा दी जाती है। इस प्रकार के परिवर्तनों के कारण कोषाणु गतिशील हो जाते हैं या वे अति विकसित प्राणियों में उनके अन्य कोषाणुओं को गतिशीलता प्रदान करते हैं और इस प्रकार समस्त प्राणी को गतिशील बना देते हैं।

कोषकेन्द्र के गुण (Properties of the nucleus)–कोषाणु के कोषद्रव में अन्तर्भुक्त प्रधान भाग को कोषकेन्द्र कहते हैं। यह कोषाणु में होनेवाली सर्वप्रधान क्रिया का केन्द्र है। यह समग्र रूप से कोषाणु की जीवन-प्रक्रियाओं को संचालित करता है। कोषकेन्द्र का सबसे प्रधान गुण है जनन-क्रिया (Reproduction)। कोषकेन्द्र के अनेक पित्र्यसूत्र (Chromosomes) होते हैं। उनमें 'जीन' (Gene) पाए जाते हैं, जो प्राणी की जनन-क्रिया को संचालित करते हैं। जब दो विभिन्न कोषाणु एक साथ मिलते हैं और उनके पित्र्यसूत्रों के बीच परस्पर-क्रिया होती है, तब जनन-क्रिया प्रारम्भ हो जाती है। सारांश यह है कि कोषकेन्द्र और उनके पित्र्यसूत्रों का प्रधान कार्य है कोषाणु अथवा कोषाणुओं को पुनः उत्पन्न करना, जिनसे प्राणी का निर्माण होता है।

कोषाणु की क्रियाओं पर समग्र रूप से विचार करने पर ऐसा जान पड़ता है कि बहुत मोटे तौर पर ही कोषावरण, कोषद्रव और कोषकेन्द्र के गुणों का पृथक्करण सम्भव है। वास्तव में, कोषाणु के सभी भागों की क्रियाएँ परस्पर-सम्बद्ध हैं और उनके विभिन्न गुणों में प्रत्यक्ष अथवा अप्रत्यक्ष रूप से सन्निहित हैं।

ज्ञानेन्द्रियाँ या ग्राहक
(Sense organs or Receptors)

प्राणी अपने विकास-क्रम में निरन्तर भौतिक उत्तेजनाओं (Physical stimuli) से प्रभावित होता रहता है। श्रेष्ठ प्राणियों में विशेष प्रकार की उत्तेजनाएँ विशेष प्रकार की ज्ञानेन्द्रियों को उत्तेजित कर उन्हें क्रियाशील बनाती हैं। अमीबा (Amoeba) में, जो सबसे छोटा प्राणी है, विशेष प्रकार की ज्ञानेन्द्रियाँ नहीं होतीं। अतएव, किसी भी उत्तेजना को उसका सारा शरीर ग्रहण करता है। उदाहरण के लिए, प्रकाश के प्रति अमीबा का सारा शरीर क्रियाशील हो जाता है। इसके विपरीत, जब मनुष्य के सामने प्रकाश उपस्थित किया जाता है, तब उसकी आँखें उस प्रकाश को ग्रहण करती हैं। इसी प्रकार, कान में शब्द को, नाक में गन्ध को, जिह्वा में रस को तथा त्वचा

में स्पर्श को ग्रहण करने की क्षमता पाई जाती है। अतः स्पष्ट है कि विशेष प्रकार की उत्तेजनाओं के लिए मनुष्य में विशेष प्रकार की ज्ञानेन्द्रियाँ पाई जाती हैं। यहाँ स्मरणीय है कि इस विशिष्टता के बावजूद ग्राहक सभी प्रकार की शक्ति (Energy) के प्रति प्रतिक्रिया प्रकट करने् की अपनी क्षमता को बिल्कुल खो नहीं देते। इसलिए, यह विशिष्टता सापेक्ष (Relative) मानी जाती है, न कि निरपेक्ष (Absolute)। यहाँ एक बात विशेष रूप से ध्यान देने की है और वह यह कि सभी ग्राहकों में विद्युत्-उत्तेजनाओं के प्रति प्रतिक्रिया प्रकट करने की क्षमता विद्यमान रहती है।

ग्राहकों का वर्गीकरण (Classification of receptors)–ग्राहकों का वर्गीकरण कई प्रकार से किया जा सकता है–(1) उन्हें प्रभावित करनेवाली उत्तेजनाओं के प्रकारों के अनुसार, (2) उनकी रचना की जटिलता के अनुसार, और (3) शरीर में उनके सामान्य स्थान-निरूपण (General localization) के अनुसार। इसमें तीसरा वर्गीकरण सबसे सरल और सबसे उपयुक्त समझा जाता है। उसके अनुसार तीन प्रकार के ग्राहक माने जाते हैं–बाह्य ग्राहक (Exteroceptors), अन्तर्ग्राहक (Interoceptors) तथा मध्यग्राहक (Proprioceptors)।

बाह्य ग्राहक (Exteroceptors)–बाह्य ग्राहक शरीर की बाहरी सतह पर या उसके समीप पाए जाते हैं। ये बाह्य उत्तेजनाओं को ग्रहण करते हैं। बाह्य ग्राहकों के दो वर्ग हैं–एक वे, जो दूरस्थ उत्तेजनाओं द्वारा प्रभावित होते हैं–वे उत्तेजनाएँ जो शारीरिक सम्पर्क में नहीं आतीं; दूसरे वे जो उन उत्तेजनाओं से प्रभावित होते हैं, जिनका त्वचा अथवा शरीर के अन्य भाग से सम्पर्क रहता है। पहले के उदाहरण के रूप में आँख, कान, नाक तथा शीत-ताप-सम्बन्धी त्वचा-ग्राहकों को प्रस्तुत किया जा सकता है और दूसरे के उदाहरण-स्वरूप ताप तथा वेदना-सम्बन्धी त्वचा-ग्राहकों को प्रस्तुत किया जा सकता है।

अन्तर्ग्राहक (Interoceptors)–अन्तर्ग्राहकों में वे ग्राहक सन्निहित हैं जो शरीर की आन्तरिक सतह (Internal surface) पर पाए जाते हैं। अन्तर्ग्राहक कोषाणु (Interoceptors cells) मुँह, गला, पेट, अँतड़ी आदि शरीर के आन्तरिक अंगों में पाए जाते हैं। अन्तर्ग्राहकों के उत्तेजित होने से भूख, प्यास, वमन (Nausea) तथा अन्य अन्तरिन्द्रिय संवेदनाएँ उत्पन्न होती हैं।

मध्यग्राहक (Proprioceptors)–मध्यग्राहकों में वे ज्ञानवाही कोषाणु (Sensory cells) सन्निहित हैं, जो मांसपेशियों, पुट्ठों तथा सन्धियों या जोड़ों में पाए जाते हैं। शारीरिक सन्तुलन से सम्बद्ध सभी ग्राहकों की गणना मध्यग्राहकों में ही होती है।

स्नायु-कोष
(Neuron)

स्नायुकोष, ग्राहक-समायोजक-प्रभावक यन्त्र रचना (Receptor-adjustor-effector mechanism) की कड़ी में दूसरा है। ग्राहकों और प्रभावकों के बीच की क्रियाओं

के समायोजन के लिए इसका पृथक्करण हुआ है। निस्सन्देह, कभी-कभी स्नायु-कोष ग्राहक यन्त्र-रचनाओं (Receptor mechanisms) के पृथक्करण में भी हाथ बँटाता है, किन्तु प्रधान रूप से इसका कार्य है समायोजक यन्त्र-रचना (Adjustor mechanism) का निर्माण, जिसे स्नायु-मण्डल (Nervous system) कहा जाता है। इस अभिप्राय की सिद्धि के लिए इसने पृथक्करण के क्रम में संक्षोभ और संरक्षण के गुणों को विशेष रूप से अपनाया है।

स्नायु-कोष की बनावट (Structure of the neuron)–स्नायु-कोष के तीन प्रधान भाग होते हैं–(1) शिखातन्तु (Dendrite), (2) मुख्यतन्तु (Axon), और

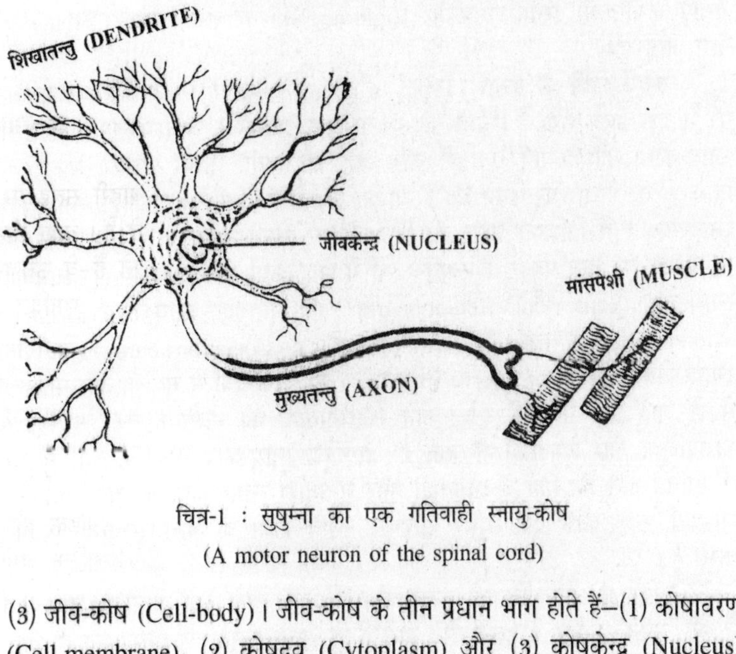

चित्र-1 : सुषुम्ना का एक गतिवाही स्नायु-कोष
(A motor neuron of the spinal cord)

(3) जीव-कोष (Cell-body)। जीव-कोष के तीन प्रधान भाग होते हैं–(1) कोषावरण (Cell membrane), (2) कोषद्रव (Cytoplasm) और (3) कोषकेन्द्र (Nucleus) जिनका विशद् विवेचन पहले किया जा चुका है। अतएव, यहाँ शिखातन्तुओं और मुख्यतन्तुओं पर ही विचार प्रस्तुत किया जाएगा।

शिखातन्तुओं और मुख्यतन्तुओं की अपनी-अपनी विशेषताएँ हैं और वे तीन बातों को लेकर एक-दूसरे से अलग की जा सकती हैं–(1) शिखातन्तुओं की ऐसी स्थिति होती है कि वे वातावरण की उत्तेजनाओं द्वारा प्रभावित हो सकते हैं या अन्य कोषाणु की क्रियाओं द्वारा या अन्य स्नायु-कोषों द्वारा भी। इस प्रकार शिखातन्तु स्नायु-कोष का ग्रहणकर्त्ता छोर (Receiving end) है। मुख्यतन्तु प्रभावकों या अन्य

स्नायु-कोषों से सम्बद्ध होता है और वह वहाँ तक स्नायु-प्रवाहों (Nerve-impulses) को पहुँचाता है।

2. शिखातन्तु जब जीव-कोष को छोड़ देता है, तब यह अपने आकार में पतला और नुकीला होता जाता है। फलतः, यह बतलाना बड़ा कठिन हो जाता है कि जीव-कोष का कहाँ अन्त होता है और शिखातन्तु कहाँ से शुरू होता है। किन्तु मुख्यतन्तु जहाँ जीव-कोष को छोड़ता है, वह स्थान कुछ उठा हुआ होता है, जिसे मुख्यतन्तु-पर्वती (Axon-hillock) कहते हैं।

3. एक स्नायु-कोष में सामान्यतः अनेक शिखातन्तु होते हैं, जो पेड़ की टहनियों के समान फैले रहते हैं। इसके विपरीत, स्नायु-कोष में मुख्यतन्तु एक ही होता है, यद्यपि कभी-कभी इसके समकोण (Right angles) पर समानान्तर (Collaterals) पाए जाते हैं।

स्नायु-कोषों के प्रकार (Types of neurons)–ऊपर स्नायु-कोष की बनावट पर प्रकाश डाला गया है। यहाँ यह बतला देना आवश्यक जान पड़ता है कि सभी स्नायु-कोषों की क्रियाएँ एक ही तरह की नहीं होतीं, बल्कि विशिष्ट प्रकार की क्रियाओं के आधार पर उनमें भेद किया जा सकता है। विभिन्न प्रकार के स्नायु-कोष स्नायु-मण्डल में विशिष्ट प्रकार की क्रियाओं का सम्पादन करते हैं। अतः क्रियाओं के आधार पर तीन प्रकार के स्नायु-कोषों में भेद किया जा सकता है–(1) ज्ञानवाही स्नायु-कोष (Sensory or afferent neuron), (2) गतिवाही स्नायु-कोष (Motor or afferent neuron), तथा (3) साहचर्य स्नायु-कोष (Association neuron)। ज्ञानवाही स्नायु-कोष स्नायु-प्रवाहों (Nerve-impulses) को ज्ञानेन्द्रियों से सुषुम्ना और मस्तिष्क में ले जाते हैं। गतिवाही स्नायु-कोष स्नायु-प्रवाहों को मस्तिष्क तथा सुषुम्ना से मांसपेशियों और पिण्डों में ले जाते हैं। साहचर्य स्नायु-कोष मस्तिष्क तथा सुषुम्ना में सीमित होते हैं। वहाँ वे ज्ञानवाही और गतिवाही स्नायु-कोषों के बीच तथा एक साहचर्य स्नायु-कोष और दूसरे साहचर्य स्नायु-कोषों के बीच सम्बन्ध स्थापित करते हैं।

ज्ञानवाही और गतिवाही स्नायु-कोषों में लम्बे-लम्बे केश के सदृश तन्तु होते हैं, जो अपने आकार में इतने छोटे होते हैं कि उन्हें अनुवीक्षण-यन्त्र द्वारा ही देखा जा सकता है। इन तन्तुओं की अनेक शाखाएँ होती हैं। साहचर्य स्नायु-कोषों में अपेक्षाकृत छोटे-छोटे तन्तु पाए जाते हैं। उनका विस्तार प्रधानतः जीव-कोष ही है। जीव-कोष की आकृति भूरी (Gray) होती है। फलतः साहचर्य-स्नायु-कोषों के बड़े पुंज, जो प्रधानतः सुषुम्ना और मस्तिष्क की बाह्य सतह (Cortex) पर दीख पड़ते हैं, वे भी अपनी आकृति में भूरे ही होते हैं। उन्हें प्रायः भूरे पदार्थ (Gray-matter) की संज्ञा दी जाती है। स्वतः स्नायु-तन्तु (Nerve-fibre) अपेक्षाकृत मोटे आवरण से ढका रहता है। यह आकृति में सफेद होता है। इस प्रकार, तन्तुओं के जो बड़े पुंज दीख पड़ते हैं, उन्हें प्रायः 'श्वेत पदार्थ' कहा जाता है।

कर्मेन्द्रियाँ या प्रभावक
(Motor organs or Effectors)

कर्मेन्द्रियाँ या प्रभावक उन अंगों को कहते हैं, जिनसे शरीर के सभी कार्य सम्पादित होते हैं। कर्मेन्द्रियाँ प्रधानतः दो हैं–(1) मांसपेशियाँ, तथा (2) पिण्ड।

मांसपेशियाँ दो तरह की होती हैं–(1) धारीदार मांसपेशियाँ (Striped muscles), तथा (2) चिकनी मांसपेशियाँ (Smooth muscles)। इन दो प्रकार की मांसपेशियों द्वारा विभिन्न प्रकार की गतियों का संचालन और नियन्त्रण होता है। आत्मप्रेरित अथवा ऐच्छिक गतियाँ (Voluntary movements) धारीदार मांसपेशियों द्वारा सम्पादित होती हैं तथा आत्मप्रेरित अथवा अनैच्छिक गतियाँ (Involuntary movements) चिकनी मांसपेशियों के द्वारा सम्पन्न होती हैं। ऐच्छिक गतियों से हमारा तात्पर्य उन गतियों से है जिनमें व्यक्ति की चेष्टा शामिल रहती है। इसके विपरीत अनैच्छिक गतियों से हमारा तात्पर्य उन गतियों से है, जिनमें व्यक्ति की कोई चेष्टा शामिल नहीं रहती, वरन् वे अपने-आप हुआ करती हैं। ऐच्छिक गतियों में चेष्टा, प्रयत्न तथा इच्छा के शामिल रहने के कारण धारीदार मांसपेशियों में बहुत जल्दी थकावट आ जाती है। उदाहरणार्थ, हाथ-पैर का हिलाना-डुलाना, चलना-फिरना इत्यादि ऐच्छिक क्रियाएँ हैं, जो धारीदार मांसपेशियों के द्वारा सम्पादित होती हैं। फलतः धारीदार मांसपेशियों में अतिशीघ्र थकावट आ जाती है। इसके विपरीत, श्वास-क्रिया, पाचन-क्रिया, रक्त-प्रवाह इत्यादि क्रियाएँ अनैच्छिक हैं, जो स्वतः सम्पादित होती रहती हैं। इनका संचालन और नियन्त्रण चिकनी मांसपेशियों द्वारा होता है। इनमें विशेष प्रकार की चेष्टा की आवश्यकता नहीं होती। फलतः चिकनी मांसपेशियों में जल्दी थकावट भी नहीं आ पाती।

हृद् मांसपेशियाँ (Cardiac muscles)–हृद् मांसपेशियों को एक विशेष प्रकार की धारीदार मांसपेशियाँ कह सकते हैं। ये दो बातों में धारीदार मांसपेशियों से भिन्न होती हैं–(1) इनके तन्तु धारीदार मांसपेशियों की तरह समानान्तर नहीं होते; (2) ये कोषावरण से नहीं ढकी रहतीं।

मांसपेशियों की तरह पिण्डों के द्वारा भी अनेक प्रकार के कार्य सम्पादित होते हैं। प्रत्येक पिण्ड से एक तरह का स्राव निकलता है, जिसके द्वारा विभिन्न प्रकार के कार्य सम्पन्न होते हैं। उदाहरण के लिए, यदि किसी की आँख में धूल पड़ जाए, तो अश्रुवाही पिण्ड आँसुओं के द्वारा बहाकर उसें बाहर निकाल देते हैं।

पिण्ड प्रधानतः दो प्रकार के होते हैं–(1) नलिका-पिण्ड अथवा बहिःस्रावी पिण्ड (Duct glands), तथा (2) अन्तःस्रावी पिण्ड (Ductless or Endocrine glands)। बहिःस्रावी पिण्ड में एक नलिका होती है, जिसके द्वारा पिण्ड-स्राव (Glandular secretions) पिण्ड से बाहर निकलकर शरीर की सतह पर आ जाते हैं। उदाहरण

के लिए, पसीना, आँसू, लार इत्यादि ऐसे पिण्ड-स्राव हैं, जो रक्त-प्रवाह में नहीं मिल पाते, वरन् पिण्ड-नलिका (Glandular duct) के द्वारा बाहर निकलकर शरीर की सतह पर आ जाते हैं।

अन्तःस्रावी पिण्ड (Endocrine glands)–अन्तःस्रावी पिण्डों के स्राव शरीर के भीतर सीधे रक्त-प्रवाह में मिल जाते हैं। इनके पिण्ड-स्राव को 'हारमोन्स' कहते हैं। ये 'हॉरमोन्स' मनुष्य की क्रियाओं तथा उसके व्यवहारों पर अपना प्रभाव डालते हैं। मनोवैज्ञानिक अध्ययनों से स्पष्ट है कि मनुष्य के व्यक्तित्व तथा उसके संवेगों पर 'हॉरमोन्स' का अत्यधिक प्रभाव पड़ता है। पुनः अन्तःस्रावी पिण्डों का विवेचन व्यक्तित्व तथा संवेगों के प्रसंग में प्रस्तुत किया जाएगा।

स्नायु-प्रवाह
(Nerve-impulse)

प्रारम्भिक मनोवैज्ञानिकों और शरीर-वैज्ञानिकों को ऐसा लगता था कि स्नायु-प्रवाह का स्वरूप एक-सा नहीं होता। दृष्टि-संवेदना (Visual sensation) में निहित स्नायु-प्रवाह श्रवण-संवेदना (Auditory sensation) में निहित स्नायु-प्रवाहों से भिन्न होते हैं। किन्तु, आधुनिक अनुसन्धानों के आधार पर यह बात उपयुक्त नहीं जान पड़ती। वास्तव में, सभी स्नायु-प्रवाह (Nerve impulses) एक ही स्वभाव के होते हैं। वे वैद्युत् रासायनिक तरंगों (Electro-chemical waves) के स्वभाव के ही होते हैं। सभी ज्ञानेन्द्रियों और कर्मेन्द्रियों के द्वारा ले जाए जानेवाले स्नायु-प्रवाह एक-से ही होते हैं। प्राणी की प्रतिक्रियाएँ इसलिए विभिन्न प्रकार की होती हैं कि उसमें (प्राणी में) विभिन्न ज्ञानेन्द्रियों की बनावट विभिन्न प्रकार की होती हैं। यहाँ उद्दीपन (Stimulation) और संचरण (Conduction) के स्वभाव पर संक्षिप्त विचार अप्रासंगिक न होगा।

सीमान्त उत्तेजना (Threshold stimulus)–विभिन्न स्नायु-तन्तुओं (Nerve fibres) को उत्तेजित करने के लिए विभिन्न शक्तियों (Strengths) की उत्तेजनाओं की आवश्यकता होती है। उत्तेजना की वह अल्पतम शक्ति, जो स्नायु-तन्तु को उत्तेजित कर सके, सीमान्त उत्तेजना कही जाती है। वह सीमान्त उत्तेजना विभिन्न स्नायु-तन्तुओं की बनावटों के अनुसार भिन्न-भिन्न प्रकार की हो सकती है। प्राणी के स्वास्थ्य की विभिन्नता के कारण भी परिवर्तन हो सकते हैं।

निरपेक्ष निष्क्रियावस्था (Absolute refractory period) **तथा सापेक्ष निष्क्रियावस्था** (Relative refractory period)–जब कोई स्नायु-कोष किसी स्नायु-प्रवाह द्वारा उत्तेजित हो जाता है, तब एक लघु अवकाश का क्षण आता है, जब वह अति तीव्र (Intense) उत्तेजना द्वारा भी प्रभावित नहीं हो सकता। यह अवकाश निरपेक्ष निष्क्रियावस्था का द्योतक है। इसकी सबसे लघु अवधि एक हजारवें भाग के लगभग

होती है। इस निरपेक्ष निष्क्रियावस्था के बाद एक दूसरा लघु क्षण आता है, जब अति तीव्र उत्तेजना द्वारा स्नायु-कोष प्रभावित हो सकता है। इसे ही सापेक्ष निष्क्रियावस्था कहते हैं।

स्नायु-प्रवाह तथा 'सम्पूर्ण-या बिल्कुल नहीं का नियम' (All-or-none law)– जब ज्ञानेन्द्रियों के सामने कोई उत्तेजना उपस्थित की जाती है, तब उनमें एक प्रकार का वैद्युत्-रासायनिक संक्षोभ (Electro-chemical disturbance) उत्पन्न होता है। यह संक्षोभ (Disturbance) स्नायु-तन्तुओं से होता हुआ केन्द्रीय स्नायु-मण्डल में पहुँच जाता है और तब हमें उस इन्द्रियजन्य संवेदना का अनुभव होता है। ठीक इसी तरह केन्द्रीय स्नायु-मण्डल में उत्पन्न वैद्युत्-रासायनिक संक्षोभ जब स्नायु-तन्तुओं से होता हुआ मांसपेशियों तथा पिण्डों में पहुँचता है, तब उनमें गति उत्पन्न हो जाती है और हम क्रियाशील हो जाते हैं। इसी वैद्युत्-रासायनिक संक्षोभ को स्नायु-प्रवाह कहते हैं। स्नायु-प्रवाहों का अध्ययन मनोविज्ञान में अपना विशेष महत्त्व रखता है। कारण, स्नायु-प्रवाहों के स्वरूप को भलीभाँति जान लेने के बाद मनुष्य की प्रतिक्रियाओं का समुचित ज्ञान प्राप्त करना सुलभ हो जाता है। अतः स्नायु-प्रवाहों के स्वरूप पर यहाँ संक्षेप में प्रकाश डालना अभीष्ट है।

समुचित उत्तेजना पाकर जब कोई स्नायु-कोष प्रभावित होता है, तब वह अपनी सम्पूर्ण शक्ति के साथ क्रियाशील हो उठता है। हाँ, यह सम्भव है कि यदि उत्तेजना दुर्बल हो तो स्नायु-कोष बिल्कुल उत्तेजित हो ही नहीं, उसमें क्रियाशीलता आए ही नहीं, किन्तु यदि उत्तेजना स्नायु-कोष को उत्तेजित करने के लिए पर्याप्त रूप में सबल हो, तो स्नायु-कोष अपनी सम्पूर्ण शक्ति के साथ उत्तेजित हो उठेगा। इसे ही 'सम्पूर्ण-या-बिल्कुल नहीं' का नियम कहते हैं।

'सम्पूर्ण-या-बिल्कुल नहीं' के नियम से ऐसा जान पड़ता है कि स्नायु-कोषों की प्रतिक्रियाएँ सभी अवस्थाओं में समान होंगी। परन्तु, बात ऐसी नहीं है। स्नायु-कोषों की प्रतिक्रियाएँ सभी अवस्थाओं में समान नहीं होतीं, वरन् उनमें विभिन्नताएँ पाई जाती हैं। कोई प्रतिक्रिया प्रबल होती है, तो कोई अपेक्षाकृत दुर्बल। प्रतिक्रिया की इस प्रबलता अथवा दुर्बलता का प्रधान कारण यह है कि कभी अधिक स्नायु-कोष सक्रिय हो जाते हैं और कभी बिल्कुल कम। अतएव, स्पष्ट है कि प्रतिक्रिया की प्रबलता अथवा दुर्बलता उत्तेजित या सक्रिय स्नायु-कोषों (Stimulated or activated neurons) की संख्या पर निर्भर करती है। यदि एक समय में अधिक स्नायु-कोष उत्तेजित हुए, तो व्यक्ति की प्रतिक्रिया सबल होगी। इसके विपरीत, यदि एक समय में कम स्नायु-कोष उत्तेजित हुए तो व्यक्ति की प्रतिक्रिया भी क्षीण होगी। प्रतिक्रिया की प्रबलता अथवा दुर्बलता का दूसरा कारण यह है कि एक ही स्नायु-कोष बहुत जल्दी-जल्दी उत्तेजित हो सकता है अथवा बहुत देर-देर से। जब कोई स्नायु-कोष

एक सीमित समय के भीतर बहुत जल्दी-जल्दी उत्तेजित होता है, तब व्यक्ति की प्रतिक्रिया सबल होती है। इसके विपरीत, जब कोई स्नायु-कोष बहुत देर-देर से उत्तेजित होता है या एक सीमित समय के भीतर बहुत कम बार उत्तेजित होता है, तब व्यक्ति की प्रतिक्रिया क्षीण होती है।

सन्धि-स्थल (Synapse)–एक स्नायु-कोष का मुख्यतन्तु दूसरे स्नायु-कोष के शिखातन्तुओं से मिला हुआ जान पड़ता है, पर वास्तव में वह बिल्कुल मिला हुआ नहीं होता, बल्कि उनके शिखातन्तुओं के अति सन्निकट होता है। शरीर-रचना की

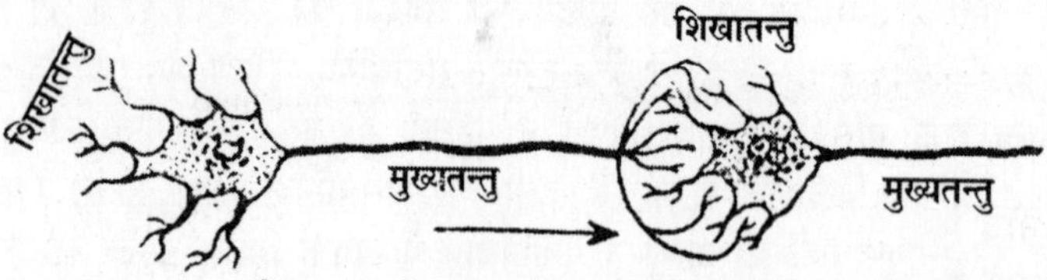

चित्र-2 : दो स्नायु-कोष का सन्धि-स्थल
(Synapse of the two neurons)

दृष्टि से स्नायु-कोष परस्पर सम्बद्ध नहीं होते, क्योंकि सभी कोषाणुओं के अलग-अलग कोषावरण होते हैं। इससे स्पष्ट है कि उनके बीच कुछ अन्तर रह जाता है। यह अन्तर इतना सूक्ष्म होता है कि स्नायु-प्रवाहों का संचरण सहज ढंग से होता रहता है। इस स्थल को ही पारिभाषिक शब्दों में सन्धि-स्थल कहा जाता है। यह केवल क्रियात्मक सन्धि (Functional junction) का द्योतक है। स्नायु-प्रवाह प्रायः इस प्रकार के सन्धि-स्थल को पारकर दूसरे स्नायु-कोष के शिखातन्तुओं में चला जाता है। फलतः स्नायु-प्रवाह का शरीर के एक भाग से दूसरे भाग में संचरण होता है।

सन्धि-स्थल के सम्बन्ध में विचार करते समय यहाँ होनेवाली दो महत्त्वपूर्ण क्रियाओं पर विचार करना अनिवार्य हो जाता है। वे हैं–(1) संवर्द्धन (Facilitation) और (2) अवरोधन (Inhibition)। एक प्रकार के संवर्द्धन को स्थानिक योग (Spatial summation) और दूसरे प्रकार के संवर्द्धन को सामयिक योग (Temporal summation) कहते हैं। कई स्नायु-प्रवाह एक या अधिक तन्तुओं (Fibres) में आते रहते हैं, किन्तु वे इतने क्षीण होते हैं कि सन्धि-स्थल को स्वतः पार नहीं कर पाते। पर सन्धि-स्थल पर मिलनेवाले अन्य स्नायु-प्रवाहों के सहयोग से वे उसे पार करने में समर्थ हो जाते हैं। उदाहरणार्थ, स्नायु-कोष 'अ' से आनेवाला स्नायु-प्रवाह जब सन्धि-स्थल पर पहुँचता है, तब 'अ' और 'स' स्नायु-कोष के संयोग से बने सन्धि-स्थल को स्वतः पार करने में अपने को असमर्थ पाता है। जब स्नायु-कोष 'ब' से उसी सन्धि-स्थल पर लगभग उसी समय आनेवाला स्नायु-प्रवाह भी सन्धि-स्थल को पार करने में अपने को असमर्थ पाता है, तब वह पहले स्नायु-प्रवाह से मिल जाता है और इस योग के फलस्वरूप वह सन्धि-स्थल को पार कर जाता है। इसे स्थानिक योग का ही परिणाम कहा जाएगा।

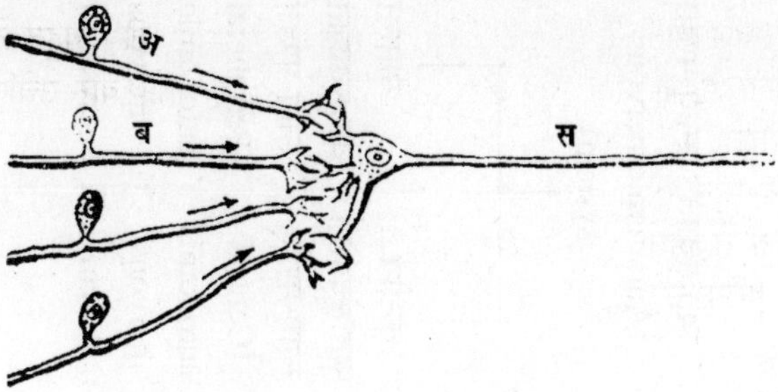

चित्र-3 : सन्धिस्थलीय संगम (Synaptic junction)

यह नीचे दिए गए चित्र-3 से स्पष्ट है। जब अति क्षीण स्नायु-प्रवाह किसी तन्तु में आता है, तब वह स्वयं सन्धि-स्थल को पार नहीं कर पाता। इसी प्रकार, कई स्नायु-प्रवाह वहाँ आते हैं, किन्तु वे स्वतः इसको पार नहीं कर पाते। किन्तु जब कई क्षीण स्नायु-प्रवाह एकत्र हो जाते हैं, तब उनमें सार्थकता आ जाती है और वे सन्धि-स्थल को पार कर जाते हैं। एक ही तन्तु में एक के बाद दूसरे स्नायु-प्रवाहों के आने के कारण ही इसे सामयिक योग कहते हैं। स्पष्ट है कि कई स्नायु-प्रवाह एक ही समय किसी तन्तु में नहीं पहुँचते, बल्कि उनके आने में थोड़े समय का अन्तर रहता है।

स्नायु-प्रवाह विभिन्न स्नायु-कोषों से सन्धि-स्थल पर पहुँचते हैं। उनमें जो स्नायु-प्रवाह अपेक्षाकृत अधिक तीव्र तथा समायोजनात्मक होता है, वह अन्य क्षीण स्नायु-प्रवाहों को रोककर सन्धि-स्थल को स्वयं पार कर जाता है। उदाहरण के लिए यदि कोई किसी मेढक के चमड़े को काटता है, तो वह स्वभावतः उछलता है और इस क्रिया द्वारा वह अपनी रक्षा करना चाहता है। किन्तु, यदि वह काम (sex) से अभिभूत होकर अपनी काम-वृत्ति को तृप्त करने के लिए आलिंगन की क्रिया में संलग्न रहता है, तो काटने का उस पर अधिक प्रभाव नहीं पड़ता। स्पष्ट है कि काम-सम्बन्धी क्रिया सामान्य रक्षात्मक प्रतिक्षेप-क्रिया (Normal protective reflex) को रोक लेती है। वास्तव में, स्नायु-मण्डल की कुछ क्रियाएँ अथवा अवस्थाएँ ठीक उसी समय घटित होने की कुछ अन्य क्रियाओं की सम्भावना को रोक लेती हैं। इसे ही अवरोधन (Inhibition) की संज्ञा दी जाती है।

स्नायु-मण्डल के संविभाग
(Division of Nervous System)

स्नायु-मण्डल का विभाजन दो ढंग से किया जा सकता है। पहले के अनुसार स्नायु-मण्डल को दो भागों में विभक्त किया जा सकता है–(1) केन्द्रीय स्नायु-मण्डल (Central nervous system), और (2) सीमान्त स्नायु-मण्डल (Peripheral nervous

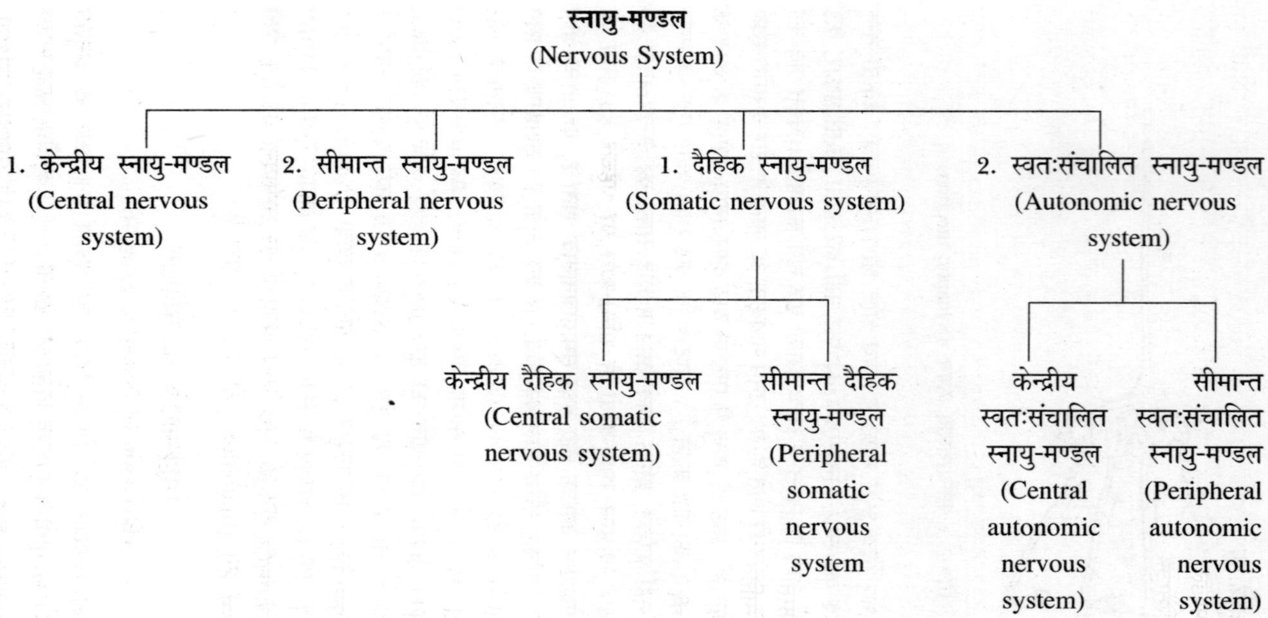

स्नायु-मण्डल के संविभाग

system)। केन्द्रीय स्नायु-मण्डल का निर्माण मस्तिष्क तथा सुषुम्ना से होता है। सीमान्त स्नायु-मण्डल में वे सभी स्नायु-पुंज (Ganglia) तथा स्नायु-तन्तु सन्निहित रहते हैं, जो मस्तिष्क और सुषुम्ना के बाहर पाए जाते हैं। दूसरे के अनुसार भी स्नायु-मण्डल को दो भागों में विभक्त किया जा सकता है–(1) दैहिक स्नायु-मण्डल (Somatic nervous system), और (2) स्वतः संचालित स्नायु-मण्डल (Autonomic nervous system)। स्वतः संचालित स्नायु-मण्डल में में केन्द्रीय स्नायु-मण्डल के वे भाग और सीमान्त स्नायु-मण्डल के स्नायु-कोष सन्निहित रहते हैं, जिनका सम्बन्ध अँतड़ियों की चिकनी मांसपेशियों (Smooth muscles of intestines), रक्त-नालिकाओं तथा जनन-सम्बन्धी नालिका (Urogenital tract) की प्रतिक्रियाओं से रहता है। इसके अतिरिक्त उनका सम्बन्ध हृदय की मांसपेशियों की प्रतिक्रियाओं से रहता है तथा पिण्डों की प्रतिक्रियाओं से भी उनका सम्बन्ध होता है, जो स्नायु-प्रवाहों को ग्रहण करते हैं। सामान्य रूप से स्वतःसंचालित स्नायु-मण्डल आन्तरिक वातावरण को नियन्त्रित करता है। दैहिक स्नायु-मण्डल में केन्द्रीय और सीमान्त स्नायु-मण्डलों के वे भाग सन्निहित रहते हैं, जो ज्ञानेन्द्रियों से स्नायु-प्रवाहों को संचारित करते हैं, उन्हें मस्तिष्क में संगठित रूप देते हैं तथा गतिवाही स्नायु-प्रवाहों को शरीर और विभिन्न अंगों की धारीदार मांसपेशियों में ले जाते हैं।

यद्यपि स्वतःचालित स्नायु-मण्डल और दैहिक स्नायु-मण्डल के सीमान्त छोर (Peripheral endings) एक-दूसरे से बिल्कुल भिन्न हैं, तथापि केन्द्रीय स्नायु-मण्डल और सीमान्त स्नायु-मण्डल में इनका कोई स्पष्ट विभाजन नहीं है। तात्पर्य यह कि स्वतःचालित और दैहिक स्नायु-मण्डलों के स्नायु-कोष केन्द्रीय स्नायु-मण्डल और सीमान्त स्नायु-मण्डल, दोनों में ही पाए जाते हैं।

उपर्युक्त विवेचन को दृष्टिकोण में रखकर सम्पूर्ण स्नायु-मण्डल के चार विभाग किए जा सकते हैं–(1) सीमान्त दैहिक स्नायु-मण्डल, (2) सीमान्त स्वतःसंचालित स्नायु-मण्डल, (3) केन्द्रीय स्वतःसंचालित स्नायु-मण्डल तथा (4) केन्द्रीय दैहिक स्नायु-मण्डल। पृष्ठ संख्या 66 पर दी गई तालिका से स्नायु-मण्डल के विभाग स्पष्ट हो जाते हैं।

यहाँ स्वतःसंचालित स्नायु-मण्डल तथा केन्द्रीय स्नायु-मण्डल पर सम्यक् रूप में प्रकाश डालना ही अभीष्ट है।

स्वतःसंचालित स्नायु-मण्डल

(Autonomic Nervous system)

स्वतःसंचालित स्नायु-मण्डल, मेरुदण्ड रज्जु (Spinal cord) के समानान्तर स्नायु-कोषों के गुच्छों के तार (Chain of gaglia) के रूप में ऊपर से नीचे तक फैला हुआ है। इन स्नायु-कोषों से निकलकर स्नायु-तन्तु शरीर के प्रायः सभी आन्तरिक अवयवों,

जैसे हृदय, फेफड़ों, आमाशय, अँतड़ियों, यकृत (Liver), गुर्दों (Kedneys), लारपिण्ड (Salivary gland), स्वेद-पिण्ड (Sweat gland) तथा पुतलियों को प्रसारित करनेवाली मांसपेशियों इत्यादि में जाते हैं। स्वतःसंचालित स्नायु-मण्डल इन सभी आन्तरिक अवयवों के कार्यों का संचालन एवं नियन्त्रण करता है। स्नायु-मण्डल के इस विभाग को स्वतःसंचालित स्नायु-मण्डल इसलिए कहा जाता है कि इसे क्रियाशील बनाने के लिए किसी बाह्य उत्तेजना की आवश्यकता नहीं पड़ती, वरन् यह भाग जिन अंगों की क्रियाओं को संचालित एवं नियन्त्रित करता है, उनकी ही गतियों से निरन्तर उत्तेजित और क्रियाशील होता रहता है। किन्तु इसका यह अर्थ नहीं कि स्वतःसंचालित स्नायु-मण्डल, केन्द्रीय स्नायु-मण्डल से बिल्कुल स्वतन्त्र है। वस्तुतः केन्द्रीय स्नायु-मण्डल बहुत हद तक स्वतःसंचालित स्नायु-मण्डल की क्रियाओं पर अपना प्रभाव डाल सकता है। फिर भी साधारण अवस्था में दोनों की क्रियाएँ अलग-अलग और स्वतन्त्र रूप से ही चला करती हैं। सभी प्रकार की आत्म-प्रेरित अथवा ऐच्छिक क्रियाएँ (Voluntary actions) केन्द्रीय स्नायु-मण्डल पर निर्भर करती हैं तथा आत्मप्रेरित अथवा अनैच्छिक क्रियाएँ (Involuntary actions) अधिकांशतः स्वतःसंचालित स्नायु-मण्डल पर अवलम्बित रहती हैं।

स्वतःसंचालित स्नायु-मण्डल से स्नायविक क्रिया (Nervous activity) के दो भागों में भेद किए जा सकते हैं–(1) सहानुभूतिक प्रवाह (Sympathetic outflow) सुषुम्ना के 'थोरैसिक' और 'लम्बर' (Thoracic and lumbar) सुषुम्ना स्नायुओं से होकर प्रवाहित होता है। इसीलिए सहानुभूतिक मण्डल को 'थोरैसिको-लम्बर'-मण्डल (Thoracico-lumbar system) भी कहते हैं। (2) उपसहानुभूतिक प्रवाह (Parasympathetic outflow) केन्द्रीय-स्नायु-मण्डल के 'क्रैनियल' (Cranial) और 'सैक्रल' (Sacral) स्नायुओं से होकर प्रवाहित होता है। इसीलिए उपसहानुभूतिक मण्डल को 'क्रैनियो-सैक्रल'-मण्डल (Cranio-sacral system) भी कहा जाता है। स्वतःसंचालित स्नायु-मण्डल के विभागों को निम्नांकित वंश-वृक्ष की रेखाओं द्वारा व्यक्त किया जा सकता है–

स्वतःसंचालित स्नायु-मण्डल
(Autonomic Nervous system)

सहानुभूतिक मण्डल	उपसहानुभूतिक मण्डल
(Sympathetic system)	(Parasympathetic system)
या	या
'थोरैसिको-लम्बर'-मण्डल	'क्रैनियो-सैक्रल'-मण्डल
(Thoracico-lumbar system)	(Cranio-sacral system)

सहानुभूतिक तथा उपसहानुभूतिक मण्डलों के कार्य बहुधा परस्पर-विरोधी हुआ करते हैं। यदि सहानुभूतिक मण्डल सामान्यतः शरीर के आन्तरिक अवयवों को अधिक क्रियाशील बनाता है, तो उपसहानुभूतिक मण्डल उनकी क्रियाओं में शिथिलता ला देता है। उदाहरणार्थ, यदि सहानुभूतिक मण्डल के द्वारा हृदय की गति तीव्र होती है, तो उपसहानुभूतिक मण्डल हृदय की गति में शिथिलता ला देता है। ऐड्रीनल पिण्ड के अतिरिक्त, प्रायः सभी आन्तरिक अवयवों में इन दोनों मण्डलों के स्नायु-तन्तु पाए जाते हैं। सामान्यतः जीवन में आन्तरिक अंगों की स्वाभाविक क्रियाएँ स्वतःसंचालित स्नायु-मण्डल के इन दोनों भागों की क्रियाओं के सन्तुलन पर ही निर्भर करती हैं। किन्तु जब कभी इन दोनों भागों की क्रियाओं का सन्तुलन भंग हो जाता है, तब आन्तरिक अवयवों की स्वाभाविक गतियों में भी अराजकता आ जाती है। साधारणतः किसी आकस्मिक घटना अथवा उत्तेजना के उपस्थित होने पर सहानुभूतिक मण्डल अधिक क्रियाशील हो उठता है। फलतः, हृदय की धड़कन तथा नाड़ी की गति बढ़ जाती है। परन्तु जब मनुष्य शान्त और प्रसन्न रहता है, तब दोनों मण्डलों (सहानुभूतिक मण्डल तथा उपसहानुभूतिक मण्डल) की क्रियाशीलताएँ सन्तुलित होती हैं। उपसहानुभूतिक मण्डल की अधिक क्रियाशीलता के परिणामस्वरूप व्यक्ति बिल्कुल शिथिल हो जाता है।

संवेगों में सहानुभूतिक मण्डल का विशेष हाथ रहता है। संवेगों में होनेवाले शारीरिक परिवर्तनों, जैसे हृदय की गति का बढ़ना, रक्त-प्रवाह का तीव्र होना, रोंगटे खड़े होना, पसीना आना इत्यादि का नियन्त्रण सहानुभूतिक मण्डल द्वारा ही होता है। अतः संवेगों के अध्ययन में इनका बड़ा महत्त्वपूर्ण स्थान है।

केन्द्रीय स्नायु-मण्डल
(Central Nervous system)

केन्द्रीय स्नायु-मण्डल के दो प्रधान विभाग किए जा सकते हैं–(1) सुषुम्ना या मेरुदण्ड-रज्जु, और (2) मस्तिष्क। पुनः मस्तिष्क के कई विभाग किए जा सकते हैं। शरीर-वैज्ञानिकों ने प्रायः इसके पाँच विभाग किए हैं–(1) अन्तरमस्तिष्क (Diencephalon), (2) मस्तिष्क-खण्ड (Telencephalon), (3) मध्यमस्तिष्क (Mesencephalon or Mid-brain), (4) अनुमस्तिष्क (Metencephalon), और (5) सुषुम्नाशीर्ष (Myelencephalon or Medulla)। इन विभागों को इसलिए अपनाया जाता है कि इन्हें भ्रूण-सम्बन्धी विकास (Embryological development) के क्रम में बतलाया जा सकता है। मस्तिष्क के प्रारम्भिक विकास-काल में उसके तीन विभाग किए गए–(1) अग्रमस्तिष्क, (2) मध्यमस्तिष्क, और (3) पृष्ठमस्तिष्क। बाद को अग्रमस्तिष्क के दो विभाग किए गए–(1) मस्तिष्क-खण्ड, और (2) अन्तरमस्तिष्क।

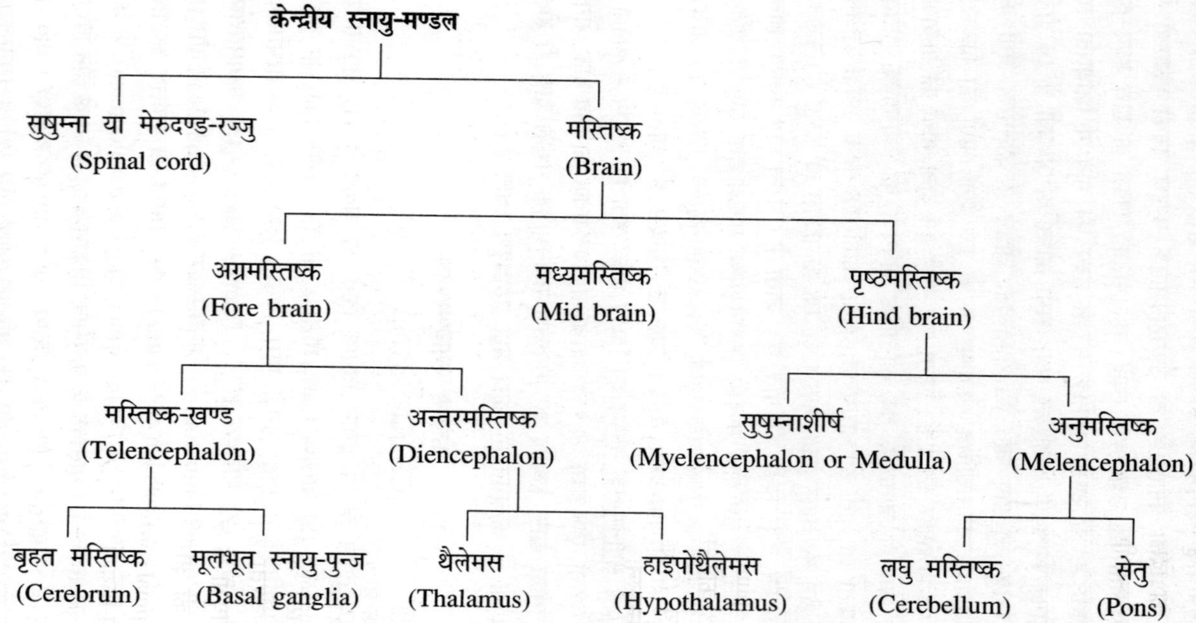

केन्द्रीय स्नायु-मण्डल के संविभाग

इसी प्रकार, (1) पृष्ठमस्तिष्क, और (2) सुषुम्नाशीर्ष। मध्यमस्तिष्क का कोई विभाग नहीं किया गया। पृष्ठ संख्या 70 पर दिए गए वंश-वृक्ष में केन्द्रीय स्नायु-मण्डल के विभागों को दिखलाया गया है।

यहाँ सुषुम्नाशीर्ष, अनुमस्तिष्क के अन्तर्गत लघुमस्तिष्क और सेतु, मध्यमस्तिष्क, अन्तरमस्तिष्क के अन्तर्गत थैलेमस और हाइपोथैलेमस तथा मस्तिष्कखण्ड के अन्तर्गत बृहत् मस्तिष्क और मूलभूत स्नायु-पुंजों पर विचार व्यक्त करना अभिप्रेत है।

सुषुम्ना या मेरुदण्ड-रज्जु (Spinal cord)–मेरुदण्ड वह हड्डी है, जो गरदन से प्रारम्भ होकर पीठ से होती हुई पुच्छ की हड्डी (Tailbone) तक चली गई है। यह रीढ़ की हड्डी के भीतर केन्द्रीय स्नायु-मण्डल का एक लम्बा भाग है, जिसे सुषुम्ना या मेरुदण्ड-रज्जु कहते हैं। सुषुम्ना लगभग अठारह इंच लम्बी होती है। इससे स्नायु-तन्तुओं के इकतीस जोड़े निकलते हैं। ये सभी स्नायु-तन्तु सुषुम्ना के दोनों ओर से उसमें जुड़े हुए होते हैं और वहीं से निकलकर ये समस्त शरीर में फैल जाते हैं। इन्हें चार प्रधान वर्गों में बाँटा जा सकता है–(1) ग्रीवा-सम्बन्धी सुषुम्ना-स्नायु (Cervical spinal nerves), (2) वक्ष-सम्बन्धी सुषुम्ना-स्नायु (Thoracic spinal nerves), (3) कटि-सम्बन्धी सुषुम्ना-स्नायु (Lumbar spinal nerves), और (4) 'सैक्रल' सुषुम्ना-स्नायु (Sacral spinal nerves)।

सुषुम्ना-स्नायुओं का वर्गीकरण		**संख्या**
1. ग्रीवा-सम्बन्धी सुषुम्ना-स्नायु	...	8
2. वक्ष-सम्बन्धी सुषुम्ना-स्नायु	...	12
3. कटि-सम्बन्धी सुषुम्ना-स्नायु	...	5
4. 'सैक्रल' सुषुम्ना-स्नायु	...	6

निस्सन्देह, मस्तिष्क समन्वय (Integration) का सर्वोच्च तथा सबसे महत्त्वपूर्ण केन्द्र है। कुछ स्नायु-प्रवाह मस्तिष्क में आते हैं और मस्तिष्कीय स्नायुओं (Cranial nerves) के द्वारा यहाँ से बाहर जाते हैं। पर, सिर के अतिरिक्त समस्त शरीर के स्नायु-प्रवाह सुषुम्ना के द्वारा ही मस्तिष्क में आते हैं। चेहरा और गर्दन को छोड़कर मस्तिष्क शरीर की सभी क्रियाओं को संचरण-मार्गों (Conduction paths) के सहारे नियन्त्रित करता है। ये संचरण-मार्ग सुषुम्ना में पाए जाते हैं, मस्तिष्क और सुषुम्ना-स्नायुओं के अनेक प्रवेशों (Entrances) और निर्गमों (Exits) के बीच ऊपर और नीचे की ओर हैं। अतः यह कहा जा सकता है कि संचरण (Conduction) सुषुम्ना (Spinal cord) का सर्वप्रथम और अत्यन्त महत्त्वपूर्ण कार्य है। इसके अतिरिक्त यह प्रतिक्षेप-क्रियाओं (Reflex actions) के लिए एक समन्वयात्मक केन्द्र (Integrative centre) का कार्य करता है। इसी के द्वारा प्रतिक्षेपों (Reflexes) का संचालन और नियन्त्रण होता है। विभिन्न ज्ञानेन्द्रियों के स्नायु-प्रवाह अन्तर्वाहक या ज्ञानावाही स्नायुओं (Afferent or Sensory nerves) के द्वारा सुषुम्ना में आते हैं। बहिर्वाहक या गतिवाही

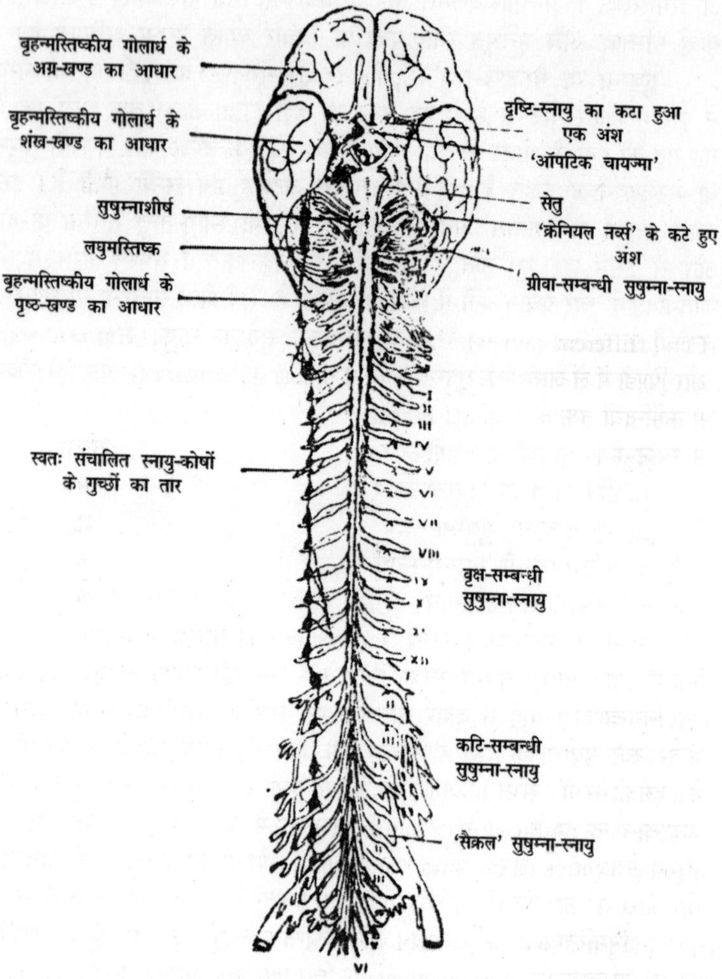

चित्र-4 : स्नायु-मण्डल का सामान्य चित्र, जिसमें मस्तिष्क, सुषुम्ना आदि स्नायुओं को दिखलाया गया है।

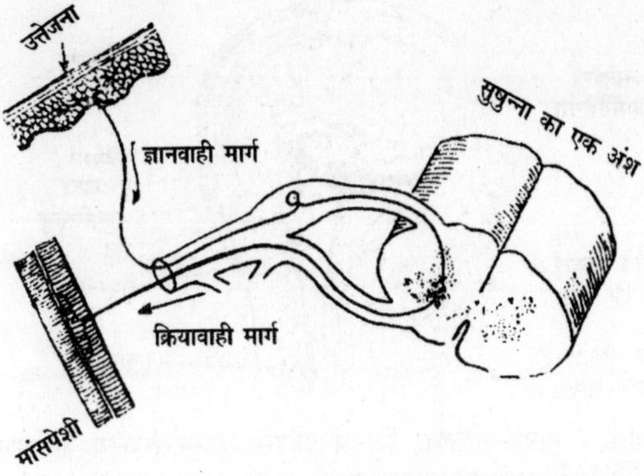

चित्र-5 : दो स्नायु-कोषों का प्रतिक्षेप-धनु

(A two-neuron reflex arc)

स्नायुएँ (Efferent or motor nerves) उन स्नायु-प्रवाहों को सुषुम्ना के बाहर मांसपेशियों और पिण्डों में ले जाती हैं। फलतः, व्यक्ति क्रियाशील हो जाता है। इस प्रकार, ज्ञानेन्द्रियों से कर्मेन्द्रियों तक के सम्पूर्ण मार्ग को प्रतिक्षेप-धनु (Reflex arc) कहते हैं, जो चित्र-5 से स्पष्ट है।

मस्तिष्क
(Brain)

सुषुम्ना-शीर्ष (Medulla or Myelencephalon)–सुषुम्ना-शीर्ष सुषुम्ना के ऊपरी भाग को कहते हैं, जहाँ मस्तिष्क से उसका सम्बन्ध रहता है। सुषुम्ना-शीर्ष केवल एक ही इंच लम्बा होता है। यह शरीर की प्राण-सम्बन्धी सभी क्रियाओं का संचालन एवं नियन्त्रण करता है। उदाहरण के लिए, साँस लेने की क्रिया तथा शरीर के भीतर रक्त-प्रवाह इत्यादि क्रियाएँ सुषुम्ना-शीर्ष से संचालित एवं नियन्त्रित होती हैं। इसकी सभी क्रियाएँ अचेतन होती हैं। सुषुम्ना के समान यह भी एक प्रधान व्यवस्था-केन्द्र (Adjustment centre) है। यह सुषुम्ना को मस्तिष्क के ऊँचे केन्द्रों (Higher centres of the brain) से मिलाता है। यह भी अपने क्षेत्र के प्रतिक्षेपों (Reflexes) का संचालन एवं नियन्त्रण करता है।

अनुमस्तिष्क (Metencephalon)–अनुमस्तिष्क के दो भाग हैं–1. सेतु, और 2. लघुमस्तिष्क।

सेतु (Pons)–यह लघुमस्तिष्क के दोनों भागों को मिलाए रखता है। सेतु सुषुम्ना-शीर्ष के ठीक ऊपर पाया जाता है। यह तन्तु-विस्तारों (Fibre-tracts) एवं विशेष प्रकार के व्यवस्था-केन्द्रों से बना हुआ है।

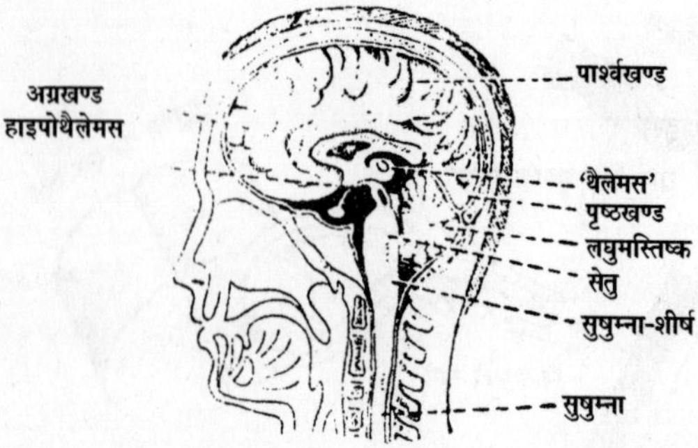

चित्र-6 : मानव-मस्तिष्क, जिसमें दाहिना बृहन्मस्तिष्कीय अर्धखण्ड तथा उसकी खोपड़ी में स्थान दिखलाया गया है।

लघुमस्तिष्क (Cerebellum)–लघुमस्तिष्क, बृहत् मस्तिष्क (Cerebrum) के नीचे स्थित है। यह दो अर्द्धखण्डों में बँटा हुआ है। एक ओर यह अनेक स्नायु-तन्तुओं के द्वारा सुषुम्ना-शीर्ष से सम्बद्ध है तथा दूसरी ओर सेतु के द्वारा बृहत् मस्तिष्क से। यह विभिन्न प्रकार की उत्तेजनाओं में सम्बन्ध स्थापित करता है। यह सभी प्रकार की शारीरिक गतियों को संगठित रूप से संचालित एवं नियन्त्रित करता है। फलस्वरूप, शरीर की विभिन्न क्रियाओं में सन्तुलन स्थापित हो जाता है। स्पष्ट है कि शरीर को सन्तुलित रखना, लघुमस्तिष्क का ही काम है। यदि किसी पशु के मस्तिष्क का यह भाग 'ऑपरेशन' द्वारा बाहर निकाल लिया जाए, तो सम्भवतः उसकी शारीरिक क्रियाओं में सन्तुलन का अभाव हो जाएगा। फलतः वह चल-फिर नहीं सकेगा। मनुष्य के सम्बन्ध में भी यही बात कही जा सकती है। प्रायः यह देखा जाता है कि शराबी नशे में चूर होकर अपनी सुध-बुध खो बैठता है। वह अपने को सँभाल

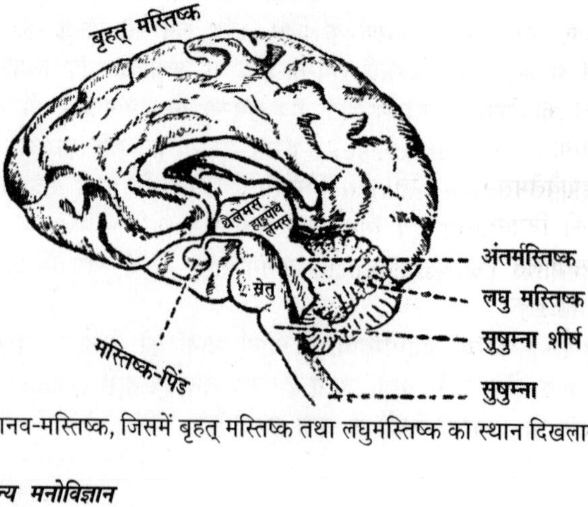

चित्र-7 : मानव-मस्तिष्क, जिसमें बृहत् मस्तिष्क तथा लघुमस्तिष्क का स्थान दिखलाया गया है।

नहीं पाता। कभी उसके पैर लड़खड़ाते हैं, तो कभी वह गन्दी नालियों में जा गिरता है। इस प्रकार, उसकी विभिन्न शारीरिक गतियों के सन्तुलन में स्पष्टतः अभाव जान पड़ता है। इसका प्रधान कारण है–लघुमस्तिष्क की विवशता एवं निष्क्रियता। लघुमस्तिष्क में यह निष्क्रियता शराब के प्रभाव से आ जाती है।

मध्यमस्तिष्क (Mid brain or Mesencephalon)–मध्यमस्तिष्क अपेक्षाकृत छोटा होता है। यह अग्रमस्तिष्क और पृष्ठमस्तिष्क के बीच सम्बन्ध स्थापित करता है। इसके दो महत्त्वपूर्ण भाग हैं–छत (Tectum or roof) तथा सतह (Floor)। मध्यमस्तिष्क की सतह स्नायु-मण्डल के उच्च तथा निम्न भाग को मिलानेवाला पथ है। इसमें ज्ञानवाही स्नायुएँ ऊपर की ओर जाती हैं और गतिवाही स्नायुएँ नीचे की ओर। मस्तिष्क की सतह पर कुछ गतिवाही प्रतिक्षेप केन्द्र (Motor reflex centres) भी हैं, जिनके द्वारा गतिवाही प्रतिक्षेप क्रियाएँ (Motor reflex action) संचालित और नियन्त्रित होती हैं; जैसे सिर हिलाना इत्यादि।

मध्यमस्तिष्क की छत ज्ञानवाही क्रियाओं (Sensory activities) को संचालित और नियन्त्रित करती है। विशेष रूप से निम्नकोटि के प्राणियों में देखने तथा सुनने की क्रियाएँ इसी के द्वारा नियन्त्रित होती हैं।

अन्तरमस्तिष्क (Diencephalon)–अन्तरमस्तिष्क के जिन दो प्रधान भागों का यहाँ उल्लेख किया जाएगा वे हैं–(1) थैलेमस (Thalamus), और (2) हाइपोथैलेमस (Hypothalamus)।

थैलेमस–थैलेमस, लघुमस्तिष्क के सामने तथा बृहत् मस्तिष्क के नीचे का भाग है। इसमें अनेक कोष-केन्द्र (Nuclei) पाए जाते हैं, जो परस्पर सम्बद्ध होते हैं। उनका मस्तिष्क तथा सुषुम्ना के निम्न केन्द्रों और मस्तिष्क-खण्ड के बृहन्मस्तिष्कीय अर्द्धखण्डों (Cerebral hemispheres) से सम्बन्ध रहता है। थैलेमस के समुचित ज्ञान के लिए उसके ऊपर स्थित बृहन्मस्तिष्कीय वल्क (Cerebral cortex) की जानकारी आवश्यक है। बृहन्मस्तिष्कीय वल्क की चर्चा आगे की जाएगी। यहाँ उस ओर संकेत-मात्र से ही पर्याप्त है। संवेगों (Emotions) के संचालन एवं नियन्त्रण में थैमेलस का कार्य अत्यन्त महत्त्वपूर्ण है। इसका उल्लेख पुनः संवेग के अध्याय में किया जाएगा।

हाइपोथैलेमस–हाइपोथैलेमस, थैलेमस के नीचे स्थित है। यह स्वतःसंचालित क्रियाओं को नियन्त्रित करता है। इसका महत्त्व केवल इस बात को लेकर नहीं कि स्वतःसंचालित क्रियाओं की सृष्टि करता है, बल्कि इससे भी अधिक महत्त्व इस बात को लेकर है कि यह स्वतःसंचालित क्रियाओं को एक संगठित रूप देता है। फलस्वरूप, प्राणी अपने को आन्तरिक वातावरण के साथ समायोजित करने में सफल होता है।

निस्सन्देह, हाइपोथैलेमस का स्वतःसंचालित स्नायु-मण्डल (Autonomic nervous system) से घनिष्ठ सम्बन्ध है। अतः जब कभी इसे बिजली द्वारा उत्तेजित किया जाता है, तब सहानुभूतिक (Sympathetic) तथा उपसहानुभूतिक (Parasympathetic), दोनों मण्डलों में क्रियाशीलता आ जाती है। इसके अतिरिक्त इसके द्वारा अन्य प्रकार की क्रियाएँ भी सम्पन्न होती हैं। शरीर-तापक्रम (Body temperature) इसी पर आधृत है। रक्त-चाप का नियन्त्रण तथा मस्तिष्क में उनका वितरण प्रधान रूप से इसी पर निर्भर करता है। काम-सम्बन्धी क्रियाओं का नियन्त्रण भी इसी के द्वारा होता है। भूख-प्यास से सम्बद्ध शारीरिक अवस्थाएँ प्रधानतः हाइपोथैलेमस की क्रियाओं पर ही निर्भर हैं। शारीरिक पाक-क्रिया (Metabolism) का संचालन भी यही करता है। अन्त में यह उल्लेख्य है कि आन्तरिक शारीरिक क्रियाओं और संवेगात्मक व्यवहारों में इसका बड़ा महत्त्वपूर्ण हाथ रहता है।

मस्तिष्क-खण्ड (Telencephalon)–इसके अन्तर्गत मूलभूत स्नायु-पुंजों और बृहत् मस्तिष्क पर विचार किया जाएगा।

मूलभूत स्नायु-पुंज (Basal ganglia)–मूलभूत स्नायुपुंज मस्तिष्क-खण्ड के सबसे पुराने भाग हैं। ये भूरे पदार्थों (Gray matter) की राशि (Mass) हैं, जो वल्क (Cortex) के नीचे पाए जाते हैं। अधिकांश थैलेमस के ऊपर और कुछ अन्तर-मस्तिष्क एवं मध्यमस्तिष्क के बीच में होते हैं। मूलभूत-पुंज का ही एक भाग जो धारीदार (Striped) दीख पड़ता है, 'कार्पस-स्ट्रीएटम' (Corpus-striatum) कहलाता है। 'कार्पस-स्ट्रीएटम' की जटिल (Complex) एवं महत्त्वपूर्ण रचना (Structure) है।

अन्त में, मूलभूत स्नायु-पुंज की कार्यवाही का उल्लेख करते हुए कहा जा सकता है कि प्राणी की शारीरिक मुद्रा (Bodily posture) को कायम रखने में इसका बड़ा हाथ होता है। इसके अतिरिक्त गति-संगठन (Co-ordination of movement) के कुछ पहलू (Aspects) भी मूलभूत स्नायु-पुंज पर ही निर्भर करते हैं।

बृहन्मस्तिष्क (Cerebrum)–बृहन्मस्तिष्क, मस्तिष्क का सबसे बड़ा भाग है। यह भी लघुमस्तिष्क (Cerebellum) की ही तरह दो अर्द्धखण्डों में विभक्त है–(1) दाहिना अर्द्धखण्ड (Right hemisphere), तथा (2) बायाँ अर्द्धखण्ड (Left hemisphere)। दाहिना अर्द्धखण्ड शरीर के बाएँ हिस्से की सभी चेतन तथा अचेतन क्रियाओं का संचालन एवं नियन्त्रण करता है। उसी प्रकार, बायाँ अर्द्धखण्ड शरीर के दाहिने हिस्से की सभी क्रियाओं का संचालन एवं नियन्त्रण करता है। बृहत् मस्तिष्क की शक्ल अखरोट के समान ऊबड़-खाबड़ होती है।

विकासवाद पर ध्यान देने से ज्ञात होता है कि बृहत् मस्तिष्क स्नायु-मण्डल के अन्य भागों की अपेक्षा उत्तरोत्तर जटिल और अपने आकार में बड़ा होता गया है। निम्न प्राणियों में सम्पूर्ण मस्तिष्क का यह एक छोटा-सा भाग है। किन्तु मनुष्य का बृहत् मस्तिष्क अत्यन्त जटिल होता है और आकार में भी बड़ा होता है। निम्न प्राणियों में बृहत् मस्तिष्क की सतह (Surface) अपेक्षाकृत चिकनी होती है। किन्तु

उच्च प्राणियों में इसकी सतह ऊबड़-खाबड़ होती है। बृहन्मस्तिष्कीय अर्द्धखण्डों (Cerebral hemispheres) की बाहरी परत (Outer layer) को बृहन्मस्तिष्कीय वल्क (Cerebral cortex) कहते हैं। यह कहीं धँसा हुआ और कहीं उभरा हुआ होता है। धँसे हुए भाग को दरार (Fissures) कहते हैं। दो प्रधान दरारें हैं, जिन्हें मध्य दरार (Central fissure) और पार्श्व दरार (Lateral fissure) कहते हैं। उन्हें क्रमशः रोलैण्डो की दरार (Fissure of Rolando) और सिलवियस की दरार (Fissure of Sylvius) भी कहते हैं। इनके द्वारा बृहत् मस्तिष्क चार खण्डों में बँटा हुआ है–(1) अग्रखण्ड (Frontal lobe), (2) मध्यखण्ड (Parietal lobe), (3) पृष्ठखण्ड (Occipital lobe), और (4) शंख-खण्ड (Temporal lobe)।

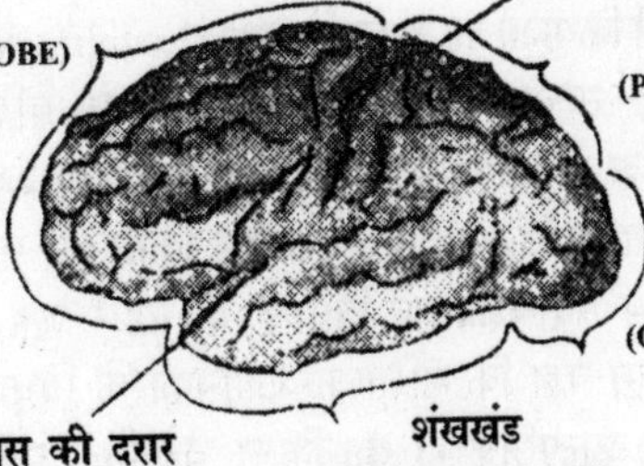

चित्र-8 : इसमें बृहन्मस्तिष्कीय वल्क की दरारों (Fissures) और बृहत् मस्तिष्क के खण्डों (Lobes) को दिखलाया गया है।

बृहन्मस्तिष्कीय वल्क के ऊपरी भाग में भूरे पदार्थ पाए जाते हैं। यहाँ यह उल्लेखनीय है कि बृहन्मस्तिष्कीय अर्द्धखण्डों के अधिकांश भाग में श्वेत पदार्थ (White matter) ही पाए जाते हैं। श्वेत पदार्थ बृहन्मस्तिष्कीय वल्क के नीचे होते हैं, जो स्नायु-तन्तुओं के ही अंश होते हैं। इनके निम्नांकित प्रधान कार्य हैं–(1) ये एक अर्द्धखण्ड में बृहन्मस्तिष्कीय वल्क के विभिन्न क्षेत्रों (Areas) के बीच सम्बन्ध स्थापित करते हैं। (2) एक अर्द्धखण्ड के बृहन्मस्तिष्कीय वल्क को दूसरे से सम्बद्ध करते हैं। (3) बृहन्मस्तिष्कीय वल्क का सुषुम्ना या मस्तिष्क के निम्न केन्द्रों से सम्बन्ध स्थापित करते हैं।

वे तन्तु, जो एक ही अर्द्धखण्ड में दो क्षेत्रों के बीच सम्बन्ध स्थापित करते हैं, साहचर्य तन्तु (Association fibres) कहलाते हैं। वे, जो अर्द्धखण्डों के बीच सम्बन्ध स्थापित करते हैं, संयोजक तन्तु (Commissural fibres) कहे जाते हैं और वे, जो बृहन्मस्तिष्कीय वल्क का निम्न केन्द्रों से सम्बन्ध स्थापित करते हैं, प्रक्षेपण-तन्तु (Projection fibres) कहलाते हैं।

बृहन्मस्तिष्कीय वल्क की क्रियाएँ
(Functions of the Cerebral Cortex)

बृहन्मस्तिष्क एक संयोजक केन्द्र के रूप में (The Cerebrum as a Co-ordinating Centre)–बृहत् मस्तिष्क एक संयोजक केन्द्र (Co-ordinating centre) अथवा संयोजक केन्द्रों के एक समुदाय (A group of co-ordinating centres) के रूप में काम करता है। यहाँ विभिन्न ग्राहकेन्द्रियों (Receptor organs) से स्नायु-प्रवाह आते हैं एवं विभिन्न ऊँचे केन्द्रों में जाते हैं और पुनः सारे शरीर की मांसपेशियों तथा पिण्डों में चले जाते हैं। यह उल्लेखनीय है कि विभिन्न ज्ञानेन्द्रियों से आए हुए स्नायु-प्रवाह बृहन्मस्तिष्कीय वल्क के कुछ विशेष क्षेत्रों (Specific areas) में जाते हैं। कुछ ऐसे भी सुनिश्चित क्षेत्र हैं, जिनके द्वारा वे स्नायु-प्रवाह मांसपेशियों और पिण्डों में चले जाते हैं।

बृहन्मस्तिष्कीय वल्क में क्रियाओं का स्थान-निरूपण (Localization of Functions in the Cerebral Cortex)–उन्नीसवीं सदी के प्रारम्भ में मस्तिष्क वैज्ञानिकों (Phrenologists) ने मस्तिष्क में क्रियाओं के स्थान-निरूपण-सम्बन्धी कुछ सिद्धान्त उपस्थित किए। उनका कहना था 'कि प्रत्येक मानसिक क्रिया का मस्तिष्क के विशेष क्षेत्र में स्थान-निरूपण सम्भव है। वैज्ञानिक विधियों के सहारे जब इस समस्या का अध्ययन किया गया, तब जान पड़ा कि मस्तिष्क-वैज्ञानिकों के विचारों का कोई ठोस वैज्ञानिक आधार नहीं था, वे काल्पनिक ही थे। किन्तु, वैज्ञानिक पद्धतियों के आधार पर भी यह पाया गया कि संगठन की प्रक्रिया के रूप में बृहन्मस्तिष्कीय वल्क का मानचित्र खींचा जा सकता है और इस प्रकार उसके कुछ निश्चित क्षेत्र बतलाए जा सकते हैं। वे ये हैं–(1) ज्ञानवाही क्षेत्र (Sonsory area), (2) गतिवाही क्षेत्र (Motor area), और (3) साहचर्य-क्षेत्र (Association area)।

बृहन्मस्तिष्कीय वल्क के मानचित्र खींचने और विभिन्न क्षेत्रों के स्थान-निरूपण में निम्नांकित पद्धतियों का प्रयोग किया गया है–

1. बृहन्मस्तिष्कीय वल्क के कुछ क्षेत्रों के आकस्मिक विनाश (Accidental destruction) के कारण उत्पन्न ज्ञानवाही और गतिवाही प्रवाहों का अध्ययन।

2. मस्तिष्क के कुछ भागों को ऑपरेशन द्वारा हटा लेने के कारण उत्पन्न प्रभावों का अध्ययन।

3. निम्न पशुओं के मस्तिष्क के कुछ विशेष क्षेत्रों के प्रयोगात्मक विनाश (Experimental destruction) के कारण उत्पन्न प्रभावों का अध्ययन।

4. मनुष्य तथा निम्न पशुओं के मस्तिष्क के कुछ क्षेत्रों के विद्युद्दीपन (Electrical stimulation) के कारण उत्पन्न प्रभावों का अध्ययन।

5. स्नायु-ह्रास (Nerve degeneration) की परीक्षा–व्यक्ति की मृत्यु के कुछ देर पहले स्नायु-कोषों के आकस्मिक विनाश के कारण स्नायु-ह्रास की स्थिति उत्पन्न

हो जाती है। जब व्यक्ति की मृत्यु हो जाती है, तब स्नायु-ह्रास की परीक्षा की जाती है।

उन्नीसवीं सदी में फ्लोरेंस (Flourens) ने इस क्षेत्र में प्रथम प्रयोगात्मक अध्ययन किया। उनके अधिकांश अनुसन्धान कबूतरों के मस्तिष्क से सम्बद्ध थे। उनके बाद हिट्ज़िग (Hitzig) और फ्रिस्क (Fritsch) ने कुत्तों के बृहन्मस्तिष्कीय वल्क के विभिन्न क्षेत्रों के उद्दीपन (Stimulation) के कारण उत्पन्न प्रभाव का विस्तृत अध्ययन किया। आधुनिक शल्य-पद्धतियों (Surgical techniques) से भी मस्तिष्क की क्रियाओं के सम्बन्ध में कई महत्त्वपूर्ण बातें ज्ञात हुई हैं।

बृहन्मस्तिष्कीय वल्क के ज्ञानवाही क्षेत्र
(Sensory Area of the Cerebral Cortex)

दृष्टिक्षेत्र (Visual areas)–पृष्ठखण्ड (Occipital lobe) में पाए जानेवाले वल्कीय क्षेत्र द्वारा दृष्टि-संवेदना (Visual sensation) संचालित और नियन्त्रित होती है। दृष्टि-तन्तुओं (Visual fibres) के मार्ग बड़े ही विचित्र हैं। दृष्टि-स्नायुएँ (Optic nerves) ठीक आँखों के पीछे एक-दूसरे से मिलती हैं और तन्तुओं का पुनर्वितरण (Redistribution) होता है। फलतः वे तन्तु जो दाहिनी आँख के अक्षिपट (Retina) के वामार्द्ध (Left-half) से आते हैं, बाईं दृष्टि-स्नायु (Left optic nerve) के अंग बन जाते हैं और ये जो बाईं आँख के अक्षिपट के दक्षिणार्द्ध (Right-half) से आते हैं, दाहिनी दृष्टि-स्नायु

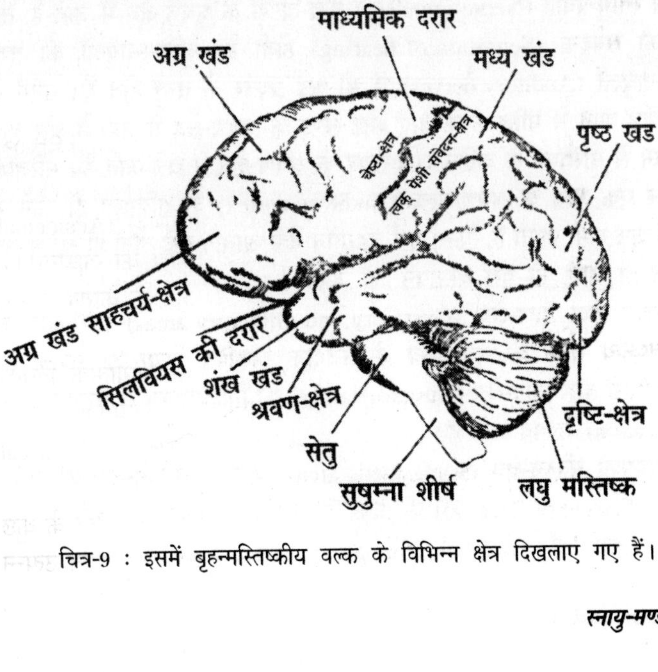

चित्र-9 : इसमें बृहन्मस्तिष्कीय वल्क के विभिन्न क्षेत्र दिखलाए गए हैं।

(Right optic nerve) के अंग बन जाते हैं। फिर, ये पुनर्वितरित दृष्टि-स्नायुएँ क्रमशः बृहत् मस्तिष्क के बाएँ और दाहिने अर्द्धखण्डों (Left and right hemispheres) में चली जाती हैं। फलस्वरूप यदि दाहिने अर्द्धखण्ड (Right hemisphere) का दृष्टि-क्षेत्र (Visual area) क्षतिग्रस्त हो जाता है, तो दोनों आँखों के दक्षिणार्द्ध में दृष्टि या अन्धापन आ जाता है। इसी प्रकार बाएँ अर्द्धखण्ड (Left hemisphere) के दृष्टि-क्षेत्र के क्षतिग्रस्त हो जाने पर दोनों आँखों के वामार्द्ध (Left-half) में दृष्टि-दोष आ जाता है। यदि दोनों अर्द्धखण्डों के दृष्टि-क्षेत्र बिल्कुल नष्ट हो जाएँ, तो पूर्ण अन्धापन आ जाता है।

अन्य ज्ञानवाही क्षेत्रों (Sensory area) की अपेक्षा दृष्टि-क्षेत्रों के सम्बन्ध में सम्यक् ज्ञान प्राप्त हो सका है। हम यह भलीभाँति जानते हैं कि बृहन्मस्तिष्कीय वल्क के दृष्टि-क्षेत्रों में पाए जानेवाले कोषाणु आँख के ग्राहक कोषों (Receptor cells) का प्रतिनिधित्व करते हैं। हम यह भी जानते हैं कि यदि मस्तिष्क के इन दृष्टि-क्षेत्रों को नष्ट कर दिया जाए तो व्यक्ति स्थायी रूप से पूर्ण अन्धा हो जाएगा। बृहन्मस्तिष्कीय वल्क का कोई भी दूसरा कोषाणु दृष्टि-क्षेत्र की क्रियाओं को सम्पन्न नहीं कर सकता। सचमुच बृहन्मस्तिष्कीय वल्क के द्वारा होनेवाली क्रिया के सर्वोच्च विशेषीकरण (Specialization) का उदाहरण है।

श्रवण-क्षेत्र (Auditory area)—श्रवण क्षेत्र शंख-खण्ड (Temporal lobe) के ऊपरी भाग में पाया जाता है। जब अन्तःकर्णों (Inner ears) में पाए जानेवाले ग्राहक कोषों में स्नायु-प्रवाह (Nerve-impulses) शंख-खण्डों के श्रवण-क्षेत्र में जाते हैं, तब सुनने की संवेदना (Sensation of hearing) होती है। दृष्टि-स्नायुओं की तरह श्रवण-स्नायुओं (Auditory nerves) में भी कई प्रकार के तन्तु होते हैं। उनमें से कुछ दाहिने कान से मस्तिष्क के बाएँ शंख-खण्ड के श्रवण-क्षेत्र में जाते हैं और कुछ बाएँ कान से मस्तिष्क के दाहिने शंख-खण्ड के श्रवण-क्षेत्र में चले जाते हैं। मस्तिष्क के केवल एक भाग के श्रवण-वल्क (Auditory cortex) के क्षतिग्रस्त हो जाने से सुनने में कुछ कमी आती है, किन्तु पूर्ण बहरापन नहीं आता। यदि दोनों ही श्रवण-क्षेत्र क्षतिग्रस्त हो जाएँ, तो पूरा बहरापन आ जाता है।

स्वाद तथा घ्राण-क्षेत्र (Gustatory and Olfactory areas)—घ्राण-क्षेत्र को बृहन्मस्तिष्कीय वल्क के श्रवण-क्षेत्र के नजदीक निरूपित किया जा सकता है। अन्य क्षेत्रों की तरह स्वाद-क्षेत्र (Gustatory areas) का निश्चित रूप से स्थान-निरूपण (Lecalization) सम्भव नहीं है।

त्वक्पेशी संवेदन-क्षेत्र (Somesthetic area)—त्वक्पेशी संवेदन-क्षेत्र को रोलैंडो की दरार (Fissure of Rolando) के ठीक पीछे निरूपित किया जा सकता है। यह क्षेत्र स्पर्श तथा गति-संवेदनाओं (Sensations of touch and movement) को

संचालित और नियन्त्रित करता है। इसे शरीर-संवेदन-क्षेत्र (Body sensitivity area) भी कहते हैं। इस क्षेत्र में स्नायु-तन्तुओं के क्षतिग्रस्त हो जाने पर व्यक्ति की स्पर्श-संवेदना में कमी आ जाती है। यदि उसके शरीर के किसी भाग का स्पर्श किया जाता है, तो वह दबाव का अनुभव करता है, किन्तु यह नहीं बतला सकता कि उसके हाथ, पैर तथा अन्य भाग किस स्थिति में हैं। दर्द-संवेदना (Sensation of pain) का त्वक्पेशी संवेदन-क्षेत्र या अन्य किसी भी क्षेत्र में स्थान-निरूपण सम्भव नहीं है।

यह उल्लेख्य है कि जिस प्रकार कुछ अन्य ज्ञानेन्द्रियों की संवेदनाओं का मस्तिष्क के कुछ निश्चित क्षेत्रों में स्थान-निरूपण सम्भव है, उस प्रकार स्पर्श तथा गति-संवेदनाओं का मस्तिष्क के निश्चित क्षेत्रों में स्थान-निरूपण नहीं किया जा सकता। पहले बताया जा चुका है कि दृष्टि तथा श्रवण-क्षेत्रों के बिल्कुल विनष्ट हो जाने पर स्थायी रूप से अन्धापन और बहरापन आ जाता है। किन्तु, त्वक्पेशी संवेदन-स्नायु-तन्तुओं (Somesthetic nerve fibres) के विनष्ट हो जाने पर भी स्पर्श और ताप की संवेदनाएँ होती हैं। इससे यह जान पड़ता है कि निम्नकेन्द्र (Lower centres), कदाचित् थैलेमस (Thalamus) बृहन्मस्तिष्कीय वल्क के इस क्षेत्र की क्रियाओं को करने लगता है। अतएव, हम इस निष्कर्ष पर पहुँचते हैं कि सामान्य अवस्थाओं में स्पर्श तथा गति-संवेदनाओं में बृहन्मस्तिष्कीय वल्क का हाथ रहता है, किन्तु सभी प्रकार की स्पर्श एवं गति-संवेदनाओं के लिए मात्र यही नितान्त आवश्यक नहीं है।

बृहन्मस्तिष्कीय वल्क के गतिवाही क्षेत्र
(Motor Areas of the Cerebral Cortex)

बृहन्मस्तिष्कीय वल्क का प्रधान गतिवाही क्षेत्र अग्रखण्ड (Frontal lobe) में मध्य दरार या रोलैंडो की दरार (Central fissure or fissure of Rolando) के ठीक सामनेवाले भाग में है। इस क्षेत्र में अत्यधिक स्नायु-कोष पाए जाते हैं। ये शुण्डाकार होते हैं। इसलिए इन्हें शुण्डाकार कोष (Pyramidal cells) कहते हैं। वहीं से गतिवाही स्नायु-प्रवाह उत्पन्न होते हैं। इन कोषों के मुख्यतन्तु (Axons) जो सबसे लम्बे होते हैं, निम्न केन्द्रों से होते हुए सुषुम्ना (Spinal cord) के विविध स्तरों (Various levels) पर अन्त कर जाते हैं और वहाँ से स्नायु-प्रवाह गतिवाही स्नायु-कोषों में चले जाते हैं।

प्रत्येक गतिवाही स्नायु-कोष स्नायु-मण्डल के कई भागों से स्नायु-प्रवाहों को ग्रहण करता है। सुषुम्ना, सुषुम्ना-शीर्ष, मध्यमस्तिष्क तथा लघुमस्तिष्क द्वारा संचालित प्रतिक्षेप-क्रियाएँ (Reflex actions) अत्यन्त महत्त्वपूर्ण मानी जाती हैं। पर सभी जटिल (Complex) एवं सुसंगठित गतियाँ (Co-ordinated movements) बृहन्मस्तिष्कीय वल्क के गतिवाही क्षेत्र के स्नायु-प्रवाहों से ही उत्पन्न होती हैं तथा उस क्षेत्र द्वारा ही संचालित और नियन्त्रित होती हैं।

बृहन्मस्तिष्कीय वल्क के गतिवाही क्षेत्र के स्नायु-कोषों के विनष्ट हो जाने पर उनके द्वारा उत्तेजित होनेवाली मांसपेशियों में गतिशून्यता (Paralysis) आ जाती है। इस गतिशून्यता की मात्रा इस बात पर निर्भर करती है कि किस मात्रा में स्नायु-कोष विनष्ट किए गए हैं। दूसरे शब्दों में, विनष्ट स्नायु-कोषों की मात्रा पर गति-शून्यता की मात्रा निर्भर है।

आधुनिक अनुसन्धानों के आधार पर पाया गया है कि बृहन्मस्तिष्कीय वल्क के गतिवाही क्षेत्र के स्नायु-कोषों के विनष्ट होने के कारण आई हुई गति-शून्यता की पुनः प्राप्ति (Recovery) हो जाती है और गति-शून्य अंग (Paralysed limbs) क्रियाशील हो जाते हैं। क्रूज (Cruze) ने बतलाया है कि पुनः प्राप्ति प्रायः गति-शून्य अंग में मालिश और उसके संचालन द्वारा सम्भव है।[1] इसके अतिरिक्त, निम्न प्राणियों और मनुष्य पर किए गए प्रयोगों के आधार पर पाया गया है कि मांसपेशियों को नियन्त्रित करनेवाले बृहन्मस्तिष्कीय वल्क के स्नायु-कोषों के विनष्ट हो जाने पर उनके समीपवर्ती स्नायु-कोष इनकी क्रियाओं को रोकने लगते हैं। फलतः गतिशून्य अंग की पुनराप्ति हो जाती है।

बृहन्मस्तिष्कीय वल्क के साहचर्य-क्षेत्र
(Association Areas of the Cerebral Cortex)

ज्ञानवाही और गतिवाही क्षेत्र बृहन्मस्तिष्कीय वल्क के सम्पूर्ण क्षेत्र के एक छोटे भाग को ही अपने में समाहित करते हैं। बहुत बड़े क्षेत्र जो इससे बच जाते हैं, उन्हें साहचर्य-क्षेत्र कहते हैं। ये साहचर्य-क्षेत्र अपने समीपवर्ती ज्ञानवाही और गतिवाही क्षेत्रों से घनिष्ठ रूप से सम्बद्ध हैं। इनका परस्पर भी बड़ा घनिष्ठ सम्बन्ध है। ज्ञानवाही क्षेत्र ज्ञानेन्द्रियों से उत्पन्न स्नायु-प्रवाहों को ग्रहण करते हैं और गतिवाही क्षेत्र उन्हें मांसपेशियों में भेजते हैं। साहचर्य-क्षेत्रों का प्रधान कार्य है ज्ञानवाही तथा गतिवाही क्रियाओं को सम्बद्ध करना तथा उनके बीच समन्वय स्थापित करना।

ज्ञानवाही साहचर्य-क्षेत्र (Sensory Association Areas)–बृहन्मस्तिष्कीय वल्क के विभिन्न ज्ञानवाही क्षेत्र के समीपवर्ती साहचर्य-क्षेत्र उनकी क्रियाओं के सम्यक् रूप से सम्पन्न होने में अत्यन्त सहायक सिद्ध होते हैं। ज्ञानवाही साहचर्य-क्षेत्रों के स्नायु-तन्तुओं के विनष्ट हो जाने पर ज्ञानवाही स्नायु-प्रवाहों में सन्निहित सम्बन्धों और अर्थों को पहचानने और समझने की शक्ति जाती रहती है। उदाहरणार्थ, यदि पृष्ठखण्ड (Occipital lobe) में दृष्टि-साहचर्य-क्षेत्र (Visual association areas) विनष्ट हो जाएं, तो देखी हुई वस्तुओं को पहचानने और समझने की क्षमता चली जाती है। यह दृष्टि-दोष (Visual defect) नहीं है; क्योंकि व्यक्ति वस्तुओं को देख सकता हे, किन्तु उन्हें समझ नहीं सकता, परिचित वस्तुओं को पहचान नहीं सकता। इसे दृष्टि-प्रज्ञाशून्यता (Visual agnosia) कहते हैं। इसी प्रकार शंख-खंड में

साहचर्य-क्षेत्रों के विनष्ट हो जाने पर श्रवण-प्रज्ञाशून्यता (Auditory agnosia) उत्पन्न हो जाती है। फलतः, व्यक्ति सुन तो सकता है, पर सुने हुए शब्दों के अर्थ नहीं समझ सकता। वैसे ही, बृहन्मस्तिष्कीय वल्क के त्वक्पेशी-संवेदन-क्षेत्र (Somesthetic area) के समीपवर्ती साहचर्य-क्षेत्रों के विनष्ट हो जाने पर त्वक्पेशी-संवेदन-प्रज्ञाशून्यता उत्पन्न हो जाती है। फलतः, व्यक्ति स्पर्श कर वस्तुओं को नहीं पहचान पाता तथा किसी वस्तु को उठाकर भी उसका वजन नहीं समझ पाता। निष्कर्ष यह कि इन सभी प्रकार की प्रज्ञाशून्यताओं में उत्तेजनाओं की संवेदनाएँ होती हैं, किन्तु उनके अर्थ नहीं ज्ञात होते।

गतिवाही साहचर्य-क्षेत्र (Motor Association Areas)–गतिवाही साहचर्य क्षेत्र को बृहन्मस्तिष्कीय वल्क के गतिवाही क्षेत्र के समीप निरूपति किया जा सकता है। गतिवाही साहचर्य-क्षेत्र के विनष्ट हो जाने पर कार्य-क्षमता जाती रहती है। इसे पारिभाषिक शब्दों में चेष्टा-शून्यता (Apraxia) कहते हैं। इससे आक्रान्त व्यक्ति अच्छी तरह टाइप नहीं कर सकता तथा हारमोनियम, सितार जैसे वाद्ययन्त्रों को नहीं बजा सकता। यहाँ यह उल्लेख्य है कि हाथ और उँगलियाँ गतिशून्य नहीं होतीं, किन्तु उनमें संगठन या समन्वय की क्षमता नहीं रह जाती।

एक फ्रेंच चिकित्सक, पॉल ब्रोका (Paul Broca) ने एक ऐसे रोगी का उल्लेख किया है, जिसमें बोलने की क्षमता नहीं रह गई थी, अर्थात् वह वाक्-शून्यता (Aphasisa) से ग्रस्त था। इसका कारण बतलाते हुए उन्होंने कहा कि उस व्यक्ति में यह कमी वाक्-साहचर्य-क्षेत्र (Speech association area) के विनष्ट होने के फलस्वरूप आई। इस दोष से ग्रस्त व्यक्ति शब्दों को सुन सकता है, किन्तु उनके अर्थ नहीं समझ सकता। वह बोल भी सकता है, लेकिन उसके द्वारा प्रयुक्त शब्दों अथवा वाक्यों से कोई अर्थ नहीं निकलता। तात्पर्य यह है कि वाक्-शून्यता को न तो ज्ञानवाही दोष (Sensory defect) कहा जा सकता है और न गतिवाही दोष (Motor defect), बल्कि यह एक साहचर्य-दोष (Association defect) है।

अग्रसाहचर्य-क्षेत्र (Frontal Association Area)–गतिवाही क्षेत्र के सामने अग्रखण्डों (Frontal lobes) में अति विस्तृत साहचर्य-क्षेत्र है। पहले लोग समझते थे कि ये विस्तृत साहचर्य-क्षेत्र बुद्धि के स्थान हैं। लोगों की यह धारणा थी कि मनुष्य सभी पशुओं से इसलिए अधिक बुद्धिमान होता है कि उसके अग्रसाहचर्य-क्षेत्र अन्य पशुओं की अपेक्षा बड़े होते हैं। किन्तु, आधुनिक अनुसन्धानों के आधार पर सिद्ध हो गया कि उनकी यह धारणा समुचित नहीं है। अग्रखण्डों को मस्तिष्क से निकाल देने के बाद व्यक्ति के व्यवहारों पर दृष्टिपात करने से यह बात स्पष्ट हो जाती है।

अग्रखण्डों के हटा लेने के बाद के व्यवहार (Behaviour after removal of frontal lobes)–मस्तिष्क-शल्यचिकित्सा (Brain surgery) के फलों पर ध्यान देने

से अग्रखण्डों की क्रियाओं का समुचित ज्ञान प्राप्त हो सकता है। न्यूयॉर्क स्टॉक एक्सचेंज का एक सफल दलाल, जिसकी आयु चालीस वर्ष की थी, सिर की अति तीव्र पीड़ा से पीड़ित रहने लगा। उसकी स्मरण-शक्ति क्षीण हो गई और अन्ततोगत्वा वह बहुत दिनों तक चेतनाहीन रहा। परीक्षा करने पर जान पड़ा कि उसके अग्रखण्डों में बहुत बड़ी सूजन (Tumor) आ गई है। ऑपरेशन द्वारा दोनों अग्रखण्डों के अधिकांश स्नायु-तन्तुओं को निकाल दिया गया। यह सावधानी बरती गई कि गतिवाही क्षेत्र, पूर्वगतिवाही क्षेत्र (Premotor area) और वाक्-केन्द्र (Speech centre) को न छेड़ा जाए।

ऑपरेशन के बाद उस रोगी का सिर-दर्द लुप्त हो गया। कई महीनों तक सावधानीपूर्वक उसके व्यवहार का अध्ययन किया गया। उसमें कई प्रकार के परिवर्तन पाए गए। किन्तु उन परिवर्तनों का बुद्धि से सम्बन्ध नहीं था। उसका सम्बन्ध व्यक्तित्व और अनुप्रेरणा (Motivation) से था। यद्यपि उसमें सुस्ती और निष्क्रियता नहीं आई थी, तथापि वह अपने पेशे को अपनाना नहीं चाहता था। ऑपरेशन के पूर्व वह शान्तिप्रिय व्यक्ति था। किन्तु अब चुपचाप बैठना और शान्त रहना उसके लिए असम्भव हो गया था। वह बराबर बातचीत करने, घूमने और गाने में मशगूल रहता था।

मनोवैज्ञानिक परीक्षण के आधार पर पाया गया कि उसकी बुद्धि सामान्य थी। वह गणित-सम्बन्धी समस्याओं को हल कर सकता था, कविताएँ याद कर सकता था, किन्तु वाक्य-पूर्ति (Sentence completion), चित्र-पूर्ति (Picture completion) जैसे मनोवैज्ञानिक परीक्षणों में असफल हो जाता था। कारण स्पष्ट है। उसमें कई तत्त्वों के समन्वय द्वारा सार्थकता लाने की क्षमता नहीं रह गई थी। दूसरे शब्दों में, उसमें संश्लेषणात्मक क्षमता (Synthesizing ability) का अभाव हो गया था।

सभी स्तरों के पशुओं पर किए गए प्रयोगों के आधार पर पाया गया है कि दोनों अग्रसाहचर्य-क्षेत्रों के पूर्ण रूप से विनष्ट हो जाने पर उसमें तत्कालीन स्मरणशक्ति का पूर्णरूपेण ह्रास हो जाता है। अग्रखण्डों के बाहर साहचर्य-केन्द्रों के विनष्ट होने से उनमें तात्कालिक स्मरण-शक्ति का बिल्कुल ह्रास नहीं होता। यदि केवल एक अग्रखण्ड विनष्ट हो जाए किन्तु दूसरा बिल्कुल ठीक रहे, तो भी उनकी तात्कालिक स्मरण-शक्ति में कोई कमी नहीं आती। जब दोनों ही अग्रखण्ड विनष्ट कर दिए जाते हैं, तभी पशुओं के व्यवहार में परिवर्तन दीख पड़ते हैं। ऐसी स्थिति में उनमें केवल तात्कालिक स्मरण-शक्ति का ही ह्रास नहीं होता, वरन् व्यक्तित्व में भी परिवर्तन दीख पड़ते हैं। ऑपरेशन के पूर्व जो पशु सामान्यतः सक्रिय और उत्तेजनशील (Excitable) होते हैं, वे ऑपरेशन के बाद अग्रसाहचर्य-क्षेत्रों के अभाव में सुस्त, निष्क्रिय तथा शान्त हो जाते हैं। ये निष्कर्ष प्रधानतः बन्दरों तथा वनमानुषों (Apes) पर किए गए प्रयोगों पर आधृत हैं।

सम्पूर्ण बृहन्मस्तिष्कीय वल्क के सामान्य कार्य
(General Function of the Entire Cerebral Cortex)

बृहन्मस्तिष्कीय वल्क के कुछ विशेष क्षेत्रों की विशिष्ट क्रियाओं के उल्लेख-क्रम में ज्ञानवाही, गतिवाही या साहचर्य-क्षेत्रों की मुख्यतः चर्चा की गई है। यहाँ यह निर्देशित करना अपेक्षित है कि सम्पूर्ण बृहन्मस्तिष्कीय वल्क एक इकाई के रूप में काम करता है। फ्रैंज (Franz) और लैश्ले (Lashley) के प्रयोगों से यह बात प्रमाणित हो चुकी है। अतएव, यहाँ लैश्ले द्वारा प्रतिपादित मस्तिष्क की समक्षमता (Equipotentiality of the brain) तथा पूँजीभूत क्रिया (Mass action) के सिद्धान्त का संक्षिप्त विवेचन अभीष्ट है।

मस्तिष्क की समक्षमता तथा पूँजीभूत क्रिया का सिद्धान्त
(Theory of Equipotentiality and Mass Action of the Brain)

लैश्ले ने मस्तिष्क की क्रियाओं का उल्लेख करते हुए बतलाया है कि मस्तिष्क के सभी भागों में समक्षमता (Equipotentiality) पाई जाती है।

यदि मस्तिष्क के किसी विशेष भाग में क्षति हो जाती है, तो मस्तिष्क के अन्य क्षतिहीन भाग उसके कार्यों का सम्पादन करने लगते हैं। उन्होंने यह भी व्यक्त किया है कि मस्तिष्क की वह समक्षमता पूँजीभूत क्रिया के सिद्धान्त पर आधृत है। मस्तिष्क की इस पूँजीभूत क्रिया का तात्पर्य यह है कि किसी जटिल क्रिया (Complex activity) का अच्छी तरह सम्पन्न होना मस्तिष्क की मात्रा (Amount of brain) पर निर्भर करता है, न कि उसके किसी विशेष भाग पर। मस्तिष्क में जिस परिमाण में क्षति होती है, उसके अनुपात में ही जटिल क्रिया के सम्पादन में भी कमी आती है। स्पष्ट है कि जटिल क्रिया के सम्पादन में आई हुई कमी इस बात पर निर्भर करती है कि बृहन्मस्तिष्कीय वल्क किसी परिमाण में क्षतिग्रस्त है, न कि किसी विशेष क्षेत्र के समन्वय पर। समक्षमता का यह सिद्धान्त वल्कीय विनाश (Cortical destruction) तथा उपबल्कीय विनाश (Subcortical destruction)–इन दोनों पर ही लागू होता है।

घिशेली (Ghishelli) और ब्राउन (Brown) ने एक प्रयोग में पैंतालीस चूहों से कई उपवल्कीय क्षेत्रों (Subcortical regions) को विनष्ट कर उनके भूल-भुलैया सीखने (Maze learning) की परीक्षा की। उन्होंने पाया कि कोई विशेष उपवल्कीय क्षेत्र (Particular subcortical region) भूल-भुलैया सीखने की क्रिया को प्रभावित नहीं करता। चूहे का मस्तिष्क बन्दर और मनुष्य की अपेक्षा सरल होता है। इसलिए प्रायः यह तर्क उपस्थित किया जाता है कि लैश्ले के प्रयोगात्मक फलों को उच्चतर प्राणियों (Higher organisms) और विशेषतः मनुष्य पर लागू करना उचित नहीं

है। यह बात ठीक भी लगती है, किन्तु वनमानुषों और मनुष्यों पर किए गए प्रयोगों से लैश्ले का सिद्धान्त प्रतिपादित हो जाता है। वनमानुषों पर किए गए जैकोब्सन (Jacobson) के प्रयोग भी लैश्ले सिद्धान्त की ही पुष्टि करते हैं। क्लूवर (Kluver) और हार्लो (Harlow) के अध्ययन भी लैश्ले के सिद्धान्त के पक्ष में ही पड़ते हैं।

संक्षेप में, समक्षमता और पूँजीभूत क्रिया (Theory of equipotentiality and mass action) का यह अर्थ कदापि नहीं कि मस्तिष्क में क्रियाओं का स्थान-निरूपण नहीं हो सकता। निस्सन्देह, मस्तिष्क के कुछ क्षेत्रों द्वारा विशेष प्रकार की क्रियाएँ सम्पादित होती हैं। उदाहरणार्थ, देखना, सुनना, बोलना, सूँघना इत्यादि ऐसी क्रियाएँ हैं, जिनका मस्तिष्क में स्थान-निरूपण किया जा सकता है। ऐसी स्थिति में यह कहना युक्तिसंगत जान पड़ता है कि स्थान-निरूपण एक स्थापित तथ्य (Established fact) है। साथ ही, यह भी ठीक है कि मस्तिष्क के एक भाग का दूसरे भाग के साथ बहुत-कुछ क्रियात्मक तादात्म्य (Functional identification) है।[2]

शेरिंग्टन (Sherrington) ने भी सम्पूर्ण केन्द्रीय स्नायु-मण्डल की सामान्य कार्यवाही की विवेचना करते हुए उसको एक इकाई के रूप में ही ग्रहण किया है। उन्होंने बतलाया है कि वह एक ऐसा अंग है, जो प्राणी के विभिन्न कार्यों एवं प्रतिक्रियाओं में एकता स्थापित कर उन्हें उसकी आवश्यकता के अनुकूल बना देता है। फलस्वरूप, प्राणी वातावरण के साथ सफल समायोजन स्थापित कर लेता है।[3]

सन्दर्भ

1. "Recovery is usually accomplished by massage and by manipulation and movement of the paralysed limb either by some other person or by the non-paralysed limb of the patient himself."
   —Cruze : General Psychology for college students, p. 149-50. (5th printing, 1956)
2. "Localization is an established fact. But our concepts of cortical areas must apparently be modified to allow for wide flexibility, and extended to permit of functional identity of one part with another. The clinical as well as experimental evidence indicates that equipotentiality found for rat's brain holds within broad limits for the branis of cats, monkey and man."
   —H.E. Garret : Great Experiments in Psychology, Third Edition, p. 34-35
3. "It is, in short, an organ of co-ordination, in which from a concourse of multitudinous excitation, there result orderly acts, reactions adapted to the needs of the organism marked by absence of confusion and proceed in sequences likewise free from confusion."—Sherrington.

4

संवेदना

संवेदना की उत्पत्ति में उत्तेजना, मस्तिष्क और ज्ञानेन्द्रियों की प्रधानता रहती है। जब कोई भौतिक उत्तेजना (Physical stimulus) मनुष्य के सामने उपस्थित की जाती है, तब उसकी कोई विशेष ज्ञानेन्द्रिय उसे ग्रहण करती है। फलतः वहाँ विद्युत रासायनिक संक्षोभ (Electro-chemical disturbance) उत्पन्न हो जाता है, जिसे पारिभाषिक शब्दों में स्नायु-प्रवाह (Nerve-impulse) कहते हैं। वह स्नायु-प्रवाह ज्ञानवाही स्नायुओं द्वारा मस्तिष्क में जाता है। तब मनुष्य उस उत्तेजना के प्रति अपनी प्राथमिक प्रतिक्रिया (Initial reaction) प्रकट करता है। उत्तेजना के प्रति प्रकट की गई इस प्राथमिक प्रतिक्रिया की विशेषता यह है कि इसके द्वारा मनुष्य को उस उत्तेजना का आभास-मात्र मिलता है, उसका अर्थ ज्ञान नहीं होता। उदाहरणार्थ, तीव्र गति से आती हुई गाड़ी के कारण दो प्रकार की संवेदनाएँ सम्भव हैं—श्रवण-संवेदना (Auditory sensation) तथा दृष्टि-संवेदना (Visual sensation)। स्पष्टतः हम गाड़ी की गति से उत्पन्न शब्द-तरंगों (Sound waves) को सुनते हैं तथा गाड़ी से प्रतिबिम्बित (Reflected) प्रकाश-तरंगों (Light waves) को देखते हैं, न कि आती हुई गाड़ी को सुनते तथा देखते हैं। इस उदाहरण में शब्द-तरंगों के सुनने की प्राथमिक प्रतिक्रिया श्रवण-संवेदना तथा प्रकाश-तरंगों के देखने की प्राथमिक प्रतिक्रिया दृष्टि-संवेदना है।

यहाँ उत्तेजना एवं ज्ञानेन्द्रिय के सम्बन्ध को स्पष्ट करते हुए यह बतला देना आवश्यक है कि प्रत्येक उत्तेजना प्रत्येक ज्ञानेन्द्रिय को उत्तेजित करने में समर्थ नहीं होती, वरन् विशेष प्रकार की उत्तेजना विशेष प्रकार की ज्ञानेन्द्रिय को ही उत्तेजित कर पाती है। उदाहरणार्थ, प्रकाश-तरंगें आँखों को, शब्द-तरंगें कानों को, गन्ध नाक को, रस जीभ को तथा स्पर्श त्वचा को उत्तेजित करते हैं। इस प्रकार, उपयुक्त उत्तेजना पाकर ही कोई ज्ञानेन्द्रिय उत्तेजित होती है। अनुपयुक्त उत्तेजना ज्ञानेन्द्रिय को उत्तेजित नहीं कर पाती। उदाहरण के लिए, गन्ध आँखों को उत्तेजित नहीं कर सकती। कारण,

गन्ध आँखों के लिए अनुपयुक्त उत्तेजना है। आँखों के लिए उपयुक्त उत्तेजनाएँ हैं प्रकाश-तरंगें। अतएव, प्रकाश-तरंगों की उपस्थिति से आँखें उत्तेजित हो सकती हैं।

उत्तेजना एवं ज्ञानेन्द्रिय के स्वरूप और सम्बन्ध पर विचार कर लेने के पश्चात् संवेदना के स्वरूप पर ध्यान देना भी आवश्यक प्रतीत होता है। जैसा कि पहले बतलाया जा चुका है, संवेदना उत्तेजना के प्रति प्राथमिक प्रतिक्रिया है। इसमें उत्तेजना का अर्थ ज्ञात नहीं होता। उदाहरण के लिए, जब मनुष्य शब्द-तरंगों को सुनता है, तब श्रवण-संवेदना होती है। वे शब्द-तरंगें कहाँ से आ रही हैं, किस वाद्य-यन्त्र से निकली हैं, उनके क्या अर्थ हैं, इत्यादि बातों की जब तक जानकारी नहीं होती, तब तक उसे श्रवण-संवेदना कहना ही ठीक होगा; किन्तु जैसे ही इन बातों को वह मनुष्य समझ लेता है, अर्थात् उत्तेजना को अर्थ प्रदान कर देता है, वैसे ही उसे संवदेना न कहकर प्रत्यक्षीकरण (Perception) की संज्ञा दी जाती है। अतएव, संवेदना तथा प्रत्यक्षीकरण में प्रधान भेद यह है कि ''संवेदना उत्तेजना के प्रति प्राणी की प्राथमिक प्रतिक्रिया है और प्रत्यक्षीकरण उत्तेजना की व्याख्या या मूल्यांकन।''[1]

प्रायः प्रश्न किया जाता है कि क्या विशुद्ध संवेदना (Pure sensation) जिसमें उत्तेजना का आभास-मात्र ही हो, उसका अर्थ बिल्कुल ज्ञात न हो, सम्भव है? इस प्रश्न के उत्तर में अक्सर कहा जाता है कि इस प्रकार की संवेदना शिशु में सम्भव है, किन्तु प्रौढ़ व्यक्ति में नहीं। यह उत्तर समुचित जान पड़ता है। इसके पक्ष में यह तर्क किया जाता है कि शिशु को सांसारिक पदार्थों का ज्ञान अत्यन्त ही सीमित रहता है, उसके अनुभव बड़े ही थोड़े होते हैं। फलस्वरूप उसके सामने जब कोई अभिनव पदार्थ उपस्थित किया जाता है, तब उसकी संवेदना-मात्र ही हो पाती है, उसका प्रत्यक्षीकरण नहीं होता। अतः बच्चे में विशुद्ध संवेदना जिसमें उत्तेजना के अर्थ बिल्कुल ज्ञात न हों, की सम्भावना की जा सकती है। यहाँ यह कह देना आवश्यक प्रतीत होता है कि विशुद्ध संवेदना के मूल में उत्तेजना की नवीनता (Novelty) और व्यक्ति की उत्तेजना-सम्बन्धी अनभिज्ञता (Unfamiliarity) विद्यमान रहती है। उत्तेजना की नवीनता और तत्सम्बन्धी शिशु की अनभिज्ञता को दृष्टिकोण में रखते हुए हम इस निष्कर्ष पर पहुँच सकते हैं कि ये दोनों ही बातें बच्चे में विशुद्ध संवेदना का निर्णय करती हैं। जब बच्चे के सामने कोई ऐसी वस्तु उपस्थित की जाए, जो उसके लिए बिल्कुल नई हो, जिसका ज्ञान उसे बिल्कुल न हो, तब उसमें विशुद्ध संवेदना की सम्भावना की जा सकती है। उदाहरणार्थ, जब शिशु प्रथम बार शब्द सुनता है, तब उसे विशुद्ध श्रवण-संवेदना होती है। उसमें यह क्षमता नहीं होती कि वह पियानो के शब्द को हारमोनियम के शब्द से अलग कर सके, सितार की सुमधुर ध्वनि को मुरली की रसभरी ध्वनि से भिन्न समझ सके; वरन् वह तो ध्वनि और एकमात्र ध्वनि का ही अनुभव करता है—ध्वनि के विभिन्न स्वरूपों और उसके विभिन्न अर्थों का नहीं। वैसे ही, नवजात शिशु अपने जीवन में सर्वप्रथम किसी वस्तु से प्रतिबिम्बित प्रकाश-तरंगों को देखता है, तब उसे विशुद्ध दृष्टि-संवेदना होती है।

प्रौढ़ व्यक्ति में अर्थ रहित विशुद्ध संवेदना नहीं है। कारण स्पष्ट है। प्रौढ़ व्यक्ति को संसार के सभी पदार्थों का साधारणतः कुछ-न-कुछ ज्ञान रहता है। अतः उसके लिए शायद ही कोई साधारण वस्तु नई हो, जिससे वह बिल्कुल अनभिज्ञ हो। फिर, उसमें विशुद्ध संवेदना की क्योंकर सम्भावना की जा सकती है? प्रौढ़ व्यक्ति के लिए कदाचित् कोई वस्तु नई भी हो, उसका अनुभव उसे न भी हो, तो भी उसके सदृश अन्य वस्तुओं के अनुभव के आधार पर वह उसमें अर्थ जोड़ देता है। फलतः उस वस्तु की विशुद्ध संवेदना उसे नहीं हो पाती।

संवेदना की विशेषताएँ अथवा उसके गुण
(Characteristics or Attributes of Sensation)

संवेदना की विशेषताओं अथवा गुणों पर प्रकाश डालने के पूर्व विशेषता अथवा गुण शब्द की व्याख्या अनिवार्य जान पड़ती है। किसी वस्तु का गुण उस वस्तु की वह विशेषता है, जिसके बिना उसकी सत्ता कायम नहीं रह सकती। प्रत्येक वस्तु के अपने अलग-अलग गुण हुआ करते हैं। उन गुणों के कारण ही एक वस्तु दूसरे से भिन्न जान पड़ती है। उदाहरणार्थ, अग्नि का गुण है जलाना, जल का गुण है शीतलता। जलाने के गुण के बिना अग्नि के अस्तित्व की कल्पना कभी नहीं की जा सकती। वैसे ही, शीतलता के बिना जल की सत्ता कायम नहीं रह सकती।

संवेदना के भी अपने कुछ विशिष्ट गुण हैं, जिनके बिना संवेदना सम्भव नहीं है। संवेदना के प्रायः छः गुणों का उल्लेख मिलता है। वे ये हैं—प्रकार (Quality), तीव्रता (Intensity), व्याप्ति या विस्तार (Extensity), सत्ताकाल (Duration), स्थानीय चिह्न (Local sign) तथा स्पष्टता (Clearness)।

प्रकार—प्रत्येक संवेदना अपने विशिष्ट गुणों के कारण, एक-दूसरी से भिन्न हुआ करती है। उदाहरणार्थ, दृष्टि-संवेदना श्रवण-संवेदना से भिन्न होती है। इन दोनों की भिन्नता अपने-अपने विशिष्ट गुणों के कारण ही है। संवेदना के ये विशिष्ट गुण ज्ञानेन्द्रियों तथा विभिन्न उत्तेजनाओं पर निर्भर करते हैं। प्रकाश-तरंगों को आँखें ग्रहण करती हैं और शब्द-तरंगों को कान। इसके विपरीत प्रकाश-तरंगों से कान उत्तेजित नहीं हो सकते। ठीक वैसे ही, शब्द-तरंगों से आँखें उत्तेजित नहीं हो सकतीं। इस प्रकार भिन्न-भिन्न ज्ञानेन्द्रियों एवं भिन्न-भिन्न उत्तेजनाओं के कारण प्रत्येक संवेदना अपने गुणों में एक-दूसरी से अलग प्रकार की हुआ करती है।

प्रत्येक संवेदना के गुणों का उल्लेख करते हुए कहा जा सकता है कि दृष्टि-संवेदना के कुछ विशिष्ट गुण हैं—लाल, हरा, नीला, पीला इत्यादि। श्रवण-संवेदना के विशिष्ट गुणों के अन्तर्गत ध्वनि की कोटि (Pitch) को रखा जा सकता है। कोई भी ध्वनि या तो उच्च कोटि की होती है, या निम्न कोटि की। सबसे निम्न और सबसे उच्च कोटि के बीच हजारों कोटियाँ सम्भव हैं।

स्वाद-संवेदना के कुछ विशिष्ट गुण हैं—मीठा, कड़वा, खट्टा तथा नमकीन। घ्राण-संवेदना के विशिष्ट गुण में फलों, फूलों, मसालों, जले तथा सड़े हुए पदार्थों की गन्ध को रखा जा सकता है। स्पर्श-संवेदना के विशिष्ट गुण हैं—शीत, दबाव, पीड़ा तथा ताप।

तीव्रता—संवेदना में तीव्रता की भी विशेषता पाई जाती है। कोई संवेदना अधिक तीव्र (Intense) होती है, तो कोई अति क्षीण (Weak)। संवेदना की यह विशेषता प्रधानतः उत्तेजना पर निर्भर करती है। यदि उत्तेजना तीव्र हुई, तो उससे उत्पन्न संवेदना भी तीव्र होगी। इसके विपरीत, क्षीण उत्तेजना से क्षीण संवेदना ही उत्पन्न होगी। उदाहरण के लिए, उच्च स्वर एक तीव्र उत्तेजना है। स्वभावतः इससे उत्पन्न श्रवण-संवेदना भी तीव्र होगी। मन्द स्वर अपेक्षाकृत एक क्षीण उत्तेजना है। अतः इससे उत्पन्न श्रवण-संवेदना भी क्षीण ही होगी। इसी प्रकार, प्रखर प्रकाश से उत्पन्न दृष्टि-संवेदना क्षीण प्रकाश से उत्पन्न दृष्टि-संवेदना से तीव्रता में अवश्य ही भिन्न होगी। यह तीव्रता का भेद प्रत्येक संवेदना में पाया जाता है; जैसे—घ्राण-संवेदना, स्वाद-संवेदना, स्पर्श-संवेदना इत्यादि। इस सम्बन्ध में यह सामान्य निष्कर्ष निकाला जा सकता है कि उत्तेजना की तीव्रता में भेद होने के कारण उससे उत्पन्न संवेदना में भी भेद होता है।

व्याप्ति या विस्तार—व्याप्ति अथवा विस्तार का गुण अन्य संवेदनाओं की अपेक्षा स्पर्श-संवेदना में सुस्पष्ट रूप से पाया जाता है। कभी तो ज्ञानेन्द्रिय का एक सीमित क्षेत्र ही उत्तेजित होता है और कभी उसका बहुत ही विस्तृत क्षेत्र उत्तेजित हो जाता है। सीमित अथवा लघु क्षेत्र के उत्तेजित होने से जो संवेदना उत्पन्न होती है, वह विस्तृत क्षेत्र के उत्तेजित होने से उत्पन्न संवेदना से भिन्न होती है। संवेदनाओं की यह भिन्नता व्याप्ति अथवा विस्तार के कारण होती है। उदाहरण के लिए, यदि कोई व्यक्ति अपने दाहिने पैर के अँगूठे को गरम पानी में डालता है और साथ ही साथ सारे बायें पैर को भी, तो दाहिने पैर के अँगूठे में अनुभव की जानेवाली गरमी की संवेदना सारे बाएँ पैर में अनुभव की जानेवाली गरमी की संवेदना से भिन्न होगी। इन दो संवेदनाओं की भिन्नता को हम व्याप्ति अथवा विस्तार की भिन्नता कह सकते हैं।

सत्ताकाल—सत्ताकाल संवेदना का एक विशेष गुण है। किसी भी संवेदना के साथ उसका सत्ताकाल भी जुड़ा रहता है। जब कोई संवेदना होती है, तब वह एक क्षण, एक मिनट अथवा बहुत अधिक देर तक कायम रह सकती है। उस संवेदना की सत्ता (Existence) काल में बँधी हुई होती है। कोई भी संवेदना क्षणभंगुर होगी अथवा अधिक देर तक कायम रहेगी, यह उत्तेजना की अवधि पर निर्भर है। यदि उत्तेजना अधिक देर तक उपस्थित रही तो संवेदना का सत्ताकाल भी दीर्घ होगा।

इसके विपरीत, यदि उत्तेजना की उपस्थिति क्षण-भर के लिए होगी, तो फिर संवेदना भी थोड़े समय की ही होगी। यदि कोई आवाज क्षण-भर के लिए होगी, तो उससे उत्पन्न संवेदना भी अल्पकालीन ही होगी। यदि कोई आवाज अधिक देर तक ठहरेगी, तो उससे उत्पन्न श्रवण-संवेदना भी दीर्घकालीन होगी। यही बात अन्य संवेदनाओं के सम्बन्ध में भी कही जा सकती है।

स्थानीय चिह्न—संवेदना का शरीर में स्थान-निरूपण सम्भव है। यह सुगमता से बतलाया जा सकता है कि कोई विशेष प्रकार की संवदेना शरीर के किस भाग में हो रही है। उदाहरणार्थ, यदि उँगली में पिन चुभाई जाए, तो उससे उत्पन्न स्पर्श-संवेदना के सम्बन्ध में हम निश्चयपूर्वक कह सकते हैं कि संवेदना उस पिन चुभाई गई उँगली में ही हो रही है, शरीर के किसी अन्य भाग में नहीं। यह बात तो स्पर्श-संवेदना के सम्बन्ध में हुई। अन्य संवेदनाओं के सम्बन्ध में भी यही बात सत्य है। तदनुसार दृष्टि-संवेदना, श्रवण-संवेदना, घ्राण-संवेदना तथा स्वर-संवेदना के स्थान को क्रमशः आँख, कान, नाक और जीभ में निरूपित किया जा सकता है।

अपने इस विशिष्ट गुण के कारण ही संवेदना भाव तथा संवेग से भिन्न होती है। यह पहले ही बताया जा चुका है कि संवेदना के स्थान को शरीर में निरूपित किया जा सकता है। किन्तु संवेदना की तरह भाव तथा संवेग का शरीर के किसी विशेष भाग में स्थान-निरूपण सम्भव नहीं है। सुख या दुःख के भाव का अनुभव शरीर का कोई विशेष भाग नहीं करता, वरन् सुख या दुःख की अनुभूति तो सारे शरीर को समान रूप से होती है। यही बात संवेग के सम्बन्ध में भी कही जा सकती है। क्रोध, भय अथवा प्रेम के संवेग को शरीर के किसी विशेष अंग में निरूपित नहीं किया जा सकता। संवेग के अनुभव में तो सारा शरीर निहित रहता है।

स्पष्टता—सभी संवेदनाएँ समान ढंग से स्पष्ट नहीं होतीं। संवेदना की स्पष्टता कई बातों पर निर्भर है, यथा—तीव्रताव्याप्ति तथा सत्ताकाल। क्षीण, सीमित तथा अल्पकालीन संवेदना की अपेक्षा तीव्र, विस्तृत तथा अधिक देर तक ठहरनेवाली संवेदना स्पष्ट होती है। इसके अतिरिक्त, संवेदना की स्पष्टता ध्यान देने की क्रिया पर निर्भर करती है। ध्यान केन्द्रीभूत करने से संवेदना अधिक स्पष्ट हो जाती है। इसे एक साधारण उदाहरण द्वारा स्पष्ट किया जा सकता है। प्रायः यह देखा जाता है कि खिलाड़ी खेल के मैदान में चोट खाने पर भी खेलते रहते हैं, शायद वे चोट की ओर से बिल्कुल अन्यमनस्क रहते हैं, उस पर उनका ध्यान नहीं जाता। किन्तु जब वे खेल के मैदान से लौटकर घर आते हैं और अपने चोट खाए हुए शरीर के अंग पर ध्यान देते हैं, तो उन्हें तीव्र पीड़ा की संवेदना का अनुभव होता है। वस्तुतः तीव्र पीड़ा की संवेदना का यह अनुभव तो चोट खाते ही होना चाहिए था। यदि यह संवेदना उन्हें खेल के मैदान में होती भी है, तो बहुत अस्पष्ट और क्षीण ढंग की। लेकिन, जब वे उस चोट की ओर अधिक ध्यान देते हैं, तब पीड़ा की संवेदना बिल्कुल स्पष्ट हो

जाती है। इस प्रकार, अन्तर्निरीक्षण द्वारा संवेदना की स्पष्टता बढ़ जाती है।

संवेदना की यह विशेषता भी उसे भाव एवं संवेग से भिन्न करती है। सुख या दुःख के भाव पर जब हम अधिक ध्यान देते हैं अथवा अन्तर्निरीक्षण करने लगते हैं, तब वह प्रायः लुप्त हो जाता है। ठीक इसी तरह संवेग; जैसे भय, क्रोध, प्रेम आदि ध्यान देने से अथवा अन्तर्निरीक्षण करने से लुप्त हो जाते हैं। इस प्रकार ध्यान अथवा अन्तर्निरीक्षण जहाँ संवेदना में स्पष्टता लाता है, वहाँ भाव एवं संवेग के अस्तित्व को ही मिटा देता है।

संवेदना के प्रकार

संवेदना विभिन्न प्रकार की होती है। इसके निम्नांकित प्रधान विभाग किए जाते हैं–

1. दृष्टि-संवेदना (Visual sensation)
2. श्रवण-संवेदना (Auditory sensation)
3. घ्राण-संवेदना (Olfactory sensation)
4. स्वाद-संवेदना (Taste sensation)
5. स्पर्श-संवेदना (Tactual sensation)

(क) दबाव की संवेदना, (ख) पीड़ा की संवेदना, (ग) उष्णता की संवेदना तथा (घ) शीत की संवेदना।

6. गति-संवेदना (Kinesthetic sensation or sensation of movement)
7. अन्य अन्तरिन्द्रिय संवेदनाएँ (Other organic sensations)

संवेदनाओं के उपर्युक्त विभागों के पश्चात् यहाँ कुछ प्रमुख इन्द्रियों की बनावट एवं उनसे उत्पन्न संवेदनाओं के सम्बन्ध में विचार उपस्थित किया जाएगा। यहाँ प्रधानतः दृष्टि-संवेदना और श्रवण-संवेदना पर विचार करना ही अभीष्ट होगा। संक्षेप में अन्य संवेदनाओं की भी चर्चा की जाएगी।

दृष्टि-संवेदना
(Visual sensation)

आँख की बनावट–आँख की बनावट के सम्बन्ध में प्रायः यह कहा जाता है कि प्रत्यक्षतः यह कैमरे के समान होती है। पुनः इसकी उपमा एक उस अन्धकारमय कमरे से दी जाती है, जिसमें एक छोटे छेद द्वारा ही प्रकाश प्रवेश कर पाता है। वस्तुतः आँख का वह छोटा छेद, जिससे होकर प्रकाश आँख में पहुँचता है, आँख की पुतली (Pupil) है। पुतली का आकार, अर्थात् छोटा या बड़ा होना उपतारा (Iris) पर निर्भर करता है। वास्तव में, उपतारा ही निरन्तर सहज भाव से पुतली के आकार पर नियन्त्रण रखा है। जब तीव्र प्रकाश आँखों पर पड़ता है, तब उपतारा की मांसपेशियों द्वारा पुतली सूई के अग्रभाग की तरह बिल्कुल छोटी हो जाती है। इसके विपरीत,

जब आँख पर क्षीण प्रकाश पड़ता है, तब आँख की पुतली बड़ी हो जाती है। इस प्रकार आँख की पुतली आवश्यकता से अधिक प्रकाश आँख में प्रवेश नहीं करने देती है। इसका प्रधान कार्य है आँख में प्रवेश करनेवाले प्रकाश की मात्रा पर नियन्त्रण रखना। इसकी दूसरी बड़ी विशेषता यह है कि इसके नियन्त्रण के फलस्वरूप अक्षिपट की प्रतिमा (Retinal image) स्पष्ट हो जाती है। ठीक यही बात पिनहोल कैमरा (Pinhole camera) के सम्बन्ध में भी कही जा सकती है। इस तरह के कैमरे के सहारे जो चित्र अथवा प्रतिमा ली जाती है, वह बिल्कुल स्पष्ट होती है। इसके विपरीत जिस कैमरे के छेद बड़े होते हैं, उसके द्वारा ली गई प्रतिमा अस्पष्ट होती है।

आँखें तीन आवरणों से ढँकी होती हैं। प्रथम आवरण को श्वेत पटल (Sclerotic), दूसरे को मध्य पटल (Choroid) तथा तीसरे को अक्षिपट (Retina) कहते हैं। श्वेत पटल आँख का सबसे बाहरी आवरण है, जो इसे चारों ओर से ढँके हुए है। यह आवरण कड़ा और उजले रंग का होता है। आँख के सामने इसका वह भाग, जो पारदर्शी (Transparent) होता है, कनीनिका (Cornea) कहलाता है। कनीनिका को छोड़कर श्वेत पटल का कोई भाग पारदर्शी नहीं होता। यह कनीनिका 'लेन्स' और उपतारा की रक्षा करती है।

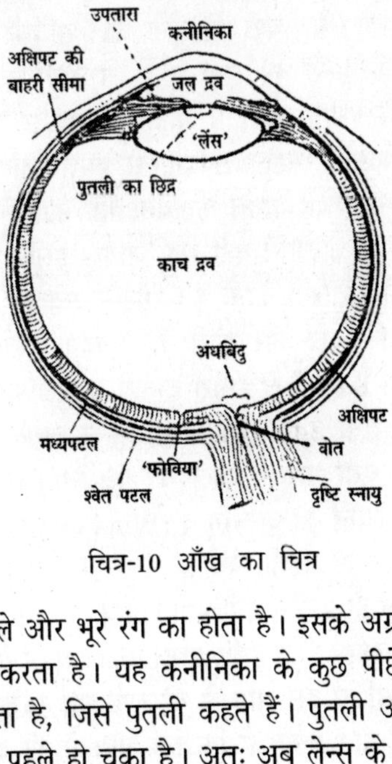

चित्र-10 आँख का चित्र

मध्य पटल काले और भूरे रंग का होता है। इसके अग्रभाग को उपतारा कहते हैं, जो प्रकाश ग्रहण करता है। यह कनीनिका के कुछ पीछे होता है। इसके बीच में एक छोटा छेद होता है, जिसे पुतली कहते हैं। पुतली और उपतारा के सम्बन्ध एवं कार्यों का उल्लेख पहले हो चुका है। अतः अब लेन्स के कार्यों का उल्लेख किया जाएगा। लेन्स उपतारा के पीछे होता है। यह प्रकाश को आँख के उचित स्थान पर स्थापित करता है। यह अपनी मांसपेशियों के द्वारा आवश्यकता के अनुसार छोटा

अथवा बड़ा होता रहता है। जब नजदीक की किसी चीज को देखना होता है, तब यह छोटा हो जाता है और जब दूर की चीज देखनी होती है, तब बड़ा हो जाता है।

तीसरा आवरण, जो आँख का सबसे भीतरी भाग है, अक्षिपट कहलाता है। अक्षिपट आँख का सबसे महत्त्वपूर्ण अंग है। श्वेत पटल और मध्य पटल तो वस्तुतः सहायक अंग हैं। अक्षिपट के ठीक बीच में एक छोटी-सी धँसी हुई जगह है, जिसे 'फोविया' (Fovea) कहते हैं।

अक्षिपट की बनावट बड़ी ही जटिल होती है। इसमें दो प्रकार के ग्राहक कोष (Receptor cells) पाए जाते हैं, जो दृष्टि-संवेदना की उत्तेजनाओं को ग्रहण करते हैं। उन्हें दण्ड (Rods) और सूचियाँ (Cones) कहते हैं। दण्ड और सूचियाँ अक्षिपट में चारों ओर फैली हुई हैं। 'फोविया' और इसके समीपवर्ती स्थानों में केवल सूचियाँ होती हैं। अक्षिपट का यह भाग दण्ड से रहित होता है। इस भाग के बाहर दण्ड और सूचियाँ मिले-जुले रूप में पाई जाती हैं। लेकिन, हम जैसे-जैसे अक्षिपट के छोर की ओर बढ़ते जाते हैं, वैसे-वैसे दण्डों की संख्या बढ़ती जाती है। अक्षिपट के बिल्कुल अन्तिम छोर पर तो दण्डों का ही बाहुल्य होता है। मगर यह जगह भी सूचियों से बिल्कुल खाली नहीं होती। यह बात तो दण्ड और सूचियों के वितरण के सम्बन्ध में हुई, जहाँ तक इनके कार्यों का सम्बन्ध है, ये दोनों एक-दूसरे से भिन्न हैं।

दृष्टि-संवेदना दो प्रधान भागों में बाँटा जा सकता है–(1) रंगहीन संवेदना, और (2) रंगों की संवेदना। रंगहीन संवेदना से हमारा तात्पर्य है उजले, भूरे और काले की संवेदना से। यहाँ यह व्यक्त कर देना भी अप्रासंगिक न होगा कि उजले, भूरे और काले को रंगों के अन्तर्गत नहीं रखा जाता। इसलिए इन तीनों की संवेदना को रंगहीन संवेदना की संज्ञा दी जाती है। रंगहीन संवेदना दण्डों पर निर्भर करती है। दण्डों द्वारा ही उजले, भूरे और काले की संवेदना होती है। रंगों की संवेदना सूचियों पर निर्भर करती है। रंगों से हमारा तात्पर्य है कुछ प्रारम्भिक रंगों, जैसे लाल, हरा, नीला और पीला तथा इनके संयोग से उत्पन्न अनेक रंगों से।

अक्षिपट में एक ऐसा भाग है, जहाँ से दृष्टि-स्नायु (Optic nerve) मस्तिष्क की ओर जाती है। इस स्थान को अन्धबिन्दु (Blind spot) कहते हैं। इस अन्धबिन्दु पर कोई वस्तु नहीं दिखलाई पड़ती; क्योंकि इस स्थान पर न तो दण्ड ही होते हैं और न सूचियाँ ही। ऐसा ही प्राचीन मनोवैज्ञानिकों का विश्वास था। किन्तु, आधुनिक मनोवैज्ञानिक प्रयोगों से जाहिर होता है कि प्रबल प्रकाश पड़ने से इस भाग में प्रतिक्रिया उत्पन्न हो जाती है। इसलिए इस भाग में भी दण्ड एवं सूचियों की सम्भावना जान पड़ती है, और हम यह मान सकते हैं कि इस भाग में भी दण्ड एवं सूचियाँ अल्प संख्या में वर्तमान हैं तथा वे केवल प्रबल प्रकाश से ही उत्तेजित हो सकती हैं।

आँख का अधिकांश भाग दो प्रकार के तरल पदार्थों से भरा हुआ है, जिन्हें

जलद्रव (Aqueous humor) तथा काचद्रव (Vitreous humor) कहते हैं। जलद्रव कनीनिका और लेन्स के बीच में पाया जाता है तथा काचद्रव लेन्स और अक्षिपट के बीच में रहता है। ये दोनों प्रकार के तरल पदार्थ आँख को फूला हुआ रखते हैं तथा इस प्रकार आँख के स्वरूप को कायम रखते हैं।

दृष्टि-संवेदना के उद्दीपक

दृष्टि-संवेदना के उपयुक्त उद्दीपक हैं प्रकाश-तरंगें। प्रकाश-तरंगें कई प्रकार की होती हैं। प्रकाश-तरंगों की लम्बाई की माप प्रायः एक मिलीमीटर के दस लाखवें भाग में की जाती है, जिसे संक्षेप में m.m. कहते हैं। रंगों की संवेदना प्रकाश-तरंगों की लम्बाई पर ही निर्भर करती है। सबसे लम्बी दृश्य प्रकाश-तरंग से लाल रंग की संवेदना उत्पन्न होती है और सबसे छोटी दृश्य प्रकाश-तरंग गहरे नीले रंग की संवेदना उत्पन्न करती है। लाल रंग की संवेदना उत्पन्न करने वाली प्रकाश-तरंग की लम्बाई करीब-करीब 760 m.m. होती है और गहरे नीले रंग की संवेदना उत्पन्न करनेवाली प्रकाश-तरंग की लम्बाई 390 m.m.। अन्य रंगों की संवेदना 390 m.m. से 760 m.m. के अन्तर्गत विभिन्न लम्बाइयों की प्रकाश-तरंगों से उत्पन्न होती है। प्रकाश-तरंगों की इन दो सीमाओं (760 m.m. की सबसे लम्बी दृश्य प्रकाश-तरंग एवं 360 m.m. की सबसे छोटी दृश्य प्रकाश-तरंग) के बाहर भी अत्यधिक लम्बी और अत्यन्त ही छोटी प्रकाश-तरंगें पाई जाती हैं, किन्तु उनसे रंगों की संवेदना नहीं होती, अपितु अत्यधिक लम्बी प्रकाश-तरंग से उष्णता की संवेदना उत्पन्न होती है और अत्यन्त ही छोटी प्रकाश-तरंग से शरीर के चमड़े सूख जाते हैं, इन प्रकाश-तरंगों को हम नहीं देख सकते।

प्रकाश-तरंगों की विभिन्न लम्बाइयों पर ही विभिन्न रंगों की संवेदनाएँ निर्भर करती हैं। उदाहरणार्थ, 760 m.m. की प्रकाश-तरंगों से लाल रंग, 580 m.m. से पीले, 530 m.m. से हरे, 490 m.m. से नीले तथा 390 m.m. से गहरे नीले रंग की संवेदना होती रहती है।

मौलिक रंगों की संवेदनाएँ और उनका सम्मिश्रण

पहले कहा जा चुका है कि रंगों की संवेदनाएँ प्रकाश-तरंगों की लम्बाइयों पर निर्भर करती हैं। प्रत्येक रंग की संवेदना के लिए विशेष प्रकार की प्रकाश-तरंग की आवश्यकता पड़ती है। किन्तु ऐसा पाया जाता है कि किसी रंग की संवेदना उसकी विशेष प्रकार की प्रकाश-तरंग की अनुपस्थिति में भी हो सकती है। यह विभिन्न रंगों के सम्मिश्रण के द्वारा सम्भव है। अतः हम विभिन्न रंगों के सम्मिश्रण और

उनके नतीजे पर विचार करेंगे। लेकिन इसके पूर्व कुछ मौलिक रंगों और उनसे उत्पन्न संवेदनाओं पर विचार प्रस्तुत कर देना अधिक उपयुक्त जान पड़ता है।

यों तो हम प्रतिदिन अनेक प्रकार के रंगों का अनुभव करते हैं, किन्तु मनोवैज्ञानिक अध्ययनों के आधार पर चार ही मौलिक एवं प्रारम्भिक रंग माने गए हैं। वे हैं–लाल, पीला, हरा और नीला। अन्य सभी रंग इन्हीं के सम्मिश्रण से उत्पन्न होते हैं। यहाँ यह स्पष्ट कर देना आवश्यक प्रतीत होता है कि मौलिक एवं प्रारम्भिक रंगों की संख्या के सम्बन्ध में कुछ मतभेद हैं। यंग-हेल्महोज (Young Helmholtz) ने अपने रंग-दृष्टि-सम्बन्धी सिद्धान्त (Theory of colour vision) में तीन ही प्रारम्भिक रंगों का उल्लेख किया है। वे हैं–लाल, हरा और नीला। पीले रंग को वे प्रारम्भिक एवं मौलिक रंग नहीं मानते। उनका कहना है कि पीला रंग लाल और हरे रंगों के सम्मिश्रण का फल है। इन तीन प्रकार के प्रारम्भिक एवं मौलिक रंगों की संवेदना की व्याख्या के लिए उन्होंने अक्षिपट में तीन प्रकार की सूचियों का अस्तित्व माना है। जब ये सूचियाँ अलग-अलग उत्तेजित होती हैं, तब इनमें क्रमशः लाल, हरे एवं नीले रंगों की संवेदनाएँ उत्पन्न होती हैं। पीले रंग की संवेदना तभी होती है, जब लाल और हरे रंगवाली सूचियाँ समान मात्रा में प्रकाश-तरंगों से उत्तेजित होती हैं। इसके अतिरिक्त जब तीनों प्रकार की सूचियाँ प्रकाश-तरंगों के द्वारा बिल्कुल समान अनुपात में उत्तेजित की जाती हैं, तब हमें रंगविहीन दृष्टि-संवेदना होती है।

यंग-हेल्महोज का यह सिद्धान्त रंग-अन्धापन (Colour-blindness) पर सन्तोषजनक प्रकाश नहीं डाल पाता। कारण, जो व्यक्ति लाल और हरे रंग के अन्धे होते हैं, वे भी पीले रंग को देख लेते हैं। यदि पीले रंग की संवेदना लाल रंग और हरे रंगवाली सूचियों के उत्तेजित होने से ही उत्पन्न होती, तो ऐसे व्यक्तियों में पीले रंग की संवेदना सम्भव नहीं थी। अतः यंग-हेल्महोज ने जिन तीन प्रारम्भिक एवं मौलिक रंगों की स्थापना की है, वे सर्वमान्य नहीं हैं।

लैड-फ्रैंकलिन (Ladd-Franklin) ने अपने रंग-दृष्टि-सम्बन्धी सिद्धान्त में उपर्युक्त दोष को दूर करने की चेष्टा की है। उन्होंने यह बतलाया है कि दृष्टि-संवेदना का प्रारम्भिक स्वरूप रंगविहीन था, लेकिन विकास-क्रम में क्रमशः दृष्टि-संवेदना के स्वरूप में परिवर्तन होता गया। फलस्वरूप, नीले और पीले रंग के प्रति अक्षिपट की सूचियों में क्रियाशीलता आ गई। पुनः पीले रंग की सूचियाँ दो रंगों की सूचियों में विकसित हुईं। वे दो रंग थे–लाल और हरा। इस प्रकार, रंगों के विकास की तीन अवस्थाएँ स्पष्टतः ज्ञात होती हैं–

1. रंगहीन दृष्टि-संवेदना।
2. नीले और पीले रंग की दृष्टि-संवेदना।
3. नीले, पीले, लाल और हरे रंग की दृष्टि-संवेदना।

स्पष्ट है कि इस सिद्धान्त के अनुसार पीला रंग भी एक प्रारम्भिक एवं मौलिक रंग है।

प्रारम्भिक एवं मौलिक रंगों के सम्बन्ध में हेरिंग (Hering) के विचारों का उल्लेख करना भी आवश्यक प्रतीत होता है। हेरिंग ने अपने रंग-दृष्टि-सम्बधी सिद्धान्त में छः प्रारम्भिक एवं मौलिक रंगों की चर्चा की है। वे ये हैं–लाल, हरा, पीला, नीला, उजला और काला। लेकिन, जैसा पहले बतलाया जा चुका है, उजले और काले की गणना रंगों में नहीं होती और उनसे उत्पन्न संवेदना को रंगविहीन संवेदना की संज्ञा दी जाती है। अतः हेरिंग के द्वारा उपस्थित की गई प्रारम्भिक एवं मौलिक रंगों की यह सूची पूर्ण रूप से मान्य नहीं है।

प्रारम्भिक एवं मौलिक रंगों के सम्बन्ध में यहाँ जितने भी विचार उपस्थित किए गए हैं, उनके आधार पर कदाचित् यह निष्कर्ष निकालना समुचित ही होगा कि प्रारम्भिक मौलिक रंग चार ही हैं–लाल, पीला, हरा और नीला, अन्य सभी रंग उनके सम्मिश्रण से उत्पन्न होते हैं। अतः रंगों के सम्मिश्रण का अध्ययन दृष्टि-संवेदना का एक प्रधान विषय है।

रंगों का सम्मिश्रण (Colour-mixing)–यहाँ रंगों के सम्मिश्रण से हमारा तात्पर्य है अक्षिपट-सम्बन्धी रंगों के सम्मिश्रण से। कई रंगों को एक साथ मिलाकर उनका प्रभाव अक्षिपट पर देखा जाता है। अतः रंगों के सम्मिश्रण का तरीका यह है–

रंगों के सम्मिश्रण के लिए एक यन्त्र होता है, जिसे रंग-सम्मिश्रण-यन्त्र (Colour-mixing-instrument) कहा जाता है। इसमें दो विभिन्न रंगों की तख्तियाँ लगा दी जाती हैं और तब इसके पहिए को घुमाया जाता है। फलस्वरूप, विभिन्न रंगों की तख्तियाँ भी घूमने लगती हैं। अक्षिपट कभी एक रंग से उत्तेजित होता है, तो कभी दूसरे से। शुरू में जब पहिए की गति धीमी होती है, तब दोनों ही रंग झिलमिलाते हुए नजर आते हैं। लेकिन जैसे-जैसे पहिए की गति तेज होती जाती है, वैसे-वैसे दोनों रंगों की झिलमिलाहट भी लुप्त होती जाती है और अन्त में एक ऐसी अवस्था आ जाती है, जहाँ दोनों रंग लुप्त हो जाते हैं तथा एक तीसरे रंग की संवेदना होती है। इस प्रकार यह स्पष्ट है कि प्रारम्भ में रंगों की विविधरूपता अन्ततोगत्वा एकरूपता में परिणत होती है। उदाहरण के लिए पीले और नीले रंग को लें। यदि पीले और नीले रंग को दो तख्तियों को रंग-सम्मिश्रण-यन्त्र पर लगा दिया जाए और उसके पहिए को घुमाया जाए तो शुरू में ये दोनों ही रंग झिलमिलाते हुए दीख पड़ेंगे। लेकिन, क्रमशः यह झिलमिलाहट दूर होती जाएगी और अन्त में न तो नीले की संवेदना होगी और न पीले की वरन् भूरे की संवेदना होगी। वैसे ही एक विशेष मात्रा में लाल और पीले के सम्मिश्रण से नारंगी रंग उत्पन्न होता है। रंग-सम्मिश्रण के सम्बन्ध में एक बात विशेष रूप से ध्यान देने की है, और वह यह कि विभिन्न रंगों का सम्मिश्रण समुचित मात्रा में हो।

पूरक रंग (Complementary colours)–मनोवैज्ञानिक अध्ययनों के आधार पर पीले तथा नीले और लाल तथा हरे रंगों को पूरक रंग माना गया है। पूरक रंगों के सम्मिश्रण से भूरे की संवेदना होती है। यदि पीले और नीले रंगों को उचित परिमाण में मिलाया जाए, तो उनके सम्मिश्रण से भूरे रंग की संवेदना होगी। कारण, पीला और नीला–ये दोनों पूरक रंग हैं। वैसे ही लाल का पूरक रंग है हरा। अतः उनके उचित परिमाण में सम्मिश्रण से भी भूरे की संवेदना होती है। उजला और काला–ये दोनों भी एक-दूसरे के पूरक हैं। अतः विभिन्न अनुपातों में इनके सम्मिश्रण से भी विभिन्न प्रकार के भूरे रंग की संवेदना होती है।

जो रंग एक-दूसरे के पूरक नहीं हैं उनके सम्मिश्रण से उन दोनों रंगों के बीच के किसी रंग की संवेदना होती है। उदाहरणार्थ, लाल और पीले रंग एक-दूसरे के पूरक नहीं हैं। इन दोनों रंगों के सम्मिश्रण से नारंगी रंग उत्पन्न होता है। निस्सन्देह नारंगी रंग लाल एवं पीले रंगों के बीच का रंग है। ऐसे ही लाल और नीले रंग भी एक-दूसरे के पूरक नहीं हैं। अतः इनके सम्मिश्रण से भी जिस रंग की उत्पत्ति होती है, उसमें लाल एवं नीला दोनों ही रंगों का आभास मिलता है। उसे लाल-नीला रंग की संज्ञा दी जा सकती है।

अन्धकार-समायोजन तथा प्रकाश-समायोजन
(Dark Adaptation and Light Adaptation)

आँखों में समायोजन की क्षमता पर्याप्त रूप से वर्तमान रहती है। जब कभी हम लोग सूर्य की प्रखर किरणों में कुछ देर रहने के बाद अँधेरी कोठरी में जाते हैं, तब कुछ देर तक वहाँ कोई वस्तु दिखाई नहीं पड़ती। कारण, आँखें पहले से प्रकाश के प्रति समायोजित रहती हैं। लेकिन, धीरे-धीरे आँखों का समायोजन अन्धकार के साथ होने लगता है। लगभग आधे घण्टे के अन्दर अँधेरी कोठरी की सारी चीजें दिखाई पड़ने लगती हैं। इसे मनोविज्ञान में अन्धकार-समायोजन (Dark-adaptation) कहा जाता है। इसके विपरीत जब हम लोग अँधेरी कोठरी से एकाएक सूर्य की प्रखर किरणों में आते हैं, तब आँखों में चकाचौंध उत्पन्न हो जाती है। कारण यह है कि अँधेरी कोठरी में अधिक देर तक रहने की वजह से आँखों को प्रकाश के साथ समायोजित करने में कुछ समय की आवश्यकता पड़ती है। स्पष्ट है कि कुछ देर के बाद सूर्य की प्रखर किरणों के प्रति वे अपने को समायोजित कर लेती हैं। इसे ही पारिभाषिक शब्दों में प्रकाश-समायोजन (Light adaptation) कहा जाता है।

अक्षिपट में स्थित 'फोविया' प्रकाश में क्रियाशील रहता है और वह अन्धकार से उत्तेजित नहीं हो पाता है। आँख के किनारेवाले भाग में अन्धकार में देखने की क्षमता अधिक रहती है। कारण स्पष्ट है। 'फोविया' में सूचियों की संख्या अधिक रहती है और वे प्रकाश में क्रियाशील होती हैं तथा आँख के किनारेवाले भाग में

दण्डों की संख्या अधिक रहती है और वे अन्धकार में क्रियाशील होते हैं। 'फोविया' में दण्ड नहीं होते। उल्लू जो केवल रात में ही देख पाते हैं, उनकी आँखों में केवल दण्ड ही होते हैं, सूचियाँ बिल्कुल नहीं होतीं। किन्तु इस सम्बन्ध में काफी मतभेद है।

अनुबिम्ब
(After-image)

जब कोई उत्तेजना आँखों के सामने से हटा ली जाती है, फिर भी उसकी संवेदना होती रहती है, तब उसे अनुबिम्ब कहा जाता है। उसे अनुसंवेदन (After-sensation) की संज्ञा दी जाती है। अनुबिम्ब दो प्रकार के होते हैं–(1) अनुरूप अनुबिम्ब (Optic Positive after-image) तथा (2) प्रतिरूप अनुबिम्ब (Negative after-image)।

अनुरूप अनुबिम्ब मूल संवेदना (Original Sensation) के ही समान होता है। उदाहरण के लिए यदि लाल रंग को उत्तेजना के रूप में उपस्थित किया जाए और फिर उसे हटा लिया जाए, लेकिन तो भी लाल रंग की ही संवेदना हो, तो निश्चय ही यह अनुरूप अनुबिम्ब कहा जाएगा। अनुरूप अनुबिम्ब का प्रधान कारण यह है कि जब उत्तेजनाएँ आँखों के सामने से हटा ली जाती हैं, तब भी आँख का अक्षिपट थोड़े समय तक उत्तेजना के प्रति क्रियाशील रहता है। अनुरूप अनुबिम्ब का अस्तित्व निम्नांकित प्रयोग के द्वारा सिद्ध किया जा सकता है–

यदि कोई व्यक्ति अपनी आँखों को कुछ देर तक बन्द रखने के बाद एकाएक उन्हें खोले और तीव्र प्रकाश पर ध्यान लगाए, उसे एकटक देखता रहे और कुछ देर बाद अपनी आँखों को बन्द कर ले, तो भी उसे पूर्व की भाँति ही कुछ सेकेण्ड तक वह तीव्र प्रकाश दिखाई पड़ता रहेगा। यह अनुबिम्ब प्रकाश का अनुरूप अनुबिम्ब है। अनुरूप अनुबिम्ब मुश्किल से कुछ सेकेण्ड तक ठहर पाता है। फलस्वरूप, हमलोग प्रतिदिन के जीवन में शायद ही किसी अनुरूप अनुबिम्ब का अनुभव कर पाते हैं। इसका अनुभव तो प्रायः प्रयोगशाला की नियन्त्रित अवस्थाओं में ही होता है।

प्रतिरूप अनुबिम्ब मूल संवेदना के समान नहीं होता, बल्कि उसके विपरीत हुआ करता है। उदाहरण के लिए, प्रकाश का प्रतिरूप अनुबिम्ब है अन्धकार और किसी प्रकार के रंग का प्रतिरूप अनुबिम्ब है उसका पूरक रंग, जैसे लाल का हरा और नीला का पीला। इसे निम्नांकित प्रयोग के द्वारा समझाया जा सकता है–

यदि एक सफेद आधार-भूमि पर एक छोटे लाल रंग के कागज का टुकड़ा चिपका दिया जाए और कोई व्यक्ति लगातार एकटक उस लाल रंग के टुकड़े को 15-20 सेकेण्ड तक देखता रहे और फिर वहाँ से ध्यान हटाकर वह एक सफेद आधार भूमि पर गौर से देखे, तो उसे पहले के आकार का ही कागज का टुकड़ा दीख पड़ेगा। लेकिन, वह लाल के बदले हरे रंग को देखेगा। हरे रंग की यह संवेदना वस्तुतः मूल रूप से देखे गए लाल रंग का ही प्रतिरूप अनुबिम्ब है।

रंग-अन्धापन
(Colour-blindness)

सामान्यतः जब मनुष्य के सामने भिन्न-भिन्न रंगों को उपस्थित किया जाता है, तब उसे रंगों की संवेदना होती है। लेकिन, कुछ ऐसे भी लोग हैं, जिन्हें रंगों की संवेदना बिल्कुल होती ही नहीं। ऐसे व्यक्तियों को रंगान्ध (Colour-blind) कहा जाता है और इस दोष को रंग-अन्धापन की संज्ञा दी जाती है।

रंग-अन्धापन प्रायः तीन तरह का होता है—लाल-हरे रंग का अन्धापन (Red-green colour-blindness), नीले-पीले रंग का अन्धापन (Blue-yellow colour-blindness) और पूर्ण रंग-अन्धापन (Total colour-blindness)। मनोवैज्ञानिक अध्ययनों के आधार पर पाया गया है कि मर्दों में प्रायः लाल-हरे रंग का अन्धापन 3.5 या 4 प्रतिशत होता है। अपेक्षाकृत स्त्रियों में इस प्रकार के रंग का अन्धापन बहुत कम पाया जाता है। हजार में एक स्त्री ही लाल-हरे रंग की अन्धी पाई गई है। यह दोष जन्मजात (Congenital) है। नीले-पीले रंगों का अन्धापन बहुत कम पाया जाता है। निश्चयपूर्वक नहीं कहा जा सकता कि यह दोष जन्मजात है; बल्कि साधारणतः यह कहा जाता है कि यह दोष मनुष्य अपने जीवन-काल में अर्जित करता है। जन्म से उसके अन्दर यह दोष नहीं पाया जाता है। पूर्ण रंग-अन्धापन की अवस्था वह है, जिसमें मनुष्य को किसी भी रंग की संवेदना नहीं होती। उसे सिर्फ भूरे, उजले और काले की ही संवेदना होती है।

अर्जित रंग-अन्धापन (Acquired Colour-blindness)—जीवन-काल में अर्जित रंग-अन्धापन अस्थायी स्वभाव का होता है। इसे आसानी से दूर किया जा सकता है। अर्जित रंग-अन्धापन अधिक नशा के सेवन से होता है। इस प्रकार के रंग-अन्धापन को दूरे करने का सबसे अच्छा तरीका है—उसके कारण को ही दूर निकाल फेंकना।

रंग-अन्धापन के अध्ययन से मनुष्य के व्यावहारिक जीवन में काफी लाभ पहुँचा है। रेलवे में गार्ड की नियुक्ति के समय इस बात का ध्यान रखा जाता है कि वह रंगान्ध न हो। ठीक उसी तरह ड्राइवर के लिए यह आवश्यक है कि वह रंगान्ध न हो। यदि रंगान्ध व्यक्तियों को गार्ड अथवा ड्राइवर की जगह पर रखा जाए, तो रेलवे-दुर्घटना की सम्भावना बहुत अधिक बढ़ जाएगी।

श्रवण-संवेदना
(Auditory Sensation)

शब्द-प्रकम्पन (Ether-vibration) को कान ग्रहण करते हैं। शब्द कान को उत्तेजित करते हैं और तब मनुष्य में सुनने की संवेदना उत्पन्न होती है। इसकी पूर्ण व्याख्या आगे प्रस्तुत की जाएगी। अभी कान की बनावट, कान के भिन्न-भिन्न भागों के कार्य और शब्द के स्वभाव पर प्रकाश डाला जाएगा।

कान की बनावट–मनुष्य के कान को तीन भागों में बाँटा जा सकता है–

(1) बाह्यकर्ण (The outer ear), (2) मध्यकर्ण (The middle ear), (3) अन्तःकर्ण (The inner ear)।

बाहरी कान ध्वनि का संग्रह करता है। इसके दो प्रधान भाग हैं। पहला वह है, जो सीप की तरह चौड़ा होता है और यह कान का सबसे बाहरी भाग है। मनुष्य में इस भाग का कोई प्रधान कार्य नहीं है। इसके नष्ट हो जाने पर भी सुनने में कोई खास कमी नहीं आती। दूसरे भाग को कान की नली (Auditory tube) कहते हैं। इसी के द्वारा ध्वनि कान के ढोल (Ear-drum) तक पहुँचती है। कान का ढोल मध्यकर्ण की सीमा पर स्थित है।

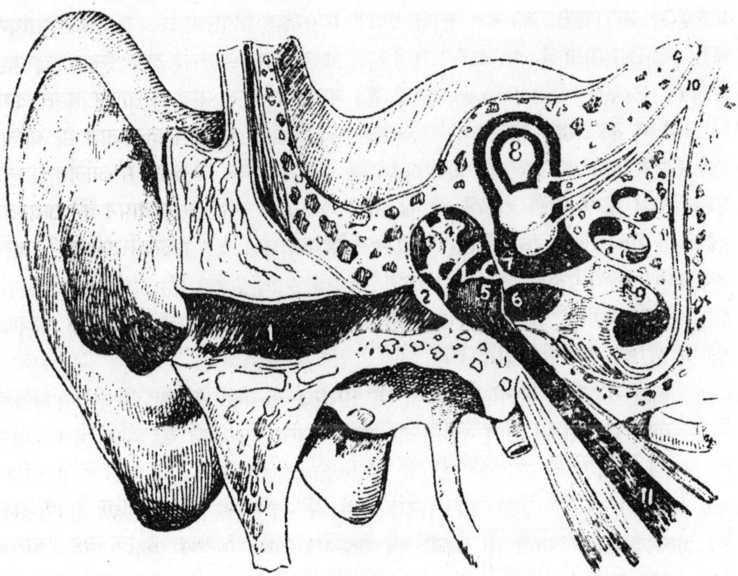

चित्र-11 : मानव-कर्ण

बाह्यकर्ण

1. कान की नली
2. कान का ढोल
3. मुद्‌गर
4. निहाइँ
5. रकाब

मध्यकर्ण

6. गोलाकार खिड़की
7. अण्डाकार खिड़की
8. अर्द्ध-चक्राकार नलियाँ
9. 'कौक्लिया'

अन्तःकर्ण

10. श्रवण-स्नायु
11. कण्ठ-कर्णनली

मध्यकर्ण में कान के ढोल से सटी हुई तीन छोटी हड्डियों (Ossicles) का संग्रह है, जिन्हें मुद्गर (Hammer), निहाई (Anvil) और रकाब (Stirrup) कहते हैं। जब कोई ध्वनि कान के ढोल के पास पहुँचकर उसे प्रकम्पित कर देती है, तब उन तीनों छोटी हड्डियों में भी कम्पन शुरू हो जाता है। फलस्वरूप ध्वनि तीस-गुनी बढ़ जाती है। इस प्रकार, मध्य कान का प्रधान कार्य यह है कि ध्वनि को श्रवण-संवेदना के पर्याप्त उद्दीपक के रूप में परिवर्तित कर दे। जब ध्वनि पर्याप्त उद्दीपक के रूप में परिणत हो जाती है, तब अन्तःकर्ण में प्रवेश कर सुनने की संवेदना उत्पन्न करती है।

अन्तःकर्ण खोपड़ी की हड्डियों के भीतर स्थित है। इसके भीतर घोंघे के आकार की एक इन्द्रिय होती है, जिसे 'कौक्लिया' (Cochlea) कहते हैं। 'कौक्लिया' तरल पदार्थ से भरा रहता है। इस तरल पदार्थ में सेवार के समान अनेक केश-पेशियाँ (Hair-cells) होती हैं। ये केश-पेशियाँ एक झिल्ली पर स्थित रहती हैं, जिसे 'बैसिलर मेम्ब्रेन' (Basiler membrane) कहते हैं। इसी 'बैसिलर मेम्ब्रेन' से श्रवण-संवेदना की स्नायुएँ निकलकर मस्तिष्क के श्रवण-केन्द्र (Auditory centre) तक जाती हैं। जब ध्वनि कान के ढोल के पास पहुँचकर उसमें कम्पन उत्पन्न कर देती है, तब उसके पास तीनों छोटी हड्डियाँ भी हिलने लगती हैं। उसके बाद वह ध्वनि-प्रकम्पन (Sound vibration) 'कौक्लिया' में स्थित केश-पेशियों को उत्तेजित करता है और इस प्रकार स्नायु-प्रवाह उत्पन्न हो जाते हैं। उन स्नायु-प्रवाहों को श्रवण-संवेदना की स्नायुएँ मस्तिष्क के शंखखण्ड में, जहाँ श्रवण-केन्द्र है, ले जाती हैं। फलतः मनुष्य को सुनने की संवेदना होती है।

कान के तीनों भागों के कार्यों के सम्बन्ध में संक्षेप में यह कहा जा सकता है कि कान का बाहरी भाग ध्वनि का संग्रह करता है। कान का मध्य भाग ध्वनि को श्रवण-संवेदना के पर्याप्त उद्दीपक (Adequate stimulus) के रूप में परिवर्तित कर देता है। वस्तुतः कान का भीतरी भाग ही ध्वनि का सच्चा ग्रहण करनेवाला है। कान के तीनों भागों के कार्यों को एक-एक शब्द में इस प्रकार व्यक्त किया जा सकता है–

बाह्यकर्ण–संग्रहकर्त्ता (Collector)
मध्यकर्ण–परिवर्तनकर्त्ता (Transformer)
अन्तःकर्ण–ग्रहणकर्त्ता (Receptor)

ध्वनि का स्वरूप (Nature of sound)–ध्वनि को दो प्रधान भागों में बाँटा जा सकता है–(1) लयात्मक ध्वनि (Tone), और (2) अलयात्मक ध्वनि अथवा शोरगुल (Noise)।

वाद्ययन्त्र से उत्पन्न ध्वनि को लयात्मक ध्वनि और चलती हुई गाड़ी इत्यादि से उत्पन्न ध्वनि को अलयात्मक ध्वनि की संज्ञा दी जा सकती है। जब कोई सितार,

पियानो अथवा हारमोनियम बजाता है, तब उससे लयात्मक ध्वनि की सृष्टि होती है। अलयात्मक ध्वनि अथवा शोरगुल प्रायः व्यस्त नगर की गलियों में या सड़कों पर सुनने को मिलता है।

लयात्मक ध्वनि एवं अलयात्मक ध्वनि की विशेषताओं पर प्रकाश डालते हुए यह कहना समीचीन प्रतीत होता है कि लयात्मक ध्वनि श्रवण-सुखद होती है तथा अलयात्मक ध्वनि कर्ण-कटु। लेकिन, इसका यह अर्थ कदापि नहीं कि ये दोनों प्रकार की ध्वनियाँ एक-दूसरी से बिल्कुल भिन्न होती हैं। वस्तुतः ऐसी कोई लयात्मक ध्वनि नहीं, जिसमें थोड़ी-सी अलयात्मक ध्वनि उपस्थित न हो और ऐसी कोई अलयात्मक ध्वनि भी नहीं, जिसमें लयात्मक ध्वनि का पुट न हो। प्रतिदिन का अनुभव बतलाता है कि शायद ही कोई व्यक्ति विशुद्ध लयात्मक ध्वनि (Pure tone) अथवा विशुद्ध अलयात्मक ध्वनि (Pure noise) सुन पाता है।

लयात्मक ध्वनि और अलयात्मक ध्वनि की उत्पत्ति भिन्न-भिन्न ढंग से होती है। जब शब्द-तरंगें (Ether-waves) क्रमबद्ध ढंग (Regular way) से कान के ढोल के पास पहुँचती हैं, तब लयात्मक ध्वनि उत्पन्न होती है और जब ये बिना किसी क्रम के (Irregular way) कान के ढोल के पास जाती हैं, तब अलयात्मक ध्वनि पैदा होती है। इस प्रकार, जहाँ लयात्मक ध्वनि में एक क्रम वर्तमान रहता है, वहाँ अलयात्मक ध्वनि में इसका अभाव पाया जाता है। इस क्रमबद्धता के कारण ही लयात्मक ध्वनि प्रिय जान पड़ती है और अलयात्मक ध्वनि अप्रिय।

लयात्मक ध्वनि की प्रमुख विशेषताएँ

जैसा कि पहले बतलाया जा चुका है, अनेक शब्द-तरंगों के निश्चित काल-व्यवधान (Regular intervals) के अनुसार कान के ढोल के पास पहुँचकर उसे प्रकम्पित करने से ही लयात्मक ध्वनि उत्पन्न होती है। यदि ये शब्द-तरंगें खूब तेजी के साथ कान के ढोल के पास पहुँचती हैं, तो ध्वनि ऊँची कोटि (Higher pitch) की होती है और यदि एक के बाद दूसरी शब्द-तरंगें धीमी गति से कान के ढोल के पास पहुँचती हैं तो ध्वनि नीची कोटि (Lower pitch) की होती है। कोई भी ध्वनि ऊँची कोटि की होगी अथवा नीची कोटि की, यह शब्द-तरंगों की संख्या पर निर्भर करता है। यदि एक निश्चित समय के भीतर, जैसे एक सेकेण्ड के भीतर, अनेक शब्द-तरंगें कान के ढोल को उत्तेजित करें, तो ध्वनि ऊँची कोटि की होगी और एक सेकेण्ड के अन्दर कान के ढोल को उत्तेजित करनेवाली शब्द-तरंगों की संख्या अपेक्षाकृत कम हो, तो ध्वनि नीची कोटि की होगी।

ध्वनि की दूसरी प्रधान विशेषता है घनत्व (Loudness), अर्थात् भारी या हल्का होना। एक कोटि की दो ध्वनियों में प्रायः तीव्रता के कारण भेद पाया जाता है। ध्वनि का भारी या हल्का होना, शब्द-तरंगों के आधार अथवा विस्तार (Size or

Amplitude) पर निर्भर करता है। शब्द-तरंगें जितनी ही लम्बी होंगी, ध्वनि उतनी ही भारी होगी। इसके विपरीत, शब्द-तरंगें जितनी ही छोटी होंगी, ध्वनि उतनी ही हल्की होगी।

ध्वनि की तीसरी विशेषता है नाद-गुण (Timbre)। नाद-गुण के कारण ही एक ध्वनि दूसरी से भिन्न जान पड़ती है। विभिन्न वाद्ययन्त्रों से उत्पन्न ध्वनियों में स्वभावतः अन्तर पड़ता है। अन्तर नाद-गुण के कारण ही होता है। वस्तुतः कोई भी वाद्ययन्त्र विशुद्ध ध्वनि नहीं उत्पन्न करता, वरन् उसमें ध्वनियों का सम्मिश्रण (Combination of tones) पाया जाता है। प्रत्येक लयात्मक ध्वनि के मूल स्वर (Fundamental tone) तथा अनेक अधिस्वर (Over tones) पाए जाते हैं। मूल स्वर, ध्वनि की कोटि का निर्णय करता है और अधिस्वरों के कारण प्रत्येक वाद्ययन्त्र की ध्वनि में एक विशेषता आ जाती है। अपनी इसी विशेषता के कारण एक वाद्ययन्त्र की ध्वनि दूसरे वाद्ययन्त्र की ध्वनि से भिन्न होती है। ध्वनियों की इस प्रकार की भिन्नता को ही नाद-गुण कहा जाता है। नाद-गुण के कारण ही हम एक मनुष्य की आवाज को दूसरे मनुष्य की आवाज से भिन्न कर पाते हैं।

कुछ मनोवैज्ञानिकों ने ध्वनि की एक चौथी विशेषता का भी उल्लेख किया है, और वह है ध्वनि का विस्तार (Volume of sound)। यदि समुद्र की लहरों से उत्पन्न ध्वनि पर विचार किया जाए, तो स्पष्ट रूप से जान पड़ेगा कि स्वर-कोटि (Pitch of sound) तीव्रता और नाद-गुण के सिवा उसमें एक चौथी विशेषता भी वर्तमान रहती है, और वह है–ध्वनि का विस्तार। वह ध्वनि काफी फैली हुई होती है। अन्त में, यह कह देना आवश्यक प्रतीत होता है कि ध्वनि की इस विशेषता के सम्बन्ध में काफी विवाद है। इस विषय पर सभी मनोवैज्ञानिक एकमत नहीं हैं।

स्वाद तथा गन्ध-संवेदनाएँ

मनुष्य-जीवन में जितना दृष्टि-संवेदना तथा श्रवण-संवेदना का महत्त्व है उतना स्वाद तथा घ्राण-संवेदना का नहीं। कारण स्पष्ट है। मनुष्य प्रायः देखकर अथवा सुनकर संसार की विविध वस्तुओं का ज्ञान प्राप्त करता है। हाँ, गन्ध और स्वाद से भी अनेक वस्तुओं का ज्ञान होता है। किन्तु यदि तुलनात्मक दृष्टिकोण से विचार किया जाए, तो मानना होगा कि मनुष्य के जीवन में जितना अधिक महत्त्व देखने और सुनने की संवेदना का है, उतना स्वाद और गन्ध की संवेदनाओं का नहीं। कुछ पशुओं के जीवन में गन्ध का प्रमुख स्थान है। वे देखने और सुनने की अपेक्षा गन्ध का आधार लेकर ही अपने अधिकांश कार्य सम्पादित करते हैं। उदाहरण के लिए हम कुत्ते को ले सकते हैं। कुत्ता प्रायः किसी वस्तु की गन्ध पाकर उसकी पूर्ण जानकारी प्राप्त कर लेता है। वह गन्ध से प्रेरित होकर ही अपने अधिकांश कार्य सम्पादित करता है। उसके जीवन में देखने और सुनने का अपेक्षाकृत कम महत्त्व है।

स्वाद तथा गन्ध की संवेदनाएँ देखने और सुनने की संवेदनाओं की अपेक्षा सरल होती हैं। इन दोनों का आपस में बड़ा गहरा सम्बन्ध है। इसकी सन्निकटता का अनुभव हम लोग प्रायः प्रतिदिन करते हैं। भोजन का स्वाद केवल जीभ पर नहीं निर्भर करता, बल्कि सूँघने की शक्ति पर भी अवलम्बित रहता है। तभी तो सुगन्धि के कारण भोजन स्वादिष्ट बन जाता है और इसके अभाव में भोजन में कोई स्वाद नहीं मिलता। मनुष्य जब कभी कड़ी सर्दी का शिकार बना रहता है, तब नाक के मार्ग बन्द हो जाते हैं और इसलिए भोजन की गन्ध नाक में नहीं पहुँचती। फलस्वरूप भोजन में कोई स्वाद नहीं मिलता।

स्वाद-संवेदना

स्वाद की संवेदना जीभ में स्थित स्वाद-कलिकाओं (Taste buds) पर निर्भर करती है। ये स्वाद-कलिकाएँ जीभ की ऊपरी सतह पर फैली हुई रहती हैं। जब ये स्वाद-कलिकाएँ भोजन की सामग्री पाकर उत्तेजित होती हैं, तब स्वाद की संवेदना का अनुभव होता है। जीभ में स्वाद के सिवा अन्य संवेदनाओं की क्षमता भी वर्तमान रहती है। उदाहरणार्थ, जीभ से स्पर्श, दबाव, गर्मी, ठण्डक आदि संवेदनाओं का भी अनुभव होता है। जब कोई रसगुल्ला खाता है, तब जीभ में स्पर्श, दबाव और ठण्डक की संवेदनाएँ होती हैं और स्वाद-कलिकाओं के उत्तेजित होते ही स्वाद की संवेदना होने लगती है। जब स्पर्श, दबाव और स्वाद की संवेदना में गन्ध की संवेदना का संयोग हो जाता है, तब भोजन काफी जायकेदार बन जाता है। फलतः भोजन बड़ा ही स्वादिष्ट मालूम पड़ता है। चाय, कॉफी आदि जायकेदार होने के कारण ही स्वादिष्ट जान पड़ते हैं।

स्वाद-कलिकाएँ तरल पदार्थों (Liquid substances) से उत्तेजित होती हैं। जब मनुष्य कोई चीज खाता है और वह तरल रूप ग्रहण कर लेती है, तभी उसका स्वाद मिलता है। सूखी चीजें बेस्वाद होती हैं। मनोवैज्ञानिक अध्ययनों के आधार पर मूलतः चार प्रकार के स्वादों की अनुभूति का पता लगता है—मीठा, कड़वा, खट्टा और नमकीन। समूची जीभ में इन चारों स्वादों को ग्रहण करने की एक तरह की क्षमता नहीं होती, वरन् जीभ के विभिन्न भाग भिन्न-भिन्न स्वादों को ग्रहण करते हैं। जीभ के अगले भाग के उत्तेजित होने से मीठे और नमकीन की संवेदनाएँ होती हैं। जीभ की जड़ कड़वे की संवेदना के लिए सबसे उपयुक्त स्थान है तथा खट्टे की संवेदना का अनुभव जीभ के दोनों किनारों के उत्तेजित होने से होता है। इन चारों प्रकार की स्वाद-संवेदनाओं को उत्पन्न करने के लिए चार उपयुक्त उत्तेजनाओं की आवश्यकता पड़ती है। चीनी से मीठे, कुनैन से कड़वे, नींबू के रस से खट्टे

और नमक से नमकीन की संवेदनाएँ उत्पन्न होती हैं। नीचे दी गई सूची से यह बात बिल्कुल स्पष्ट हो जाती है–

स्वाद-संवेदनाएँ	**ग्राहकेन्द्रिय**	**समुचित उत्तेजनाएँ**
मीठा	जीभ का अगला भाग	चीनी
कड़वा	जीभ की जड़	कुनैन
खट्टा	जीभ के दोनों किनारे	नींबू का रस
नमकीन	जीभ का अगला भाग	नमक

गन्ध ग्रहण करनेवाली इन्द्रियाँ नासिका-रन्ध्र (Nasal cavity) के ऊपरी भाग में स्थित रहती हैं, जिन्हें घ्राण-कन्द (Olfactory bulbs) कहते हैं।

गन्ध-संवेदना

गन्ध की संवेदना के लिए समुचित उत्तेजना है गैस, जो हवा द्वारा नासिका-रन्ध्र में प्रवेश कर गन्ध की संवेदना उत्पन्न करती है। जिस प्रकार स्वाद-संवेदना भोजन की सामग्री के तरल रूप में आने पर उत्पन्न होती है, उसी प्रकार गन्ध की संवेदना के लिए यह आवश्यक है कि उत्तेजक पदार्थ गैस के रूप में हो।

अन्तर्निरीक्षणात्मक विधि के आधार पर गन्ध-संवेदना के सम्बन्ध में ज्ञान प्राप्त होता है। प्रारम्भिक गन्धों के वर्गीकरण का प्रयास मनोवैज्ञानिकों ने किया है। हेन्निंग (Henning) के अध्ययन के फलस्वरूप गन्ध छः प्रकार की मानी गई है–

1. फलों की गन्ध – जैसे आम, नारंगी इत्यादि की गन्ध।
2. फूलों की गन्ध – जैसे गुलाब, चमेली इत्यादि की गन्ध।
3. मसालों की गन्ध – जैसे लवंग, इलायची, मिर्च आदि की गन्ध।
4. राल की गन्ध – जैसे तारपीन के तेल की गन्ध।
5. सड़े हुए पदार्थों की गंध – जैसे सड़े हुए आलू की गन्ध।
6. जले हुए पदार्थों की गन्ध – जैसे जले कपड़े, जले हुए दूध आदि की गन्ध

गन्ध-संवेदना की विशेषताएँ

1. गन्ध ग्रहण करनेवाली इन्द्रियाँ बहुत जल्द थक जाती हैं। यदि एक ही गन्ध-उत्तेजना से बार-बार गन्ध ग्रहण करनेवाली इन्द्रियों को उत्तेजित किया जाए, तो कुछ देर बाद उनमें थकावट आ जाएगी। उदाहरण के लिए, यदि गुलाब के फूल की सुगन्धि का अनुभव लगातार कुछ मिनटों तक होता रहे, तो सम्भवतः उसकी गन्ध धीरे-धीरे कम हो जाएगी और अन्त में वह गुलाब का फूल बिल्कुल गन्धहीन जान पड़ेगा। ठीक वैसे ही, जब कोई व्यक्ति मछली-बाजार में जाता है, तब उसकी गन्ध ग्रहण

करनेवाली इन्द्रियाँ उत्तेजित हो जाती हैं और वह शीघ्र ही अपनी नाक रूमाल से ढँक लेता है। किन्तु, मछली की गन्ध उसकी नाक को अधिक देर तक प्रभावित नहीं कर पाती। कारण, गन्धेन्द्रियाँ थक जाती हैं, अथवा यह कहा जा सकता है कि गन्ध की इन्द्रियों का मछली की गन्ध के साथ समायोजन स्थापित हो जाता है। फिर, वह व्यक्ति उस गन्ध की ओर से बिल्कुल अन्यमनस्क हो जाता है। गन्ध-संवेदना की इसी विशेषता का फल है कि दुर्गन्ध के बीच भी डॉक्टर अस्पतालों में और मजदूर चमड़े के कारखानों में काम कर लेते हैं।

2. गन्ध-संवेदना की दूसरी प्रधान विशेषता है उससे सम्बद्ध भावों की अनुभूति। कोई भी गन्ध प्रिय होती है या अप्रिय। उदाहरण के लिए, गुलाब की गन्ध प्रिय जान पड़ती है, तो सड़े हुए पदार्थों की गन्ध अप्रिय। गन्ध की प्रियता और अप्रियता (Pleasantness and Unplesantness) गन्ध के उत्तेजक पदार्थ की मात्रा पर निर्भर करती है। यदि अच्छी-से-अच्छी गन्ध भी अधिक मात्रा में प्रस्तुत की जाए, तो अप्रिय मालूम पड़ेगी।

3. अन्य संवेदनाओं की तरह गन्ध-संवेदना भी बाह्य जगत् की वस्तुओं का ज्ञान प्रदान करती है। आदिम मनुष्य गन्ध के आधार पर ही भोजन का पता लगाता था। लेकिन जैसे-जैसे मनुष्य में सभ्यता-संस्कृति का विकास होता गया, वैसे-वैसे उसके जीवन में गन्ध-संवेदना की प्रधानता जाती रही। इसका प्रज्ञात्मक पहलू (Cognitive aspect) मानव-जीवन के लिए गौण होता गया। किन्तु पशु के जीवन में गन्ध-संवेदना के प्रज्ञात्मक पहलू का भी प्रमुख स्थान है। गन्ध के आधार पर ही कुत्ते प्रायः अपने भोज्य पदार्थों का पता लगाते हैं।

त्वक्-संवेदनाएँ
(Cutaneous Sensations)

त्वचा-सम्बन्धी सभी अनुभवों को निम्नांकित चार प्रारम्भिक त्वक्-संवेदनाओं के अन्तर्गत रखा जा सकता है–

1. दबाव की संवेदना।
2. पीड़ा की संवेदना।
3. उष्णता की संवेदना।
4. शीत की संवदेना।

ये चारों संवेदनाएँ एक-दूसरी से भिन्न हैं और चमड़े पर इनके भिन्न-भिन्न स्थान भी हैं। इन्हें जानने का तरीका यह है कि किसी वस्तु की बनी हुई पेंसिल की तरह नुकीली चीजों को ठण्डा या गर्म करके चमड़े पर भिन्न-भिन्न स्थानों का स्पर्श किया जाए। फिर रुखड़े बाल और सूई की नोक से चमड़े के भिन्न-भिन्न स्थानों का स्पर्श किया जाए। जब किसी ठण्डे पदार्थ से चमड़े पर भिन्न-भिन्न

बिन्दुओं को स्पर्श किया जाता है, तब कुछ बिन्दु क्रियाशील हो उठते हैं और मनुष्य को ठण्डक की संवेदना का अनुभव होता है। इन बिन्दुओं को ही शीत-बिन्दु (Cold spots) कहते हैं। कुछ ऐसे बिन्दु भी चमड़े पर होते हैं जो गर्म उत्तेजना पाकर ही उत्तेजित होते हैं और तब मनुष्य गर्मी की संवेदना का अनुभव करता है। इन्हें ताप-बिन्दु (Heat spot) कहा जाता है। जब कड़े बाल की नोक से चमड़े पर भिन्न-भिन्न बिन्दुओं का स्पर्श किया जाता है, तब दबाव का अनुभव होता है। इन बिन्दुओं को चाप-बिन्दु (Pressure spots) कहा जाता है। चमड़े के बिन्दु को, जो सूई की नोक से उत्तेजित होते हैं और जिनमें मनुष्य दर्द का अनुभव करता है, वेदना-बिन्दु (Pain spots) कहते हैं।

त्वक्-संवेदनाओं के सम्बन्ध में जो भी मनोवैज्ञानिक अनुसन्धान हुए हैं, उनसे स्पष्ट है कि इन संवेदनाओं की पूरी जानकारी के लिए नए-नए तरीके काम में लाए जा रहे हैं। अभी जिन तरीकों का वर्णन किया गया है, उनमें कालान्तर में काफी संशोधन हुए हैं।

शीत, ताप, दबाव और पीड़ा के स्थल समस्त शरीर में बिखरे हुए हैं। शरीर के चमड़े पर जितने शीत-बिन्दु होते हैं, उतने ताप-बिन्दु नहीं। शीत-बिन्दु सबसे अधिक ललाट और आँखों की पलकों के भीतरी भाग में होते हैं। चाप-बिन्दु उँगलियों के छोर पर पाए जाते हैं। आँख की कनीनिका (Cornea of the eye) में पीड़ा की संवेदना का अनुभव सबसे अधिक होता है। साधारणतः वेदना-बिन्दु समस्त शरीर के चमड़े पर बिखरे हुए हैं। सबसे कम वेदना-बिन्दु गालों और जाँघों में होते हैं। जिस तरह ये सभी बिन्दु शरीर के भिन्न-भिन्न भागों में स्थित हैं, उसी प्रकार ये संख्या में भी एक-दूसरे से भिन्न हैं। शरीर के चमड़े पर सबसे अधिक संख्या में वेदना-बिन्दु पाए जाते हैं। ताप-बिन्दु और शीत-बिन्दु करीब-करीब बराबर संख्या में ही शरीर के चमड़े पर बिखरे हुए हैं। शरीर के चमड़े पर सबसे कम संख्या ताप-बिन्दुओं की है।

शीत, दबाव, पीड़ा और ताप की संवेदना की प्रमुख विशेषता यह है कि जब शीत, दबाव, पीड़ा और ताप के विशेष बिन्दुओं को उत्तेजित किया जाता है, तभी उनसे क्रमशः शीत, दबाव, पीड़ा और ताप की संवेदनाओं का अनुभव होता है। संक्षेप में, विशेष प्रकार के इन बिन्दुओं में अपनी विशेष प्रकार की संवेदनाओं को उत्पन्न करने की शक्ति रहती है। ये दूसरी तरह की संवेदनाएँ उत्पन्न नहीं कर सकते। उदाहरण के लिए यदि हम गर्म उत्तेजना का भी प्रयोग किसी शीत-बिन्दु (Cold spot) पर करें, तो वह शीत-बिन्दु गर्मी की संवेदना के बदले शीत या ठण्डक की ही संवेदना उत्पन्न करेगा।

इन संवेदनाओं की दूसरी विशेषता यह है कि ये सभी बराबर समय में उत्पन्न

और समाप्त नहीं होतीं। दबाव की संवेदना उत्तेजना का प्रयोग करते ही शीघ्र उत्पन्न हो जाती है और उत्तेजना को हटाते ही समाप्त भी हो जाती है। इसके उत्पन्न होने और समाप्त होने की अवधि (Duration) बहुत ही थोड़ी होती है। ठीक इसके विपरीत, उत्तेजना का प्रयोग करने पर पीड़ा की संवेदना का अनुभव बहुत धीरे-धीरे होता है और उत्तेजना को हटा लेने पर भी पीड़ा की संवेदना एकाएक खत्म नहीं हो जाती, बल्कि धीरे-धीरे इसका अन्त होता है। पीड़ा उत्पन्न होने और समाप्त होने की अवधि अन्य त्वक्-संवेदनाओं की अपेक्षा बहुत अधिक होती है। शीत-संवेदना दबाव की संवेदना के सदृश उत्तेजना का प्रयोग करते ही उत्पन्न हो जाती है और उत्तेजना को हटाते ही समाप्त भी हो जाती है। ताप-संवेदना, पीड़ा की संवेदना के समान ही उत्तेजना का प्रयोग करने पर बहुत धीरे-धीरे उत्पन्न होती है और उत्तेजना को हटा लेने पर भी यह धीरे-धीरे ही खत्म होती है।

गति-संवेदना तथा अन्य अन्तरिन्द्रिय संवेदनाएँ
(Kinesthetic Sensation and other Internal Organic Sensations)

गति-संवेदनाओं के द्वारा हमें शरीर की स्थिति, शरीर के विभिन्न अंगों के संचालन और उनके परस्पर-सम्बन्धों का ज्ञान होता है। ये संवेदनाएँ मांसपेशियों में गति आने के कारण उत्पन्न होती हैं। हमारे शरीर की मांसपेशियों, पुट्ठों (Tendons) और सन्धियों में बहुत ही छोटे-छोटे स्नायविक-जीवाणु (Nerve-cells) पाए जाते हैं, जो इन अंगों में गति आने के कारण उत्तेजित हो उठते हैं। फलस्वरूप हमें, गति-संवदेना होती है। यहाँ यह स्पष्ट कर देना आवश्यक प्रतीत होता है कि गति-संवेदनाएँ अत्यन्त ही जटिल होती हैं। कारण गति-संवेदनाओं में कई अन्य संवेदनाएँ भी शामिल रहती हैं–जैसे स्पर्श, दबाव इत्यादि की संवेदनाएँ।

गति-संवेदनाओं की प्रधान विशेषता यह है कि ये संवेदनाएँ मांसपेशियों, पुट्ठों तथा सन्धियों में गति आने पर स्वयं उत्पन्न हो जाती हैं। हम लोग प्रायः अपने शरीर की गतियों पर विशेष ध्यान नहीं देते। किन्तु यदि हम इन पर ध्यान दें, तो प्रत्यक्षतः मालूम होगा कि शारीरिक अंगों के संचालन के समय साधारणतः गति-संवेदनाओं का अनुभव होता है। उदाहरण के लिए, यदि हम अपनी आँखों को बन्द कर अपने शरीर के किसी विशेष अंग, जैसे हाथ या पैर, को हिलाएँ तो हमें स्पष्ट अनुभव होगा कि हमारा हाथ या पैर हिल रहा है तथा वह किस स्थिति और किस दिशा में है।

यद्यपि मनुष्य सामान्यतः अपनी गति-संवेदनाओं पर ध्यान नहीं देता, तथापि ये संवेदनाएँ उसकी शारीरिक गतियों को निरन्तर निर्देशित करती रहती हैं। यही कारण है कि हम वाक्-सम्बन्धी मांसपेशियों की गतियों पर ध्यान दिए बिना ही किसी से घण्टों बातचीत करते रह सकते हैं तथा टाइप करनेवाला अपनी उँगलियों

की मांसपेशियों पर ध्यान दिए बिना ही टाइप करता चला जाता है। स्पष्ट है कि इन सभी व्यवहारों में गति-संवेदनाएँ सन्निहित रहती हैं, किन्तु साधारणतः मनुष्य का ध्यान इनकी ओर नहीं जाता। जब किसी दोष के कारण शरीर की ये गतियाँ बन्द हो जाती हैं, तब मनुष्य का ध्यान इनकी ओर जाता है। कहना न होगा कि ये गति-संवेदनाएँ जीवन के लिए अत्यन्त महत्त्वपूर्ण हैं।

आँख, कान, नाक, जीभ और स्पर्श की संवेदनाओं का उल्लेख पहले ही हो चुका है। यहाँ यह स्पष्ट कर देना आवश्यक प्रतीत होता है कि इन पाँच परम्परागत इन्द्रियों के सिवा कुछ आन्तरिक इन्द्रियाँ कण्ठ, फेफड़े, हृदय, आमाशय, अँतड़ी, कर्मेन्द्रिय आदि आन्तरिक अवयवों में पाई जाती हैं।

इन इन्द्रियों के उत्तेजित होने से विभिन्न आन्तरिक संवेदनाएँ उत्पन्न होती हैं; जैसे—भूख, प्यास, वमन (Nausea) या जी मिचलाने की संवेदनाएँ तथा कामातुरता (Sexual craving) रोमांच और दम घुटने की संवेदनाएँ इत्यादि।

हमारी अन्तरिन्द्रिय संवेदनाएँ प्रायः अस्पष्ट होती हैं। इनका जीवन के प्रेरणात्मक पक्ष में बड़ा प्रमुख स्थान है। वस्तुतः भूख, प्यास, काम की आतुरता आदि मनुष्य के जीवन में प्रेरक वृत्तियों (Motives) का काम करती हैं। इनसे प्रेरित होकर मनुष्य क्रियाशील हो उठता है। जब मनुष्य भूख से व्याकुल हो जाता है, तब भोजन पाने की चेष्टा करता है, प्यास का अनुभव होने पर जल पाने का प्रयास करता है तथा काम से आतुर होने पर काम की तृप्ति के लिए क्रियाशील हो जाता है। संक्षेप में, अन्तरिन्द्रिय संवेदनाओं का जीवन के भावात्मक (Affective) तथा प्रेरणात्मक (Motivational) पक्षों में बड़ा प्रमुख स्थान है।

सन्दर्भ

1. "Sensation refers to the initial response of the organism to stimulus, perceiving involves an interpretation or evaluation, of the stimulus."
   —Cruze : Psychology for College Student; p. 522.

5

प्रत्यक्षीकरण

प्रत्यक्षीकरण एक ऐसी मानसिक क्रिया है, जिसके द्वारा वातावरण में उपस्थित वस्तु तथा ज्ञानेन्द्रियों को उत्तेजित करनेवाली परिस्थितियों का तात्कालिक ज्ञान प्राप्त होता है। जब कोई उत्तेजना उपस्थित की जाती है तब मनुष्य की ज्ञानेन्द्रियाँ उसको ग्रहण करती हैं। फलस्वरूप ज्ञानेन्द्रियों में स्नायु-प्रवाह (Nerve-impulses) उत्पन्न हो जाते हैं। फिर, वे स्नायु-प्रवाह मस्तिष्क में पहुँचते हैं और तब मनुष्य को उस वस्तु-विशेष की चेतना-मात्र होती है, आभास-मात्र ही मिलता है, उसका अर्थ ज्ञात नहीं हो पाता। वस्तु के आभास-मात्र की यह स्थिति प्रायः बच्चों में ही पाई जाती है। प्रौढ़ व्यक्ति तो संवेदना का अनुभव करते ही उसमें अर्थ जोड़ देता है। ये दोनों क्रियाएँ इतनी शीघ्रता से सम्पन्न हो जाती हैं कि इनमें भेद करना बड़ा ही कठिन जान पड़ता है। अतः सार्थक संवेदना ही प्रत्यक्षीकरण कहलाता है। उदाहरण के लिए, जब कोई आवाज उत्तेजना के रूप में उपस्थित की जाती है, तब कान उसको ग्रहण करते हैं। फलस्वरूप उनमें स्नायु-प्रवाह उत्पन्न हो जाते हैं। फिर, वे स्नायु-प्रवाह बृहत् मस्तिष्क के श्रवण-केन्द्र में पहुँचते हैं और तब मनुष्य को श्रवण-संवेदना का अनुभव होता है। संवेदना का अनुभव होते ही वह उसमें अर्थ जोड़ देता है, अर्थात यह जान लेता है कि कॉलेज की घण्टी की आवाज है, दस बज गए और अब मनोविज्ञान का व्याख्यान प्रारम्भ होगा। इसे संवेदना न कहकर प्रत्यक्षीकरण कहा जाएगा; क्योंकि इसमें सिर्फ आवाज का आभास-मात्र ही नहीं है, प्रत्युत उसका अर्थ भी ज्ञात है। संक्षेप में, प्रत्यक्षीकरण की मानसिक क्रिया को यों व्यक्त किया जा सकता है–

1. उत्तेजना की उपस्थिति।
2. ज्ञानेन्द्रिय द्वारा उत्तेजना को ग्रहण करना तथा परिणामस्वरूप स्नायु-प्रवाहों की उत्पत्ति।

3. स्नायु-प्रवाहों का मस्तिष्क के केन्द्र-विशेष में पहुँचना।
4. एक विशेष प्रकार की संवेदना का अनुभव।
5. संवेदना में अर्थ का संयोग।
6. प्रत्यक्षीकरण।

प्रत्यक्षीकरण का विश्लेषण
(Analysis of Perception)

प्रत्यक्षीकरण में सन्निहित प्रक्रियाएँ–यदि प्रत्यक्षीकरण का विश्लेषण किया जाए, तो इसमें निम्नांकित प्रक्रियाएँ सन्निहित पाई जाएँगी–

1. ग्राहक प्रक्रियाएँ।
2. प्रतीकात्मक प्रक्रियाएँ।
3. भावात्मक प्रक्रियाएँ।
4. सौन्दर्यानुभूति।

ग्राहक प्रक्रियाएँ (Receptor processes)–प्रत्यक्षीकरण में ज्ञानेन्द्रियों की क्रियाएँ शामिल रहती हैं। इसीलिए, प्रत्यक्षीकरण में जिस ज्ञानेन्द्रिय-विशेष की प्रधानता रहती है, उसी के अनुसार प्रत्यक्षीकरण का नामकरण किया जाता है, यथा दृष्ट्यात्मक प्रत्यक्षीकरण (Visual percption), श्रवणात्मक प्रत्यक्षीकरण (Auditory perception) इत्यादि। जब आँखों के उत्तेजित होने और उनकी क्रियाओं के फलस्वरूप प्रत्यक्षीकरण होता है, तब उसे दृष्ट्यात्मक प्रत्यक्षीकरण कहते हैं। वैसे ही, जब कानों के उत्तेजित होने और उनकी प्रक्रियाओं के फलस्वरूप प्रत्यक्षीकरण होता है, तब उसे श्रवणात्मक प्रत्यक्षीकरण कहते हैं। यह व्यक्त किया जा चुका है कि जब आँख, कान, नाक या अन्य कोई ज्ञानेन्द्रिय उत्तेजित होती है, तब उसमें स्नायु-प्रवाह उत्पन्न हो जाते हैं। वे स्नायु-प्रवाह ज्ञानवाही स्नायुओं द्वारा मस्तिष्क के केन्द्र-विशेष में जाते हैं। वहाँ से वे मांसपेशियों में चले जाते हैं। फलतः हममें प्रत्यक्षीकरण की क्रिया होती है।

प्रतीकात्मक प्रक्रियाएँ (Symbolic processes)–कोई भी उत्तेजना ग्राहक प्रक्रियाओं के अतिरिक्त प्रतीकात्मक प्रक्रियाएँ भी उत्पन्न करती है। यहाँ प्रतीकों से हमारा तात्पर्य है उनसे, जो किसी अन्य का प्रतिनिधित्व करते हैं। उदाहरणार्थ, शब्द प्रतीक हैं; क्योंकि ये वस्तुओं, घटनाओं अथवा परिस्थितियों का प्रतिनिधित्व करते हैं। प्रत्यक्षीकरण में प्रतीकात्मक प्रक्रियाएँ सन्निहित रहती हैं। इसे एक उदाहरण द्वारा स्पष्ट किया जा सकता है। यदि किसी व्यक्ति को गुलाब के फूल की तस्वीर का प्रत्यक्षीकरण होता है, तो उसे उसकी गन्ध का भी स्मरण हो आता है अथवा गन्ध की प्रतिमा (Image) का अनुभव होने लगता है। इसे प्रतीकात्मक प्रक्रियाओं की ही संज्ञा दी जाएगी। यहाँ गन्ध की प्रतिमा इस बात पर निर्भर है कि पहले कभी उसकी वास्तविक उपस्थिति के कारण व्यक्ति को उसकी गन्ध का अनुभव

हुआ होगा। फलस्वरूप, व्यक्ति के स्नायु-मण्डल में परिमार्जन (Modification) हुआ होगा और उसके चिह्न (Traces) भी छूट गए होंगे। अब उस गुलाब के फूल की तस्वीर के सामने आते ही स्नायु-मण्डल में अंकित वे चिह्न उत्तेजित हो जाते हैं। फलतः व्यक्ति को उसकी गन्ध की प्रतिमा का अनुभव होने लगता है। निष्कर्ष यह है कि प्रत्यक्षीकरण में वर्तमान उत्तेजना (Present stimulus) से आबद्ध प्रतीकात्मक प्रक्रियाएँ सन्निहित रहती हैं।

भावात्मक प्रक्रियाएँ (Affective processes)–कभी-कभी किसी वस्तु या परिस्थिति के प्रत्यक्षीकरण में भावात्मक क्रियाएँ भी विद्यमान रहती हैं। उस वस्तु अथवा परिस्थिति का प्रत्यक्षीकरण प्रिय जान पड़ता है या अप्रिय। उदाहरण के लिए यदि संगीत की मधुर ध्वनि का प्रत्यक्षीकरण प्रिय प्रतीत होता है, तो शोरगुल का अप्रिय। यदि रूपवती स्त्री का प्रत्यक्षीकरण प्रिय जान पड़ता है, तो कुरूपा का अप्रिय। किसी वस्तु अथवा परिस्थिति के प्रत्यक्षीकरण में विद्यमान प्रियता या अप्रियता के भाव पूर्वानुभूति (Past experience) पर निर्भर करते हैं। प्रियता-अप्रियता के अतिरिक्त प्रत्यक्षीकरण में तटस्थता का भाव (Feeling of neutrality) भी विद्यमान रह सकता है।

सौन्दर्यानुभूति (Aesthetic experience)–कभी-कभी किसी परिस्थिति के प्रत्यक्षीकरण में सौन्दर्यानुभूति भी वर्तमान रहती है। जिस वस्तु का प्रत्यक्षीकरण होता है, वह वस्तु व्यक्ति को सुन्दर, कुरूप अथवा तटस्थ लग सकती है। सौन्दर्यानुभूतिक मूल्यांकन (Aesthetic evaluations) दो बातों पर निर्भर करते हैं–(1) भावात्मक प्रक्रियाएँ, और (2) पूर्वानुभूति का प्रत्याह्वान (Recall of past experience)। अतएव, यह कहा जा सकता है कि सौन्दर्यानुभूतिक मूल्यांकन भावात्मक प्रक्रियाओं और प्रतीकात्मक प्रक्रियाओं से अति सम्बद्ध होता है। जो वस्तु प्रिय लगती है, वह प्रायः सुन्दर भी जान पड़ती है। जो वस्तु अप्रिय होती है, वह प्रायः कुरूप ही जान पड़ती है। जिस वस्तु के प्रत्यक्षीकरण में प्रियता और अप्रियता का कोई भाव नहीं होता, उसमें सुन्दरता या कुरूपता की अनुभूति भी नहीं होती, व्यक्ति बिल्कुल तटस्थ ही रहता है। पूर्वानुभूति की प्रियता, अप्रियता अथवा तटस्थता पर भी वर्तमान वस्तु या परिस्थिति के प्रत्यक्षीकरण में निहित सुन्दरता, कुरूपता अथवा तटस्थता की अनुभूति निर्भर करती है।

प्रत्यक्षीकरण का स्वरूप
(Nature of perception)

प्रत्यक्षीकरण में प्रायः कई ग्राहकेन्द्रियाँ (Receptor organs) एक ही साथ उत्तेजित होती हैं। फलस्वरूप, व्यक्ति को कई प्रकार की संवेदनाओं का अनुभव एक ही साथ होता है। फिर भी, प्रत्यक्षीकरण एक का ही होता है, अनेक का नहीं। प्रतिदिन के जीवन में हम प्रायः किसी वस्तु को सिर्फ देखते ही नहीं, वरन् उसका स्पर्श करते

तथा उसकी गन्ध भी लेते हैं। उदाहरणार्थ, स्फुटित गुलाब के फूल को हम सिर्फ देखकर ही नहीं रह जाते, प्रत्युत उसे तोड़कर अपने हाथों में लेते हैं, स्पर्श करते हैं, तथा उसकी सुगन्ध का आस्वादन करते हैं। स्पष्टतः गुलाब के फूल के प्रत्यक्षीकरण में तीन इन्द्रियाँ एक ही साथ उत्तेजित होती हैं–आँख, त्वचा और नाक। फल यह होता है कि तीन प्रकार की संवेदनाओं का अनुभव एक साथ ही होता है। किन्तु जब हम इन संवेदनाओं में अर्थ जोड़ देते हैं, तब हमें सिर्फ गुलाब के फूल का ही प्रत्यक्षीकरण होता है। यहाँ यह स्पष्ट कर देना अभीष्ट है कि यद्यपि प्रत्यक्षीकरण में कई ग्राहकेन्द्रियाँ एक साथ ही उत्तेजित होती हैं, फिर भी हमें जो प्रत्यक्षीकरण होता है, वह किसी वस्तु की पूर्ण इकाई का ही। इस सम्बन्ध में जेस्टॉल्टवादी मनोवैज्ञानिकों (Gestallt Psychologists) के विचार उल्लेखनीय हैं। परम्परागत विचार यह था कि प्रत्यक्षीकरण संवेदनाओं का समूह है। इस विचार के अनुसार प्रत्यक्षीकरण कई संवेदना का योग-मात्र समझा जाता था। जेस्टॉल्टवादी मनोवैज्ञानिकों ने इसका खण्डन किया है। उन्होंने स्पष्टतः यह कहा है कि प्रत्यक्षीकरण किसी वस्तु के अलग-अलग भाग का नहीं होता, बल्कि उसके समग्र रूप अथवा पूर्ण इकाई का होता है। ऊपर के उदाहरण में जेस्टॉल्टवादी मनोवैज्ञानिक कहेंगे कि गुलाब के फूल को देखने, सूँघने तथा स्पर्श करने के अनुभव अलग-अलग नहीं होते, वरन् गुलाब के फूल का समष्टि के रूप में प्रत्यक्षीकरण होता है। इसे यों कहा जा सकता है कि प्रत्यक्षीकरण समग्र गुलाब के फूल का होता है, न कि उसके अलग-अलग रूप अथवा उसकी अलग-अलग विशेषताओं का।

प्रत्यक्षीकरण में पुर्वानुभूति का महत्त्व

प्रत्यक्षीकरण में पूर्वानुभूति का बड़ा प्रमुख स्थान है। जैसा कि पहले व्यक्त किया जा चुका है, जब संवेदना में अर्थ जोड़ दिया जाता है, तब प्रत्यक्षीकरण की क्रिया सम्पन्न होती है। अब प्रश्न यह उठता है कि हम किस आधार पर संवेदना में अर्थ जोड़ते हैं? इसके उत्तर में कहा जा सकता है कि पूर्वानुभूति के आधार पर संवेदना में अर्थ का संयोग कराया जाता है। वस्तुतः किसी भी वस्तु, परिस्थिति अथवा घटना को अर्थ प्रदान करते समय हमें पूर्वानुभूति का सहारा लेना पड़ता है। किसी भी वस्तु का अर्थ इस बात पर निर्भर करता है कि उसने पूर्व में हमें किस रूप में उत्तेजित किया था और हमने उसके प्रति किस प्रकार की प्रतिक्रिया प्रकट की थी। उदाहरणार्थ, जब एक नवजात शिशु के सामने सेब उपस्थित किया जाता है, तब वह उसे खेल की वस्तु समझकर खेलता है। इस प्रकार, जब वह उस सेब के साथ कई बार खेल लेता है, तब उसे ऐसा विश्वास हो जाता है कि वह खेल की वस्तु है। जब उसके सामने गेंद उपस्थित की जाती है, तब वह उसके साथ भी खेलता है। सेब और गेंद में वह कोई अन्तर नहीं कर पाता है। रूप, रंग और आकार की समानता के कारण

वह दोनों के बीच तादात्म्य (Identification) स्थापित कर लेता है। फलतः जब कभी उसके सामने समान रंग, रूप और आकार की किसी वस्तु जैसे सेब, का एक चित्र-मात्र ही उपस्थित किया जाता है, तब उसे जो प्रत्यक्षानुभूति (Perceptual exerience) होती है, वह बहुत कुछ पूर्वानुभूति के समान होती है, जो वास्तविक सेब के उपस्थित होने से उत्पन्न हुई थी। जब वही शिशु युवा होता है और एक बार सेब खा लेता है, तब उसे सेब के स्वाद की अनुभूति होने लगती है। अब सेब का प्रत्यक्षीकरण उसे इस रूप में होने लगता है कि सेब एक खाने की वस्तु है, न कि खेलने की। स्पष्ट है कि जब तक उसे सेब के रंग, रूप और आकार तक का ही अनुभव था, तब तक वह उसे खेल की वस्तु समझता था, लेकिन जब स्वाद और गन्ध का एक बार अनुभव हो गया, तब वह उसे खाने की वस्तु समझने लगा। यह पूर्वानुभूति का ही परिणाम कहा जाएगा। इस प्रकार, एक ही वस्तु का प्रत्यक्षीकरण, पूर्वानुभूति में भिन्नता के कारण, विभिन्न प्रकार का हो सकता है।

पहले ही व्यक्त किया जा चुका है कि प्रत्यक्षीकरण पूर्वानुभूति पर निर्भर करता है। पूर्वानुभूति के आधार पर हम किसी वस्तु अथवा परिस्थिति को अर्थ प्रदान करते हैं। यहाँ यह स्पष्ट कर देना आवश्यक प्रतीत होता है कि प्रत्येक व्यक्ति का अनुभव एक-दूसरे से भिन्न होता है। यही कारण है कि वस्तु अथवा परिस्थिति का अर्थ भिन्न-भिन्न व्यक्ति अलग-अलग ढंग से करते हैं और इसलिए उस एक ही वस्तु अथवा परिस्थिति की प्रत्यक्षानुभूति उन्हें भिन्न-भिन्न तरह की होती है। तभी तो एक ही व्यक्ति को देखकर किसी को मित्र की प्रत्यक्षानुभूति होती है, तो किसी को शत्रु की। इसी प्रकार, एक साहित्यिक को विचारपूर्ण साहित्यिक निबन्ध अर्थपूर्ण जान पड़ता है, पर साहित्य से अनभिज्ञ व्यक्ति को वह शब्दों का समूह-मात्र मालूम पड़ता है। जब कोई भावमय चित्र कलाकार के सामने उपस्थित किया जाता है, तब उसे उसकी विशेषताओं की प्रत्यक्षानुभूति होती है, पर एक कलाविहीन व्यक्ति को तो वह आड़ी-तिरछी रेखाओं का समूह-मात्र ही जान पड़ता है। इन उदाहरणों से स्पष्ट है कि पूर्वानुभूति का प्रत्यक्षीकरण में प्रमुख हाथ रहता है। यद्यपि प्रत्येक व्यक्ति की ग्राहकेन्द्रियों की क्रियाओं में समानता रहती है, तथापि पूर्वानुभूति की भिन्नता के कारण उनकी प्रत्यक्षानुभूति भिन्न-भिन्न ढंग की हो जाती है।

प्रत्यक्षीकरण में आकार और आधार-भूमि का हाथ
(Role of Figure and Ground in Perception)

किसी भी वस्तु या परिस्थिति का प्रत्यक्षीकरण शून्य में नहीं होता, बल्कि उसका कुछ-न-कुछ आधार रहता है। बिना आधार के आकार (Figure) का प्रत्यक्षीकरण नहीं होता। उदाहरण के लिए यदि टेबुल के ऊपर रखी हुई पुस्तक आकार है, तो टेबुल उसके लिए आधार-भूमि; यदि टेबुल को ही आकार मान लिया जाए, तो

जमीन, जहाँ वह टेबुल है, उसकी आधार-भूमि कही जाएगी। हमें जब पुस्तक का प्रत्यक्षीकरण होगा, तब टेबुल का भी। स्पष्ट है कि प्रत्यक्षीकरण में आकार और आधार-भूमि दोनों का ही समावेश रहता है।

आकार और आधार-भूमि के मनोवैज्ञानिक महत्त्व का उल्लेख, सर्वप्रथम एडगर रुबिन (Edger Rubin) ने किया था। एडगर रुबिन के पहले भी आकार और आधार-भूमि का विचार चित्रकला के क्षेत्र में प्रचलित था, किन्तु इसके मनोवैज्ञानिक महत्त्व पर सर्वप्रथम प्रकाश डालने का श्रेय एडगर रुबिन को ही है। एडगर रुबिन ने स्पष्ट रूप से बतलाया है कि प्रत्यक्षीकरण में आकार और आधार-भूमि दोनों ही वर्तमान रहते हैं। आकार और आधार-भूमि में अन्तर करते हुए उनका कहना है कि आकार की एक निश्चित रूपरेखा होती है, किन्तु आधार-भूमि अपेक्षाकृत अनिश्चित स्वरूप की होती है। आकार आधार-भूमि के आगे फैला हुआ जान पड़ता है, किन्तु आधार-भूमि आकार के पृष्ठभाग में फैली हुई रहती है। आकार आधार-भूमि की अपेक्षा अधिक प्रभावोत्पादक और सार्थक होता है। प्रभावोत्पादकता तथा सार्थकता के कारण आकार आधार-भूमि की अपेक्षा अधिक दिनों तक स्मृति में बना रहता है। आकार और आधार-भूमि के विचार को स्पष्ट करने के लिए चित्र संख्या 12 और 13 को प्रस्तुत किया गया है।

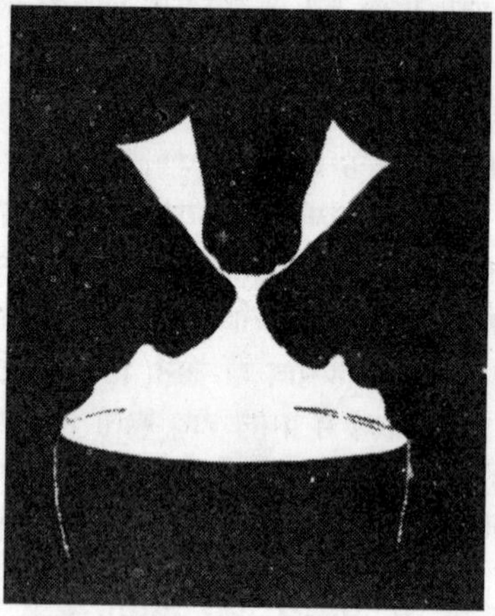

चित्र-12 : आकार

आकार और आधार-भूमि का प्रत्यक्षीकरण सिर्फ दृष्टि तक ही सीमित नहीं है, बल्कि अन्य ज्ञानेन्द्रियों में भी पाया जाता है। वरनन (Vernon) ने स्पष्ट रूप में बतलाया है कि ध्वनि के प्रत्यक्षीकरण में आकार और आधार-भूमि, ये दोनों ही तत्त्व वर्तमान रहते हैं। उदाहरणार्थ, यदि कहीं निरन्तर एक ही तरह की धीमी आवाज

चित्र-13 : आधार-भूमि

हो रही हो और वहाँ कोई व्यक्ति एकाएक जोर से बोल उठे, तो हमें उस व्यक्ति की जोर की आवाज का आकार के रूप में और निरन्तर एक ही तरह की होनेवाली वहाँ की धीमी आवाज का पृष्ठभूमि के रूप में प्रत्यक्षीकरण होगा। संगीत में भी आकार और आधार-भूमि का अन्तर पाया जाता है। यदि वाद्ययन्त्र से निकला हुआ लयात्मक स्वर (Tone) आधार है, तो वाद्ययन्त्र से निकले हुए अधिस्वर (Over tones), जिनके सहयोग से राग (Melody) की सृष्टि होती है, उसकी आधार-भूमि। इन उदाहरणों से स्पष्ट है कि प्रत्यक्षीकरण गें आकार और आधार-भूमि का बड़ा प्रमुख हाथ है।

आकार और आधार-भूमि के महत्त्व पर विचार करते हुए जेस्टॉल्टवादी मनोवैज्ञानिकों (Gestalt psychologists) ने यह बतलाने की चेष्टा की है कि हमें क्यों किसी वस्तु का आकार के रूप में प्रत्यक्षीकरण होता है। जब दृष्टि-क्षेत्र (Visual field) में अनेक उत्तेजनाएँ आती हैं, तब उनमें से कुछ हमें अलग पूर्ण इकाई के रूप में दीख पड़ती हैं तथा कुछ उस पूर्ण इकाई की पृष्ठभूमि के रूप में। अब प्रश्न यह है कि क्यों कुछ उत्तेजनाएँ आपस में मिलकर पूर्ण इकाई का रूप ग्रहण कर लेती हैं तथा अन्य उत्तेजनाएँ पृष्ठभूमि में चली जाती हैं? इस सम्बन्ध में वर्दिमीयर (Wertheimer) का अध्ययन उल्लेखनीय है। उन्होंने अपने अध्ययन के द्वारा उन तत्त्वों की चर्चा की है, जिनके आधार पर कई उत्तेजनाएँ आपस में मिलकर एक इकाई (Unit) का रूप ग्रहण कर लेती हैं। वे तत्त्व निम्नांकित हैं–

1. समीपता–दृष्टि-क्षेत्र के वे तत्त्व, जो एक-दूसरे के समीप होते हैं, आसानी से आपस में मिले हुए या एक इकाई के रूप में दीख पड़ते हैं। समीपता के कारण ही हमें ये बिन्दु अलग-अलग न दीख दो-दो की इकाई में दीख पड़ते हैं।

2. समानता या सादृश्य–दृष्टि-क्षेत्र के उन तत्त्वों को, जो रंग अथवा आकार में एक तरह के होते हैं, हम एक इकाई के रूप में देखते हैं। उदाहरण के लिए

यदि लाल, नीले और पीले रंग के बिन्दु उत्तेजना के रूप में उपस्थित किए जाएँ, तो हम लाल बिन्दुओं को एक इकाई के रूप में देखेंगे। वैसे ही, नीले और पीले रंग के बिन्दुओं का भी इकाई के रूप में ही प्रत्यक्षीकरण होगा। समान आकार में बिन्दुओं का भी प्रत्यक्षीकरण एक इकाई के रूप में ही होता है।

3. अविच्छिन्नता (Continuity)–दृष्टि-क्षेत्र के वे तत्त्व, जो एक ही साथ एक निश्चित दिशा की ओर जाते हुए दीख पड़ते हैं, एक इकाई का रूप ग्रहण कर लेते हैं। गति-सादृश्य के कारण वे आपस में मिलकर एक पूर्ण इकाई का रूप ग्रहण कर लेते हैं।

4. उत्तम आकार (Good figure)–उत्तम आकार से हमारा अभिप्राय है वस्तु की पूर्णता से। जब दृष्टि-क्षेत्र के कुछ तत्त्व मिलकर एक ऐसा आकार बना लेते हैं, जो अपनी पूर्णता के कारण अच्छा मालूम पड़ता है, तब हमें आसानी से उनका एक इकाई के रूप में प्रत्यक्षीकरण होता है। जेस्टॉल्टवादी मनोवैज्ञानिकों का कहना है कि यह स्वाभाविक प्रवृत्ति है कि मनुष्य किसी आकार में उपस्थित रिक्त स्थानों को भरकर उसे पूर्ण इकाई के रूप में ही देखता है। ऐसी अवस्था में आकार पूर्ण, उत्तम और प्रभावोत्पादक हो जाता है। जेस्टॉल्टवाद के अनुसार इसकी व्याख्या इस प्रकार हो सकती है कि अपूर्ण आकार मानसिक सन्तुलन को भंग कर देता है तथा पूर्ण आकार मानसिक सन्तुलन को बनाए रखता है। इसलिए मनुष्य को स्वभावतः पूर्ण आकार का ही प्रत्यक्षीकरण होता है, अपूर्ण आकार का नहीं।

5. मानस-वृत्ति (Mental set) **का प्रभाव**–किसी वस्तु अथवा परिस्थिति का प्रत्यक्षीकरण मनुष्य की मानस-वृत्ति पर निर्भर करता है। अपनी मानस-वृत्ति के अनुकूल ही उसे किसी वस्तु या परिस्थिति की पूर्ण इकाई का प्रत्यक्षीकरण होता है। तभी तो एक ही वस्तु अथवा परिस्थिति का प्रत्यक्षीकरण विभिन्न व्यक्तियों को विभिन्न तरह का होता है। वस्तुतः सभी व्यक्तियों की मानस-वृत्ति में विभिन्नता पाई जाती है। अतएव, उनका प्रत्यक्षीकरण भी विभिन्न प्रकार का ही होता है।

मानस-वृत्ति प्रायः दो तरह की होती है–(1) अभ्यासजन्य (Habitual), तथा (2) तात्कालिक या क्षणिक (Immediate or Momentary)। अभ्यासजन्य मानस-वृत्ति आदतों से उत्पन्न होती है। अपनी अलग-अलग आदतों के कारण ही एक मनोवैज्ञानिक प्रायः प्रत्येक वस्तु अथवा परिस्थिति को मनोवैज्ञानिक दृष्टिकोण से देखता है तथा इतिहासकार उसे ही ऐतिहासिक दृष्टिकोण से देखता है। इस प्रकार दोनों की मानस-वृत्तियाँ दो ढंग की होती हैं। जब कभी उनके सामने कोई वस्तु अथवा परिस्थिति उपस्थित होती है, तब वे अपनी मानस-वृत्ति से प्रभावित होकर उसे अपनी मानस-वृत्ति के अनुकूल रूप में ही ग्रहण करते हैं। अतएव, यह कहना समुचित जान पड़ता है कि किसी भी वस्तु अथवा परिस्थिति का प्रत्यक्षीकरण ज्यों-का त्यों नहीं होता, वरन् वह व्यक्ति की मानस-वृत्ति से अनुरंजित हुआ करता है। तभी तो प्रकृति की कोई

भी वस्तु सभी वैज्ञानिकों को एक-सी नहीं लगती, प्रत्युत सभी को उस वस्तु की अलग-अलग ढंग की प्रत्यक्षानुभूति होती है।

तात्कालिक अथवा क्षणिक मानस-वृत्ति का भी प्रत्यक्षीकरण पर कम प्रभाव नहीं पड़ता है। इसे विभ्रम (Hallucination) के द्वारा स्पष्ट किया जा सकता है। जब किसी व्यक्ति की मानस-वृत्ति प्रबल रूप से किसी वस्तु को देखने अथवा शब्द को सुनने की होती है, तब उसे बिना किसी वस्तु के भी उस वस्तु के दर्शन होते हैं तथा बिना शब्द के भी शब्द की प्रत्यक्षानुभूति होती है।

पूर्वानुभूति (Past experience)–पूर्वानुभूति से प्रभावित होकर मनुष्य किसी भी वस्तु को समग्र रूप में देखता है। उदाहरण के लिए, यदि कुछ शब्द एक ही साथ छपे हुए हों और उनके बीच में जगह नहीं छोड़ी गई हो, तो भी हम उन्हें अक्षरों का समूह-मात्र नहीं मानते, वरन् अलग-अलग उन्हें पूर्ण शब्द के रूप में पढ़ते हैं। इसका प्रधान कारण है पूर्वानुभूति। उदाहरण नीचे प्रस्तुत किया गया है–

व ह अ च्छा ल ड़ का है।

इन अक्षरों के सामने आते ही हम इन्हें अलग-अलग व, ह, इत्यादि पढ़ने के बदले 'वह अच्छा लड़का है' पढ़ लेते हैं। यहाँ पूर्वानुभूति का प्रभाव स्पष्ट है।

संवेदना और प्रत्यक्षीकरण में अन्तर

(Difference between Sensation and Perception)

संवेदना और प्रत्यक्षीकरण की क्रियाओं में कुछ समानता होते हुए भी उनमें कुछ अन्तर हैं। यहाँ उनके कुछ प्रधान अन्तरों पर प्रकाश डाला जाएगा–

1. संवेदना एक सरल मानसिक क्रिया है। इसमें केवल उत्तेजना की चेतना-मात्र ही वर्तमान रहती है। किन्तु प्रत्यक्षीकरण एक जटिल मानसिक क्रिया है। इसमें कई मानसिक क्रियाएँ सन्निहित रहती हैं। वर्तमान उत्तेजना की चेतना तो रहती ही है, साथ-ही-साथ इसमें पूर्वानुभूति का भी सहारा लेना पड़ता है। उदाहरण के लिए, जब आम को उत्तेजना के रूप में उपस्थित किया जाता है तब उसके आकार और रंग की संवेदनाएँ होती हैं, किन्तु जब हम पूर्वानुभूति के आधार पर यह जान लेते हैं कि यह फल है, जो स्वाद में मीठा, छूने में मुलायम और सूँघने में सुगन्धित होता है, तब हमें उस आम की प्रत्यक्षानुभूति हो जाती है। स्पष्ट है कि प्रत्यक्षीकरण में, वर्तमान उत्तेजना की चेतना और पूर्वानुभूति इन दोनों का संयोग पाया जाता है। इसलिए, प्रत्यक्षीकरण को एक जटिल मानसिक क्रिया कहा गया है।

2. संवेदना और प्रत्यक्षीकरण में दूसरा प्रधान अन्तर यह है कि संवेदना में किसी भी उत्तेजना का आभास मात्र मिलता है, उसका अर्थपूर्ण ज्ञान नहीं होता। किन्तु, प्रत्यक्षीकरण में उत्तेजना का ज्ञान अर्थपूर्ण होता है। इसलिए, संवेदना को निरर्थक और प्रत्यक्षीकरण को सार्थक कहा गया है। ऊपर के उदाहरण से यह स्पष्ट है।

3. संवेदना उस उत्तेजना का बोध कराती है, जो मनुष्य की ज्ञानेन्द्रिय-विशेष को उत्तेजित करती है। वस्तुतः जब समुचित उत्तेजना उपस्थित होती है, तब ज्ञानेन्द्रिय उत्तेजित हो जाती है और मनुष्य एक विशेष प्रकार की संवेदना का अनुभव करता है। प्रत्यक्षीकरण से उस वस्तु का बोध होता है, जो व्यक्ति को प्रभावित करती है। वह ज्ञानेन्द्रिय-विशेष तक ही सीमित नहीं रहती, बल्कि उसके प्रभाव के फलस्वरूप मस्तिष्क और मांसपेशियाँ भी क्रियाशील हो उठती हैं। इस प्रकार प्रत्यक्षीकरण के लिए संवेदना और मस्तिष्क तथा मांसपेशियों की क्रियाशीलताएँ–ये दोनों ही आवश्यक हैं। मस्तिष्क वर्तमान उत्तेजना और पूर्वानुभूति में सम्बन्ध स्थापित करता है और तभी हम वर्तमान उत्तेजना का अर्थ लगाते हैं। अतएव स्पष्ट है कि प्रत्यक्षीकरण में अनेक क्रियाएँ शामिल रहती हैं और सम्पूर्ण व्यक्ति इससे प्रभावित होता है, न कि उसकी कोई ज्ञानेन्द्रिय-विशेष।

4. संवेदना एक ऐसी अव्यावहारिक अथवा अमूर्त्त अनुभूति (Abstract experience) है, जो हमारे प्रतिदिन के वास्तविक जीवन में बहुधा नहीं आती है। जब हमें किसी रंग और आकार की तो चेतना हो, लेकिन उससे किसी वस्तु-विशेष का ज्ञान न हो, तब उसे दृष्टि-संवेदना कहेंगे। वैसे ही, जब हमें किसी आवाज की तो चेतना हो, किन्तु यह ज्ञान न हो कि यह किस चीज की आवाज है और कहाँ से आ रही है, तब निश्चय ही उसे श्रवण-संवेदना कहेंगे। अब प्रश्न यह है कि क्या व्यावहारिक जीवन में इस प्रकार की विशुद्ध संवेदनाएँ मनुष्य को होती हैं? उत्तर में यही कहा जा सकता है कि जब हमें किसी रंग और आकार की चेतना होती है, तब उस रंग और आकार से युक्त वस्तु-विशेष का भी अनुभव हो जाता है। वैसे ही जब आवाज की चेतना होती है तब यह भी ज्ञान हो जाता है कि यह आवाज घण्टी की है, अथवा हारमोनियम की। अतएव स्पष्ट है कि हमें प्रतिदिन के जीवन में वस्तु अथवा परिस्थिति का प्रायः प्रत्यक्षीकरण होता है, न कि उसकी संवेदना-मात्र होती है। इसलिए यह कहना अत्यन्त समीचीन प्रतीत होता है कि संवेदना अव्यावहारिक अथवा अमूर्त्त अनुभव है तथा प्रत्यक्षीकरण एक व्यावहारिक या मूर्त्त (Concrete) अनुभव।

विपर्यय और प्रत्यक्षीकरण में अन्तर

(Difference between Illusion and Perception)

1. अयथार्थ प्रत्यक्षीकरण (False perception) को ही विपर्यय (Illusion) कहा जाता है। प्रत्यक्षीकरण की अयथार्थता का तात्पर्य है वस्तु अथवा परिस्थिति का गलत ज्ञान। यदि रस्सी को देखकर कोई उसे रस्सी समझता है, तो यह उस रस्सी का यथार्थ का ज्ञान कहा जाएगा। किन्तु, यदि रस्सी को देखकर कोई उसे साँप समझ ले, तो यह रस्सी का अयथार्थ ज्ञान कहलाएगा। रस्सी का रस्सी के रूप में अनुभव होना

प्रत्यक्षीकरण तथा उसका साँप के रूप में अनुभव होना विपर्यय कहलाता है। कभी-कभी चाँदनी रात में जब हम एकाएक बिछावन से उठकर कमरे के बाहर आते हैं, तब ऐसा लगता है कि सवेरा हो गया; लेकिन जब दीवार पर टँगी घड़ी पर अचानक दृष्टि जाती है, तब यह पाकर कि अभी कुल बारह बजे हैं, आश्चर्यचकित रह जाते हैं। चारों ओर छिटकी हुई चाँदनी को देखकर आधी रात को सवेरा समझना, सचमुच हमारा अयथार्थ ज्ञान है, विपर्यय है। इन उदाहरणों से स्पष्ट है कि किसी वस्तु अथवा परिस्थिति का यथार्थ ज्ञान प्रत्यक्षीकरण कहलाता है तथा उसका अयथार्थ ज्ञान विपर्यय।

2. विपर्यय और प्रत्यक्षीकरण, दोनों में एक ही तरह की संवेदनाएँ वर्तमान रहती हैं। इस दृष्टिकोण से दोनों में कुछ समानता है। किन्तु इस समानता के रहते हुए भी दोनों में अन्तर यह है कि जहाँ विपर्यय में हम संवेदनाओं का गलत अर्थ लगाते हैं, वहाँ प्रत्यक्षीकरण में उनका सही अर्थ करते हैं।

3. विपर्यय और प्रत्यक्षीकरण के स्वभाव में भी भेद है। विपर्यय प्रायः क्षणिक होता है, किन्तु प्रत्यक्षीकरण स्थायी। यहाँ यह स्पष्ट कर देना अभीष्ट जान पड़ता है कि कुछ रेखागणित-सम्बन्धी दृष्टि-विपर्यय (Geometrical optical illusions) स्थायी भी होते हैं। कुछ इन अपवादों को छोड़कर हमारे जीवन के अन्य विपर्यय क्षणिक होते हैं। इसका प्रधान कारण यह है कि जब किसी वस्तु का झूठा ज्ञान दूर हो जाता है, तब विपर्यय भी खत्म हो जाता है। उदाहरण के लिए अँधेरी रात में कुछ दूर स्थित ठूँठे पेड़ को देखकर हमें चोर या भूत का विपर्यय होता है, लेकिन जैसे ही हम उसे तीव्र प्रकाश के सहारे निकट से अच्छी तरह देख लेते हैं, वैसे ही वह भ्रम या विपर्यय दूर हो जाता है। फलतः उसे हम चोर या भूत के बदले ठूँठा पेड़ समझने लगते हैं। चूँकि प्रत्यक्षीकरण किसी वस्तु अथवा परिस्थिति का यथार्थ ज्ञान होता है, इसलिए यह अपेक्षाकृत एक-सा बना रहता है, इसमें परिवर्तन होने की कोई विशेष सम्भावना नहीं रहती। यदि हमें अपने सामने रखी हुई कुर्सी का प्रत्यक्षीकरण यथार्थतः कुर्सी के ही रूप में होता, तो यह कुर्सी के बारे में हमारा अपेक्षाकृत स्थायी ज्ञान कहा जाएगा।

विपर्यय और विभ्रम में अन्तर

(Difference between Illusion and Hallucination)

1. विपर्यय की तरह विभ्रम (Hallucination) में भी अयथार्थ प्रत्यक्षीकरण होता है, लेकिन फिर भी इन दोनों में काफी अन्तर है। विपर्यय और विभ्रम में पहला भेद यह है कि विपर्यय के लिए बाह्य उत्तेजना की उपस्थिति अनिवार्य है। जब हमारे सामने कोई वस्तु उत्तेजना के रूप में उपस्थित की जाती है और हमें उसका अयथार्थ प्रत्यक्षीकरण होता है, तब उसको विपर्यय कहते हैं–जैसे अँधेरी रात में जमीन पर पड़ी हुई रस्सी को देखकर उसे साँप समझना, ठूँठे पेड़ को देखकर उसे चोर या

भूत समझना, हमारा विपर्यय है। किन्तु विभ्रम तो कभी-कभी बिना किसी प्रत्यक्ष बाह्य उत्तेजना के भी होता है। उदाहरणार्थ, सुनसान स्थान में कभी-कभी किसी के पुकारने की आवाज सुनाई पड़ती है अथवा ऐसा जान पड़ता है कि कोई हमारा पीछा कर रहा है। वास्तव में, वहाँ न तो कोई आवाज ही होती है और न कोई पीछा करनेवाला ही। वस्तुतः यह हमारा विभ्रम है।

2. विपर्यय और विभ्रम में दूसरा प्रधान भेद यह है कि विपर्यय का अनुभव प्रायः सभी व्यक्तियों को होता है, किन्तु विभ्रम का अनुभव बहुत थोड़े-से व्यक्तियों को ही होता है। विभ्रम प्रायः मानसिक रोगयुक्त तथा नशे में चूर व्यक्तियों को ही होता है। हाँ, कभी-कभी सामान्य व्यक्तियों (Normal persons) में भी विभ्रम पाया जाता है। किसी-किसी मानसिक रोगयुक्त व्यक्ति को ऐसा अनुभव होता है कि किसी ने पीछे से आकर उसकी गर्दन दबा दी। वैसे ही, नशे में चूर व्यक्ति को ऐसा लगता है कि वह राजा है और सभी उसकी प्रजा। वस्तुतः ये मानसिक प्रतिमा-मात्र हैं।

3. विपर्यय और विभ्रम में तीसरा अन्तर यह है कि एक तरह की परिस्थिति सभी व्यक्तियों में एक तरह का ही विपर्यय उत्पन्न करती है, किन्तु विभ्रम के साथ ऐसी बात नहीं है। उदाहरण के लिए हम मूलर-लायर-विपर्यय (Muller-Lyer-illusion) को ले सकते हैं, जिसकी विशद व्याख्या विपर्यय के आकार की चर्चा करते समय की जाएगी। जहाँ तक विभ्रम का सम्बन्ध है, यह कहा जा सकता है कि एक ही परिस्थिति विभिन्न व्यक्तियों में विभिन्न प्रकार के विभ्रम उत्पन्न कर सकती है। उदाहरणार्थ, सुनसान रात में किसी को अपना नाम सुनने का विभ्रम होता है, तो किसी को चोरों के पैरों की आहट का; किसी को भूत का विभ्रम होता है, तो किसी को हत्यारे का।

विपर्यय के प्रकार
(Kinds of Illusion)

विपर्यय दो प्रकार के होते हैं–(1) क्षणिक और (2) स्थायी। क्षणिक विपर्यय व्यक्तिगत होते हैं। उनका अनुभव सबको नहीं होता। उदाहरण के लिए, कुछ लोगों को अँधेरी रात में रस्सी देखकर साँप का विपर्यय हो सकता है, किन्तु सबको नहीं। इसीलिए मनोवैज्ञानिकों ने क्षणिक विपर्यय को व्यक्तिगत विपर्यय (Personal illusions) की संज्ञा दी है। इसके विपरीत, स्थायी विपर्ययों का अनुभव समान रूप से सभी को होता है। अतएव ये सामान्य विपर्यय (General or Universal illusions) कहे जाते हैं। प्रत्यक्षीकरण और विपर्यय में अन्तर बतलाते हुए क्षणिक विपर्यय पर प्रकाश डाला जा चुका है। अतः यहाँ स्थायी विपर्यय पर प्रकाश डालना ही अपेक्षित है। स्थायी विपर्यय के सुन्दर उदाहरण हमें रेखागणित-सम्बन्धी दृष्टि विपर्ययों (Geometrical optical illusions) में मिलते हैं। अतएव, रेखागणित सम्बन्धी दृष्टि-विपर्ययों का

उल्लेख ही यहाँ वांछनीय है। इन विपर्ययों से यह स्पष्ट हो जाएगा कि प्रत्यक्षीकरण समष्टि (Whole) का होता है, न कि व्यष्टि (Part) का। किसी भी वस्तु अथवा परिस्थिति के प्रत्यक्षीकरण में प्रसंग (Context) का बड़ा हाथ रहता है। किसी भी प्रसंग-विशेष में उपस्थित वस्तु के पूर्ण रूप के प्रत्यक्षीकरण की स्वाभाविक प्रवृत्ति मनुष्य में होती है। मनुष्य की इसी प्रवृत्ति के कारण रेखागणित-सम्बन्धी अनेक दृष्टि-विपर्यय उत्पन्न होते हैं। उदाहरणस्वरूप, कुछ ऐसे विपर्यय प्रस्तुत किए जा रहे हैं–

स्पष्टतः रेखागणित-सम्बन्धी इन सभी चित्रों से विपर्यय झलकता है। यहाँ एक-एक कर सबकी व्याख्या की जाएगी। यदि किसी के सामने चित्रसंख्या 20 उपस्थित की जाए और उससे ab और cd रेखाओं की लम्बाई की तुलना करने को कहा जाए, तो सम्भवतः उसका यही उत्तर होगा कि cd रेखा ab से बड़ी है। किन्तु वास्तविकता यह है कि हमें ab का प्रत्यक्षीकरण तीर के निशानों के साथ होता है। तीर के निशानों से घिरी होने के कारण ही ab रेखा छोटी जान पड़ती है। cd रेखा बड़ी इसलिए मालूम होती है कि तीर के निशान बाहर की ओर हैं। यहाँ प्रत्यक्षीकरण पर प्रसंग (Context) का प्रभाव स्पष्ट है। यदि हम ab और cd दोनों रेखाओं से तीर के निशान हटा लें, तो दोनों ही बराबर दीख पड़ेंगी और हमारा विपर्यय दूर हो जाएगा।

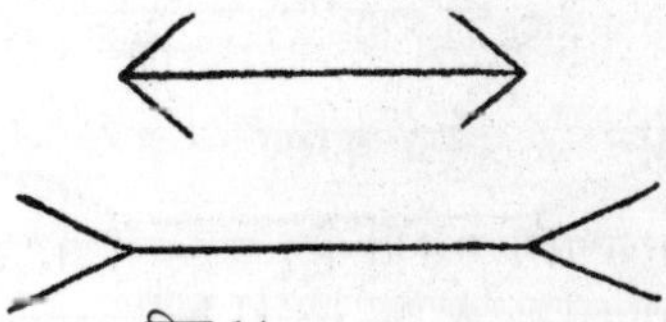

चित्र-14

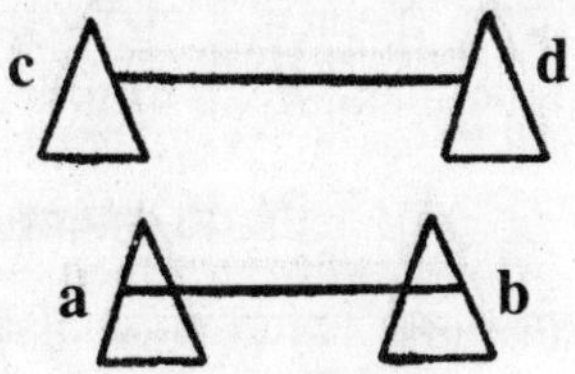

चित्र-15

चित्र-संख्या 15 में ab रेखा cd से छोटी जान पड़ती है। यह हमारा विपर्यय-मात्र ही है। वस्तुतः दोनों रेखाएँ बराबर हैं। इस विपर्यय का कारण यह है कि हमें ab और cd रेखाओं का प्रत्यक्षीकरण उनके समीपस्थ त्रिभुजों के साथ ही होता है। इस विशेष प्रकार के प्रसंग के फलस्वरूप ही हमें विपर्यय का अनुभव होता है।

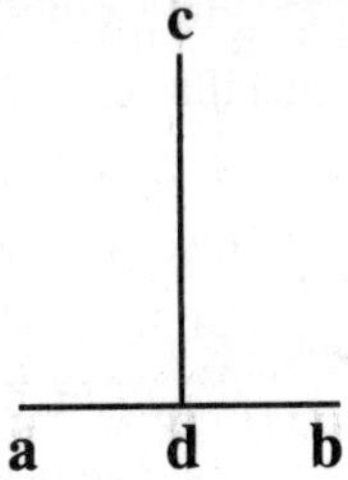

चित्र-16

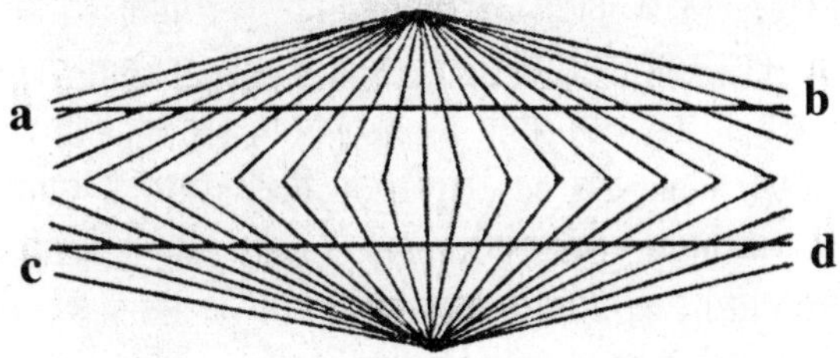

चित्र-17

चित्र-संख्या 16 में खड़ी लकीर cd पड़ी लकीर ab से बड़ी जान पड़ती है। वस्तुतः ये दोनों ही लकीरें बराबर हैं।

चित्र-संख्या 17 में ab और cd रेखाएँ बीच में कुछ उभरी हुई जान पड़ती हैं, किन्तु वास्तव में वे एक-दूसरी के समानान्तर हैं। हमारे इस विपर्यय का कारण भी प्रसंग ही है। ये रेखाएँ जिस प्रसंग में उपस्थित की गई हैं, उनके कारण सहज ही यहाँ विपर्यय उत्पन्न हो जाता है।

चित्र-संख्या 18 में ab और cd रेखाएँ बीच में कुछ धँसी हुई जान पड़ती हैं

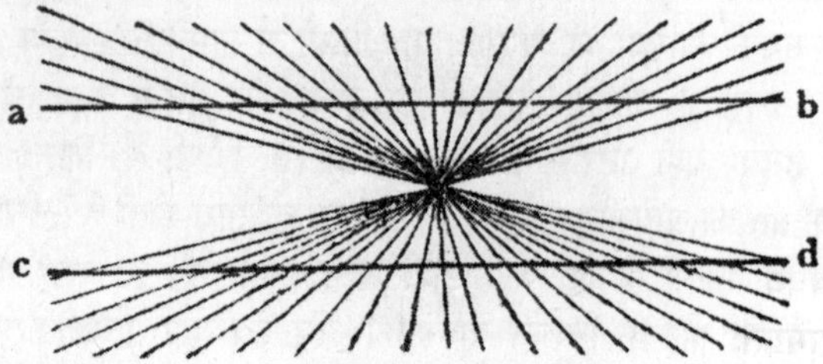

चित्र-18

परन्तु वास्तव में ये दोनों रेखाएँ समानान्तर हैं। इस चित्र को देखने से जो विपर्यय उत्पन्न होता है, उस पर प्रसंग (Context) का प्रभाव स्पष्टतः लक्षित होता है।

विपर्यय उत्पन्न होने के प्रमुख कारण

1. प्रसंग–अनेक विपर्यय प्रसंग के कारण उत्पन्न होते हैं। उदाहरण के रूप में रेखागणित-सम्बन्धी दृष्टि-विपर्ययों को प्रस्तुत किया जा सकता है, जिनका विशद विवेचन पहले ही किया जा चुका है। यहाँ केवल मूलर-लायर-विपर्यय (Muller-Lyer-Illusion) को उपस्थित कर यह बतलाने की चेष्टा की जाएगी कि किस प्रकार यह विपर्यय प्रसंग के कारण होता है। चित्र-संख्या 20 में प्रस्तुत दोनों रेखाएँ बिल्कुल बराबर हैं। किन्तु ab रेखा अपने दोनों छोरों पर छोटी रेखाओं से अन्दर की ओर घिरी हुई होने के कारण cd रेखा से छोटी जान पड़ती है। ठीक इसके विपरीत, cd रेखा अपने दोनों छोरों पर छोटी रेखाओं से बाहर की ओर निकली हुई होने के कारण ab रेखा से बड़ी जान पड़ती है। यह विपर्यय इसलिए होता है कि दोनों रेखाएँ (इस उदाहरण में ab और cd रेखाएँ) एक विशेष प्रसंग में उपस्थिति की जाती हैं।

2. विरोध–कुछ मनोवैज्ञानिकों ने विरोध को भी विपर्यय का कारण माना है। वस्तुतः विरोध को प्रसंग के अन्तर्गत भी माना जा सकता है। यदि कोई एक ही वस्तु बड़ी वस्तुओं के साथ प्रस्तुत की जाए और फिर छोटी वस्तुओं के साथ भी, तो पहली अवस्था में वह छोटी जान पड़ेगी और दूसरी अवस्था में बड़ी। यह चित्र-संख्या

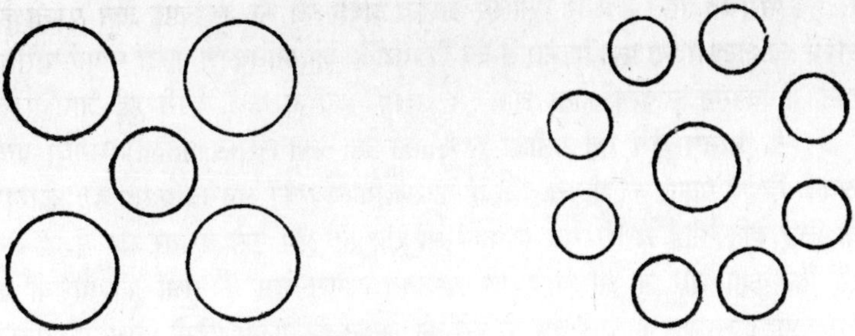

चित्र-19

19 से स्पष्ट है। एक ही आकार का वृत्त बड़े वृत्तों के बीच उपस्थित होने के कारण छोटा जान पड़ता है तथा छोटे वृत्तों के बीच उपस्थित होने के कारण बड़ा जान पड़ता है। यह विपर्यय विरोध के कारण ही होता है।

3. **समग्रता की प्रवृत्ति**–मनुष्य में किसी भी वस्तु, व्यक्ति, आकार अथवा परिस्थिति को समग्र रूप में (As a whole) ग्रहण करने की प्रवृत्ति होती है। फलस्वरूप वह किसी भी आकार में उपस्थित रिक्त स्थानों की पूर्ति कर उसे एक समग्र आकार (Whole figure) के रूप में ही ग्रहण करता है। नीचे प्रस्तुत उदाहरण से यह बात स्पष्ट हो जाती है। चित्र-संख्या 20 में आकार का प्रत्यक्षीकरण दो कोण बनानेवाली तीन रेखाओं के रूप में नहीं होता, वरन् एक त्रिभुज के रूप में होता है। यह वास्तव में अयथार्थ प्रत्यक्षीकरण अथवा विपर्यय है।

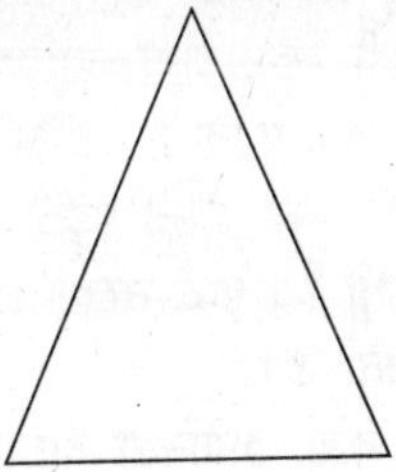

चित्र-20

4. **परिचय और आदत**–प्रतिदिन के जीवन में परिचय के कारण उत्पन्न अनेक विपर्यय देखने को मिलते हैं। उदाहरणार्थ हम अपने किसी घनिष्ठ मित्र की सुपरिचित वेश-भूषा से सुसज्जित किसी अन्य व्यक्ति को देखकर भी उसे अपना वही मित्र समझ बैठते हैं। स्पष्ट है कि अपने मित्र की वेश-भूषा से अत्यधिक परिचित होने के कारण ही हमें इस प्रकार के विपर्यय का अनुभव होता है। प्रूफ के पढ़ने में भी प्रायः इस प्रकार का विपर्यय होता है। प्रूफ पढ़नेवाले प्रायः शब्दों

से पूर्व-परिचित रहते हैं और इसलिए अशुद्ध शब्दों को भी शुद्ध पढ़ लेते हैं। अशुद्ध शब्दों को शुद्ध पढ़ना प्रूफ पढ़नेवाले का विपर्यय है, जो अधिकांश शब्दों में पूर्व-परिचित होने के कारण उत्पन्न होता है।

5. मानस-वृत्ति एवं प्रतीक्षा (Mental Set and Expectation)–मनुष्य प्रायः अपनी विशेष प्रकार की मानस-वृत्ति के कारण विपर्यय का अनुभव करता है। उदाहरण के लिए यदि कोई अँधेरी रात में कहीं जा रहा हो और उसे बराबर यह संशय बना रहे कि कहीं चोर न आ जाए, तो सम्भवतः आस-पास के वृक्षों की पत्तियों की खड़खड़ाहट सुनकर भी उसे चोर के पैरों की आहट ही मालूम पड़ेगी। वृक्षों की पत्तियों की खड़खड़ाहट को चोर के पैरों की आहट समझना विपर्यय है। यह विपर्यय उस व्यक्ति की मानस-वृत्ति का ही परिणाम है।

प्रतीक्षा के क्षणों में भी प्रायः विपर्यय का अनुभव होता है। जब कोई व्यक्ति अपने एकान्त कमरे में बैठे-बैठे अपने मित्र के आने की प्रतीक्षा करता है, तब किसी दूसरे व्यक्ति के पैरों की आहट सुनकर भी वह अपने मित्र को ही आया हुआ समझता है। किन्तु, जैसे ही वह कमरे के बाहर आता है और अपने मित्र के स्थान पर किसी अन्य व्यक्ति को पाता है, तो उसी क्षण उसका विपर्यय दूर हो जाता है। स्पष्ट है कि अनेक विपर्यय मानस-वृत्ति एवं प्रतीक्षा के कारण उत्पन्न होते हैं।

6. ज्ञानेन्द्रियों की विशिष्टताएँ–यदि किसी व्यक्ति के ठीक पीछे से कोई आवाज आए, तो उसे जान पड़ेगा कि वह आवाज सामने से आ रही है। यह विपर्यय इसलिए होता है कि हमारे कानों में पीछे से आनेवाली आवाज की दिशा के सम्बन्ध में सही प्रत्यक्षीकरण की क्षमता नहीं होती। इसी भाँति जब व्यक्ति के सामने समान लम्बाई की खड़ी रेखा और पड़ी रेखा, दोनों उपस्थित की जाती हैं, तो उसे खड़ी रेखा पड़ी रेखा की अपेक्षा बड़ी जान पड़ती है। आँखों को पड़ी रेखा की अपेक्षा खड़ी रेखा को देखने में अधिक शक्ति व्यय करनी पड़ती है। फलस्वरूप, खड़ी रेखा पड़ी रेखा की अपेक्षा बड़ी जान पड़ती है। पृष्ठ संख्या 123 की चित्र-संख्या 16 से यह विपर्यय बिल्कुल स्पष्ट हो जाता है।

7. ज्ञानेन्द्रिय-दोष–जब कोई ज्ञानेन्द्रिय दोषग्रस्त हो जाती है, तब व्यक्ति को उत्तेजना का सही प्रत्यक्षीकरण नहीं होता, उसे विपर्यय का अनुभव होता है। उदाहरण के लिए, जो व्यक्ति रंगान्ध (Colour-blind) होता है, उसे विभिन्न रंगों का अयथार्थ प्रत्यक्षीकरण, अर्थात् विपर्यय होता है।

8. संवेगात्मक अवस्था–संवेगात्मक अवस्था में व्यक्ति का प्रत्यक्षीकरण प्रायः अयथार्थ होता है, अर्थात् उसे विपर्यय का अनुभव होता है। उदाहरण के लिए, भय की अवस्था में सुनसान अँधेरी रात में ठूँठे पेड़ को देखकर भूत का विपर्यय होता है। इसी प्रकार चिन्ता आदि के कारण भी विपर्यय होते हैं।

9. संकेत (Suggestion)–प्रायः संकेत के कारण भी विपर्यय होते हैं। उदाहरण के लिए, जब एक मनोवैज्ञानिक वर्ग-कक्ष (Class-room) में अध्यापन के लिए गए, तो वे अपने हाथ में एक बोतल लेते गए और उन्होंने विद्यार्थियों से कहा कि वह बोतल सुगन्धित पदार्थों से भरी हुई है, यद्यपि उसमें कोई सुगन्धित पदार्थ न था। तदुपरान्त, उन्होंने अपने विद्यार्थियों को आदेश दिया कि बोतल खुलने पर सुगन्धि का अनुभव होते ही वे अपने-अपने हाथ उठा देंगे। जैसे ही बोतल का काग खुला, वैसे ही सभी विद्यार्थियों ने अपने हाथ उठा दिए।[1] अब बोतल में सुगन्धित पदार्थ के न रहने पर भी उसके खुलते ही सुगन्धि का अनुभव करना, विद्यार्थियों का विपर्यय है। स्पष्टतः यह विपर्यय संकेत के कारण ही उत्पन्न हुआ।

सन्दर्भ

1. Asher, Tiffin and Knight : General Psychology, p. 254.

6

ध्यान

प्रायः हम कहा करते हैं कि अमुक वस्तु पर 'ध्यान' देना चाहिए तथा अमुक वस्तु पर ध्यान नहीं देना चाहिए। 'ध्यान' शब्द के इस प्रकार के प्रयोग से ऐसा जान पड़ता है कि ध्यान कोई शक्ति है, जो मनुष्य में वर्तमान रहती है तथा वह इच्छानुकूल उसे कभी इस वस्तु और कभी उस वस्तु पर लगाता है। वस्तुतः ध्यान की यह व्याख्या समुचित नहीं है। अन्य मानसिक क्रियाओं की तरह ध्यान भी एक क्रिया (Process, Act or Function) है। अतएव 'ध्यान' शब्द के स्थान पर 'ध्यान देना' शब्द का प्रयोग अधिक उपयुक्त जान पड़ता है।

ध्यान देना एक प्रेरणात्मक प्रक्रिया (Motivational process) है। व्यक्ति जिस वातावरण में रहता है, उस वातावरण में उपस्थित उत्तेजनाएँ उसे निरन्तर प्रभावित करती रहती हैं। अब प्रश्न यह है कि क्या वातावरण की सभी उत्तेजनाएँ व्यक्ति को समान रूप से प्रभावित करती हैं तथा वह सबके प्रति समान रूप से प्रतिक्रियाएँ प्रकट करता है? इस प्रश्न को दृष्टिकोण में रखते हुए कहा जा सकता है कि व्यक्ति न तो वातावरण की सभी उत्तेजनाओं से समान रूप से प्रभावित ही होता है और न समान रूप से उनके प्रति प्रतिक्रिया ही प्रकट करता है। वास्तव में व्यक्ति अपनी अभिरुचि (Interest) एवं मनोवृत्ति (Attitude) से प्रेरित होकर कुछ उत्तेजनाओं के प्रति प्रतिक्रिया प्रकट करने के लिए तत्पर हो जाता है। उसकी यह तत्परता (Set) वातावरण में उपस्थित अनेक उत्तेजनाओं में से किसी एक उत्तेजना को चुन लेने के लिए बाध्य करती है। फलतः किसी भी क्षण वह वातावरण की एक विशेष चुनी हुई उत्तेजना के प्रति ही अपनी प्रतिक्रिया प्रकट करता है तथा अन्य उत्तेजनाओं की उपेक्षा करता है। इसीलिए, ध्यान देने की क्रिया को चयनात्मक क्रिया (Selective process) भी कहा जाता है। उपर्युक्त विवेचन से स्पष्ट है कि ध्यान देने की क्रिया में प्रधानतः तीन तत्त्वों का समावेश रहता है। वे ये हैं–

1. प्रेरणा (Motivation)
2. तत्परता (Set)
3. चुनाव (Selection)

अब एक उदाहरण द्वारा यह दिखलाने की चेष्टा की जाएगी कि ध्यान देने की क्रिया किस प्रकार सम्पन्न होती है। यदि किसी कमरे में कोई प्रोफेसर व्याख्यान दे रहा हो, बगल के कमरे में कुछ विद्यार्थी बातचीत कर रहे हों तथा समीप की सड़क से संगीत की ध्वनि आ रही हो, तो वातावरण में उपस्थित ये तीनों ही चीजें, अर्थात् प्रोफेसर का व्याख्यान, विद्यार्थियों की बातचीत तथा सड़क से आती हुई संगीत की ध्वनि, उत्तेजनाओं (Stimuli) का काम करेंगी। अब प्रश्न यह है कि क्या प्रोफेसर के कमरे में बैठे हुए सभी विद्यार्थी वातावरण में उपस्थित इन तीनों उत्तेजनाओं के प्रति समान रूप से अपनी प्रतिक्रिया प्रकट करेंगे? उत्तर होगा 'नहीं'। वस्तुतः ऐसी परिस्थिति में प्रत्येक विद्यार्थी अपनी अभिरुचि एवं मनोवृत्ति के अनुकूल किसी एक उत्तेजना के प्रति प्रतिक्रिया प्रकट करने को तत्पर हो जाएगा। फलतः वह उस उत्तेजना को चुन लेगा तथा अन्य उत्तेजनाओं की उपेक्षा करेगा। दूसरे शब्दों में, वह चुनी हुई उत्तेजना पर ध्यान देगा, अन्य उत्तेजनाओं पर नहीं। स्पष्टतः जिस विद्यार्थी की अभिरुचि व्याख्यान में होगी; वह प्रोफेसर के व्याख्यान पर तो ध्यान देगा, परन्तु बगल के कमरे की बातचीत तथा सड़क से आती हुई संगीत की ध्वनि की ओर से बिल्कुल अन्यमनस्क रहेगा। वैसे ही कोई विद्यार्थी अपनी अभिरुचि से प्रेरित होकर संगीत की ध्वनि को तो सुनेगा, परन्तु प्रोफेसर के व्याख्यान एवं बगल के कमरे की बातचीत की ओर से अन्यमनस्क रहेगा। कुछ विद्यार्थी सम्भवतः बगल के कमरे की बातचीत पर ही ध्यान देंगे तथा अन्य दो उत्तेजनाओं की उपेक्षा करेंगे। उपर्युक्त विवेचन के आधार पर ध्यान देने की निम्नांकित परिभाषा दी जा सकती है–

ध्यान देना एक ऐसी प्रक्रिया है, जो व्यक्ति को वातावरण में उपस्थित अनेक उत्तेजनाओं में से उसकी अभिरुचि एवं मनोवृत्ति (Interest and Attitude) के अनुकूल किसी एक उत्तेजना को चुन लेने तथा उसके प्रति प्रतिक्रिया प्रकट करने को बाध्य करती है एवं अन्य उत्तेजनाओं की उपेक्षा के लिए भी उसे तैयार करती है।

ध्यान में शारीरिक मुद्रा
(Bodily Attitude in Attention)

जब कोई व्यक्ति किसी वस्तु पर ध्यान देता है, तब उस समय उसका सारा शरीर सक्रिय (Active) हो उठता है। वस्तुतः शरीर की सक्रियता ध्यान देने की क्रिया के लिए आवश्यक है। यदि शरीर शिथिल हो, उसमें सक्रियता का अभाव हो, तो किसी वस्तु पर ध्यान नहीं टिक सकता। अतः हम यहाँ कुछ प्रधान शारीरिक

समायोजनों (Bodily adjustments) का उल्लेख करेंगे, जो प्रायः ध्यान देने की क्रिया में सन्निहित रहते हैं।

1. ग्राहकेन्द्रिय-समायोजन (Receptor-adjustment)–ध्यान देने की क्रिया में ग्राहकेन्द्रियों का समायोजन पाया जाता है। उदाहरणार्थ, जब हम किसी व्याख्यानदाता के व्याख्यान पर ध्यान देते हैं, तब हमारी आँखें उस व्याख्यानदाता की ओर लग जाती हैं तथा कान उसके व्याख्यान को सुनने के लिए तैयार हो जाते हैं। दूसरे शब्दों में, आँखें व्याख्यानदाता के साथ अपना समायोजन स्थापित कर लेती हैं तथा कान भी व्याख्यानदाता के शब्दों के साथ अपना समायोजन कायम कर लेते हैं।

2. तनमुद्रात्मक समायोजन (Postural adjustment)–केवल ग्राहकेन्द्रियों के समायोजन तक ही ध्यान की क्रिया सीमित नहीं रहती, वरन् हम जिस वस्तु पर ध्यान देते हैं, उस वस्तु के साथ सम्पूर्ण शरीर ही अपना समायोजन स्थापित कर लेता है। उदाहरण के लिए, व्याख्यानदाता के व्याख्यान पर ध्यान देने से सारा शरीर उस ओर झुक जाता है तथा गर्दन भी उस ओर मुड़ जाती है। तात्पर्य यह कि शरीर की कुछ ऐसी स्थिति हो जाती है, जो व्याख्यान पर ध्यान स्थिर किए रहने में सहायक सिद्ध होती है। इसे ही तनमुद्रात्मक समायोजन की संज्ञा दी जाती है।

3. मांसपेशियों का तनाव (Muscle-tension)–जब हम किसी वस्तु पर ध्यान देते हैं, तब सामान्यतः सारे शरीर की मांसपेशियों और विशेषतः ग्राहकेन्द्रिय की मांसपेशियों में तनाव उत्पन्न हो जाता है। फलतः हम उस वस्तु पर ध्यान लगाए रहने के लिए अत्यधिक प्रयत्नशील हो उठते हैं। उदाहरण के लिए जब हम किसी व्याख्यानदाता के व्याख्यान पर ध्यान देते हैं, तब आँख, कान तथा शरीर के अन्य भागों की मांसपेशियाँ उत्तेजित हो उठती हैं। उनमें तनाव पैदा होता है। फलतः हम अत्यधिक क्रियाशील हो उठते हैं और हमारा ध्यान व्याख्यान पर अधिक समय तक टिका रह जाता है।

4. केन्द्रीय स्नायु-सम्बन्धी समायोजन (Central Nervous Adjustment)–ध्यान देने की क्रिया में केन्द्रीय स्नायुओं का समायोजन भी पाया जाता है। इस सम्बन्ध में एक महत्त्वपूर्ण प्रश्न यह है कि क्या ग्राहकेन्द्रिय-समायोजनों तथा तनमुद्रात्मक समायोजनों से स्वतन्त्र केन्द्रीय स्नायुओं का समायोजन सम्भव है? इस प्रश्न पर दो तरह के विचार उपस्थित किए जा सकते हैं। पहले विचार के अनुसार ध्यान देने की क्रिया ग्राहकेन्द्रिय-समायोजन तथा तनमुद्रात्मक समायोजन मात्र समझी जाती है तथा केन्द्रीय स्नायु-मण्डल (Central nervous system) के स्वतन्त्र प्रभाव को स्वीकार नहीं किया जाता। दूसरा विचार यह प्रतिपादित करता है कि ध्यान देने की क्रिया में कभी-कभी स्नायु-मण्डल स्वतन्त्र रूप से कार्य करता है तथा उसे प्रभावित भी करता है। इस विवादग्रस्त विषय पर अनेक मनोवैज्ञानिक

प्रयोग एवं अनुसन्धान हुए हैं। उनके आधार पर कहा जा सकता है कि ध्यान देने की क्रिया में केन्द्रीय स्नायुओं का समायोजन (Central nervous adjustment) पाया जाता है। किन्तु इस बात का स्पष्ट रूप से प्रमाण नहीं मिलता कि यह ध्यान देने की क्रिया को ग्राहकेन्द्रिय-समायोजन तथा तनमुद्रात्मक समायोजन से स्वतन्त्र रूप में प्रभावित करता है। पूर्वकथित व्याख्यान-सम्बन्धी उदाहरण में केन्द्रीय स्नायुओं का समायोजन भी सन्निहित है; क्योंकि जब हम व्याख्यान पर ध्यान देते हैं, तब साँस लेने की क्रिया अति मन्द हो जाती है अथवा रुक-सी जाती है। इसीलिए एकाग्र ध्यान सामान्यतः 'श्वासरहित ध्यान' (Breathless attention) कहा जाता है।

विभिन्न प्रकार के समायोजनों की व्याख्या से स्पष्ट है कि जब हम किसी वस्तु अथवा विषय पर ध्यान देते हैं, तब हमारे शरीर में अनेक प्रकार के बाह्य एवं आन्तरिक परिर्वतन होते हैं। ये परिवर्तन ध्यान को कायम रखने में सहायता करते हैं। इतना ही नहीं, इसके कारण ध्यान की वस्तु के भी सभी पहलू बिल्कुल स्पष्ट हो जाते हैं, उनके सभी अंगों का स्पष्ट रूप से प्रत्यक्षीकरण हो जाता है।

ध्यान की अस्थिरता
(Fluctuation of Attention)

ध्यान अत्यन्त ही अस्थिर या चंचल स्वभाव का होता है। यह सर्वदा एक वस्तु से हटकर दूसरी पर जाता रहता है। उदाहरण के लिए यदि हम एक घड़ी को इतनी दूरी पर रख दें कि उसकी टिक्-टिक् की ध्वनि सुनाई-भर पड़ती रहे, तो यह पाया जाएगा कि कभी तो टिक्-टिक् की ध्वनि सुनाई पड़ेगी और कभी वह बिल्कुल लुप्त हो जाएगी। इस प्रकार, कभी टिक्-टिक् की ध्वनि का सुनाई पड़ना और कभी लुप्त हो जाना, हमारे ध्यान का एक वस्तु से दूसरी वस्तु पर जाते रहने का परिचायक है। वास्तव में हम किसी भी एक वस्तु पर अपना ध्यान अधिक देर तक नहीं रख सकते। बिलिंग्स (Billings) ने अपने अध्ययन के आधार पर बतलाया है कि मनुष्य का ध्यान किसी भी एक वस्तु पर सामान्यतः पाँच सेकेण्ड से अधिक देर तक नहीं टिक सकता। यहाँ यह उल्लेख कर देना अभीष्ट जान पड़ता है कि प्रत्येक व्यक्ति के ध्यान हटते रहने की गति एक-दूसरे से भिन्न हुआ करती है। यदि किसी का ध्यान अतिशीघ्रता से एक वस्तु से दूसरी वस्तु पर जाता रहता है, तो किसी का ध्यान एक वस्तु से दूसरी वस्तु पर अपेक्षाकृत कुछ देर से जाता है। एक ही व्यक्ति के ध्यान बदलते रहने की गति में भी भिन्नता पाई जाती है। कभी उसका ध्यान एक वस्तु से दूसरी वस्तु पर अतिशीघ्र चला जाता है, तो कभी अपेक्षाकृत कुछ देर से। इससे यह स्पष्ट है कि एक वस्तु से दूसरी वस्तु पर ध्यान जाते रहने की गति अत्यन्त ही अस्थिर एवं चंचल होती है।

ध्यान का विभाजन
(Division of Attention)

क्या दो कार्यों को एक ही साथ करते समय हमारा ध्यान उन दोनों की ओर बँटा रहता है? साधारणतः ऐसा जान पड़ता है कि हमारा ध्यान एक ही समय में कई कार्यों में बँटा रहता है। हम प्रायः एक समय में एक से अधिक कार्य करते रहते हैं; यथा, सम्भव है कि हम टहलते समय अपने बाएँ हाथ में पुस्तक लिये रहें, दाहिने हाथ से सामने की ओर संकेत करते रहें, सर्वदा समीप से आनेवाली ध्वनि सुनते रहें और सामने की वस्तु को देखते भी रहें। अब प्रश्न यह है कि क्या इन विभिन्न कार्यों को एक साथ सम्पादित करते समय हमारा ध्यान उन सबकी ओर बँटा रहता है? इस समस्या पर अनेक मनोवैज्ञानिक प्रयोग एवं अनुसन्धान हुए हैं। उन्हें दृष्टिकोण में रखते हुए यह कहा जा सकता है कि वस्तुतः एक ही साथ कई कार्यों के करते समय हमारा ध्यान उन सबकी ओर बँटा नहीं रहता, बल्कि ऐसी अवस्था में ध्यान देने की क्रिया में निम्नांकित बातें पाई जाती हैं–

1. दो कार्यों में से एक स्वतः सम्पादित होता जाता है। फलतः उस पर ध्यान देने की कोई आवश्यकता ही नहीं पड़ती। अतः व्यक्ति अपने एक कार्य की ओर ही अपना समग्र ध्यान देता है। इस प्रकार एक ही समय में दो कार्य भी सम्पादित हो जाते हैं तथा व्यक्ति का ध्यान भी नहीं बँटता।

2. जब दो कार्यों को एक इकाई (Single unit) के रूप में ग्रहण कर लिया जाता है, तब ध्यान के बँटने का प्रश्न ही नहीं उठता। कारण, व्यक्ति उन दोनों कार्यों को तो एक ही कार्य के दो अंग मानता है, उनके स्वतन्त्र अस्तित्व की बात तो वह सोचता ही नहीं।

3. कभी-कभी दो कठिन कार्यों को एक ही साथ सम्पादित करते समय सम्भवतः हमारा ध्यान बहुत जल्दी-जल्दी दोनों कार्यों की ओर जाता रहता है। किन्तु एक ही क्षण में दो कार्यों पर हमारा ध्यान कभी भी नहीं टिकता। स्पष्टतः एक ही क्षण में दो कार्यों में ध्यान का बँटना तथा बहुत जल्दी-जल्दी ध्यान का एक कार्य से दूसरे कार्य की ओर जाना, ये दोनों दो बातें हैं।

उपर्युक्त विवेचन से स्पष्ट है कि सामान्यतः ध्यान का एक ही समय में कई कार्यों में बँटना सम्भव नहीं है। टिचेनर (Titchener), ह्रिपुल (Whipple) आदि मनोवैज्ञानिकों के विचारों से भी इसी की पुष्टि होती है।[1]

ध्यान-विस्तार
(Span of Attention)

ध्यान के सम्बन्ध में एक महत्त्वपूर्ण प्रश्न यह है कि किसी क्षण-विशेष में कितनी वस्तुओं पर ध्यान दिया जा सकता है? दूसरे शब्दों में, व्यक्ति का ध्यान-विस्तार

कितना है? प्रयोगात्मक अध्ययनों के आधार पर पाया गया है कि सामान्यतः एक ही साथ पाँच असंगठित वस्तुओं पर ध्यान दिया जा सकता है। किन्तु ध्यान-विस्तार के सम्बन्ध में यह संख्या निश्चित नहीं मानी जा सकती। वस्तुओं के स्वरूप तथा व्यक्ति-विभिन्नताओं के कारण इसमें परिवर्तन सम्भव है। ओबर्ली (Oberly) का कहना है कि जहाँ अति जटिल वस्तुओं का ध्यान-विस्तार ढाई हो सकता है, वहाँ अति सरल वस्तुओं का ध्यान-विस्तार आठ तक हो सकता है।[2] इसके अतिरिक्त यह भी विचारणीय है कि जहाँ तक किसी एक वस्तु के ध्यान-विस्तार का प्रश्न है, वहाँ भी व्यक्ति-विभिन्नताएँ पाई जाती हैं।

प्रायः ध्यान-विस्तार-सम्बन्धी अनुसन्धान जिस मनोवैज्ञानिक यन्त्र के सहारे किया जाता है, उसे 'टैचिस्टोस्कोप' (Tachistoscope) कहते हैं। इसके सहारे एक सेकेण्ड की अल्पांश अवधि तक सीमित संख्या में कुछ असंगठित वस्तुओं को प्रयोज्य के सामने प्रस्तुत किया जाता है, यथा—अंक, अक्षर इत्यादि। जब पाँच अथवा छः से अधिक अंकों अथवा अक्षरों को प्रस्तुत किया जाता है, तब प्रयोज्य को उनकी ठीक-ठीक पहचान नहीं हो पाती। कारण, प्रयोज्य का ध्यान-विस्तार सामान्यतः पाँच अथवा छः से अधिक नहीं होता। ध्यान-विस्तार की इस सीमा का विज्ञापन में बड़ा महत्त्वपूर्ण स्थान है। स्टार्च (Starch) ने अपने प्रयोगों के आधार पर बतलाया है कि लम्बे शीर्षक की अपेक्षा छोटे शीर्षक में विज्ञापित वस्तु अपेक्षाकृत अधिक प्रभावोत्पादक होती है।

ध्यान का स्वरूप
(Nature of Attention)

यदि ध्यान की कुछ प्रमुख विशेषताओं पर विचार किया जाए, तो उसका स्वरूप स्पष्ट हो जाएगा। ध्यान की प्रमुख विशेषताओं पर पहले ही प्रकाश डाला जा चुका है। अतएव, यहाँ उनका उल्लेखमात्र ही पर्याप्त होगा।

1. ध्यान एक प्रेरणात्मक प्रक्रिया (Motivational process) है, क्योंकि व्यक्ति अपनी अभिरुचियों एवं मनोवृत्तियों से प्रेरित होकर किसी वस्तु, व्यक्ति अथवा परिस्थिति पर ध्यान देता है।

2. ध्यान एक चयनात्मक प्रक्रिया (Selective process) है। व्यक्ति अनेक उत्तेजनाओं में से किसी एक उत्तेजना को चुन लेता है तथा अन्य उत्तेजनाओं की उपेक्षा करता है। इस चयनात्मक प्रक्रिया का सम्पन्न होना अधिक अंशों में मानसिक तत्परता (Mental readiness) पर निर्भर है।

3. ध्यान अभिप्राययुक्त (Purposive) होता है। व्यक्ति अपने अभिप्राय अथवा लक्ष्य से प्रेरित होकर ही उत्तेजनाविशेष पर ध्यान देता है। जिन उत्तेजनाओं का उसके लक्ष्य से कोई सम्बन्ध नहीं, उनकी ओर से वह बिल्कुल उदासीन रहता है।

4. ध्यान अत्यन्त अस्थिर अथवा चंचल स्वभाव का होता है। यह किसी

एक वस्तु पर अधिक देर तक नहीं टिक पाता।

5. ध्यान में व्यक्ति की शारीरिक मुद्रा (Bodily attitude) विशेष प्रकार की हो जाती है। विभिन्न प्रकार के शारीरिक समायोजनों के विवेचन-क्रम में यह बात स्पष्ट हो चुकी है।

6. ध्यान सीमित होता है। ध्यान-विस्तार (Span of attention) के अध्ययन से स्पष्ट है कि किसी क्षणविशेष में सीमित संख्या की वस्तुओं पर ही ध्यान दिया जा सकता है।

7. किसी क्षणविशेष में ध्यान एक ही कार्य पर दिया जा सकता है; वह कई कार्यों में नहीं बँट सकता। दूसरे शब्दों में, ध्यान का विभाजन (Division of attention) सम्भव नहीं है।

ध्यान के प्रकार
(Kinds of Attention)

ध्यान प्रधानतः तीन प्रकार के होते हैं–

1. अनैच्छिक ध्यान (Involuntary attention)
2. ऐच्छिक ध्यान (Voluntary attention)
3. स्वाभाविक ध्यान (Habitual attention)

1. अनैच्छिक ध्यान का शाब्दिक अर्थ होता है ऐसा ध्यान, जो व्यक्ति की इच्छा से प्रेरित न हो, जिसमें व्यक्ति की इच्छाओं की प्रधानता न हो। अनैच्छिक ध्यान की मनोवैज्ञानिक व्याख्या भी इसी ढंग की है। जब बाह्य उत्तेजनाएँ अथवा परिस्थितियाँ मनुष्य को अपनी ओर ध्यान देने के लिए विवश कर देती हैं, चाहे वह इसके लिए तैयार हो अथवा नहीं, तब ऐसे ध्यान को ही अनैच्छिक ध्यान कहा जाता है। स्पष्ट है कि अनैच्छिक ध्यान बाह्य उत्तेजनाओं अथवा परिस्थितियों से प्रेरित होता है, न कि व्यक्ति की इच्छाओं, मनोवृत्तियों तथा मानसिक तत्परताओं से। उदाहरण के लिए संगीत की मधुर ध्वनि, बन्दूक की आवाज, एकाएक उपस्थित की गई तेज रोशनी आदि उत्तेजनाएँ इतनी प्रबल एवं प्रभावोत्पादक होती हैं कि मनुष्य चाहे अथवा न चाहे, उसका ध्यान उनकी ओर बरबस चला जाता है। दूसरे शब्दों में, मनुष्य उन उत्तेजनाओं के प्रभाव से विवश होकर उनकी ओर ध्यान देता है।

2. ऐच्छिक ध्यान उसे कहते हैं, जिसमें मनुष्य अपनी इच्छा के अनुकूल उत्तेजना अथवा परिस्थिति पर ध्यान देता है। ऐच्छिक ध्यान स्पष्टतः मनुष्य की इच्छाओं से प्रेरित होता है। इस प्रकार के ध्यान में मनुष्य की इच्छाएँ उसके लक्ष्य (Intention) तथा प्रयत्न शामिल रहते हैं। ऐच्छिक ध्यान मनुष्य की स्वाभाविक अभिरुचि एवं मनोवृत्ति से प्रेरित नहीं होता। अतः इसमें अनेक प्रकार की बाधाओं के उपस्थित

होने की सम्भावना बराबर बनी रहती है। इन बाधक उत्तेजनाओं (Distracting stimuli) के रहते हुए भी हमारा ध्यान अभीष्ट वस्तु की ओर लगा रहे, इसके लिए यह आवश्यक है कि हम अत्यधिक प्रयत्नशील हों तथा हमारा लक्ष्य निरन्तर उस वस्तु की ओर ध्यान देने के लिए हमें प्रेरित करता रहे। उदाहरणार्थ जब परीक्षा के दिन समीप होते हैं, तब विद्यार्थी सिनेमा, खेल आदि अनेक बाधक उत्तेजनाओं के रहते हुए भी अपना ध्यान पाठ्य-पुस्तक पर लगाते हैं। यों पाठ्य-पुस्तक का पढ़ना उन्हें नीरस लग सकता है तथा सिनेमा, खेल आदि में उनका अधिक आकर्षण हो सकता है। किन्तु जब परीक्षा में उत्तीर्ण होने की उनकी इच्छा प्रबल हो उठती है, तब वे अत्यधिक प्रयत्न कर पाठ्य-पुस्तक पर ध्यान देते हैं तथा सभी बाधक उत्तेजनाओं, जैसे खेल-कूद आदि, की अवहेलना करते हैं। स्पष्ट है कि परीक्षा में उत्तीर्ण होने का लक्ष्य, विद्यार्थियों को पाठ्य-पुस्तक पर ध्यान देने के लिए अत्यधिक प्रयत्नशील बना देता है तथा सिनेमा, खेल आदि बाधक उत्तेजनाओं की उपेक्षा के लिए भी उन्हें तैयार कर देता है।

3. प्रायः प्रत्येक व्यक्ति स्थायी रूप से कुछ उत्तेजनाओं को ग्रहण करने के लिए निरन्तर तैयार रहता है। फलतः उन उत्तेजनाओं की ओर उसका ध्यान बरबस चला जाता है। इस प्रकार के ध्यान को ही स्वाभाविक ध्यान (Habitual attention) कहते हैं। स्वाभाविक ध्यान न तो व्यक्ति की इच्छाओं से प्ररित होता है और न बाह्य उत्तेजनाओं अथवा परिस्थितियों से ही, बल्कि यह व्यक्ति की अभिरुचियों (Interests), पूर्वधारणाओं (Prejudices) तथा प्रेरक वृत्तियों (Motives) से प्रेरित होता है। वस्तुतः प्रत्येक व्यक्ति अपनी अभिरुचियों, पूर्वधारणाओं तथा प्रेरक वृत्तियों से प्रभावित एवं निर्देशित होकर विशेष प्रकार की उत्तेजनाओं पर स्वभावतः अपना ध्यान देता है। यहाँ यह उल्लेखनीय है कि प्रत्येक व्यक्ति अपनी अभिरुचियों, पूर्वधारणाओं एवं प्रेरक वृत्तियों में एक-दूसरे से भिन्न हुआ करता है। अतएव, व्यक्ति के ध्यान देने के विषय अथवा ध्यान देने की वस्तु में भी भिन्नता पाई जाती है। अब हम कुछ उदाहरणों के द्वारा यह दिखलाने की चेष्टा करेंगे कि किस प्रकार स्वाभाविक ध्यान में अभिरुचियाँ, पूर्वधारणाएँ तथा प्रेरक वृत्तियाँ काम करती हैं। अभिरुचि से प्रेरित होकर ही माली का ध्यान फूलों की ओर, कवि का ध्यान कविता की ओर, तथा संगीतज्ञ का ध्यान संगीत की ओर चला जाता है। वैसे ही, पूर्वधारणाओं (Prejudices) से प्रभावित होकर मनुष्य स्वभावतः अपने मित्र के गुणों पर तथा शत्रु के दोषों पर ध्यान देता है। पुरुष का ध्यान सुन्दर स्त्री की ओर तथा स्त्री का ध्यान स्वभावतः सुन्दर पुरुष की ओर चला जाता है; क्योंकि मनुष्य-मात्र यौन-प्रेरक वृत्ति (Sex-motive) से निरन्तर प्रेरित हुआ करता है।

ध्यान की अवस्थाएँ अथवा निर्धारक
(Conditions or Determiners of Attention)

ध्यान के प्रकारों की विवेचना से यह बिल्कुल स्पष्ट है कि मनुष्य का ध्यान किसी वस्तु की ओर प्रायः दो कारणों से जाता है–

1. बाह्य उत्तेजनाओं (External stimuli) के प्रभाव के कारण तथा **2. व्यक्ति की आन्तरिक स्थितियों** (Internal conditions) के कारण। अनैच्छिक ध्यान (Involuntary attention) में हम देख चुके हैं कि किस प्रकार बाह्य उत्तेजनाएँ मनुष्य को अपनी ओर ध्यान देने के लिए विवश कर देती हैं। इस प्रकार के कारणों को ध्यान की बाह्य अवस्थाएँ अथवा निर्धारक कहते हैं। इनके सिवा, ध्यान आकर्षित करने के कुछ कारण व्यक्ति के अन्दर भी मौजूद रहते हैं, जैसा कि हम लोग स्वाभाविक ध्यान (Habitual attention) पर विचार करते समय देख चुके हैं। वस्तुतः व्यक्ति के भीतर वर्तमान उसकी अभिरुचि, पूर्वधारणा, मनोवृत्ति तथा प्रेरक वृत्ति वस्तुविशेष की ओर ध्यान देने के लिए उसे बाध्य करती हैं। इन्हें ही ध्यान की आन्तरिक अवस्थाएँ अथवा निर्धारक कहते हैं। ध्यान के बाह्य एवं आन्तरिक निर्धारकों को ध्यान-निर्धारक (Determiners of attention) कहते हैं। अब ध्यान के बाह्य एवं आन्तरिक निर्धारकों पर अलग-अलग विचार प्रस्तुत करना अभीष्ट है।

ध्यान की बाह्य अवस्थाएँ अथवा निर्धारक
(Objective Conditions or Determiners of Attention)

1. उत्तेजना का स्वरूप (Nature of the Stimulus)–उत्तेजना का स्वरूप ध्यान आकृष्ट करने का प्रधान कारण है। उदाहरण के लिए हम श्रव्य (Auditory) तथा दृश्य (Visual) उत्तेजनाओं के स्वरूप पर विचार करेंगे। श्रव्य उत्तेजनाओं (Auditory stimuli) में भाषण, वर्णन, संगीत तथा वाद्ययन्त्रों की ध्वनि आदि को रखा जा सकता है। निस्सन्देह, मधुर संगीत, भाषण अथवा वर्णन की अपेक्षा अधिक ध्यान आकृष्ट करता है। अतएव स्पष्ट है कि श्रव्य उत्तेजनाओं के स्वरूप ही इस बात का निर्णय करते हैं कि हमारा ध्यान किस ओर अधिक आकृष्ट होगा–भाषण की ओर अथवा वर्णन की ओर, संगीत की ओर अथवा वाद्ययन्त्रों की ध्वनि की ओर। वैसे ही, दृश्य उत्तेजनाओं (Visual stimuli) में यदि एक चित्र किसी पुरुष-नारी का हो तथा दूसरा पेड़-पौधों का हो, तो सम्भवतः हमारा ध्यान पेड़-पौधों के चित्र की अपेक्षा पुरुष-नारी के चित्र की ओर अधिक आकर्षित होगा। वास्तव में, मानव-चित्र निर्जीव वस्तुओं के चित्रों की अपेक्षा अधिक ध्यान आकृष्ट करते हैं।

2. उत्तेजना का आकार (Size of the Stimulus)–ध्यान आकृष्ट करने में उत्तेजना के आकार का प्रधान हाथ रहता है। मनोवैज्ञानिक अध्ययनों के आधार

पर पाया गया है कि छोटे आकार के उत्तेजकों की अपेक्षा बड़े आकार के उत्तेजक हमारा ध्यान अधिक आकर्षित करते हैं। इसीलिए, समाचारपत्रों में जो विज्ञापन दिए जाते हैं, वे प्रायः बड़े-बड़े तथा मोटे-मोटे अक्षरों में। समाचारपत्र के सभी अक्षर सामान्यतः कुछ छोटे रहते हैं, किन्तु विज्ञापन के अक्षर बड़े-बड़े होते हैं। जब हम समाचारपत्र हाथ में लेते हैं, तब स्वभावतः बड़े-बड़े अक्षरों में लिखे गए विज्ञापनों की ओर हमारा ध्यान चला जाता है। यहाँ विरोध का नियम (Law of contrast) काम करता है। बड़े अक्षर हमारे ध्यान को इसलिए आकृष्ट कर लेते हैं कि वे सामान्यतः छोटे अक्षरों के बीच में प्रस्तुत किए गए होते हैं। यह भी सत्य है कि यदि किसी पृष्ठ के सभी अक्षर बड़े हों और केवल एक शब्द के अक्षर छोटे, तो हमारा ध्यान उस शब्द के ऊपर चला जाता है। इससे यह स्पष्ट है कि उत्तेजना के आकार को ध्यानाकर्षक बनाने में विरोध का बहुत बड़ा हाथ रहता है।

3. उत्तेजना की स्थिति (Location of the Stimulus)–उत्तेजना की स्थिति ध्यान आकृष्ट करने में सहायक होती है। जहाँ तक दृष्टि-उत्तेजना का सम्बन्ध है, यह कहा जा सकता है कि वे वस्तुएँ, जो आँखों के सामने होती हैं, हमारे ध्यान को अधिक आकर्षित करती हैं। उदाहरणार्थ, सभा में सामने के मंच पर बैठे हुए व्यक्तियों की ओर औरों की अपेक्षा हमारा ध्यान अधिक आकृष्ट होता है। इस प्रकार अन्य स्थलों में भी विशेष प्रकार की स्थिति के कारण विशेष प्रकार की उत्तेजना पर हमारा ध्यान चला जाता है।

4. उत्तेजना की प्रबलता (Intensity of the Stimulus)–अन्य विशेषताओं में दूसरी उत्तेजनाओं के समान रहने पर जो उत्तेजना जितनी ही प्रबल होगी, वह उतनी ही शीघ्रता के साथ हमारे ध्यान को आकर्षित कर लेगी। उदाहरण के लिए, धुँधले प्रकाश की अपेक्षा तीव्र प्रकाश, फीके रंग की अपेक्षा चमकीले रंग, धीमे स्वर की अपेक्षा कर्कश स्वर, क्षीण वेदना की अपेक्षा प्रबल वेदना तथा हल्की गन्ध की अपेक्षा तेज गन्ध इत्यादि प्रबल उत्तेजनाएँ ध्यान को अधिक आकृष्ट करती हैं।

5. उत्तेजना का रंग (Colour of the Stimulus)–विभिन्न रंगों तथा उनके सम्मिश्रण से ज्ञात है कि कुछ रंग अन्य रंगों की अपेक्षा अधिक प्रिय होते हैं। प्रिय रंगों की ओर हमारा ध्यान आसानी से चला जाता है। विज्ञापन करनेवालों ने विज्ञापन को अधिक आकर्षक बनाने के लिए रंगों का अत्यधिक उपयोग किया है। अन्य रंगों की अपेक्षा लाल एवं नीले रंग अधिक प्रिय तथा आकर्षक समझे जाते हैं। यहाँ यह ध्यान देने की बात है कि रंगों को आकर्षक बनाने में विरोध का बहुत बड़ा हाथ रहता है। जहाँ समाचारपत्रों में सभी बातें काले अक्षरों में छपी हुई रहती हैं, वहाँ विज्ञापनों में प्रायः लाल, नीले तथा हरे रंगों का प्रयोग किया जाता है। ये रंग काले का विरोध उपस्थित करते हैं। अतः हमारा ध्यान बरबस इनकी ओर आकृष्ट हो जाता है।

6. उत्तेजना की पुनरावृत्ति (Repetition of the Stimulus)–यदि कोई उत्तेजना बार-बार दुहराई जाती है, तो उसकी ओर मनुष्य का ध्यान आसानी से चला जाता है। सम्भव है कि किसी उत्तेजना को एक ही बार उपस्थित करने से हमारा ध्यान उस पर न जाए, किन्तु उसे कई बार उपस्थित करने से सम्भवतः हमारा ध्यान उस पर चला जाता है। उदाहरण के लिए, किसी समाचारपत्र में कोई विज्ञापन सिर्फ एक ही दिन निकले तब सम्भव है कि हमारा ध्यान उस पर न जाए, किन्तु जब वह लगातार कई दिनों तक निकलता रहेगा तब अवश्य ही वह हमारे ध्यान को आकृष्ट कर लेगा। सामान्यतः किसी सिद्धान्त के प्रचार में भी पुनरावृत्ति को अपनाया जाता है। प्रचार में पुनरावृत्ति अत्यधिक प्रभावोत्पादक सिद्ध हुई है। प्रचार करने वाला एक ही बात को बार-बार दुहराता है। उस बात की ओर अधिकांश व्यक्तियों का ध्यान आकृष्ट हो जाता है। किन्तु इस सम्बन्ध में यह विचारणीय है कि जब उत्तेजना की पुनरावृत्ति एक निश्चित सीमा का अतिक्रमण कर जाती है, तब वह नीरस तथा प्रभावशून्य हो जाती है। फलतः हमारा ध्यान उस ओर से हटने लगता है और कालक्रम में उस ओर से हम बिल्कुल अन्यमनस्क हो जाते हैं। अधिक दुहराने के कारण उत्पन्न उत्तेजना की नीरसता तथा प्रभाव-शून्यता को उसमें थोड़ा परिवर्तन तथा नवीनता लाकर दूर किया जा सकता है। विज्ञापन में प्रायः एक ही उत्तेजना को दुहराने के साथ-साथ उसमें परिवर्तन तथा नवीनता का भी ध्यान रखा जाता है। फलस्वरूप उसमें नीरसता तथा प्रभाव-शून्यता नहीं आने पाती तथा वह ध्यानाकर्षक ही बनी रहती है। अब यहाँ परिवर्तन तथा नवीनता पर कुछ विचार कर लेना प्रासंगिक जान पड़ता है।

7. परिवर्तन (Change)–जब वातावरण में एकाएक कोई परिवर्तन होता है, तब हमारा ध्यान उस ओर चला जाता है। यहाँ यह उल्लेखनीय है कि क्रमिक परिवर्तन (Gradual change) की अपेक्षा अचानक परिवर्तन (Sudden change) अधिक ध्यानाकर्षक होता है। ऋतुएँ क्रमशः बदलती रहती हैं, व्यक्ति का क्रमशः विकास होता रहता है, दिन के बाद रात तथा रात के बाद दिन क्रमशः आते रहते हैं। किन्तु हमारा ध्यान उनकी ओर उतना अधिक नहीं जाता जितना अचानक आए हुए परिवर्तन की ओर; यथा यदि कोई व्यक्ति अपने एकान्त कमरे में बिजली के पंखे के नीचे बैठा कुछ लिख रहा हो, सामने की दीवार पर लगी हुई घड़ी से टिक्-टिक् की आवाज हो रही हो, लेकिन इसी बीच एकाएक पंखा बन्द हो जाए तथा घड़ी की टिक्-टिक् की आवाज रुक जाए तो स्वभावतः उसका ध्यान घड़ी तथा पंखे की ओर चला जाएगा। इसी प्रकार, जब चलती हुई गाड़ी एकाएक रुक जाती है तथा उसकी आवाज बन्द हो जाती है, तब सभी यात्रियों का ध्यान उस ओर चला जाता है।

8. नवीनता (Novelty)–उत्तेजना की नवीनता भी हमारे ध्यान को बरबस आकर्षित कर लेती है। सम्भव है कि वे वस्तुएँ जिनके अनुभव से हम अभ्यस्त हो

चुके हैं, हमारे ध्यान को अपनी ओर आकृष्ट न कर सकें; किन्तु नई तथा विचित्र चीजें शीघ्र ही हमारे ध्यान को अपनी ओर खींच लेती हैं। उदाहरण के लिए वे शब्द, स्वाद, गन्ध तथा रूप, जिनके सुनने, चखने, सूँघने तथा देखने के हम अभ्यस्त हो चुके हैं, सम्भव है कि हमारे ध्यान को अपनी ओर न खींच सकें, किन्तु नए शब्द, नए स्वाद, नई गन्ध तथा नवीन रूप की ओर हमारा ध्यान अवश्य ही चला जाएगा। वस्तुतः वातावरण में उपस्थित कोई भी नवीनता अथवा विचित्र वस्तु हमारे ध्यान को खींच लेती है; जैसे–विचित्र जानवर तथा नवीन पोशाक। यहाँ यह स्मरणीय है कि नवीनता का ध्यानाकर्षक होना विरोध का एक उदाहरण है। वास्तव में हम उन्हीं वस्तुओं को नवीन कहते हैं, जो परिचित अथवा अभ्यस्त वस्तुओं से भिन्न होती हैं। दूसरे शब्दों में, जिन वस्तुओं का परिचित अथवा अभ्यस्त वस्तुओं से विरोध रहता है, उन्हें हम नवीन समझते हैं तथा उनकी ओर हमारा ध्यान अनायास ही आकृष्ट हो जाता है।

9. विरोध (Contrast)–आस-पास की वस्तुओं से जो वस्तु बिल्कुल भिन्न होती है, उसकी ओर सहज ही ध्यान आकर्षित हो जाता है। उदाहरण के लिए हरी-भरी फुलवारी में एक सूखा वृक्ष सबका ध्यान आकर्षित कर लेता है। इसी प्रकार, सफेद कपड़े पर पड़ा हुआ काला धब्बा तथा किसी सुन्दरी के गोरे चेहरे का काला तिल शीघ्र ही ध्यान आकर्षित कर लेता है। इन सभी उदाहरणों में ध्यान आकर्षित होने का कारण है–विरोध।

10. उत्तेजना की गति (Movement of the Stimulus)–अन्य विशेषताओं में दूसरी उत्तेजनाओं के समान रहने पर गतिशील उत्तेजना स्थिर उत्तेजना की अपेक्षा हमारा ध्यान अधिक आकर्षित करती है। उदाहरणार्थ, टिमटिमाता हुआ दीपक स्थिर दीपक की अपेक्षा हमारा ध्यान अधिक आकृष्ट करता है। इसी प्रकार, सड़क पर चुपचाप खड़े व्यक्ति की अपेक्षा हाँफते हुए दौड़नेवाले व्यक्ति की ओर हमारा ध्यान अधिक आकर्षित होता है। ध्यान आकर्षित करने में गतिशीलता के महत्त्व को समझने के कारण ही अनेक वस्तुओं का विज्ञापन चलचित्रों के द्वारा किया जाता है।

ध्यान की आन्तरिक अवस्थाएँ अथवा निर्धारक
(Subjective Conditions or Determiners of Attention)

1. अभिरुचि (Interest)–ध्यान आकर्षित करने में अभिरुचि का बड़ा महत्त्वपूर्ण स्थान है। जिस वस्तु में जिसकी अभिरुचि होती है, उसकी ओर वह ध्यान देता है। उदाहरण के लिए, विद्यार्थी अध्ययन की ओर, डॉक्टर रोगी की ओर, कलाकार कला की ओर तथा संगीतज्ञ संगीत की ओर अपना ध्यान देते हैं। इन उदाहरणों से यह स्पष्ट है कि व्यक्तिगत अभिरुचि के अनुकूल ध्यान देने की वस्तुएँ अलग-अलग हुआ करती हैं। यहाँ उल्लेख कर देना आवश्यक जान पड़ता है कि अभिरुचि के

निर्माण में मूल प्रवृत्तियाँ (Instincts) एवं शिक्षा-दीक्षा, इन दोनों का हाथ रहता है। मूल प्रवृत्तियों के अनुकूल वस्तु-विशेष में व्यक्ति की अभिरुचि होती है तथा वह उसी पर ध्यान भी देता है। उदाहरण के लिए, भूखे व्यक्ति का ध्यान भोजन की सामग्री की ओर, प्यास से व्याकुल व्यक्ति का ध्यान पानी की ओर तथा कामातुर व्यक्ति का ध्यान स्त्री की ओर शीघ्र ही चला जाता है। मूल प्रवृत्तियों की तरह शिक्षा का भी अभिरुचि के निर्माण में बहुत अधिक हाथ रहता है। प्रायः ऐसा पाया जाता है कि सभी व्यक्ति अपनी शिक्षा के अनुसार भिन्न-भिन्न विषयों अथवा वस्तुओं में अपनी अभिरुचि अधिक रखते हैं। फलतः उन्हीं विषयों अथवा वस्तुओं की ओर उनका ध्यान भी अधिक आकृष्ट होता है। उदाहरणार्थ, मनोवैज्ञानिक मनोविज्ञान-सम्बन्धी प्रश्नों पर, दार्शनिक दर्शन-सम्बन्धी बातों पर तथा राजनीतिज्ञ राजनीतिक समस्याओं पर अधिक ध्यान देते हैं। किन्तु, सामान्य व्यक्तियों का ध्यान इन विषयों पर उतना आकृष्ट नहीं होता। जो कुछ ऊपर कहा गया है, उससे स्पष्ट है कि शिक्षा और मूल प्रवृत्तियों से अभिरुचि का निर्माण होता है तथा प्रत्येक व्यक्ति अपने ध्यान के द्वारा अपनी अभिरुचि को ही अभिव्यक्त करता है। इस विचार का प्रतिपादन करते हुए स्टाउट (Stout) ने कहा है–

"अभिरुचि अस्फुट ध्यान है तथा ध्यान अभिरुचि का ही स्फुट रूप है।"[3]

2. अर्थ (Meaning)–मनुष्य जिस विषय के अर्थ को भलीभाँति समझता है, उस विषय की ओर उसका ध्यान आसानी से चला जाता है। प्रायः ऐसा पाया जाता है कि जो विद्यार्थी जिस विषय को भलीभाँति समझते हैं, उस विषय की ओर उनका ध्यान अधिक आकृष्ट होता है। यदि मनोविज्ञान को कोई विद्यार्थी अच्छी तरह समझता है, तो अन्य विषयों की अपेक्षा उसका ध्यान मनोविज्ञान की ओर ही अधिक जाएगा। वैसे ही एक साहित्य-मर्मज्ञ का ध्यान साहित्य की ओर अनायास ही चला जाता है, क्योंकि साहित्य की उसे परख होती है। इसके विपरीत, जिस विषय को मनुष्य नहीं समझ पाता, उस ओर उसका ध्यान भी नहीं जाता। ऐसे अनेक विद्यार्थी मिलेंगे, जिनका ध्यान गणित की ओर नहीं जाता, क्योंकि वे उसे समझ ही नहीं पाते। अतएव, स्पष्ट है कि हम जिस विषय के अर्थ को समझते हैं, उस विषय की ओर हमारा ध्यान अधिक जाता है। किन्तु जिस विषय के अर्थ को नहीं समझ पाते, उस ओर हमारा ध्यान भी आकृष्ट नहीं होता।

3. आदत (Habit)–आदत के कारण भी हमारा ध्यान किसी वस्तु-विशेष की ओर चला जाता है। वस्तुतः जिस प्रकार की आदतें होती हैं, उन्हीं के अनुकूल विषयों अथवा वस्तुओं पर हमारा ध्यान जाता है। जिस मनुष्य को प्रतिदिन प्रातःकाल चाय पीने की आदत हो जाती है, उसका ध्यान प्रातःकाल होते ही चाय की ओर चला जाता है और तब तक उसका ध्यान चाय की ओर लगा रहता है, जब तक वह चाय नहीं पी लेता। किन्तु जिसे चाय पीने की आदत नहीं है, उसका ध्यान

सामान्यतः चाय की ओर नहीं जाता। आदत के निर्माण में अभ्यास का प्रमुख हाथ रहता है। किसी कार्य को बार-बार करने से उसकी आदत हो जाती है और आदत हो जाने पर हमारा ध्यान उस ओर चला जाता है।

4. लक्ष्य अथवा अभिप्राय (Goal or Purpose)–मनुष्य के ध्यान को आकर्षित करने में उसके लक्ष्य अथवा अभिप्राय का प्रमुख हाथ रहता है। अपने लक्ष्य के अनुकूल विषयों अथवा वस्तुओं पर स्वभावतः मनुष्य का ध्यान चला जाता है। जिस विद्यार्थी का लक्ष्य आगामी परीक्षा में उत्तीर्ण होना है, वह शिक्षक के द्वारा बतलाए गए प्रमुख प्रश्नों की ओर तो अत्यधिक ध्यान देता है, किन्तु शिक्षक की अन्य बातों की ओर उसका ध्यान नहीं जाता। जिस विद्यार्थी का लक्ष्य विषय की जानकारी है, वह आगामी परीक्षा में आनेवाले प्रमुख प्रश्नों की उपेक्षा कर विषय की तह में पहुँचानेवाली बातों की ओर अधिक ध्यान देता है। अतएव, स्पष्ट है कि लक्ष्य अथवा अभिप्राय से प्रेरित होकर मनुष्य अपने लक्ष्य-सम्बन्धी विषयों की ओर ही अधिक आकृष्ट होता है।

5. मनोभाव (Mood)–ध्यान अधिक हद तक व्यक्ति के मनोभाव पर निर्भर है। यही कारण है कि खिन्न व्यक्ति का ध्यान वातावरण की उन वस्तुओं की ओर जाता है, जो खिन्नता उत्पन्न करनेवाली होती हैं तथा प्रसन्न व्यक्ति का ध्यान प्रसन्नता उत्पन्न करनेवाली वस्तुओं की ओर जाता है। जब व्यक्ति प्रसन्न रहता है, तब स्वभावतः उसका ध्यान हँसी-खुशी, राग-रंग, अच्छे भोजन तथा अच्छे वस्त्र की ओर जाता है, किन्तु जब वह खिन्न रहता है, तब इनकी ओर से बिल्कुल अन्यमनस्क रहता है।

6. स्थायीभाव एवं ग्रन्थियाँ (Sentiments and complexes)–स्थायीभाव एवं ग्रन्थियों का ध्यान आकर्षित करने में बड़ा हाथ होता है। जिस व्यक्ति का देश-भक्ति का स्थायीभाव रहता है, उसका ध्यान सहज ही देश-भक्ति से आतेप्रोत बातों की ओर चला जाता है। जिसमें हीनता-ग्रन्थि (Inferiority complex) पाई जाती है; उनका ध्यान बरबस उन वस्तुओं की ओर चला जाता है जिससे उसके आत्म-सम्मान को सहारा मिल सके। प्रतिदिन के जीवन में ऐसे व्यक्तियों की कमी नहीं, जिनका ध्यान अपने सगे-सम्बन्धियों, मित्रों एवं परिचित लोगों की नगण्य त्रुटियों पर भी चला जाता है, जबकि वे उनकी महती उपलब्धियों की ओर आकर्षित ही नहीं हो पाते। निस्सन्देह, ऐसे व्यक्ति हीनता-ग्रन्थि से ग्रसित रहा करते हैं।

7. जिज्ञासा (Curiosity)–जिज्ञासा की प्रवृत्ति के कारण ही व्यक्ति का रहस्यमयी वस्तु अथवा घटनाओं की ओर अधिक ध्यान आकृष्ट होता है। उदाहरणार्थ, कुछ बड़े बच्चों को काम-सम्बन्धी रहस्यात्मक बातों को जानने की प्रबल इच्छा रहती है। फलतः काम-सम्बन्धी बातों अथवा घटनाओं की ओर अति शीघ्र ही उनका ध्यान चला जाता है। जासूसी उपन्यासों की ओर प्रायः बड़े बच्चों तथा नवयुवकों का ध्यान चला जाता है, क्योंकि उन उपन्यासों में रहस्यमयी घटनाओं की प्रधानता रहती है।

8. मनोवृत्ति (Attitude)–जिस वस्तु की ओर मनुष्य की मनोवृत्ति होती है, उसकी ओर अनायास ही उसका ध्यान चला जाता है। इस सम्बन्ध में यह उल्लेखनीय है कि प्रत्येक मनुष्य की मनोवृत्ति एक-दूसरे से भिन्न हुआ करती है। अतएव प्रत्येक व्यक्ति के ध्यान के विषय या वस्तु में भी स्वभावतः भिन्नता पाई जाती है, क्योंकि वह अपनी मनोवृत्ति के अनुकूल विषय या वस्तु पर ही ध्यान देता है तथा अन्य विषय या वस्तुओं की साधारणतः उपेक्षा करता है। उदाहरण के लिए यदि मनोवैज्ञानिक का ध्यान लोगों के व्यवहार की ओर जाता है, तो शरीर-वैज्ञानिक का ध्यान उनकी शारीरिक बनावट की ओर। कारण, मनोवैज्ञानिक तथा शरीर-वैज्ञानिक, इन दोनों की मनोवृत्ति भिन्न-भिन्न तरह की होती है तथा ये अपनी मनोवृत्ति से प्रभावित होकर ही लोगों की ओर ध्यान देते हैं।

ऊपर ध्यान आकर्षित करने के जिन आन्तरिक निर्धारकों का उल्लेख किया गया है, उन्हें हम मानस-वृत्ति के अन्तर्गत रख सकते हैं। वस्तुतः मनुष्य की मानस-वृत्ति ही उसके ध्यान को आकर्षित करने का सबसे प्रमुख आन्तरिक निर्धारक कही जा सकती है। अन्य सभी आन्तरिक निर्धारक मानस-वृत्ति के निर्माण में योग प्रदान करते हैं। अभिरुचि, अर्थ, आदत, लक्ष्य, जिज्ञासा, मनोवृत्ति आदि निर्धारकों के कारण मनुष्य में एक विशेष प्रकार की मानस-वृत्ति उत्पन्न हो जाती है। फलतः वह वस्तु-विशेष पर ध्यान देने के लिए विवश हो जाता है।

सन्दर्भ

1. "Simultaneity of the Psychologically disparate attention is in my experience, altogether impossible."—Titchener.
   "If both activities are difficult, attention alternates between them and the activity not attended at any moment is temporarily reduced, if not altogether suspended and if one activity is relatively easy, it becomes, after short practice, reduced to automatism, so that attention can be given freely to the other." —Whipple.
2. Oberly, H.S.A., Comparision of the spans of "Attention and Memory", Hmer 7. Psychol, 1928, 295.
3. "Interest is latent attention and attention is interest in action." —Stout.

7

सीखना

मनुष्य एक सामाजिक प्राणी है। उसका विकास समाज की विभिन्न परिस्थितियों में होता है। जब वह किसी नई परिस्थिति के सम्पर्क में आता है, तब उसके साथ अपने को सफलतापूर्वक समायोजित करने का प्रयास करता है। उसका प्रयास उसके पूर्व व्यवहार और अनुभूति में परिवर्तन लाता है। उसके व्यवहार एवं अनुभूति का यह परिवर्तन (Change) अथवा परिमार्जन (Modification) ही सीखना कहलाता है। यहाँ यह उल्लेखनीय है कि सीखना कोई एक प्रकार की विशिष्ट क्रिया (Specific activity) नहीं है, वरन् यह तो एक ऐसा परिवर्तन है, जो विभिन्न क्रियाओं के सम्पादन-क्रम में प्राणी में आता है।[1] स्पष्टतः यह परिमार्जन लगभग स्थायी ढंग का होता है। उदाहरण के लिए, यदि कोई बच्चा गर्म लोहे को छूता है और उसका हाथ जल जाता है, तो फिर जब कभी उसके सामने गर्म लोहा उपस्थित किया जाता है, तब वह उसे नहीं छूता। स्पष्ट है कि उसके पहले व्यवहार में लगभग स्थायी परिवर्तन आ गया। यहाँ यह स्पष्ट कर देना अभीष्ट प्रतीत होता है कि व्यवहार का प्रत्येक परिवर्तन या परिमार्जन सीखना नहीं कहलाता। वस्तुतः मनुष्य के व्यवहार में कुछ ऐसे भी परिवर्तन देखने को मिलते हैं, जो सीखने के कारण नहीं उत्पन्न होते, प्रत्युत परिपक्वता (Maturation) के कारण होते हैं। सीखने की एक प्रमुख विशेषता यह है कि व्यवहार का परिवर्तन प्रगतिशील स्वभाव का होता है। पहली बार की सीखी हुई क्रिया में बार-बार परिवर्तन होता है। उदाहरण के लिए, एक नवजात शिशु यह अच्छी तरह नहीं जानता कि वह क्या खाए और किस प्रकार खाए। सर्वप्रथम वह किसी प्रकार खाना सीख लेता है। लेकिन उसका यह वर्तमान सीखना कालक्रम में परिवर्तित होता जाता है। यदि पहले उसने यह सीखा कि हाथ-पैर धोकर साफ-सुथरी जगह पर बैठकर खाना चाहिए, तो बाद में उसके इस व्यवहार में सम्भवतः परिवर्तन होता है और वह यह भी सीख लेता है कि कमरे

में कुर्सी पर बैठकर चम्मच आदि के सहारे खाना चाहिए। सारांश यह है कि एक बार की सीखी हुई क्रिया में उत्तरोत्तर वृद्धि या उन्नति होती रहती है। इसीलिए व्यवहार के प्रगतिशील परिवर्तन को सीखना कहते हैं।

उपर्युक्त विवेचन के आधार पर यदि सीखने की क्रिया का विश्लेषण किया जाए तो उसके अन्तर निम्नांकित बातें पाई जाएँगी–

1. अभिनव परिस्थिति की उपस्थिति;
2. उस परिस्थिति में समायोजन के लिए व्यक्ति का प्रयास, उसकी क्रियाशीलता;
3. परिणामस्वरूप पूर्वानुभूति एवं व्यवहार में परिवर्तन अथवा परिमार्जन;
4. इस परिवर्तन अथवा परिमार्जन का लगभग स्थायी ढंग का होना;
5. सीखने में प्रगतिशीलता का वर्तमान रहना।

सीखना तथा परिपक्वता
(Learning and Maturation)

यह बतलाया जा चुका है कि पूर्व-व्यवहार एवं अनुभूति में परिवर्तन का होना ही 'सीखना' कहलाता है। यह परिवर्तन प्रायः दो कारणों से होता है। पहला परिपक्वता के कारण तथा दूसरा सीखने के कारण। परिपक्वता (Maturation) से हमारा तात्पर्य अंग-प्रत्यंग के स्वाभाविक विकास से है। शरीर के विभिन्न अंगों का यह स्वाभाविक विकास केन्द्रीय स्नायु-मण्डल की समर्थता पर निर्भर करता है। केन्द्रीय स्नायु-मण्डल में उम्र बढ़ने के साथ-साथ स्वयं सामर्थ्य आता जाता है। फलस्वरूप प्राणी के व्यवहार में भी परिवर्तन होता रहता है। उदाहरण के लिए, चलने-फिरने, बोलने, सीखने आदि क्रियाओं में परिपक्वता का विशेष हाथ रहता है। उम्र बढ़ने के साथ-ही-साथ इन क्रियाओं का भी विकास होता जाता है। तभी तो बच्चा शुरू में सिर्फ अपना सिर उठा पाता है, फिर बैठना शुरू करता है और तब उसमें खड़ा होने, टहलने और दौड़ने की क्रियाएँ भी क्रमशः आ जाती हैं। इस प्रकार स्पष्ट है कि चलने-फिरने की क्रिया के लिए हाथ-पैर आदि अंगों की परिपक्वता अनिवार्य है। बालमनोविज्ञानवेत्ताओं ने बतलाया है कि बच्चे में भिन्न-भिन्न क्रियाओं का विकास परिपक्वता पर ही निर्भर करता है। अतएव परिपक्वता के कारण होनेवाले व्यवहार के परिवर्तन को सीखने के कारण आए हुए व्यवहार के परिवर्तन से अलग कर देना अनिवार्य है।

सीखना परिपक्वता से भिन्न है। सर्वप्रथम इन दोनों में भिन्नता यह है कि सीखने की क्रिया में बाह्य परिस्थिति के प्रभाव से उत्पन्न प्राणी की क्रियाशीलता विद्यमान रहती है। किन्तु परिपक्वता प्राणी का एक स्वाभाविक विकास-मात्र है। इन दोनों में दूसरा अन्तर यह है कि सीखने के कारण प्राणी में भिन्न-भिन्न प्रतिक्रियाओं का विकास होता है, जों उसके व्यक्तित्व को विशेषता प्रदान करती है। वस्तुतः अपनी विशेषताओं के कारण ही प्रत्येक प्राणी एक-दूसरे से भिन्न होता है। एक ही प्रकार

की प्रतिक्रियाएँ सभी प्राणियों में नहीं पाई जातीं। किन्तु परिपक्वता के कारण उत्पन्न प्रतिक्रियाएँ प्रायः किसी जाति के सभी सामान्य व्यक्तियों (Normal individuals) में समान रूप से पाई जाती हैं। उदाहरणार्थ, प्रायः सभी सामान्य बच्चों (Normal children) का परिपक्वता के कारण उत्पन्न भाषा-विकास समान ढंग का ही होता है। एक खास अवस्था होने पर ही वे बोलना शुरू करते हैं।

यद्यपि सीखना तथा परिपक्वता—इन दोनों में कुछ अन्तर है, फिर भी ये दोनों एक-दूसरे के विरोधी नहीं कहे जा सकते, प्रत्युत इन्हें हम एक ही क्रिया के दो पहलू मान सकते हैं। मनुष्य के व्यवहार का विकास निरन्तर होता रहता है। विकास की यह क्रिया परिपक्वता एवं सीखना, दोनों ही से प्रभावित होती है। वस्तुतः परिपक्वता एवं सीखना—इन दोनों का अन्योन्याश्रय सम्बन्ध है। चलने-फिरने, बोलने आदि क्रियाओं का विकास प्रायः परिपक्वता के कारण होता है। लेकिन ये क्रियाएँ भी बाह्य परिस्थिति के प्रभाव से नहीं बच पातीं। वैसे ही, सीखने की क्रिया पर भी परिपक्वता का प्रभाव पाया जाता है। किसी भी सीखने की क्रिया के लिए एक हद तक परिपवता की आवश्यकता पड़ती है और सीखने के साथ-साथ केन्द्रीय स्नायुमण्डल में कुछ सूक्ष्म परिवर्तन भी होते हैं। अतएव परिपक्वता और सीखना, इन दोनों में अन्तर होते हुए भी दोनों एक-दूसरे से सम्बन्धित हैं।

सीखने में अनुप्रेरणा का स्थान
(The Place of Motivation in Learning)

सीखने में अनुप्रेरणा का प्रमुख हाथ है। किसी भी प्रकार का सीखना अनुप्रेरणा के बिना सम्भव नहीं है। अनुप्रेरणा प्राणी को क्रियाशील बनाती है और उसे एक निश्चित दिशा की ओर ले जाती है। उसकी यह क्रियाशीलता तब तक जारी रहती है जब तक उसे सन्तोष प्राप्त नहीं हो जाता। उदाहरण के लिए, भूख से प्रेरित होकर प्राणी भोजन पाने के लिए क्रियाशील हो जाता है। उसकी यह क्रियाशीलता तब तक जारी रहती है, जब तक वह भोजन पाकर अपनी क्षुधा को तृप्त नहीं कर लेता। अनुप्रेरणा प्राणी की आन्तरिक स्थिति का बोध कराती है, जैसे—भूख-प्यास, यौन-वृत्ति (Sexual desire) इत्यादि।

पुरस्कार एवं दण्ड (Reward and Punishment)—सीखने के सम्बन्ध में किए गए मनोवैज्ञानिक प्रयोगों के आधार पर पाया गया है कि पशु प्रायः उन पुरस्कारों से अधिक प्रेरित होते हैं जो उनकी बुनियादी शारीरिक आवश्यकताओं की पूर्ति में सहायक होते हैं। उदाहरणार्थ, भोजन, पानी आदि पुरस्कारों से उन्हें कार्य करने की प्रेरणा मिलती है, क्योंकि इनसे उनकी भूख-प्यास आदि बुनियादी शारीरिक आवश्यकताओं की पूर्ति होती है। क्षुधातृप्त मानव अधिकतर भौतिक तथा सामाजिक पुरस्कारों से प्रेरित होकर कोई काम करता है। धन-सम्पत्ति, भौतिक पुरस्कार (Material rewards),

मान-प्रतिष्ठा (Prestige and recognition) सामाजिक पुरस्कार हैं। थौर्नडाइक (Thorndike) ने चूहे और बिल्लियों पर अनुप्रेरणा सम्बन्धी अनेक प्रयोग किए। उन प्रयोगों के आधार पर यह पाया गया कि जब भूखी बिल्ली या भूखे चूहे को पुरस्कार के तौर पर भोजन दिया गया, तब उन्होंने उलझन-बक्स (Puzzle-box) से बाहर निकलना या भूलभुलैया (Maze) में सही रास्ते से जाना आसानी से सीख लिया। भोजन द्वारा अपुरस्कृत बिल्ली एवं चूहों की अपेक्षा पुरस्कृत बिल्ली एवं चूहों ने कम गलतियाँ कीं और थोड़े समय में ही कार्य सम्पादित करना सीख लिया। 'प्रयत्न और भूल-विधि' के विवेचन के समय यह बात और भी स्पष्ट हो जाएगी।

मनुष्य के सीखने में धन-सम्पत्ति एवं प्रशंसा प्रभावशाली पुरस्कार सिद्ध हुए हैं। अनेक प्रयोगों में यह पाया गया है कि धन-सम्पत्ति एवं प्रशंसा से पुरस्कृत व्यक्ति अपुरस्कृत व्यक्ति की अपेक्षा किसी कार्य को जल्द सीख लेता है। यहाँ यह उल्लेखनीय है कि सीखने में केवल पुरस्कार उतना प्रभावोत्पादक नहीं होता, जितना कि दण्ड के साथ दिया गया पुरस्कार। इस सम्बन्ध में पशुओं तथा मनुष्यों पर कई प्रयोग किए गए हैं तथा सीखने में दण्ड एवं पुरस्कार के प्रभावों का तुलनात्मक अध्ययन किया गया है। इन प्रयोगों में दण्ड के रूप में प्रायः विद्युत-आघात (Electric shock) का प्रयोग किया गया है। इन सभी प्रयोगों में प्रायः गलत प्रतिक्रियाओं के लिए दण्ड दिया जाता है तथा सही प्रतिक्रियाओं के लिए पुरस्कार। दण्ड का फल यह होता है कि गलत प्रतिक्रियाएँ क्रमशः खत्म होती जाती हैं। किन्तु इन प्रयोगों से दण्ड का प्रभाव स्पष्टतः लक्षित नहीं हो पाता। हाँ, इतना कहा जा सकता है कि केवल पुरस्कार की अपेक्षा दण्ड के साथ दिया गया पुरस्कार अधिक प्रभावोत्पादक होता है। इसके सिवा, कुछ और भी आवश्यक स्थितियाँ हैं, जो मनुष्य के सीखने में सहायता पहुँचाती हैं। वे हैं–

प्रशंसा तथा निन्दा (Praise and Blame)–सफल कार्यों के लिए प्रशंसा तथा असफल कार्यों के लिए निन्दा, इन दोनों का सीखनेवाले पर क्या प्रभाव पड़ता है, यह एक विचारणीय प्रश्न है। इस सम्बन्ध में किए गए मनोवैज्ञानिक प्रयोगों से ज्ञात होता है कि प्रयत्न (Trial) के प्रारम्भ में प्रशंसित तथा निन्दित, दोनों दलों के व्यक्तियों के कार्यों में कोई विशेष अन्तर नहीं होता। किन्तु बाद के प्रयत्नों में प्रशंसित दल के व्यक्तियों के कार्यों में क्रमशः उन्नति दीख पड़ती है तथा निन्दित दल के व्यक्तियों के कार्यों में अवनति। स्पष्ट है कि निन्दा की अपेक्षा प्रशंसा सीखने के लिए प्रभावोत्पादक प्रेरणा है।

फल का ज्ञान (Knowledge of Result)–फल का ज्ञान हुए बिना कार्य-कुशलता सम्भव नहीं है। जब मनुष्य कोई कार्य करता है, तब उस कार्य के फल को जानने की उसकी इच्छा रहती है। फल जान लेने से उसे प्रोत्साहन मिलता है और वह अपनी पूरी शक्ति के साथ कार्य सम्पन्न करने की चेष्टा करता है। इस विषय पर खोज

करनेवाले ने बतलाया है कि फल के ज्ञान से कार्य में उन्नति होती है। सम्भवतः मनुष्य अपने प्रयासों के फल लेने पर सफल प्रयासों को दुहराता है और असफल प्रयासों में सुधार लाने की चेष्टा करता है। फलस्वरूप, उसे कार्य में कुशलता प्राप्त होती है। अतएव, स्पष्ट है कि फल का ज्ञान कार्य-कुशलता प्रदान करता है। इस प्रकार, यह सीखने का एक प्रमुख अंग कहा जा सकता है।

स्पर्धा एवं सम्मान (Rivalry and Recognition)–स्पर्धा एवं सम्मान की भावना से अनुप्रेरित होकर मनुष्य किसी कार्य को अच्छी तरह सम्पन्न करने की चेष्टा करता है। स्पष्ट है कि जब हमें किसी कार्य के करने में दूसरों से होड़ लग जाती है और उस कार्य के समाप्त हो जाने पर समाज से सम्मानित होने की आशा रहती है, तब उस कार्य को अच्छी तरह सम्पन्न करने के लिए भरपूर प्रयत्न करते हैं। इस सम्बन्ध में किए गए मनोवैज्ञानिक प्रयोगों के आधार पर निम्नांकित निष्कर्ष निकले हैं–

1. स्पर्धा से प्रेरित व्यक्तियों के कार्य स्पर्धारहित व्यक्तियों के कार्यों की अपेक्षा श्रेष्ठ होते हैं।
2. स्पर्धा से प्रेरित व्यक्तियों के कार्य स्पर्धारहित व्यक्तियों के कार्यों की अपेक्षा अधिक निश्चित और यथार्थ (Accurate) होते हैं।
3. स्पर्धा की भावना से प्रेरित व्यक्ति स्पर्धारहित व्यक्तियों की अपेक्षा एक निश्चित समय के भीतर अधिक समस्याओं का समाधान कर लेते हैं।

सीखने के प्रमुख नियम

प्रोफेसर थौर्नडाइक ने पशुओं पर किए गए अपने प्रयोगों के आधार पर सीखने के दो नियमों का प्रतिपादन किया है–1. अभ्यास का नियम (The law of exercise), और 2. प्रभाव का नियम (The law of effect)।

अभ्यास का नियम–अभ्यास के नियम, जिसे प्रायः आदत-निर्माण का नियम (The law of habit-formation) कहा जाता है, के दो प्रमुख भाग होते हैं। पहले भाग को उपयोग का नियम (The law of use) और दूसरे को अनुपयोग का नियम (The law of dissuse) कहते हैं। यदि एक खास परिस्थिति के प्रति बार-बार एक ही तरह की प्रतिक्रिया प्रकट की जाए, तो उस परिस्थिति और प्रतिक्रिया के बीच एक सम्बन्ध स्थापित हो जाता है। उत्तेजना-प्रतिक्रिया का यह सम्बन्ध अभ्यास के द्वारा दृढ़ होता है। यह अभ्यास अथवा आवृत्ति (Repetition) कई तरह के कार्यों के सीखने में आवश्यक प्रतीत होती है। विशेषतः कठिन कार्यों में निपुणता प्राप्त करने के लिए अभ्यास (Exercise) अथवा आवृत्ति का होना आवश्यक है। उदाहरण के लिए, साइकिल सीखने या गाना सीखने में बार-बार अभ्यास करने की आवश्यकता पड़ती है और तभी इनमें निपुणता प्राप्त होती है। पहली बार साइकिल पर चढ़ते

ही कोई साइकिल चलाने में प्रवीण नहीं हो जाता। वैसे ही, पहले-पहल गाते ही कोई एक अच्छा गायक नहीं बन जाता। बार-बार कोई कार्य करने से ही उसमें निपुणता प्राप्त होती है। यहाँ यह स्पष्ट कर देना अभीष्ट प्रतीत होता है कि कुछ इस प्रकार के कार्य भी होते हैं, जिनमें अभ्यास या आवृत्ति की आवश्यकता नहीं पड़ती, बल्कि उन्हें हम एक ही बार देखकर अथवा अनुकरण कर या एक ही संवेगात्मक अनुभूति (Emotional experience) के आधार पर सीख लेते हैं। उदाहरण के लिए, बच्चा पहले-पहल दीप-शिखा को पकड़ने के लिए उत्सुकतापूर्वक उसकी ओर दौड़ता है, किन्तु एक बार जब उसका हाथ जल जाता है, तब फिर दीप-शिखा की ओर अपना हाथ नहीं बढ़ाता, प्रत्युत उससे बराबर दूर रहने की चेष्टा करता है। दूसरे शब्दों में, यह कहा जा सकता है कि बच्चा कष्ट पहुँचानेवाली उत्तेजना (दीप-शिखा) का परित्याग करना सीख लेता है। किन्तु एक ही अनुभव के आधार पर सीखना बहुत कम पाया जाता है। शायद बहुत साधारण कार्यों में ही किसी को एक बार कार्य करते हुए देखकर निपुणता प्राप्त हो जाए, किन्तु अधिकांश कार्यों के सीखने में आवृत्ति अथवा अभ्यास की आवश्यकता पड़ती है।

उपयोग के नियम के ठीक विपरीत अनुपयोग का नियम यह बतलाता है कि जब किसी खास परिस्थिति के प्रति बार-बार एक ही प्रकार की प्रतिक्रिया प्रकट नहीं की जाती है, तब उत्तेजना-प्रतिक्रिया का सम्बन्ध बहुत ही कमजोर हो जाता है और हम उस काम को नहीं सीख पाते हैं। उदाहरण के लिए, थौर्नडाइक द्वारा किए गए प्रयोग में यह पाया गया है कि पहले तो चूहों में अन्ध-पथ (Blind alley) से होकर भूलभुलैया (Maze) के केन्द्र में पहुँचने की प्रवृत्ति बड़ी प्रबल थी, किन्तु बाद में अन्ध-पथ से होकर जाने की प्रवृत्ति धीरे-धीरे कम होती गई। कारण, एक ही अन्ध-पथ से होकर बार-बार जाने का अभ्यास उन्होंने नहीं किया था, बल्कि हर बार उन्होंने भिन्न-भिन्न अन्ध-पथों को अपनाकर जाने की चेष्टा की थी।

अभ्यास का नियम पशु एवं मनुष्य, दोनों के सीखने में समान रूप से उपयोगी सिद्ध हुआ है। पशु प्रायः किसी काम को बार-बार करने के बाद ही सीख पाते हैं। मनुष्य भी किसी पाठ्य-विषय को बार-बार दुहराने के बाद ही अच्छी तरह सीख पाते हैं। किसी कविता को अच्छी तरह से सीखने के लिए हमें उसे बार-बार दुहराने और अभ्यास करने की आवश्यकता पड़ती है।

थौर्नडाइक के 'अभ्यास नियम' की अनेक मनोवैज्ञानिकों ने आलोचना की है और आवृत्ति एवं अभ्यास की अनुपयुक्त (Inadequacy) पर प्रकाश डाला है। उनका कहना है कि 'अभ्यास का नियम' अत्यन्त ही यान्त्रिक है और सीखने को प्रभावित करनेवाले अन्य तत्त्वों, जैसे अनुप्रेरणा, अभिरुचि इत्यादि, की उपेक्षा करता है। हम पहले देख चुके हैं कि किस प्रकार अनुप्रेरणा के अभाव में किसी कार्य को केवल बार-बार दुहराकर ही नहीं सीखा जा सकता। यही बात अभिरुचि के सम्बन्ध में

भी सत्य प्रतीत होती है। सीखने पर केवल दुहराने का बहुत कम प्रभाव पड़ता है। इसे एक उदाहरण द्वारा स्पष्ट किया जाएगा। एक लड़के ने 'I have went' कहने की आदत डाल ली थी। लड़के की इस आदत में सुधार लाने के विचार से शिक्षक ने उसे स्कूल के बाद भी रोक रखा और एक सौ बार 'I have gone' लिखने को कहा। लड़के ने वैसा ही किया। फिर शिक्षक को वहाँ नहीं पाकर उसने निम्नांकित वाक्य लिखकर वहाँ छोड़ दिया और घर चला गया–

"I have written I have gone 100 times and since you are not here, I have went home."

स्पष्ट है कि इस लड़के ने 'I have gone' लिखने और कहने में कोई सम्बन्ध स्थापित नहीं किया था। वह लगातार सौ बार 'I have gone' लिखता गया। किन्तु वह यह नहीं समझ सका कि वास्तव में वही शुद्ध वाक्य है और उसे वैसे ही बोलना भी चाहिए। बिना इस ज्ञान के उसका बार-बार इस वाक्य को दुहराना व्यर्थ सिद्ध हुआ।

पशुओं के सीखने के सम्बन्ध में किए गए प्रयोगों से भी स्पष्ट है कि थौर्नडाइक के द्वारा प्रतिपादित अभ्यास-नियम के आधार पर सीखने की समुचित व्याख्या नहीं की जा सकती। किसी भी नई परिस्थिति में, जैसे भूल-भुलैया अथवा उलझन-बक्स में, पशु सफल प्रतिक्रिया प्रकट करने के पहले अनेक गलत प्रतिक्रियाएँ प्रकट करते हैं। अभ्यास-नियम के अनुसार इनमें से प्रत्येक प्रतिक्रिया उस परिस्थिति से सम्बद्ध हो जाती है। वस्तुतः किसी भी प्रयत्न में पशु कुछ विशेष प्रकार की असफल प्रतिक्रियाओं को बार-बार दुहराता है, किन्तु सफल प्रतिक्रिया तो एक ही बार होती है; क्योंकि उसके होने के साथ ही उस प्रयत्न का अन्त हो जाता है। ऐसी अवस्था में अभ्यास-नियम के अनुसार दूसरे प्रयत्न के प्रारम्भ में और इसी प्रकार बाद में होनेवाले सभी प्रयत्नों में आवृत्ति के कारण असफल प्रतिक्रियाओं के होने की सम्भावना अधिक तथा सफल प्रतिक्रियाओं के होने की सम्भावना कम होती जानी चाहिए। यदि सचमुच ऐसा ही होता, तो गलत प्रतिक्रियाओं का परित्याग तथा सही प्रतिक्रिया को सीख लेना, कभी सम्भव ही नहीं होता। किन्तु प्रयोगों से पता चलता है कि बाद के सभी प्रयत्नों में असफल प्रतिक्रियाओं के होने की सम्भावना क्रमशः कम होती जाती है तथा सफल प्रतिक्रिया के होने की सम्भावना बढ़ती जाती है। ऐसा क्यों होता है, इसकी समुचित व्यवस्था अभ्यास-नियम के आधार पर सम्भव नहीं है।

प्रभाव का नियम–प्रभाव के नियम को स्पष्ट करते हुए थौर्नडाइक ने बतलाया है कि किसी भी परिस्थिति के प्रति प्रकट की गई प्रतिक्रियाओं में से प्राणी उन प्रतिक्रियाओं को अपना लेता है जिनसे उसकी आवश्यकताओं की पूर्ति होती है तथा उन प्रतिक्रियाओं को छोड़ देता है, जिनसे उसकी आवश्यकताओं की पूर्ति नहीं होती। दूसरे शब्दों में, प्राणी सन्तोष प्रदान करनेवाली प्रतिक्रियाओं को अपना लेता है तथा असन्तोष प्रदान करनेवाली प्रतिक्रियाओं का परित्याग कर देता है। मनोवैज्ञानिक

प्रयोगों से सिद्ध है कि पशुओं के सीखने में इस नियम का प्रभाव स्पष्ट रूप में दीख पड़ता है। मनुष्य के सीखने में भी सन्तोष एवं असन्तोष उत्पन्न करनेवाली प्रतिक्रियाओं का प्रभाव अवश्य ही निहित रहता है। थौर्नडाइक द्वारा किए गए प्रयोगों से प्रकट होता है कि जब एक बिल्ली उलझन-बक्स से बाहर निकलना सीखने लगती है, तब वह कई प्रकार की प्रतिक्रियाएँ प्रकट करती है, जैसे—उलझन-बक्स में इधर-उधर उछल-कूद मचाना, दाँतों से उलझन-बक्स के भिन्न-भिन्न भागों को काटकर बाहर निकलने की चेष्टा, उलझन-बक्स के भिन्न-भिन्न भागों को अपने पन्जों में दबाकर निकलने का प्रयास तथा बटन दबाकर निकल आना इत्यादि। इस उदाहरण में चार प्रकार की प्रतिक्रियाओं का उल्लेख किया गया है, जिनमें से प्रथम तीन असफल सिद्ध होती हैं, क्योंकि उनके द्वारा बिल्ली के लक्ष्य की पूर्ति नहीं होती तथा उसे असन्तोष होता है। फलतः वह उनका परित्याग कर देती है। किन्तु अन्तिम प्रतिक्रिया, अर्थात् बटन दबाकर उलझन-बक्स से बाहर निकल आना, एक सफल प्रतिक्रिया है और इसलिए बिल्ली उसे अपना लेती है। स्पष्ट है कि इस अन्तिम प्रतिक्रिया से बिल्ली के लक्ष्य की पूर्ति होती है तथा उसे सन्तोष मिलता है।

अभ्यास-नियम की तरह ही थौर्नडाइक के प्रभाव-नियम की भी आलोचना हुई है। इस नियम के सम्बन्ध में अक्सर यह कहा जाता है कि सन्तोष तो सफल प्रतिक्रिया के बाद होता है, फिर यह कैसे सम्भव है कि इस सफल प्रतिक्रिया के बाद आनेवाले सन्तोष का प्रभाव पीछे की ओर सफल प्रतिक्रिया पर पड़े। उदाहरण के लिए, उलझन-बक्स में बिल्ली बटन दबाने (सफल प्रतिक्रिया) के बाद सन्तोष प्राप्त करती है। फिर यह कैसे सम्भव है कि उसके इस सन्तोष का प्रभाव पीछे की ओर बटन दबाने (सफल प्रतिक्रिया) की प्रतिक्रिया पर पड़े और इस प्रकार बाद के सभी प्रयत्नों में बटन दबाने की प्रतिक्रिया की सम्भावना बढ़ती जाए? अनेक अन्वेषकों के विचारों को दृष्टिकोण में रखते हुए इसका यह उत्तर अनुचित जान पड़ता है कि सफल प्रतिक्रियाएँ तथा उससे उत्पन्न सन्तोष, दोनों एक ही साथ होते हैं, न कि एक के बाद दूसरे। काल एवं स्थान के अनुसार इनका इतना नजदीकी सम्बन्ध होता है कि एक की उपस्थिति में ही दूसरे की भी उपस्थिति निहित रहती है, अर्थात् सफल प्रतिक्रिया और सन्तोष की अनुभूति—दोनों एक ही साथ होती हैं। इन दोनों को एक-दूसरे से अलग नहीं किया जा सकता, प्रत्युत ये एक ही क्रिया के दो अंग कहे जा सकते हैं।

'अभ्यास-नियम' तथा 'प्रभाव-नियम' के सम्बन्ध में निष्कर्ष

सीखने की पर्याप्त व्याख्या केवल 'अभ्यास-नियम' अथवा केवल 'प्रभाव-नियम' के आधार पर नहीं की जा सकती। किन्तु दोनों को दृष्टिकोण में रखकर लगभग सभी

प्रकार के सीखने की व्याख्या प्रस्तुत की जा सकती है। वस्तुतः जो व्यवहार प्राणी को दुःख, असन्तोष, निराशा, उद्विग्नता, सामाजिक उपेक्षा, असफलता, दण्ड एवं अप्रतिष्ठा प्रदान करते हैं, उन्हें वह कभी नहीं दुहराता और इसलिए उन्हें वह सीख भी नहीं पाता। ठीक इसके विपरीत, जिन व्यवहारों अथवा प्रतिक्रियाओं से उसे सुख-शान्ति, सन्तोष, प्रशंसा एवं सफलताएँ प्राप्त होती हैं, उन्हें वह बार-बार दुहराता है और इसलिए उन्हें सरलता से सीख भी लेता है। अतएव, स्पष्ट है कि सीखने में प्रभाव तथा अभ्यास, इन दोनों का प्रमुख हाथ रहता है।

साहचर्य के नियम
(Laws of Association)

सीखना और साहचर्य, इन दोनों का बड़ा घनिष्ठ सम्बन्ध है। प्रयोगात्मक मनोविज्ञान के प्रारम्भ होने के सदियों पूर्व ही साहचर्य के सम्बन्ध में अध्ययन प्रारम्भ हो गया था। सर्वप्रथम अरस्तु (Aristotle) ने साहचर्य-नियमों का प्रतिपादन किया था। उनके द्वारा प्रतिपादित साहचर्य के नियम अठारहवीं तथा उन्नीसवीं सदियों तक प्रधान रूप में बने रहे। उनके तीन प्रधान नियम थे–

1. समीपता का नियम (Law of Contiguity)
2. समानता का नियम (Law of Similarity)
3. विरोध का नियम (Law of Contrast)

उन्नीसवीं सदी के प्रारम्भ में ब्राउन (Brown) ने तीन और सहायक साहचर्य-नियमों का प्रतिपादन किया। उनके नियम ये थे–

1. आसन्नता का नियम (Law of Recency)
2. बारम्बारता का नियम (Law of Frequency)
3. स्पष्टता का नियम (Law of Vividness)

साहचर्य-नियमों के सम्बन्ध में मनोवैज्ञानिकों के कई मत हैं। किन्तु सामान्यतः साहचर्य-नियमों के दो विभाग किए जाते हैं–

1. साहचर्य के प्राथमिक नियम (Primary laws of Association)
2. साहचर्य के सहायक नियम (Secondary laws of Association)

जहाँ तक साहचर्य के प्राथमिक नियमों का सम्बन्ध है, यह कहा जा सकता है कि अरस्तु के द्वारा प्रतिपादित साहचर्य-नियमों को मनोवैज्ञानिकों ने साहचर्य के प्राथमिक नियमों के रूप में ज्यों-का-त्यों स्वीकार कर लिया। ब्राउन के तीन नियमों में एक और नियम जोड़कर उन्हें साहचर्य के सहायक नियमों के अन्तर्गत रखा गया। इस प्रकार साहचर्य के सहायक नियम तीन के बदले चार माने गए–

1. प्राथमिकता का नियम (Law of Primacy)
2. आसन्नता का नियम (Law of Recency)
3. बारम्बारता का नियम (Law of Frequency)
4. स्पष्टता का नियम (Law of Vividness)

समीपता का नियम–साहचर्य के प्राथमिक नियमों का विवेचन प्रस्तुत करते हुए कहा जा सकता है कि समीपता का नियम ही साहचर्य का मूल नियम है। जब एक ही स्थान पर और एक ही समय में कई प्रकार की अनुभूतियाँ होती हैं, तब उनमें से किसी एक के प्रस्तुत होने पर अन्य अनुभूतियों की भी याद आ जाती है। कारण, उन सभी अनुभूतियों में स्थान तथा समय-सम्बन्धी समीपता का सम्बन्ध है। उदाहरणार्थ, 'क' के याद आते ही 'ख' का स्मरण हो आता है, 'ग' के प्रस्तुत होते ही 'घ' की याद आने लगती है। इसका प्रधान कारण यह है कि हम प्रायः इसी क्रम में सभी अक्षरों को सीखते हैं। फलतः स्थान तथा समय की समीपता के कारण उनमें साहचर्य स्थापित हो जाता है।

समानता का नियम–समानता का नियम यह बतलाता है कि समान अनुभूतियों में साहचर्य स्थापित हो जाता है। फलतः उनमें से किसी एक के प्रस्तुत होते ही अन्य अनुभूतियों का भी स्मरण होने लगता है। उदाहरणार्थ, किसी एक फूल को देखकर उसके समान आकार और रंगवाले अन्य फूलों की भी याद हो आती है। वैसे ही, किसी नवयुवक को देखकर उसके समान रूप-रंग के अन्य नवयुवकों का भी स्मरण होने लगता है। यहाँ यह स्मरणीय है कि समानता का यह अर्थ कदापि नहीं कि दो वस्तुएँ एक-दूसरी से सर्वथा अभिन्न हों, वरन् यह कि दो वस्तुओं में किसी एक विशेष गुण अथवा कई गुणों को लेकर समानता हो।

विरोध का नियम–विरोधी अनुभूतियों में सहज ही साहचर्य स्थापित हो जाता है। फलतः उनमें से किसी एक की ही उपस्थिति से अन्य विरोधी अनुभूतियों का स्मरण होने लगता है। उदाहरणस्वरूप, हम सुख-दुःख, आशा-निराशा, दिन-रात, अन्धकार-प्रकाश, मित्र-शत्रु आदि को ले सकते हैं। विरोध पर प्रकाश डालते हुए यह कह देना समीचीन जान पड़ता है कि विरोध के मूल में सादृश्य पाया जाता है। सुख इसलिए दुःख की याद दिलाने में समर्थ होता है कि विरोधी होते हुए भी दोनों के मूल में सादृश्य इस बात का है कि दोनों ही मनुष्य के भाव हैं। यही बात अन्य विरोधी अनुभूतियों के लिए कही जा सकती है। वस्तुतः विरोध का सम्बन्ध सादृश्य-सम्बन्ध के अन्तर्गत आ जाता है।

प्रायः सभी प्रकार के साहचर्य-प्रयोगों में उपर्युक्त साहचर्य के प्राथमिक नियमों का पर्याप्त रूप से उपयोग पाया जाता है। साहचर्य-प्रयोगों में प्रधान हैं–स्वतन्त्र साहचर्य तथा नियन्त्रित साहचर्य। इन दोनों प्रकार के प्रयोगों में प्रयोज्य के सामने उत्तेजना के रूप में शब्दों की एक सूची प्रस्तुत की जाती है। उत्तेजक शब्दों के

प्रति प्रयोज्य को अपनी प्रतिक्रिया प्रकट करनी पड़ती है। स्वतन्त्र साहचर्य में प्रयोज्य को इस बात की स्वतन्त्रता रहती है कि प्रयोगकर्त्ता के द्वारा उपस्थित किए गए उत्तेजक शब्दों को सुनते ही सर्वप्रथम जो शब्द उसे याद आ जाए, उसे ही प्रतिक्रिया के रूप में प्रकट कर दे। नियन्त्रित साहचर्य में प्रयोज्य को नियन्त्रित ढंग से प्रतिक्रिया प्रकट करनी पड़ती है। उसे ऐसे शब्द के द्वारा प्रतिक्रिया प्रकट करनी पड़ती है, जिसका उत्तेजक शब्द से निश्चित सम्बन्ध हो। नियन्त्रित साहचर्य में प्रतिक्रिया का नियन्त्रण दो प्रकार का होता है–पहला पूर्ण तथा दूसरा आंशिक। जब उत्तेजक शब्द का एक ही समुचित प्रत्युत्तर (Response) हो तब उसे पूर्ण नियन्त्रण कहा जाएगा तथा जब उत्तेजक शब्द के कई समुचित प्रत्युत्तर हों और प्रयोज्य को उनमें से किसी एक को चुन लेने की स्वतन्त्रता रहे, तब उसे आंशिक नियन्त्रण कहा जाएगा। इन साहचर्य-प्रयोगों में प्रयोज्य के प्रत्युत्तर प्रायः साहचर्य के प्राथमिक नियमों के द्वारा ही संचालित होते हैं। समीपता, समानता और विरोध से प्रभावित होकर ही प्रयोज्य उत्तेजक शब्द के प्रति अपना प्रत्युत्तर प्रकट करता है। इसके सिवा, साहचर्य के इन प्राथमिक नियमों के आधार पर साहचर्य का वर्गीकरण भी किया जाता है। अतएव साहचर्य के वर्गीकरण के आधार के रूप में भी इन नियमों की प्रधानता है।

साहचर्य के सहायक नियमों का अध्ययन प्रयोगात्मक अवस्थाओं में किया गया है। अतएव इनकी व्याख्या बहुत सुलभ हो गई है। प्राथमिकता के नियम का उल्लेख करते हुए कहा जा सकता है कि अन्य बातों में समान रहते हुए मस्तिष्क पर पड़े हुए प्रथम प्रभाव तथा पूर्व-अनुभूतियों के साथ स्थापित प्रथम साहचर्य बहुत दिनों तक बने रह जाते हैं और अत्यन्त सुलभता से उनका प्रत्याह्वान भी हो जाता है। आसन्नता का नियम यह बतलाता है कि आसन्न (Recent) प्रभाव तथा साहचर्य मस्तिष्क में बहुत दिनों तक बने रहते हैं और सुलभता से उनका प्रत्याह्वान भी हो जाता है। बारम्बारता का नियम यह प्रतिपादित करता है कि जो प्रभाव मस्तिष्क पर बार-बार पड़ते हैं तथा जो साहचर्य बार-बार स्थापित होते हैं, वे मस्तिष्क में बहुत दिनों तक बने रहते हैं तथा उनका प्रत्याह्वान भी सुलभता से हो जाता है। अन्तिम नियम, जिसे स्पष्टता का नियम कहा जाता है, यह बतलाता है कि अपेक्षाकृत अधिक स्पष्ट प्रभाव तथा साहचर्य मस्तिष्क में बहुत दिनों तक बने रह जाते हैं तथा उनका प्रत्याह्वान भी अत्यन्त सुलभ होता है। यहाँ यह उल्लेखनीय है कि प्राथमिकता के नियम की भाँति ही अन्य तीनों नियमों में भी सर्वप्रथम 'अन्य बातों में समान रहते हुए' जोड़ लेना चाहिए, तभी ये नियम पूर्ण रूप ग्रहण कर सकेंगे।

साहचर्य के सहायक नियमों के उदाहरणस्वरूप निरर्थक शब्द-खण्डों की एक सूची को लें–

VOS
ZIR
BOZ
LEF
'ZIK'
BOZ
VUD
XOL
FEP
BOZ
SUG
ZEV

यदि इस सूची को किसी के सामने एक निश्चित समय तक प्रस्तुत किया जाए तथा उसे इस सूची को सीख लेने को कहा जाए, तो सम्भवतः उसे इस सूची के चार निरर्थक शब्द-खण्डों को सीखने में अन्य निरर्थक शब्द-खण्डों की अपेक्षा सुलभता का अनुभव होगा तथा कुछ देर बाद उनका प्रत्याह्वान भी सुलभता से हो जाएगा। वे चार निरर्थक शब्द-खण्ड हैं–VOS, ZEV, BOZ तथा ZIK। 'VOS' इस सूची में प्रथम बार आया है। अतएव यह स्वाभाविक है कि सीखनेवाले के मस्तिष्क पर सर्वप्रथम उसका प्रभाव पड़ेगा। फलतः यह बहुत देर तक याद रहेगा तथा इसका प्रत्याह्वान भी सुलभ होगा। यहाँ स्पष्टतः प्राथमिकता का नियम काम करता है। 'ZEV' सूची के अन्त में आया है। अतएव इस आसन्न अनुभव का सीखनेवाले के मस्तिष्क पर प्रभाव बना रहना अत्यन्त स्वाभाविक ही है। फलतः इसका प्रत्याह्वान भी अवश्य ही सुलभ होगा। इस उदाहरण से आसन्नता का नियम बिल्कुल स्पष्ट हो जाता है। इस सूची में 'BOZ' का प्रयोग बार-बार हुआ है। अतएव सीखनेवाले के मस्तिष्क में इसका साहचर्य स्थापित हो जाना स्वाभाविक ही है। परिणामस्वरूप, यह मस्तिष्क में अधिक दिनों तक बना रहेगा तथा आसानी से इसका प्रत्याह्वान भी हो जाएगा। यह उदाहरण बारम्बारता के नियम को स्पष्ट कर देता है। इस सूची में आया हुआ निरर्थक शब्द-खण्ड 'ZIK' सीखनेवाले के मस्तिष्क पर अवश्य ही अपेक्षाकृत स्थायी प्रभाव छोड़ जाएगा, क्योंकि यह अन्य निरर्थक शब्द-खण्डों की अपेक्षा अधिक स्पष्ट है। यहाँ स्पष्टता का नियम काम कर रहा है।

गतिवाही सीखना तथा वाचिक सीखना
(Motor Learning and Verbal Learning)

सीखने की क्रिया प्रायः किसी समस्या के समाधान के साथ शुरू होती है। सीखनेवाले को परिस्थिति का अन्वेषण और लक्ष्य की खोज करनी पड़ती है। उदाहरणार्थ, भूलभुलैया

सीखने में सीखनेवाला अपने प्रथम प्रयत्न में परिस्थिति का अन्वेषण करता है और अन्ततः अपने लक्ष्य का निर्धारण कर लेता है। फलतः उसे यह ज्ञान हो जाता है कि उसे क्या करना है, किस दिशा में प्रयास करना है। दूसरे प्रयत्न में स्वभावतः वह इसे दृष्टिकोण में रखकर ही कार्य सम्पादित करता है। समस्या का पूर्ण समाधान तब तक नहीं हो पाता, जब तक वह अपनी क्रिया द्वारा भूलभुलैया के अन्ध-पथों का परित्याग करना नहीं जान लेता। इस अवस्था तक पहुँचने पर भी क्रिया के सम्पादन में तीव्रगामिता और सुलभता प्राप्त करने के लिए उसे और प्रयास करने की आवश्यकता होती है। इस प्रयास के फलस्वरूप वह बहुत तेजी से और सुलभता के साथ भूलभुलैया में लक्ष्य तक पहुँचना सीख लेता है।

सभी प्रकार के सीखने में समस्या का होना आवश्यक नहीं है। मानव-प्रयोगशाला में प्रधानतः पाठ्य-विषयों के सीखने के सम्बन्ध में प्रयोग किए गए हैं। पाठ्य-विषयों के सीखने में सामान्यतः समस्या-समाधान का पक्ष नहीं रहता, अथवा बिल्कुल गौण रहता है। उदाहरण के लिए, जब हम किसी प्रयोज्य को एक कविता या निरर्थक शब्द-खण्डों की एक सूची सीखने को देते हैं, तब वह प्रयोगकर्त्ता के निर्देशनों के अनुसार सीखना शुरू कर देता है। उसे परिस्थिति के अन्वेषण और लक्ष्य-निर्धारण की आवश्यकता नहीं होती। जब सीखनेवाले के सामने समस्या रहती है, तब उसका सीखना प्रायः 'प्रयत्न और भूल' से शुरू होता है। किन्तु जब सीखनेवाले के सामने पाठ्य-विषय होता है, तो बिना 'प्रयत्न और भूल' के ही सीखने की क्रिया शुरू हो जाती है। यहाँ यह स्मरणीय है कि समस्या और पाठ्य विषय के सीखने में पाया जानेवाला यह अन्तर ऐसा नहीं होता कि दोनों को एक-दूसरे से बिल्कुल अलग कर दे। कारण, कविता जो एक पाठ्य-विषय है, उसे सीखते समय भी सीखनेवाले के सामने कठिनाइयाँ आती हैं, जिन्हें वह उपयुक्त पद्धतियों के सहारे दूर करता है। फिर भी, यह अन्तर महत्त्वपूर्ण है; क्योंकि दो विभिन्न-प्रक्रियाओं पर प्रकाश डालता है। मनोविज्ञान के इतिहास पर दृष्टिपात करने से ज्ञात होता है कि पाठ्य-विषयों के सीखने की ओर सर्वप्रथम एबिंगहौस ने लोगों का ध्यान आकर्षित किया। उन्होंने सन् 1885 ई. में मानव-प्रयोगशाला में पाठ्य-विषयों के सीखने के सम्बन्ध में कई प्रयोग किए। इसी प्रकार, थौर्नडाइक ने सर्वप्रथम सन् 1898 ई. के पशु-प्रयोगशाला में समस्याओं को लेकर सीखने के सम्बन्ध में कई प्रयोग किए।

समस्याओं को लेकर पशु-प्रयोगशाला में पशुओं पर जो प्रयोग किए गए, उनमें गतिवाही क्रियाओं की प्रधानता पाई जाती है। इसीलिए इस प्रकार का सीखना गतिवाही सीखना कहा जाता है। पाठ्य-विषयों के सीखने के सम्बन्ध में जो प्रयोग मानव-प्रयोगशाला में मनुष्यों पर किए गए, उनमें वाचिक क्रियाओं (Verbal activities) की प्रधानता रहती है। इसीलिए, इस प्रकार का सीखना वाचिक सीखना कहलाता है। इन दोनों प्रकार के सीखने को दृष्टि में रखकर अनेक मनोवैज्ञानिक प्रयोग हुए हैं।

प्रयत्न और भूल, सम्बन्ध-प्रत्यावर्त्तन तथा सूझ-सम्बन्धी पशुओं पर किए प्रयोगों को प्रधान रूप से गतिवाही सीखने के उदाहरण के रूप में प्रस्तुत किया जा सकता है। वैसे ही, सीखने की विभिन्न रीतियाँ, जैसे आवृत्तिकरण, अविराम अथवा विराम रीति तथा पूर्ण अथवा आंशिक रीति, प्रधानतः वाचिक सीखने के उदाहरणस्वरूप प्रस्तुत की जा सकती हैं।

सीखने के प्रमुख सिद्धान्त

पशु एवं मनुष्य कैसे सीखते हैं, यह एक महत्त्वपूर्ण प्रश्न है। भिन्न-भिन्न मनोवैज्ञानिकों ने इस प्रश्न पर विचार किया है। अनेक प्रयोगात्मक अध्ययन हुए हैं। कई तरह के सीखने के सिद्धान्त उपस्थित किए गए हैं। उनमें से यहाँ कुछ प्रमुख सिद्धान्तों का उल्लेख अभीष्ट है। वे ये हैं–

1. सम्बन्ध-प्रत्यावर्त्तन का सिद्धान्त (Theory of conditioning)
2. प्रयत्न और भूल का सिद्धान्त (Trial and error theory)
3. अन्तर्दृष्टि अथवा सूझ का सिद्धान्त (Insight theory)

सम्बन्ध-प्रत्यावर्त्तन का विचार अत्यन्त प्राचीन है। इसकी झलक हमें साहचर्य-नियमों में मिलती है। साहचर्य-नियमों का सर्वप्रथम प्रतिपादन अरस्तु ने किया था। प्राचीन मनोवैज्ञानिकों ने अरस्तु के इन नियमों के आधार पर यह व्याख्या करने की चेष्टा की है कि किस प्रकार एक विचार दूसरे विचार से सम्बद्ध रहते हैं। सन् 1690 ई. में ही जॉन लॉक (John Lock) ने अपने एक निबन्ध में मनुष्य की समझ के सम्बन्ध में विचार प्रकट करते हुए उदाहरण के रूप में यह बतलाया था कि किस प्रकार व्यक्ति की विशेषताओं, रुचि, अरुचि आदि की व्याख्या विचारों के साहचर्य-सिद्धान्त के आधार पर की जा सकती है।

यद्यपि सम्बन्ध-प्रत्यावर्त्तन का विचार नवीन नहीं, तथापि यह सर्वमान्य है कि प्रसिद्ध शरीर-वैज्ञानिक पावलव ने ही इसे सर्वप्रथम वैज्ञानिक रूप दिया तथा इसके आधार पर सीखने की विशद व्याख्या प्रस्तुत की। अतएव सम्बन्ध-प्रत्यावर्त्तन के सिद्धान्त पर पावलव की अपनी मौलिक छाप है, इसे अस्वीकार नहीं किया जा सकता। पावलव के इस सिद्धान्त की वैज्ञानिकता पर प्रकाश डालते हुए इतना कह देना समीचीन प्रतीत होता है कि इसके आधार पर पावलव ने उन इन्द्रिय-उत्तेजनाओं तथा पिण्ड-प्रतिक्रियाओं का अध्ययन किया, जिनकी माप की जा सकती है तथा जिनका तुलनात्मक अध्ययन भी सम्भव है। वस्तुतः पावलव की सम्बन्ध-प्रत्यावर्त्तन की पद्धति का सबसे बड़ा गुण यही है कि प्रयोग के फलों की माप नियन्त्रित अवस्थाओं में की जा सकती है। हम यह जानते हैं कि सामान्यतः बिना माप के प्रयोग के फलों में यथार्थता तथा निश्चितता (Definiteness) नहीं आ पाती है और बिना इसके

विज्ञान सम्भव नहीं। अतएव वैज्ञानिक दृष्टिकोण से पावलव के द्वारा प्रतिपादित सम्बन्ध-प्रत्यावर्त्तन का सिद्धान्त अत्यन्त ही महत्त्वपूर्ण है।

पावलव की सम्बन्ध-प्रत्यावर्त्तन-पद्धति

पावलव ने सम्बन्ध-प्रत्यावर्त्तन के अध्ययन में अपने अधिकांश प्रयोग कुत्तों पर किए। भोजन देखकर कुत्ते के मुँह से लार का टपकना एक स्वाभाविक प्रतिक्रिया है। किन्तु पावलव ने अपने प्रयोगों में यह पाया कि भोजन के साथ बार-बार उपस्थित की गई अन्य उत्तेजनाओं के प्रति भी कुत्ते की वैसी ही प्रतिक्रिया हुई अर्थात् मुँह से लार टपकने लगी। इसकी व्याख्या उन्होंने सम्बन्ध-प्रत्यावर्त्तन-सिद्धान्त के आधार पर की, जिसका विस्तृत विवेचन आगे प्रस्तुत किया जाएगा। अभी सिर्फ इतना ही कहना अपेक्षित है कि पावलव ने क्यों कुत्ते की लार की प्रतिक्रिया को ही अपने प्रयोग का विषय चुना। इस प्रश्न के ऊपर ध्यान देने से ऐसा जान पड़ता है कि पावलव का दृष्टिकोण बिल्कुल वैज्ञानिक था और वैज्ञानिक रीति से ही वे यह जानना चाहते थे कि कुत्ते क्या सीख सकते हैं? किन उत्तेजनाओं के साथ अपनी स्वाभाविक प्रतिक्रिया का सम्बन्ध स्थापित कर सकते हैं? इत्यादि। इन समस्याओं के समुचित ज्ञान के लिए उन्हें प्रतिक्रिया के रूप में कुत्ते की लार का अध्ययन निम्नांकित कारणों से समुचित जान पड़ा–

1. प्रयोग की नियन्त्रित अवस्थाओं में कुत्ते के मुँह से टपकी हुई लार की माप की जा सकती है।
2. कुत्ते के मुँह से टपकी हुई लार की मात्रा के आधार पर कुत्ते के द्वारा प्रकट की गई प्रतिक्रियाओं की प्रबलता का निर्णय किया जा सकता है।
3. लार-सम्बन्धी पिण्ड शरीर के अत्यन्त ही सरल अंग हैं। अतएव प्रयोग की नियन्त्रित अवस्था में जटिलता आने की कोई गुंजाइश नहीं रहती।

पावलव का प्रयोग

पावलव ने अपना प्रयोग एक कुत्ते पर किया। कुत्ता भूखा रखा गया। फिर उस कुत्ते को एक ऐसे कमरे में बन्द कर दिया गया, जिसमें बाहर से कोई आवाज न आ सके। उस भूखे कुत्ते के सामने भोजन उपस्थित करने के पहले घण्टी की आवाज की गई। इस प्रकार, इस क्रिया को कई बार दुहराया गया। पावलव ने अपने इस प्रयोग में पाया कि पहले तो भोजन देखने के बाद ही कुत्ते के मुँह से लार टपकती थी, लेकिन इस क्रिया को कई बार दुहराने के बाद घण्टी की आवाज सुनते ही उसके मुँह से लार टपकने लगी। इस प्रयोग के आधार पर पावलव ने यह बतलाया कि पहले कुत्ते ने स्वाभाविक उत्तेजना (भोजन) के प्रति स्वाभाविक प्रतिक्रिया (लार टपकना) ही प्रकट की। लेकिन बाद को उसने स्वाभाविक प्रतिक्रिया (लार टपकना) का सम्बन्ध अस्वाभाविक उत्तेजना (घण्टी की आवाज) से स्थापित कर लिया। फल यह हुआ कि अब भोजन की प्रतीक्षा किए बिना घण्टी की आवाज सुनते ही उसके मुँह से लार

टपकने लगी। भोजन की अनुपस्थिति में केवल घण्टी की आवाज सुनकर लार का टपकना सम्बन्ध-प्रत्यावर्त्तित प्रतिक्रिया (Conditioned response) है।

पावलव के इस सम्बन्ध-प्रत्यावर्त्तन को इस प्रकार व्यक्त किया जा सकता है—

सम्बन्ध-प्रत्यावर्त्तन के पहले की स्थिति—

अस्वाभाविक उत्तेजना — प्रतिक्रिया

(घण्टी की आवाज) ⟶ (कान का उत्तेजित होना)

स्वाभाविक उत्तेजना

(भोजन) ⟶ (लार का टपकना)

सम्बन्ध-प्रत्यावर्त्तन स्थापित होने के बाद की स्थिति—

अस्वाभाविक उत्तेजना

घण्टी की आवाज ↘

स्वाभाविक उत्तेजना

भोजन ⟶ लार का टपकना

स्पष्ट है कि लार टपकने की प्रतिक्रिया के लिए भोजन एक स्वाभाविक उत्तेजना (Unconditioned stimulus) है और घण्टी की आवाज एक अस्वाभाविक (Conditioned stimulus) अथवा तटस्थ उत्तेजना है। किन्तु यदि भोजन देने के पूर्व घण्टी बजाई जाती है और इस क्रिया को कई बार दुहराया जाता है, तो घण्टी की आवाज (अस्वाभाविक उत्तेजना) का भोजन (स्वाभाविक उत्तेजना) के साथ एक सम्बन्ध स्थापित हो जाता है। फल यह होता है कि लार टपकने की प्रतिक्रिया घण्टी की आवाज, जो इसके लिए एक अस्वाभाविक अथवा तटस्थ उत्तेजना है, के प्रति होने लगती है। घण्टी की आवाज सुनकर लार का टपकना सम्बन्ध-प्रत्यावर्त्तन है।

उपर्युक्त प्रयोग की पद्धति का अनुसरण करते हुए पावलव और उनके साथियों ने अनेक प्रयोग किए। अपने प्रयोगों के आधार पर उन्होंने बतलाया है कि कुत्ते के मुँह से लार का टपकना सिर्फ घण्टी की आवाज से ही सम्भव नहीं है, वरन् घ्राण तथा स्पर्श-सम्बन्धी अन्य उत्तेजनाओं से भी सम्भव है। इससे यह स्पष्ट है कि सम्बन्ध-प्रत्यावर्त्तित प्रतिक्रिया भिन्न-भिन्न उत्तेजनाओं के साथ स्थापित हो सकती है। यहाँ यह कह देना आवश्यक प्रतीत होता है कि पावलव ने अपने अध्ययन के आधार पर मानव-जीवन के अन्य पहलुओं पर भी प्रकाश डालने की चेष्टा की, जैसे—आदत-निर्माण (Habit-Formation), असामान्य व्यवहार का विकास आदि। उन्होंने जोर देकर कहा है कि सभी प्रकार के सीखने के मूल में प्रतिक्षेपों अथवा

सहज क्रियाओं (Reflex) का सम्बन्ध-प्रत्यावर्त्तन ही पाया जाता है। उन्हीं के शब्दों में–

"विभिन्न प्रकार की आदतें, जो किसी प्रकार की शिक्षा एवं अनुशासन पर निर्भर करती हैं, सम्बन्ध-प्रत्यावर्त्तन की एक लम्बी शृंखला-मात्र हैं।"[3]

मनुष्य के सीखने में सम्बन्ध-प्रत्यावर्त्तन का महत्त्व

सम्बन्ध-प्रत्यावर्त्तन के द्वारा केवल पशु ही नहीं, बल्कि मनुष्य भी सीखते हैं। इस प्रकार का सीखना अधिकतर बच्चों में पाया जाता है। प्रारम्भिक अवस्था में बच्चे के भाषा-विकास में सम्बन्ध-प्रत्यावर्त्तन का अत्यधिक हाथ रहता है। मनुष्य की अधिकांश मनोवृत्तियों का निर्माण उसके प्रारम्भिक जीवन में सम्बन्ध-प्रत्यावर्त्तन के द्वारा ही होता है। बच्चों के सीखने में इस सिद्धान्त के महत्त्व को दो-एक उदाहरणों के द्वारा प्रस्तुत करना समुचित प्रतीत होता है–

1. एक पाँच वर्ष की लड़की पर प्रयोग किया गया। उसके ललाट पर एक पट्टी बाँध दी गई। वह पट्टी इस प्रकार बँधी थी कि वहाँ से आसानी से आँखों पर लाई जा सकती थी और फिर शीघ्र ही ललाट पर कर दी जा सकती थी। उसके कण्ठ के समीप एक यन्त्र (Pnematic tambour) लगा दिया गया। उस यन्त्र के द्वारा लड़की के कण्ठ की गति की माप की गई।

जब लड़की चुपचाप बैठी थी, तब उसके ललाट की पट्टी आँखों पर गिरा दी गई। फलस्वरूप, उसकी आँखें पट्टी में छिप गईं। इसके ठीक दस सेकेण्ड बाद मीठे चॉकलेट का एक छोटा टुकड़ा उसके मुँह में डाल दिया गया। जब वह चॉकलेट को निगलने का प्रयास करने लगी, तब उसके कण्ठ की गति की माप कर ली गई। फिर दस सेकेण्ड बाद पट्टी आँखों से हटाकर ललाट पर कर दी गई। तीस मिनट तक लड़की के आराम कर चुकने के बाद पुनः वह पट्टी उसकी आँखों पर गिरा दी गई। दस सेकेण्ड बाद मीठे चॉकलेट का छोटा टुकड़ा उसके मुँह में डाल दिया गया। प्रयोग के इस तरीके को कई बार दुहराया गया। तीसरी या चौथी बार यह पाया गया कि जैसे ही आँखों पर पट्टी लाई गई कि लड़की के कण्ठ में निगलने की गति शुरू हो गई, मुँह में चॉकलेट पड़ने की उसने तनिक भी प्रतीक्षा नहीं की। चॉकलेट की अनुपस्थिति में भी केवल आँखों पर पट्टी गिरते ही लड़की के कण्ठ में निगलने की गति का प्रारम्भ होना, सम्बन्ध-प्रत्यावर्त्तन का सुन्दर उदाहरण है। स्पष्ट है कि इस उदहारण में पट्टी अस्वाभाविक उत्तेजना है, चॉकलेट स्वाभाविक उत्तेजना तथा अस्वाभाविक उत्तेजना पाकर (आँखों पर पट्टी गिरते ही) कण्ठ में निगलने की गति का शुरू होना, सम्बन्ध-प्रत्यावर्त्तित प्रतिक्रिया है।

2. बच्चों में चूसने की प्रतिक्रिया के लिए स्वाभाविक उत्तेजना है–माँ का स्तन। किन्तु अनेक प्रयोगों में यह पाया गया है कि बच्चे अपनी इस स्वाभाविक

प्रतिक्रिया का सम्बन्ध कुछ अस्वाभाविक उत्तेजनाओं, जैसे–माँ की बोली, घण्टी की आवाज और बोतल देखने आदि, के साथ स्थापित कर लेते हैं। फल यह होता है कि माँ के स्तन के बिना भी वे इन अस्वाभाविक उत्तेजनाओं के प्रति चूसने की प्रतिक्रिया प्रकट करते हैं। इन अस्वाभाविक उत्तेजनाओं के प्रति बच्चों की यह स्वाभाविक प्रतिक्रिया सम्बन्ध-प्रत्यावर्त्तित प्रतिक्रिया है। इसे इस प्रकार उपस्थित किया जा सकता है–

अस्वाभाविक उत्तेजनाएँ

1. माँ की बोली →
2. घण्टी की आवाज →
3. बोतल देखना →

स्वाभाविक उत्तेजना — स्वाभाविक प्रतिक्रिया

माँ का स्तन → चूसना

सम्बन्ध-प्रत्यावर्त्तन का स्वरूप

सम्बन्ध-प्रत्यावर्त्तन के स्वरूप पर विचार करते समय निम्नांकित बातों पर प्रकाश डालना आवश्यक प्रतीत होता है–

1. अनुक्रम एवं काल-सम्बन्ध (Sequence and Time-relation)
2. बाधक उत्तेजनाओं की अनुपस्थिति (Absence of distracting Stimuli)
3. सामान्यीकरण तथा विशेषीकरण (Generalization and Specialization)
4. सम्बन्ध-प्रत्यावर्तित प्रतिक्रिया का अन्त (Extinction or elimination of conditioned response)

अनुक्रम एवं काल-सम्बन्ध (Sequence and Time-relation)–सम्बन्ध-प्रत्यावर्त्तन के सभी उदाहरणों में यह एक विचारणीय प्रश्न है कि स्वाभाविक एवं अस्वाभाविक उत्तेजनाओं को किस क्रम के अनुसार उपस्थित किया जाए तथा इन दोनों की उपस्थिति में कितने समय का अन्तर हो। प्रश्न के पहले भाग के सम्बन्ध में पावलव ने अपने प्रयोगों के आधार पर बतलाया है कि स्वाभाविक और अस्वाभाविक, दोनों प्रकार की उत्तेजनाएँ या तो एक ही साथ उपस्थित की जाएँ, या अस्वाभाविक उत्तेजना पहले और स्वाभाविक उत्तेजना बाद में। प्रश्न के दूसरे भाग के सम्बन्ध में उनका कहना है कि अस्वाभाविक उत्तेजना उपस्थित करने के बाद शीघ्र ही स्वाभाविक उत्तेजना उपस्थित करना वांछनीय है।

पशु एवं मनुष्य पर किए गए अन्य प्रयोगों के आधार पर निम्नांकित निष्कर्ष निकाले जा सकते हैं–

1. अस्वाभाविक उत्तेजना उपस्थित करने के बाद स्वाभाविक उत्तेजना उपस्थित करना सम्बन्ध-प्रत्यावर्त्तन के लिए सर्वाधिक प्रभावशाली होता है।

2. स्वाभाविक एवं अस्वाभाविक उत्तेजनाओं की उपस्थिति में एक सेकेण्ड के अल्पांश से लेकर एक सेकेण्ड तक के समय का अन्तर वांछनीय होता है।

बाधक उत्तेजनाओं की अनुपस्थिति (Absence of Distracting Stimuli)– सम्बन्ध-प्रत्यावर्त्तन की स्थापना हो इसके लिए यह आवश्यक है कि प्रयोग करते समय सभी प्रकार की बाधक उत्तेजनाएँ अनुपस्थित रहें और प्रयोज्य के सामने सिर्फ एक ही उत्तेजना उपस्थित की जाए। इस बात को दृष्टिकोण में रखते हुए ही पावलव ने अपनी प्रयोगशाला को ध्वनि-रुद्ध (Sound-proof) बनाया था। तभी तो पावलव ने अपने प्रयोग में सिर्फ घण्टी की आवाज को ही प्रयोगशाला में पहुँचने दिया, अन्य बाहर की आवाजों के प्रयोगशाला में पहुँचने की कोई भी गुंजाइश नहीं रहने दी।

सामान्यीकरण तथा विशेषीकरण (Generalization and Specialization)– सम्बन्ध-प्रत्यावर्त्तन एक विशेष प्रकार की उत्तेजना तक ही सीमित नहीं रहकर उस श्रेणी की, अथवा उसके समान सभी उत्तेजनाओं में फैल जाता है। उदाहरण के लिए यदि कोई कुत्ता किसी खास आवाज के प्रति लार टपकाने की प्रतिक्रिया प्रकट करना सीख लेता है, तो उसकी लार टपकाने की प्रतिक्रिया उस खास आवाज तक ही सीमित न रहकर सम्भवतः उस तरह की दूसरी-दूसरी आवाजों के प्रति भी प्रकट होने लगती है। स्पष्ट है कि पहले तो कुत्ता एक खास आवाज को सुनकर ही लार टपकाता है, लेकिन बाद को साधारणतः उस तरह की दूसरी-दूसरी आवाजों को सुनकर भी लार टपकाने लगता है। इसे ही सामान्यीकरण कहा जाता है।

वाट्सन के द्वारा किए गए एक प्रयोग का उल्लेख कर सामान्यीकरण पर प्रकाश डालना अभीष्ट प्रतीत होता है। वाट्सन ने अपना प्रयोग एक बच्चे पर किया। अलबर्ट (Albert) नामक एक बच्चे में उजले चूहे के प्रति भय उत्पन्न किया गया। वह पहले सिर्फ एकाएक उपस्थित की गई आवाजों को सुनकर ही डरता था। लेकिन, बाद को वह उजले चूहे को देखकर भी डरने लगा। यह परिस्थिति इस प्रकार उत्पन्न की गई–

जब अलबर्ट के सामने चूहा उपस्थित किया गया, तब वह उसके साथ खेलने लगा, भय का कोई भी चिह्न उसमें नहीं दीख पड़ा। इसके बाद पर्दे की आड़ से जोर की आवाज की गई। अलबर्ट भयभीत होकर भाग पड़ा। फिर उसके सामने उजला चूहा उपस्थित किया गया और शीघ्र ही पर्दे की आड़ से जोर की आवाज की गई। इस क्रिया को कई बार दुहराया गया। फल यह हुआ कि अब वह उजले चूहे को देखते ही डर जाता था, जोर की आवाज की आवश्यकता नहीं पड़ती थी। जोर की आवाज की अनुपस्थिति में भी सिर्फ उजले चूहे को देखकर अलबर्ट का डर जाना, सम्बन्ध-प्रत्यावर्त्तन का सुन्दर उदाहरण है। यहाँ यह स्पष्ट कर देना आवश्यक है कि उसका डरना सिर्फ उस उजले चूहे तक ही सीमित नहीं रहा, बल्कि वह अन्य सभी उजले चूहों, यहाँ तक कि उजले रोएँदार कोट, उजले खरगोश तथा उजली

रूई के समूह से भी डरने लगा। तात्पर्य यह कि उसका डरना सामान्यतः उजले चूहे के सदृश सभी वस्तुओं में फैल गया। इसे ही उत्तेजना का सामान्यीकरण कहा जाता है। संक्षेप में यह कहा जा सकता है कि यदि कोई प्रतिक्रिया एक उत्तेजना-विशेष तक ही सीमित नहीं रहकर उस श्रेणी की सभी उत्तेजनाओं अथवा उसके सदृश सभी उत्तेजनाओं में फैल जाए, तो यही सामान्यीकरण है। उपर्युक्त उदाहरण के द्वारा सामान्यीकरण को इस प्रकार व्यक्त किया जा सकता है–

अस्वाभाविक उत्तेजना — सम्बन्ध-प्रत्यावर्तित प्रतिक्रिया

उजला चूहा ——————————————————— ↓

अस्वाभाविक उत्तेजना के सदृश अन्य उत्तेजनाएँ ————→ भय

1. साधारणतः सभी उजले चूहे,
2. उजले रोएँदार कोट,
3. उजले खरगोश,
4. उजली रूई के समूह।

उत्तेजना के सामान्यीकरण पर विचार कर लेने के बाद उत्तेजना के विशेषीकरण पर प्रकाश डालना आवश्यक जान पड़ता है। यद्यपि ऊपर कहा जा चुका है कि सम्बन्ध-प्रत्यावर्त्तन प्रायः उत्तेजनाओं की एक श्रेणी (A class of stimuli) के साथ स्थापित होता है, न कि किसी विशिष्ट उत्तेजना के साथ। फिर भी ऐसा पाया गया है कि यदि समुचित पद्धतियों का अनुसरण किया जाए, तो किसी विशिष्ट उत्तेजना के साथ भी सम्बन्ध-प्रत्यावर्त्तन स्थापित हो सकता है। किसी विशिष्ट उत्तेजना के साथ सम्बन्ध-प्रत्यावर्त्तन का स्थापित होना ही उत्तेजना का विशेषीकरण कहलाता है। उदाहरणार्थ, यदि हम चाहें कि सिर्फ घण्टी की आवाज से ही लार टपकने की प्रतिक्रिया उत्पन्न हो, अन्य प्रकार की आवाजों से नहीं, तो यह आवश्यक है कि घण्टी की आवाज के बाद ही भोजन उपस्थित करें, अन्य प्रकार की आवाजों के बाद नहीं। यदि हर बार घण्टी की आवाज के बाद ही भोजन उपस्थित किया जाएगा और अन्य आवाजों के बाद नहीं, तो घण्टी की आवाज सुनकर ही लार टपकेगी, दूसरी आवाज को सुनकर नहीं। कारण यह है कि प्रयोज्य घण्टी की आवाज को अन्य प्रकार की आवाजों से भिन्न कर लेगा और लार टपकाने की प्रतिक्रिया का सम्बन्ध सिर्फ घण्टी की आवाज के साथ ही स्थापित करेगा तथा अन्य आवाजों की उपेक्षा कर देगा। इस उदाहरण में लार टपकने की प्रतिक्रिया का घण्टी की आवाज के साथ सम्बन्ध स्थापित होना ही उत्तेजना का विशेषीकरण है।

सम्बन्ध-प्रत्यावर्त्तित प्रतिक्रिया का अन्त (Extinction or Elimination of Conditioned Response)–सम्बन्ध-प्रत्यावर्त्तन को मिटाने की सबसे उपयुक्त पद्धति यह है कि अस्वाभाविक उत्तेजनाओं को बार-बार उपस्थित किया जाए किन्तु उसके बाद स्वाभाविक उत्तेजनाओं को कभी भी नहीं उपस्थित किया जाए।

उदाहरण के लिए, घण्टी की आवाज सुनकर लार का टपकना सम्बन्ध-प्रत्यावर्त्तित प्रतिक्रिया है। इसे मिटाने का सुन्दर तरीका यह है कि घण्टी की आवाज के बाद भोजन नहीं प्रस्तुत किया जाए। इसे कई बार दुहराने पर स्वभावतः लार टपकने की मात्रा में क्रमशः कमी होती जाएगी और अन्ततोगत्वा घण्टी की आवाज सुनकर लार टपकने की प्रतिक्रिया बिल्कुल होगी ही नहीं। इस प्रकार प्रयोगात्मक तरीके से पूर्वस्थापित सम्बन्ध-प्रत्यावर्त्तन को मिटाया जा सकता है, उसका अन्त किया जा सकता है। इसे ही मनोविज्ञान में सम्बन्ध-प्रत्यावर्त्तित प्रतिक्रिया का प्रयोगात्मक अन्त (Experimental extinction of the conditioned response) कहा जाता है।

सम्बन्ध-प्रत्यावर्त्तन-सिद्धान्त की समीक्षा

प्रारम्भिक व्यवहारवादी मनोवैज्ञानिकों ने सम्बन्ध-प्रत्यावर्त्तन के सिद्धान्त का खूब स्वागत किया। उन्होंने सम्बन्ध-प्रत्यावर्त्तन को सभी प्रकार के सीखने का मूल आधार माना। उनके दृष्टिकोण का ऐतिहासिक महत्त्व अभी भी है। किन्तु, अब यह सिद्धान्त सीखने के मूल आधार के रूप में मान्य नहीं है। कारण अनेक हैं।

सीखने का यह सिद्धान्त यान्त्रिक है। इस सिद्धान्त के अनुसार सीखने का मूल आधार अस्वाभाविक उत्तेजनाओं का स्वाभाविक उत्तेजनाओं के साथ बार-बार दुहराया जाना है। सीखनेवाले की अभिरुचि, मनोवृत्ति एवं गतिशील स्वभाव (Dynamic naturc) इत्यादि पर यह सिद्धान्त प्रकाश नहीं डालता। किन्तु वास्तविकता यह है कि नियन्त्रित अवस्थाओं में केवल अस्वाभाविक उत्तेजनाओं की स्वाभाविक उत्तेजनाओं के साथ पुनरावृत्ति ही सब कुछ नहीं है, बल्कि सीखने में सीखनेवाले का भी बड़ा प्रमुख हाथ रहता है। सीखनेवाला व्यक्ति अनेक वस्तुओं में से अपनी अभिरुचि एवं मनोवृत्ति के अनुकूल किसी एक वस्तु को चुन लेता है और उसे पूर्ण रूप से ग्रहण करने के लिए प्रयत्नशील हो जाता है। कहना न होगा कि वस्तु को चुनते समय वह उसी वस्तु को अपनाता है, जिससे उसे सन्तोष प्राप्त होता है। इस प्रकार यह स्पष्ट है कि सीखने में सीखनेवाले व्यक्ति की अभिरुचि, मनोवृत्ति एवं उसका प्रयास तथा वस्तु का स्वभाव आदि बातें महत्त्वपूर्ण हैं। इसके सिवा, व्यावहारिक जीवन में यह देखा जाता है कि मनुष्य अधिकांश बातों को एक अनुभव में ही सीख लेता है; उसे बार-बार दुहराने की आवाश्यकता नहीं पड़ती। अतएव, इस निष्कर्ष पर पहुँचना समुचित जान पड़ता है कि सीखना 'सम्बन्ध-प्रत्यावर्त्तित प्रतिक्रिया' की केवल 'एक लम्बी शृंखला-मात्र' (A long chain of conditioned reflexes) नहीं है, प्रत्युत यह एक ऐसा प्रयास है, जिसमें सीखनेवाला प्राणी (पशु एवं मनुष्य) सम्पूर्ण रूप से क्रियाशील रहता है। सम्बन्ध-प्रत्यावर्त्तन का सिद्धान्त सीखने में प्राणी के महत्त्व पर प्रकाश नहीं डालता। अतः यह सिद्धान्त एकांगी

तथा अपर्याप्त है। इसकी अपर्याप्ता पर प्रकाश डालते हुए प्रसिद्ध शरीर-वैज्ञानिक फ्रैंज (Franz) ने कहा है–

"अति साधारण शारीरिक क्रियाओं के अतिरिक्त और सभी सीखी गई क्रियाओं के लिए यह एक असन्तोषजनक व्याख्या है, तथा सरलतम सीखने की क्रियाओं की व्याख्या के लिए भी यह अत्यन्त अपर्याप्त है।"[4]

सम्बन्ध-प्रत्यावर्त्तन की दूसरी बड़ी त्रुटि यह है कि इस प्रकार का सीखना अस्थायी होता है। जितनी शीघ्रता के साथ सम्बन्ध-प्रत्यावर्त्तन स्थापित किया जा सकता है, उतनी ही शीघ्रता से मिटाया भी जा सकता है। सम्बन्ध-प्रत्यावर्त्तन के स्वरूप पर विचार करते हुए बतलाया जा चुका है कि किस प्रकार सम्बन्ध-प्रत्यावर्त्तन को मिटाया जा सकता है या उसका अन्त किया जा सकता है। इससे यह स्पष्टतः लक्षित होता है कि सम्बन्ध-प्रत्यावर्त्तन की विधि का अनुसरण कर कोई भी बात जितनी जल्दी सीखी जा सकती है, उतनी ही जल्दी मिटाई भी जा सकती है। इस प्रकार के अस्थायी ढंग से सीखने का जीवन में विशेष महत्त्व नहीं होता।

यद्यपि सम्बन्ध-प्रत्यावर्त्तन सिद्धान्त एकांगी एवं अपर्याप्त जान पड़ता है, लेकिन फिर भी इसका व्यावहारिक महत्त्व कुछ कम नहीं। यह भी सत्य है कि अनेक मनोवैज्ञानिकों ने इसे सीखने तथा आदत-निर्माण के सिद्धान्त के रूप में स्वीकार किया है और अनेक मनोवैज्ञानिक समस्याओं में इसका उपयोग भी किया है। सामाजिक तथा असामान्य मनोविज्ञान के आचार्यों ने सम्बन्ध-प्रत्यावर्त्तन के सिद्धान्त के आधार पर अनेक विषयों की व्याख्या प्रस्तुत की है। सामाजिक मनोविज्ञान के विद्वानों ने दल-निर्माण (Group-formation) की व्याख्या में सम्बन्ध-प्रत्यावर्त्तन का महत्त्व स्वीकार किया है। असामान्य मनोविज्ञान में मनुष्य के असामान्य व्यवहारों की व्याख्या इस सिद्धान्त के आधार पर की जाती है। मनुष्य के व्यक्तित्व तथा संवेगों के समायोजन की व्याख्या में इस सिद्धान्त का उपयोग किया गया है। मनुष्य की बुरी आदतों को मिटाने में सम्बन्ध-प्रत्यावर्त्तन की पद्धति अत्यन्त ही उपयोगी सिद्ध हुई है।

संक्षेप में, सम्बन्ध-प्रत्यावर्त्तन पर समीक्षात्मक दृष्टिकोण से विचार करते हुए यह कहा जा सकता है कि सम्बन्ध-प्रत्यावर्त्तन का एक पद्धति के रूप में प्रयोगात्मक मनोविज्ञान में अत्यन्त महत्त्वपूर्ण स्थान है। पशु-मनोविज्ञान में अनुसन्धान की यह अत्यन्त ही उपयोगी पद्धति मानी जाती है। जैसाकि हम जानते हैं, पशु न तो अपनी मानसिक क्रियाओं का अन्तर्निरीक्षण ही कर सकता है और न शब्दों के द्वारा उन्हें व्यक्त ही कर सकता है। किन्तु सम्बन्ध-प्रत्यावर्त्तन की पद्धति का प्रयोग कर उसकी मानसिक क्रियाओं और विशेषतः सीखने की क्रिया का निश्चित ज्ञान प्राप्त किया जा सकता है। इस पद्धति के समुचित प्रयोग द्वारा शब्द, प्रकाश एवं स्पर्श-सम्बन्धी उत्तेजनाओं में भेद करने की पशु की क्षमता का भी ज्ञान प्राप्त किया जा सकता है।

प्रयत्न और भूल का सिद्धान्त
(Trial and Error Theory)

प्रयत्न और भूल के सिद्धान्त के समुचित परिज्ञान के लिए इसके क्रमिक विकास के इतिहास पर दृष्टिपात करना आवश्यक जान पड़ता है। प्रयत्न और भूल का सर्वप्रथम प्रयोग अलेक्जेंडर बेन (Alexander Bain) ने अपने 'रचनात्मक बुद्धि' (Constructive intellect) के सिद्धान्त में किया था। उन्होंने यह बतलाया कि कलाकार अथवा आविष्कारक के लिए दो बातें आवश्यक होती हैं–पहली तो यह कि उसे जिन तत्त्वों का प्रयोग करना है उनसे वह भलीभाँति परिचित हो और दूसरी यह कि वह कोई भी कार्य लक्ष्य-प्राप्ति अथवा अभिप्राय-सिद्धि की भावना से अनुप्रेरित होकर सम्पादित करे। ऐसी अवस्था में, बेन का कहना है कि उसे प्रयत्न और भूल का सहारा लेना पड़ेगा। वस्तुतः लक्ष्य-प्राप्ति की भावना से अनुप्रेरित होकर किए गए सभी कठिन कार्यों में प्रयत्न और भूल का सहारा लेना उपयोगी सिद्ध हुआ है।

पशु-मनोविज्ञान में इस विचार का प्रथम प्रयोग लॉयड मॉर्गन (Loyd Morgan) ने किया था। लॉयड मॉर्गन के पहले के विचारक यह मानते थे कि मनुष्य की भाँति पशुओं में भी विचारने और तर्क करने की शक्ति होती है। उन विचारकों के इस विश्वास के मूल में पशु की बुद्धि अथवा तर्क-सम्बन्धी अनेक कहानियाँ थीं। निस्सन्देह, उन विचारकों के कथन में वैज्ञानिकता का सर्वथा अभाव था। अतएव लॉयड मॉर्गन ने उनके विचारों का खण्डन किया और स्पष्ट शब्दों में घोषित किया कि पशु सीखने में बुद्धि अथवा तर्क आदि का सहारा नहीं लेता, बल्कि वह कोई भी कार्य प्रयत्न और भूल के द्वारा सीखता है। अभ्यास करते-करते पशु क्रमशः किसी कार्य में कुशलता प्राप्त कर लेता है। लॉयड मॉर्गन ने मनुष्य के सीखने में भी प्रयत्न और भूल के महत्त्व की ओर संकेत किया। उन्होंने यह बतलाया कि यद्यपि मनुष्य किसी कार्य में निपुणता प्राप्त करने के लिए कुछ नियमों और सिद्धान्तों को दृष्टिकोण में रखता है, लेकिन फिर भी कार्य-कुशलता तभी आती है जब वह प्रयत्न करता है, विफल होता है और फिर-फिर प्रयत्न करता है। दूसरे शब्दों में यह कहा जा सकता है कि उन्होंने कार्य में कुशलता प्राप्त करने के लिए अभ्यास को प्रधान माना है।

लॉयड मॉर्गन के विचारों से थौर्नडाइक (Thorndike) बड़े प्रभावित हुए और उन्होंने शीघ्र ही (1898 ई.) कुछ समस्या-समाधान-सम्बन्धी प्रयोगों का निर्माण किया और प्रयोगशाला की नियन्त्रित अवस्थाओं में चूहे, बिल्ली आदि पशुओं पर प्रयोग किए। अपने प्रयोग-फलों के आधार पर उन्होंने प्रयत्न और भूल का बड़े ही जोरदार शब्दों में समर्थन किया है। किन्तु, उन्होंने प्रयत्न और भूल शब्द का प्रयोग नहीं करके 'प्रयत्न और आकस्मिक सफलता' (Trial and accidental success) का प्रयोग किया है तथा इसे 'विचारों के द्वारा सीखने' (Learning by ideas) से भिन्न बतलाया है। अपने प्रयोगों के आधार पर थौर्नडाइक ने सीखने के इस सिद्धान्त को व्यापक

रूप दिया है। अब हम थौर्नडाइक द्वारा किए गए कुछ प्रयोगों के आधार पर प्रयत्न और भूल के सिद्धान्त की व्याख्या प्रस्तुत करेंगे।

उलझन-बक्स की समस्या
(Puzzle-box Problem)

थौर्नडाइक द्वारा किए गए प्रयोगों की चर्चा करने के पहले यह जान लेना आवश्यक है कि समस्या किसे कहते हैं। मनोविज्ञान में समस्या में ऐसी नई परिस्थिति का बोध होता है, जिससे प्राणी (पशु एवं मनुष्य) पहले से अनभिज्ञ रहता है तथा जिससे किसी विशेष प्रकार के लक्ष्य की प्राप्ति की कामना करता है। इस तरह की समस्या उपस्थित होने पर प्राणी प्रायः उसका समाधान प्रयत्न और भूल अथवा 'सूझ' (Insight) के द्वारा करता है। थौर्नडाइक का कहना है कि उलझन-बक्स की समस्या उपस्थित होने पर पशु प्रयत्न और भूल के द्वारा ही उसका समाधान करते हैं। इस सम्बन्ध में बिल्लियों पर किए गए उनके प्रयोग बड़े प्रसिद्ध हैं।

एक भूखी बिल्ली को उलझन-बक्स में छोड़ दिया गया। उसका दरवाजा इस प्रकार बना हुआ था कि भीतर के एक बटन को दबाने से वह खुल सकता था। उलझन-बक्स के बाहर एक मछली का टुकड़ा रख दिया गया। बिल्ली के सामने समस्या यह थी कि वह उलझन-बक्स से बाहर निकलकर मछली खा ले और इस प्रकार अपनी भूख मिटाए। उलझन-बक्स में बन्द होते ही बिल्ली बाहर आने के लिए बेचैन हो गई तथा भूख और बेचैनी से अनुप्रेरित होकर उलझन-बक्स के दरवाजे को खोलने के निमित्त उसमें इधर-उधर उछल-कूद मचाने लगी। वह उलझन-बक्स के भिन्न-भिन्न भागों को दबाती रही और उससे बाहर निकलने का प्रयास करती रही। उसके इस व्यर्थ प्रयासों के क्रम में संयोगवश उसका पंजा बटन के ऊपर पड़ गया और उलझन-बक्स का दरवाजा खुल गया। बिल्ली उलझन-बक्स से बाहर निकल आई और मछली खाकर उसने अपनी भूख मिटाई। इस प्रयोग को उस बिल्ली पर लगातार कई दिनों तक दुहराया गया। इसका फल यह हुआ कि दरवाजा खोलने में व्यर्थ प्रयासों (Random movements) की संख्या क्रमशः कम होती गई। अन्ततोगत्वा बिना व्यर्थ प्रयास अथवा किसी गलती के ही बिल्कुल थोड़े समय में उलझन-बक्स का दरवाजा खोलना, बिल्ली ने सीख लिया। बिल्ली के इस सीखने की व्याख्या थौर्नडाइक ने प्रयत्न और भूल के आधार पर की है। उनका कहना है कि बिल्ली ने बार-बार प्रयत्न किया, अनेक भूलें हुईं, भूलों की संख्या धीरे-धीरे कम होती गई और तब आखिर में उसने दरवाजा खोलना सीखा। थौर्नडाइक के इस प्रयोग का विश्लेषण करने पर इसमें निम्नांकित बातें मिलती हैं–

1. प्रारम्भ में व्यर्थ प्रयास अधिक हुए।
2. संयोगवश सही प्रतिक्रिया हो गई।

3. एक बार सही प्रतिक्रिया हो जाने पर आगे के प्रत्येक प्रयत्न में व्यर्थ प्रयासों की संख्या क्रमशः कम होती गई और सही प्रतिक्रिया की सम्भावना बढ़ती गई।
4. आगे के प्रत्येक प्रयत्न में क्रमशः कम समय में ही सही प्रतिक्रिया का सीखना सम्पन्न होता गया।

भूलभुलैया सीखने की समस्या
(Maze-learning Problem)

थौर्नडाइक ने चूहों पर भी कई प्रयोग किए। उन प्रयोगों में थौर्नडाइक के चूहों के सामने समस्या यह थी कि वे सही मार्ग से दौड़कर भूलभुलैया के मध्य में रखी गई भोजन की सामग्री को खा लें। थौर्नडाइक के इस प्रकार के एक प्रयोग का उल्लेख यहाँ किया जा रहा है। एक भूलभुलैया के मध्य में पनीर का टुकड़ा रख दिया गया और भूखे चूहे को उस भूलभुलैया के प्रवेशद्वार पर छोड़ दिया गया। उसमें अनेक अन्ध-पथ (Blind alleys) भी थे, जिनसे होकर जाने से रास्ते में रुकावटें मिलती थीं। फलतः चूहे को फिर-फिर प्रवेशद्वार पर लौट आना पड़ता था। चूहा बार-बार यह प्रयत्न करता था कि वह भूलभुलैया के मध्य में पहुँचकर पनीर को खा ले। किन्तु प्रत्येक बार उसे असफलता ही हाथ लगती थी। कारण, वह कोई अन्ध-पथ पकड़कर गन्तव्य स्थान पर पहुँचने की चेष्टा करता था। इस प्रकार वह बहुत देर तक प्रयत्न करता रहा। इन प्रयत्नों के सिलसिले में उसे संयोगवश सही मार्ग मिल गया और वह भूलभुलैया के मध्य में पनीर के समीप पहुँच गया तथा पनीर के टुकड़े को खाकर उसने अपनी भूख मिटाई। इस प्रयोग को उस चूहे पर लगातार कई दिनों तक दुहराया गया। इसका फल यह हुआ कि प्रत्येक प्रयत्न में गलतियों की संख्या कम होती गई, अर्थात् चूहा अन्ध-पथों का परित्याग करता गया तथा सही प्रतिक्रिया की सम्भावना बढ़ती गई और चूहा सही मार्ग को अपनाता गया। इसके सिवा, प्रत्येक प्रयत्न में क्रमशः कम समय में ही चूहे ने सही मार्ग पकड़कर भूलभुलैया के मध्य भाग में पहुँचकर पनीर खाना सीख लिया। इस प्रकार के कई प्रयत्नों के बाद आखिर में बिना गलती के ही थोड़े समय के भीतर सही मार्ग अपनाकर पनीर के नजदीक तक पहुँचना, चूहे ने सीख लिया। चूहे की इस सीखने की व्याख्या थौर्नडाइक ने प्रयत्न और भूल के आधार पर की है। थौर्नडाइक के इस प्रयोग का विश्लेषण करने पर भी ठीक वे ही चार बातें मिलेंगी जो बिल्ली के ऊपर किए गए उनके प्रयोग के सम्बन्ध में ऊपर बतलाई जा चुकी हैं।

उपर्युक्त प्रयोग के आधार पर थौर्नडाइक ने यह पाया कि पशु गलत प्रतिक्रियाओं का क्रमशः परित्याग करते जाते हैं तथा सही प्रतिक्रियाओं को अपनाते जाते हैं।[5] अब प्रश्न उठता है कि ऐसा क्यों होता है? इसके उत्तर में थौर्नडाइक ने 'प्रभाव-नियम'

(Law of effect) को प्रस्तुत करते हुए कहा है कि गलत प्रतिक्रियाओं से प्राणी की आवश्यकताओं की पूर्ति नहीं होती तथा उसे असन्तोष प्राप्त होता है। अतः वह उन्हें छोड़ देता है। इसके विपरीत, सही प्रतिक्रियाओं से उसकी आवश्यकताओं की पूर्ति होती है तथा सन्तोष प्राप्त होता है। अतएव वह उन्हें अपना लेता है। इसका विस्तृत विवेचन पहले ही 'प्रभाव-नियम' के प्रसंग में किया जा चुका है। अतः यहाँ इस सम्बन्ध में कुछ अधिक कहना अभीष्ट नहीं है।

इन प्रयोगों से यह भी स्पष्ट झलकता है कि एक बार सही प्रतिक्रिया मिल जाने से ही किसी कार्य-विशेष में निपुणता नहीं प्राप्त हो जाती, बल्कि उसकी पुनरावृत्ति (Repetition) की आवश्यकता होती है। बार-बार दुहराने से ही कार्य-कुशलता प्राप्त होती है। इसकी पूर्ण व्याख्या 'अभ्यास-नियम' (Law of exercise) के प्रसंग में की जा चुकी है।

उपर्युक्त प्रयोगों को दृष्टि में रखते हुए प्रयत्न और भूल द्वारा सीखने में निहित प्रमुख तत्त्वों (Factors) को एक अनुक्रम (Sequence) के रूप में इस प्रकार उपस्थित किया जा सकता है–

1. **अनुप्रेरणा** (Motivation)–सीखनेवाले प्राणी में लक्ष्य-प्राप्ति के लिए अनुप्रेरणा अनिवार्य है। बिना अनुप्रेरणा के सीखने की क्रिया नहीं हो सकती। उदाहरण के लिए, यदि पूर्ण रूप से सन्तुष्ट, क्षुधातृप्त बिल्ली को, जो बन्धन में रहने की आदी हो, उलझन-बक्स में रखा जाए, तो उसमें सीखने की क्रिया नहीं हो सकती; क्योंकि अनुप्रेरणा के अभाव में वह क्रियाशील होगी ही नहीं। इसीलिए, थौर्नडाइक के प्रयोग में बिल्ली भूखी रखी गई थी। फलस्वरूप उसने भूख से अनुप्रेरित होकर उलझन-बक्स से बाहर निकल आने का प्रयास शुरू कर दिया।

2. **प्रेरक वृत्ति को सन्तुष्ट करने के लिए नए ढंग के समायोजन अर्जित करने की समस्या** (Problem of acquiring new mode of adjustment for satisfying motive)–जब नई परिस्थिति में सीखनेवाला प्राणी अपनी प्राचीन सामान्य रीतियों से प्रेरक वृत्ति (Motive) को सन्तुष्ट नहीं कर पाता, तब उसके समक्ष नए ढंग के समायोजन अर्जित करने की समस्या उत्पन्न होती है। उदाहरण के लिए, जब बिल्ली सामान्य रीतियों से अपनी भूख नहीं मिटा पाती, तब उसे नई रीति की खोज करनी पड़ती है और इस प्रकार वह अपने को उस नई परिस्थिति में समायोजित करने की चेष्टा करती है।

3. **विविध प्रकार की प्रतिक्रियाएँ** (Variety of Responses)–सीखने के क्रम में सीखनेवाला प्राणी विविध प्रकार की प्रतिक्रियाएँ व्यक्त करता है। उनमें से कुछ प्रतिक्रियाएँ सही होती हैं और कुछ गलत। सही प्रतिक्रिया की कसौटी यह है कि वह प्राणी को लक्ष्य की ओर ले जानेवाली है या नहीं। यदि वह प्राणी को लक्ष्य की ओर ले जानेवाली है, तब तो सही प्रतिक्रिया कही जाएगी। यहाँ यह स्मरणीय

है कि अन्य प्रतिक्रियाएँ भी बिल्कुल लक्ष्यहीन अथवा निरर्थक नहीं होतीं। वे निरर्थक केवल इसी अर्थ में कही जा सकती हैं कि उस अवस्था तक सही प्रतिक्रिया की खोज नहीं हुई रहती है। उदाहरण के लिए, थौर्नडाइक के प्रयोग में बिल्ली की सारी प्रतिक्रियाएँ भोजन (लक्ष्य) की ओर निर्देशित कही जा सकती हैं।

4. अचानक सफलता (Accidental Success)–विविध प्रकार की प्रतिक्रियाओं के क्रम में अचानक सही प्रतिक्रिया हो जाती है। उदाहरण के लिए, उलझन-बक्स (Puzzle-box) से बाहर निकलने के लिए विविध प्रकार की प्रतिक्रियाएँ करते-करते बिल्ली से एकाएक बटन दब जाना अचानक सफलता कही जाएगी।

5. सही प्रतिक्रिया का चुनाव तथा गलत प्रतिक्रियाओं का परित्याग (Selection of right response and elimination of wrong responses)–एक बार सही प्रतिक्रिया हो जाने पर प्राणी उसे ही करने की चेष्टा करता है तथा गलत प्रतिक्रियाओं का परित्याग करता है। फलतः आगे के प्रत्येक प्रयत्न (Trial) में गलत प्रतिक्रियाओं की संख्या कम होती जाती है तथा सही प्रतिक्रिया की सम्भावना बढ़ती जाती है। अन्ततोगत्वा गलत प्रतिक्रियाएँ बिल्कुल समाप्त हो जाती हैं तथा सही प्रतिक्रिया होने लगती है। प्रतिक्रियाओं का सीखा जाना अथवा उनका परित्याग इस बात पर निर्भर है कि वे कैसा प्रभाव (Effect) उत्पन्न करती हैं। थौर्नडाइक ने इनकी व्याख्या प्रभाव-नियम (Law of effect) के आधार पर की है।

6. सही प्रतिक्रिया का समीकरण (Fixation of Right Response)–जब एक बार सही प्रतिक्रिया चुन ली जाती है तब प्राणी उसे बार-बार सम्पन्न करने की चेष्टा करता है। इस अभ्यास (Exercise) के फलस्वरूप वह प्रतिक्रिया उसमें भलीभाँति स्थापित हो जाती है। तब बिना गलती के और कम समय में ही प्राणी उसे सम्पन्न करना सीख जाता है। थौर्नडाइक के प्रयोगों से यह बिल्कुल स्पष्ट है।

'प्रयत्न और भूल' विधि सिर्फ पशुओं के सीखने में ही नहीं पाई जाती, वरन् मनुष्य भी प्रयत्न और भूल द्वारा ही अनेक समस्याओं का समाधान करना सीखते हैं। अनेक प्रयोगों में यह पाया गया है कि भूलभुलैया एवं उलझन-बक्स की समस्याओं का समाधान करने में मनुष्य भी पशु की ही भाँति प्रयत्न और भूल का सहारा लेते हैं।

मनुष्य का भूलभुलैया सीखना
(Human Maze-learning)

मनुष्य कैसे सीखता है, यह जानने के लिए कई प्रकार की भूलभुलैयों का निर्माण किया गया है। इन भूलभुलैयों के सहारे मनुष्य के सीखने की परीक्षा की गई है। भूलभुलैया सम्बन्धी प्रयोगों में प्रायः प्रयोज्य की आँखें बन्द रखी जाती हैं। इन प्रयोगों से यह निष्कर्ष निकलता है कि मनुष्य का सीखना भी बहुत कुछ चूहे के भूलभुलैया

सीखने के समान ही होता है। दूसरे शब्दों में, पशु एवं मनुष्य दोनों ही प्रयत्न और भूल के द्वारा सीखते हैं।

चूहे के समान ही भूलभुलैया का प्रयोग मनुष्य के सीखने में भी किया गया है। जब कुछ विद्यार्थियों ने भूलभुलैया में चूहे को सूझरहित व्यर्थ प्रयास करते हुए देखा, तब उन्हें आश्चर्य हुआ। किन्तु, जब उनके सामने ठीक वैसी ही भूलभुलैया की समस्या प्रस्तुत की गई, तब उन्होंने भी चूहे की तरह ही स्पष्टतः प्रयत्न और भूल से काम लिया। प्रारम्भ में उनसे भी अनेक गलतियाँ हुईं, परन्तु अभ्यास के साथ-साथ क्रमशः गलतियों की संख्या कम होने लगी और समय भी कम लगने लगा। अन्ततोगत्वा कुछ प्रयत्नों के बाद उन्होंने भूलभुलैया की समस्या को सुलझाना सीख लिया। चूहे और उन विद्यार्थियों के भूलभुलैया सीखने की तुलना करने पर यह कहा जा सकता है कि दोनों के सीखने में प्रयत्नों की संख्या तथा समय में कोई विशेष अन्तर नहीं पाया जाता। इस तरह के सीखने में कभी-कभी चूहे आगे बढ़ जाते हैं, तो कभी-कभी विद्यार्थी।

उपर्युक्त विवेचन से स्पष्ट है कि पशु एवं मनुष्य (चूहे और विद्यार्थी), दोनों के सीखने में कोई मौलिक अन्तर नहीं है और जो कुछ अन्तर की गुंजाइश जान पड़ती है, वह इसलिए कि किसी भी सीखी जानेवाली परिस्थिति के कुछ पहलू तो मानव के अनुकूल होते हैं, और कुछ पशु के। उनमें से प्रधान ये हैं–

मनुष्य पशु की अपेक्षा अधिक बुद्धिमान एवं तर्कशील होता है। उसमें भाषा की अपूर्व क्षमता पाई जाती है, जिसका पशु में नितान्त अभाव रहता है। अपनी बुद्धि, तर्कशीलता एवं भाषा की योग्यता का प्रयोग कर मनुष्य पशु की अपेक्षा किसी परिस्थिति को समझने में अधिक सफल होता है। भूलभुलैया के प्रयोगों से स्पष्ट है कि भूलभुलैया सीखने की अनुप्रेरणा पशु में मनुष्य की अपेक्षा अधिक होती है। भूलभुलैया में दौड़नेवाला भूखा पशु भूलभुलैया के मध्य में पहुँचकर भोजन पा लेना जीवन-रक्षा के लिए अति आवश्यक समझता है। मनुष्य को भूलभुलैया सीखते समय ऐसी प्रबल प्रेरणा नहीं होती। पशु के पक्ष में दूसरी प्रधान बात यह है कि मनुष्य की अपेक्षा उसका ध्यान प्रस्तुत समस्या पर अधिक केन्द्रीभूत रहता है। उसका ध्यान वातावरण की बाधक उत्तेजनाओं (Distracting Stimuli) पर अधिक नहीं जाता। मनुष्य सीखते समय प्रायः प्रस्तुत समस्या से ऊबकर दिवा-स्वप्नों (Day dreams) में विचरण करने लगता है। तीसरी बात यह है कि पशु विराम-विधि (Spaced method) से सीखता है और मनुष्य अविराम-विधि (Massed method) द्वारा सीखता है। पशु प्रायः भूलभुलैया सीखने में एक दिन एक ही प्रयत्न करता है और इस प्रकार के कई दिनों के प्रयत्नों के बाद उसे सीखता है। किन्तु मनुष्य प्रायः एक ही दिन में बार-बार प्रयत्न कर उसे सीख लेता है। आगे यह बताया जाएगा कि सीखने की विराम-विधि अविराम-विधि से क्योंकर श्रेष्ठतर होती है।

उलझन-बक्स की समस्याएँ तथा अन्य कठिन कार्य

भूलभुलैया की तरह उलझन-बक्स की समस्याओं को सीखने में भी मनुष्य प्रयत्न और भूल का सहारा लेता है। इतना ही नहीं, अन्य कठिन एवं जटिल कार्यों में निपुणता प्राप्त करने के लिए भी उसे इसी विधि का सहारा लेना पड़ता है। उदाहरण के रूप में टाइप करना सीखना, साइकिल चलाना सीखना तथा हारमोनियम या सितार बजाना सीखना आदि कार्य लिये जा सकते हैं। इन कार्यों में कुशलता प्राप्त करने के लिए प्रयत्न और भूल का अनुसरण करना अति आवश्यक है। यदि किसी को साइकिल पर सवार व्यक्ति का चित्र दिखला दिया जाए अथवा वह वास्तव में साइकिल पर चढ़कर जाते हुए किसी व्यक्ति को देख ले, तो भी उसे एकाएक साइकिल चलाना नहीं आ सकता। उसे स्वयं कई बार प्रयत्न करना पड़ेगा, अनेक भूलें होंगी, बार-बार साइकिल से जमीन पर गिरेगा और तब कई प्रयत्नों के बाद ही उसे निपुणता प्राप्त हो सकेगी। यही बात टाइप करना तथा हारमोनियम या सितार बजाना आदि सीखने में भी लागू होगी। संक्षेप में, मनुष्य अपने प्रतिदिन के जीवन में अधिकांश कार्यों को प्रयत्न और भूल के द्वारा सीखता है।

प्रयत्न और भूल सिद्धान्त की समीक्षा

प्रयत्न और भूल के सम्बन्ध में कई प्रकार की गलतफहमियाँ हैं। सबसे प्रधान गलतफहमी यह है कि प्रयत्न और भूल का सिद्धान्त यह बतलाता है कि पशु अथवा मनुष्य किसी नई समस्या के सीखने में परिस्थिति को समझने का प्रयास किए बिना ही व्यर्थ प्रयत्न करना प्रारम्भ कर देता है। वस्तुतः यह धारणा मान्य नहीं हो सकती। कई मनोवैज्ञानिक प्रयोगों से ऐसा ज्ञात होता है कि पशु अथवा मानव नवीन परिस्थिति की वस्तुस्थिति को समझते हुए ही उस परिस्थिति में अपना व्यवहार प्रकट करता है। एडम्स (Adams) ने थौर्नडाइक के प्रयोग को दुहराने पर पाया कि पशु किसी नई परिस्थिति में उस परिस्थिति की कुछ निश्चित वस्तुओं को ध्यान में रखकर ही अपना व्यवहार प्रकट करता है। तात्पर्य यह है कि उसके व्यवहार निरर्थक नहीं होते, वरन् सार्थक एवं निश्चित वस्तुओं से सम्बन्धित होते हैं। हाँ, इतनी बात अवश्य है कि लक्ष्य प्राप्त होने के पहले कई प्रकार के व्यवहार करने पड़ते हैं। जैसे-जैसे अभ्यास बढ़ता है, वैसे-वैसे विभिन्न प्रकार के परिवर्तनशील (Variable) व्यवहारों की संख्या कम होती जाती है। और अन्त में, इस प्रकार के व्यवहार बिल्कुल कम हो जाते हैं तथा पशु अथवा मानव सही प्रतिक्रिया सीख जाता है।

प्रयत्न और भूल सिद्धान्त के सम्बन्ध में कहा जा सकता है कि यह सिद्धान्त इस बात का वर्णन करता है कि पशु अथवा मानव किस प्रकार सीखता है, यह नहीं बतलाता है कि वह क्यों सीखता है, अर्थात् उसके सीखने के लिए कौन-कौन-से

तत्त्व आवश्यक हैं। संक्षेप में, यह सिद्धान्त सीखने के ढंग का वर्णन-मात्र करता है, सीखने की पूर्ण व्याख्या प्रस्तुत नहीं करता। इसलिए इसे वर्णनात्मक कहा गया है, न कि व्याख्यात्मक।

अन्तर्दृष्टि अथवा सूझ का सिद्धान्त
(The Theory of Insight)

अन्तर्दृष्टि अथवा सूझ के सिद्धान्त का प्रतिपादन जर्मनी के प्रसिद्ध जेस्टॉल्टवादी मनोवैज्ञानिक कोहलर (Kohler) ने किया था। कोहलर ने अपने प्रयोग के आधार पर यह प्रतिपादित किया कि पशु अथवा मनुष्य 'सूझ' के द्वारा सीखता है, न कि 'प्रयत्न और भूल' के द्वारा। उन्होंने 'सूझ' के द्वारा सीखने को 'प्रयत्न और भूल' के द्वारा सीखने से भिन्न बतलाया है। 'सूझ' की व्याख्या करते हुए उन्होंने स्वयं कहा है कि सूझ एक ऐसी प्रतिक्रिया है जो समस्त परिस्थिति के निरीक्षण के फलस्वरूप एकाएक उत्पन्न होती है तथा लक्ष्य की प्राप्ति तक अविराम गति से चलती रहती है। सूझ की इस परिभाषा का विश्लेषण करने पर स्पष्टतः इसमें तीन बातें दृष्टिगत होती हैं–

1. सीखनेवाले के समक्ष परिस्थिति स्पष्ट रूप से वर्तमान रहे, जिससे वह उस परिस्थिति के सभी पहलुओं के पारस्परिक सम्बन्ध को भलीभाँति समझ सके। परिस्थिति के इस विशेष प्रकार के निरीक्षण के फलस्वरूप ही सीखनेवाले में सूझ उत्पन्न होती है।
2. सूझ एक ऐसी प्रतिक्रिया है जो एकाएक उत्पन्न होती है।
3. एक बार उत्पन्न होने के बाद सूझ की प्रतिक्रिया तब तक चलती रहती है, जब तक लक्ष्य की प्राप्ति नहीं हो जाती।

सूझ की उपर्युक्त परिभाषा में यदि पहली बात को आवश्यक मान लिया जाए, जैसा कि कोहलर ने कहा है, तो फिर सूझ के द्वारा सीखना दृष्टि-संवेदनाओं तक ही सीमित रह जाएगा। यह सिर्फ सीखने के उन्हीं व्यवहारों की व्याख्या में समर्थ हो सकेगा, जो दृष्टि-संवेदनाओं से उत्पन्न होते हैं। अब यहाँ यह प्रश्न उठता है कि क्या सूझ, जिसके आधार पर कोहलर ने पशु अथवा मनुष्य में सभी प्रकार के सीखने की व्याख्या की है, इतनी संकुचित एवं सीमित हो सकती है? उत्तर होगा नहीं। वास्तव में, सूझ की यह विशेषता मान्य नहीं हो सकती। अस्तु, हम इस निष्कर्ष पर पहुँचते हैं कि सूझ एक ऐसी प्रतिक्रिया है, जो एकाएक उत्पन्न होती है और तब तक चलती रहती है जब तक लक्ष्य की प्राप्ति नहीं हो जाती।

सूझपूर्ण सीखने (Insightful learning) की व्याख्या करते हुए यर्क्स (Yerks) ने उनमें निम्नांकित विशेषताओं का उल्लेख किया है–

1. समस्यापूर्ण परिस्थिति की छानबीन–सीखनेवाला सर्वप्रथम परिस्थिति के सारे पहलुओं पर गौर करता है तथा उसके पारस्परिक सम्बन्ध को समझने की चेष्टा करता है।

2. हिचकिचाहट, विश्राम तथा एकाग्रचित्त होकर ध्यान देने की मनोवृत्ति–इस अवस्था में सीखनेवाला हिचकिचाहट प्रकट करता है, उसे विश्राम अच्छा लगता है तथा वह एकाग्रचित्त होकर समस्यापूर्ण परिस्थिति पर ध्यान देता है।

3. उपयुक्त प्रतिक्रिया प्रकट करने की चेष्टा–इस अवस्था में सीखनेवाला उपयुक्त प्रतिक्रिया (Adequate response) प्रकट करने का प्रयास करता है।

4. पहली प्रतिक्रिया के अनुपयुक्त सिद्ध होने पर अन्य प्रतिक्रियाएँ–यदि पहली प्रतिक्रिया अनुपयुक्त सिद्ध होती है, तो सीखनेवाला दूसरी तरह की प्रतिक्रियाएँ प्रकट करता है।

5. लक्ष्य पर निरन्तर ध्यान तथा उससे उत्पन्न अनुप्रेरणा–सीखनेवाला इस बात के लिए सदैव सतर्क रहता है कि उसका अन्तिम अभिप्राय अथवा लक्ष्य (Purpose or Goal) क्या है? लक्ष्य की ओर निरन्तर ध्यान रहने से उपयुक्त प्रतिक्रिया प्रकट करने की अनुप्रेरणा होती है।

6. एकाएक उपयुक्त प्रतिक्रिया का प्रकट होना–लक्ष्य को दृष्टिकोण में रखकर प्रयत्न करते-करते एकाएक सीखनेवाले को सही प्रतिक्रिया सूझ जाती है और वह निश्चित रूप से सही प्रतिक्रिया अभिव्यक्त करता है।

7. उपयुक्त प्रतिक्रिया की पुनरावृत्ति–एक बार उपयुक्त प्रतिक्रिया हो जाने पर सीखनेवाला उसे बार-बार दुहराता है।

8. समस्यापूर्ण परिस्थिति (Problematic situation) के आवश्यक पहलुओं पर ध्यान देने तथा अनावश्यक पहलुओं को त्याग देने की योग्यता–सूझपूर्ण सीखने की इस अन्तिम विशेषता का तात्पर्य यह है कि सीखनेवाले में ऐसी क्षमता आ जाती है कि वह परिस्थिति के आवश्यक पहलुओं को अनावश्यक पहलुओं से अलग कर देता है।

कोहलर के प्रयोग
(Experiments of Kohler)

सूझ के स्वरूप (Nature of insight) पर प्रकाश डालने के उपरान्त कोहलर के द्वारा किए गए प्रयोग उल्लेख्य जान पड़ते हैं। कोहलर ने अपने प्रयोगों के आधार पर ही 'सूझ' के सिद्धान्त का प्रतिपादन किया था। उन्होंने अपने प्रयोग वनमानुषों पर किए। प्रयोग करते समय उन्होंने परिस्थिति को यथासम्भव स्वाभाविक रखा। उन्होंने वनमानुषों के सामने कुछ समस्याएँ प्रस्तुत कीं। वनमानुषों ने जिस प्रकार समस्याओं का समाधान किया, उनकी व्याख्या करते हुए कोहलर ने बतलाया है

कि वनमानुषों ने बुद्धि अथवा सूझ का सहारा लिया और तभी समस्याओं का समाधान सम्भव हो सकता।

एक भूखे वनमानुष को पिंजड़े में बन्द कर दिया गया। पिंजड़े के बाहर एक केला इतनी दूर पर रखा गया कि वनमानुष उसे हाथों अथवा पैरों से खींचकर न पा सके। पिंजड़ा इस प्रकार का बना हुआ था कि वनमानुष पिंजड़े के भीतर से बाहर रखे हुए केले को आसानी से देख सकता था। पिंजड़े के एक कोने में एक डण्डा रख दिया गया। उस वनमानुष के सामने समस्या यह थी कि वह केले को किस प्रकार खींचकर खा ले। वनमानुष ने शुरू में कई बार पिंजड़े की छड़ों से बाहर अपने हाथ-पैर फैलाकर केला खींचने की चेष्टा की, किन्तु हर बार वह असफल हुआ। तब वह कुछ क्षणों तक चुपचाप बैठा रहा। फिर एकाएक उसने डण्डा उठाकर केले को खींच लिया तथा उसे खा गया।

दूसरे प्रयोग में कोहलर ने परिस्थिति में थोड़ा परिवर्तन कर दिया। अब एक डण्डे के बदले पिंजड़े में दो डण्डे रख दिए गए। प्रयोग उसी वनमानुष पर किया गया, जिसने बाहर रखे हुए केले को एक डण्डे से खींचकर खाना सीख लिया था। केला पिंजड़े के बाहर इतनी दूरी पर रखा गया था कि वह अकेले एक डण्डे से नहीं खींचा जा सकता था, लेकिन दोनों डण्डों को आपस में मिला देने से वह आसानी से खींचा जा सकता था। वे डण्डे इस प्रकार के बने हुए थे कि एक-दूसरे में जुटाकर आसानी से एक बड़ा डण्डा बनाया जा सकता था। वनमानुष के सामने इस बार समस्या यह थी कि किस प्रकार वह दोनों डण्डों को आपस में जोड़कर पिंजड़े के बाहर रखे हुए केले को खींचकर खा ले। यह प्रयोग सुल्तान नामक एक तीव्रबुद्धि वनमानुष पर किया गया था।

सुल्तान ने सर्वप्रथम एक डण्डे से केला खींचने की चेष्टा की, किन्तु अपने इस प्रयास में वह बिल्कुल विफल रहा। फिर दूसरे डण्डे से केला खींचना चाहा, किन्तु इसमें भी उसे सफलता न मिली। इस प्रकार कुछ देर तक विफल प्रयास करने के बाद सुल्तान ने निराश होकर प्रयास छोड़ दिया। अब वह दोनों डण्डों के साथ खेलने लगा। खेलते-खेलते उसने एक डण्डे को दाहिने हाथ में ले लिया और दूसरे को बाएँ हाथ में, तथा दोनों छोरों को वह पास-पास ले आया। एकाएक दोनों डण्डे आपस में जुड़ गए। उस नए जुड़े हुए बड़े डण्डे से वह पिंजड़े के बाहर रखे हुए केले को अपनी ओर खींचने लगा। ये डण्डे कुछ ढिलाई से जुटे हुए थे। अतएव अलग-अलग होकर जमीन पर गिर पड़े। सुल्तान ने उन्हें फिर झट आपस में जोड़ दिया तथा पिंजड़े के बाहर रखे हुए केले को अपने पास खींच लिया। दूसरे दिन प्रयोग किए जाने पर सुल्तान ने कुछ ही व्यर्थ प्रयासों (Useless efforts) के बाद दोनों डण्डों को आपस में मिलाकर केले को अपने पास खींच लिया।

इस प्रयोग के आधार पर कोहलर ने सूझ के सिद्धान्त का समर्थन करते हुए कहा है कि दोनों डण्डों को आपस में जोड़कर वनमानुष का केला खींचना,

उसकी सूझ का परिचायक है। जब वनमानुष ने दोनों डण्डों को जोड़कर उन्हें एक बड़ा डण्डा बना लिया, तभी वह पिंजड़े के बाहर रखे हुए केले को पा सका। दूसरे शब्दों में, दो छोटे-छोटे डण्डों को एक इकाई (Single unit) के रूप में ग्रहण करना, वनमानुष की सूझ का द्योतक है।

कोहलर ने अपने अन्य प्रयोगों में डण्डों के बदले बक्सों की समस्या का उपयोग किया। एक प्रयोग में वनमानुष भूखा रह गया। उसके पिंजड़े के ऊपर से कुछ केले लटका दिए गए। जहाँ केले लटक रहे थे, वहाँ से थोड़ी दूर पर पिंजड़े में एक बक्स रख दिया गया। वनमानुष के सामने समस्या यह थी कि वह किस प्रकार छत से लटकते हुए केले को तोड़कर खा ले। केले को तोड़ने का प्रयास उसने शुरू कर दिया। पिंजड़े में पड़े हुए बक्स की ओर उसने बिल्कुल ध्यान नहीं दिया। केले को पाने के लिए वह बार-बार ऊपर की ओर उछलता था तथा दीवार पर चढ़कर केले को तोड़ने की चेष्टा करता था। इस प्रकार वनमानुष घण्टों विफल प्रयास करता रहा। अन्ततोगत्वा प्रयोगकर्त्ता ने बक्स को छत के लटकते हुए केले के ठीक नीचे खींच लिया, उस पर चढ़ गया तथा केले को छू लिया। फिर वह बक्स से नीचे उतर गया तथा पहले की भाँति ही उसे कुछ दूरी पर रख दिया। अब वनमानुष यह समझ गया कि केले को किस भाँति तोड़ा जा सकता है। फलतः उसने बक्स को केले के नीचे खींच लिया तथा उस पर चढ़कर केले को तोड़ लिया। इस प्रयोग के सम्बन्ध में कोहलर का कहना है कि जैसे ही वनमानुष ने सम्पूर्ण परिस्थिति को समझ लिया, समस्या का समाधान उसके लिए आसान हो गया। केले, बक्स तथा इन दोनों के बीच की दूरी की सूझ के फलस्वरूप ही वनमानुष केले को तोड़ सका। इस प्रयोग के बाद कोहलर ने वनमानुष के सामने कई बक्सों को इधर-उधर बिखेर दिया। केले भी इतनी ऊँचाई पर लटक रहे थे कि उन्हें तोड़ने के लिए सभी बक्सों को एक-पर-एक रखकर उन्हें ऊँचा बनाना आवश्यक था। पहले तो वनमानुष केले को पाने के लिए अपने पैरों पर उछलने लगा। फिर वह चारों ओर गौर से देखने लगा। कुछ बक्सों को इधर-उधर पड़े हुए देखकर उसने एक बक्स को खींच लिया, उसे लटकते हुए केले के समीप लाया, उस पर चढ़ गया तथा केले को पाने के लिए अपने हाथों को फैलाया। केले इतनी ऊँचाई पर थे कि वनमानुष अपने प्रयास में असफल रहा। तब वह दूसरा बक्स उठा लाया और उसे पहले बक्स के ऊपर रख दिया। फिर भी केले के नजदीक न पहुँच सका। अन्ततः जब उसने तीन बक्से एक-पर-एक करके रखे और उसके ऊपर चढ़कर केले को पाने की चेष्टा की, तब वह सफल हुआ, अर्थात् केले को तोड़कर अपनी भूख मिटा सका।

इन प्रयोगों के आधार पर कोहलर का कहना है कि पशु भी 'अन्तर्दृष्टि' अथवा 'सूझ' के द्वारा ही सीखता है, न कि 'प्रयत्न और भूल' के द्वारा। इन प्रयोगों के सम्बन्ध में उनका कहना है कि वनमानुष केले को तोड़ने में तभी सफल हो

सका, जब उसने सम्पूर्ण परिस्थिति को अच्छी तरह समझ लिया। सम्पूर्ण परिस्थिति से उनका तात्पर्य यह है कि जब वनमानुष ने जमीन की सतह, बक्से और लटकते हुए केले–इन तीनों के परस्पर-सम्बन्ध को समझ लिया, तभी वह केले को तोड़ने में सफल हो सका। यदि उसे जमीन की सतह पर लटकते हुए केले के बीच की दूरी का ज्ञान न होता, तो वह अपने प्रयास में कभी सफल नहीं होता। अतएव जेस्टॉल्टवादी मनोवैज्ञानिकों के अनुसार अन्तर्दृष्टि अथवा सूझ किसी परिस्थिति के सभी पहलुओं के परस्पर-सम्बन्ध जानने में निहित रहती है।

बच्चों एवं प्रौढ़ व्यक्तियों के सीखने में अन्तर्दृष्टि अथवा सूझ का स्थान

बच्चों पर किए गए प्रयोगों के आधार पर कहा जा सकता है कि बच्चों का सीखना बहुत-कुछ पशुओं के सीखने के समान ही होता है। अलपर्ट (Alpert) ने तीन-चार वर्ष के कुछ बच्चों पर कई प्रयोग किए। प्रयोग की परिस्थिति बहुत-कुछ कोहलर की प्रयोगात्मक परिस्थिति के ही समान रखी गई। अपने इन प्रयोगों के आधार पर वे इस निष्कर्ष पर पहुँचे कि किसी समस्या के उपस्थित होने पर बच्चे पहले तो 'प्रयत्न और भूल' का सहारा लेते हैं, किन्तु बाद में उनके अन्दर 'सूझ' आती है और तभी समस्या का समाधान सम्भव हो पाता है। सूझ के स्वभाव पर प्रकाश डालते हुए उन्होंने बतलाया कि सूझ आंशिक अथवा पूर्ण, आकस्मिक या क्रमिक हो सकती है।

लिण्डले (Lindley) ने प्रौढ़ व्यक्तियों पर भूलभुलैया-सम्बन्धी अनेक प्रयोग किए। उन्होंने भाषा, गणित, तर्क तथा यन्त्र-सम्बन्धी कई प्रकार की भूलभुलैयों का निर्माण किया। उन भूलभुलैयों की सहायता से प्रौढ़ व्यक्तियों के समस्या-समाधान की प्रणाली को जाँचने की चेष्टा की। अपने प्रयोगों के आधार पर वे इस निष्कर्ष पर पहुँचे कि प्रौढ़ व्यक्ति अपनी गलतियों से बहुत शीघ्र लाभ उठाते हैं, अर्थात् वे गलतियों का शीघ्र ही परित्याग कर देते हैं तथा सम्पूर्ण परिस्थिति को समझकर प्रतिक्रिया प्रकट करते हैं। संक्षेप में, प्रौढ़ व्यक्तियों में बच्चों की अपेक्षा सूझ अधिक पाई जाती है।

उपर्युक्त विवेचन के आधार पर यह निष्कर्ष निकाला जा सकता है कि सूझ बच्चों की अपेक्षा पशुओं में कुछ कम होती है तथा प्रौढ़ व्यक्तियों के सीखने में पशु एवं बच्चों की अपेक्षा सूझ अधिक पाई जाती है। यह निश्चयपूर्वक कहा जा सकता है कि प्रौढ़ व्यक्तियों के सीखने में भी 'सूझ' प्रकट होने के पहले प्रायः 'प्रयत्न और भूल' की क्रिया होती है। पशु एवं बच्चों के सम्बन्ध में भी यही बात कही जा सकती है।

सीखने में 'प्रयत्न और भूल' तथा 'सूझ' का तुलनात्मक महत्त्व

यदि 'प्रयत्न और भूल' का यह अर्थ लिया जाए कि किसी नई परिस्थिति के उपस्थित होने पर भिन्न-भिन्न प्रतिक्रियाओं के प्रकट करने के बाद ही सफल प्रतिक्रिया

होती है, तो हमें यह मानना पड़ेगा कि प्रत्येक नई समस्या के समाधान में 'प्रयत्न और भूल' की क्रिया निहित रहती है। इसके विपरीत, यदि हम 'प्रयत्न और भूल' को बिल्कुल निरर्थक प्रयास मान लें, तो ऐसा करना गलत होगा; क्योंकि प्रयोगात्मक फल इसका समर्थन नहीं करते। मनोवैज्ञानिक अध्ययनों के आधार पर यह कहना समुचित जान पड़ता है कि जब कठिन समस्या प्रस्तुत होती है, तब पशु एवं मनुष्य समाधान पाने के पहले अनेक गलत प्रतिक्रियाएँ प्रकट करते हैं। यहाँ यह ध्यान रखना आवश्यक है कि शुरू से ही पशु अथवा मनुष्य परिस्थिति पर ध्यान रखते हुए प्रतिक्रिया प्रकट करते हैं। उनकी प्रतिक्रिया गलत होती है, किन्तु बिल्कुल निरर्थक नहीं। उनकी प्रत्येक प्रतिक्रिया का सम्बन्ध समस्या-समाधान से रहता है।

'अन्तर्दृष्टि' अथवा 'सूझ' शब्द की आलोचना करते हुए प्रायः कहा जाता है कि यह शब्द वर्णनात्मक है, न कि व्याख्यात्मक। तात्पर्य यह है कि 'सूझ' सीखने की प्रणाली का वर्णन-मात्र करती है, उसकी व्याख्या प्रस्तुत नहीं करती। स्पष्टतः 'सूझ' शब्द की परिभाषा दो तरह से की जा सकती है। एक तो यह कि यह शब्द विशेष प्रकार के व्यवहार का वर्णन-मात्र प्रस्तुत करता है और दूसरे यह कि इससे सीखनेवाले का व्यवहार प्रभावित और नियन्त्रित होता है। दूसरे शब्दों में, 'सूझ' सीखने के तरीके का वर्णन करती है, अथवा यह एक सिद्धान्त है, जिसके आधार पर सीखने की व्याख्या की जा सकती है। 'सूझ' के पहले अर्थ को स्वीकार करने में शायद किसी को आपत्ति नहीं। किन्तु दूसरा अर्थ बहुतों को मान्य नहीं। वस्तुतः, जेस्टॉल्टवादी मनोवैज्ञानिकों के अतिरिक्त दूसरे मनोवैज्ञानिक 'सूझ' को व्याख्यात्मक सिद्धान्त के रूप में ग्रहण नहीं करते। जेस्टॉल्टवादी मनोवैज्ञानिकों ने 'सूझ' का प्रयोग दोनों अर्थों में किया है। कभी तो उन्होंने इसे एक वर्णनात्मक शब्द-मात्र ही माना है और कभी इसका प्रयोग व्याख्यात्मक सिद्धान्त के रूप में किया है। दोनों अर्थों का यह मिश्रण ही इस शब्द को स्पष्ट नहीं रहने देता तथा इसे आपत्तिजनक बना देता है।

वर्दीमेयर एवं कोहलर (Wertheimer and Kohler) की परम्परा का अनुसरण करते हुए डंकर (Dunker) ने यह पाया कि सूझ को 'सर्वस्व-या-कुछ नहीं' (All-or-none) के सिद्धान्त में नहीं बाँधा जा सकता। इसे 'हाँ' या 'नहीं' के द्वारा द्योतिक नहीं किया जा सकता। कारण, यह क्रमिक होती है तथा इसकी अनेक श्रेणियाँ (Grades) सम्भव हैं। यह क्रमिक इसलिए मानी गई है कि किसी भी कठिन समस्या का समाधान, जिसे 'सूझ' के द्वारा द्योतित किया जाता है, कई प्रयत्नों के बाद आता है। इन सभी प्रयत्नों में कुछ-न-कुछ 'सूझ' वर्तमान रहती है। जब प्रयोज्य के सामने कोई समस्या उपस्थित की जाती है, तब वह समस्त परिस्थिति एवं लक्ष्य का विश्लेषण करता है। तत्पश्चात् वह प्रयास शुरू करता है। जैसे-जैसे वह अपने प्रयास में आगे बढ़ता जाता है, वैसे-वैसे 'सूझ' की सम्भावना भी बढ़ती जाती है। तात्पर्य यह कि 'सूझ' आकस्मिक नहीं होती, वरन् क्रमिक होती है। डंकर 'सूझ'

की कई श्रेणियाँ इसलिए मानता है कि सम्भवतः कोई भी व्यक्ति परिस्थिति को या तो भलीभाँति समझता है, अथवा अपेक्षाकृत कम। यदि व्यक्ति परिस्थिति को अच्छी तरह समझते हुए कुछ प्रयास करता है; तो हम कह सकते हैं कि उसकी 'सूझ' बड़ी है। इसके विपरीत, यदि वह परिस्थिति के कुछ पहलुओं को समझकर ही प्रयास शुरू कर देता है, तो हम कह सकते हैं कि 'सूझ' बहुत थोड़ी है। यहाँ भी सिर्फ इतना ही कहना अभीष्ट है कि 'सूझ' की कई श्रेणियाँ हो सकती हैं।

जब हम 'सूझ' की कई श्रेणियाँ स्वीकार कर लेते हैं, तब फिर 'सूझ' एवं 'प्रयत्न और भूल' में कोई मौलिक अन्तर नहीं रह जाता है। वस्तुतः यदि हम पशुओं, बच्चों एवं प्रौढ़ व्यक्तियों पर किए गए समस्या-समाधान-सम्बन्धी प्रयोगों पर दृष्टि डालें तो स्पष्टतः ऐसा जान पड़ेगा कि किसी भी समस्या के समाधान में 'सूझ' एवं 'प्रयत्न और भूल' ये दोनों ही बातें वर्तमान रहती हैं। केवल 'सूझ' अथवा केवल 'प्रयत्न' और 'भूल' के द्वारा किसी भी समस्या का समाधान सम्भव नहीं है। किसी समस्या के समाधान को सिद्धान्त-रूप में समझ लेने पर भी उसे वस्तुतः प्राप्त करने के लिए कितने ही प्रयास करने पड़ते हैं, 'प्रयत्न और भूल' का सहारा लेना पड़ता है। अतएव 'सूझ' के सम्बन्ध में यह मानना समुचित जान पड़ता है कि यह सापेक्ष होती है न कि निरपेक्ष।

सीखने की विधियाँ
(Methods or Procedures of Learning)

सीखने की अनेक विधियाँ हैं, जिनमें से यहाँ तीन प्रमुख विधियों पर प्रकाश डालना ही अभीष्ट है। वे ये हैं–

1. आवृत्ति (Recitation)
2. अविराम अथवा विराम-रीति से सीखना (Learning by massed or spaced method)
3. पूर्ण अथवा आंशिक रीति से सीखना (Learning by whole or part method)

आवृत्तिकरण
(Recitation)

किसी विषय को अच्छी तरह सीखने के लिए उसे केवल कई बार पढ़ जाना ही पर्याप्त नहीं है, वरन् उसका आवृत्तिकरण भी अत्यन्त आवश्यक है। केवल पढ़ना तथा आवृत्तिकरण का तुलनात्मक अध्ययन किया गया है और यह जानने की चेष्टा की गई है कि दोनों में अधिक उपयोगी कौन है। इस सम्बन्ध में कई मनोवैज्ञानिक प्रयोग हुए हैं, जिनमें गेट्स (Gates) का प्रयोग अत्यन्त महत्त्वपूर्ण है। गेट्स ने

अपने प्रयोज्यों को एक निश्चित समय के भीतर सीखने के लिए कुछ विषय दिए। सभी लोगों ने प्रयोगकर्त्ता के द्वारा दिए गए निश्चित समय को पढ़ने और आवृत्तिकरण में भिन्न-भिन्न ढंग से बाँट लिया। किसी ने पढ़ने में अधिक समय दिया और आवृत्तिकरण में कम तथा किसी ने आवृत्तिकरण में अधिक समय दिया और पढ़ने में कम। सभी अवस्थाओं में यह पाया गया कि आवृत्तिकरण में जितना ही अधिक समय लगा, विषय की स्मृति उतनी ही अच्छी हुई।

गेट्स के प्रयोग में यह पाया गया कि प्रयोज्यों ने अपना सारा समय केवल पढ़ने में ही लगाया, निर्धारित समय का थोड़ा अंश भी आवृत्तिकरण में नहीं लगाया और पढ़ने के बाद तुरन्त ही पढ़े हुए विषय का प्रत्याह्वान (Recall) किया, तब उनके प्रत्याह्वान का औसत फलांक (Average score) केवल 35 प्रतिशत हुआ। किन्तु, जब प्रयोज्यों ने पढ़ने की अपेक्षा आवृत्तिकरण में अधिक समय लगाया, तब उनके प्रत्याह्वान का औसत फलांक अपेक्षाकृत अच्छा हुआ, जैसाकि निम्नांकित तालिका से स्पष्ट है–

अध्ययन का विषय : सोलह निरर्थक शब्द-खण्ड
(16 nonsense syllables)

समय का वितरण (Division of time)		**तात्कालिक प्रत्याह्वान-फलांक** (Immediate recall-score)
सारा समय पढ़ने में	...	35 प्रतिशत
1/5 समय आवृत्तिकरण में	...	50 प्रतिशत
2/5 समय आवृत्तिकरण में	...	54 प्रतिशत
3/5 समय आवृत्तिकरण में	...	57 प्रतिशत
4/5 समय आवृत्तिकरण में	...	74 प्रतिशत

इस प्रयोग के फल से स्पष्ट है कि किसी विषय को अच्छी तरह से स्मरण करने के लिए पढ़ने की अपेक्षा आवृत्तिकरण अधिक उपयोगी है।

गेट्स के प्रयोग के आधार पर निम्नांकित बातें कही जा सकती हैं–

1. आवृत्तिकरण में जितना ही अधिक समय दिया जाता है, किसी भी विषय की स्मृति उतनी ही अच्छी होती है।

2. आवृत्तिकरण से सार्थक विषयों की अपेक्षा निरर्थक विषयों में अधिक लाभ होता है।

3. आवृत्तिकरण से किसी भी विषय को अच्छी तरह स्मरण करने की अनुप्रेरणा मिलती है। जब मनुष्य किसी विषय को इस लक्ष्य से पढ़ता है कि उसे पढ़ने के बाद शीघ्र ही आवृत्तिकरण करना है, तब उसे उस विषय को अच्छी तरह जान लेने की प्रबल इच्छा होती है। फलतः उसका ध्यान सभी ओर से हटकर उस विषय पर केन्द्रीभूत हो जाता है। ध्यान के एकाग्र होने का फल यह होता है कि उस

विषय की गहरी छाप, उसकी अपेक्षाकृत स्थायी स्मृति-चिह्न मस्तिष्क पर अंकित हो जाते हैं। फलस्वरूप, वह विषय उसे अधिक दिनों तक याद रह जाता है।

4. पढ़ने की अपेक्षा आवृत्तिकरण से फल का ज्ञान अच्छा होता है। फल के ज्ञान से सही प्रतिक्रिया को अपनाने तथा गलत प्रतिक्रियाओं को छोड़ देने की अनुप्रेरणा मिलती है। फलस्वरूप, सही प्रतिक्रिया के अपेक्षाकृत स्थायी स्मृति-चिह्न मस्तिष्क पर छूट जाते हैं और इसलिए वह विषय अधिक दिनों तक याद रह जाता है।

5. आवृत्तिकरण पढ़े हुए विषय को संगठित रूप देने में अधिक उपयोगी सिद्ध होता है।

आवृत्तिकरण की उपयोगिता पर प्रकाश डालने के बाद निष्क्रिय अध्ययन (Passive reading) के सम्बन्ध में विचार उपस्थित करना समीचीन जान पड़ता है। गेट्स के प्रयोज्यों के विवरण के आधार पर कहा जा सकता है कि निष्क्रिय ढंग का पढ़ना मनुष्य में थकावट एवं अन्यमनस्कता उत्पन्न करता है तथा अभिरुचि बनाए रखने के लिए उसे अधिक शक्ति व्यय करना पड़ता है। गेट्स के प्रयोज्यों के ही शब्दों में "पढ़ना अत्यन्त थकावट करनेवाला तथा एकरसतापूर्ण जान पड़ा और उसमें अभिरुचि बनाए रखने के लिए मुझे अपनी सारी शक्ति लगा देनी पड़ी।"[6]

आवृत्तिकरण के सम्बन्ध में एक महत्त्वपूर्ण प्रश्न यह है कि आवृत्तिकरण कब शुरू करना चाहिए? इस पर विचार करते समय ध्यान रखना आवश्यक है कि आवृत्तिकरण शुरू करने के पहले एक हद तक विषय को पढ़ लेना वांछनीय है। सबसे पहले विषय को एक हद तक अच्छी तरह पढ़ लेने के बाद ही आवृत्ति शुरू करना उपयोगी होता है। किसी विषय को अच्छी तरह याद करने के लिए क्रमशः चार अवस्थाओं से गुजरना पड़ता है–

1. समूचे पाठ्य-विषय को आदि से अन्त तक एक या दो बार पढ़ लेना आवश्यक है।

2. फिर पाठ्य-विषय में प्रतिपादित सभी पहलुओं की विस्तृत रूप में छानबीन श्रेयस्कर है। इस अवस्था में व्यक्ति को समूचे पाठ्य-विषय का एक हद तक ज्ञान हो जाता है। इस अवस्था तक पढ़ना आवृत्तिकरण की अपेक्षा अच्छा है।

3. तीसरी अवस्था में पाठ्य-विषय के सभी अंगों को भलीभाँति समझते हुए एक संगठित रूप देने की चेष्टा की जाती है।

4. अन्ततः आवृत्तिकरण के द्वारा पाठ्य-विषय के स्मृति-चिह्न अपेक्षाकृत स्थायी रूप से प्राणी पर अंकित हो जाते हैं और वह विषय बहुत दिनों तक याद रहता है।

अविराम अथवा विराम-रीति से सीखना
(Learning by Massed or Spaced Method)

यदि किसी विषय को सीखने के लिए कुछ समय निर्धारित कर दिया जाए, तो उस सम्पूर्ण समय का उपयोग दो ढंग से हो सकता है। एक तो यह कि सम्पूर्ण

समय को लगातार पढ़ने में लगाया जाए और दूसरा यह है कि उसे कई भागों में बाँटकर कई बार पढ़ने में लगाया जाए। इस दूसरे ढंग से किसी विषय को पढ़ने अथवा सीखने में सीखनेवालों को विराम मिलता है। सीखने की इस पहली विधि को अविराम-रीति (Massed method) तथा दूसरी विधि को विराम-रीति (Spaced method) कहते हैं। उदाहरण के लिए, यदि सीखने के कुल समय छः घण्टे हैं, तो अविराम-रीति के अनुसार सीखनेवाला व्यक्ति उस सारे समय को एक ही बार पढ़ने में लगा देगा। किन्तु, विराम-रीति से सीखनेवाला व्यक्ति उसे कई भागों में बाँटकर पढ़ेगा। अब प्रश्न यह है कि किसी विषय को अच्छी तरह सीखने के लिए इन दोनों में कौन-सी रीति अधिक उपयोगी है? इस समस्या के ऊपर अनेक मनोवैज्ञानिक प्रयोग हुए हैं। उन प्रयोगों के आधार पर यह कहा जा सकता है कि विराम-रीति अविराम-रीति की अपेक्षा अधिक उपयोगी है। इसके कई कारण हैं, जिनमें से यहाँ कुछ प्रधान कारणों की चर्चा की जा रही है।

1. विराम-रीति का सबसे बड़ा लाभ यह है कि इस रीति का अनुसरण करने से पढ़े हुए विषय की छाप दृढ़ हो जाती है। किसी विषय को पढ़ने के बाद कुछ देर विश्राम करने से विश्राम के समय में पढ़े हुए विषय की छाप दृढ़ होती है। फलतः वह विषय अधिक दिनों तक याद रह जाता है। इसके विपरीत, अविराम-रीति के द्वारा पढ़ने से स्मृति-चिह्न के दृढ़ होने के लिए अवकाश ही नहीं मिल पाता। इस सम्बन्ध में जोस्ट का नियम (Jost's law) उल्लेखनीय है। जोस्ट का कहना है कि पुनः अभ्यास के द्वारा पुराना साहचर्य (Old association) नए साहचर्य (New association) की अपेक्षा अधिक प्रबल हो जाता है। उदाहरण के लिए, यदि किसी ने एक विषय को दो सप्ताह पहले पढ़ा हो और उसे एक ही दिन पूर्व भी पढ़ा हो, तो आगे अभ्यास करने से दो सप्ताह पहले के पढ़े हुए विषय का स्मृति-चिह्न (Memory-trace) एक दिन पहले पढ़े हुए विषय के स्मृति-चिह्न की अपेक्षा अधिक दृढ़ तथा प्रबल होगा।

2. विराम-रीति का दूसरा लाभ यह है कि इस रीति के अनुसार पढ़ने में गलत साहचर्यों के भूल जाने और सही साहचर्यों के याद रहने की सम्भावना अधिक रहती है। वस्तुतः वे बातें, जो गलत होती हैं, बड़ी शीघ्रता के साथ भूल जाती हैं। कारण यह है कि गलत बातों के अंकित होने के लिए अनुप्रेरणा का अभाव रहता है। किसी पाठ्य-विषय को पढ़ने के बाद जो अवकाश मिलता है, उसमें पढ़नेवाला व्यक्ति गलत बातों की ओर ध्यान नहीं देता। फलतः वे बातें भूलती जाती हैं। ठीक इसके विपरीत, सही साहचर्य (Right associations) अवकाश के क्षणों में दृढ़ रूप से अंकित होते जाते हैं। कारण यह है कि अवकाश में सही बातों की बार-बार आवृत्ति होती है, क्योंकि उन्हें याद करने के लिए व्यक्ति सचेष्ट रहता है। दूसरे शब्दों में, व्यक्ति में सही बातों को याद करने की प्रबल अनुप्रेरणा वर्तमान रहती है।

अतएव स्पष्ट है कि विराम-रीति से सीखने में गलत साहचर्य तीव्र गति से मिटते जाते हैं, क्योंकि उनके पीछे अनुप्रेरणा का अभाव रहता है तथा सही साहचर्य दृढ़ रूप से अंकित होते जाते हैं, क्योंकि उनके पीछे निरन्तर अनुप्रेरणा वर्तमान रहती है।

3. विराम-रीति का तीसरा लाभ यह है कि इस रीति से किसी विषय को पढ़कर सीखने में थकावट आने की सम्भावना नहीं रहती। जब किसी विषय को अविराम-रीति से बार-बार पढ़ा जाता है, तब उसमें रुचि कम हो जाती है और शीघ्रता से थकावट आ जाती है। फलतः उस पढ़े हुए विषय का स्मृति-चिह्न दृढ़ नहीं हो पाता। जब किसी विषय को पढ़ लेने के बाद थोड़ी देर तक विश्राम किया जाता है, तब विश्राम के क्षणों में पढ़े हुए विषय का स्मृति-चिह्न दृढ़ हो जाता है।

4. विराम-रीति मनुष्य को पूरी शक्ति के साथ काम करने की अनुप्रेरणा प्रदान करती है। जब व्यक्ति यह जानता है कि पाठ्य-विषय को पढ़ लेने के बाद शीघ्र ही विश्राम मिलेगा, तब वह अधिक रुचि के साथ पढ़ता है। अविराम-रीति में अधिक रुचि के साथ काम करने की अनुप्रेरणा नहीं रहती। अतएव यह स्पष्ट है कि विराम-रीति अविराम-रीति की अपेक्षा अधिक अनुप्रेरणात्मक होती है। फलतः विराम-रीति द्वारा पढ़ा हुआ विषय अधिक दिनों तक याद रहता है।

पूर्ण अथवा आंशिक रीति से सीखना
(Learning by Whole or Part Method)

किसी पाठ्य-विषय को प्रायः दो तरह से सीखा जा सकता है। एक तो यह कि सम्पूर्ण पाठ्य-विषय को हर बार समग्र रूप से पढ़ा जाए और दूसरा यह कि उसे कई भागों में बाँटकर प्रत्येक भाग को अलग-अलग पढ़ा जाए। अब प्रश्न यह है कि दोनों में कौन-सी विधि अधिक उपयुक्त है। मनोवैज्ञानिक प्रयोगों के आधार पर यह कहना उचित जान पड़ता है कि यह विषय बड़ा ही विवादग्रस्त है। कुछ मनोवैज्ञानिक प्रयोगों से पूर्ण रीति के द्वारा सीखना अधिक उपयुक्त जान पड़ता है, तो कुछ मनोवैज्ञानिक प्रयोगों से आंशिक रीति द्वारा सीखना, अर्थात् किसी विषय को कई भागों में बाँटकर अलग-अलग पढ़ने की रीति ही अधिक अच्छी जान पड़ती है। कुछ ऐसे भी मनोवैज्ञानिक प्रयोग हुए हैं, जिनके आधार पर यह कहा जा सकता है कि न तो पूर्ण रीति सबसे अधिक उपयुक्त है और न आंशिक रीति ही, बल्कि प्रगतिशील आंशिक रीति (Proregessive part method)[7] अधिक श्रेयस्कर है। नीचे कुछ प्रयोगों को उद्धृत करते हुए इन रीतियों की विवेचना प्रस्तुत की जाएगी।

लोट्टी स्टीफेन्स (Lotti Steffens) ने कुछ शिक्षित व्यक्तियों के स्वेच्छानुसार स्मरण करने के तरीकों का निरीक्षण किया। उन्होंने यह पाया कि सभी व्यक्तियों

ने मिश्रित रीति (Mixed procedure), अर्थात् पूर्ण रीति तथा आंशिक रीति–इन दोनों ही का प्रयोग किया। इन प्रयोगों के आधार पर यह कहा जा सकता है कि किसी भी विषय को सीखने में न तो केवल 'पूर्ण रीति' काम में लाई जाती है और न केवल 'आंशिक रीति' ही, बल्कि इन दोनों का मिश्रण पाया जाता है।

फिर लोट्टी स्टीफेन्स ने एक दूसरा प्रयोग किया। वह प्रयोग पाँच युवकों एवं दो बच्चों के ऊपर किया गया। उस प्रयोग में युवकों एवं बच्चों को कुछ कविता के छन्द (Stanzas of poetry) तथा निरर्थक शब्द-खण्डों की सूचियाँ (Lists of nonsense syllbables) पढ़ने को दी गईं। उन्होंने यह पाया कि पढ़नेवाले युवकों एवं बच्चों ने कुछ छन्दों एवं निरर्थक शब्द-खण्डों की सूचियों को तो आंशिक रीति से स्मरण किया और कुछ को पूर्ण रीति से। दोनों रीतियों के द्वारा स्मरण करने में जो समय लगा, उसका उन्होंने तुलनात्मक अध्ययन किया। अपने तुलनात्मक अध्ययन के आधार पर लोट्टी स्टीफेन्स इस निष्कर्ष पर पहुँचे कि छन्दों एवं निरर्थक शब्द-खण्डों की सूचियों को स्मरण करने में आंशिक रीति की अपेक्षा पूर्ण रीति में कम समय लगता है। इस प्रकार, यह स्पष्ट है कि पूर्ण रीति के द्वारा सीखना आंशिक रीति की अपेक्षा श्रेष्ठ होता है।

विंच (Winch) ने कुछ स्कूल के विद्यार्थियों के ऊपर प्रयोग किया। उनके आदेशानुसार विद्यार्थियों ने कविता को याद करने में पूर्ण एवं आंशिक रीतियों का उपयोग किया। इस प्रयोग के फल से आंशिक रीति पूर्ण रीति की अपेक्षा अधिक उपयोगी सिद्ध हुई। विंच के प्रयोग को दृष्टिकोण में रखते हुए यह कहा जा सकता है कि आंशिक रीति, पूर्ण रीति की अपेक्षा श्रेष्ठ है।

अन्त में, रीड (Reed) के द्वारा किए गए प्रयोगों का उल्लेख वांछनीय है जिससे प्रगतिशील आंशिक रीति की सर्वश्रेष्ठता सिद्ध होती है। रीड ने 113 विद्यार्थियों के ऊपर प्रयोग किया। विद्यार्थियों को चार छन्दोंवाली कविताएँ सीखने को दी गईं। प्रत्येक विद्यार्थी ने कविता के तीन संग्रहों को सीखा और तीनों को सीखने में तीन रीतियों का उपयोग किया। पहले संग्रह को उन्होंने पूर्ण रीति द्वारा, दूसरे को आंशिक रीति द्वारा और तीसरे को प्रगतिशील आंशिक रीति द्वारा सीखा। तीनों रीतियों द्वारा सीखने में जो औसत समय लगा वह नीचे उद्धृत किया जाता है–

	औसत समय
1. पूर्ण रीति द्वारा सीखना	5.95 मिनट
2. आंशिक रीति द्वारा सीखना	5.25 मिनट
3. प्रगतिशील आंशिक रीति द्वारा सीखना	5.21 मिनट

रीड के प्रयोगों के फलों से स्पष्ट है कि प्रगतिशील आंशिक रीति, पूर्ण रीति तथा आंशिक रीति तीनों ही से श्रेष्ठ हैं।

उपर्युक्त प्रयोगों के ऊपर ध्यान देने से ऐसा लगता है कि तीनों रीतियों द्वारा प्राप्त प्रयोगों के फलों में कुछ विरोध है। किन्तु यदि गम्भीरता से विचार किया जाए तो ऐसा मानना होगा कि आंशिक रीति तथा प्रगतिशील आंशिक रीति, दोनों के मूल में पूर्ण रीति वर्तमान रहती है। पूर्ण रीति के सम्बन्ध में दूसरी आवश्यक बात यह है कि इसके सफल प्रयोग के लिए एक हद तक अभ्यास जरूरी है। कुछ अभ्यास के बाद सीखनेवाले को पूर्ण रीति का उचित प्रयोग करना आ जाता है और तब निस्सन्देह यह रीति सब रीतियों से अधिक उपयोगी एवं श्रेष्ठ सिद्ध होती है। प्रगतिशील आंशिक रीति में अधिकांशतः पूर्ण रीति का सहारा लेना पड़ता है। केवल आंशिक रीति में भी पूर्ण रीति का सहारा लिये बिना काम नहीं चल सकता। उदाहरण के लिए, जब हम आंशिक रीति द्वारा किसी पाठ्य-विषय के प्रत्येक भाग को अलग-अलग सीख लेते हैं, तब उन सभी भागों को एक साथ मिलाने के लिए सम्पूर्ण पाठ्य-विषय को कई बार पढ़ना पड़ता है। अतएव स्पष्ट है कि आखिर में पूर्ण रीति का सहारा लिए बिना आंशिक रीति द्वारा हम किसी विषय को अच्छी तरह नहीं सीख सकते।

पूर्ण रीति द्वारा सीखने से लाभ यह होता है कि हम सीखे जानेवाले विषय के सभी अंगों का परस्पर सम्बन्ध जान लेते हैं तथा उनके अर्थों से भलीभाँति परिचित हो जाते हैं। कहना न होगा कि अर्थपूर्ण बातें बहुत दिनों तक याद रह जाती हैं। आंशिक रीति की विशेषता यह होती है कि थकावट आने की कोई गुंजाइश नहीं रहती। किसी विषय के एक भाग को अलग-अलग सीखना आसान होता है। एक भाग को सीख लेने के बाद सीखनेवाले में सफलता की भावना आती है। सफलता की भावना से अनुप्रेरित होकर वह दूसरे भाग को अधिक उत्साह के साथ सीखता है। इसी प्रकार, थकावट का अनुभव किए बिना ही वह उस विषय के सभी भागों को सीख जाता है। लेकिन अन्ततोगत्वा जब वह सभी भागों को एक साथ मिलाने की चेष्टा करता है, तब उसे बहुत अधिक समय और शक्ति की आवश्यकता पड़ती है। फलतः प्रारम्भ का लाभ मिट जाता है और आंशिक रीति, पूर्ण रीति की अपेक्षा अधिक कठिन मालूम होने लगती है। इसमें समय भी अधिक लगता है और शक्ति भी अधिक व्यय होती है। अतः यह वांछनीय है कि हम किसी भी विषय को पूर्ण रीति के द्वारा सीखना प्रारम्भ करें। किन्तु बीच-बीच में जहाँ आवश्यकता पड़े, वहाँ किसी विशेष भाग पर अधिक ध्यान देते जाएँ, दोनों में कोई भी एक रीति श्रेष्ठ नहीं कही जा सकती। वस्तुतः परिस्थिति, विषय के स्वरूप एवं व्यक्ति-विभिन्नताओं के अनुसार ही इन रीतियों की श्रेष्ठता का भान होता है। अन्त में, वुडवर्थ के शब्दों को उद्धृत करना उपयुक्त जान पड़ता है,

जिससे पूर्ण रीति एवं आंशिक रीति के तुलनात्मक महत्त्व पर अत्यधिक प्रकाश पड़ता है–

"व्यावहारिक परिस्थिति में पूर्ण रीति से आरम्भ करना सम्भवतः सबसे अच्छा है; किन्तु जहाँ कोई विशेष बात सीखनी हो, वहाँ किसी भी समय किसी विशेष भाग पर ध्यान देने की स्वतन्त्रता रहनी चाहिए।"[8]

पशु एवं मनुष्य के सीखने में अन्तर

मनोवैज्ञानिक प्रयोगों से ज्ञात होता है कि पशु तथा मनुष्य के सीखने में बहुत कुछ समानता होते हुए भी कुछ अन्तर हैं। मनुष्य का सीखना पशु से श्रेष्ठ होता है। इसके कई कारण हैं, जिनमें से कुछ प्रधान कारणों का उल्लेख ही यहाँ अपेक्षित है–

1. पशु की अपेक्षा मनुष्य का स्नायु-मण्डल (Nervous system) जटिल होता है। अतएव मनुष्य में जटिल समस्याओं तथा कठिन कार्यों को सीखने की क्षमता अधिक वर्तमान रहती है। इसके विपरीत, पशु का स्नायु-मण्डल अपेक्षाकृत सरल होता है। फलतः उसमें सरल क्रियाओं को ही सीखने की क्षमता पाई जाती है। तुलनात्मक अध्ययन के आधार पर यह निष्कर्ष बिल्कुल युक्तिसंगत जान पड़ता है कि पशु की अपेक्षा मनुष्य में सीखने की अधिक क्षमता पाई जाती है, क्योंकि मनुष्य का स्नायु-मण्डल अधिक जटिल होता है।

2. पूर्व-अनुभूति तथा साहचर्य सीखने में अत्यधिक सहायता प्रदान करते हैं। जहाँ तक पूर्व-अनुभूति और साहचर्य का सम्बन्ध है, यह स्पष्ट रूप से कहा जा सकता है कि इनसे लाभ उठाने की जितनी क्षमता मनुष्य में है, उतनी पशु में नहीं। प्रायः यह देखा जाता है कि इनका प्रयोग कर मनुष्य किसी नए कार्य को अति शीघ्रता से सीख लेता है।

3. पशु की अपेक्षा मनुष्य में बुद्धि अधिक होती है। बुद्धि का सीखने में बड़ा हाथ होता है। अतः पशु की अपेक्षा मनुष्य किसी नई समस्या को अति शीघ्र सीख लेता है।

4. तर्क, चिन्तन एवं नियन्त्रण में मनुष्य पशु से श्रेष्ठ होता है। तर्क एवं चिन्तन के आधार पर मनुष्य किसी भी नई परिस्थिति के सभी पहलुओं के परस्पर-सम्बन्ध को अच्छी तरह समझने का प्रयास करता है। सीखते समय वह अपने व्यवहारों पर यथासम्भव नियन्त्रण भी रखता है। फलतः वह विफल प्रयासों का परित्याग कर सफल प्रयासों को अपनाने में समर्थ होता है। तर्क, चिन्तन तथा नियन्त्रण की क्षमता के कारण मनुष्य का सीखना पशु की अपेक्षा श्रेष्ठ होता है।

5. मनुष्य में भाषा तथा संख्या का उपयोग करने की क्षमता अधिक होती है। पशु में इसका नितान्त अभाव पाया जाता है। भाषा की सहायता से मनुष्य अनुपस्थित विषयों तथा परिस्थितियों के सम्बन्ध में भी चिन्तन कर सकता है।

अन्य प्राणियों की अपेक्षा मनुष्य में चिन्तन एवं भाषा का उपयोग करने की क्षमता अधिक उन्नत तथा विकसित रूप में पाई जाती है। अतएव मनुष्य का सीखना पशु की अपेक्षा अधिक उन्नत तथा श्रेष्ठ होता है।

6. मनुष्य में हस्त-कौशल (Manual dexterity) पशु की अपेक्षा अधिक पाया जाता है। फलतः मनुष्य हस्त-कौशल-सम्बन्धी कार्यों को अपेक्षाकृत अधिक अच्छी तरह सम्पन्न करता है। शिल्पकला, चित्रकला इत्यादि कलाओं में हस्त-कौशल की प्रधानता होती है। कहना न होगा कि मनुष्य इन कलाओं में बड़ा ही निपुण होता है। अतएव यह निष्कर्ष अत्यन्त ही स्वाभाविक है कि पशु की अपेक्षा मनुष्य का सीखना पशु के सीखने से अधिक उन्नत होता है।

7. पशु की अपेक्षा मनुष्य में देखने की शक्ति अधिक विकसित रूप में पाई जाती है। फलतः मनुष्य किसी भी नई परिस्थिति के सभी पहलुओं का भलीभाँति निरीक्षण कर लेता है। किन्तु पशु का निरीक्षण अपेक्षाकृत सीमित होता है। अतः मनुष्य का सीखना उन्नत होता है।

8. पशु एवं मनुष्य, दोनों ही सीखने में 'प्रयत्न और भूल' विधि का प्रयोग करते हैं। किन्तु दोनों में अन्तर यह है कि मनुष्य में 'प्रयत्न और भूल' अधिक मानसिक स्तर पर होता है और पशु में यह अधिक आचरणात्मक स्तर पर होता है। अतः मनुष्य का सीखना पशु की अपेक्षा उन्नत होता है।

सीखने के लिए अनुकूल अवस्थाएँ
(Conditions favourable to Learning)

सीखने की क्रिया कई अवस्थाओं (Conditions) से प्रभावित होती है। ये अवस्थाएँ या तो सीखने की क्रिया को सुलभता प्रदान करती हैं, अथवा उसमें बाधा उपस्थित करती हैं। यहाँ उनमें से कुछ प्रमुख अवस्थाओं पर प्रकाश डाला जाएगा।

1. **परिपक्वता** (Maturation)–परिपक्वता के बिना सीखना सम्भव नहीं। प्रयोगों के आधार पर सिद्ध हो चुका है कि चलना-फिरना, भाषा-प्रयोग इत्यादि क्रियाओं का सीखना बिना परिपक्वता के नहीं हो सकता। परिपक्वता के विवेचनक्रम में इसकी विशद व्याख्या की जा चुकी है।

2. **शारीरिक अवस्था** (Physical Condition)–समुचित शारीरिक अवस्था सीखने में सुगमता प्रदान करती है। यह सोचना गलत है कि सीखने के लिए पूर्णरूप से विश्राम (Relaxation) वांछनीय है। वास्तव में, शारीरिक विश्राम सीखने की अपेक्षा सोने के लिए अधिक अनुकूल होता है। सीखने के लिए सक्रिय शारीरिक अवस्था वांछनीय है। कई प्रयोगों में पाया गया है कि क्षुधातृप्त चूहों की अपेक्षा भूख से व्याकुल चूहे जल्दी सीखते हैं। वस्तुतः एक हद तक शारीरिक तनाव अथवा सक्रियता सीखने में सहायक होती है।

3. बुद्धि (Intelligence)–सीखना बहुत हद तक बुद्धि पर निर्भर है। बुद्धि सीखे जानेवाले विषय में निहित सम्बन्धों और अर्थों को समझने में सहायता प्रदान करती है। फलस्वरूप सीखना सुगम हो जाता है। वास्तव में, सीखने की क्रिया तभी सम्पन्न होती है जब सीखनेवाला प्राणी विषय अथवा परिस्थिति में निहित सम्बन्धों और अर्थों को भलीभाँति समझ लेता है।

4. अभ्यास (Exercise)–सीखने में बहुधा अभ्यास अथवा पुनरावृत्ति (Repetition) की आवश्यकता होती है। पशुओं पर सीखने के सम्बन्ध में किए गए प्रयोगों के आधार पर थौर्नडाइक ने बतलाया कि जब किसी परिस्थिति के प्रति बार-बार एक ही प्रतिक्रिया प्रकट की जाती है, तब अन्ततोगत्वा वह प्रतिक्रिया सीख ली जाती है। निस्सन्देह, अभ्यास सीखने में सहायक होता है। यहाँ यह उल्लेखनीय है कि सीखना अभ्यास के अतिरिक्त अन्य कई बातों पर निर्भर करता है, यथा–सीखने के क्रम में की गई प्रतिक्रिया का प्रभाव (Effect) आदि। इन अवस्थाओं (Conditions) की अनुपस्थिति में केवल अभ्यास सामान्यतः निरर्थक सिद्ध होता है।

5. प्रभाव (Effect)–सीखने के सम्बन्ध में किए गए प्रयोगों से स्पष्ट है कि प्राणी में सन्तोष प्रदान करनेवाली प्रतिक्रिया को अपना लेने की, तथा असन्तोष प्रदान करनेवाली प्रतिक्रिया को त्याग देने की प्रवृत्ति होती है। फलस्वरूप जिस प्रतिक्रिया का प्रभाव सन्तोषजनक होता है, उसे वह अपना लेता है तथा जिस प्रतिक्रिया का प्रभाव असन्तोषजनक होता है, उसे वह छोड़ देता है। 'प्रयत्न और भूल' द्वारा सीखने के सम्बन्ध में किए गए प्रयोगों से यह बात स्पष्ट है।

6. समीपता (Contiguity)–समीपता से हमारा तात्पर्य प्रधानतया दो घटनाओं के बीच समीपता से है। साहचर्य (Association) तभी स्थापित हो पाता है जब दो घटनाओं के बीच कालावधि (Time of interval) बहुत कम हो। कोई कविता सीखते समय पहली पंक्ति से सम्बद्ध होकर दूसरी पंक्ति सरलता से सीखनेवाले में स्थापित हो जाती है। इसका कारण समीपता ही है।

7. तीव्रता (Intensity)–सीखना बहुत हद तक प्रतिक्रिया की शक्ति पर निर्भर है। प्रतिक्रिया की शक्ति अनुप्रेरणा (Motivation) से निर्धारित होती है। जब सीखनेवाला प्राणी प्रबल रूप से अनुप्रेरित होता है, तब वह उत्तेजनाओं के प्रति तीव्र प्रतिक्रिया प्रकट करता है। यही कारण है कि जब उसे सही प्रतिक्रिया के लिए प्रभावोत्पादक पुरस्कार दिया जाता है, तब वह अनुप्रेरित होकर उसे अति शीघ्र सीख लेता है। इसी प्रकार, जब गलत प्रतिक्रिया के लिए कड़ा दण्ड दिया जाता है, तब वह उसका परित्याग करना सीख जाता है। प्रयत्न और भूल-सम्बन्धी प्रयोगों से यह स्पष्ट है।

8. संगठन (Organization)–जब कोई विषय-वस्तु सार्थक रूप से संगठित रहती है, तब वह अतिशीघ्र सीख ली जाती है। उदाहरण के लिए, कोहलर के सूझ-सम्बन्धी प्रयोगों से स्पष्ट है कि वनमानुष समस्या का समाधान करना तभी

सीख पाया, जब उसने समस्या-समाधान-सम्बन्धी सभी अनिवार्य तत्त्वों (Factors) को सार्थक रूप से संगठित कर लिया तथा उपकरणों (Tools) का समस्या के साथ सम्बन्ध स्थापित कर लिया।

9. अनुप्रेरणा (Motivation)–अनुप्रेरणा से सीखनेवाला प्राणी क्रियाशील हो जाता है तथा उसकी यह क्रियाशीलता तब तक जारी रहती है जब तक सीखने की क्रिया सम्पन्न नहीं हो जाती। प्रयोगों से यह स्पष्ट है कि पशु प्रायः भूख, प्यास आदि शारीरिक आवश्यकताओं से अनुप्रेरित होकर सीखते हैं तथा मनुष्य प्रशंसा, सम्मान, पुरस्कार आदि से अनुप्रेरित होकर सीखते हैं।

10. स्थानान्तरण (Transfer)–कुछ स्थितियों में एक विषय या क्रिया का सीखना दूसरे विषय या क्रिया के सीखने में सहायक हो सकता है। उदाहरण के लिए, जो व्यक्ति अपने दाहिने हाथ से दर्पण-चित्रण (Mirror-drawing) सीख चुका है, उसे बाएँ हाथ से सीखने में सुगमता होती है। जो संस्कृत सीख चुका है, उसे हिन्दी सीखने में सुगमता होती है। इन उदाहरणों से जान पड़ता है कि समान तत्त्वों (Identical elements) की उपस्थिति के कारण एक क्रिया या विषय का सीखना दूसरी क्रिया या विषय के सीखने में स्थानान्तरित हो जाता है।

11. सीखने की रीतियाँ (Learning Procedures)–सीखने की रीतियों की पहले ही विस्तृत रूप में व्याख्या की जा चुकी है। अतएव यहाँ इतना ही कहना पर्याप्त है कि सीखने की विराम-रीति (Spaced learning), अविराम रीति (Massed learning) की अपेक्षा अधिक प्रभावशाली होती है। विषय के स्वरूप के अनुसार कहीं पूर्ण रीति (Whole method) अधिक प्रभावशाली सिद्ध होती है, तो कहीं आंशिक रीति (Part method), और कहीं-कहीं प्रगतिशील आंशिक रीति (Progressive part method) ही सबसे अधिक प्रभावशाली सिद्ध होती है। प्रयोगों से यह भी स्पष्ट है कि कोई भी विषय यों ही पढ़ने की अपेक्षा आवृत्तिकरण (Recition) द्वारा अधिक अच्छी तरह सीखा जा सकता है। अन्त में, यह कहा जा सकता है कि सीखना बहुत हद तक सीखने की उपयुक्त रीतियों पर निर्भर है।

12. विश्रामावधि (Rest Period)–प्रयोगात्मक अध्ययनों के आधार पर पाया गया है कि कार्य की सम्पूर्ण अवधि (Total Period) में उपयुक्त विश्राम (Adequate rest) सीखने में सहायक होता है। यह सीखने की मात्रा पर निर्भर है कि कब कितने समय का विश्राम उपयुक्त होगा। सीखने की प्रक्रिया (Process) के आरम्भ में अल्पावधि (Short period) का विश्राम वांछनीय है। यदि कार्य और विश्राम को उपयुक्त ढंग से बाँटा जाए, तो सीखने में पठार (Plateau in learning) बहुत हद तक कम हो जाएगा। ह्वीलर (Wheeler) के अनुसार विश्राम पहले सीखी गई क्रिया के परिपाक का अवसर प्रदान करता है, विश्राम के कारण सीखनेवाले में थकावट नहीं आ पाती तथा अभिरुचि में भी कमी नहीं होने पाती।[9]

सन्दर्भ

1. "Learning is no one specific kind of activity. It is a change that occurs in the organism during many kinds of activity."
—R.S. Woodworth and Harold Schlosberg : Experimental Psychology (Third edition, 1955), p. 530.
2. Learning is "change or modification of an organism's behaviour that results from the organism's own activity."
—Asher, Tiffin and Knight : Introduction to General Psychology, p. 147.
3. "Different kinds of habits based on training, education and discipline of any sort are nothing but a long chain of conditioned reflexes." —Pavlov, I.P. : Conditioned Reflexes (translated by G.V. Aurep), London, Oxford University Press, 1927, p. 386.
4. "Except for the simplest physiological activities it is unsatisfactory interpretation and the concept must be greatly stretched to explain even the simplest of learning by man." —Franz.
5. Wrong responses are 'stamped out' and right ones are 'stamped in.' —Thorndike.
6. "Reading most fatiguing—monotonous—took all my energy to keep up interest." —Gates.
7. **प्रगतिशील आंशिक रीति** (Progressive part method) उसे कहते हैं जिसमें पढ़नेवाला व्यक्ति पाठ्य-विषय को कई भागों में बाँटकर पढ़ता अवश्य है, किन्तु प्रत्येक भाग का दूसरे भाग से सम्बन्ध स्थापित करता जाता है। उदाहरण के लिए, यदि कोई छः छन्दों (Six stanzas) की कविता है, तो इस रीति का अनुसरण करनेवाला सर्वप्रथम पहले छन्द को याद कर लेगा, फिर दूसरे छन्द को याद करेगा, तब पहले और दूसरे में सम्बन्ध स्थापित करेगा। पुनः तीसरे को याद करेगा, फिर पहले और तीसरे का आपस में सम्बन्ध स्थापित करेगा। इस तरह प्रगतिशील आंशिक रीति द्वारा वह छन्दों को याद करेगा।
8. "In a practical situation it is probably best to start with the whole method while feeling free to concentrate at any time on a part where something is to be learned." —Woodworth, R.S. : Experimental Psychology, p. 223.
9. Wheeler, R.H. : The Science of Psychology, Philadelphiha Tomes Y. Company, 1929.

8

स्मरण-विस्मरण

मनोवैज्ञानिक प्रयोगों के आधार पर कहा जा सकता है कि स्मृति कोई शक्ति नहीं है, वरन् एक मानसिक क्रिया है। इस मानसिक क्रिया के द्वारा व्यक्ति भूतकाल की अनुभूतियों अथवा घटनाओं को अपनी वर्तमान चेतना में लाता है। स्पष्ट है कि स्मरण करने की क्रिया में निरन्तर भूतकालिता विद्यमान रहती है। इससे यह ज्ञात होता है कि व्यक्ति पहले किसी वस्तु का अनुभव कर चुका है, अथवा किसी घटना को देख चुका है। दूसरे शब्दों में, पूर्वानुभूत अनुभवों अथवा घटनाओं को पुनः वर्तमान चेतना में लाने की क्रिया को स्मरण कहते हैं। उदाहरण के लिए, जब कोई व्यक्ति दो वर्ष पहले की किसी नाव-दुर्घटना को पुनः वर्तमान चेतना में लाता है, तब हम कहते हैं कि वह पूर्वानुभूत नाव-दुर्घटना का स्मरण कर रहा है। इसी प्रकार, जब कोई व्यक्ति किसी कविता अथवा निरर्थक शब्द-खण्डों की सूची को सीखने के दो सप्ताह बाद बिना उसे देखे अपनी वर्तमान चेतना में लाने की चेष्टा करता है, तब हम कहते हैं कि वह पूर्वपठित कविता अथवा निरर्थक शब्द-खण्डों की सूची का स्मरण कर रहा है।

स्मरण में मुख्यतः चार प्रक्रियाएँ (Processes) सन्निहित हैं–1. सीखना अथवा किसी घटना का पूर्वानुभव होना, 2. धारण करना (Retaining), 3. प्रत्याह्वान करना (Recalling) तथा 4. पहचानना (Recognizing)।

सीखना–सीखने की क्रिया का विस्तृत विवेचन पहले ही प्रस्तुत किया जा चुका है। यहाँ सिर्फ इतना ही कहना अभीष्ट है कि किसी वस्तु अथवा कार्य को सीखे बिना उसका स्मरण करना सम्भव नहीं है। अतएव स्पष्ट है कि हम उसी वस्तु अथवा घटना का स्मरण करते हैं, जिसे पहले से सीखे रहते हैं, अथवा जिसका पहले से अनुभव किए रहते हैं।

धारण करना–जब प्राणी प्रथम बार किसी कार्य को सीखता है और बाद में उसे वही कार्य करने को दिया जाता है, तब वह बहुत आसानी से कार्य को

सम्पादित कर देता है। कारण, सीखने से प्राणी के शरीर की रचना में परिवर्तन आ जाता है। वह परिवर्तित शारीरिक रचना, जो किसी निर्दिष्ट स्मृति को धारण करती है, उसे 'स्मृति-चिह्न' (Memory-trace) कहते हैं। इस स्मृति-चिह्न के स्वरूप (Nature) पर ठीक-ठीक प्रकाश डालना कठिन है, किन्तु इतना माना जा सकता है कि प्रत्येक सीखने की क्रिया मस्तिष्क पर अपना कुछ-न-कुछ चिह्न अवश्य छोड़ जाती है। मस्तिष्क पर छूटे हुए ये चिह्न यदि स्थायी रूप से कायम नहीं रह पाते, तो भी कुछ समय के लिए तो अवश्य ही मस्तिष्क में बने रह जाते हैं। फलतः ये पहले की सीखी हुई बातों को स्मरण करने में सहायता प्रदान करते हैं। किन्तु सम्भवतः ये स्मृति-चिह्न मस्तिष्क से क्रमशः मिटते जाते हैं। फलस्वरूप पहले की सीखी हुई बात बिल्कुल भूल भी सकती है। अब प्रश्न यह है कि क्या कोई भी सीखी हुई बात बिल्कुल भूल सकती है? इसके उत्तर में कुछ लोग कहते हैं कि कोई भी सीखी हुई बात कभी भी नहीं भूल सकती। किन्तु इस विचार में अतिशयोक्ति जान पड़ती है तथा इसके लिए कोई निश्चित प्रमाण नहीं मिलता। वास्तविकता यह है कि पहले की सीखी हुई बातों में अधिकांश को हम भूल जाते हैं।

धारण को प्रभावित करनेवाले तत्त्व

धारण करने की क्रिया कई बातों से प्रभावित होती है, जिनमें निम्नांकित बातें प्रमुख मानी जाती हैं–1. स्वास्थ्य, 2. मस्तिष्क की बनावट, 3. रुचि एवं मानस-वृत्ति, 4. सीखे हुए विषय का स्वरूप, 5. सीखने की विधि तथा 6. सीखने की मात्रा इत्यादि।

1. स्वास्थ्य–धारण करने की क्रिया पर स्वास्थ्य का प्रभाव पड़ता है। बीमारी या अस्वस्थता की अवस्था में स्मृति-चिह्न (Memory-traces) दृढ़ नहीं हो पाते। अतएव कोई भी बात अधिक दिनों तक याद नहीं रह पाती। इसके विपरीत, स्वस्थ व्यक्ति की धारण-क्रिया प्रबल होती है। उसके मस्तिष्क पर छूटे हुए स्मृति-चिह्न अपेक्षाकृत स्थायी होते हैं। यही कारण है कि प्रायः रुग्ण व्यक्ति की अपेक्षा स्वस्थ व्यक्ति किसी बात को अधिक दिनों तक याद रखने में समर्थ होता है।

2. मस्तिष्क की बनावट–धारण करने की क्रिया मस्तिष्क की बनावट पर भी निर्भर करती है। पशु तथा मनुष्य दोनों के मस्तिष्क की बनावट पर ध्यान देने से यह बात स्पष्ट हो जाती है। पशु की अपेक्षा मनुष्य के मस्तिष्क की बनावट जटिल होती है। फलतः मनुष्य के मस्तिष्क पर कठिन-से-कठिन विषय के भी स्मृति-चिह्न बहुत दिनों तक बने रह जाते हैं। दूसरे शब्दों में, मनुष्यों की धारण-क्रिया (Process of retaining) प्रबल होती है। किन्तु, पशु के मस्तिष्क की बनावट अपेक्षाकृत सरल होती है। परिणामतः उसकी धारण-क्रिया भी दुर्बल होती है। अतएव

यह स्पष्ट है कि धारण-क्रिया की प्रबलता अथवा दुर्बलता मस्तिष्क की जटिलता या सरलता पर निर्भर करती है।

3. रुचि एवं मानस-वृत्ति–धारण करने की क्रिया का व्यक्ति की रुचि एवं मानस-वृत्ति से बहुत घनिष्ठ सम्बन्ध है। जिस विषय में व्यक्ति की रुचि अधिक होती है, उस विषय की गहरी छाप, उसके प्रभावशाली स्मृति-चिह्न उसके मस्तिष्क पर छूट जाते हैं। वह विषय बहुत दिनों तक याद रह जाता है। वैसे ही, जो विषय व्यक्ति की मानस-वृत्ति के अनुकूल होता है, उसकी प्रबल छाप मस्तिष्क पर पड़ जाती है। फलस्वरूप वह विषय अधिक दिनों तक याद रहता है। उदाहरण के लिए, एक मनोवैज्ञानिक को मनोविज्ञान की बातें, एक साहित्यिक को साहित्य की बातें एवं एक संगीतज्ञ को संगीत की बातें बहुत दिनों तक याद रह जाती हैं; क्योंकि इनकी प्रबल छाप उनके मस्तिष्क पर पड़ी रहती है। इस प्रकार, स्पष्ट है कि रुचि एवं मानस-वृत्ति की अनुकूलता व्यक्ति के मस्तिष्क की धारण करने की क्रिया को सबल बनाती है।

4. सीखे हुए विषय का स्वरूप–धारण करने की क्रिया पर सीखे जानेवाले विषय के स्वरूप का प्रभाव पड़ता है। जो विषय सार्थक होता है, उसका मस्तिष्क पर गहरा प्रभाव पड़ता है। फलतः वह बहुत दिनों तक मस्तिष्क में बना रह जाता है। निरर्थक विषय के सीखने से मस्तिष्क के ऊपर छूटे हुए स्मृति-चिह्न बड़े ही क्षीण होते हैं। अतएव वे अतिशीघ्र भूल जाते हैं। स्पष्ट है कि विषय की सार्थकता एवं निरर्थकता का धारण करने की क्रिया पर अत्यधिक प्रभाव पड़ता है।

5. सीखने की विधि–सीखने की विधि एवं धारण-क्रिया के सम्बन्ध पर प्रकाश डालते हुए यह कहा जा सकता है कि सीखने की विधि की उपयुक्तता (Adequacy) पर धारण-क्रिया की सबलता बहुत-कुछ निर्भर करती है। मनोवैज्ञानिक प्रयोगों के आधार पर यह कहा जा सकता है कि यदि सीखने की विधि उपयुक्त हुई, तो धारण-क्रिया भी सबल होगी और यदि सीखने में अनुपयुक्त विधि का प्रयोग किया गया तो धारण-क्रिया भी क्षीण होगी। सीखने की विधियों पर विचार करते समय उनकी उपयुक्तता और अनुपयुक्तता पर पूर्णरूपेण प्रकाश डाला जा चुका है।

6. सीखने की मात्रा–सीखे हुए विषय की धारणा इस बात पर निर्भर है कि उसे किस हद तक सीखा गया है। एक सीमा के भीतर यदि सीखने की मात्रा अधिक हो, तो उसकी धारणा भी अपेक्षाकृत अधिक टिकाऊ और दृढ़ होगी। प्रयोगों से सिद्ध है कि धारणा पर 'विशेष रूप से सीखने' (Overlearning) का अनुकूल प्रभाव पड़ता है। एबिंगहॉस, क्रूगर (Cruger) आदि के प्रयोगों से यह स्पष्ट हो चुका है। यहाँ यह भी उल्लेख्य है कि एक सीमा से अधिक सीखना, थकावट, अरुचि एवं अन्यमनस्कता उत्पन्न करता है। अतएव धारणा पर उसका अनुकूल प्रभाव नहीं पड़ता।

धारण-क्रिया का स्वरूप
(Nature of Retention)

मस्तिष्क की धारण-क्रिया को हम प्रत्यक्षतः देख नहीं सकते। किन्तु इसका जो प्रभाव सीखे हुए कार्य के पुनः सम्पादन में अभिव्यक्त होता है, उसे देखा जा सकता है। स्मृति-सम्बन्धी-प्रयोगों (Memory-experiments) से स्पष्ट है कि धारण-क्रिया प्रत्याह्वान, पहचान तथा पुनः सीखने के द्वारा प्रमाणित होती है। वस्तुतः ये तीनों ही धारण-क्रिया के प्रयोगात्मक परीक्षण हैं। यहाँ यह स्पष्ट कर देना अभीष्ट प्रतीत होता है कि इनमें से कोई भी परीक्षण पूर्ण नहीं है।

प्रत्याह्वान के द्वारा धारण-क्रिया की जाँच की जाती है। हम प्रायः उन्हीं अनुभवों अथवा घटनाओं का प्रत्याह्वान करते हैं, जिन्हें हम पहले से सीखे रहते हैं तथा जिनके स्मृति-चिह्न मस्तिष्क पर छूटे रहते हैं। दूसरे शब्दों में, धारण किए हुए अनुभवों अथवा घटनाओं का ही प्रत्याह्वान होता है। किन्तु यहाँ स्पष्ट कर देना आवश्यक जान पड़ता है कि सभी धारण की हुई बातों का प्रत्याह्वान सम्भव नहीं है। प्रायः ऐसा होता है कि हम किसी खास क्षण में किसी परिचित नाम को अपनी चेतना में लाना चाहते हैं, परन्तु उसका प्रत्याह्वान सम्भव नहीं होता। उस क्षण ऐसा अनुभव होता है कि वह नाम हमारे होंठों पर ही है। फिर भी, हम उस क्षण उसका प्रत्याह्वान नहीं कर पाते। इसलिए प्रत्याह्वान को धारण-क्रिया की अनुपयुक्त जाँच समझा जाता है। पहचान तथा पुनः सीखने के विवेचन से यह स्पष्ट हो जाएगा कि प्रत्याह्वान उन दोनों की अपेक्षा धारण-क्रिया की अधिक अनुपयुक्त जाँच है।

प्रत्याह्वान की अपेक्षा पहचान तथा पुनः सीखना, धारण-क्रिया के अच्छे परीक्षण हैं। हम जिन धारण की हुई बातों का प्रत्याह्वान नहीं कर पाते, उन्हें अक्सर देखकर पहचान जाते हैं। इसलिए पहचान धारण-क्रिया की एक अच्छी जाँच समझी जाती है। इसी प्रकार, पुनः सीखना भी प्रत्याह्वान की अपेक्षा धारण-क्रिया की एक अच्छी जाँच है। कभी की सीखी हुई कविता, हो सकता है कि याद न आए, उसका प्रत्याह्वान न हो सके और न उसकी पहचान ही सम्भव हो और इस अर्थ में वह कविता भूल गई हो। किन्तु यदि हम उसे पुनः सीखना प्रारम्भ करें, तो उसे बहुत आसानी से कम समय और कम श्रम में सीख सकते हैं। पुनः सीखने में समय और श्रम की यह बचत इस बात को प्रमाणित करती है कि उस कविता का धारण (Retention) अभी भी है, उसके स्मृति-चिह्न मस्तिष्क पर अभी भी वर्तमान हैं।

प्रत्याह्वान करना
(Recalling)

प्रत्याह्वान का स्वरूप (Nature of Recall)—प्रत्याह्वान करना एक ऐसी मानसिक क्रिया है, जिसके द्वारा हम पूर्ण घटनाओं अथवा अनुभूतियों को बिना मौलिक उत्तेजक

परिस्थिति (Original stimulus situation) की उपस्थिति के ही अपनी वर्तमान चेतना में लाते हैं। स्पष्टतः प्रत्याह्वान में मौलिक उत्तेजक परिस्थिति की अनुपस्थिति में ही व्यक्ति अपनी पूर्व-अनुभूतियों को वर्तमान चेतना में लाता है। प्रत्याह्वान करने पर अक्सर पूर्व-अनुभूति अपने यथार्थ रूप में नहीं आती, वरन् उसमें कई प्रकार के परिवर्तन दीख पड़ते हैं। इस सम्बन्ध में प्रसिद्ध मनोवैज्ञानिक बार्टलेट (Bartlet) का अध्ययन उल्लेखनीय है। बार्टलेट ने अपने प्रयोगों के आधार पर स्मरण करने के स्वरूप पर प्रकाश डालते हुए बतलाया है कि धारण किए हुए विषय का प्रत्याह्वान कभी भी पूर्ण एवं ज्यों-का-त्यों नहीं होता। वह पूर्व-अनुभूति अथवा घटना की बिल्कुल नकल नहीं होता, वरन् वह तो रचनात्मक एवं गतिशील मानसिक-क्रिया है। बार्टलेट के कहानी-सम्बन्धी प्रयोगों से सिद्ध है कि जब कोई व्यक्ति किसी पूर्वपठित कहानी का प्रत्याह्वान करने लगता है, तब वह उस कहानी की अधिकांश बातों को छोड़ देता है और उसमें बहुत-सी बातें अपनी ओर से जोड़ देता है। इसका मुख्य कारण यह है कि वह तटस्थ होकर किसी कहानी को नहीं पढ़ता, बल्कि कहानी पढ़ते समय वह अपने विशेष प्रकार के दृष्टिकोण से प्रभावित रहता है। फलतः उस कहानी को पढ़ने के बाद वह उसे मूल रूप में नहीं ग्रहण करता, वरन् अपनी विशेष प्रकार की रुचि एवं मनोवृत्ति के अनुकूल उसे एक नया रूप दे देता है। वस्तुतः उस कहानी के प्रत्याह्वान में वह पूर्वघटित कहानी के सामान्य वातावरण एवं स्वरूप को तो प्रकट करता है, किन्तु उसमें अनेक नई बातें जोड़कर उसे बिल्कुल नवीन रूप दे देता है। बार्टलेट के द्वारा प्रतिपादित प्रत्याह्वान के रचनात्मक स्वरूप को अन्य मनोवैज्ञानिकों ने भी स्वीकार किया। तभी तो प्रत्याह्वान के रचनात्मक स्वरूप पर प्रकाश डालते हुए कुहलमन (Kuhalmann) ने कहा है–

"प्रत्याह्वान बहुत अंशों में बिल्कुल ही प्रत्याह्वान नहीं होता और उसे मूल की नकल कहने में तो आधी सत्यता भी नहीं रह जाती। वस्तुतः वह पुनर्रचना नहीं बल्कि एक रचना है, किसी ऐसे फल की रचना, जो मूल वस्तु के स्थान पर स्वीकृत कर ली जाती है तथा जो पूर्वप्रत्यक्षीकरण की पुनर्रचना से बहुत भिन्न होती है।"[1]

प्रत्याह्वान को प्रभावित करनेवाले कुछ प्रमुख तत्त्व

प्रत्याह्वान धारण-क्रिया पर निर्भर करता है। अतएव धारण-क्रिया के लिए जो बातें आवश्यक हैं, वे प्रत्याह्वान के लिए भी। धारण के प्रसंग में उन बातों, जैसे–स्वास्थ्य, मस्तिष्क की बनावट, रुचि एवं मानस-वृत्ति, सीखे हुए विषय का स्वरूप, सीखने की विधि, सीखने की मात्रा आदि का उल्लेख किया जा चुका है। प्रत्याह्वान में भी उनकी अत्यधिक प्रधानता है। उनके अतिरिक्त भी प्रत्याह्वान को प्रभावित करनेवाले कुछ अन्य प्रमुख तत्त्वों का यहाँ उल्लेख किया जाएगा–

1. परिवेश एवं प्रसंग (Setting and Context)–प्रत्याह्वान में सामाजिक वातावरण तथा पृष्ठभूमि का भी कम हाथ नहीं रहता। इस सम्बन्ध में बार्टलेट के विचार उल्लेखनीय हैं। उन्होंने अपने प्रयोगों के आधार पर स्पष्ट रूप से व्यक्त किया है कि व्यक्ति का प्रत्याह्वान सामाजिक पृष्ठभूमि से प्रभावित होता है। प्रायः ऐसा पाया जाता है कि जो बातें व्यक्ति की सामाजिक पृष्ठभूमि के अनुकूल होती हैं, उनका आसानी से प्रत्याह्वान हो जाता है। किसी की पूर्वानुभूत घटना के पूर्ण प्रत्याह्वान के लिए आवश्यक है कि प्रत्याह्वान के समय का सामान्य वातावरण ठीक वैसा ही हो, जैसा पूर्वानुभूति के समय था। ठीक यही बात प्रसंग के सम्बन्ध में भी सत्य प्रतीत होती है।

2. संकेत के रूप में उत्तेजना (Stimulus as a Cue)–जैसा कि पहले बतलाया जा चुका है, कोई भी व्यक्ति अनुपस्थित मौलिक उत्तेजक परिस्थिति का प्रत्याह्वान करता है, किन्तु इसका यह अर्थ कदापि नहीं कि प्रत्याह्वान बिना किसी उत्तेजना के ही होता है। इसमें कोई सन्देह नहीं कि जिस परिस्थिति अथवा घटना-विशेष का प्रत्याह्वान किया जाता है, वह अनुपस्थित रहती है। किन्तु अन्य उत्तेजनाएँ प्रत्याह्वान में सहायता पहुँचाती हैं। वे उत्तेजनाएँ प्रायः ऐसी होती हैं, जिनका सम्बन्ध उस अनुपस्थित घटना-विशेष से रहता है। उदाहरण के लिए, यदि हमें गुलाब के फूल की गन्ध मिलती है, तो अपनी वाटिका का स्मरण हो आता है, जिसमें गुलाब के फूलों की अनेक पंक्तियाँ हैं। यदि कोई घुँघराले केशवाली युवती को देखता है, तो उसे अपने बचपन की उस प्रेमिका का प्रत्याह्वान हो जाता है, जिसके केश घुँघराले थे। स्पष्ट है कि गुलाब के फूल की गन्ध अथवा घुँघराले केशवाली युवती सम्पूर्ण पूर्वानुभूति के प्रत्याह्वान के लिए संकेत (Cue) का काम करती है। वास्तव में, पूर्वानुभूति परिस्थिति का एक छोटा अंश भी सम्पूर्ण अनुभूति के प्रत्याह्वान में सहायक हो सकता है।

3. साहचर्य (Association)–साहचर्य प्रत्याह्वान में सहायक सिद्ध होता है। सीखते समय व्यक्ति के मस्तिष्क पर जो स्मृति-चिह्न (Memory-traces) छूटे रहते हैं, उन सबों के बीच एक प्रकार का सम्बन्ध कायम हो जाता है, जिसे साहचर्य की संज्ञा दी जाती है। इस साहचर्य के कारण एक अनुभव दूसरे अनुभव के प्रत्याह्वान के लिए उत्तेजना का काम करता है। ऐसी उत्तेजना प्रायः कई पूर्वानुभूतियों से सम्बद्ध होती है। फलतः वह कई प्रकार के साहचर्य उत्पन्न कर सकती है। उदाहरण के लिए, 'दिन' शब्द का कई पूर्वानुभूतियों से सम्बन्ध हो सकता है। अतएव यह कई प्रकार के साहचर्य उत्पन्न कर सकता है, यथा–'रात्रि', 'प्रकाश', 'गर्मी', 'ठण्डक' इत्यादि। अब प्रश्न यह है कि इनमें से प्रत्याह्वान की सबसे अधिक सम्भावना किसकी है? इस प्रश्न का उत्तर हमें साहचर्य के सहायक नियमों (Secondary laws of association) से मिलता है। इसे स्पष्ट करने के लिए लॉशे (Lawshe) और डॉसन

(Dawson) के अध्ययन को प्रस्तुत किया जा सकता है। उन्होंने कॉलेज के विद्यार्थियों के सामने बीस शब्दों की एक सूची को जोर से पढ़ा। अन्य शब्दों की अपेक्षा आठवें शब्द को अधिक जोर से पढ़ा और बारहवें शब्द को पाँच बार दुहराया। इस अध्ययन में यह पाया गया कि अधिकांश विद्यार्थियों ने सूची के प्रथम तीन शब्दों का, आठवें शब्द का (जिसे अधिक जोर से पढ़ा गया था), बारहवें शब्द का (जिसे पाँच बार दुहराया गया था) और अन्तिम शब्द का प्रत्याह्वान किया। सूची के प्रथम तीन शब्दों का प्रत्याह्वान क्रमशः 97, 98 और 90 प्रतिशत विद्यार्थियों ने, आठवें शब्द का 97 प्रतिशत विद्यार्थियों ने, बारहवें शब्द का 98 प्रतिशत विद्यार्थियों ने तथा अन्तिम शब्द का 90 प्रतिशत विद्यार्थियों ने किया। ये प्रयोगात्मक फल साहचर्य के सहायक नियमों के बिल्कुल अनुरूप हैं, जिनके अनुसार अन्य बातों में समान रहते हुए प्रथम, सबसे अधिक स्पष्ट अथवा तीव्र, बार-बार आए हुए और सबसे आसन्न अनुभव का प्रत्याह्वान सुलभ होता है।

4. मानसिक तत्परता (Mental Set)–जिस विषय अथवा घटना के प्रत्याह्वान के लिए हम मानसिक रूप से तैयार रहते हैं, उसका सुलभता से प्रत्याह्वान हो जाता है। इसके विपरीत, मानसिक तत्परता के अभाव में किसी विषय अथवा घटना का पूर्ण रूप से प्रत्याह्वान नहीं हो पाता। इस सम्बन्ध में गेयर (Geyer) का अध्ययन उल्लेखनीय है। उन्होंने एक प्रयोग के आधार पर प्रत्याह्वान के प्रत्याशित (Expected) समय में परिवर्तन कर उसके प्रभाव को जानने की चेष्टा की। प्रयोगात्मक फलों के आधार पर पाया गया कि जब प्रयोज्य ने प्रत्याशित समय से पहले प्रत्याह्वान किया तो उसमें 8 प्रतिशत कमी आई और जब प्रत्याशित समय के बाद प्रत्याह्वान किया तो उसमें 17 प्रतिशत कमी पाई गई। इससे स्पष्ट है कि मानसिक तत्परता अथवा प्रत्याशा (Expectation) प्रत्याह्वान को प्रभावित करती है। प्रतिदिन का अनुभव बतलाता है कि जो विद्यार्थी आगामी परीक्षा के लिए किसी विषय को रटकर याद कर लेता है, वह विषय उस परीक्षा तक तो बहुत अधिक हद तक याद रह जाता है, किन्तु परीक्षा समाप्त होते ही बड़ी तेजी से भूलने लगता है।

5. संवेगात्मक अवस्था या मनोभाव (Emotional State or Mood)–जब कोई घटना व्यक्ति की संवेगात्मक अवस्था के अनुरूप होती है, तो उसका प्रत्याह्वान अपेक्षाकृत सरल होता है। उदाहरण के लिए, जब व्यक्ति प्रेमावस्था में रहता है, तब उसे सहज ही सुहागरात की प्रेमभरी घटनाओं का प्रत्याह्वान होने लगता है। परन्तु जब कोई घटना व्यक्ति की संवेगात्मक अवस्था के अनुरूप नहीं होती, तो उसका प्रत्याह्वान कठिन हो जाता है। उदाहरण के लिए, जो व्यक्ति लोगों के बीच भाषण से घबराता है, यदि उसे बोलने के लिए मंच पर खड़ा कर दिया जाए, तो वह अच्छी तरह जानी हुई बातों का भी प्रत्याह्वान नहीं कर पाएगा, क्योंकि उसमें घबराहट का मनोभाव (Mood) काम करता रहेगा।

पहचानना
(Recognizing)

पहचानना एक ऐसी मानसिक क्रिया है, जिसके द्वारा व्यक्ति परिचित वस्तुओं को अपरिचित वस्तुओं से तथा पूर्वानुभूत वस्तुओं को अभिनव वस्तुओं से अलग करता है। वस्तुतः जब उसके सामने परिचित वस्तुओं के साथ-साथ कुछ अपरिचित वस्तुओं को भी उपस्थित किया जाता है, तब स्पष्टतः वह उनमें भेद कर लेता है। यह पहचानने की क्रिया का ही फल है। इसी तरह, जब किसी के सामने पूर्वानुभूत वस्तुओं के साथ-साथ नई वस्तुएँ भी प्रस्तुत की जाती हैं, तब वह पूर्वानुभूत वस्तुओं को नई वस्तुओं से अलग कर लेता है। यह भी पहचानने की क्रिया का ही परिणाम है। पहचानने की क्रिया की जाँच प्रायः इस प्रकार की जाती है–

प्रयोज्य के सामने कुछ निरर्थक शब्द-खण्ड, शब्द अथवा चित्र उपस्थित किए जाते हैं। फलतः वह उनसे परिचित हो जाता है। तत्पश्चात् उन्हें कुछ नए निरर्थक शब्द-खण्डों, शब्दों अथवा चित्रों के साथ मिला दिया जाता है और तब अव्यवस्थित ढंग से उन्हें फिर प्रयोज्य के सामने प्रस्तुत किया जाता है। अब प्रयोज्य को यह बतलाना होता है कि उसके समक्ष प्रस्तुत किए गए निरर्थक शब्द-खण्डों, शब्दों अथवा चित्रों में कौन परिचित या पूर्वानुभूत है। स्पष्टतः इस प्रकार के प्रयोगों से पहचानने की क्रिया की जाँच सरलता से हो जाती है।

प्रत्याह्वान और पहचान
(Recall and Recognition)

पहचानने की क्रिया अपने कार्यों से प्रत्याह्वान की क्रिया से भिन्न होती है। पहचानने की क्रिया में वस्तु उपस्थित रहती है, किन्तु प्रत्याह्वान में वस्तु उपस्थित नहीं होती। उदाहरण के लिए, प्रत्याह्वान की क्रिया में प्रायः ऐसा होता है कि यदि 'क' उत्तेजना के रूप में उपस्थित किया जाता है, तो हमें एक दूसरी वस्तु 'ख' का प्रत्याह्वान करना पड़ता है। पहचानने की क्रिया में यदि 'क' उपस्थित किया जाता है तो हमें उसे ही पहचानना भी पड़ता है।

उपर्युक्त बातों से स्पष्ट है कि प्रत्याह्वान एवं पहचान अपने-अपने कार्यों में एक-दूसरे से भिन्न हैं। किन्तु यहाँ यह बतला देना अभीष्ट जान पड़ता है कि ये दोनों ही क्रियाएँ परस्पर-सम्बन्धित हैं। इनका परस्पर-सम्बन्ध एक उदाहरण के द्वारा स्पष्ट हो जाएगा। मान लीजिए कि यदि कोई व्यक्ति भूतकाल में देखी हुई घटना का प्रत्याह्वान करता है और यह निश्चय कर लेता है कि वह घटना कब और कहाँ घटी थी, तो हम कह सकते हैं कि उसने भूतकाल की स्वानुभूत घटना को पहचान लिया है। इस उदाहरण से स्पष्ट है कि पहचानने की क्रिया में कब और कहाँ, अर्थात् समय और स्थान, का ज्ञान वर्तमान रहता है।

समय और स्थान को दृष्टिकोण में रखते हुए पहचान को दो भागों में बाँटा जा सकता है–

1. निश्चित पहचान (Definite recognition), और
2. अनिश्चित पहचान (Indefinite recognition)।

जब भूतकाल की घटना के विषय में निश्चयपूर्वक ज्ञान हो जाता है कि यह घटना कब और कहाँ घटी थी, तब उसे निश्चित पहचान कहा जाता है। अनिश्चित पहचान में ऐसा जान पड़ता है मानो अमुक वस्तु या व्यक्ति परिचित तो है, किन्तु उसे कब और कहाँ देखा था, इसका ज्ञान नहीं रहता। दूसरे शब्दों में, अनिश्चित पहचान में परिचय की भावना-मात्र वर्तमान रहती है, समय और स्थान का ज्ञान नहीं रहता।

मनोवैज्ञानिक प्रयोगों से प्रमाणित होता है कि पहचानने की क्रिया प्रत्याह्वान से सरल एवं आसान होती है। वस्तुतः हम जिस वस्तु अथवा व्यक्ति का प्रत्याह्वान नहीं कर पाते, उसे देखकर आसानी से पहचान लेते हैं। एचिल्स (Achills) के द्वारा किए गए एक प्रयोग से स्पष्टतः प्रकट होता है कि पहचानने की क्रिया प्रत्याह्वान की क्रिया से सरल एवं आसान होती है। निम्नांकित तालिका से स्पष्ट है कि एक ही वस्तु अथवा विषय के प्रत्याह्वान फलांक (Recall-score) पहचानने के फलांक (Recognition score) से बहुत ही कम है। इससे प्रत्याह्वान की कठिनाई और पहचानने की क्रिया की सुगमता प्रकट होती है–

	शब्द-खण्ड (Syllables)	**शब्द** (Words)	**कहावतें** (Proverbs)
प्रत्याह्वान-फलांक (Recall-score)	11%	39%	22%
पहचान-फलांक (Recognition-score)	42%	65%	67%

विस्मरण अथवा भूलना
(Forgetting)

भूलना एवं उसका स्वरूप (Forgetting and its Nature)–जब हम किसी विषय को स्मरण करते हैं, तब उसके स्मृति-चिह्न मस्तिष्क पर छूट जाते हैं। मस्तिष्क पर छूटे हुए स्मृति-चिह्नों का कमजोर पड़ना अथवा मिट जाना ही भूलना कहलाता है। उदाहरण के लिए, यदि हम कोई कविता याद करते हैं, तो उस कविता की छाप मस्तिष्क पर छूट जाती है अथवा उसका साहचर्य पूर्व-अनुभूतियों के साथ स्थापित हो जाता है। कुछ दिनों के बाद जब हम उस कविता का प्रत्याह्वान करने लगते हैं, तब वह कविता याद नहीं आती; क्योंकि उसकी छाप उस समय तक मस्तिष्क पर से मिट गई रहती है अथवा साहचर्य समाप्त हो गया होता है। इस प्रकार, यह स्पष्ट

है कि भूलना एक ऐसी मानसिक क्रिया है, जिसमें मस्तिष्क पर छूटे हुए स्मृति-चिह्न मिट जाते हैं तथा पूर्व-अनुभूतियों के साथ उनके साहचर्य का अन्त हो जाता है।

भूलने के स्वरूप पर प्रकाश डालते हुए प्राचीन मनोवैज्ञानिकों का कहना है कि यह एक निष्क्रिय क्रिया है। इसे निष्क्रिय क्रिया इसलिए माना गया है कि हम प्रायः किसी विषय को काल-व्यवधान (Lapse of time) के कारण भूल जाते हैं। उदाहरणार्थ, यदि हमने कोई कविता सीख ली है और एक वर्ष के बाद उसका प्रत्याह्वान करते हैं, तो उसका प्रत्याह्वान नहीं हो पाता; क्योंकि हम उसे भूल गए रहते हैं। यहाँ भूलने का कारण एक वर्ष का समय है, जो स्मरण करने और पुनः प्रत्याह्वान के बीच गुजर चुका है। स्पष्ट है कि विषय को सीखने अथवा स्मरण करने के बाद जैसे-जैसे समय बीतता जाता है, वैसे-वैसे वह विषय भूलता जाता है; क्योंकि उसकी छाप मस्तिष्क से मिटती जाती है। इस सम्बन्ध में एबिंगहौस (Ebbinghaus) का प्रयोगात्मक अध्ययन अत्यन्त महत्त्वपूर्ण है। उनके द्वारा प्रस्तुत की गई विस्मरण-रेखा (Forgetting curve) यह प्रकट करती है कि हम प्रायः किसी विषय को समय बीतने के कारण भूल जाते हैं। उन्होंने यह प्रयोग अपने ही ऊपर किया। उन्होंने कई निरर्थक शब्द-खण्डों की सूचियों को स्मरण किया। कुछ निरर्थक शब्द-खण्डों की सूचियों को तो उन्होंने 20 मिनट बाद, कुछ को एक दिन बाद, कुछ को दो दिन बाद, कुछ को 6 दिन बाद और कुछ को 31 दिन बाद फिर से स्मरण किया। पुनः सीखने में समय और पढ़ने की संख्या में जो बचत हुई, उसे उन्होंने अंकित कर दिया। इस प्रयोग में यह पाया गया कि 20 मिनट की अवधि में 47 प्रतिशत, एक दिन में 66 प्रतिशत, दो दिन में 72 प्रतिशत, 6 दिन में 75 प्रतिशत और 31 दिन में 79 प्रतिशत बातें भूल गईं। नीचे प्रस्तुत की गई एबिंगहौस विस्मरण-रेखा से यह बात स्पष्ट हो जाती है।

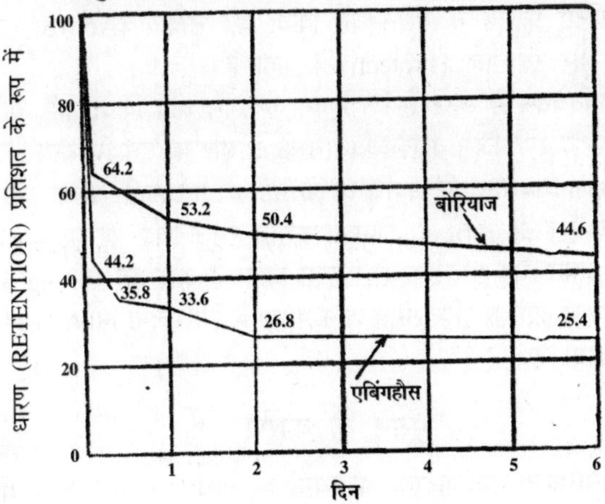

चित्र-21 : एबिंगहौस की विस्मरण-रेखा

एबिंगहौस की विस्मरण-रेखा की विशेषता यह है कि प्रारम्भ में भूलना बड़ी तेजी से होता है। फिर भूलना क्रमशः धीरे-धीरे होता है।

जैसा कि ऊपर कहा गया है, भूलना एक निष्क्रिय क्रिया है, जो समय बीतने के कारण होता है। कुछ मनोवैज्ञानिकों का मत इसके विरुद्ध है। उनका कहना है कि भूलना एक सक्रिय क्रिया (Active process) है और यह समय बीतने के कारण नहीं होता है, वरन् उस समय के भीतर होनेवाली अनेक क्रियाओं के प्रभाव के फलस्वरूप हम किसी विषय को भूल जाते हैं। जैसा कि वुडवर्थ ने कहा है, "समय स्वतः मस्तिष्क के ऊपर छूटे हुए स्मृति-चिह्न को नहीं मिटा सकता, प्रत्युत किसी विषय को सीखने और प्रत्याह्वान करने के समय से बीच की अवधि में होनेवाली भिन्न-भिन्न क्रियाओं का प्रभाव स्मृति-चिह्न पर पड़ता है। फलतः स्मृति-चिह्न मस्तिष्क से मिटते जाते हैं और हम उस विषय को भूलते जाते हैं।"[2]

मनोविश्लेषण के मननशील विद्वान् सिगमण्ड फ्रायड (Sigmund Freud) ने भी भूलने को एक सक्रिय क्रिया माना है। उनका कहना है कि भूलना सर्वदा काल-व्यवधान के ही कारण नहीं होता, वरन् यह एक सक्रिय क्रिया है, जो किसी विषय को भूल जाने की प्रबल इच्छा के कारण उत्पन्न होता है। हम प्रायः अपने अप्रिय अनुभवों को भुला देना चाहते हैं, इसलिए उन्हें भूल जाते हैं। दुःखद एवं अप्रिय घटनाओं तथा अनुभूतियों को हम दबा देते हैं, उन्हें चेतना में नहीं रहने देना चाहते। फलतः वे घटनाएँ अथवा अनुभूतियाँ अचेतन में चली जाती हैं। अतएव यह स्पष्ट है कि दुःखद एवं अप्रिय घटनाओं तथा अनुभूतियों का दमन (Repression) ही भूलने का कारण है। किसी विषय को भूलने में व्यक्ति-विशेष का हाथ रहता है; क्योंकि भूलने से उसके अभिप्राय की सिद्धि होती है और फलतः वह आत्मरक्षा का अनुभव करता है। इसलिए फ्रायड ने भूलने की क्रिया को सक्रिय (Active), साभिप्राय (Purposive) और रक्षात्मक (Protective) कहा है।

उपर्युक्त विवेचन से स्पष्ट है कि भूलना एक निष्क्रिय क्रिया नहीं, बल्कि एक सक्रिय क्रिया है। कारण, जिस काल-व्यवधान के आधार पर इसे निष्क्रिय क्रिया कहा जाता है, उस काल-व्यवधान की अवधि यों ही नहीं व्यतीत होती, बल्कि उसमें अनेक प्रकार की क्रियाएँ होती रहती हैं, जिनका प्रभाव स्मृति-चिह्न पर पड़ता रहता है। फलस्वरूप वह स्मृति-चिह्न मस्तिष्क से मिटता जाता है और हम उसे भूल जाते हैं। अतएव यह निष्कर्ष अधिक युक्तिसंगत जान पड़ता है कि भूलना निष्क्रिय नहीं, बल्कि एक सक्रिय क्रिया है।

भूलने के कारण

1. विषय की निरर्थकता–प्रयोगात्मक अध्ययनों के आधार पर यह कहा जा सकता है कि सार्थक विषयों की अपेक्षा निरर्थक विषय अति शीघ्र भूल जाते हैं। कारण,

निरर्थक विषयों की गहरी छाप मस्तिष्क पर नहीं पड़ने पाती तथा दृढ़ रूप में उन विषयों का साहचर्य पूर्व-अनुभूतियों के साथ स्थापित नहीं हो पाता। फलतः कालक्रम में उन विषयों के स्मृति-चिह्न मस्तिष्क से मिटते जाते हैं और अन्ततोगत्वा हम उन विषयों को भूल जाते हैं। इसके सिवा, निरर्थक विषयों का व्यक्ति के जीवन के साथ किसी भी तरह का सम्बन्ध स्थापित नहीं हो पाता। फलस्वरूप उन विषयों का मानसिक पर्यवेक्षण (Mental review) भी नहीं हो पाता। ऐसी अवस्था में निरर्थक विषयों का भूल जाना स्वाभाविक ही है।

2. पाठ्य-विषय की लम्बाई का प्रभाव–प्रयोगों के आधार पर यह कहा जा सकता है कि यदि लम्बे और छोटे विषय समान रूप से याद कर लिये जाएँ, तो छोटे विषय लम्बे विषय की अपेक्षा जल्दी भूल जाएँगे। एबिंगहौस के द्वारा किए गए प्रयोगों से यही बात प्रमाणित होती है। अन्य प्रयोगकर्त्ता भी इसी निष्कर्ष पर पहुँचे हैं। पाठक को यह बात आश्चर्यजनक लग सकती है कि छोटे विषय जल्दी भूल जाएँ और बड़े विषय अधिक दिनों तक याद रह जाएँ। किन्तु, उनका यह आश्चर्य शीघ्र ही दूर हो जाएगा, यदि वे इस बात पर विचार कर लें कि लम्बे विषय को याद करने में अधिक अध्ययन की आवश्यकता पड़ती है तथा छोटे विषय कम अध्ययन में ही अतिशीघ्र याद हो जाते हैं। अधिक अध्ययन के कारण लम्बे विषयों की गहरी छाप मस्तिष्क पर पड़ जाती है। अतः वे जल्दी नहीं भूलते। इसके विपरीत, छोटे विषय अतिशीघ्र याद हो जाते हैं; इसलिए उनकी हल्की छाप मस्तिष्क पर पड़ती है। फलतः वे अतिशीघ्र भूल भी जाते हैं। इसके अतिरिक्त, छोटे विषय को याद करने में विशेष प्रयत्न की आवश्यकता नहीं पड़ती; किन्तु बड़े विषय को याद करने के लिए विशेष रूप से प्रयास करना पड़ता है। याद करनेवाला व्यक्ति लम्बे विषय के सभी अंगों में उनके अर्थ के आधार पर सम्बन्ध स्थापित कर लेता है। फलतः उस विषय के अपेक्षाकृत स्थायी स्मृति-चिह्न मस्तिष्क पर अंकित हो जाते हैं। अतएव लम्बे विषय जल्दी नहीं भूलते तथा छोटे विषय शीघ्र ही भूल जाते हैं।

3. अविराम-रीति द्वारा सीखना–सीखने की विधियों का उल्लेख करते हुए यह बतलाया जा चुका है कि अविराम-रीति के द्वारा सीखा हुआ विषय जल्द भूल जाता है। कारण, इस रीति के अनुसार सीखे हुए विषय के स्मृति-चिह्न मस्तिष्क पर दृढ़ रूप से अंकित नहीं हो पाते। बिना विराम के एक ही बार में किसी विषय को सीख लेने से उस विषय के मानसिक पर्यवेक्षणता का अवसर नहीं मिलता। फलतः उस विषय की छाप मस्तिष्क पर दृढ़ रूप से अंकित नहीं हो पाती। अतएव वह विषय शीघ्र ही भूल जाता है। इसके विपरीत, जिस विषय को विराम दे-देकर सीखा जाता है, वह जल्द नहीं भूलता; क्योंकि उसकी गहरी छाप मस्तिष्क पर पड़ी रहती है। एबिंगहौस के द्वारा किए गए प्रयोगों से भी यह बात प्रमाणित होती है, अर्थात् अविराम-रीति द्वारा सीखे गए विषय विराम-रीति द्वारा सीखे गए विषय की अपेक्षा

जल्द भूल जाते हैं।

4. 'अल्प रूप से सीखना'–जब कोई विषय पूर्ण रूप से नहीं सीखा जाता, तब वह जल्द भूल जाता है। जब किसी विषय को साधारणतः सीख लेने के बाद भी हम उसे पूर्व-उत्साह के साथ ही पढ़ते जाते हैं, तब वह अच्छी तरह सीख लिया जाता है। इसे मनोवैज्ञानिक शब्दों में 'विशेष रूप से सीखना' (Over learning) कहते हैं। इस प्रकार यह स्पष्ट है कि सीखना दो तरह का होता है–1. अल्प रूप से सीखना, और 2. विशेष रूप से सीखना। जब हम साधारणतः किसी विषय को अच्छी तरह सीखने के कुछ पहले ही छोड़ देते हैं, तब उस विषय का 'अल्प रूप से सीखना' (Under learning) होता है। 'अल्प रूप से सीखना' भूलने का प्रधान कारण है। अल्प रूप से सीखने में सीखे गए विषय के स्मृति-चिह्न दृढ़ रूप से अंकित नहीं हो पाते। अतएव वे शीघ्र ही मस्तिष्क से मिटने लगते हैं। फलतः हम उस विषय को भूल जाते हैं। इसके विपरीत, विशेष रूप से सीखने में सीखे गए विषय के स्मृति-चिह्न मस्तिष्क पर दृढ़ रूप से अंकित हो जाते हैं। फलतः उस विषय को हम जल्द नहीं भूल पाते। मनोवैज्ञानिक प्रयोगों से सिद्ध है कि 'अल्प रूप से सीखना', भूलने का प्रधान कारण है।

5. सीखने के बाद शीघ्र ही सो जाने का प्रभाव–क्या सोई हुई अवस्था में भूलना धीरे-धीरे होता है? इस प्रश्न की जाँच जेन्किन्स (Jenkins) और डेलेनबैक (Dallenbach) ने प्रयोग के आधार पर की। उन्होंने दो विद्यार्थियों को 10 निरर्थक शब्द-खण्डों की सूचियाँ सीखने के लिए दीं। सीख लेने के कुछ घण्टों के बाद उनके प्रत्याह्वान की परीक्षा की गई। सीखने और प्रत्याह्वान करने के बीच के समय को विद्यार्थियों ने या तो सोने में बिताया या दिन के कार्यों में। इस प्रयोग में यह पाया गया कि सीखने के बाद शीघ्र ही सो जाने से भूलने की क्रिया बहुत धीरे-धीरे हुई और सीखने के बाद दिन के कार्यों में लग जाने से भूलने की क्रिया बड़ी तेजी से हुई। अपने प्रयोग के आधार पर प्राप्त इस निष्कर्ष की व्याख्या करते हुए जेन्किन्स और डेलेनबैक ने कहा कि "भूलना सिर्फ मस्तिष्क पर अंकित पुराने चिह्न अथवा पुराने साहचर्य का मिटना ही नहीं है, बल्कि उससे कहीं अधिक नई क्रियाओं के द्वारा मस्तिष्क पर अंकित पुराने चिह्न अथवा पुराने साहचर्य में बाधा का उपस्थित होना है।"[3]

जब हम किसी विषय को सीखने के बाद शीघ्र ही दूसरे काम में लग जाते हैं, तब नए कार्य पुराने सीखे हुए विषय के मस्तिष्क पर दृढ़ रूप से अंकित होने में बाधा पहुँचाते हैं। फलतः हम उस विषय को भूल जाते हैं। किन्तु जब हम किसी विषय को सीखने के बाद शीघ्र ही सो जाते हैं, तब सीखे हुए विषय की छाप मस्तिष्क में दृढ़ हो जाती है। फलस्वरूप भूलने की क्रिया जल्द शुरू नहीं होती, क्योंकि सोई हुई अवस्था में अन्य क्रियाओं द्वारा बाधा उपस्थित होने की गुंजाइश बहुत कम हो जाती है।

पृष्ठोन्मुख अवरोध (Retroactive Inhibition)–पहले कहा जा चुका है कि यदि किसी विषय के सीखने और उसके प्रत्याह्वान के समय के बीच की अवधि में कोई अन्य मानसिक क्रिया हो, तो वह पहले सीखे हुए विषय के प्रत्याह्वान को कमजोर करती है अथवा उसमें बाधा उपस्थित करती है। इसे ही पृष्ठोन्मुख अवरोध कहते हैं। पृष्ठोन्मुख अवरोध भूलने का एक प्रधान कारण है। मान लीजिए कि यदि कोई विषय किसी को सीखने के लिए दिया जाए और आधे घण्टे के बाद उसके प्रत्याह्वान की परीक्षा की जाए, तो सीखने के समय और प्रत्याह्वान के समय के बीच की अवधि को वह दो तरह से बिता सकता है–एक तो विश्राम में और दूसरे अन्य मानसिक क्रियाओं में। मनोवैज्ञानिक प्रयोगों के आधार पर यह पाया गया है कि जब किसी विषय के सीखने के समय और प्रत्याह्वान के समय के बीच की अवधि को विश्राम में बिताया जाता है, तब प्रत्याह्वान अच्छा होता है। इसके विपरीत, यदि उस अवधि को अन्य मानसिक क्रियाओं में बिताया जाता है, तो प्रत्याह्वान अच्छा नहीं होता। उस सीखे हुए विषय की अनेक बातें भूल जाती हैं। उदाहरणस्वरूप मूलर और पिलजेकर (Muller and Pilzecker) द्वारा किए गए प्रयोग के फलों को नीचे उद्धृत किया जाता है–

सीखना	विश्राम	प्रत्याह्वान	56 प्रतिशत
सीखना	अन्य मानसिक क्रिया	प्रत्याह्वान	26 प्रतिशत

उपर्युक्त तालिका से स्पष्ट है कि सीखने तथा प्रत्याह्वान के समय के बीच की अवधि में विश्राम की अपेक्षा अन्य मानसिक क्रिया के होने से 30 प्रतिशत अधिक बातें भूल गईं। इसकी व्याख्या करते हुए यह कहा जा सकता है कि सीखने और उसके प्रत्याह्वान के समय के बीच की अवधि में जो अन्य मानसिक क्रियाएँ होती हैं, वे सीखे हुए विषय के प्रत्याह्वान में बाधा पहुँचाती हैं। फलतः पहले सीखे हुए विषय की अधिकांश बातें प्रत्याह्वन करते समय भूल जाती हैं। किन्तु जब सीखने तथा प्रत्याह्वान के समय के बीच की अवधि में विश्राम किया जाता है, तब प्रत्याह्वान के होने की सम्भावना बढ़ जाती है; क्योंकि पहले सीखे हुए विषय की छाप मस्तिष्क पर दृढ़ रूप से अंकित हो जाती है। इस सम्बन्ध में कई मनोवैज्ञानिक सिद्धान्तों की स्थापना की गई है, जिनका उल्लेख यहाँ अभीष्ट नहीं है।

पृष्ठोन्मुख अवरोध के सम्बन्ध में किए गए अनेक प्रयोगों के आधार पर यह पाया गया है कि जब किसी विषय को सीखने के बाद हम शीघ्र ही दूसरी मानसिक क्रिया में लग जाते हैं, तब पृष्ठोन्मुख अवरोध की सम्भावना अधिक हो जाती है। दूसरी प्रधान बात यह है कि जब हम किसी एक विषय को सीख लेने के बाद उससे मिलता-जुलता कोई दूसरा विषय सीखते हैं और पहले सीखे हुए विषय का प्रत्याह्वान करने लगते हैं, तब उसकी अधिकांश बातें भूल जाती हैं। इससे स्पष्ट है कि समान विषयों में पृष्ठोन्मुख अवरोध अधिक होता है। उदाहरण के लिए,

निरर्थक शब्द-खण्ड की एक सूची सीख लेने के बाद यदि निरर्थक शब्द-खण्डों की दूसरी सूची सीखी जाती है, तो पहले सीखी हुई निरर्थक शब्द-खण्डों की सूची के प्रत्याह्वान में अत्यधिक बाधा पहुँचाती है। कारण, दोनों ही विषय बहुत कुछ एक ढंग के हैं–दोनों ही निरर्थक शब्द-खण्डों की सूचियाँ हैं। अतः दोनों में अत्यधिक समानता है।

7. अप्रिय अनुभूतियों का दमन (Repression of Unpleasant Experiences)–फ्रायड ने अपनी पुस्तक 'साइकोपैथोलॉजी ऑफ एवरीडे लाइफ' (Psycho-pathology of Everyday Life) में स्पष्ट रूप से उल्लेख किया कि हम किसी विषय को इसलिए भूल जाते हैं कि उसे भुलाने की हमारी प्रबल इच्छा रहती है। आगे उन्होंने यह बतलाया कि हम प्रायः अपनी अप्रिय अथवा दुःखद अनुभूतियों को ही भूलते हैं, क्योंकि उन्हें भूल जाने की हमारी प्रबल इच्छा रहती है। फलतः उन अनुभूतियों का दमन हो जाता है और वे चेतना से हट जाती हैं। इस प्रकार, स्पष्ट है कि जीवन की अप्रिय अनुभूतियाँ प्रिय अनुभूतियों की अपेक्षा जल्द भूल जाती हैं। इसके पक्ष में कई प्रयोगात्मक प्रमाण भी मिलते हैं। यहाँ दो-एक प्रयोगों का उल्लेख कर देना आवश्यक जान पड़ता है।

जर्सिल्ड (Jersild) ने सन् 1931 ई. में एक प्रयोग किया। उनके प्रयोग का लक्ष्य यह जानना था कि क्या जीवन की अप्रिय घटनाएँ अथवा अनुभूतियाँ प्रिय घटनाओं अथवा अनुभूतियों की अपेक्षा जल्द भूल जाती हैं? उन्होंने कॉलेज के 51 विद्यार्थियों के ऊपर प्रयोग किया। विद्यार्थियों को कागज का एक टुकड़ा दे दिया गया और उस पर पिछले तीन सप्ताहों की सारी अप्रिय अनुभूतियों का प्रत्याह्वान कर लिखने को कहा गया। इसी प्रकार, उन्हें पुनः कागज का एक टुकड़ा देकर उस पर पिछले तीन सप्ताहों की सारी अप्रिय अनुभूतियों का प्रत्याह्वान कर लिखने को कहा गया। 21 दिनों के बाद फिर उन विद्यार्थियों को उन्हीं तीन सप्ताहों की सारी प्रिय एवं अप्रिय अनुभूतियों का प्रत्याह्वान कर लिखने को कहा गया, जिन्हें वे पहले लिख चुके थे। प्रयोगकर्त्ता ने पहले प्रत्याह्वान से 21 दिनों के बाद के प्रत्याह्वान की तुलना की और इस तुलनात्मक अध्ययन के आधार पर उन्हें निम्नांकित बातें मिलीं–

	प्रिय अनुभूतियाँ	अप्रिय अनुभूतियाँ
प्रथम प्रत्याह्वान	16.35 प्रतिशत	13.7 प्रतिशत
21 दिनों के बाद का प्रत्याह्वान	7 प्रतिशत	3.14 प्रतिशत

अपने प्रयोग के फलों के आधार पर जर्सिल्ड इस निष्कर्ष पर पहुँचे कि अप्रिय घटनाएँ अथवा अनुभूतियाँ, प्रिय घटनाओं अथवा अनुभूतियों की अपेक्षा जल्द भूल जाती हैं। अपने निष्कर्ष की व्याख्या करते हुए उन्होंने बतलाया कि अधिकांश अप्रिय बातें इसलिए भूल जाती हैं कि मनुष्य उनका मानसिक पर्यवेक्षण नहीं करता, वरन्

अपने मस्तिष्क से उन्हें निकाल फेंकना चाहता है। वस्तुतः उनकी यह व्याख्या अत्यन्त समुचित जान पड़ती है। प्रतिदिन के जीवन में यह पाया जाता है कि मनुष्य प्रायः अपनी प्रियतमा के प्रेम-पत्र को जल्द नहीं भूलता, लेकिन अपमानजनक बात को भूल जाता है। कारण यह है कि वह प्रेम-पत्र को बार-बार पढ़ता है, उसका मानसिक पर्यवेक्षण करता है, किन्तु अपमानजनक बात को जल्द-से-ज़ल्द मस्तिष्क से निकाल फेंकना चाहता है, उसे भुला देना चाहता है–

कौक (Koch) ने भी इस सम्बन्ध में एक प्रयोग किया। कौक के प्रयोग के फल भी जर्सिल्ड के फल के ही समान है। उन्होंने कुछ व्यक्तियों को प्रिय अथवा अप्रिय शब्दों की सूचियाँ सीखने के लिए दीं। तत्पश्चात् उनके प्रत्याह्वान की जाँच की। प्रयोग के आधार पर निम्नांकित फल पाए गए–

	अति प्रिय शब्द	प्रिय शब्द	अति अप्रिय शब्द	अप्रिय शब्द
प्रत्याह्वान	52%	41%	32%	32%

कौक ने यह पाया कि अधिकांश व्यक्ति अपनी प्रिय अनुभूतियों को ही याद रखते हैं तथा अप्रिय अनुभूतियों को भूल जाते हैं। किन्तु कुछ ऐसे व्यक्ति भी हैं, जो अपनी अप्रिय अनुभूतियों को प्रिय अनुभूतियों की अपेक्षा अधिक याद रखते हैं।

उपर्युक्त प्रयोगों के फलों से इस बात की पुष्टि हो जाती है कि मनुष्य अप्रिय घटनाओं अथवा अनुभूतियों को प्रिय घटनाओं अथवा अनुभूतियों की अपेक्षा जल्द भूल जाता है।

स्मृति-शिक्षण
(Memory-training)

स्मृति-शिक्षण के सम्बन्ध में एक महत्त्वपूर्ण प्रश्न यह है–"क्या शिक्षण के द्वारा स्मृति सुधारी जा सकती है?" परम्परागत लोग ऐसा मानते थे कि शिक्षण से स्मृति सुधारी जा सकती है। किन्तु विलियम जेम्स ने इस विचार का खण्डन किया है। उन्होंने यह बतलाया है कि धारण की क्रिया (Retention) एक शारीरिक गुण अथवा विशेषता है। अतएव व्यक्ति की शारीरिक बनावट, अवस्था एवं स्वास्थ्य के अनुसार धारण-क्रिया में परिवर्तन सम्भव है, किन्तु शिक्षण से स्मृति नहीं सुधारी जा सकती। स्पष्ट है कि शारीरिक बनावट, अवस्था एवं स्वास्थ्य के कारण धारण-क्रिया में कमी-बेशी हो सकती है। किन्तु शिक्षण का स्मृति के ऊपर कोई प्रभाव नहीं पड़ता। विलियम जेम्स ने इस सम्बन्ध में अनेक प्रयोग किए हैं। अपने प्रयोगों के आधार पर वे इस निष्कर्ष पर पहुँचे हैं कि धारण-क्रिया के ऊपर शिक्षण का कोई प्रभाव नहीं पड़ता। स्मृति में जो कुछ उन्नति दीख पड़ती है, वह स्मरण करने की अच्छी रीतियों के कारण, न कि स्मृति-शिक्षण के कारण। तात्पर्य यह है कि यदि स्मरण करने की विधि उपयुक्त हो, तो स्मृति में उन्नति जान पड़ेगी। जैसा कि विलियम जेम्स ने स्वयं कहा है–"स्मृति के सभी प्रकार के सुधार तथ्यों के ग्रहण करने की व्यक्ति

की अभ्यासजन्य रीतियों के सुधार में ही निहित रहते हैं।"[4]

जब किसी विषय को सीखते समय उपयुक्त विधियों का प्रयोग किया जाता है, तब उस विषय की स्मृति अच्छी होती है। फलतः स्मृति में उन्नति दीख पड़ती है। किन्तु हम जैसे ही उपयुक्त विधियों के द्वारा सीखना छोड़ देते हैं, वैसे ही हमारी स्मृति भी पहले की तरह ही हो जाती है, उसमें आई हुई उन्नति एकाएक मिट जाती है। इस सम्बन्ध में कॉलेज के कुछ विद्यार्थियों के ऊपर एक प्रयोग किया गया। उन सभी विद्यार्थियों को दो समुदायों में बाँटा गया। पहले समुदाय के विद्यार्थियों को कई प्रकार के विषय अच्छी तरह सिखलाए गए। फिर उन्हीं विषयों के समान अन्य विषय सीखने को दिए गए। किन्तु उनकी स्मृति में किसी प्रकार का सुधार नहीं पाया गया। दूसरे समुदाय के विद्यार्थियों ने सीखते समय सीखने की उपयुक्त रीतियों का उपयोग किया। फलतः जब उन्हें फिर दूसरा विषय सीखने को दिया गया, तब उनकी स्मृति में पर्याप्त उन्नति पाई गई। इस प्रयोग से स्पष्ट है कि सीखने की उपयुक्त रीतियों के उपयोग से स्मृति उन्नत जान पड़ सकती है। कुछ ऐसी प्रमुख रीतियों का नीचे उल्लेख किया जा रहा है–

1. किसी विषय को निश्चित लक्ष्य से अनुप्रेरित होकर पढ़ना तथा उसमें अभिरुचि का होना।
2. मानसिक पर्यवेक्षण (Mental review) का सहारा लेना।
3. पूर्ण रीति (Whole method) द्वारा किसी विषय को सीखना।
4. विराम-रीति (Spaced method) द्वारा किसी विषय को सीखना।
5. पाठ्य-विषय को बार-बार दुहराना।
6. किसी विषय को सीखने के बाद विश्राम करना और इस प्रकार पृष्ठोन्मुख अवरोध (Retroactive inhibition) से बचना।
7. पाठ्य-विषय को जीवन के लक्ष्य अथवा जीवन-परिस्थिति से सम्बद्ध करके सीखना।
8. किसी विषय को सीखते समय प्रतिमाओं (Images) का उपयोग करना।
9. नए सीखे हुए पाठ्य-विषय को पुराने सीखे हुए पाठ्य-विषय से सम्बद्ध करना, अर्थात् साहचर्य का उपयोग करना।
10. लय (Rhythm) का उपयोग कर किसी विषय को सीखना।
11. मानसिक सतर्कता (Mental alertness) एवं आत्म-विश्वास (Self-confidence) के साथ किसी विषय को सीखना।

सन्दर्भ

1. "Recall is very largely not recall at all, and can never be described even half correctly by calling it reproduction. It is rather a construction, not a reconstruction, a construction of a certain result that is accepted in place of

the original, and far from a reconstruction of past preception."

—Kuhalmann.

2. "When we speak of forgetting as due to the lapse of time; we do not really mean that mere time does anything to the trace. Time is not a force or agency, only the processes that go on in time accomplish results."

—Woodworth, R.S. : Experimental psychology, p. 52.

3. Forgetting is not so much a matter of the decay of the old impression and association as it is a matter of the interference inhibition or obliteration of the old by the new. —Jenkins and Dallenbach.

4. "All improvement of memory consists, then, in the improvement of habitual methods of recording facts." —William James.

9

प्रतिमा और कल्पना

प्रत्यक्षीकरण के अध्याय में बतलाया जा चुका है कि वस्तु अथवा परिस्थिति के प्रत्यक्षीकरण के लिए बाह्य उत्तेजना, संवेदना तथा पूर्व-अनुभूति आवश्यक है। बिना बाह्य उत्तेजना के संवेदना नहीं उत्पन्न हो सकती और बिना संवेदना के प्रत्यक्षीकरण की क्रिया नहीं सम्पन्न हो सकती। किन्तु बाह्य मौलिक उत्तेजना तथा संवेदना की अनुपस्थिति में भी पूर्व-प्रत्यक्षीकरण की स्मृति हो सकती है। पूर्व-प्रत्यक्षीकरण की वह स्मृति पूर्ण भी हो सकती है तथा आंशिक भी; अर्थात् कभी तो यह सम्भव है कि पूर्व-प्रत्यक्षीकरण का पूर्ण रूप से प्रत्याह्वान हो और कभी सिर्फ उसके कुछ अंशों का ही प्रत्याह्वान हो। वस्तुतः जब किसी वस्तु अथवा परिस्थिति की अनुपस्थिति में उनकी स्मृति होती है, तब उसकी बहुत-सारी विशेषताएँ हमारे सामने प्रतिमा के रूप में आ जाती हैं। उदाहरण के लिए, जब हम पूर्वानुभूत खेल का स्मरण करते हैं, तब स्वभावतः खेल के मैदान के दृश्य हमारे सामने आ जाते हैं। सम्भव है कि खेल के मैदान के सभी दृश्य स्मृति में न भी आ सकें; और सम्भवतः कुछ ऐसे दृश्य भी स्मृति में आ जाएँ, जो वस्तुतः उस खेल के मैदान में नहीं थे। अतः यह कहा जा सकता है कि प्रतिमा पूर्व-प्रत्यक्षीकरण का प्रत्याह्वान-मात्र नहीं है। उसमें कुछ पूर्व-प्रत्यक्षीकरण की बातें तथा कुछ नई बातें भी होती हैं। वास्तव में, प्रतिमा वह नवीन चेतन स्मृति है, जिसमें बाह्य मौलिक उत्तेजना (External original stimuls) के अनुपस्थित रहने पर पूर्व-प्रत्यक्षीकरण का पूर्ण अथवा आंशिक रूप में प्रत्याह्वान होता है।

प्रतिमाओं का स्वरूप
(Nature of Images)

मनुष्य के मानसिक जीवन से प्रतिमा का घनिष्ठ सम्बन्ध है। इसीलिए तो साहित्य में भी इसकी अत्यधिक चर्चा पाई जाती है। जर्मन कवि गेटे (Goethe) प्रायः कहा

करते थे कि जब कभी वे अपनी आँखें बन्द कर गुलाब के फूल के सम्बन्ध में सोचने लगते थे, तब उन्हें ऐसा जान पड़ता था, मानो वे गुलाब के फूल की प्रस्फुटित होनेवाली पंखुड़ियों को साक्षात् रूप से देख रहे हों। स्पष्ट है कि गुलाब का फूल गेटे के सामने दृष्टि-प्रतिमा (Visual image) के रूप में चला आता था। प्रसिद्ध संगीतज्ञ बीथोवेन (Beethoven) के सम्बन्ध में कहा जाता है कि बहरा होने के बाद उन्होंने अनेक मधुर गानों की रचना की। इस उक्ति की पुष्टि में यह कहा जा सकता है कि जब कभी बीथोवेन मधुर गानों के सम्बन्ध में सोचने लगते थे, तब उनके सामने मधुर गानों की प्रबल एवं स्पष्ट स्वर-प्रतिमाएँ (Auditory images) आ जाती थीं।

प्रतिमा वस्तु-ज्ञान से भिन्न होती है। किसी वस्तु का ज्ञान प्राप्त कर उसका वर्णन करना कुछ और है तथा उसका प्रतिमा के रूप में अनुभव करना कुछ और ही। बिना प्रतिमा के भी अतीत की घटनाओं का स्पष्ट रूप से वर्णन हो सकता है। वाटिका की प्रतिमा के बिना भी कोई अपनी वाटिका की दूरी, उसके आकार, फूल, पेड़-पौधे आदि का वर्णन कर सकता है। ये दोनों एक-दूसरे से भिन्न क्रियाएँ जान पड़ती हैं।

प्रतिमा, पूर्व-प्रत्यक्षीकरण का प्रत्याह्वान कही जाती है। इससे यह भ्रम उत्पन्न हो सकता है कि प्रतिमा पूर्व-अनुभूति का अनुकरण-मात्र है। वस्तुतः कोई भी प्रतिमा पूर्व-अनुभूति का अनुकरण-मात्र नहीं होती, वरन् वह रचनात्मक स्वभाव (Creative nature) की होती है। इसे रचनात्मक इसलिए कहा जाता है कि पूर्वानुभूत घटनाओं की सभी बातें प्रतिमा में नहीं आतीं, प्रत्युत इसमें पूर्वानुभूत घटनाओं की भी कुछ बातें रहती हैं और कुछ नई बातें भी जोड़ दी जाती हैं। प्रतिमा में नई बातें जोड़ते समय व्यक्ति अपनी अभिरुचि एवं मानस-वृत्ति से प्रभावित होता है। इससे स्पष्ट है कि प्रतिमा दो बातों से प्रभावित होती है—एक तो व्यक्ति की अभिरुचि एवं मानस-वृत्ति से तथा दूसरी उसकी अनुभूति से।

मनुष्य को प्रायः दृष्टि-प्रतिमा का ही अधिक अनुभव होता है। किन्तु इससे यह भ्रम नहीं उत्पन्न होना चाहिए कि प्रतिमा केवल दृष्टि-सम्बन्धी ही होती है। वास्तविकता तो यह है कि जितनी प्रकार की संवेदनाएँ होती हैं, उतनी ही प्रकार की प्रतिमाओं का भी अनुभव हो सकता है। दृष्टि-प्रतिमा की तरह हम श्रवण-प्रतिमा, घ्राण-प्रतिमा, स्पर्श-प्रतिमा आदि का भी अनुभव कर सकते हैं। सामान्यतः सभी व्यक्ति सभी प्रतिमाओं का अनुभव कर सकते हैं। किन्तु तुलनात्मक दृष्टि से यह कहा जा सकता है कि मानव-जीवन में अन्य प्रतिमाओं की अपेक्षा दृष्टि-प्रतिमाओं की अधिकता एवं प्रधानता सबसे अधिक है। इसके सिवा, प्रत्येक व्यक्ति प्रतिमा के अनुभव में एक-दूसरे से भिन्न हुआ करता है। किसी को दृष्टि-प्रतिमा का अधिक अनुभव होता है, तो किसी को श्रवण-प्रतिमा का। वैसे ही, किसी को घ्राण-प्रतिमा का अधिक अनुभव होता है, तो किसी को स्पर्श-प्रतिमा का।

प्रतिमाओं की विशेषताएँ
(Characteristics of Images)

प्रतिमाओं के सम्बन्ध में अनेक मनोवैज्ञानिक प्रयोग हुए हैं। उनसे प्रतिमाओं की विशेषताओं का ज्ञान प्राप्त होता है। प्रतिमाओं की चार विशेषताएँ हैं–

1. विस्तृत विवरण की कमी (Lack of Details)–प्रतिमा में पूर्व-अनुभूति का पूर्ण विवरण नहीं मिलता। उसमें पूर्व-अनुभूति की बहुत-सी बातें छूट जाती हैं और कुछ नई बातें भी जुट जाती हैं। उदाहरण के लिए, यदि कोई पूर्वानुभूत चाय पार्टी की प्रतिमा अपनी स्मृति में लाए, तो सम्भवतः उसकी सभी बातें प्रतिमा में नहीं आ सकेंगी और कुछ ऐसी बातें भी आ जाएँगी, जिनका वास्तव में उसने अनुभव नहीं किया था। कदाचित् उसकी प्रतिमा में यह बात आ सकती है कि चाय-पार्टी अमुक स्थान पर हुई थी और उसमें कुछ विशेष लोग आमन्त्रित थे। किन्तु उसका पूर्ण विवरण, जैसे कमरे के दरवाजे पर टँगे हुए पर्दे का रंग, कमरे की खिड़कियों की संख्या, प्लेट के आकार तथा रंग, दीवार पर टँगे हुए अनेक चित्र आदि पूर्वानुभूत बातें सम्भवतः उसकी प्रतिमा में नहीं आ सकेंगी।

2. स्थिरता की कमी (Lack of Stability)–प्रतिमा स्थिर नहीं होती। वह अत्यन्त ही चंचल होती है। वह बहुत जल्दी-जल्दी बदलती रहती है। मनुष्य के सामने कोई प्रतिमा आती है और देखते-देखते चली जाती है। कुछ ही समय के भीतर कई प्रतिमाओं का अनुभव हो जाता है। प्रतिमाओं का यह परिवर्तन सादृश्य, विरोध आदि साहचर्य-नियमों के अनुसार होता है।

3. स्पष्टता की कमी (Lack of Clearness)–प्रतिमा से पूर्वानुभूत घटना अथवा परिस्थिति स्पष्ट रूप से नहीं आती। उसकी हल्की झाँकी अथवा धुँधली छाया-मात्र का ही अनुभव होता है। कभी-कभी दृष्टि-प्रतिमा में व्यक्ति को पूर्वानुभूत वस्तु स्पष्ट रूप से नहीं दीख पड़ती, किन्तु उसका आभास मिलता है, उसके आकार तथा रूप-रंग का अस्पष्ट अनुभव होता है।

4. तीव्रता की कमी (Lack of Intensity)–प्रतिमा में पूर्वानुभूत तीव्रता का अभाव पाया जाता है। उदाहरण के लिए, जब पूर्वानुभूत बादलों के गर्जन का प्रतिमा के रूप में अनुभव होता है, तब उनमें पूर्व की भाँति तीव्रता नहीं पाई जाती। उसी प्रकार, तीव्र प्रकाश की प्रतिमा भी उतनी तीव्र नहीं जान पड़ती।

प्रत्यक्ष तथा प्रतिमा में अन्तर
(Differences between Percept and Image)

1. प्रत्यक्ष तथा प्रतिमा में सर्वप्रथम अन्तर यह है कि प्रत्यक्ष के लिए बाह्य उत्तेजना की उपस्थिति अनिवार्य है, किन्तु प्रतिमा के लिए बाह्य उत्तेजना की आवश्यकता

नहीं होती। यदि कोई गुलाब के फूल का प्रत्यक्षीकरण करना चाहे, तो आवश्यक है कि उसके सामने गुलाब का फूल उत्तेजना के रूप में उपस्थित हो। किन्तु गुलाब के फूल की प्रतिमा तो एकान्त कमरे में बैठे-बैठे भी आ सकती है, उसकी उपस्थिति की कोई आवश्यकता नहीं पड़ती। वस्तुतः प्रतिमा का सम्बन्ध मनुष्य की मानव-वृत्ति से होता है, न कि बाह्य उत्तेजना से। किसी भी क्षण मनुष्य की मानस-वृत्ति के अनुकूल पूर्वानुभूत घटनाओं अथवा परिस्थितियों की प्रतिमाओं का अनुभव होता रहता है।

2. तीव्रता के आधार पर भी प्रत्यक्ष तथा प्रतिमा में भेद किया जाता है। इन दोनों में अन्तर बतलाते हुए कहा जाता है कि प्रतिमा की अपेक्षा प्रत्यक्ष अधिक तीव्र अथवा प्रबल होता है। उदाहरणस्वरूप हम सुगन्धित तेल अथवा इत्र के प्रत्यक्ष और उसकी प्रतिमा को ले सकते हैं। सम्भवतः सुगन्धित तेल अथवा इत्र का प्रत्यक्ष उसकी प्रतिमा की अपेक्षा अधिक तीव्र अथवा प्रबल जान पड़ेगा। किन्तु प्रत्यक्ष और प्रतिमा का यह भेद व्यापक नहीं है तथा सभी अवस्थाओं में समान रूप से लागू नहीं होता। प्रत्यक्ष प्रतिमा (Eidetic image) या प्रारम्भिक स्मृति-प्रतिमा (Primary memory-image) के अध्ययन से स्पष्ट है कि यह प्रतिमा प्रत्यक्ष की तरह ही तीव्र अथवा प्रबल होती है।

3. प्रत्यक्ष बाह्य उत्तेजनाओं पर अवलम्बित रहता है। अतः प्रत्यक्ष के लिए ज्ञानेन्द्रियों का बाह्य उत्तेजनाओं के साथ समायोजन आवश्यक है। स्पष्ट है कि प्रत्यक्ष में शारीरिक क्रियाएँ भी सन्निहित रहती हैं। जब किसी के सामने प्रकाश उपस्थित किया जाता है, तब उस प्रकाश के प्रत्यक्षीकरण के लिए व्यक्ति अपनी आँखों को उस ओर ले जाता है जिस ओर से वह प्रकाश आता रहता है। इस प्रकार, शारीरिक गतियों के आधार पर वह अपनी आँखों को प्रकाश के साथ समायोजित कर लेता है, किन्तु प्रतिमा की अनुभूति के लिए ज्ञानेन्द्रियों के समायोजन तथा शारीरिक गतियों की आवश्यकता नहीं पड़ती। कुर्सी पर बैठे-बैठे अथवा बिछावन पर लेटे-लेटे भी प्रकाश की प्रतिमा का अनुभव सहज ही हो जाता है। आँखों को किसी विशेष दिशा की ओर ले जाने की आवश्यकता नहीं पड़ती।

4. प्रत्यक्ष तथा प्रतिमा की प्रतिक्रियाएँ विभिन्न प्रकार से सम्पन्न होती हैं। प्रत्यक्ष की प्रक्रिया ज्ञानेन्द्रियों की उत्तेजना से प्रारम्भ होती है और बृहत् मस्तिष्क के ज्ञानेन्द्रिय-सम्बन्धी विशेष स्नायु-केन्द्रों में जाकर समाप्त हो जाती है। किन्तु प्रतिमा का अनुभव तो बृहत् मस्तिष्क के स्नायु-केन्द्रों के उत्तेजित होने से ही हो जाता है; ज्ञानेन्द्रियों की उत्तेजना की कोई आवश्यकता नहीं होती। उदाहरणस्वरूप, हम संगीत के प्रत्यक्ष तथा उसकी प्रतिमा को ले सकते हैं। संगीत के प्रत्यक्ष के लिए आवश्यक है कि कान उत्तेजित हों और परिणामस्वरूप, वहाँ

उत्पन्न स्नायु-प्रवाह बृहत् मस्तिष्क के श्रवण-केन्द्र में पहुँचे, किन्तु संगीत की प्रतिमा के लिए तो बृहत् मस्तिष्क के श्रवण-केन्द्र का उत्तेजित होना ही पर्याप्त है।

5. प्रत्यक्ष तथा प्रतिमा में अन्तर करते हुए प्रायः यह भी कहा जाता है कि प्रतिमा में पूर्व-प्रत्यक्षीकरण की कुछ बातें आ जाती हैं। अतः यह प्रत्यक्ष की अपेक्षा अस्पष्ट होती है। किन्तु प्रयोगात्मक प्रमाणों के आधार पर यह भेद समुचित नहीं जान पड़ता। प्रयोगात्मक प्रमाण इस पक्ष में हैं कि यद्यपि प्रतिमा में पूर्व-प्रत्यक्षीकरण के कुछ ही अंश आते हैं, फिर भी वह प्रतिमा अस्पष्ट होने के बदले स्पष्ट, निश्चित तथा सार्थक भी हो सकती है।

6. प्रतिमा की अपेक्षा प्रत्यक्ष स्थिर होता है। इसका प्रधान कारण यह है कि प्रत्यक्ष उत्तेजना की उपस्थिति में होता है तथा प्रतिमा का अनुभव उत्तेजना की अनुपस्थिति में होता है। उत्तेजना की अनुपस्थिति के कारण प्रतिमा स्वभावतः अस्थिर एवं चंचल होती है। उदाहरण के रूप में संगीत के प्रत्यक्ष तथा संगीत की प्रतिमा को प्रस्तुत किया जा सकता है। यदि हम लगातार दो-चार घण्टे तक संगीत सुनते रहें, तो संगीत का प्रत्यक्ष होता रहेगा। किन्तु संगीत की प्रतिमा इतनी देर तक नहीं ठहर सकती। वह अत्यन्त चंचल एवं क्षणिक होगी।

7. प्रत्यक्ष में जहाँ व्यक्ति की मनोवृत्ति अपेक्षाकृत वस्तुनिष्ठ (Objective) होती है, वहाँ प्रतिमा में आत्मनिष्ठ (Subjective)। प्रत्यक्ष में व्यक्ति का ध्यान उत्तेजना की विशेषताओं पर अधिक रहता है, किन्तु प्रतिमा तो उसकी मानस-वृत्ति का परिणाम हुआ करती है। फूल के प्रत्यक्ष में जहाँ व्यक्ति का ध्यान प्रधान रूप से उसके रंग, पराग एवं पंखुड़ियों पर होता है, वहाँ फूल की प्रतिमा में उसका ध्यान मानस-वृत्ति के अनुसार उसके विकास एवं नश्वरता पर हो सकता है।

8. प्रतिमा की अपेक्षा प्रत्यक्ष यथार्थ होता है। फलतः प्रत्यक्ष में विस्तृत विवरण (Detail) पाया जाता है, किन्तु प्रतिमा में नहीं। उदाहरण के लिए, यदि कोई अपनी वाटिका के सामने खड़ा हो, तो स्वभावतः उसे भाँति-भाँति के रंग-गन्धयुक्त पुष्प-लताओं का प्रत्यक्ष होगा। किन्तु कुछ दिन बीत चुकने के बाद जब वही व्यक्ति अपनी वाटिका की प्रतिमा का अनुभव करेगा, तो वाटिका की पुष्प-लताएँ विस्तृत रूप में उसके समक्ष नहीं आ पाएँगी।

अन्त में, यह उल्लेख कर देना समुचित जान पड़ता है कि प्रत्यक्ष और प्रतिमा का भेद गुणात्मक नहीं, बल्कि इयत्तात्मक (Quanitative) है। दूसरे शब्दों में, प्रत्यक्ष और प्रतिमा अपने गुणों में एक-दूसरे से भिन्न होने के बदले परिमाण अथवा मात्रा में भिन्न हैं। सम्भव है कि कभी-कभी इतनी सजीव प्रतिमा का अनुभव हो कि उसे प्रत्यक्ष से अलग करना बड़ा कठिन जान पड़े।

प्रतिमाओं के प्रकार
(Kinds of Images)

प्रतिमाएँ कई प्रकार की होती हैं। ज्ञानेन्द्रियों को दृष्टिकोण में रखते हुए प्रतिमाएँ पाँच प्रकार की मानी जा सकती हैं–1. दृष्टि-प्रतिमा (Visual image), 2. श्रवण-प्रतिमा (Auditory image), 3. घ्राण-प्रतिमा (Olfactory image), 4. स्पर्श-प्रतिमा (Tactual image), और 5. स्वाद-प्रतिमा (Gustatory image)। इनके सिवा, मनुष्य अपने जीवन में प्रायः गति-प्रतिमा (Motor image) का भी अनुभव करता है।

उपर्युक्त प्रतिमाओं के अतिरिक्त, प्रत्यक्षीकरण से सादृश्य अथवा विभिन्नता के आधार पर प्रतिमाओं को चार वर्गों में बाँटा जा सकता है–1. अनुबिम्ब (After-image), 2. प्रत्यक्ष-प्रतिमा (Eidetic image), 3. स्मृति-प्रतिमा (Memory image), तथा 4. काल्पनिक-प्रतिमा (Imagination image)।

जहाँ तक ज्ञानेन्द्रिय-सम्बन्धी प्रतिमाओं का प्रश्न है, यह कहा जा सकता है कि इनका अनुभव प्रायः सभी व्यक्तियों को अल्पाधिक मात्रा में होता है। सम्भवतः किसी को दृष्टि-प्रतिमा का अधिक अनुभव होता है, तो किसी को श्रवण-प्रतिमा का। प्रतिमाओं के अनुभव में व्यक्ति-विभिन्नता पाई जाती है। इसके आधार पर प्राचीन मनोवैज्ञानिकों ने व्यक्तियों को कई वर्गों में बाँटा था, जैसे–चाक्षुषी (Visile), श्रावक (Audile) इत्यादि। किन्तु उनका यह वर्गीकरण आधुनिक मनोवैज्ञानिकों को मान्य नहीं है। यह ठीक है कि किसी में दृष्टि-प्रतिमा की प्रधानता होती है, तो किसी में श्रवण-प्रतिमा अथवा स्पर्श-प्रतिमा की। लेकिन, जैसा कि ऊपर कहा जा चुका है, सभी व्यक्तियों को प्रायः सभी प्रतिमाओं का अनुभव होता है। ऐसी अवस्थाओं में प्रतिमाओं के अनुभव के आधार पर व्यक्ति का वर्गीकरण ग्राह्य नहीं हो सकता।

ज्ञानेन्द्रिय-सम्बन्धी प्रतिमाओं की विशद व्याख्या करने की आवश्यकता नहीं जान पड़ती। अतएव संक्षेप में उस पर कुछ प्रकाश डालना ही उद्देश्य है। जब अपने मित्र की अनुपस्थिति में कोई ऐसा अनुभव करता है कि उसका मित्र उसके समक्ष खड़ा है, तब हम कह सकते हैं कि यह उसकी दृष्टि-प्रतिमा है। वैसे ही, यदि किसी को संगीत के अभाव में भी संगीत की मधुर ध्वनि का अनुभव हो, तो उसे श्रवण-प्रतिमा की संज्ञा दी जाएगी। यदि कोई अपनी पत्नी से दूर रहकर भी उसके सुकोमल गात के स्पर्श का अनुभव करे, तो अवश्य ही यह उसकी स्पर्श-प्रतिमा कही जाएगी। यदि सुगन्धित पदार्थ के अभाव में भी किसी को सुगन्धि का अनुभव हो, तो निश्चय ही यह उसकी घ्राण-प्रतिमा कही जाएगी। यदि रसगुल्ले के अभाव में किसी को रसगुल्ले से उत्पन्न स्वाद का अनुभव हो, तो निश्चयपूर्वक कहा जा सकता है कि यह उसकी स्वाद-प्रतिमा है। कभी-कभी मनुष्य अपने कमरे में शान्तिपूर्वक बैठे-बैठे ही खेल के मैदान में दौड़ने का अनुभव कर लेता है। उसका यह अनुभव गति-प्रतिमा का बोधक है।

1. अनुबिम्ब–प्रतिमा पूर्णता तथा यथार्थता में प्रत्यक्षीकरण से भिन्न होती है। इस भिन्नता के आधार पर किए गए प्रतिमाओं के वर्गीकरण पर विचार करना अभीष्ट है।

सर्वप्रथम अनुबिम्बों को लें। भौतिक उत्तेजना के सामने से हट जाने के बाद भी कुछ देर तक उसका अनुभव होते रहना ही अनुबिम्ब कहलाता है। वस्तुतः जब भौतिक उत्तेजना व्यक्ति के सामने से हटा ली जाती है, तो भी उसे कुछ सेकेण्ड अथवा कुछ मिनटों तक उसका अनुभव होता रहता है। उदाहरण के लिए, यदि कोई कुछ देर तक गाना सुनता रहे और फिर गाना बन्द कर दिया जाए, तो भी उसे ऐसा जान पड़ेगा मानो उस गाने की ध्वनि उसके कानों में अभी भी गूँज रही है। वास्तव में, यह उस गाने का अनुबिम्ब है।

अनुबिम्बों की आलोचना करते हुए यह कहा जा सकता है कि वास्तव में अनुबिम्बों को सच्ची प्रतिमाओं की संज्ञा नहीं दी जा सकती। उन्हें अनुसंवेदनाएँ (After sensations) कहना अधिक उपयुक्त होगा। उपर्युक्त उदाहरण से स्पष्ट है कि लगातार कुछ देर तक गाना सुनते रहने के कारण गाना बन्द हो जाने पर भी सुनने की प्रक्रिया कुछ सेकेण्ड अथवा कुछ मिनटों तक चलती रहती है। फलतः गाने की अनुपस्थिति में भी कुछ देर तक उसकी ध्वनि सुनाई पड़ती रहती है अथवा यों कहें कि गाने की संवेदना होती रहती है। अतएव उसे अनुबिम्ब के बदले अनुसंवेदना कहना अधिक उपयुक्त जान पड़ता है।

2. प्रत्यक्ष-प्रतिमा–प्रत्यक्ष-प्रतिमा प्रत्यक्षीकरण के समान ही अत्यन्त स्पष्ट और प्रबल होती है। इसमें पूर्व-प्रत्यक्षीकरण के अधिकांश अंश स्पष्ट रूप से वर्तमान रहते हैं। अन्य प्रतिमाओं की अपेक्षा इसमें सजीवता अधिक पाई जाती है। इस प्रतिमा की विशेषता यह है कि अनुभव करनेवालों को ऐसा जान पड़ता है, मानो वे पूर्वानुभूत घटनाओं अथवा परिस्थितियों का साक्षात् रूप से दर्शन कर रहे हों। इस प्रकार की प्रतिमाओं का अनुभव प्रायः बच्चों को अधिक होता है। मनोवैज्ञानिक अध्ययनों के आधार पर पाया गया है कि कोई-कोई बच्चा पूर्वानुभूत घटना का ऐसा सांगोपांग वर्णन उपस्थित करता है, जिससे यह जान पड़ता है कि वह घटना अभी उसके सामने हो रही हो। प्रौढ़ व्यक्ति को इस प्रकार की प्रतिमा का अनुभव बहुत कम होता है।

यद्यपि प्रत्यक्ष-प्रतिमा अत्यन्त ही स्पष्ट, प्रबल एवं सजीव होती है, फिर भी अन्य प्रतिमाओं की तरह यह भी पूर्व-प्रत्यक्षीकरण की हू-ब-हू नकल नहीं कही जा सकती। इसमें भी पूर्व-प्रत्यक्षीकरण के सभी अंश वर्तमान नहीं रहते और साथ ही कुछ नए अंश भी मिले रहते हैं। अपनी रुचि के अनुकूल बच्चे प्रायः इसमें कुछ नए अंश भी जोड़ देते हैं। प्रत्यक्ष-प्रतिमा के उदाहरणस्वरूप यह कहा जा सकता है कि जब कोई व्यक्ति शाम को पढ़ने के बाद सोने के निमित्त बिछावन पर जाता

है, तब उसके सामने पुस्तक की स्पष्ट प्रतिमा आ जाती है। वैसे ही, संगीत सुनने के बाद बहुत देर तक संगीत की ध्वनि स्पष्ट रूप से कानों में गूँजती रहती है। वस्तुतः यह प्रत्यक्ष-प्रतिमा ही तो है।

3. **स्मृति-प्रतिमा**–स्मृति-प्रतिमा, प्रत्यक्ष-प्रतिमा की अपेक्षा अस्पष्ट तथा क्षीण होती है। इसमें पूर्व-प्रत्यक्षीकरण के बहुत कम अंश वर्तमान रहते हैं। अतः पूर्व-प्रत्यक्षीकरण से इसकी समानता बहुत कम है।

स्मृति-प्रतिमा की प्रमुख विशेषता यह है कि इसके स्थान और समय का निरूपण किया जा सकता है। स्मृति-प्रतिमा में आई हुई घटनाओं के सम्बन्ध में सम्भवतः यह बतलाना आसान है कि उनका पूर्वानुभव कब और कहाँ हुआ था। उदाहरण के लिए, जब कभी हमें ताजमहल की स्मृति-प्रतिमा का अनुभव होता है, तब आगरा और जिस वर्ष वहाँ जाने का अवसर मिला था, उसकी भी स्मृति हो जाती है। किन्तु कुछ स्मृति-प्रतिमाएँ ऐसी भी होती हैं, जिनके स्थान और समय का निरूपण सम्भव नहीं है। ऐसी स्मृति-प्रतिमाओं में प्रायः परिचितत्व (Familiarity) की अस्पष्ट भावना-मात्र वर्तमान रहती है। उसके स्थान और समय की निश्चित रूप से स्मृति नहीं हो पाती है।

4. **काल्पनिक प्रतिमा** (Imagination image)–काल्पनिक प्रतिमा का निर्माण विभिन्न प्रतिमाओं के तत्त्वों के संयोग से होता है। स्पष्ट है कि काल्पनिक प्रतिमा में केवल एक ही पूर्व-प्रत्यक्षीकरण के अंश वर्तमान नहीं रहते, बल्कि कई प्रत्यक्षीकरण के अंश वर्तमान रहते हैं। इस बात को लेकर काल्पनिक प्रतिमा स्मृति-प्रतिमा तथा प्रत्यक्ष-प्रतिमा से भिन्न होती है; क्योंकि इन दोनों प्रतिमाओं में केवल एक ही पूर्व-प्रत्यक्षीकरण के अंश वर्तमान रहते हैं। अमूर्त्त विचारों (Abstract ideas) की प्रतिमाएँ प्रायः काल्पनिक प्रतिमाएँ हुआ करती हैं। उदाहरणस्वरूप, हम स्वर्ग तथा नरक की प्रतिमाओं को ले सकते हैं। स्वयं नरक की प्रतिमाओं में प्रायः जीवन के कुछ पूर्वानुभूत अंश तथा अनेक काल्पनिक अंश वर्तमान रहते हैं। इन प्रतिमाओं को किसी एक पूर्व-प्रत्यक्षीकरण का आंशिक अथवा पूर्ण रूप से प्रत्याह्वान नहीं कहा जा सकता। वैसे ही, कुछ लोगों को काल्पनिक पशुओं की प्रतिमा का अनुभव होता है।

कल्पना

कल्पना का स्वरूप

पूर्व-अनुभूतियों तथा उनसे सम्बद्ध घटनाओं को बिम्बों (Images) के रूप में संजोने की मानसिक क्रिया को कल्पना कहते हैं। बिम्बों अथवा प्रतिमाओं के अध्ययन से स्पष्ट है कि उनका सम्बन्ध पूर्वानुभूतियों से रहता है। कल्पना भी प्रायः उन्हीं वस्तुओं या घटनाओं की होती है, जिनका अनुभव पहले हो चुका रहता है। कल्पना के स्वरूप को भलीभाँति जानने के लिए स्मरण-क्रिया पर विचार करना आवश्यक प्रतीत होता है। स्मरण-क्रिया को पूर्वानुभूतियों का अनुस्मरण (Reproduction) कहा जा

सकता है। किन्तु कल्पना में पूर्वानुभूतियों के अनुस्मरण के बदले उनका नवीन सम्भावित रूप पाया जाता है। उदाहरणार्थ, यदि किसी व्यक्ति ने सोना तथा पर्वत, दोनों का अनुभव किया है, तो वह सम्भवतः सोने के पर्वत की कल्पना कर सकता है। सोना तथा पर्वत, ये दोनों वस्तुएँ पूर्वानुभूत हैं; किन्तु सोने का पर्वत एक कल्पना-मात्र है, पूर्वानुभूतियों का एक नवीन सम्भावित रूप है। स्पष्ट है कि यदि स्मरण-क्रिया में पूर्वानुभूतियों का वास्तविक रूप पाया जाता है, तो कल्पना में उनका नवीन सम्भावित रूप ही देखने को मिलता है। इसलिए, कल्पना पुनरावृत्त्यात्मक होने के बदले प्रायः रचनात्मक स्वभाव की होती है। कारण इसमें पूर्वानुभूतियों के आधार पर एक नई रचना की जाती है।

जिस प्रकार कल्पना स्मरण-क्रिया से भिन्न होती है, उसी प्रकार प्रत्यक्षीकरण से भी भिन्न होती है। कल्पना तथा प्रत्यक्षीकरण में सर्वप्रथम भेद यह है कि प्रत्यक्षीकरण के लिए जहाँ बाह्य उत्तेजना की उपस्थिति अनिवार्य है, वहाँ कल्पना बाह्य उत्तेजना की अनुपस्थिति में होती है। उदाहरण के लिए, अपने कमरे में वर्तमान विभिन्न वस्तुओं, जैसे–कुर्सी, टेबल इत्यादि, का प्रत्यक्षीकरण होता है, किन्तु जब व्यक्ति उनकी अनुस्थिति में उन्हें कमरे में विभिन्न प्रकार से सँजोने के मानस-बिम्बों का अनुभव करता है, तब वह कल्पना कही जाएगी। वास्तव में, कल्पना को अनुपस्थित उत्तेजना के प्रति प्रतिक्रिया माना जा सकता है।

कल्पना के प्रकार

कल्पना प्रधानतः दो प्रकार की मानी जा सकती है–1. पुनरावृत्त्यात्मक कल्पना (Reproductive imagination) तथा 2. रचनात्मक कल्पना (Creative imagination)। पुनः रचनात्मक कल्पना के दो भेद किए जा सकते हैं–1. नियन्त्रित कल्पना (Controlled imagination) तथा 2. अनियन्त्रित कल्पना (Uncontrolled imagination)।

कल्पना

पुनरावृत्त्यात्मक — रचनात्मक

रचनात्मक: नियंत्रित — अनियंत्रित

पुनरावृत्त्यात्मक कल्पना–पुनरावृत्त्यात्मक कल्पना के द्वारा यथासम्भव पूर्वानुभूतियों को उनके मूल रूप में चेतना में लाने की चेष्टा की जाती है। वास्तव में व्यक्ति

पूर्वानुभूतियों के विस्तृत अंशों को कल्पना के द्वारा पूर्ण करते हैं। उदाहरणार्थ, यदि किसी ने कभी ताजमहल देखा हो, तो सम्भव है कि कुछ वर्षों के बाद उसे उसके सभी भागों का स्मरण न हो। ऐसी अवस्था में वह कल्पना के द्वारा उन विस्तृत अंशों की पूर्ति कर सम्पूर्ण ताजमहल का स्मरण करना चाहेगा। यह पुनरावृत्त्यात्मक कल्पना कही जा सकती है; क्योंकि इसमें कल्पना के द्वारा पूर्वानुभूति की पुनरावृत्ति-मात्र होती है, कोई सृष्टि अथवा रचना नहीं। इसलिए पुनरावृत्त्यात्मक कल्पना तथा स्मरण-क्रिया में कोई विशेष अन्तर नहीं जान पड़ता।

रचनात्मक कल्पना–रचनात्मक कल्पना में, जैसा कि इस शब्द से ही स्पष्ट है, नई वस्तु अथवा नए विचारों की कल्पना की जाती है। इस प्रकार की कल्पना में पूर्वानुभूतियों के आधार पर एक नवीन रचना की जाती है। रचनात्मक कल्पना प्रायः वैज्ञानिक अनुसन्धानों तथा महान् कलाकारों की कृतियों में देखने को मिलती है। वह नियन्त्रित तथा अनियन्त्रित दोनों प्रकार की हो सकती है।

नियन्त्रित कल्पना–नियन्त्रित कल्पना निश्चित लक्ष्य या अभिप्राय से निर्देशित तथा नियन्त्रित हुआ करती है। कल्पना करनेवाला व्यक्ति अपनी कल्पना को एक निश्चित दिशा की ओर मोड़ने के लिए निरन्तर क्रियाशील रहता है। इसमें व्यक्ति की इच्छा तथा चेष्टा का प्रमुख हाथ रहता है। इसीलिए इस प्रकार की कल्पना को सक्रिय कल्पना (Active imagination) भी कहा जाता है। इसमें कोई सन्देह नहीं कि इस तरह की कल्पना में पूर्वानुभूत उपादानों की सहायता ली जाती है, किन्तु उन्हें इस प्रकार नवीन रूप में सँजोकर प्रस्तुत किया जाता है कि उनके पूर्व-रूप लुप्त हो जाते हैं तथा वे सर्वथा मौलिक और नवीन जान पड़ते हैं।

नियन्त्रित कल्पना की सबसे बड़ी विशेषता यह होती है कि यह सामाजिक, तर्कसंगत तथा अभिप्राय-युक्त होती है। उदाहरणस्वरूप, वैज्ञानिकों के नवीन आविष्कारों, अनुसन्धानकर्त्ताओं के नूतन अनुसन्धानों तथा कलाकारों की मौलिक कलाकृतियों को प्रस्तुत किया जा सकता है। रेडियो, हवाई जहाज इत्यादि नियन्त्रित रचनात्मक कल्पना के ही परिणाम हैं। वस्तुतः बिना इस प्रकार की कल्पना के आविष्कार, अनुसन्धान तथा मौलिक एवं नवीन रचनाएँ सम्भव नहीं। इसीलिए, यह कल्पना कला, विज्ञान तथा जीवन के लिए अत्यन्त उपयोगी एवं महत्त्वपूर्ण सिद्ध हुई है।

अनियन्त्रित कल्पना–अनियन्त्रित कल्पना व्यक्ति के चेतन नियन्त्रण से स्वतन्त्र होती है। इसमें कोई निश्चित लक्ष्य या अभिप्राय नहीं होता। फलतः कल्पना करने वाला व्यक्ति निश्चेष्ट रहता है। इसीलिए, इसे निष्क्रिय कल्पना की भी संज्ञा दी जाती है। यद्यपि चेतन रूप से इस पर किसी तरह का नियन्त्रण नहीं होता, किन्तु अचेतन रूप से यह निरन्तर कल्पना करनेवाले व्यक्ति की इच्छा, अभिरुचि इत्यादि आत्मनिष्ठ तत्त्वों (Subjective factors) से निर्देशित हुआ करती है। व्यक्ति

अपने इन आत्मनिष्ठ तत्त्वों से इस प्रकार प्रभावित रहता है कि वह कल्पना में आनेवाले विचारों और अनुभूतियों को निर्देशित करने में सक्रिय भाग नहीं ले पाता।

अनियन्त्रित कल्पना पर व्यक्ति का चेतन नियन्त्रण नहीं होता। इसलिए यह स्वाभाविक ही है कि इस प्रकार की कल्पना असामाजिक, तर्कहीन तथा अयथार्थ हो। उदाहरणार्थ, किसी मानसिक रोगयुक्त व्यक्ति की यह कल्पना कि वह राजा है तथा समस्त जगत् के लोग उसकी प्रजा, अनियन्त्रित कल्पना कही जाएगी। स्पष्टतः इस कल्पना में सामाजिकता, यथार्थता तथा तर्क का अभाव है। इसी प्रकार, सामान्य व्यक्तियों के दिवा-स्वप्नों को अनियन्त्रित कल्पना कहेंगे। अपने दिवा-स्वप्नों में व्यक्ति प्रायः अपनी इच्छाओं, अभिरुचियों तथा आवेशों से निर्देशित होकर स्वतन्त्रतापूर्वक विभिन्न प्रकार के बिम्बों को अपनी चेतना में लाता है। दिवा-स्वप्नों के ये बिम्ब वास्तविकता से बहुत दूर होते हैं और असामाजिक एवं तर्कहीन भी होते हैं। दिवा-स्वप्नों के अतिरिक्त बच्चों के खेलों में भी अनियन्त्रित कल्पना की काफी गुंजाइश होती है। बच्चे अपने खेलों में प्रायः कल्पना के द्वारा ही अपनी अतृप्त अचेतन इच्छाओं को परितुष्ट करते हैं। वास्तविकता की दृष्टि से अनियन्त्रित कल्पना तथा प्रत्यक्षीकरण में भेद किया जा सकता है। किसी वस्तु अथवा घटना के प्रत्यक्षीकरण में व्यक्ति वास्तविकता तथा तर्क से अत्यधिक प्रभावित रहता है, किन्तु अनियन्त्रित कल्पना पर इनका कोई प्रभाव लक्षित नहीं होता। वह तो स्वतन्त्र रूप से वास्तविकता तथा तर्क की उपेक्षा करते हुए व्यक्ति की इच्छा, अभिरुचि एवं मनोवृत्ति से निर्देशित तथा नियन्त्रित होती रहती है।

कल्पना की उपयोगिता

कल्पना कला, विज्ञान तथा व्यावहारिक जीवन के लिए अत्यन्त उपयोगी है। प्रायः सभी बड़े आविष्कारों तथा अनुसन्धानों में कल्पना का प्रयोग पाया जाता है। आविष्कार अथवा अनुसन्धान के प्रारम्भ में कल्पना के द्वारा कुछ अनुमान (Hypothesis) स्थिर कर लिये जाते हैं। तत्पश्चात्, चिन्तन-क्रिया शुरू होती है और अन्ततोगत्वा किसी नवीन वस्तु का आविष्कार अथवा अनुसन्धान हो जाता है। वस्तुतः सभी बड़े-बड़े आविष्कारों तथा अनुसन्धानों के मूल में कल्पना निहित रहती है।

कला के क्षेत्र में भी कल्पना का महत्त्वपूर्ण स्थान है। काव्य, संगीत, चित्र आदि सभी कलाओं में इसका प्रयोग पाया जाता है। काव्य-कला में कवि कल्पना के द्वारा ऐसे काल्पनिक जगत् की सृष्टि करता है, जहाँ उसकी सारी आकांक्षाएँ तृप्त हुई जान पड़ती हैं। पाठक कल्पना के द्वारा ही कवि-जगत् के साथ अपना तादात्म्य (Identification) स्थापित कर अपनी अधिकांश अतृप्त वृत्तियों को परितृप्त करता है। किसी भी कलाकृति की सफलता कल्पना-शक्ति पर निर्भर करती है। कल्पना के द्वारा ही कवि अपने अमूर्त्त विचारों (Abstract ideas) को साकार रूप देने में समर्थ होता है।

यह महान् कलाकार कालिदास की कल्पना का ही परिणाम है कि 'मेघदूत' में वर्णित यक्ष का विरह (एक अमूर्त्त भाव) बिल्कुल साकार तथा मूर्तिवान् हो उठा है। कल्पना का प्रयोग केवल काव्य-कला में ही नहीं, बल्कि उपन्यास, नाटक, कहानी आदि साहित्य की अन्य विधाओं में भी पाया जाता है। चित्रकार कल्पना के द्वारा मानो अपने चित्र में प्राण फूँक देता है। फलतः वे चित्र सजीव तथा भावपूर्ण जान पड़ने लगते हैं।

व्यावहारिक तथा सामाजिक जीवन में भी कल्पना का महत्त्व कम नहीं है। कल्पना व्यक्ति को अभिनव परिस्थिति के साथ समायोजन स्थापित करने में सहायता प्रदान करती है। कल्पना के द्वारा आगे आनेवाली परिस्थितियों पर विचार कर उनके प्रति प्रतिक्रियाओं का निर्णय कर लिया जाता है। फलतः जब सचमुच वे परिस्थितियाँ व्यक्ति के समक्ष आती हैं, तब वह सहज ही उनके साथ अपना समायोजन स्थापित कर लेता है। व्यक्ति को समायोजन के सिवा इससे एक बहुत बड़ा लाभ यह होता है कि वह अपने वास्तविक जीवन की अतृप्त इच्छाओं को कल्पना के द्वारा दिवा-स्वप्नों तथा विभिन्न प्रकार के खेलों में अभिव्यक्त कर अपने को परितुष्ट करता है। फलस्वरूप उसका मानसिक जीवन सन्तुलित बना रहता है।

अन्त में, कल्पना के सामाजिक महत्त्व को दृष्टिकोण में रखते हुए यह कहा जा सकता है कि प्रायः सभी प्रकार की सामाजिक, आर्थिक तथा राजनीतिक योजनाओं में कल्पना का सहारा लेना पड़ता है। अतएव यह निर्भ्रान्त है कि कल्पना मानव-जीवन के लिए अत्यन्त उपयोगी है।

10

चिन्तन

अन्य प्राणियों की अपेक्षा मनुष्य एक अधिक चिन्तनशील प्राणी है। जब उसके सामने कोई समस्या आती है, तब चिन्तन-क्रिया प्रारम्भ हो जाती है और समस्या का समाधान मिलते ही बन्द हो जाती है। जीवन की अधिकांश परिस्थितियाँ व्यक्ति के सामने कोई समस्या उपस्थित नहीं करतीं। कारण, उनके साथ वह अपने पूर्व अभ्यास की सहायता से सफल सामंजस्य स्थापित कर लेता है। उदाहरण के लिए, व्यक्ति प्रायः प्रतिदिन भोजन करता है तथा कपड़े पहनता है। इन कार्यों को सफलतापूर्वक सम्पन्न करने के लिए उसे चिन्तन-क्रिया की कोई आवश्यकता नहीं पड़ती। वस्तुतः समस्या उस कठिन परिस्थिति को कहते हैं, जिसके साथ व्यक्ति अपने पूर्व-अभ्यास की सहायता से सफल सामंजस्य स्थापित करने में असमर्थ रहता है। फलतः उसमें उस परिस्थिति-सम्बन्धी चिन्तन-क्रिया प्रारम्भ हो जाती है और वह तब तक जारी रहती है, जब तक वह परिस्थिति को भली-भाँति समझकर उसके साथ सफलतापूर्वक अपना सामंजस्य स्थापित नहीं कर लेता। यहाँ यह व्यक्त कर देना आवश्यक जान पड़ता है कि एक ही परिस्थिति सभी व्यक्तियों के लिए समस्या नहीं हो सकती; क्योंकि प्रत्येक व्यक्ति अपने ज्ञान और अनुभव में एक-दूसरे से भिन्न होता है। कोई भी परिस्थिति तभी समस्या जान पड़ती है, जब व्यक्ति अपने ज्ञान और अनुभव के आधार पर उसे अच्छी तरह नहीं समझ पाता। उदाहरणार्थ, हिन्दी-भाषा-भाषी व्यक्ति के लिए हिन्दी का समाचार-पत्र पढ़ना कोई समस्या नहीं है। किन्तु हिन्दी से अनभिज्ञ व्यक्ति के लिए वह एक समस्या है। उपर्युक्त विवेचन के आधार पर यह कहा जा सकता है कि चिन्तन एक ऐसी मानसिक क्रिया है, जिसके द्वारा हम किसी समस्या का समाधान करते हैं।

यदि चिन्तन-क्रिया का विश्लेषण किया जाए, तो उसमें निम्नांकित बातें पाई जाएँगी–

1. समस्या की उपस्थिति–चिन्तन-क्रिया प्रारम्भ हो, इसके लिए यह आवश्यक है कि व्यक्ति के सामने कोई-न-कोई समस्या उपस्थित हो।

2. समस्या पर विविध प्रकार से विचार–समस्या उपस्थित होने पर उसके समाधान के लिए व्यक्ति कई प्रकार से विचार करता है। उसे समाधान के कितने ही मार्ग दृष्टिगत होने लगते हैं।

3. विविध विचारों का एक ही लक्ष्य की ओर निर्देशित होना–किसी समस्या के उपस्थित होने पर उसके समाधान के लिए व्यक्ति में जो विविध प्रकार के विचार आते हैं, वे निरर्थक नहीं होते, वरन् समस्या-समाधान की ओर निर्देशित हुआ करते हैं।

4. 'प्रयत्न और भूल' विधि का प्रयोग–समस्या के समुचित समाधान के लिए व्यक्ति को 'प्रयत्न और भूल' विधि का सहारा लेना पड़ता है। समस्या के समुचित समाधान पर पहुँचने के पूर्व वह कई प्रकार के सम्भव विचारों अथवा समाधानों को काम में लाता है।

5. व्यक्ति की सक्रियता–व्यक्ति में समस्या-समाधान-सम्बन्धी केवल विविध प्रकार के विचार ही नहीं आते, बल्कि वह विविध प्रकार के कार्यों द्वारा भी समस्या के समाधान की निरन्तर चेष्टा करता रहता है।

6. आन्तरिक सम्भाषण–जब व्यक्ति किसी समस्या का समाधान करता रहता है, तब वह भीतर-ही-भीतर कुछ बोलता रहता है।

7. समस्या-समाधान-सम्बन्धी विविध प्रकार के विचार तथा कार्य समस्या-समाधान के अंग के रूप में–समस्या-समाधान-सम्बन्धी सभी विचार तथा कार्य एक ही चिन्तन-क्रिया के अंग होते हैं और एक ही दिशा की ओर निर्देशित भी होते हैं।

प्रायः कठिन समस्याओं के समाधान में चिन्तन-क्रिया के उपर्युक्त सभी अंग वर्तमान रहते हैं। उदाहरणार्थ, जब कोई व्यक्ति गणित के किसी प्रश्न का हल निकालने लगता है, तब उसे चिन्तन-क्रिया के इन सभी अंगों से गुजरना पड़ता है। किन्तु आसान समस्याओं के समाधान में चिन्तन-क्रिया के ये सभी अंग अनिवार्य रूप से नहीं पाए जाते।

कल्पना और चिन्तन
(Imagination and Thinking)

चिन्तन-क्रिया तब उत्पन्न होती है, जब व्यक्ति के सामने कोई समस्या आ जाती है। चिन्तन-क्रिया में प्रारम्भ से ही व्यक्ति की सारी प्रतिक्रियाएँ एक निश्चित दिशा की ओर निर्देशित और नियन्त्रित हो जाती हैं। व्यक्ति की सभी प्रतिक्रियाओं का एक ही लक्ष्य होता है और वह लक्ष्य समस्या-समाधान के अतिरिक्त और कुछ नहीं होता। किन्तु कल्पना में कोई विशेष प्रकार का नियन्त्रण नहीं पाया जाता है। हम एक के बाद दूसरी और पुनः तीसरी वस्तु की कल्पना करने लगते हैं। कल्पना में, जो एक के बाद दूसरे विचार आते रहते हैं, वे किसी निश्चित लक्ष्य की ओर निर्देशित

नहीं होते। इसके अतिरिक्त, चिन्तन यथार्थ होता है। यह किसी समस्या में निहित सभी यथार्थ सम्बन्धों को ढूँढ़ निकालता है। कहना न होगा कि चिन्तन-क्रियाएँ यथार्थता के अति निकट होती हैं। किन्तु कल्पना अयथार्थ भी हो सकती है। उदाहरण के लिए, हम सोने के पर्वत की कल्पना कर सकते हैं, किन्तु इसे वास्तविक जगत् में नहीं पा सकते हैं। अतः स्वर्ण-पर्वत अयथार्थ नहीं तो क्या है? कल्पना और चिन्तन में अन्तिम भेद यह है कि यदि चिन्तन अत्यन्त ही तर्कसंगत हुआ करता है, तो कल्पना में अपेक्षाकृत तर्क का अभाव पाया जाता है। यह आवश्यक नहीं है कि सभी चिन्तन अत्यन्त तर्कसंगत ही हों, किन्तु चिन्तन में प्रायः तर्कसंगति की ही आशा की जाती है। जहाँ तक कल्पना का प्रश्न है, यह कहा जा सकता है कि उसमें तर्कसंगति का अभाव रहता है।

चिन्तन में दिशा
(Direction in Thinking)

स्वतन्त्र साहचर्य-सम्बन्धी प्रयोगों (Free association experiments) में प्रयोज्य के सामने कोई शब्द उत्तेजना के रूप में उपस्थित कर दिया जाता है और प्रयोगकर्त्ता उससे यह कहता है कि उत्तेजक शब्द को सुनते ही सर्वप्रथम उसे जो शब्द याद आ जाए, उसे वह प्रत्युत्तर के रूप में प्रकट कर दे। यहाँ प्रयोज्य को प्रत्युत्तर प्रकट करने की पूर्ण स्वतन्त्रता रहती है। उन पर किसी प्रकार का नियन्त्रण नहीं रहता है। फलतः उसके सभी प्रत्युत्तर अनिर्देशित होते हैं। इसके विपरीत नियन्त्रित साहचर्य-सम्बन्धी प्रयोगों में प्रारम्भ से ही प्रयोज्य को एक नियन्त्रित दिशा को दृष्टिकोण में रखकर प्रत्युत्तर प्रकट करना पड़ता है। उदाहरण के लिए, यदि किसी से पशुओं के नाम लेने को कहा जाए, तो प्रारम्भ से ही उसके प्रत्युत्तर नियन्त्रित और एक विशेष दिशा की ओर निर्देशित होंगे। उसकी एक विशेष मानस-वृत्ति हो जाएगी, जिसके फलस्वरूप वह केवल पशुओं के सम्बन्ध में ही विचार करेगा तथा अन्य वस्तु-सम्बन्धी विचारों की उपेक्षा कर देगा। ठीक यही बात चिन्तन-क्रिया में भी पाई जाती है। जब व्यक्ति के सामने कोई समस्या आ जाती है, तब प्रारम्भ से ही उसके सभी विचार समस्या-समाधान की ओर निर्देशित हो जाते हैं। उस समय वह केवल समस्या के सम्भव समाधानों पर ही विचार करता है तथा अन्य सभी तरह के विचारों की उपेक्षा कर देता है। उदाहरण के लिए, जब किसी की कलम खो जाती है, तब वह कलम रखने के विभिन्न स्थानों पर ही विचार करता है तथा अपनी कलम-सम्बन्धी पूर्व अनुभूतियों का ही प्रत्याह्वान करता है। स्पष्ट है कि चिन्तन में व्यक्ति के सभी विचार तथा उसकी सारी प्रतिक्रियाएँ एक विशेष दिशा (समस्या-समाधान) की ओर निर्देशित हो जाती हैं।

चिन्तन में 'प्रयत्न और भूल'
(Trial and Error in Thinking)

प्रयोगों के आधार पर पशु तथा मनुष्य, दोनों ही की चिन्तन-क्रिया में 'प्रत्यन और भूल' पाया गया है। पशु और बच्चे के सोचने में तो 'प्रयत्न और भूल' की अत्यधिक प्रधानता रहती ही है, प्रौढ़ व्यक्तियों की चिन्तन-क्रिया में भी इसका अभाव नहीं रहता। जब प्रौढ़ व्यक्ति यान्त्रिक उलझन (Mechanical puzzle) का समाधान सोचने लगते हैं तब उन्हें 'प्रयत्न और भूल' का सहारा लेना पड़ता है। उनकी चिन्तन-क्रिया में मानसिक 'प्रयत्न और भूल' की प्रधानता रहती है, किन्तु गतिवाही 'प्रयत्न और भूल' (Motor trial and error) भी बिल्कुल अनुपस्थित नहीं रहता।

चिन्तन के 'प्रयत्न और भूल' सिद्धान्त के अनुसार किसी समस्या के समाधान के लिए पशु कई प्रकार की क्रियाएँ प्रकट करते हैं। अन्ततोगत्वा उनमें से कोई एक क्रिया सफल हो जाती है। फलतः उन्हें समस्या का समाधान प्राप्त हो जाता है। इसी तरह, मनुष्य भी जब किसी समस्या के समाधान के लिए कई प्रकार के सम्भव समाधानों पर विचार करते हैं, तब उन्हें समस्या का समुचित समाधान मिल पाता है। सम्भव समाधानों के मानसिक परीक्षणों से लाभ यह होता है कि व्यक्ति के समय और उसकी शक्ति का अधिक ह्रास नहीं होता है। इस विवेचन के आधार पर यह निष्कर्ष निकलता है कि पशु तथा मनुष्य, दोनों ही 'प्रयत्न और भूल' के द्वारा अपनी समस्याओं का समाधान करते हैं। यहाँ यह व्यक्त कर देना आवश्यक जान पड़ता है कि 'प्रयत्न और भूल' सिद्धान्त चिन्तन-क्रिया का वर्णन-मात्र करता है, उसकी व्याख्या प्रस्तुत नहीं कर पाता। वस्तुतः 'प्रयत्न और भूल' सम्पूर्ण चिन्तन-क्रिया का एक अंग-मात्र है।

भाषा और चिन्तन
(Language and Thinking)

चिन्तन में भाषा का प्रमुख हाथ है। इन दोनों में बहुत-बहुत समानता भी पाई जाती है। जिस प्रकार चिन्तन नियन्त्रित और निर्देशित होता है, उसी प्रकार भाषा भी नियन्त्रित और निर्देशित होती है। भाषा का सम्बन्ध निरन्तर किसी-न-किसी प्रकार की सामाजिक परिस्थिति से होता है। भाषा का प्रयोग प्रायः परिस्थिति के प्रत्युत्तर के रूप में किया जाता है। अतः भाषा के प्रयोग में नियन्त्रण स्पष्ट रूप से मिलता है। नियन्त्रण की यह क्रिया उस भाषण से स्पष्ट हो जाती है, जिसे व्यक्ति किसी अवसर विशेष के लिए तैयार करता है। निस्सन्देह, वह अपने भाषण में अवसर के अनुकूल बातों को रखता है तथा असंगत बातों को उसमें कोई स्थान नहीं देता।

चिन्तन की तरह ही भाषा के प्रयोग में भी सामान्यतः 'प्रयत्न और भूल' का सहारा लेना पड़ता है। जब कोई निबन्धकार किसी विषय पर निबन्ध लिखने बैठता है, तब प्रारम्भ में वह कितने ही ऐसे शब्दों का प्रयोग करता है, जिन्हें अन्ततोगत्वा उसे बदलना पड़ता है। इस प्रकार, निबन्ध पूरा होने के पहले उसे कई प्रकार के भाषा-सम्बन्धी परिवर्तन करने पड़ते हैं। इससे स्पष्ट है कि भाषा के प्रयोग में भी 'प्रयत्न और भूल' विधि वर्तमान रहती है।

भाषा और चिन्तन के निकटतम सम्बन्ध के कारण कुछ मनोवैज्ञानिक चिन्तन को भाषा से भिन्न नहीं मानते। उनका कहना है कि चिन्तन आन्तरिक सम्भाषण (Internal speech) है। प्रौढ़ व्यक्ति सम्भवतः जोर-जोर से बोलकर नहीं सोचते किन्तु चिन्तन के क्षणों में मन-ही-मन बोलने की क्रिया होती रहती है। बच्चों में स्पष्ट रूप में जोर-जोर से बोलकर सोचना पाया जाता है। बच्चे जब गणित के किसी प्रश्न को हल करने लगते हैं, तब वे प्रायः बोलते हैं। किन्तु पशुओं पर किए गए कई प्रयोगों के आधार पर पाया गया है कि पशु बोलते नहीं, लेकिन फिर भी चिन्तन करते हैं। इसके अतिरिक्त, मनुष्य, जिसे भाषा का ज्ञान रहता है, भी कुछ हद तक बिना भाषा के चिन्तन कर सकता है। अतः यह कहा जा सकता है कि भाषा के बिना भी चिन्तन सम्भव है। कभी-कभी मनुष्य ऐसी वस्तुओं के बारे में सोच लेता है, जिनके कोई नाम नहीं होते।

भाषा और चिन्तन के विकास पर ध्यान देने से ऐसा प्रतीत होता है कि व्यक्ति में इन दोनों का विकास साथ-साथ होता है। अतः यह कहा जा सकता है कि भाषा और चिन्तन वस्तुतः एक ही प्रकार के मानसिक विकास के दो विभिन्न पहलू हैं। भाषा के द्वारा सामान्यतः चिन्तन में स्पष्टता और चुस्ती आती है। भाषा-विकास, कला एवं विज्ञान के लिए अनिवार्य है। अतः चिन्तन में भाषा का महत्त्व अस्वीकार नहीं किया जा सकता।

प्रतिमा और चिन्तन
(Imagery and Thinking)

व्यक्ति प्रायः किसी विषय पर प्रतिमाओं के सहारे सोचता है। सोचते समय उसे कई प्रकार की प्रतिमाओं का अनुभव होता है, जैसे—दृष्टि-प्रतिमा, श्रवण-प्रतिमा, स्पर्श-प्रतिमा, गति-प्रतिमा आदि। यदि किसी व्यक्ति को किसी विषय पर कुछ लिखने को कहा जाए, तो सम्भवतः उसके समक्ष उस विषय-सम्बन्धी अनेक बातें दृष्टि-प्रतिमा के रूप में आ जाएँगी। वस्तुतः चिन्तन-क्रिया में प्रतिमाओं का इतना हाथ रहता है कि व्यक्ति किसी समस्या के उपस्थित होने पर सर्वप्रथम उसे प्रतिमाओं के द्वारा ही हल करने की चेष्टा करता है। तत्पश्चात्, वह प्रतिमा-सम्बन्धी समाधान को कार्यान्वित करने

का प्रयास करता है। यहाँ यह व्यक्त कर देना अभीष्ट जान पड़ता है कि चिन्तन करते समय प्रत्येक व्यक्ति प्रायः दूसरे से भिन्न प्रतिमाओं का प्रयोग करता है। प्रतिमाओं के अनुभव में व्यक्ति-विभिन्नताओं का उल्लेख पहले किया जा चुका है।

अन्तर्निरीक्षणात्मक विधि (Introspective method) के आधार पर कुछ मनोवैज्ञानिकों का कहना है कि बिना प्रतिमा के भी चिन्तन सम्भव है। इस विचार के समर्थकों में बुहलर (Buhler) का नाम उल्लेखनीय है। बुहलर ने अपने प्रयोगों के आधार पर यह निष्कर्ष निकाला कि प्रतिमा के बिना भी चिन्तन-क्रिया हो सकती है, किन्तु इस विचार से अधिकांश मनोवैज्ञानिक सहमत नहीं हैं। उनका कहना है कि चिन्तन-क्रिया में प्रतिमाएँ वर्तमान रहती हैं और वे उसमें सहायता प्रदान करती हैं। वस्तुतः चिन्तन में व्यक्ति को प्रायः प्रतिमाओं का अनुभव होता है, इस बात को अस्वीकार नहीं किया जा सकता। प्रतिमा के बिना प्रत्याह्वान हो सकता है, किन्तु चिन्तन नहीं। इसे वुडवर्थ ने निम्नांकित शब्दों में व्यक्त किया है–"चिन्तन उतना प्रतिमाहीन नहीं होता जितना कि प्रत्याह्वान।"[1]

कार्य और चिन्तन
(Action and Thinking)

जिस प्रकार किसी समस्या का समाधान करते समय विचारों (Ideas) का एक क्रम बन जाता है, उसी प्रकार कार्यों का भी ताँता लग जाता है। चिन्तन-क्रिया के क्रम में आए हुए ये कार्य अभिप्रायहीन नहीं होते, वरन् ये सभी एक निश्चित लक्ष्य की ओर निर्देशित होते हैं। उदाहरण के लिए, जब किसी व्यक्ति की कलम खो जाती है तब उस खोई हुई कलम को पाने के लिए वह कई प्रकार के कार्य करता है। कभी तो वह उसे टेबुल पर ढूँढ़ता है और कभी कुरते की जेब में, कभी बिछावन पर दृष्टि दौड़ाता है, तो कभी पड़ोस के मित्र के पास जाकर खोई हुई कलम के बारे में पूछता है। ये सभी कार्य एक ही लक्ष्य की ओर निर्देशित हैं और वह लक्ष्य है खोई हुई कलम को प्राप्त करना। कभी-कभी चिन्तन की क्रिया में कार्य स्पष्ट रूप से दिखाई नहीं पड़ते, किन्तु ये किसी-न-किसी रूप में निर्देशित विचारों (Directive thougts) में अवश्य ही वर्तमान रहते हैं। सम्भव है कि कोई गणितज्ञ किसी गणित-सम्बन्धी प्रश्न पर हफ्तों विचार करता रहे, किन्तु उसके चिन्तन में कोई कार्य स्पष्ट रूप से नहीं दीख पड़े। परन्तु यदि इस पर गम्भीरतापूर्वक विचार किया जाए, तो यह जान पड़ेगा कि वस्तुतः चिन्तन के अमूर्त्त क्षेत्र (Abstract sphere) में कोई-न-कोई कार्य अवश्य ही वर्तमान रहता है। कभी तो वह चिन्तन के अन्तिम क्षणों में दीख पड़ता है और कभी वह उस समय भी स्पष्ट रूप से दिखलाई नहीं देता।

मस्तिष्क और चिन्तन
(Brain and Thinking)

चिन्तन-क्रिया में व्यक्ति का सारा शरीर निहित रहता है अथवा केवल मस्तिष्क, यह एक विचारणीय प्रश्न है। इस सम्बन्ध में दो सिद्धान्त हैं। पहले सिद्धान्त के अनुसार व्यक्ति की चिन्तन-क्रिया में उसका सारा शरीर निहित रहता है और दूसरे के अनुसार केवल मस्तिष्क। पहले को चिन्तन का गतिवाही सिद्धान्त (Motor theory of thinking) और दूसरे को चिन्तन का केन्द्रीय सिद्धान्त (Central theory of thinking) कहते हैं। ये दोनों सिद्धान्त आंशिक रूप में ही सही कहे जा सकते हैं, क्योंकि व्यक्ति की चिन्तन-क्रिया में शरीर और मस्तिष्क, दोनों ही शामिल रहते हैं।

चिन्तन-क्रिया में बृहन्मस्तिष्कीय वल्क का प्रधान हाथ रहता है। यह ज्ञानेन्द्रिय तथा मांसपेशी-सम्बन्धी कार्यों में सम्बन्ध स्थापित करता है। जहाँ तक चिन्तन क्रिया और मांसपेशियों का सम्बन्ध है, यह कहना युक्तिसंगत जान पड़ता है कि चिन्तन में जीभ तथा कण्ठ की मांसपेशियाँ क्रियाशील हो जाती हैं। प्रायः कहा जाता है कि 'हमलोग अपनी मांशपेशियों के द्वारा चिन्तन करते हैं।' चिन्तन की क्रिया प्रारम्भ होते ही मांसपेशियों में तनाव उत्पन्न हो जाता है। प्रयोग के आधार पर पाया गया है कि चिन्तन में मांसपेशियों का तनाव बढ़ जाता है तथा विश्राम में उनका तनाव कम हो जाता है। मांसपेशियों के तनाव में वृद्धि और ह्रास समस्या की कठिनाई तथा सुगमता पर निर्भर करता है। कठिन समस्या-सम्बन्धी चिन्तन में मांसपेशियों का तनाव बढ़ जाता है तथा सुलभ समस्या के चिन्तन में उनका तनाव कम हो जाता है। इससे यह निष्कर्ष निकलता है कि चिन्तन-क्रिया में मांसपेशियों का प्रधान हाथ है। किन्तु इसका यह अर्थ नहीं है कि मांसपेशियों के क्रियाशील हुए बिना चिन्तन नहीं हो सकता। वास्तविकता तो यह है कि मांसपेशियों के क्रियाशील हुए बिना भी केवल मस्तिष्क के द्वारा चिन्तन सम्भव है। चिन्तन के इस केन्द्रीय सिद्धान्त को न तो पूर्ण रूप से प्रमाणित ही किया जा सकता है और न पूर्णतः इसका खण्डन ही सम्भव है।

चिन्तन में धारणा और अर्थ
(Concept and Meaning in Thinking)

धारणा से विभिन्न वस्तुओं, परिस्थितियों अथवा घटनाओं का बोध होता है। एक बार किसी वस्तु की धारणा बन जाती है, तब बाद के चिन्तन में उसका प्रधान हाथ पाया जाता है। किसी भी भाषा के अधिकांश शब्द धारणा के द्योतक हैं। उदाहरणार्थ, पशु, जल, सौन्दर्य आदि अनेक शब्दों से विभिन्न वस्तुओं की समान विशेषताओं का ज्ञान होता है। यों सभी पशु एक-दूसरे से भिन्न हुआ करते हैं, किन्तु उनमें

कुछ समान विशेषताएँ भी होती हैं। उन समान विशेषताओं के आधार पर ही हम पशु के सम्बन्ध में कोई धारणा बना पाते हैं। यही बात अधिकांश वस्तुओं के सम्बन्ध में कही जा सकती है।

धारणा का विकास–धारणा के विकास में सामान्यतः दो क्रियाएँ पाई जाती हैं–एक पृथक्करण की क्रिया और दूसरी साधारणीकरण की क्रिया। कभी-कभी इन्हें एक-दूसरे से अलग करना कठिन जान पड़ता है; किन्तु इतना निश्चित है कि धारणा के निर्माण में दोनों ही क्रियाएँ वर्तमान रहती हैं। साधारणीकरण के लिए सामान्यतः पृथक्करण की क्रिया का सम्पन्न होना अनिवार्य समझा जाता है। पृथक्करण का तात्पर्य है विभिन्न वस्तुओं की किसी सामान्य विशेषता को पृथक् कर लेना। उदाहरण के लिए, जिस किसी ने प्रथम बार पक्षी की धारणा प्रस्तुत की होगी, उसने अवश्य ही अनेक विभिन्नताओं के रहते हुए भी पक्षियों में एक सामान्य विशेषता का निरीक्षण किया होगा। स्पष्टतः वह सामान्य विशेषता उड़ने की रही होगी। पक्षियों में कई प्रकार की विभिन्नताएँ सम्भव हैं, किन्तु जहाँ तक उनके उड़ने का प्रश्न है, निर्विवाद रूप से यह उनकी सामान्य विशेषता कही जा सकती है।

इस सामान्य विशेषता के आधार पर पक्षियों के सम्बन्ध में यह धारणा बना लेना कि वे उड़नेवाले प्राणी हैं, अत्यन्त ही स्वाभाविक जान पड़ता है। इस प्रकार, अपने अनुभव के आधार पर किसी वस्तु के सम्बन्ध में एक सामान्य धारणा बना लेना ही साधारणीकरण है। पृथक्करण और साधारणीकरण के सम्बन्ध पर प्रकाश डालते हुए यह कहा जा सकता है कि पृथक्करण के बिना समुचित साधारणीकरण अथवा धारणा का निर्माण सम्भव नहीं है। यह हो सकता है कि कभी-कभी पृथक्करण की क्रिया तो हो, किन्तु साधारणीकरण नहीं।

अमूर्त्त धारणाओं (Abstract concepts) को अभिव्यक्त करने के प्रधान साधन हैं शब्द। अतः शब्दों के अर्थों का भी चिन्तन-क्रिया में महत्त्वपूर्ण स्थान है। जिस प्रकार धारणा की अभिव्यक्ति के लिए शब्दों का ज्ञान आवश्यक है, उसी प्रकार किसी के द्वारा अभिव्यक्त की गई धारणा को समझने के लिए भी उनका ज्ञान रहना अनिवार्य है। स्पष्ट है कि किसी वस्तु की धारणा रहने पर भी यदि हमें उसके द्योतक शब्दों का समुचित ज्ञान न हो, तो हम उसे स्वरूप प्रदान करने में कभी भी सफल नहीं हो सकते। फलतः उसकी अभिव्यक्ति सम्भव नहीं हो सकती।

रचनात्मक चिन्तन
(Creative Thinking)

रचनात्मक चिन्तन के विश्लेषण के आधार पर मनोवैज्ञानिकों ने उसकी चार अवस्थाओं का उल्लेख किया है। वे ये हैं–1. तथ्य-संग्रह अथवा तैयारी (Collection of facts or preparation), 2. गर्भीकरण (Incubation), 3. स्फुरण (Illumination) तथा 4. सत्यापन (Verification)।

तथ्य-संग्रह–रचनात्मक चिन्तन के लिए तथ्य-संग्रह अथवा तैयारी की आवश्यकता होती है। तथ्य-संग्रह की यह क्षमता अथवा तैयारी सामान्यतः शिक्षा के द्वारा आती है। शिक्षा के परिणामस्वरूप व्यक्ति में यह क्षमता आ जाती है कि वह किसी विषय पर रचनात्मक ढंग से चिन्तन कर सके। विशेष प्रकार की शिक्षा से व्यक्ति में विशेष प्रकार के विषय पर चिन्तन करने की क्षमता आती है। उदाहरणार्थ, यदि कोई एक हद तक मनोविज्ञान की शिक्षा पा चुका रहता है, तो सम्भवतः उसमें मनोविज्ञान के विषयों पर रचनात्मक ढंग से चिन्तन करने की क्षमता आ जाती है।

तथ्य-संग्रह की इस अवस्था में व्यक्ति समस्या-सम्बन्धी सभी सम्भव सूचनाओं का संग्रह करता है। तत्पश्चात् वह 'प्रयत्न और भूल' विधि के सहारे सभी सम्भव सूचनाओं पर एक-एक कर विचार करता है। फलतः वह आवश्यक सूचनाओं को अपना लेता है तथा अनावश्यक सूचनाओं का परित्याग कर देता है। उदाहरण के लिए, जब कोई लेखक किसी विषय पर लेख लिखने बैठता है, तब सर्वप्रथम वह उस विषय से सम्बन्धित सभी सम्भव सूचनाओं के संग्रह करने का प्रयास करता है। लेख तैयार होने के पूर्व उसे कई बार अपने विचारों, शब्दों अथवा वाक्यों में परिवर्तन करना पड़ता है। इससे 'प्रयत्न और भूल' की क्रिया स्पष्टतः लक्षित होती है।

गर्भीकरण–गर्भीकरण की अवस्था में चिन्तन-सम्बन्धी कोई भी प्रत्यक्ष क्रिया नहीं दीख पड़ती है। कभी-कभी तो व्यक्ति सचमुच समस्या पर विचार करना भी छोड़ देता है और वह अपने को दूसरी क्रिया में लगा देता है अथवा विश्राम करने चला जाता है। इसके बाद चिन्तन की जो अवस्था आती है, उसके आधार पर कुछ मनोवैज्ञानिकों ने यह निष्कर्ष निकाला है कि यदि किसी कठिन समस्या पर विचार करते-करते विचारक अपना ध्यान अन्यत्र केन्द्रित कर देता है, तो भी समस्या-समाधान सम्बन्धी वह क्रिया अचेतन रूप से चलती रहती है। फलतः उसे कभी-कभी दिवा-स्वप्नों में, सोई हुई अवस्था में, अथवा टहलते समय एकाएक उस समस्या का समाधान सूझ जाता है।

किन्तु अचेतन के आधार पर की गई गर्भीकरण की यह व्याख्या अधिकांश मनोवैज्ञानिकों को मान्य नहीं है। वे यह नहीं मानते कि जिस समय चिन्तक किसी अन्य क्रिया या विचार में संलग्न हो, उस समय उसका अचेतन तार्किक तथा रचनात्मक चिन्तन कर रहा हो। इसके अतिरिक्त, इसकी दो अन्य व्याख्याएँ भी प्रस्तुत की जाती हैं। पहली तो यह कि इसे सीखने के पठार (Plateau of learning) के अनुरूप माना जाता है। मनोवैज्ञानिकों का कहना है कि जिस प्रकार किसी क्रिया को सीखते समय पठार की अवधि में आदत का पुनर्निर्माण या पुनर्संगठन होता है, उसी प्रकार गर्भीकरण की अवस्था में सूक्ष्म प्रतीकों के द्वारा विचार पुनः एक संगठित रूप ग्रहण करते हैं। गर्भीकरण की दूसरी व्याख्या विश्रान्ति (Relaxation) के सिद्धान्त पर आधृत है। तैयारी की अवस्था में समस्या पर लगातार चिन्तन करते रहने के कारण बहुत-सारे

विघ्न तथा अवरोध उत्पन्न हो जाते हैं। किन्तु, जब व्यक्ति अपना समय सोने या विश्राम करने में व्यतीत करता रहता है, तब वे विघ्न तथा अवरोध खत्म हो जाते हैं और व्यक्ति नए ढंग से विचार की ओर प्रवृत्त हो जाता है। जब वह बातचीत तथा किसी दूसरे कार्य में संलग्न रहता है, तब एकाएक समस्या-समाधान स्फुरित हो उठता है। सम्भवतः किसी अनदेखी उत्तेजना के कारण व्यक्ति का ध्यान एकाएक मौलिक समस्या की ओर चला जाता है और पूर्व विघ्नों एवं अवरोधों की अनुपस्थिति में समस्या-समाधान उपलब्ध हो जाता है।

स्फुरण–यह चिन्तन की तीसरी महत्त्वपूर्ण अवस्था है। जब व्यक्ति किसी समस्या पर विचार करते-करते अपना ध्यान कहीं और ले जाता है, तब अचानक उसमें समस्या का समाधान स्फुरित हो उठता है। इसे ही स्फुरण की अवस्था कहते हैं।

स्फुरण की तीन प्रधान विशेषताएँ होती हैं–

1. यह आकस्मिक होता है।
2. यह उल्लास (Elation) की संवेगात्मक अनुभूति से सम्बद्ध होता है।
3. यह प्रायः चिन्तन के बाहर किसी रहस्यमयी बाह्य शक्ति से प्रसूत जान पड़ता है। यह तीसरी विशेषता बिशेष रूप से कवियों में पाई जाती है। कवि अपनी प्रेरणा या स्फुरण का आधार बाह्य शक्तियों को मानते हैं, जैसा कि महान् कवि गेटे (Goethe) की उक्ति से स्पष्ट है–

"We can do nothing but pile up the wood and let it dry, it will catch fire in due time, and we wonder over the occurance."

स्फुरण के स्पष्टीकरण के लिए एक उदाहरण लें। जब कोई व्यक्ति किसी कठिन विषय पर भाषण तैयार करने लगता है, तब वह उस विषय पर बहुत देर तक विचार करता रहता है, किन्तु प्रगति का कोई भी स्पष्ट चिह्न नहीं दीख पड़ता। मालूम होता है कि भाषण तैयार करने की प्रगति रुक गई। किन्तु कुछ देर के बाद एकाएक भाषण-सम्बन्धी आवश्यक बातें स्फुरित होने लगती हैं और भाषण तैयार करने की क्रिया में स्पष्ट प्रगति दीख पड़ती है। इस अवस्था की तुलना सीखने में प्रयुक्त सूझ (Insight) से की जा सकती है। अन्तर्दृष्टि अथवा सूझ के सिद्धान्त में सूझ के महत्त्व पर प्रकाश डाला जा चुका है। यहाँ उस ओर केवल संकेतमात्र ही पर्याप्त है।

सत्यापन–कभी-कभी तो स्फुरण की अवस्था ही चिन्तन की अन्तिम अवस्था होती है। किन्तु अधिकांशतः इस बात की आवश्यकता पड़ती है कि स्फुरित विचारों की सत्यता और विश्वसनीयता को सत्यापित किया जाए। मनोवैज्ञानिक सामान्यतः स्फुरित विचारों का सत्यापन (Verification) नियन्त्रित निरीक्षण (Controlled observation) के आधार पर करते हैं। रचनात्मक विचारक अपने रचनात्मक विचारों

को प्रामाणिक रूप देने के लिए अचानक स्फुरित विचारों में कई प्रकार के संशोधन अथवा परिमार्जन करते हैं। वस्तुतः अचानक स्फुरित विचार चिन्तन के अन्तिम रूप नहीं हैं, बल्कि वे तो व्यक्ति को केवल इस योग्य बना देते हैं कि वह उन पर सम्यक् रूप से चिन्तन कर सके। सम्भव है कि किसी कवि के मस्तिष्क में कोई विचार अचानक स्फुरित हो जाए, किन्तु वह अचानक स्फुरित विचार कविता की संज्ञा नहीं पा सकता। वह कविता का रूप तभी ले सकता है, जब कवि उसे पल्लवित और पुष्पित कर एक निश्चित रूप प्रदान कर दे। स्पष्ट है कि अचानक स्फुरित विचार अधिक चिन्तन और सत्यापन के बाद ही प्रामाणिक रूप ग्रहण करते हैं।

यहाँ यह उल्लेखनीय है कि विज्ञान और कला-सम्बन्धी रचनात्मक कृतियों के मानदण्ड एक-दूसरे से भिन्न होते हैं। मानदण्ड की भिन्नता ही दोनों में अन्तर ला देती है। एक वैज्ञानिक अपनी प्रेरणा अथवा स्फुरण को निरीक्षण द्वारा सत्यापित करता है। किन्तु कलाकार, चाहे वह चित्रकार हो, संगीतज्ञ हो, लेखक हो, या कवि हो, अपनी कृतियों को व्यक्तिगत मानदण्डों के आधार पर सत्यापित करता है। वह अपनी प्रेरणा या स्फुरण को सिद्ध करने के बदले उस अवैयक्तिक रूप (Impersonal form) देता अथवा उसका वस्तुकरण (Objectification) करता है। कलाकार का सत्य उसकी व्यक्तिगत अनुभूतियों का वस्तुकरण है, वैज्ञानिक का सत्य उसके अवैयक्तिक निरीक्षणों का सत्यापन है।

सन्दर्भ

1. "What is imageless is not thought so much as recall" —Woodworth, P.S. : Experimental Psychology, p. 787.

11

अचेतन तथा स्वप्न

मनोविश्लेषण के महान् प्रणेता सिगमण्ड फ्रायड (Sigmund Freud) ने घोषित किया कि मानव-जीवन में चेतन से अधिक अचेतन का महत्त्व है। उन्होंने अपने प्रारम्भिक सिद्धान्तों में अचेतन मानसिक प्रक्रियाओं पर अधिक जोर दिया। उन्होंने बतलाया कि सम्पूर्ण मानसिक जीवन प्रधानतः अचेतन ही होता है। उन्होंने चेतन को भी अस्वीकार नहीं किया। किन्तु, उनके अनुसार मानव की मानसिक क्रियाएँ (Mental processes) अधिकांशतः अचेतन स्तर की ही होती हैं, कुछ थोड़ी-सी मानसिक प्रक्रियाएँ चेतन स्तर की भी होती हैं। बाद को फ्रायड ने अचेतन की नई एवं मौलिक व्याख्या प्रस्तुत की। उन्होंने इस बात पर जोर दिया कि अचेतन का निर्माण अनिवार्य रूप से प्रेरक वृत्तियों से ही होता है। अचेतन में प्रधानतः मनुष्य की अतृप्त प्रेरक वृत्तियाँ रहती हैं। उन्होंने इसके कई प्रमाण प्रस्तुत किए और अचेतन के अस्तित्व को सिद्ध कर दिया। अचेतन के अतिरिक्त, उन्होंने उपचेतन (Preconscious) की भी व्याख्या की। मनोविज्ञान की परिभाषा के क्रम में इन दोनों की संक्षिप्त व्याख्या की जा चुकी है। अतः यहाँ अचेतन के अस्तित्व, उसके विषयों और उसके स्वरूप पर ही मुख्यतः प्रकाश डाला जाएगा।

अचेतन के अस्तित्व के प्रमाण
(Proofs for the Existence of Unconscious)

अचेतन के अस्तित्व के निम्नांकित प्रमाण प्रस्तुत किए जा सकते हैं–

सम्मोहनोत्तर संकेत (Post-hypnotic Suggestions)–बर्नहम (Bernheim) ने अपने एक प्रयोज्य को सम्मोहनावस्था (Hypnotic state) में लाकर उसे आदेश दिया कि जगने के बाद उसे अमुक समय पर, जैसे आधे घण्टे के बाद अमुक कार्य करना है। जब वह व्यक्ति सम्मोहनावस्था से मुक्त हुआ और जगा, तब उसने शीघ्र ही सम्मोहनावस्था में दिए गए आदेश का पालन किया। उसने यह बिना समझे ही कि ऐसा क्यों कर रहा है, वैसा करने के आवेश (Impulse) से विवश

होकर आदेश का पालन किया। उसके इस व्यवहार की व्याख्या करते हुए यह कहा जा सकता है कि सम्मोहनावस्था में जो संकेत (Suggestions) दिए जाते हैं, वे अचेतन में सक्रिय रूप से वर्तमान रहते हैं, और व्यक्ति के व्यवहार को प्रभावित करते हैं। फलस्वरूप, सम्मोहनोत्तरकाल (Post-hypnotic period) में व्यक्ति उन संकेतों के अनुसार कार्य करने की ओर प्रबल रूप से प्रवृत्त हो जाता है।

2. हिस्टीरिया के लक्षण (Symptoms of hysteria)–हिस्टीरिया के रोगियों के इलाज के क्रम में पाया गया है कि वे गतिशील अचेतन विचारों (Dynamic unconscious ideas) से अभिभूत होते हैं। उनके वे गतिशील अचेतन विचार हिस्टीरिया के लक्षणों में अभिव्यक्त होते हैं। एक उदाहरण से यह बात बिल्कुल स्पष्ट हो जाएगी। एक युवती ने अपने बीमार पिता की सेवा की कर्त्तव्य-भावना के चलते अपनी प्रेमासक्ति (Love-affair) का परित्याग कर दिया। उसे भूल जाने की पूरी कोशिश की। उसकी यह इच्छा चेतन से तो हट गई, किन्तु अचेतन में सक्रिय रूप से बनी रही और उसके व्यवहारों को प्रभावित करती रही। अन्ततोगत्वा उसमें हिस्टेरिक गतिशून्यता (Hysteric paralysis) आ गई। उसके इस लक्षण (Symptom) की व्याख्या करते हुए कहा जा सकता है कि यह पिता की सेवा से मुक्त होने की उसकी अस्वीकृत इच्छा की अभिव्यक्ति है। अन्य स्नायुविकारों (Neurosis) के विश्लेषण के आधार पर भी ज्ञात होता है कि विभिन्न लक्षणों के द्वारा रोगी अपनी अचेतन इच्छाओं (Unconscious wishes) को ही अभिव्यक्त करते हैं।

3. दैनिक जीवन की मनोविकृतियाँ (Psycho-pathologies of everyday life)–फ्रायड ने अपनी प्रसिद्ध पुस्तक 'साइकोपैथोलॉजी ऑफ एवरीडे लाइफ' में अनेक उदाहरणों के सहारे यह सिद्ध कर दिया है कि प्रतिदिन के जीवन में होनेवाली मनुष्य की त्रुटियाँ (Lapses) या गलतियाँ (Errors), उसकी अचेतन इच्छाओं की ही अभिव्यक्ति हैं। मनुष्य कभी-कभी बोलना कुछ चाहता है, बोल कुछ और जाता है, लिखना कुछ चाहता है, लिख कुछ और जाता है। मनुष्य का ऐसा व्यवहार अतृप्त अचेतन इच्छाओं (Unfulfilled unconscious wishes) के प्रभाव का द्योतक है। चेतन रूप से (Consciously) हम जिस वस्तु को खोना नहीं चाहते, उसे भी खो देते हैं। यदि इसकी व्याख्या की जाए, तो ज्ञात होगा कि अचेतन रूप से (Unconsciously) हम जिसे खोना चाहते हैं उसे ही खोते हैं। उदाहरण के लिए, यदि कोई नवविवाहित युवती विवाह के उपहारस्वरूप पाई हुई अपनी अँगूठी खो देती है, तो इसे वैवाहिक सम्बन्ध से मुक्त होने अथवा वर्तमान पति से मुक्त होने की उसकी प्रबल अचेतन इच्छा का लक्षण माना जाएगा।

4. स्वप्न-विश्लेषण (Dream-analysis)–स्वप्न-विश्लेषण से ज्ञात होता है कि प्रायः व्यक्ति की अतृप्त अचेतन इच्छाएँ स्वप्नों में अभिव्यक्ति पाती हैं। फ्रायड ने स्पष्ट शब्दों में कहा है कि व्यक्ति की अतृप्त अचेतन इच्छाएँ स्वप्नों में प्रतीकात्मक

रूप में अभिव्यक्त होकर तृप्त होती हैं। उन अतृप्त अचेतन इच्छाओं को फ्रायड ने स्वप्न का अव्यक्त विषय (Latent content) माना है। इसका विस्तृत विवेचन स्वप्न के विवेचन-क्रम में किया जाएगा।

5. स्वतन्त्र साहचर्य (Free association)–स्वतन्त्र साहचर्य की पद्धति का प्रयोग कर व्यक्ति की अचेतन इच्छाओं और प्रेरक वृत्तियों का विश्लेषण किया जाता है। स्वतन्त्र साहचर्य के आधार पर असामाजिक व्यवहारों (Antisocial or criminal behaviour) के कारणों का पता लगना सुलभ है। निस्सन्देह अधिकांश सामाजिक व्यवहार दमित अचेतन इच्छाओं (Repressed unconscious wishes) के ही परिणाम होते हैं।

अचेतन के विषय
(Contents of the Unconscious)

फ्रायड के अनुसार अचेतन में दमित अतृप्त शैशविक कामेच्छाएँ (Repressed unfulfilled infantile sexual desires) रहती हैं। ये दमित इच्छाएँ अथवा प्रेरक वृत्तियाँ अचेतन में शिथिल नहीं रहतीं, बल्कि चेतन व्यवहार (Conscious behaviour) में अभिव्यक्ति पाने की सतत चेष्टा करती रहती हैं। चूँकि ये अप्रिय होती हैं और व्यक्ति में चिन्ता, लज्जा एवं अपराध की भावना की सृष्टि करनेवाली होती हैं, इसीलिए चेतन अहं (Conscious self) इन्हें चेतन में नहीं आने देता। जब कभी निद्रा की स्थिति में चेतन अहं की जागरूकता कम हो जाती है, तब ये अचेतन प्रेरक वृत्तियाँ (Unconscious motives) छद्‌मवेश में स्वप्नों में अभिव्यक्त हो जाती हैं। यहाँ यह प्रश्न उठता है कि ये अचेतन प्रेरक वृत्तियाँ पहले किस प्रकार अचेतन रूप धारण कर लेती हैं? इसके लिए यह मानना होगा कि कोई शक्ति इन्हें चेतन से दूर रखने की चेष्टा अवश्य करती है, तभी ये चेतन से हट जाती हैं। इस तर्क के आधार पर ही फ्रायड अपने दमन के सिद्धान्त (Therory of repression) पर पहुँचे।

जीवन की प्रेरक वृत्तियाँ मूलतः अचेतन होती हैं। किन्तु वातावरण की वस्तुओं अथवा व्यक्तियों से सम्बद्ध होकर चेतन का रूप ग्रहण कर लेती हैं। वे प्रायः किसी वस्तु या व्यक्ति के प्रति प्रेम अथवा घृणा के रूप में व्यक्त होती हैं या कभी-कभी एक ही व्यक्ति के प्रति प्रेम और घृणा, दोनों ही रूपों में प्रकट होती हैं। ऐसी प्रेरक वृत्तियाँ या इच्छाएँ सामाजिक दृष्टिकोण से अवांछनीय होती हैं। अतः इन्हें स्वीकार नहीं किया जा सकता। फलतः व्यक्ति इन्हें दबा देता है। इस दमन के फलस्वरूप ये चेतन से हटकर अचेतन में चली जाती हैं और निरन्तर व्यक्ति के समस्त जीवन और उसके व्यवहारों को प्रभावित करती हैं। यह दमन की प्रक्रिया चेतन नहीं होती, बल्कि अचेतन हुआ करती है। अचेतन में संचित ये दमित इच्छाएँ (Repressed wishes) गत्यात्मक स्वभाव (Dynamic nature) की होती हैं, क्योंकि ये प्रायः व्यक्ति

के संवेगात्मक अनुभवों (Emotional experiences) से सम्बद्ध होती हैं। दमन की प्रक्रिया प्रायः प्रबल संवेगात्मक संघर्षों (Strong emotional conflicts) के समय ही घटित होती है।

फ्रायड ने दमन की जानेवाली इच्छाओं के बारे में स्पष्ट रूप से कहा है कि प्रायः व्यक्ति की शैशविक कामेच्छाएँ (Infantile sexual desires) ही दमित होती हैं। उन्होंने बतलाया है कि मनुष्य के सभी कार्यों के मूल में उसकी कामेच्छाएँ वर्तमान रहती हैं। कामेच्छाओं को उन्होंने 'लिबिडो' (Libido) शब्द से द्योतित किया है। उनके अनुसार 'लिबिडो' एक काम-शक्ति (Sexual energy) है, जो मानव-जीवन की अनुप्रेरणात्मक शक्ति (Motivating force) कही जा सकती है।

फ्रायड के 'लिबिडो' के सिद्धान्त से अल्फ्रेड ऐडलर (Alfred Adler) और युंग (Jung) सहमत नहीं हैं। ऐडलर मानव-जीवन की अनुप्रेरणात्मक शक्ति के रूप में 'शक्ति की कामना' (Will to power) को मानते हैं। उनका मत है कि जीवन की प्रथम समस्या कामेच्छा नहीं, वरन् 'शक्ति की कामना' है। जीवन के प्रारम्भिक दिनों के अनुभवों के आधार पर जीवन के प्रति व्यक्ति की एक विशेष प्रकार की मनोवृत्ति बन जाती है, उसकी एक जीवन-शैली निर्धारित हो जाती है। कामेच्छा को उस सम्पूर्ण जीवन-शैली में अपना स्थान बनाना पड़ता है। स्पष्ट है कि ऐडलर ने कामेच्छा को अस्वीकार नहीं किया है, किन्तु फ्रायड की तरह उसे सर्वप्रथम नहीं माना है और 'शक्ति की कामना' में ही समाहित कर दिया है। शैशविक कामेच्छा (Infantile sexual desire) के रूप में छोटे बच्चे के व्यवहार की व्याख्या ऐडलर को उचित नहीं जान पड़ी। उन्हें बच्चे द्वारा दूसरे के आधिपत्य (Domination) का प्रतिरोध (Resistance) और अपना आधिपत्य स्थापित करने की उत्सुकता सर्वप्रथम बुनियादी प्रवृत्ति जान पड़ी। बच्चा जिन लोगों के बीच रहता है, उनसे अपने को कई बातों में हीन (Inferior) समझता है और वह निरन्तर अपना आधिपत्य कायम करने का प्रयास करता है। वास्तव में, जब व्यक्ति जीवन के किसी पक्ष में हीनता का अनुभव करता है, तब वह अपनी हीनता की भावना (Feeling of inferiority) को दूर कर उच्चता के लक्ष्य (Goal af superiority) की ओर बढ़ने का प्रयास करता है। अन्ततोगत्वा वह अपनी हीनता की भावना की क्षतिपूर्ति (Compensation) उच्चता (Superiority) प्राप्त कर कर सकता है। उदाहरणार्थ, डेमोसथेन्स (Demosthens) ने तुतलाने (Stuttering) के कारण उत्पन्न हीनता की भावना की क्षतिपूर्ति ग्रीस का सबसे बड़ा वक्ता होकर की। वैसे ही, यदि कोई जीवन के किसी एक पक्ष में हीनता की भावना का अनुभव करता है, तो वह जीवन के दूसरे पक्ष की अपनी उपलब्धियों के द्वारा उसकी क्षतिपूर्ति करता है।

युंग (Jung) की 'लिबिडो' की व्याख्या फ्रायड और ऐडलर दोनों ही से भिन्न है। उन्होंने 'लिबिडो' की व्याख्या करते हुए कहा कि यह 'जीने की इच्छा' (Will to live) है, जैसा कि सोपेनहावर (Schopenhauer) ने भी माना है। इस 'जीने

की इच्छा' में ही फ्रायड की 'कामेच्छा' और ऐडलर की 'शक्ति की कामना' दोनों निहित हैं। उन्होंने इसे व्यक्ति की सम्पूर्ण शक्ति माना और बतलाया कि यही जीवन की समस्त क्रियाओं में अभिव्यक्त होती है। 'जीने की इच्छा' से अनुप्रेरित होकर ही व्यक्ति कोई कार्य करता है।

युंग ने अचेतन को अत्यधिक महत्त्व प्रदान किया है। किन्तु उन्होंने व्यक्तिगत अचेतन से अधिक सामूहिक अचेतन पर जोर दिया है। व्यक्तिगत अचेतन में वे दमित इच्छाएँ (Repressed desires) रहती हैं, जिन्हें व्यक्ति अपने जीवन-काल में दबा देता है। किन्तु सामूहिक अचेतन का इससे अधिक महत्त्व है; क्योंकि वह प्रत्येक व्यक्ति के चेतन और अचेतन जीवन का मूल स्रोत है। सामूहिक अचेतन वंशपरम्परा (Heredity) की देन है। इसमें सारी प्रकृत प्रवृत्तियाँ (फ्रायड का 'इड') और युंग के संस्कार (Archetypes) निहित रहते हैं। स्पष्ट है कि सामूहिक अचेतन में जहाँ फ्रायड की प्रकृत प्रवृत्तियाँ हैं, वहाँ युंग के संस्कार भी हैं। युंग ने इन दोनों की व्याख्या करते हुए कहा है कि यदि मूल प्रवृत्तियाँ (Instincts), जिनमें फ्रायड का 'इड' (Id) समाहित है, कार्य करने के आदिम ढंग (Primitive way) की द्योतक हैं, तो संस्कार विचार करने के आदिम ढंग को द्योतित करते हैं। ये दोनों एक-दूसरे से बिल्कुल अलग नहीं कहे जा सकते; क्योंकि विचार और क्रिया साथ ही चलनेवाली हैं और विशेष रूप से आदिम स्तर (Primitive level) पर। युंग के अनुसार सामूहिक अचेतन में संचित ये संस्कार प्रायः स्वप्नों, परियों की कहानियों एवं पुराणों में अभिव्यक्त होते हैं।

अचेतन के स्वरूप
(Nature of the Unconscious)

अचेतन के विषयों (Contents) के विवेचन में इसके स्वरूप का भी यत्र-तत्र उल्लेख हुआ है। फिर भी, यहाँ संक्षेप में इस पर प्रकाश डालना आवश्यक प्रतीत होता है। अचेतन के सम्बन्ध में यह कहा जा सकता है कि यह 'आनन्द के सिद्धान्त' (Pleasure principle) से निर्देशित होता है। यह जगत् की वास्तविकताओं से विमुख रहता है। फ्रायड ने बतलाया है कि प्रायः व्यक्ति की प्रकृत प्रवृत्तियाँ आनन्दोन्मुख होने के कारण तृप्त नहीं हो पातीं। व्यक्ति जगत् की वास्तविकताओं को दृष्टिकोण में रखकर उन अवांछनीय प्रवृत्तियों का दमन कर देता है। फलतः वे दमित प्रकृत प्रवृत्तियाँ अचेतन में चली जाती हैं। वे वहाँ निरन्तर आनन्द-प्राप्ति की चेष्टा करती रहती हैं। निष्कर्ष यह कि अचेतन आनन्दोन्मुख होता है।

फ्रायड के अनुसार अचेतन प्रधानतः काम-प्रकृति (Sexual nature) का होता है। फ्रायड ने 'सेक्स' का प्रयोग बड़े विस्तृत अर्थ में किया है। उस विस्तृत अर्थ को दृष्टि में रखकर हम इसे रागात्मक वृत्ति कह सकते हैं। इस रागात्मक वृत्ति से मनुष्य का समस्त जीवन प्रभावित होता रहता है। बच्चे का माँ की ओर आकर्षित

होना, युवक का किसी युवती की ओर आकर्षित होना इत्यादि इस रागात्मक वृत्ति के ही द्योतक हैं।

अचेतन सक्रिय (Active) और गतिशील (Dynamic) स्वभाव का होता है। अचेतन में संचित सारी दमित इच्छाएँ अभिव्यक्त होने के लिए निरन्तर क्रियाशील रहती हैं। वे चेतन व्यवहार (Conscious behaviour) में प्रकट होने की सतत चेष्टा करती रहती हैं, किन्तु चेतन अहं (Conscious self) उन्हें चेतन में आने से रोकता है। ऐसी स्थिति में अचेतन अपनी अभिव्यक्ति के दूसरे मार्ग ढूँढ़ निकालता है। उसकी गतिशीलता का ही परिणाम है कि वह स्वप्नों में, दैनिक मनोविकृतियों में तथा अन्य मार्गों में अभिव्यक्त होता रहता है।

स्वप्न
(Dream)

आदिकाल से ही मनुष्य स्वप्न की गतिविधि को जानने के लिए जिज्ञासु रहा है। फलतः हजारों वर्षों से स्वप्न की समुचित व्याख्या का प्रयास चलता रहा है। किन्तु इस अनवरत चेष्टा के बाद भी स्वप्न की सम्यक् व्याख्या सर्वप्रथम फ्रायड ने ही प्रस्तुत की। फ्रायड के द्वारा उपस्थित की गई स्वप्न-व्याख्या के पूर्व प्राचीन विद्वानों की स्वप्न-व्याख्याओं का संक्षेप में उल्लेख अपेक्षित जान पड़ता है।

प्राचीन काल के लोग स्वप्न को अलौकिक अथवा दैवी मानते थे। उनका विश्वास था कि स्वप्न अलौकिक अथवा दैवी जगत् से सम्बन्धित है। फलतः वे स्वप्न को देवताओं तथा दानवों से अनुप्रेरित मानते थे। स्वप्न के सम्बन्ध में उनका यह भी विश्वास था कि स्वप्न भावी घटनाओं के सूचक होते हैं। अरिस्टाट्ल (Aristotle) ने सर्वप्रथम स्वप्न को एक मनोवैज्ञानिक समस्या के रूप में देखा। उन्होंने स्पष्ट शब्दों में घोषित किया कि स्वप्न कोई दैवी शक्ति नहीं, बल्कि इसका सम्बन्ध मानवीय शक्तियों से है। स्वप्न व्यक्ति की मानसिक क्रिया है। सोई हुई अवस्था में यदि कोई अति क्षीण संवेदना भी होती है, तो वह स्वप्न में अति तीव्र जान पड़ती है। उदाहरणार्थ, यदि स्वप्नावस्था में किसी कारणवश शरीर के अंग थोड़ा गर्म हो जाते हैं, तो व्यक्ति को स्वप्न में ऐसा अनुभव होता है कि वह आग में चल रहा है तथा अति तीव्र उष्णता का अनुभव कर रहा है।

स्वप्नों का दैहिक सिद्धान्त
(Physiological theory of Dreams)

स्वप्नों के दैहिक सिद्धान्त के सम्बन्ध में बिंज (Binze), मौरी (Mauri), रॉबर्ट (Robert), डेलेज (Delege) इत्यादि विद्वानों के विचार उल्लेखनीय हैं। किन्तु इनके विचारों के विस्तार में न जाकर यहाँ दैहिक सिद्धान्त का संक्षिप्त विवेचन अभीष्ट

है। इस सिद्धान्त के अनुसार स्वप्न होने के कारण बाह्य एवं आंतरिक शारीरिक उत्तेजनाएँ हैं। यदि व्यक्ति अपने को सभी प्रकार की उत्तेजनाओं से बचाकर सो सके, तो उसके स्वप्न देखने की सम्भावना नहीं रह जाएगी। लेकिन वास्तविकता तो यह है कि हम अपनी नींद को उत्तेजनाओं के प्रभाव से नहीं बचा सकते। निद्रावस्था में बाह्य एवं आन्तरिक शारीरिक उत्तेजनाएँ व्यक्ति की निद्रा को निरन्तर भंग करती रहती हैं। फलतः वह स्वप्न देखता है। वास्तव में, स्वप्न शारीरिक उत्तेजनाओं के कारण उत्पन्न निद्रा की बाधा के प्रति प्रतिक्रियामात्र कहे जा सकते हैं। स्वप्न की उपयोगिता के सम्बन्ध में दैहिक सिद्धान्त के अधिकांश समर्थकों का कहना था कि स्वप्न निरर्थक होता है तथा स्वप्न देखनेवाले के लिए इसका कोई उपयोग नहीं है। यह दैहिक सिद्धान्त के एक बड़े समर्थक बिंज के विचारों से स्पष्ट है।[1]

एक शारीरिक क्रिया के रूप में स्वप्न का समर्थन रॉबर्ट के विचारों में भी मिलता है। सन् 1883 ई. में रॉबर्ट ने एक विचार प्रस्तुत किया, जिसमें स्वप्न के जीवन के विचार, जिनका सफल समाधान हो जाता है, स्वप्नों में व्यक्त नहीं होते। स्वप्न तो जाग्रत जीवन के उन विचारों अथवा ऐन्द्रिय प्रभावों (Sensory impressions) के कारण होते हैं, जो अपूर्ण रह जाते हैं अथवा महत्त्वहीन समझकर व्यक्ति जिन पर अपना ध्यान नहीं देता। अतएव, स्पष्ट है कि जाग्रत जीवन के अपूर्ण या उपेक्षित ऐन्द्रिय प्रभाव ही स्वप्न के कारण हैं। स्वप्नों के कारणों के अतिरिक्त, उनकी उपयोगिता पर भी रॉबर्ट ने अपना विचार व्यक्त किया है। उनका कहना है कि अपूर्ण विचारों तथा ऐन्द्रिय प्रभावों से आक्रान्त होकर मस्तिष्क बोझिल हो जाता है। मस्तिष्क का यह बोझ अथवा भार तब हल्का होता है, जब ये विचार तथा ऐन्द्रिय प्रभाव स्वप्नों में अभिव्यक्ति पा जाते हैं। अतः स्वप्नों को जाग्रत जीवन के ऐन्द्रिय प्रभावों के संचित हो जाने के कारण अति बोझिल मस्तिष्क के रक्षक के रूप में देखा जा सकता है।

डेलेज ने भी अपनी स्वप्न-व्याख्या को स्वप्न की उल्लिखित विशेषताओं पर ही आधारित किया है। उन्होंने स्पष्ट शब्दों में कहा है कि रात के सपने दिन के अवरोधों (Suppressions) के द्वारा मस्तिष्क में संचित ऐन्द्रिय प्रभावों के कारण उत्पन्न होते हैं। स्पष्ट है कि उनके अनुसार कुण्ठित ऐन्द्रिय प्रभाव (Suppressed sensory impressions) स्वप्नों में अभिव्यक्त होते हैं।

अन्त में, दैहिक सिद्धान्त की समीक्षा करते हुए कहा जा सकता है कि यह सिद्धान्त इस बात की तो व्याख्या कर देता है कि स्वप्न क्यों होते हैं, किन्तु यह नहीं बतला पाता कि क्यों एक ही प्रकार की उत्तेजनाएँ विभिन्न व्यक्तियों में भिन्न-भिन्न प्रकार के स्वप्न उत्पन्न करती हैं।

फ्रायड का स्वप्न-सिद्धान्त

फ्रायड ने अपने 'स्वप्नों की व्याख्या' (The Interpretation of Dreams) में सर्वप्रथम स्वप्नों की अति विशद् व्याख्या प्रस्तुत की तथा मानव-स्वभाव अथवा मनुष्य की वृत्तियों (Tendencies) के साथ इसका सम्बन्ध बतलाया। उनके अनुसार स्वप्न निरर्थक तथा अनुपयोगी नहीं, वरन् सार्थक तथा उपयोगी होते हैं तथा स्वप्नों से इच्छाओं की पूर्ति होती है। इसीलिए, उनके स्वप्न-सिद्धान्त को इच्छा-पूर्ति का सिद्धान्त कहा जाता है। इच्छा के सम्बन्ध में उन्होंने बतलाया है कि मनुष्य में काम (Sex) की इच्छा सबसे प्रबल होती है। किन्तु व्यावहारिक जीवन में इच्छा निरन्तर अपनी तृप्ति के लिए सक्रिय रहती है। मनुष्य में वर्तमान यह प्रबल काम की इच्छा निरन्तर अपनी तृप्ति के लिए सक्रिय रहती है। किन्तु व्यावहारिक जीवन में इच्छा की पूर्ति सहज ढंग से नहीं हो पाती। सामाजिक बन्धनों तथा नैतिक नियमों के कारण व्यक्ति प्रायः काम-वृत्ति की तृप्ति में अपने को असमर्थ पाता है। यदि एक ओर वह अपनी काम-वृत्ति की परितुष्टि चाहता है, तो दूसरी ओर सामाजिक तथा नैतिक नियमों की रक्षा। फलतः उसे मानसिक संघर्ष का सामना करना पड़ता है। अन्ततः वह प्रायः अपनी काम-वृत्ति के दमन के द्वारा मानसिक संघर्ष से त्राण पाता है। वह दमित काम-वृत्ति चेतन से हटकर अचेतन (Unconscious) में चली जाती है। अचेतन में संचित वह काम-वृत्ति स्वप्नों में अभिव्यक्त होती है। जाग्रतावस्था में चेतन जागरूक रहता है। फलतः काम-वृत्ति को, जो सामाजिक दृष्टिकोण से अवांछनीय प्रवृत्ति है, वह तृप्त नहीं होने देता। किन्तु निद्रावस्था में व्यक्ति का चेतन कमजोर पड़ जाता है, उसका प्रतिरोध (Resistance) बहुत कम हो जाता है। परिणामतः अचेतन को अपनी अभिव्यक्ति का सुअवसर मिल जाता है। लेकिन फिर भी स्वप्न प्रतिबन्धक (Dream-censor)* के कारण कुछ-न-कुछ प्रतिरोध बना ही रह जाता है। अतएव निद्रावस्था में भी दमन के कारण अचेतन में संचित इच्छाएँ नग्न रूप में अपनी अभिव्यक्ति नहीं पा सकतीं। फलतः वे स्वप्न-क्रिया (Dream work) द्वारा अपने रूप परिवर्तित कर प्रतीकों के सहारे अभिव्यक्त होती हैं और इस प्रकार अपने को परितुष्ट करती हैं।

---

* स्वप्न-प्रतिबन्धक (Dream-censor)—फ्रायड ने स्वप्न-निर्माण (Dream-formation) के प्रधान कारणों के रूप में मनुष्य में दो प्रकार की मानसिक शक्तियों अथवा प्रवृत्तियों (Psychic forces or tendencies) के अस्तित्व को माना है। पहली प्रवृत्ति स्वप्नों के द्वारा अभिव्यक्त इच्छाओं का बोध कराती है तथा दूसरी स्वप्न-इच्छा (Dream-wish) की मौलिक अभिव्यक्ति के प्रति प्रतिरोध (Resistance) उपस्थित कर उसे विकृत रूप (Distorted form) में अभिव्यक्त होने के लिए बाध्य करती है। अतएव जिस मानसिक शक्ति अथवा प्रवृत्ति के द्वारा प्रतिरोध उपस्थित होने के कारण स्वप्न का अव्यक्त विषय (Latent content) विकृत रूप ले लेता है, उसे ही स्वप्न-प्रतिबन्धक (Dream-censor) कहते हैं।

ऊपर वर्णित फ्रायड के स्वप्न-सिद्धान्त का सबसे विवादग्रस्त अंश यह है कि क्या सभी स्वप्नों से स्वप्न-द्रष्टा की इच्छाओं की पूर्ति होती है? इस सम्बन्ध में अक्सर यह प्रश्न किया जाता है कि यदि स्वप्नों से इच्छाओं की पूर्ति होती है, तो दुःखद स्वप्न, जैसे चिन्ता-स्वप्न (Anxiety dreams) तथा दण्ड-स्वप्न (Punishment-dreams) क्यों होते हैं? उन्हें किस प्रकार की इच्छाओं की पूर्ति माना जाए? दण्ड-स्वप्नों के बारे में फ्रायड का कहना है कि इन स्वप्नों से भी इच्छाओं की पूर्ति होती है। ये स्वप्न मूल प्रवृत्यात्मक इच्छाओं (Instinctual wishes) को परितुष्ट नहीं करते, वरन् इनसे श्रेष्ठ अहंभाव (Super ego) की इच्छाएँ तृप्त होती हैं। मनोविश्लेषण के अध्ययन से स्पष्ट है कि श्रेष्ठ अहंभाव के प्रधान कार्य हैं– आलोचना करना, दोषारोपण करना तथा दण्ड देना। अतएव दण्ड-स्वप्नों को फ्रायड ने श्रेष्ठ अहंभाव की इच्छाओं की पूर्ति माना है।

फ्रायड के स्वप्न-सिद्धान्त के विरुद्ध दो प्रकार की आपत्तियाँ की जाती हैं। पहली यह कि वे लोग, जिन्हें तीव्र संक्षोभों (Shocks) अथवा मानसिक आघातों (Psychic traumas) का अनुभव एक बार हो जाता है, प्रायः अपने स्वप्नों में भी आघात पहुँचानेवाली परिस्थितियों का अनुभव करते हैं। यहाँ यह प्रश्न बिल्कुल समुचित जान पड़ता है कि यदि स्वप्न इच्छा-पूर्ति (Wish-fulfilment) है, तो इन दुःखपूर्ण संक्षोभों अथवा आघात-सम्बन्धी स्वप्नों की व्याख्या इच्छा-पूर्ति के रूप में किस प्रकार की जा सकती है? दूसरी आपत्ति यह की जाती है कि बाल्यकाल के क़ामवृत्ति-सम्बन्धी अनुभव दुःखपूर्ण प्रभावों (Painful impressions) जैसे चिन्ता (Anxiety), निषेध (Prohibition), निराशा, दण्ड आदि से संश्लिष्ट होते हैं, फिर वे स्वप्नों में क्यों आते हैं? उनसे स्वप्न-द्रष्टा की किन इच्छाओं की पूर्ति होती है? क्या दुःखपूर्ण अनुभव और इच्छापूर्ति ये दोनों दो विरोधी बातें नहीं हैं?

इन आपत्तियों पर विचार करते हुए फ्रायड ने स्वप्न के अव्यक्त विषय (Latent content) की ओर ध्यान आकृष्ट किया है। उनके अनुसार स्वप्न में आए हुए अधिकांश दुःखपूर्ण अनुभव अव्यक्त विषय के विकृत रूप (Distorted forms) होते हैं तथा इनसे व्यक्ति की अतृप्त अचेतन इच्छाओं की पूर्ति होती है। किन्तु आघातिक मनोदौर्बल्य (Traumatic neurosis) की अवस्था में स्वप्नों का अन्त प्रायः चिन्ता में होता है तथा स्वप्न-द्रष्टा की निद्रा भंग हो जाती है। यहाँ स्वप्न इच्छा-पूर्ति तथा नींद के अभिभावक के रूप में असफल जान पड़ते हैं। इसे दृष्टि में रखते हुए फ्रायड ने अपने मौलिक स्वप्न-सिद्धान्त में परिमार्जन किया है। फलतः उन्होंने स्वप्नों को इच्छा-पूर्ति के बदले सचेष्ट इच्छा-पूर्ति (Attempted wish-fulfilment) माना तथा स्वप्नों को तीन वर्गों में बाँट दिया–1. इच्छा-स्वप्न (Wish-dreams), 2. चिन्ता-स्वप्न (Anxiety-dreams) तथा 3. दण्ड-स्वप्न (Punishment-dreams)। स्पष्ट है कि फ्रायड के परिमार्जित स्वप्न-सिद्धान्त के अनुसार स्वप्नों में इच्छा-पूर्ति की चेष्टा पाई जाती है।

स्वप्न-विषय
(Dream-contents)

फ्रायड स्वप्न के व्यक्त (Manifest) तथा अव्यक्त (Latent), दो प्रकार के विषयों (Contents) को मानते हैं। स्वप्न-द्रष्टा स्वप्न में जिन वस्तुओं अथवा घटनाओं के बिम्बों (Image) का अनुभव करता है तथा जगने पर जिनका वर्णन करता है, उन्हें फ्रायड ने स्वप्न का व्यक्त विषय (Manifest content) माना है।[2] जिन अतृप्त इच्छाओं के कारण स्वप्न होते हैं, उन्हें फ्रायड ने स्वप्न का अव्यक्त विषय (Latent content) कहा है।[3] वस्तुतः स्वप्न का अव्यक्त विषय स्वप्न के वास्तविक तत्त्वों का द्योतक है। इसका ज्ञान स्वप्न-विश्लेषण (Dream-analysis) द्वारा होता है। स्वप्न के व्यक्त तथा अव्यक्त विषयों के सम्बन्ध पर प्रकाश डालते हुए यह कहा जा सकता है कि स्वप्न का व्यक्त विषय अव्यक्त विषय का ही परिवर्तित अथवा विकृत रूप है तथा अव्यक्त विषय व्यक्त विषय का मूल स्वरूप है। ऊपर से देखने पर ऐसा जान पड़ता है कि स्वप्न के इन दोनों विषयों में कोई सम्बन्ध नहीं है। इसका कारण यह है कि स्वप्न के वास्तविक तत्त्व स्वप्न-क्रिया द्वारा परिवर्तित अथवा विकृत होकर स्वप्न में अभिव्यक्त होते हैं।[4] यह स्वप्न-क्रिया बड़े महत्त्व का कार्य करती है; क्योंकि यह अचेतन अवांछनीय इच्छाओं को वह रूप देती है जो चेतन को स्वीकृत हो सके। इसी विकृति (Destortion) के कारण स्वप्न विचित्र तथा निरर्थक जान पड़ते हैं। अतः यहाँ संक्षेप में स्वप्न-क्रिया का उल्लेख अभीष्ट है।

स्वप्न-क्रिया
(Dream-work)

फ्रायड की स्वप्न-क्रिया के अन्तर्गत प्रधानतः पाँच कार्य-पद्धतियों (Mechanism) का उल्लेख किया जा सकता है। वे ये हैं–

1. संक्षेपण (Condensation)
2. विस्थापन (Displacement)
3. नाट्यीकरण (Dramatization)
4. प्रतीकीकरण (Symbolization)
5. परवर्ती विस्तार (Secondary elaboration)

संक्षेपण (Condensation)–जब हम स्वप्न के व्यक्त विषय की तुलना अव्यक्त विषय से करते हैं, तब स्पष्टतः यह जान पड़ता है कि संक्षेपण की क्रिया सम्पन्न हो चुकी है। स्वप्न का व्यक्त विषय अव्यक्त विषय की अपेक्षा क्षीण, अपूर्ण तथा संक्षिप्त होता है। यह संक्षेपण की क्रिया इस प्रकार सम्पन्न होती है–

1. अव्यक्त विषय की अधिकांश बातें व्यक्त विषय में आने के पहले लुप्त हो जाती हैं। फलतः अव्यक्त विषय के थोड़े-से अंश ही व्यक्त विषय में आ पाते हैं।

2. अनेक घटनाओं के मिलते-जुलते अंश एक ही बिम्ब में सिमट जाते हैं। परिणामस्वरूप, स्वप्न में आया हुआ एक ही बिम्ब कई घटनाओं का प्रतीक होता है।

इस प्रकार, यह स्पष्ट है कि स्वप्न का व्यक्त विषय अव्यक्त विषय का अति विकृत तथा अपूर्ण रूप है। वस्तुतः अनेक विचारों अथवा घटनाओं का थोड़े-से बिम्बों (Images) में सिमट जाना ही संक्षेपण कहलाता है।

विस्थापन–(Displacement)–विस्थापन-क्रिया द्वारा स्वप्न अव्यक्त विषय से हटकर अन्यत्र केन्द्रीभूत हो जाता है। फलतः स्वप्न में अव्यक्त विषय के प्रधान अंश गौण जान पड़ते हैं। इस क्रिया द्वारा स्वप्न में अव्यक्त विषय की किसी भी घटना अथवा वस्तु का मूल्य (Value) दूसरी घटना अथवा वस्तु की ओर विस्थापित (Displaced) हो जाता है। यह विस्थापन (Displacement) प्रायः स्वप्न-द्रष्टा के भावों (Feeling) तथा संवेगों (Emotions) का ही होता है। वास्तव में, व्यक्ति को जिस वस्तु या व्यक्ति के सम्बन्ध में संवेगात्मक अनुभूति (Emotional experience) होती है, स्वप्न में वह उस व्यक्ति या वस्तु से भिन्न किसी अन्य व्यक्ति या वस्तु में ही संवेगात्मक अनुभूति पाता है। फलतः स्वप्न में अव्यक्त विषय का अति विकृत रूप ही प्रकट हो पाता है। इसलिए स्वप्न के व्यक्त विषय के आधार पर स्वप्न-द्रष्टा की वास्तविक इच्छाओं का ज्ञान बड़ा कठिन होता है। स्वप्न-द्रष्टा की वास्तविक इच्छाओं के परिज्ञान के लिए स्वप्न-विश्लेषण का सहारा लेना आवश्यक है। यह विस्थापन-क्रिया का ही फल है कि स्वप्न-द्रष्टा को वस्तुतः जिस विषय में अभिरुचि है, उसका अनुभव न कर वह स्वप्न में किसी और विषय का ही अनुभव करता है।

नाट्यीकरण (Dramatization)–नाट्यीकरण के द्वारा व्यक्ति की इच्छाएँ स्वप्न में अमूर्त रूप (Abstract form) में प्रकट न होकर मूर्त रूप (Concrete form) में प्रकट होती हैं। वे ऐसे आकर्षक चित्रों के रूप में प्रकट होती हैं कि स्वप्न-द्रष्टा अनुभव करता है कि वे सचमुच उसके सामने घट रही हों। स्वप्न में आए हुए वे चित्र प्रायः दृष्टि, श्रवण तथा स्पर्श-सम्बन्धी हुआ करते हैं। स्वप्न की अन्य कार्य-पद्धतियों (Mechanisms) के सदृश नाट्यीकरण द्वारा भी स्वप्न-द्रष्टा की इच्छाएँ इस प्रकार विकृत रूप में अभिव्यक्त होती हैं कि स्वप्न के व्यक्त विषय को देखकर उनका ज्ञान प्राप्त करना सचमुच बड़ा ही कठिन है।

प्रतीकीकरण (Symbolization)–प्रतीकीकरण स्वप्न-क्रिया का प्रधान अंग है। इसके द्वारा स्वप्न का अव्यक्त विषय स्वप्नों में विकृत रूप में अभिव्यक्त होता है। अचेतन इच्छाएँ प्रतीकों के माध्यम से स्वप्नों में अभिव्यक्त होती हैं। यों अवांछनीय अचेतन इच्छाएँ अभिव्यक्त नहीं हो पातीं; क्योंकि स्वप्न-प्रतिबन्धक प्रतिरोध उपस्थित करता है। किन्तु जब वे प्रतीकों का रूप ले लेती हैं, तब स्वप्न-प्रतिबन्धक का प्रतिरोध

कम हो जाता है। फलतः स्वप्नों में वे अभिव्यक्ति पा जाती हैं। स्पष्ट है कि अवांछनीय अचेतन इच्छाएँ प्रतीकात्मक रूपों में ही स्वप्नों में अभिव्यक्त होती हैं। स्वप्न-व्याख्या के सिलसिले में स्वप्न-प्रतीकों पर और अधिक प्रकाश डाला जाएगा।

परवर्ती-विस्तार (Secondary elaboration)—स्वप्न समाप्त होने के बाद जब व्यक्ति जागता है, तब वह स्वप्न का वर्णन करते समय उसे सार्थक, तर्कयुक्त तथा संगत बना देता है। जगी हुई अवस्था में व्यक्ति का चेतन जागरूक रहता है तथा उसका अहंभाव किसी भी वस्तु को तर्कसंगत देखना चाहता है। फलतः व्यक्ति स्वप्न के विभिन्न असम्बद्ध तत्त्वों में एक निश्चित सम्बन्ध स्थापित कर स्वप्न का वर्णन करता है। इस प्रकार, यह स्पष्ट है कि परवर्ती विस्तार की क्रिया द्वारा स्वप्न अपनी निरर्थकता तथा असंगति (Inconsistency) खोकर तर्कयुक्त, संगत (Consistent) तथा सुबोध हो जाता है। स्वप्न-विश्लेषण से यह जान पड़ता है कि परवर्ती विस्तार (Secondary elaboration) की क्रिया स्वप्न के विभिन्न तत्त्वों को इस प्रकार मोड़ देती है कि उनके वास्तविक सम्बन्ध मिट जाते हैं। परवर्ती विस्तार की क्रिया सम्भवतः अन्य जाग्रत विचारों (Waking thought) के ही समान होती है। जिस प्रकार हमारे जाग्रत विचार किसी भी वस्तु को तर्कपूर्ण तथा सार्थक रूप में देखते हैं, उसी प्रकार परवर्ती विस्तार की क्रिया भी स्वप्न को सार्थक तथा तर्कपूर्ण बना देती है।

स्वप्न-व्याख्या
(Dream-interpretation)

स्वप्न की व्याख्या में फ्रायड ने प्रतीकों का सहारा लिया। उन्होंने स्वप्नों को समझने के लिए प्रतीकों के अतिरिक्त स्वतन्त्र साहचर्य (Free association) पद्धति का भी प्रयोग किया। फ्रायड का विचार है कि व्यक्ति का अचेतन प्रायः प्रतीकों के माध्यम से ही अभिव्यक्त होता है। व्यक्ति की अतृप्त अचेतन इच्छाएँ स्वप्नों में प्रतीकात्मक रूप में प्रकट होती हैं। अतएव स्वप्न की सम्यक् व्याख्या के लिए प्रतीकों का समुचित ज्ञान आवश्यक है। यहाँ फ्रायड के द्वारा निर्णीत कुछ प्रतीकों को उदाहरण के रूप में प्रस्तुत किया जाता है। फ्रायड के अनुसार यात्रा मृत्यु का प्रतीक है, पानी जन्म का प्रतीक है, राजा-रानी माँ-बाप के प्रतीक हैं, पहाड़ की चोटी अथवा सीढ़ी पर चढ़ना मैथुन का प्रतीक है तथा कपड़ा नग्नावस्था का प्रतीक है। यहाँ यह व्यक्त कर देना असंगत न होगा कि फ्रायड ने स्वप्न-प्रतीक को पुराण, लोकाचार, लोकगीत इत्यादि से ग्रहण किया है। इस प्रकार फ्रायड ने प्रतीकों की सूची के आधार पर स्वप्नों की व्याख्या प्रस्तुत की है। सचमुच ये प्रतीक स्वप्न-विश्लेषक को स्वप्न के वास्तविक तत्त्वों अथवा स्वप्न में अभिव्यक्त व्यक्ति की वास्तविक इच्छाओं को जानने में बहुत सहायता प्रदान करते हैं।

प्रतीकों के सिवा फ्रायड ने स्वप्न की व्याख्या में स्वतन्त्र साहचर्य का प्रयोग भी आवश्यक समझा। इस विधि के द्वारा स्वप्न-विश्लेषक स्वप्न-द्रष्टा के वर्तमान तथा अतीत साहचर्यों का ज्ञान प्राप्त कर लेता है। तत्पश्चात्, स्वप्न-प्रतीकों का उसके व्यक्तिगत वर्तमान तथा अतीत साहचर्यों के साथ सम्बन्ध स्थापित कर स्वप्न को समझने की चेष्टा करता है। इस विधि द्वारा स्वप्न को समझने में सरलता होती है। यहाँ यह बतला देना समीचीन प्रतीत होता है कि इस विधि के द्वारा स्वप्न का ज्ञान बहुत-कुछ स्वप्न-विश्लेषक की विश्लेषणात्मक योग्यता पर निर्भर करता है।

फ्रायड तथा ऐडलर के स्वप्न-सम्बन्धी विचारों में भेद

स्वप्नों के लिए जहाँ तक मानसिक संघर्ष (Mental conflict) तथा दमन (Repression) का प्रश्न है, सभी मनोविश्लेषक एकमत हैं। किन्तु किस वृत्ति अथवा इच्छा का दमन किया जाता है, यह विवादास्पद है। फ्रायड के अनुसार काम-वृत्ति का दमन ही स्वप्न का कारण है। पर ऐडलर तथा युंग इसे नहीं मानते। ऐडलर का कहना है कि मनुष्य में आत्म-स्थापन (Self-assertion) की वृत्ति सबसे प्रबल होती है। इस वृत्ति का अतृप्त रह जाना ही स्वप्न का कारण है। ऐडलर का यह निश्चित विचार है कि प्रत्येक व्यक्ति की अपनी विशिष्ट जीवन-शैली होती है, जिसका निर्माण बाल्यकाल के प्रारम्भिक वर्षों में हो जाता है। ऐडलर के अनुसार स्वप्नों में व्यक्ति की जीवन-शैली ही अभिव्यक्त होती है।

फ्रायड तथा ऐडलर के विचारों में केवल दमन की जानवाली प्रवृत्ति को लेकर ही भेद नहीं है, बल्कि फ्रायड ने जहाँ स्वप्नों को अतीत की इच्छाओं की पूर्ति माना है, वहाँ ऐडलर ने स्वप्न का सम्बन्ध अतीत से न मानकर भविष्य से माना है। ऐडलर के अनुसार व्यक्ति को अपने वास्तविक जीवन में जो कार्य करना होता है, स्वप्न उसी का अभ्यासमात्र (Rehearsal) है। ऐडलर के लिए स्वप्न का महत्त्व इस बात में है कि वह विशेष प्रकार के कार्यों के प्रति व्यक्ति की जीवन-शैली का द्योतक है। उनके ये विचार निम्नांकित स्वप्न में स्पष्टतः लक्षित होते हैं–

एक व्यक्ति ने ब्याह के कुछ समय पहले यह स्वप्न देखा कि उसे दो देशों की सीमा के बीच में, बन्दी बना लिये जाने की धमकी के साथ, रोक रखा गया है।

ऐडलर के अनुसार इस स्वप्न का सम्बन्ध उस व्यक्ति के जाग्रत जीवन की उन समस्याओं से है, जिनका वह समाधान नहीं पा सका है। साथ-ही-साथ यह स्वप्न उन समस्याओं के प्रति उस व्यक्ति की मनोवृत्ति का भी द्योतक है।

फ्रायड तथा युंग के स्वप्न-सम्बन्धी विचारों में भेद

फ्रायड ने काम-वृत्ति को तथा ऐडलर ने आत्म-स्थापन की वृत्ति को स्वप्नों का कारण माना है। युंग की दृष्टि में ये दोनों ही मनोविश्लेषक अपने विचारों में एकांगी हैं।

उनका कहना है कि मनुष्य की मूल प्रबलतम वृत्ति के सम्बन्ध में फ्रायड तथा ऐलडर के विचार ग्राह्य नहीं हैं। मनुष्य की मूल प्रबलतम वृत्ति के सम्बन्ध में युंग का मत है कि मनुष्य में एक सामान्य जीवन-शक्ति (General life energy) होती है तथा वही सामान्य जीवन-शक्ति विभिन्न वृत्तियों में अभिव्यक्त होती है। वह कभी काम-वृत्ति, कभी स्थापन-वृत्ति तथा कभी धार्मिक और नैतिक वृत्तियों में रूपान्तरित होती रहती है, किन्तु उसका मूल स्वरूप निरन्तर अक्षुण्ण रहता है। भौतिक विज्ञान में भी शक्ति के सम्बन्ध में ऐसी ही धारणा है। भौतिक विज्ञान यह मानता है कि एक ही शक्ति ताप, बिजली, भौतिक पदार्थों की गति आदि में रूपान्तरित होती रहती है। यद्यपि उस शक्ति के विभिन्न रूप देखने को मिलते हैं, किन्तु मूलतः वही एक शक्ति सर्वत्र विद्यमान रहती है। युंग ने अपनी स्वप्न-सम्बन्धी व्याख्या में स्पष्ट रूप से बतलाया है कि स्वप्नों में मनुष्य की विभिन्न वृत्तियाँ अभिव्यक्ति पाती हैं, न कि केवल काम-वृत्ति अथवा आत्म-स्थापन-वृत्ति।

फ्रायड के समान युंग ने भी स्वप्नों पर अचेतन के प्रभाव को स्वीकार किया है, किन्तु अचेतन के सम्बन्ध में उनके विचार फ्रायड से भिन्न हैं। फ्रायड ने जहाँ व्यक्तिगत अचेतन पर जोर दिया है, वहाँ युंग ने सामूहिक अथवा जातीय अचेतन (Collective or Racial unconscious) को प्रधान माना है। वस्तुतः युंग ने दो प्रकार के अचेतन का उल्लेख किया है–व्यक्तिगत अचेतन तथा सामूहिक अथवा जातीय अचेतन। सामूहिक अचेतन की व्याख्या करते हुए उन्होंने बतलाया है कि इसमें सभी प्रकार की मूल प्रवृत्तियों तथा जातीय विशेषताओं (Racial characteristics) के संस्कार (Archetypes) निहित रहते हैं। सामूहिक अचेतन में संचित ये संस्कार ही प्रायः स्वप्नों में अभिव्यक्त होते हैं। इस प्रकार, स्वप्नों में अभिव्यक्त होनेवाले अचेतन के स्वरूप को लेकर फ्रायड तथा युंग में मतभेद है।

फ्रायड ने स्वप्न के लिए दमन अथवा कुण्ठा (Repression) को आवश्यक माना है। उनका कहना है कि काम-वृत्ति के दमन के बिना स्वप्न नहीं हो सकते। किन्तु युंग ने स्वप्न के लिए दमन को आवश्यक नहीं माना है। उनका कहना है कि अन्य मानसिक क्रियाओं की तरह स्वप्न भी एक सामान्य मानसिक क्रिया है। व्यक्ति के सामूहिक अचेतन में संचित जातीय विशेषताओं के संस्कार अपनी सहज गति से स्वप्नों में अभिव्यक्त होते रहते हैं। यहाँ यह स्पष्ट कर देना आवश्यक प्रतीत होता है कि यद्यपि युंग ने स्वप्नों के लिए दमन को आवश्यक नहीं माना है, तथापि वे यह अस्वीकार नहीं करते कि दमन के कारण भी स्वप्न होते हैं।

फ्रायड के अनुसार स्वप्न का सम्बन्ध अतीत के अनुभवों से, विशेषतः बाल्यकाल के काम-सम्बन्धी अनुभवों से रहता है, किन्तु युंग के अनुसार स्वप्न का सम्बन्ध वर्तमान से रहता है। युंग का कहना है कि स्वप्नों से वर्तमान समस्याओं की ओर

स्वप्न-द्रष्टा की अचेतन मनोवृत्ति (Unconscious attitude) का पता चलता है। युंग ने एक स्वप्न के द्वारा अपनी स्वप्न-व्याख्या (Dream interpretation) को फ्रायड की स्वप्न-व्याख्या से भिन्न बतलाया है। वह स्वप्न एक ऐसे युवक का है, जिसे विश्वविद्यालय से स्नातक की उपाधि प्राप्त करने के बाद कोई काम नहीं मिल सका और परिणामतः वह मनोदौर्बल्य (Psychoneurosis) का शिकार हो गया। उसका स्वप्न यह था–

"मैं अपनी माँ और बहन के साथ सीढ़ी पर चढ़ रहा था। जैसे ही हम लोग शिखर पर पहुँचे कि मुझसे कहा गया कि मेरी बहन को बच्चा होनेवाला है।"[5]

फ्रायड के अनुसार इस स्वप्न की व्याख्या सुगम है। 'सीढ़ी पर चढ़ना' मैथुन का प्रतीक है तथा 'माँ' और 'बहन' बाल्यकाल की काम-वृत्ति के प्रतीक हैं। परन्तु इस व्याख्या से असन्तुष्ट होकर युंग ने इस स्वप्न को समझने के लिए स्वतन्त्र साहचर्य की विधि का प्रयोग किया। फलतः वे इस निष्कर्ष पर पहुँचे कि 'माँ' कर्त्तव्यहीनता का द्योतक है, 'बहन' सच्चे प्रेम को द्योतित करती है, 'सीढ़ी पर चढ़ना' जीवन को उन्नत बनाने के प्रयास का प्रतीक है तथा 'भावी बच्चे' से पुनर्जन्म का बोध होता है। सारे स्वप्न से उस नवयुवक की वर्तमान परिस्थिति के साथ सफल सामंजस्य के निमित्त अचेतन शक्तियों के सतत प्रयास का बोध होता है। स्वप्न की ये विभिन्न व्याख्याएँ स्वप्न के सच्चे स्वरूप को प्रकट करने में कहाँ तक सफल हैं, कहना बड़ा कठिन है। इस कठिनाई का अनुभव करते हुए ही वुडवर्थ (Woodworth) ने स्वप्न-व्याख्याओं के सम्बन्ध में यह आशंका प्रकट की है कि सम्भवतः कोई भी स्वप्न-व्याख्या स्वप्न के सच्चे स्वरूप को प्रस्तुत नहीं करती।[6]

सभी स्वप्न-व्याख्याओं में आंशिक सत्यता अवश्य है, किन्तु पूर्ण रूप से कोई भी एक व्याख्या सत्य नहीं कही जा सकती। वास्तविकता यह है कि सभी स्वप्न-व्याख्याओं से स्वप्न के किसी-न-किसी पहलू पर प्रकाश अवश्य पड़ता है, किन्तु ऐसी कोई भी स्वप्न-व्याख्या नहीं है, जो स्वप्न के सभी पहलुओं पर समान रूप से प्रकाश डाल पाती हो।

सन्दर्भ

1. "All the facts as we see them, urge us to characterize the dream as a physical process, in all cases useless and in many cases definitely morbid." —Binze.
2. "The manifest content is the content of the dream exactly as it is presented to or remembered by the dreamer." —J.F. Brown : Psychodynamics of Abnormal behaviour.
3. "By the latent content of the dream is meant the underlying unconscious wish which comes into consciousness through adopting the disguise of

the manifest content." —J.F. Brown : Psychodynamics of Abnormal Behaviour.

4. "Dream-work is the name given by Freud to the mechanism by which the latent dream thoughts are converted into the manifest content of the dream." —J.F. Brown : Psychodynamics of Abnormal Behaviour.
5. Jung : Collected Papers, p. 219
6. "No interpretation really conveys the dream. Speaking for myself, I have grave doubts of the validity of any dream interpretation. What underlies a given dream is certainly much more than finds a place in any interpretation." —R.S. Woodworth : Contemporary Schools of Psychology, sixth edition, p. 138.

12

अनुप्रेरणा

व्यक्ति कोई कार्य क्यों करता है–यह मनोविज्ञान की एक प्रधान समस्या है। इस पर विचार करने से स्पष्ट हो जाएगा कि मानव-व्यवहार के मूल में प्रेरक वृत्ति वर्तमान रहती है और व्यक्ति उससे अनुप्रेरित होकर ही कोई कार्य करता है। प्रेरक वृत्ति से उस आंतरिक स्थिति का बोध होता है, जो प्राणी में क्रिया उत्पन्न करती है तथा उसे तब तक जारी रखती है जब तक उसके लक्ष्य की पूर्ति नहीं हो जाती। स्पष्ट है कि प्रेरक वृत्ति के तीन कार्य होते हैं–क्रिया उत्पन्न करना, उसे जारी रखना और लक्ष्य-प्राप्ति तक उसे निरंतर निश्चित दिशा की ओर निर्देशित करते रहना। उदाहरण स्वरूप, भूख को लें। भूख एक ऐसी आंतरिक शारीरिक स्थिति है, जो व्यक्ति को क्रियाशील बना देती है। भूख की अवस्था में पेट की दीवारें थोड़ी-थोड़ी देर पर सिकुड़ती रहती हैं। फलतः प्राणी अपने भीतर एक तनाव का अनुभव करता है। इस तनाव को दूर करने के लिए वह शीघ्र ही भोजन की सामग्री की खोज में लग जाता है। उसकी यह क्रिया तब तक जारी रहती है, जब तक वह भोजन की सामग्री को प्राप्त कर अपनी भूख नहीं मिटा लेता। प्रेरक वृत्ति की कुछ ऐसी ही परिभाषा शोयन (Schoen) ने भी की है। उन्हीं के शब्दों में "प्रेरक वृत्ति क्रिया की एक ऐसी प्रवृत्ति है, जो प्रणोदन (Drive) से उत्पन्न होती तथा समायोजन द्वारा समाप्त हो जाती है।"[1] यह परिभाषा भी उपर्युक्त उदाहरण से स्पष्ट हो जाती है। खाने की प्रेरक वृत्ति भूख-प्रणोदन (Hunger-Drive) से उत्पन्न होती है, किंतु जब पेट में भोजन की सामग्री चली जाती है और परिणामस्वरूप भूख-प्रणोदन मिट जाता है; तब खाने की प्रेरक वृत्ति का भी अन्त हो जाता है। इस प्रकार, स्पष्ट है कि समायोजी प्रतिक्रिया (Adjustive response) प्रणोदन की परितुष्टि द्वारा प्रेरक वृत्ति का अंत कर देती है। भूख की तरह ही प्यास, नींद, काम (Sex) आदि को उदाहरण के रूप में उपस्थित किया जा सकता है।

यदि प्राणी के कार्यों के मूल कारणों पर विचार किया जाए, तो कहा जा सकता है कि प्राणी में समस्त कार्य किसी-न-किसी प्रकार की प्रेरक वृत्ति के ही परिणाम हैं। प्रेरक वृत्ति उद्दीपन (Incentive) से भिन्न होती है। उद्दीपन स्वतः प्राणी में क्रिया नहीं उत्पन्न कर सकता है। प्राणी में क्रिया उत्पन्न हो, इसके लिए प्रेरक वृत्ति की उपस्थिति अनिवार्य है। उदाहरण के लिए, एक क्षुधातृप्त व्यक्ति को भोजन की सामग्री उत्तेजित नहीं कर पाती, किंतु भूखे व्यक्ति में भोजन की सामग्री क्रिया उत्पन्न कर देती है। वस्तुतः क्रियाशीलता का मुख्य कारण है भूख, न कि भोजन की सामग्री। भूख एक प्रेरक वृत्ति है और भोजन की सामग्री उद्दीपन। इसी प्रकार प्यास एक प्रेरक वृत्ति है, और पानी उद्दीपन।

आवश्यकता, प्रणोदन तथा उद्दीपन
(Need, Drive and Incentive)

अनुप्रेरणा (Motivation) का वर्णन करते हुए प्रायः आवश्यकता, प्रणोदन, उद्दीपन, लक्ष्य, आवेश इत्यादि शब्दों का प्रयोग किया जाता है। ये सभी शब्द उन शक्तियों की ओर संकेत करते हैं, जो प्राणी में व्यवहार उत्पन्न करती तथा उसे एक निश्चित दिशा प्रदान करती हैं। यहाँ आवश्यकता, प्रणोदन तथा उद्दीपन की संक्षिप्त व्याख्या प्रस्तुत की जाएगी।

प्राणी की कुछ बुनियादी शारीरिक आवश्यकताएँ (Needs) होती हैं, जिनकी परितृप्ति पर ही उसका जीवन निर्भर करता है; जैसे–भोजन, जल, काम (Sex), हवा, मलमूत्र इत्यादि। यदि ये शारीरिक आवश्यकताएँ परितुष्ट नहीं होतीं, तो प्राणी का शारीरिक सन्तुलन (Physiological balance) भंग हो जाता है। फलतः उसमें क्रियाशीलता आ जाती है। उसकी यह क्रियाशीलता तब तक जारी रहती है, जब तक उसकी शारीरिक आवश्यकताएँ (Physiological needs) परितुष्ट नहीं हो जातीं। उदाहरणार्थ, यदि किसी चूहे को लगातार कई घंटे तक भोजन से वंचित रखा जाए, तो वह क्रियाशील हो जाएगा और भूलभुलैया (Maze) में तब तक दौड़ता रहेगा, जब तक सही मार्ग के द्वारा भोजन के समीप पहुँचकर उसे खा न ले।

सीखने की क्रिया के सम्बन्ध में चूहे पर किए गए प्रयोगों से यह सिद्ध हो चुका है। इसके विपरीत, क्षुधातृप्त चूहे में उक्त क्रियाशीलता का अभाव रहता है। इसका तात्पर्य यह हुआ कि भोजन, जल इत्यादि कुछ ऐसे पदार्थ हैं, जो असंतुलित शारीरिक अवस्था को पुनः सन्तुलित अवस्था में ला देते हैं।

प्रणोदन–(Drives)–शारीरिक आवश्यकताओं से प्रणोदनों की उत्पत्ति होती है। उदाहरण के लिए, भोजन की आवश्यकता से भूख, जल की आवश्यकता से प्यास तथा काम की आवश्यकता से काम-प्रणोदन (Sex-drive) उत्पन्न होते हैं। भोजन की कमी की अवस्था को आवश्यकता तथा भूख को प्रणोदन कहेंगे। जन्मजात प्रणोदन

(Innate drives), जो बुनियादी शारीरिक अवस्थाओं से उत्पन्न होते हैं, शारीरिक प्रणोदन कहलाते हैं। ये अपेक्षाकृत उन अल्प बुनियादी प्रणोदनों से भिन्न होते हैं, जिन्हें प्राणी अपने जीवन-काल में अर्जित करता है।

शारीरिक प्रणोदनों की व्याख्या करते हुए यह कहा जा सकता है कि ये उस शारीरिक अवस्था के द्योतक हैं, जो प्राणी को क्रिया की ओर प्रवृत्त करती है। यह अवस्था अतृप्त आवश्यकता का परिणाम है। अतः आवश्यकता और प्रणोदन का भेद सुस्पष्ट है। प्रणोदनों की कुछ ऐसी ही व्याख्या हिलगार्ड, (Hilgard), बोरिंग, (Boring), लैंगफिल्ड (Langfield), वेल्ड (Weld) तथा शोयन ने भी की है।[2]

प्रणोदन की इस परिभाषा के स्पष्टीकरण के लिए एक उदाहरण लें। शरीर में खाद्य-सामग्रियों की कमी से भूख उत्पन्न होती है। शरीर में खाद्य-सामग्रियों की कमी को आवश्यकता कहेंगे तथा उससे उत्पन्न भूख को प्रणोदन। जब खून में चीनी की कमी हो जाती है, तब पेट में संकोचन (Contraction) की क्रिया प्रारम्भ हो जाती है। पेट की दीवारों की चिकनी मांसपेशियाँ (Smooth muscles) सिकुड़ने लगती हैं और फलतः प्राणी भूख का अनुभव करता है। पेट के संकोचन का सामान्य शारीरिक क्रिया से भी सम्बन्ध होता है। पेट की चिकनी मांसपेशियों के सिकुड़ने के कारण स्नायु-प्रवाह उत्पन्न हो जाते हैं। फलस्वरूप, शारीरिक क्रिया में सामान्य रूप से वृद्धि हो जाती है। प्राणी एक तनाव का अनुभव करता है और बिल्कुल अशान्त हो जाता है। यहाँ भूखे व्यक्ति की व्यग्रता तथा अशान्ति को उदाहरण रूप में प्रस्तुत किया जा सकता है।

उद्दीपन (Incentive)–वातावरण की वह वस्तु, जिससे प्रणोदन की सन्तुष्टि होती है, उद्दीपन कहलाती है। उदाहरण के लिए, भूख-प्रणोदन के लिए उद्दीपन है भोजन; क्योंकि भोजन से भूख-प्रणोदन की सन्तुष्टि होती है। इसी तरह, प्यास के लिए उद्दीपन है जल; क्योंकि जल से प्यास बुझाई जाती है। काम के लिए उद्दीपन है, विपरीत लिंगीय प्राणी; क्योंकि विपरीत लिंगीय प्राणी के संयोग से काम की परितुष्टि होती है। आवश्यकता और प्रणोदन से प्राणी की आंतरिक अवस्थाओं का बोध होता है, पर उद्दीपन बाह्य वातावरण में उपस्थित रहने वाला है।

अनुप्रेरित व्यवहार (Motivated behaviour) के विश्लेषण के आधार पर इसके दो भाग माने जा सकते हैं–1. वह क्रिया, जो प्रणोदन के द्वारा क्रियाशील प्राणी को उद्दीपन की ओर अग्रसर करती है, तथा 2. वह क्रिया, जो उद्दीपन की उपस्थिति में घटित होती है। पहली को लक्ष्य-निर्देशित व्यवहार (Goal-directed behaviour), तथा दूसरी को लक्ष्य-प्राप्ति-व्यवहार की संज्ञा दी जाती है। उदाहरण के रूप में, भोजनान्वेषण-सम्बन्धी व्यवहार तथा भोजन करने के व्यवहार को उपस्थित किया जा सकता है। भोजनान्वेषण-सम्बन्धी व्यवहार प्राणी और भोजन को पास-पास लाता है तथा भोजन करने का व्यवहार भूख को मिटाता है। इस उदाहरण में पहला व्यवहार

(भोजनान्वेषण-सम्बन्धी व्यवहार) लक्ष्य-निर्देशित व्यवहार है तथा दूसरा (भोजन करना) लक्ष्य-प्राप्ति-व्यवहार। स्पष्ट है कि उद्दीपन की उपस्थिति लक्ष्य-प्राप्ति-व्यवहार को सम्भव बनाती है। हिलगार्ड (Hilgard) ने आवश्यकता, प्रणोदन तथा उद्दीपन को अनुप्रेरणा का शारीरिक आधार माना है। उन्होंने अनुप्रेरणा की शारीरिक पृष्ठभूमि के रूप में आवश्यकता-प्रणोदन-उद्दीपन सूत्र (Need-drive-incentive fromula), का विवेचन प्रस्तुत किया है। इस सूत्र की व्याख्या करते हुए उन्होंने इन तीनों के परस्पर-सम्बन्ध पर प्रकाश डाला है।[3]

प्रेरक वृत्तियों के प्रकार
(Kinds of Motives)

प्रेरक वृत्तियों को सामान्यतः निम्नांकित वर्गों में बाँटा जाता है–1. जन्मजात प्रेरक वृत्तियाँ (Innate Motives) और अर्जित प्रेरक वृत्तियाँ (Acquired Motives); 2. व्यक्तिगत प्रेरक वृत्तियाँ (Personal Motives) और सामाजिक प्रेरक वृत्तियाँ (Social motives)।

जो प्रेरक वृत्तियाँ जन्म से ही प्राणी में विद्यमान रहती हैं और उसे क्रियाशील बनाती रहती हैं, जन्मजात प्रेरक वृत्तियाँ कहलाती हैं। इस प्रकार की प्रेरक वृत्तियों को सीखना नहीं पड़ता। उदाहरण के लिए, भूख, प्यास, नींद, काम, प्रेम, घृणा, क्रोध आदि को जन्मजात प्रेरक वृत्तियाँ कहा जा सकता है। इसके अतिरिक्त, कुछ अर्जित प्रेरक वृत्तियाँ भी होती हैं, जो शिक्षा तथा बाह्य परिस्थिति के सम्पर्क से उपलब्ध होती हैं। उदाहरण के रूप में, मान-प्रतिष्ठा तथा सुरक्षा इत्यादि को उपस्थित किया जा सकता है। व्यक्ति इन्हें शिक्षा और अनुभव से प्राप्त करता है। ये भी जन्मजात प्रेरक वृत्तियों के समान बड़ी प्रबल हुआ करती हैं। मान-प्रतिष्ठा के महत्त्व पर प्रकाश डालते हुए अल्फ्रेड ऐडलर ने कहा है कि व्यक्ति के समस्त कार्यों का मूल कारण उसके भीतर वर्तमान मान-प्रतिष्ठा का भाव ही है। सचमुच व्यक्ति प्रतिष्ठा, प्रभुता, शक्ति, नेतृत्व आदि प्राप्त करने के लिए निरंतर क्रियाशील रहता है। प्रतिष्ठा के अतिरिक्त, व्यक्ति को सुरक्षा की भी बड़ी आवश्यकता होती है। वह निरंतर सामाजिक, आर्थिक तथा राजनीतिक सुरक्षा के लिए प्रयत्नशील बना रहता है।

प्रत्येक व्यक्ति के जीवन-अनुभव प्रायः दूसरे व्यक्तियों से भिन्न हुआ करते हैं। फलस्वरूप, उसमें दूसरों की इच्छाओं, लक्ष्यों तथा अभिप्रायों से कुछ भिन्न इच्छाओं, लक्ष्यों तथा अभिप्रायों का विकसित होना स्वाभाविक ही है। इस प्रकार की वृत्तियों को ही व्यक्तिगत प्रेरक वृत्ति कहते हैं। इसके विपरीत, प्रत्येक व्यक्ति के प्रायः कुछ ऐसे भी जीवन-अनुभव होते हैं, जो सभी में समान रूप से पाए जाते हैं। अनुभवों की इस समानता के कारण उसमें कुछ ऐसी प्रेरक वृत्तियों का विकास होता है, जो प्रायः सभी में पाई जाती हैं। इस प्रकार की प्रेरक वृत्तियों को ही सामाजिक प्रेरक वृत्तियों की संज्ञा दी जाती है। व्यक्तिगत तथा सामाजिक प्रेरक वृत्तियों का विशद

विवेचन आगे प्रस्तुत किया जाएगा। अभी यह बतलाया जाएगा कि किस प्रकार जन्मजात प्रेरक वृत्तियों में परिमार्जन अथवा परिवर्तन होता है।

जन्मजात प्रेरक वृत्तियों में परिमार्जन अथवा परिवर्तन–प्रेरक वृत्तियों के वर्गीकरण से यह भ्रम हो सकता है कि जहाँ कुछ सीखी हुई प्रेरक वृत्तियाँ हैं, वहाँ कुछ बिना सीखी हुई भी हैं। इसलिए, यहाँ यह स्पष्ट कर देना आवश्यक जान पड़ता है कि बिना सीखी हुई, अथवा जन्मजात प्रेरक वृत्तियों में भी सीखने के फलस्वरूप निरंतर परिवर्तन या परिमार्जन होता रहता है। ऐसी स्थिति में कोई भी प्रेरक वृत्ति आंशिक रूप से सीखी हुई और आंशिक रूप से बिना सीखी हुई कही जा सकती है। यह बात भूख, प्यास, नींद, काम आदि सभी जन्मजात प्रेरक वृत्तियों पर लागू होती है। सीखने के फलस्वरूप प्रेरक वृत्तियों में निम्नांकित परिवर्तन होते हैं–

1. प्रेरक वृत्तियों में विशिष्टता आ जाती है।

2. उनमें कई प्रकार की इच्छाएँ शामिल हो जाती हैं। फलतः वे प्रेरक वृत्तियाँ जटिल हो जाती हैं।

3. निश्चित लक्ष्य तक पहुँचने के लिए साधनों में भी अभिरुचि उत्पन्न हो जाती है। साधन अपने-आप में लक्ष्य बन जाते हैं।

4. मुख्य प्रेरक वृत्ति के साथ कई नई उत्तेजनाओं का संयोग हो जाता है। ये नई उत्तेजनाएँ मुख्य प्रेरक वृत्ति को क्रियाशील बनाने में समर्थ होती हैं।

शिक्षा और अनुभव के कारण प्रेरक वृत्ति में आए हुए इन चारों प्रकार के परिवर्तनों को एक उदाहरण द्वारा स्पष्ट किया जा सकता है। काम-प्रेरक वृत्ति एक जन्मजात अथवा बिना सीखी हुई प्रेरक वृत्ति है। किन्तु जैसे-जैसे व्यक्ति शिक्षा और अनुभव प्राप्त करता जाता है, वैसे-वैसे काम-प्रेरक वृत्ति में भी परिवर्तन होता जाता है। शिक्षा और अनुभव के परिणामस्वरूप व्यक्ति की रुचि समान रूप से सभी स्त्रियों में न होकर किसी एक स्त्री में सीमित हो सकती है। यह काम-प्रेरक वृत्ति की विशिष्टता का ही फल कहा जाएगा। पुनः इसमें कई प्रेरक वृत्तियाँ अथवा इच्छाएँ शामिल हो सकती हैं, क्योंकि उस स्त्री-विशेष में काम-आकर्षण के अतिरिक्त और भी कई आकर्षण गुण दिखायी पड़ सकते हैं। इस प्रकार मुख्य काम-प्रेरक वृत्ति अधिक जटिल रूप धारण कर सकती है। जब व्यक्ति अपने प्रेम-पात्र को प्राप्त करने का प्रयास करता है, तब सम्भवतः उसे प्राप्त करने के साधनों में ही उसकी अभिरुचि हो जाती है। कुछ समय के लिए वे साधन ही उसके तात्कालिक लक्ष्य बन जाते हैं। फलतः वह प्रेम प्रदर्शित करने की विभिन्न रीतियों को अपनाता है। अंततोगत्वा काम-प्रेरक वृत्ति में इतना परिवर्तन हो जाता है कि वह केवल उस स्त्री-विशेष के प्रति ही क्रियाशील नहीं होती, वरन् प्रेम के विभिन्न प्रतीकों, जैसे : प्रेम-पत्र, प्रेम-सन्देश, प्रेमोपहार आदि के प्रति भी क्रियाशील हो जाती है। इस प्रकार के परिवर्तन अन्य प्रेरक वृत्तियों में भी पाए जाते हैं।

व्यक्तिगत प्रेरक वृत्तियाँ
(Personal Motives)

जीवन-लक्ष्य (Life-goal)–सभी व्यक्तियों के अपने-अपने जीवन-लक्ष्य होते हैं। कोई डॉक्टर होना चाहता है, तो कोई प्रोफेसर; कोई इंजीनियर होना चाहता है, तो कोई मन्त्री। सम्भव है कि विभिन्न व्यक्तियों का जीवन-लक्ष्य एक ही हो, किन्तु उसकी उत्पत्ति भिन्न-भिन्न प्रकार से हुई हो। उदाहरण के लिए, किसी को प्रोफेसर होने की अभिलाषा इसलिए हो सकती है कि उसे स्वभावतः अध्ययन-अध्यापन प्रिय है, दूसरे को इसलिए कि वह समाज में आदर का पात्र बनना चाहता है, तीसरे को इसलिए कि वह इसे जीवनयापन का एक अच्छा साधन समझता है तथा चौथे को इसलिए कि वह अपने अर्जित ज्ञान से अधिक लोगों को लाभ पहुँचाना चाहता है और इस प्रकार समाज की सेवा करना चाहता है। स्पष्ट है कि कई बातों से अनुप्रेरित होकर व्यक्ति प्रोफेसर होने की कामना कर सकता है। किसी-किसी में इन सभी बातों का संयोग भी देखा जाता है। उदाहरणार्थ, व्यक्ति किसी एक बात से अनुप्रेरित होकर प्रोफेसर होने की कामना नहीं करता, बल्कि इन सभी का संयोग उसे इस ओर प्रवृत्त करता है।

यदि हम व्यक्ति के जीवन-इतिहास का अध्ययन करें, तो जान पड़ेगा कि व्यक्ति की विभिन्न क्रियाएँ प्रायः एक ही प्रेरक वृत्ति से अनुप्रेरित होती हैं। यद्यपि विभिन्न व्यक्तियों के जीवन-इतिहासों में भिन्नता होती है, तथापि उनसे इतना ज्ञात हो जाता है कि बलवती प्रेरक वृत्ति (Strong motive) प्रायः बाल्यकाल में ही स्थापित हो जाती है। बाल्यकाल की निराशाओं के कारण व्यक्ति में प्रतिष्ठा की प्रबल भावना उत्पन्न हो जाती है। प्रसिद्ध मनोविश्लेषक अल्फ्रेड ऐडलर का कहना है कि बाल्यकाल की निराशाओं के कारण ही अधिकांश व्यक्तियों में 'शक्ति की कामना' (Will to power) उत्पन्न होती है। इस 'शक्ति की कामना' से अनुप्रेरित होकर ही व्यक्ति अपने जीवन के सभी कार्य सम्पादित करता है। अतः यह कहा जा सकता है कि व्यक्ति की अधिकांश क्रियाएँ एक ही प्रेरक वृत्ति से अनुप्रेरित होकर सम्पन्न होती हैं।

आकांक्षा का स्तर (Level of Aspiration)–आकांक्षा के स्तर का जीवन-लक्ष्य से घनिष्ठ सम्बन्ध है। आकांक्षा के स्तर से तात्पर्य यह है कि कोई व्यक्ति किस सीमा तक अपनी उपलब्धि (Achievement) की आशा करता है। उदाहरण के लिए, एक महीने में कोई एक सौ रुपए कमाने की आकांक्षा करता है, तो कोई एक हजार रुपए। स्पष्टतः दोनों के समक्ष दो प्रकार के उपलब्धि-स्तर हैं।

सामान्य निरीक्षण तथा प्रयोगात्मक अध्ययनों के आधार पर यह कहा जा सकता है कि आकांक्षा के स्तर में समय-समय पर परिमार्जन होता है, यह सदा एक-सा नहीं रहता। इसका परिमार्जन दो बातों पर निर्भर करता है–व्यक्ति की सफलता तथा असफलता। उदाहरणार्थ, वकालत शुरू करते समय एक वकील की यह आकांक्षा

हो सकती है कि प्रत्येक महीने में उसे कम-से-कम एक हजार रुपए की आमदनी हो, किंतु यह आवश्यक नहीं कि उसकी आकांक्षा का यह स्तर सदा एक-सा बना रहे। सम्भव है कि दस वर्षों तक लगातार वकालत करने के बाद यदि वह चार सौ रुपए से अधिक नहीं अर्जित कर पाता, तो स्वभावतः उसकी आकांक्षा का स्तर कुछ नीचे आ जाएगा और वह यह सोचकर सन्तोष प्राप्त कर सकता है कि यदि प्रत्येक महीने की उसकी आमदनी छः सौ रुपए की हो जाए तो पर्याप्त होगी। इसके विपरीत, कोई वकील प्रत्येक महीने में कम-से-कम एक हजार रुपए की आमदनी की आकांक्षा से ही वकालत शुरू करता है, किंतु सफलता के कारण उसकी आकांक्षा के स्तर में परिवर्तन हो सकता है। यदि असाधारण योग्यता के कारण प्रत्येक महीने में उसकी आमदनी लगभग तीन हजार रुपए हो जाती है, तो स्वभावतः उसकी आकांक्षा का स्तर कुछ और ऊँचा उठ जाएगा। सम्भवतः वह यह सोचने लगेगा कि यदि प्रत्येक महीने की उसकी आमदनी लगभग पाँच हजार रुपए की होती, तो अच्छा होता।

प्रयोगात्मक अनुसंधानों से जान पड़ता है कि आकांक्षा का स्तर सामान्यतः वास्तविक क्रिया के अनुरूप होता है, पर कभी-कभी आकांक्षा का स्तर वास्तविक क्रिया से कुछ ऊँचा भी होता है। यह भी पाया जाता है कि सफलता के कारण आकांक्षा का स्तर कुछ ऊँचा उठ जाता है तथा असफलता के कारण कुछ नीचे आ जाता है।

अभ्यास की विवशता (Force of Habit)—अभ्यास की विवशता के अंतर्गत दो बातों पर विचार किया जाएगा—मद-व्यसन (Drug addiction), तथा व्यवहार के अभ्यास (Habits of behaviour)।

मद-व्यसन (Drug Addiction)—मद-सेवन की आदत बलवती प्रेरक वृत्ति समझी जाती है। कभी-कभी व्यक्ति मद-विशेष की उपलब्धि के लिए डकैती और हत्या तक कर डालता है। दुःख एवं निराशा से छुटकारा पाने के लिए व्यक्ति मद का सेवन करता है। कालक्रम में मद-सेवन की उसे आदत पड़ जाती है। मद-सेवन की इस आदत की उत्पत्ति चाहे जिस कारण हो, इतना सत्य है कि मद का अनवरत सेवन प्राणी में शारीरिक परिवर्तन ला देता है, जिसके फलस्वरूप वह मद की आवश्यकता का अनुभव करने लगता है। अब यह उसके लिए उसी प्रकार आवश्यकता बन जाता है, जिस प्रकार भोजन और जल। कई प्रयोगों के आधार पर यह पाया गया है कि जब वनमानुषों को किसी मद का व्यसन होता है, तब वह मद उसके लिए आवश्यकता बन जाता है। कुछ वनमानुषों को प्रतिदिन दो बार अफीम के सत्त्व की सूई दी जाती थी। कुछ दिनों बाद यह पाया गया कि इसके अभाव में वनमानुषों ने अशान्ति तथा खिन्नता प्रकट की। इससे जान पड़ता है कि किसी मद का आदी हो जाने पर उस मद की आवश्यकता शारीरिक हो जाती है। वह केवल वास्तविकता से पलायन (Escape) की मनोवैज्ञानिक इच्छा मात्र नहीं रह जाती।

सुरासार (Alcohol) का व्यवहार प्रायः वास्तविकता से पलायन के लिए ही किया जाता है। सुरासार का आदी व्यक्ति वास्तविक जीवन के दुःख-दैन्य तथा विफलता-निराशा को भूलकर आनन्द का अनुभव करता है। सम्भव है कि व्यक्ति में सुरासार की शारीरिक आवश्यकता स्थापित न हो, पर इतना अवश्य है कि उसे सुरासार का सेवन करने की आदत पड़ जाती है। यह आदत उसके जीवन की एक प्रबल प्रेरक वृत्ति बन जाती है।

व्यवहार के अभ्यास (Habits of Behaviour)–व्यक्ति जैसे-जैसे प्रौढ़ होता जाता है, वैसे-वैसे विशेष प्रकार के व्यवहार या प्रतिक्रिया द्वारा अपनी प्रेरक वृत्तियों को परितुष्ट करने का आदी होता जाता है। जब विशेष प्रकार के व्यवहार द्वारा किसी प्रेरक वृत्ति को परितृप्त करने की उसमें आदत पड़ जाती है, तब वह आदत ही स्वतः एक प्रबल प्रेरक वृत्ति बन जाती है। उदाहरणार्थ, यदि किसी को दिन में भोजन करने के बाद शीघ्र ही समाचारपत्र पढ़ने की आदत हो गई हो, तो स्वभावतः भोजन के बाद वह समाचारपत्र की खोज प्रारम्भ कर देगा। सम्भवतः वह अपनी पत्नी से पूछेगा कि समाचारपत्र कहाँ है? यदि वह उत्तर देती है कि उसे पता नहीं, तो बेचैन होकर वह समाचारपत्र की खोज करता रहेगा और विभिन्न स्थानों में उसे तब तक ढूँढ़ता रहेगा, जब तक वह प्राप्त न हो जाए तथा उसे पढ़कर अपने अभ्यास को सन्तुष्ट न कर ले।

अभिरुचियाँ तथा मनोवृत्तियाँ (Interests and Attitudes)–अभिरुचियों तथा मनोवृत्तियों को व्यक्ति अपने जीवन-काल में अर्जित करता है। ये ऐसी प्रवृत्तियाँ हैं, जिनके फलस्वरूप व्यक्ति वातावरण के कुछ पहलुओं के प्रति विशिष्ट प्रतिक्रियाएँ (Specific reactions) प्रकट करता है। उदाहरणार्थ, प्यासा व्यक्ति जल के प्रति शीघ्र ही आकर्षित हो जाता है। उस क्षण वातावरण के अन्य पहलुओं के प्रति वह कोई प्रतिक्रिया प्रकट नहीं करता।

अभिरुचियाँ–व्यक्ति की अभिरुचि किसी खास दिशा की ओर निश्चित रूप से निर्देशित हुआ करती है। उदाहरणार्थ, मनुष्य की निश्चित रूप से किसी व्यक्ति, स्थान तथा वस्तु में अभिरुचि होती है। उसकी जिन वस्तुओं में अभिरुचि होती है उन्हें वह बहुत पसन्द करता है। इसके अतिरिक्त, अभिरुचि साधारणतः निष्क्रिय होने के बदले सक्रिय होती है। जिस वस्तु अथवा विषय में व्यक्ति की अभिरुचि होती है, उसके सम्बन्ध में वह क्रियाशील रहता है। यदि किसी को साहित्य में अभिरुचि होती है, तो स्वभावतः वह साहित्य के अध्ययन में अधिक समय देता है, इसमें तनिक भी सन्देह नहीं। इस सम्बन्ध में स्ट्रौंग (Strong) ने कहा है–

"अभिरुचि में सुख का भाव तथा वस्तु को प्राप्त करने एवं उसके सम्बन्ध में कुछ करने की गत्यात्मक प्रवृत्ति सन्निहित रहती है। चलचित्र में अभिरुचि का अर्थ है कि उसे देखकर व्यक्ति आनन्दित होता है तथा वह ऐसा करता भी है...।"[4]

अभिरुचियों को व्यक्ति बाल्यकाल में भी अर्जित करता है तथा प्रौढ़ावस्था में भी। कुछ अभिरुचियों में अवस्था के साथ पर्याप्त परिवर्तन होते हैं तथा कुछ अभिरुचियाँ आजीवन एक-सी रह जाती हैं।

मनोवृत्तियाँ–अभिरुचियों तथा मनोवृत्तियों में समानताओं के साथ-साथ कुछ अन्तर भी हैं। अभिरुचि जहाँ किसी के प्रति निश्चित रूप से निर्देशित होती है, वहाँ मनोवृत्ति निश्चित रूप से भी निर्देशित हो सकती है तथा नकारात्मक रूप में भी। किसी भी देश, जाति तथा व्यक्ति के प्रति हमारी मनोवृत्ति दो प्रकार की हो सकती है–अनुकूल या प्रतिकूल। किसी व्यक्ति या जाति-विशेष के प्रति या तो हमारा आकर्षण होता है या विकर्षण। इससे स्पष्ट है कि अभिरुचि में जहाँ केवल आकर्षण की ही उपस्थिति अपेक्षित है, वहाँ मनोवृत्ति में आकर्षण के अतिरिक्त विकर्षण की भी उपस्थिति सम्भावित है। इन दोनों में दूसरा अन्तर यह है कि मनोवृत्ति अभिरुचि की अपेक्षा निष्क्रिय होती है। सम्भव है कि किसी वस्तु के प्रति मनोवृत्ति होते हुए भी हम उसकी प्राप्ति के लिए क्रियाशील न हों। ऐसी सम्भावना अपेक्षाकृत अभिरुचि में कम पाई जाती है। हमारी जिस वस्तु में अभिरुचि होती है, उसे हम प्राप्त करने की चेष्टा भी करते हैं।

विभिन्न देशों, जातियों संस्थाओं तथा विचारों के प्रति मनोवृत्तियों को कभी-कभी पूर्वधारणाओं (Prejudices) की भी संज्ञा दी जाती है। कुछ वस्तुओं अथवा व्यक्तियों के प्रति हमारी अनुकूल मनोवृत्ति हो जाती है तथा कुछ के प्रति प्रतिकूल। यह अनुकूल मनोवृत्ति या पूर्वधारणा का ही परिणाम है कि हम प्रायः यह मान लेते हैं कि हमारा ही धर्म सर्वश्रेष्ठ है, हमारी ही संस्कृति सबसे उन्नत है तथा हमारी ही सभ्यता सबसे अच्छी है। प्रतिकूल मनोवृत्ति के परिणामस्वरूप हमें दूसरे के धर्म, दूसरे की सभ्यता तथा दूसरे की संस्कृति में केवल त्रुटियाँ ही दीख पड़ती हैं।

सामान्य सामाजिक प्रेरक वृत्तियाँ
(Common Social Motives)

सामान्य सामाजिक प्रेरक वृत्तियों की संख्या के सम्बन्ध में सभी मनोवैज्ञानिक एकमत नहीं हैं। कुछ मनोवैज्ञानिक इस प्रकार की चार प्रेरक वृत्तियों की चर्चा करते हैं, पर कुछ अन्य बारह और इससे भी अधिक का उल्लेख करते हैं। यहाँ इस विवाद के विस्तार में जाना अपेक्षित नहीं, केवल कुछ सामाजिक प्रेरक वृत्तियों को उदाहरण के रूप में प्रस्तुत कर देना ही लक्ष्य है। इन्हें उपस्थित करते हुए इनकी उत्पत्ति तथा विकास पर ध्यान देना भी अभीष्ट जान पड़ता है। यहाँ निम्नांकित का उल्लेख किया जाएगा–

1. सामुदायिकता (Gregariousness)
2. अर्जनात्मकता (Acquisitiveness)

3. आत्म-स्थापन (Self-assertion)

4. युयुत्सा (Pugnacity)

सामुदायिकता–समुदाय में रहने की प्रेरक वृत्ति प्रायः सभी प्राणियों में पाई जाती है। मनुष्य में यह प्रवृत्ति अत्यधिक स्पष्ट रूप से दीख पड़ती है। इसकी उत्पत्ति बाल्यकाल की आश्रितता (Dependence) से होती है। प्रारंभिक काल में शिशु अपनी आवश्कताओं की पूर्ति के लिए माँ पर निर्भर करता है। माँ उसे खिलाती-पिलाती तथा दुलारती-पुचकारती है। फलतः पहले तो शिशु माँ को अपनी आवश्यकताओं की पूर्ति के साधनमात्र ही मानता है, पर कालक्रम से सम्बन्ध-प्रत्यावर्त्तन के फलस्वरूप माँ की उपस्थिति-मात्र उसे सन्तोष प्रदान करने लगती है। समुदाय में रहने की प्रेरक वृत्ति का विकास यहीं से प्रारम्भ होता है। जो भी व्यक्ति प्रारम्भिक अवस्था में बच्चे की आवश्यकताओं की पूर्ति में सहायक सिद्ध होता है, बाद को बच्चा स्वभावतः उसकी ओर अधिक आकर्षित हो जाता है। मनुष्य की अधिकांश आवश्यकताएँ सामान्यतः अन्य व्यक्तियों के सम्पर्क में आने पर ही पूरी होती हैं। व्यक्ति जैसे-जैसे प्रौढ़ावस्था प्राप्त करता जाता है, वैसे-वैसे समुदाय से उसका सम्पर्क भी बढ़ता जाता है। फलतः व्यक्ति एक ऐसी अवस्था में पहुँच जाता है जब उसे कोई खेल, दृश्य अथवा घटना अकेले उतनी अच्छी नहीं लगती, जितनी कि अन्य लोगों के साथ।

सामुदायिकता जन्मजात नहीं, बल्कि वह अर्जित प्रेरक वृत्ति है। जन्म से ही व्यक्ति दूसरे पर आश्रित रहता है तथा अन्य लोगों की उपस्थिति में प्रायः आनन्द का अनुभव करता है। अतः यह सर्वथा स्वाभाविक ही है कि वह समुदाय में रहने की प्रेरक वृत्ति अर्जित कर ले।

अर्जनात्मकता (Acquisitiveness)–अर्जनात्मकता, मैकडूगल (Mc Dougall) के अनुसार, ''उपयोगी अथवा आकर्षक वस्तुओं को प्राप्त करने, उन्हें रखने तथा उनकी रक्षा करने की प्रवृत्ति'' कही जा सकती है। सामुदायिकता की तरह यह भी एक सामान्य सामाजिक प्रेरक वृत्ति है, जो प्रायः सभी में पाई जाती है। अन्य सामान्य सामाजिक प्रेरक वृत्तियों की भाँति इसका भी मूल बाल्यकाल के व्यवहार में पाया जाता है। बच्चे में आकर्षक वस्तुओं को प्राप्त करने तथा उन्हें मुँह में रखने की प्रवृत्ति प्रारम्भिक अवस्था से ही पाई जाती है। वह जैसे-जैसे बढ़ता जाता है, वैसे-वैसे उसके इस व्यवहार में क्रमशः पूर्णता आती जाती है। अर्जनात्मक प्रेरक वृत्ति पर पुरस्कार तथा दण्ड का भी प्रभाव पड़ता है। बच्चा सन्तोष प्रदान करने वाली वस्तुओं को असन्तोषजनक वस्तुओं से भिन्न करना सीख लेता है। इस प्रकार बच्चों में बाल्यकाल से ही कुछ वस्तुओं को अर्जित करने की प्रवृत्ति आ आती है।

अधिकांश मानव-समाज में बच्चे शीघ्र ही यह सीख लेते हैं कि दूसरों की अपेक्षा अधिक खिलौने, अधिक पुस्तकें तथा अधिक सम्पत्ति प्राप्त करना लाभदायी

है। वे जैसे-जैसे प्रौढ़ावस्था प्राप्त करते जाते हैं, वैसे-वैसे वे सीखते जाते हैं कि कुछ वस्तुओं का समाज में अधिक मूल्य होता है तथा समाज में प्रतिष्ठा प्राप्त करने के लिए उन मूल्यवान वस्तुओं का संचय आवश्यक है। किंतु कुछ मानव-समाज अर्जनात्मकता के अपवाद भी हैं। मध्य आस्ट्रेलिया के कुछ आदिवासियों में अर्जनात्मक प्रेरक वृत्ति नहीं पाई जाती। भोजन और जल पर उन सभी लोगों का समान अधिकार होता है। वहाँ भोजन और जल अल्प मात्रा में पाए जाते हैं। फलतः वे सभी मिलकर भोजन और जल की खोज करते हैं तथा उन्हें एकत्र कर आपस में बराबर-बराबर बाँट लेते हैं। उनके लिए भोजन और जल से अधिक कोई भी मूल्यवान वस्तु नहीं, जिसका वे संचय करें। परिणामस्वरूप, उनमें संचय की प्रवृत्ति अथवा अर्जनात्मकता का अभाव पाया जाता है। ऐसे समाजों में भी, जहाँ शारीरिक आवश्यकता-सम्बन्धी वस्तुओं की अधिकता होती है, अर्जनात्मकता का अभाव-सा ही रहता है। यदि वैसे समाजों में अर्जनात्मकता पाई भी जाती है, तो वह आभूषणों तथा सामाजिक गौरव प्रदान करनेवाली वस्तुओं तक ही सीमित रहती है।

अर्जनात्मक प्रेरक वृत्ति जन्मजात नहीं होती, बल्कि व्यक्ति अपने जीवनकाल में इसे प्राप्त करता है। कई चूहों पर किए गए प्रयोगों से भी यही निष्कर्ष निकला है कि चूहों में अर्जन-मात्र के लिए अर्जन करने की जन्मजात प्रेरक वृत्ति नहीं पाई जाती। उनमें यह प्रेरक वृत्ति तभी पाई जाती है, जब उन्हें प्रारम्भिक जीवन में भोजन से वंचित किया गया रहता है। वस्तुतः जिस समाज में अर्जनात्मकता की प्रधानता रहती है, वहाँ इसे सीखने के अनेक सुअवसर मिलते हैं। अर्जनात्मकता का मूल व्यक्तिगत सम्पत्ति में होता है। जिस समाज में व्यक्तिगत सम्पत्ति की प्रधानता होती है, वहाँ अर्जनात्मकता अनिवार्य रूप से विद्यमान रहती है।

आत्म-स्थापन (Self-assertion)–आत्म-स्थापन भी सामुदायिकता तथा अर्जनात्मकता की तरह एक प्रबल तथा सामान्य मानव-प्रेरक वृत्ति है। इसकी अभिव्यक्ति प्रायः नेतृत्व, आत्म-प्रदर्शन, प्रतिष्ठा की भावना, सफलता तथा कठिनाइयों एवं बाधाओं पर विजय प्राप्त करने की इच्छा इत्यादि में होती है। कुछ लेखकों का कहना है कि व्यक्ति सामाजिक मानदण्डों के अनुसार चाहे जितना भी छोटा हो, पर उसमें दूसरे के ऊपर आधिपत्य स्थापित करने की इच्छा विद्यमान रहती है। इस सम्बन्ध में अल्फ्रेड ऐडलर के विचार उल्लेखनीय हैं। उनके अनुसार प्रायः सभी सामान्य व्यक्तियों (Normal individuals) में 'शक्ति की कामना' रहती है तथा वह काम (Sex) से भी अधिक बलवती होती है। श्रेष्ठता-ग्रन्थि (Superiority complex) तथा हीनता-ग्रन्थि (Inferiority complex) 'शक्ति की कामना' के ही परिणाम हैं। यदि व्यक्ति 'शक्ति की कामना' की पूर्ति में सफल हो जाता है, तो श्रेष्ठता-ग्रन्थि का उदय होता है और जब वह विफल होता है, तब हीनता-ग्रन्थि उत्पन्न होती है।

यद्यपि आत्म-स्थापन की प्रेरक वृत्ति विश्वजनीन (Universal) होती है, तथापि

यह जन्मजात नहीं, बल्कि एक अर्जित प्रेरक वृत्ति है। इसकी उत्पत्ति बाल्यकाल के क्रोधात्मक व्यवहारों से होती है। प्रारम्भिक अवस्थाओं में जब बच्चे की स्वतन्त्र गति में अवरोध (Restraint) उपस्थित किया जाता है, तब वह अपनी सम्पूर्ण शक्ति के साथ उसे पूरा करने की चेष्टा करता है। परिणामस्वरूप, उसमें विभिन्न प्रकार के आंतरिक शारीरिक परिवर्तन होते हैं, जो क्रोध को द्योतित करते हैं। बच्चा जैसे-जैसे बढ़ता जाता है, वैसे-वैसे उसमें क्रोध उत्पन्न करने वाली उत्तेजनाओं की संख्याओं में वृद्धि होती जाती है। अवरोध के अतिरिक्त, अन्य कई उत्तेजनाएँ भी उनमें क्रोध उत्पन्न करने लगती हैं। उदाहरणार्थ, कालक्रम में अन्य व्यक्तियों की बातें तथा उनके कार्य इत्यादि अवरोध के प्रतीक बन जाते हैं। इसी प्रकार, बच्चे की प्रारम्भिक क्रोधात्मक प्रतिक्रिया में भी कालक्रम में परिमार्जन हो जाता है। बच्चा प्रारम्भिक काल में रोकर, चिल्लाकर तथा लात मारकर अपनी बाधाओं को दूर करता तथा क्रोध प्रकट करता है। किन्तु वह जैसे-जैसे बढ़ता जाता है, वैसे-वैसे अपनी बाधाओं पर विजय प्राप्त करने तथा अपने क्रोध को प्रकट करने के लिए समायोजी समस्या-समाधानों की खोज करता जाता है तथा उन्हें अपनाता जाता है। उदाहरण के लिए, किसी वैज्ञानिक का समस्या-समाधान की खोज में अथक परिश्रम करना तथा बच्चे की झुँझलाहट या क्रोध-प्रदर्शन, इन दोनों के मूल में एक ही अनुप्रेरणा काम करती है और वह है आत्म-स्थापन की अनुप्रेरणा (Motivation of self-assertion)। उपर्युक्त विवेचन से स्पष्ट है कि आत्म-स्थापन की प्रेरक वृत्ति का विकास दो बातों पर निर्भर है– 1. उत्तेजना का सीखा जाना तथा 2. प्रतिक्रिया का परिमार्जन।

युयुत्सा (Pugnacity)–प्रायः कहा जाता है कि सभी प्राणियों (पशु तथा मनुष्य) में युयुत्सा या कलह की प्रवृत्ति पाई जाती है। यह जन्मजात युयुत्सा या कलह-प्रवृत्ति ही युद्ध का कारण है। किन्तु प्रयोगात्मक अध्ययनों के आधार पर यह बात सिद्ध नहीं हो पाई है। कई निरीक्षणों से जान पड़ता है कि यह जन्मजात प्रेरक वृत्ति नहीं बल्कि एक अर्जित प्रेरक वृत्ति है। युयुत्सा या कलहप्रियता दो कारणों से उत्पन्न हो सकती है–1. शारीरिक आवश्यकताओं (Physiological needs) की परितुष्टि में बाधा उपस्थित होने से तथा 2. ऐसी शिक्षा से, जो व्यक्ति को युयुत्सा की ओर प्रवृत्त करती है। कदाचित् हम सभी ऐसे व्यक्तियों तथा ऐसी परिस्थितियों के प्रति अपनी युयुत्सा प्रकट करते हैं, जिनसे जीवन में खतरा उपस्थित होता है तथा बुनियादी शारीरिक आवश्यकताओं की पूर्ति में बाधा उपस्थित होती है। कभी-कभी व्यक्ति की बुनियादी आवश्यकताओं की पूर्ति में बाधा के कारण उत्पन्न निराशा का अनुभव, बिना वैसी परिस्थिति की उपस्थिति के भी होता है। इसके फलस्वरूप उसमें युयुत्सा उत्पन्न होती है। इस प्रकार, युयुत्सा या तो शारीरिक आवश्यकताओं की अतृप्ति के कारण उत्पन्न निराशा का परिणाम कही जा सकती है, अथवा वैसी निराशा की कल्पना-मात्र से

भी युयुत्सा उत्पन्न हो सकती है। अतः युयुत्सा यद्यपि विश्वजनीन होती है, तथापि जन्मजात नहीं। कुछ विद्वानों ने युयुत्सा के बदले शान्ति को मनुष्य का स्वाभाविक गुण माना है। इस विचार में भी अतिशयोक्ति है।

कुछ आदिम समाजों में युयुत्सा की प्रधानता पाई जाती है, तो कुछ में शान्तिपूर्ण व्यवहार की। इस तरह के समाज में लोगों के अध्ययन से युयुत्सा की उत्पत्ति पर अच्छा प्रकाश पड़ता है। न्यू गिनी (New Guinea) की मनुष्यभक्षी आदिम जाति (Cannibal tribe) मुण्डुगुमर (Mundugumor) को लें। इस जाति-विशेष में युयुत्सा की प्रधानता पाई जाती है। यह युयुत्सा उस जाति में जन्मजात नहीं होती वरन् बाल्यकाल की शिक्षा का परिणाम होती है। इस सम्बन्ध में निम्नांकित बातें ध्यान देने योग्य हैं--

1. मुण्डुगुमर बच्चों को उनके पिता नहीं चाहते। फलतः उन बच्चों का जन्म ऐसी परिस्थिति में होता है, जहाँ विरोध या वैर-भाव विद्यमान रहता है। अतः युयुत्सा की ओर उनका प्रवृत्त होना स्वाभाविक ही है।

2. पति-पत्नी में सदा संघर्ष बना रहता है, जिससे बच्चे अत्यन्त प्रभावित होते हैं तथा कलह की ओर प्रवृत्त होते हैं।

3. इन बच्चों का पालन-पोषण ऐसी संस्कृति में होता है, जहाँ पुरुष एवं स्त्री, दोनों ही से साहस और शौर्य की आशा की जाती है। उन्हें ऐसे वातावरण में रहना पड़ता है, जो ईर्ष्या, द्वेष, कलह, आत्म-प्रदर्शन, प्रतिशोध की भावना इत्यादि से भरा रहता है। ऐसी स्थिति में उनमें युयुत्सा की प्रवृत्ति का उत्पन्न होना स्वाभाविक ही है।

4. उन बच्चों का जिस ढंग से लालन-पालन किया जाता है, स्वभावतः उन्हें युयुत्सा की ओर ले जानेवाला होता है। माँ बच्चों को यह शिक्षा देती है कि सभी लोग, यहाँ तक कि तुम्हारे पिता भी प्रतिद्वन्द्वी हैं।

5. उन बच्चों की शिक्षा कुछ इसी प्रकार की होती है कि वे ईर्ष्या-द्वेषमय वातावरण में ही सफलतापूर्वक जीवन धारण कर सकते हैं।

उपर्युक्त बातों से यह निष्कर्ष निकलता है कि मनुष्य स्वभावतः न तो कलहप्रिय होता है और न शान्तिप्रिय। उसकी कुछ शारीरिक आवश्यकताएँ होती हैं, जिनकी परितुष्टि अनिवार्य है। यदि व्यक्ति को इन्हें परितुष्ट करने में किसी प्रकार की बाधा का सामना नहीं करना पड़ता, तो उसका व्यवहार शान्तिपूर्ण होता है। इसके विपरीत, जिन व्यक्तियों अथवा परिस्थितियों के द्वारा शारीरिक आवश्यकताओं की परितुष्टि में बाधा पहुँचती है, उनके प्रति स्वभावतः व्यक्ति की मनोवृत्ति तथा उसका व्यवहार कलहात्मक हो जाता है। इसके अतिरिक्त, प्रायः प्रत्येक व्यक्ति का जन्म ऐसी परिस्थिति में होता है, जहाँ की संस्कृति में कुछ के प्रति परम्परागत घृणा, अश्रद्धा, अनिच्छा इत्यादि विद्यमान रहती है। इसके कारण व्यक्ति स्वभावतः कलहप्रियता

अथवा युयुत्सा से दूर नहीं रह सकता। अतः युयुत्सा जहाँ शारीरिक आवश्यकताओं की परितुष्टि में बाधा के कारण उत्पन्न निराशा का परिणाम कही जा सकती है, वहाँ यह संस्कृति-विशेष में विद्यमान परम्परागत घृणा, अश्रद्धा, अनिच्छा इत्यादि का फल भी मानी जा सकती है।

सन्दर्भ

1. "A motive may be defined as a tendency to activity initiated by a drive and concluded by an adjustment." —Shaffer, Gilmer and Schoen, Psychology, p. 173
2. "The Psychological consequence of a need we call a drive."
   —Hilgard, E.R. : Introduction to Psychology (1953), p. 100
   "A drive is 'an intra-organic activity' of condition of tissue supplying stimulation for a particular type of behaviour."—Boring, Langfield and Weld : Foundations and Psychology (1948), p. 114
   "A drive is a strong, persistent stimulus that demands adjustive response."
   —Shaffer, Gilmer & Schoen : Psychology, p. 172
3. "Need gives rise to drive; drive is a state of hightened tension leading to restless activity and preparatory behaviour; the incentive is something in the external environment that satisfies the need and thus reduces the drive through consummatory activity." —Hilgard, E.R. : Introduction to Psychology (1953), p. 101
4. "An interest is accompanied by pleasant feeling and by dynamic tendency to seek the object or do something with interest in the motives means that one enjoys attending them and does so..." —Strong, E.K. : Change of interests with age, Stanford University Press, 1931, p. 9.

13

प्रेरक वृत्तियों का संघर्ष

संघर्ष जीवन का एक आवश्यक अंग है। जब प्रेरक वृत्तियों की तृप्ति में बाधा पहुँचती है, अथवा देर हो जाती है, तब सम्भवतः संघर्ष उत्पन्न होता है। संघर्ष उत्पन्न हो जाने पर व्यक्ति के समक्ष कई विकल्प (Alternatives) आ जाते हैं। उसे उनमें से किसी एक विकल्प को चुनना तथा अन्य विकल्पों का बहिष्कार करना पड़ता है। जब व्यक्ति किसी एक विकल्प को चुन लेता है, तब संघर्ष मिट जाता है तथा उसका जीवन सन्तुलित हो जाता है। जीवन में न जाने कितने संघर्ष तथा चुनाव के महत्त्वपूर्ण क्षण आते रहते हैं। यहाँ संघर्ष की उत्पत्ति अथवा उसके स्वरूप तथा उसे मिटाने के साधन पर विचार प्रस्तुत करना अभीष्ट है।

संघर्ष के मूल कारण–संघर्ष के तीन प्रधान मूल कारणों का उल्लेख किया जा सकता है–1. प्रेरक वृत्तियों की तृप्ति में वातावरण-सम्बन्धी बाधाएँ, 2. व्यक्तिगत त्रुटियाँ, जो प्रत्यक्ष अथवा अप्रत्यक्ष रूप से प्रेरक-वृत्तियों की तृप्ति में बाधा पहुँचाती हैं, तथा 3. कई संघर्षात्मक प्रेरक-वृत्तियों (Conflicting motives) का एक ही साथ उपस्थित होना।

वातावरण-सम्बन्धी बाधाओं के अन्तर्गत मुख्यतः निम्नांकित बातों पर विचार प्रस्तुत किया जाएगा–

1. परिवार संघर्ष के उद्गम के रूप में (The family as a source of conflict)
2. काम-संघर्ष (Sex-conflicts)
3. विवाह-संघर्ष (Conflicts in marriage)

वातावरण-सम्बन्धी बाधाएँ

परिवार संघर्ष के उद्गम के रूप में–व्यक्ति अपने प्रारम्भिक जीवन में माता-पिता पर आश्रित रहता है। किन्तु, जब वह कुछ सयाना हो जाता है, तब वातावरण

में उपस्थित उत्तेजनाओं के साथ उसे समायोजन स्थापित करने की नितान्त आवश्यकता होती है। पूर्व-असहायता के बदले अब उसे एक स्वतन्त्र व्यक्ति के रूप में कार्य करने की आवश्यकता का अनुभव होता है। उसकी अपनी सभी इच्छाओं की तृप्ति स्वतन्त्रता के बिना सम्भव नहीं। किन्तु, यह पाया जाता है कि कुछ माता-पिता बच्चे में स्वतन्त्रता के विकास में बाधक सिद्ध होते हैं। वे यही चाहते हैं कि बच्चे पर उनका बराबर आधिपत्य बना रहे। फलतः अधिकांश बच्चे उनके अनुकूल अपना जीवन बना लेते हैं; क्योंकि उन पर आश्रित रहने से उनका जीवन सुलभता से बीतता है। लेकिन, ऐसे बच्चों को जब बड़ा होने पर समाज के अन्य लोगों के साथ अथवा किसी व्यवसाय (Vocation) के साथ समायोजन स्थापित करने की आवश्यकता होती है, तब वे कठिनाइयों का अनुभव करते हैं और उन्हें मानसिक संघर्षों (Mental conflicts) का सामना करना पड़ता है। बच्चों में नैतिकता (Morality) का विकास उनके माता-पिता की मनोवृत्ति पर निर्भर है। नैतिक शिक्षण (Moral training) के अभाव में उनमें मानसिक संघर्ष का होना स्वाभाविक है। यदि माता-पिता अथवा शिक्षक बच्चे को अति कठोर नैतिक शिक्षण देते हैं, तो बच्चा प्रायः भयभीत तथा लजालु प्रकृति का हो जाता है। फलतः वह आन्तरिक संघर्षों (Internal conflicts) से आक्रान्त रहता है। इसके विपरीत, यदि कोई बच्चा अपने जीवन के प्रारम्भिक दिनों में माता-पिता का समुचित प्यार नहीं पाता, तो वह नैतिक विकास (Moral development) के सर्वोत्तम आधार से ही वंचित रह जाता है। फलतः उसमें अनेक अवांछनीय व्यवहारों के विकसित होने की सम्भावना बिल्कुल स्वाभाविक हो जाती है। ऐसे बच्चे को किसी के प्यार खोने का भय नहीं रहता और वह निरंतर निराशा में डूबता-उतराता रहता है। ऐसी स्थिति में उसमें कई प्रकार के असामाजिक व्यवहार आ जाते हैं। फलतः वह समाज के लोगों के साथ अपने को समायोजित नहीं कर पाता और संघर्ष का अनुभव करता है। निष्कर्ष यह कि नैतिकता की कमी के कारण सामाजिक संघर्ष की गुंजाइश बहुत अधिक हो जाती है।

काम-संघर्ष–वातावरण सम्बन्धी बाधाएँ प्रायः सामाजिक हुआ करती हैं। सामाजिक बन्धनों के कारण व्यक्ति प्रायः अपनी प्रेरक वृत्तियों को स्वतन्त्रतापूर्वक तृप्त नहीं कर पाता। सामाजिक बन्धन प्रेरक वृत्तियों की तृप्ति में बाधक सिद्ध होते हैं। उदाहरणस्वरूप, काम-प्रेरक वृत्ति (Sex-motive) को लिया जा सकता है। काम-प्रेरक वृत्ति की स्वतन्त्र तृप्ति में प्रायः अनेक प्रकार की सामाजिक बाधाएँ उपस्थित होती हैं। फलस्वरूप काम-प्रेरक वृत्ति अतृप्त रह जाती है और व्यक्ति को संघर्ष का सामना करना पड़ता है। एक ओर तो वह अपनी काम-प्रेरक वृत्ति की तृप्ति चाहता है, और दूसरी ओर सामाजिक बन्धनों तथा नियमों का पालन।

विवाह-संघर्ष–जिन प्रेरक वृत्तियों से प्रेरित स्त्री-पुरुष वैवाहिक जीवन में प्रवेश करते हैं, वे बड़ी ही जटिल होती हैं। यह सोचना भूल है कि प्रेम-मात्र से प्रेरित

होकर स्त्री-पुरुष वैवाहिक जीवन को स्वीकार करते हैं। वैवाहिक जीवन के मूल में प्रेम तो रहता ही है, लेकिन साथ-ही-साथ आर्थिक और मनोवैज्ञानिक सुरक्षा की भावनाएँ भी वर्तमान रहती हैं। सम्भव है कि कोई सामाजिक नियम के पालनमात्र के लिए ही वैवाहिक जीवन स्वीकार करे; क्योंकि प्रत्येक प्रौढ़ व्यक्ति से ऐसी आशा की जाती है। हो सकता है कि कोई इसलिए वैवाहिक सम्बन्ध स्वीकार करे कि उसे एक ऐसा साथी मिले जिसके साथ वह बिल्कुल मुक्त होकर सभी तरह की बातें कर सके, अपने को पूर्णतया अभिव्यक्त कर सके। विवाह से सम्बद्ध ये सारी आशाएँ सामान्यतः पूरी नहीं हो पातीं। फलतः व्यक्ति के जीवन में निराशा छा जाती है। प्रायः प्रत्येक युवक या युवती में पहले से ही एक आदर्श प्रेम-जीवन की भावना बनी रहती है। यदि वे अपने कल्पित प्रेम-जीवन के अनुकूल वैवाहिक जीवन को नहीं पाते, तो उन्हें निराशा होती है। आर्थिक कठिनाइयों के कारण भी परस्पर प्रेम-भाव में कमी आ सकती है। उपर्युक्त स्थितियों में स्वभावतः व्यक्ति को मानसिक संघर्ष का सामना करना पड़ता है।

व्यक्तिगत त्रुटियाँ

व्यक्तिगत त्रुटियों के कारण भी प्रेरक वृत्तियों की तृप्ति में बाधा पहुँचती है। व्यक्तिगत त्रुटियों के अन्तर्गत शारीरिक दोष, अल्पबुद्धि, अपने वर्तमान कार्य में अल्प रुचि इत्यादि बातें आती हैं। इन व्यक्तिगत त्रुटियों के कारण व्यक्ति प्रायः अपने जीवन के आदर्शों को प्राप्त नहीं कर पाता। ये व्यक्तिगत त्रुटियाँ उसके कार्य-सम्पादन में बाधक सिद्ध होती हैं। परिणामस्वरूप उसे निराशा होती है तथा वह प्रबल मानसिक संघर्ष का अनुभव करता है।

हीनता की भावना (Feeling of Inferiority)–अल्फ्रेड ऐडलर का कहना है कि शारीरिक त्रुटियों के कारण व्यक्ति में हीनता की भावना आती है। इस सम्बन्ध में यह कहा जा सकता है कि शारीरिक त्रुटि-मात्र ही हीनता की भावना का कारण नहीं है। वस्तुतः जब किसी कारणवश व्यक्ति अपने को दूसरे के बराबर नहीं पाता है, तब उसके अन्दर हीनता की भावना आ जाती है। कई सौ छात्रों के सम्बन्ध में एक अध्ययन किया गया। वे छात्र अपनी हीनता की भावना को स्वीकार करने के लिए तैयार थे छात्र-स्वास्थ्य-दफ्तर (Student health office) से उनकी शारीरिक अवस्थाओं के बारे में रेकार्ड ले लिया गया। इस रेकार्ड के आधार पर यह तुलना की गई कि हीनता की भावना से आक्रान्त छात्र किस हद तक शारीरिक त्रुटियों के शिकार थे। इस अध्ययन में हीनता की भावना और शारीरिक त्रुटि, इन दोनों के बीच कोई स्पष्ट सह-सम्बन्ध (Correlation) नहीं पाया गया। इससे ज्ञात होता है कि शारीरिक त्रुटियों के अतिरिक्त अन्य कारणों, जैसे, बौद्धिक कमी, आर्थिक

और सामाजिक जीवन में सुरक्षा की कमी, नैतिकता की कमी आदि, से भी व्यक्ति में हीनता की भावना आ सकती है, चाहे वे त्रुटियाँ वास्तविक हों या काल्पनिक।

व्यक्तिगत असफलता–समाज में किसी भी व्यक्ति के सामने सफलता-असफलता के क्षण आते रहते हैं। असफलता को सापेक्ष (Relative) माना जा सकता है। कारण, जो उपलब्धि (Achievement) एक के लिए सफलता है, वही दूसरे के लिए असफलता हो सकती है। कोई भी उपलब्धि व्यक्ति के द्वारा सफलता के रूप में ग्रहण की जाएगी अथवा असफलता के रूप में, यह उसकी आकांक्षा के स्तर (Level of aspiration) पर निर्भर है। यदि उपलब्धि के स्तर (Level of achievement) और आकांक्षा के स्तर में अन्तर न हो, तो व्यक्ति का जीवन सुचारु रूप से चलता है, उसमें संघर्ष की सम्भावना नहीं रहती। किन्तु यदि उपलब्धि के स्तर और अकांक्षा के स्तर में काफी अन्तर हो, तो व्यक्ति को निराशा हाथ लगती है। फलस्वरूप वह मानसिक संघर्ष का अनुभव करता है।

कई संघर्षात्मक प्रेरक वृत्तियों का एक ही साथ उपस्थित होना

व्यक्ति को सबसे अधिक मानसिक संघर्ष का अनुभव तब होता है, जब उसके समक्ष कई संघर्षात्मक प्रेरक वृत्तियाँ एक ही साथ उपस्थित हो जाती हैं। ऐसी परिस्थिति में उसके सामने एक नहीं, बल्कि अनेक प्रबल विकल्प (Alternatives) वर्तमान रहते हैं। फलतः उसे यह निर्णय करना कठिन हो जाता है कि कौन विकल्प वांछनीय है तथा कौन त्याज्य। इस प्रकार के संघर्ष से प्रायः कोई भी व्यक्ति वंचित नहीं रह पाता है। उदाहरण के रूप में कुछ ऐसे विकल्पों को नीचे प्रस्तुत किया जा रहा है, जो प्रायः संघर्ष उत्पन्न करने वाले होते हैं। इस प्रकार के विकल्पों के उपस्थित होने पर व्यक्ति को प्रायः संघर्ष का सामना करना पड़ता है–

1. पढ़ें अथवा सिनेमा जाएँ?
2. इस कॉलेज में नाम लिखाएँ अथवा उस कॉलेज में?
3. युद्ध-क्षेत्र में साहस एवं शौर्य का परिचय दें अथवा वहाँ से भागकर प्राण-रक्षा करें?
4. आगत निराशा का साहसपूर्वक सामना करें अथवा मद्यपान कर उसे क्षणभर के लिए भुला दें? इत्यादि।

संघर्ष का समाधान

संघर्ष का समाधान चेतन तथा अचेतन, दोनों स्तरों पर सम्भव है। अतएव यहाँ अलग-अलग इन दोनों पर प्रकाश डालना अभीष्ट है।

संघर्ष का चेतन समाधान

तर्क-वितर्क (Deliberation)–जब दो प्रबल प्रेरक वृत्तियों में संघर्ष होता है, तब व्यक्ति मानसिक उलझन का अनुभव करता है; क्योंकि उसके समाने दो प्रबल

तथा आकर्षक विकल्प (Alternatives) उपस्थित रहते हैं। फलतः उनके सामने यह समस्या आ जाती है कि वह किस विकल्प को अपना ले तथा किसका परित्याग कर दे। इसी अवस्था में वह दोनों विकल्पों के सम्बन्ध में तर्क-वितर्क प्रारम्भ कर देता है और यह निश्चित करने की चेष्टा करता है कि दोनों में कौन अधिक श्रेयस्कर है। दोनों विकल्पों के सम्बन्ध में तर्क-वितर्क का यह क्रम कुछ देर तक चलता रहता है, दोनों की छानबीन करने की भरपूर चेष्टा की जाती है। दो प्रेरक वृत्तियों के एक ही साथ उपस्थित होने के कारण उत्पन्न संघर्ष की इसी अवस्था को तर्क-वितर्क की अवस्था (Stage of deliberation) कहते हैं। स्पष्ट है कि इस अवस्था में व्यक्ति का विचार दो प्रेरक वृत्तियों के बीच घूमता रहता है।

चुनाव अथवा निर्णय (Choice or Decision)–तर्क-वितर्क की अवस्था में दोनों ही विकल्प के पक्ष में निर्णय की सम्भावना बनी रहती है। किन्तु किसी भी विकल्प के पक्ष में कोई निश्चित क्रिया नहीं होती। फलतः कुछ देर तक एक अकर्मण्यता की अवस्था (Stage of inactivity) बनी रहती है। किन्तु जब संघर्ष अति प्रबल हो जाता है, तब व्यक्ति की शक्ति का अत्यधिक ह्रास होने लगता है। परिणामस्वरूप वह संघर्ष को मिटाने के लिए व्यग्र हो उठता है। उसकी यह व्यग्रता और अधिक बढ़ जाती है, जब वातावरण तात्कालिक निर्णय के लिए उसे बाध्य कर देता है। ऐसी अवस्था में वह किसी एक विकल्प को चुन लेता है तथा दूसरे का परित्याग कर देता है। कई विकल्पों में से किसी एक के पक्ष में निर्णय कर लेने को ही चुनाव अथवा निर्णय की संज्ञा दी जाती है।

एक उदाहरण–

जब किसी नवयुवक के सामने पत्नी-प्रेम तथा देश-रक्षा ये दो विकल्प उपस्थित होते हैं, तब वह एक मानसिक संघर्ष का अनुभव करता है। एक ओर पत्नी-प्रेम स्वतः एक प्रबल एवं आकर्षक प्रेरक वृत्ति है, जो उसे अपनी ओर बरबस खींचती है तथा दूसरी ओर देश-रक्षा आत्म-सम्मान एवं सामाजिक गौरव आदि स्थायी भावों (Sentiments) के संयोग से अत्यधिक प्रबल होकर उसे अपनी ओर आकर्षित करती है। कभी तो वह यह सोचता है कि "यदि देश-रक्षा के लिए मैं शत्रु से युद्ध करूँ और मारा जाऊँ, तो सदा के लिए पत्नी-प्रेम से वंचित हो जाऊँगा। अतएव ऐसा करना श्रेयस्कर नहीं है।" कभी वह यह सोचता है कि "यदि मैं युद्ध में भाग लेकर देश-रक्षा के लिए अपने प्राण गँवा दूँ, तो भी युद्ध करना ही श्रेयस्कर है; क्योंकि उससे मुझे जो सम्मान, यश तथा गौरव प्राप्त होगा, वह अन्य व्यक्तियों के लिए दुर्लभ होगा।" इस प्रकार दोनों विकल्पों के सम्बन्ध में तर्क-वितर्क चलते रहते हैं। यदि युवक के सामने एक ओर प्रेम का आकर्षण है, तो दूसरी ओर सम्मान, यश तथा सामाजिक गौरव का आकर्षण। दोनों ही उसे अपनी ओर प्रबल रूप से आकर्षित करते हैं। किन्तु जब वह दोनों विकल्पों के सम्बन्ध में इस प्रकार के तर्क-वितर्क

से ऊब उठता है, तो किसी एक विकल्प के पक्ष में निर्णय करने की ओर प्रवृत्त होता है, अथवा जब अचानक शत्रु उसके देश पर आक्रमण कर बैठते हैं, तब परिस्थिति से बाध्य होकर उसे शीघ्र ही कोई निर्णय कर लेना पड़ता है। फलतः वह दोनों विकल्पों में से किसी एक को चुन लेता है तथा दूसरे का परित्याग कर देता है। फिर वह अपनी सम्पूर्ण शक्ति के साथ चुने हुए विकल्प को कार्यान्वित करने की चेष्टा करता है।

संकल्प (Resolution)–निर्णय कर लेने के बाद सामान्यतः क्रिया शीघ्र सम्पन्न हो जाती है। किन्तु कभी-कभी निर्णय के बाद क्रिया शीघ्र ही सम्पन्न नहीं हो पाती है। ऐसी अवस्था में संकल्प की आवश्यकता पड़ती है। व्यक्ति अपने निर्णय को कार्य-रूप में परिणत कर अपनी वांछित प्रेरक वृत्ति को तृप्त करने का संकल्प करता है। फलस्वरूप, कार्य करते समय अब और अधिक संघर्षों के उत्पन्न होने की सम्भावना नहीं रह जाती। अतएव वह सफलतापूर्वक अपने निर्णय के अनुसार कार्य सम्पन्न कर लेता है।

ऐच्छिक क्रिया (Voluntary action)–स्पष्ट है कि तर्क-वितर्क, निर्णय तथा संकल्प के बाद व्यक्ति की ऐच्छिक क्रिया सम्पन्न हो जाती है।

चुनाव अथवा निर्णय की संक्षिप्त व्याख्या

मैकडूगल ने निर्णय अथवा चुनाव की व्याख्या में स्थायी भाव को महत्त्व प्रदान किया है और उसी के आधार पर इसकी व्याख्या करने की चेष्टा की है। उनका कहना है कि आत्म-सम्मान के स्थायी भाव (Self-regarding sentiment) से संयुक्त होकर दुर्बल प्रेरक वृत्तियाँ अधिक आकर्षक तथा शक्तिशाली हो जाती हैं। फलस्वरूप वे प्रबल प्रेरक वृत्तियों पर विजय प्राप्त कर लेती हैं। यही कारण है कि दो विकल्पों के उपस्थित होने पर व्यक्ति दुर्बल प्रेरक वृत्ति को चुन लेता है तथा प्रबल प्रेरक वृत्ति का परित्याग कर देता है। सिनेमा देखना तथा पढ़ना–इन दो विकल्पों में निस्सन्देह सिनेमा देखना एक प्रबल प्रेरक वृत्ति है; क्योंकि इससे व्यक्ति की बहुत सारी प्रकृत प्रवृत्तियाँ परितुष्ट होती हैं। इसकी अपेक्षा पढ़ना एक दुर्बल प्रेरक वृत्ति है। जब इन दोनों विकल्पों में संघर्ष होता है, तब व्यक्ति दोनों के सम्बन्ध में तर्क-वितर्क करता है। अन्ततोगत्वा वह पढ़ने के पक्ष में निर्णय करता है तथा सिनेमा देखने का विचार छोड़ देता है। उसके सामने यह प्रमुख बात आ जाती है कि "यदि मैं श्रमपूर्वक पढ़ूँगा, तो परीक्षा में अच्छी तरह उत्तीर्ण होऊँगा। फलतः लोगों की दृष्टि में मेरा सम्मान बढ़ जाएगा।" स्पष्ट है कि जब पढ़ने के साथ आत्म-सम्मान के स्थायी भाव का संयोग हो जाता है, तब पढ़ना एक प्रबल प्रेरक वृत्ति का रूप ग्रहण कर लेता है। फलतः पढ़ना सिनेमा देखने की प्रेरक वृत्ति पर विजय प्राप्त कर लेता है।

संकल्प की व्याख्या के सम्बन्ध में यह निष्कर्ष समुचित जान पड़ता है कि व्यक्ति निरंतर आवेश तथा मूल प्रवृत्तियों से प्रेरित होकर ही कार्य नहीं करता, बल्कि

अधिकांशतः अपने जीवन के आदर्शों से अनुप्रेरित होकर कार्य करता है। यदि वह अपनी मूल प्रवृत्तियों को तृप्त करना चाहता है, तो अपने अहं भाव (Ego ideal) की रक्षा करना भी। वस्तुतः व्यक्ति अधिकांशतः अहं भाव के अनुकूल कार्यों को ही अपनाता है तथा आवेशमय कार्यों (Impulsive actions) का परित्याग कर देता है।

संघर्ष का अचेतन समाधान

प्रेरक वृत्तियों के संघर्ष को मिटाने की जिन अचेतन स्तर की रीतियों का वर्णन किया गया है, वे सदा सफल नहीं होतीं। वास्तव में, व्यक्ति के जीवन में अधिकांश ऐसे संघर्ष आते हैं, जिन्हें वह तर्क-वितर्क, निर्णय एवं संकल्प के आधार पर दूर करने में समर्थ नहीं होता। ऐसी स्थिति में अचेतन स्तर की कुछ रीतियों को अपनाकर प्रेरक वृत्तियों के संघर्ष को मिटाने की चेष्टा करता है। उसमें से कुछ प्रधान रीतियाँ ये हैं–

1. दमन (Repreession)–असफलता और निराशा उत्पन्न करने वाली प्रेरक वृत्तियाँ व्यक्ति के लिए बड़ा दुःखद और अप्रिय होती हैं। फलतः वह उन्हें भुला देने की भरपूर चेष्टा करता है। उसकी इस चेष्टा के फलस्वरूप वे उसकी चेतना से हट जाती हैं। किन्तु उनका अन्त नहीं होता। वे उसके अचेतन में चली जाती हैं। इसे ही दमन की संज्ञा दी जाती है। अचेतन में संचित वे दमित प्रेरक वृत्तियाँ (Repressed motives) निरन्तर सक्रिय रहती हैं। अपनी सक्रियता के फलस्वरूप ही वे प्रायः दैनिक मनोविकृतियों (Psycho-pathologies of everyday life), स्वप्नों आदि में अभिव्यक्त होती हैं। इस अभिव्यक्ति के फलस्वरूप संघर्ष के कारण उत्पन्न तनाव बहुत-कुछ कम हो जाता है।

2. उन्नयन (Sublimation)–यदि कोई युवक किसी युवती को प्यार करता है, किन्तु किसी कारणवश उस युवती का प्रेम प्राप्त नहीं कर पाता, तो वह निराशा और तनाव का अनुभव करता है। सामाजिक बन्धनों के कारण अपना प्रेम अभिव्यक्त कर अपनी निराशा और तनाव कम करने में भी असमर्थता का अनुभव करता है। फलतः वह युवती के प्रति अपने प्रेम का उन्नयन कर उसे उन्नयित रूप (Sublimated form) में ही अभिव्यक्त करता है। ऐसी स्थिति में वह प्रायः अपनी कविताओं या कहानियों में किसी अपूर्व सौन्दर्य का वर्णन कर अपने को तृप्त करता है। पार्थिव जगत् में अपने प्रेम-जीवन में असफल कवि प्रायः अपनी कविताओं में अपार्थिव प्रेम और मिलन की कल्पना कर आत्म-तृप्ति करता है। इसे काम-वृत्ति का उन्नयन कहेंगे। सामाजिक दृष्टिकोण से उन्नयन मानसिक संघर्ष और उससे उत्पन्न निराशा और तनाव को दूर करने का एक वांछनीय मार्ग है।

3. तादात्म्य (Identification)–मानसिक संघर्ष से आक्रान्त व्यक्ति प्रायः किसी उपन्यास, कहानी या सिनेमा-फिल्म के नायक या नायिका के साथ अपना

तादात्म्य स्थापित कर अपनी प्रेरक वृत्तियों को तृप्त करता है। जिसके साथ व्यक्ति अपना तादात्म्य स्थापित करता है, उसकी सफलताओं और उपलब्धियों से उसे आत्म-तोष प्राप्त होता है। इस प्रकार मानसिक संघर्ष के कारण उत्पन्न तनाव कम हो जाता है। इसी प्रकार, बच्चा अपने पिता के साथ तादात्म्य स्थापित कर अपनी शक्ति की प्रेरक वृत्ति (Motive of strength) को सन्तुष्ट करता है, जो स्वतः उसके लिए सम्भव नहीं है। वैसे ही, प्रौढ़ व्यक्तियों की कितनी ही प्रेरक वृत्तियाँ यों अतृप्त रह जाती हैं। किन्तु जब वे किसी नेता अथवा संस्था के साथ तादात्म्य स्थापित कर लेते हैं, तब उनकी अधिकांश प्रेरक वृत्तियों को तृप्ति का अवसर मिल जाता है। कारण, उस नेता अथवा संस्था की उपलब्धियों से उन्हें आत्म-तृप्ति का अनुभव होता है।

4. दिवा-स्वप्न (Day-dreaming)–दिवा-स्वप्न को एक सीमा के भीतर सभी सामान्य व्यक्तियों (Normal individuals) के व्यवहारों की विशेषता माना जा सकता है। इसका सहारा लेकर व्यक्ति अपनी अतृप्त प्रेरक वृत्तियों को तृप्त करता है तथा निराशाओं से बच पाता है। यदि किसी की कोई प्रेरक वृत्ति प्रतिकूल सामाजिक परिस्थितियों के कारण तृप्त नहीं हो पाती, तो वह अपने दिवा-स्वप्न में सफलता की कल्पना कर आत्म-तृप्ति प्राप्त करता है। वास्तविक सफलता के स्थान पर सर्वदा इसी का सहारा लेकर आत्म-तृप्ति का अनुभव करना, इसका अतिशय रूप (Extreme form) है और वह वांछनीय नहीं है।

5. क्षति-पूर्ति (Compensation)–क्षति-पूर्ति एक ऐसी चेष्टा है, जिसमें व्यक्ति अपनी त्रुटियों को, चाहे वे वास्तविक हों या काल्पनिक, अपने चरित्र, व्यक्तित्व या योग्यता के किसी खास पक्ष पर अधिक जोर देकर छिपाना या उन पर आवरण देना चाहता है। इसके द्वारा व्यक्ति अपनी त्रुटियों के कारण उत्पन्न सांवेगिक तनाव (Emotional tension) से बहुत-कुछ मुक्त हो जाता है। जीवन के अन्य क्षेत्रों की अपनी उपलब्धियों से वह आत्म-तृप्ति का अनुभव करता है। फलतः उसका ध्यान अपनी त्रुटियों की ओर जाता ही नहीं। उदाहरणार्थ, जो छात्र तीव्र बुद्धि नहीं होते और इस कारण हीनता की भावना का अनुभव करते हैं, वे प्रायः अच्छे खिलाड़ी बनकर अपनी हीनता की क्षति-पूर्ति कर लेते हैं।

6. युक्त्याभास (Rationalization)–युक्त्याभास से हमारा तात्पर्य गलत युक्तियों से है। जब व्यक्ति अपनी प्रेरक वृत्तियों से प्रेरित होकर कोई ऐसा कार्य कर देता है जो सामाजिक दृष्टि से अवांछनीय है, तब वह अपने कार्य की पुष्टि में ऐसे तर्क उपस्थित करता है, जो सामाजिक दृष्टिकोण से स्वीकार्य हों। इससे उसके अहं की रक्षा होती है तथा आत्म-तृप्ति मिलती है। यदि कोई किसी काम में असफल हो जाता है, तो वह अक्सर यह कहते सुना जाता है कि वह काम ही बड़ा कठिन था, वह परिस्थिति ही अनुकूल नहीं थी, इत्यादि। लोमड़ी की वह कहानी युक्त्याभास का सुन्दर उदाहरण है, जिसमें लोमड़ी ने अंगूरों तक न पहुँचने पर कहा था–'अंगूर

खट्टे हैं।' इसी भाँति किसी काम में असफल हो जाने पर व्यक्ति प्रायः उस काम को ही बुरा कहता है या परिस्थिति को ही दोष देता है। यह युक्त्याभास का उदाहरण है।

7. प्रक्षेपण (Projection)–जब व्यक्ति अपने में किसी कमी का अनुभव करता है, तब दूसरों में वैसी ही कमी निकालकर अपने अहं की रक्षा करता है तथा आत्म-सन्तोष प्राप्त करता है। यदि कोई घूस लेते पकड़ा जाता है और लोग उसकी भर्त्सना करते हैं, तो वह यह कहकर आत्म-सन्तोष प्राप्त करता है कि समाज में कोई अकेला वही घूस लेनेवाला नहीं है, बल्कि समाज के अधिकांश लोग किसी-न-किसी रूप में घूस लेते ही हैं। अपनी इन उक्तियों के द्वारा वह अपने अहं की रक्षा करता है तथा आत्म-तुष्टि का अनुभव करता है।

8. अवसर्पण (Regression)–संघर्षों के कारण निराशाओं में डूबता-उतराता व्यक्ति प्रायः बचपन की सुखद स्मृतियों में आत्म-तृप्ति का अनुभव करता है। इसे ही अवसर्पण की संज्ञा दी जाती है। कवि प्रायः अपनी कविताओं में वर्तमान समाज की विविधताओं, संघर्षों और निराशाओं का विषादमय चित्र उपस्थित करते हुए बचपन की निर्द्वन्द्व सुखद स्मृतियों की ओर मुड़कर सुखानुभव का आग्रह अभिव्यक्त करता है। ऐसी पंक्तियों से साहित्य भरा पड़ा है।

अन्त में, यह उल्लेख्य है कि कुछ लोग तीव्र मानसिक संघर्ष के कारण स्नायु-विकार (Neurosis) अथवा मानसिक विकार (Psychosis) के शिकार हो जाते हैं। उनकी चर्चा यहाँ अपेक्षित नहीं है।

14

क्रिया

क्रियाओं का अध्ययन मनोविज्ञान का प्रमुख विषय है। प्राणी की क्रियाएँ सामान्यतः दो प्रकार की होती हैं–अनैच्छिक क्रियाएँ (Involuntary actions) तथा ऐच्छिक क्रियाएँ (Voluntary actions)। अनैच्छिक क्रियाओं के अन्तर्गत वे सारी क्रियाएँ आ जाती हैं, जो प्राणी की इच्छा और चेष्टा के बिना ही अपने-आप सम्पन्न होती हैं। ऐच्छिक क्रियाओं में उन क्रियाओं का समावेश रहता है, जो प्राणी की इच्छा और चेष्टा के परिणामस्वरूप सम्पन्न होती हैं। इन दोनों प्रकार की क्रियाओं पर संक्षेप में प्रकाश डालना ही यहाँ अभीष्ट है। अनैच्छिक क्रियाओं में प्रतिक्षेप-क्रिया (Reflex action) तथा मूल प्रवृत्त्यात्मक क्रिया (Instinctive action) का प्रमुख स्थान है। ऐच्छिक क्रियाओं में विशेष रूप से तर्क-वितर्क (Deliberation), चुनाव अथवा निर्णय (Choice or Decision) तथा संकल्प (Resolution) आदि की प्रधानता मानी जाती है।

प्रतिक्षेप-क्रिया
(Reflex Action)

प्रतिक्षेप-क्रिया प्राणी की सरलतम तथा जन्मजात क्रिया है। यह स्वतः सम्पादित होती है। प्राणी की इच्छा अथवा चेष्टा की इसे कोई आवश्यकता नहीं होती। इसकी परिभाषा करते हुए कहा जा सकता है कि यह एक सरल एवं स्वतः संचालित मांसपेशीय अथवा पिण्ड-सम्बन्धी प्रतिक्रिया है, जो उपयुक्त उत्तेजनाओं द्वारा ज्ञानेन्द्रियों के उत्तेजित होते ही अति शीघ्र सम्पन्न हो जाती है। उदाहरणार्थ, आँखों पर तीव्र प्रकाश पड़ते ही पुतलियाँ सिकुड़ जाती हैं, जीभ पर खाने की सामग्री रखते ही लार टपकने लगती है तथा नाक में नस पड़ते ही छींक आ जाती है। ज्ञानेन्द्रियों के उत्तेजित होते ही ये क्रियाएँ इतनी शीघ्रता से सम्पन्न हो जाती हैं कि इनके होने के पूर्व प्राणी को इनकी कोई चेतना नहीं होती। इसलिए ये अधिकांशतः अचेतन

मानी गई हैं। किन्तु कुछ प्रतिक्षेप-क्रियाएँ चेतन भी कही जाती हैं; क्योंकि उन क्रियाओं के सम्पन्न होने की चेतना प्राणी को रहती है। यहाँ यह स्पष्ट कर देना आवश्यक जान पड़ता है कि प्रतिक्षेप-क्रियाओं की उत्पत्ति में प्राणी की चेतना का कोई हाथ नहीं रहता। चूँकि इन क्रियाओं के होने का ज्ञान प्राणी को रहता है, इसलिए ये क्रियाएँ कुछ हद तक नियन्त्रित की जा सकती हैं। उदाहरण स्वरूप खाँसने की प्रतिक्षेप-क्रिया को लें। यह एक चेतन प्रतिक्षेप-क्रिया है। अतः कुछ हद तक इस पर नियन्त्रण सम्भव है। खाँसने की क्रिया को कुछ समय के लिए रोका जा सकता है। यहाँ स्पष्टतः प्राणी की प्रतिक्रिया अनैच्छिक न रहकर ऐच्छिक हो जाती है। इससे स्पष्ट है कि यदि प्रतिक्षेप-क्रियाएँ अधिकांशतः अचेतन होती हैं, तो कुछ चेतन भी, और यदि वे सामान्यतः अनियन्त्रित होती हैं, तो कुछ हद तक उन पर नियन्त्रण भी किया जा सकता है। स्नायु-मण्डल के आधार पर इनकी व्याख्या करते हुए कहा जा सकता है कि जब प्राणी के सामने कोई विशेष प्रकार की उत्तेजना उपस्थित होती है, तब विशेष प्रकार की ज्ञानेन्द्रिय उसे ग्रहण करती है। फलतः उसमें स्नायु-प्रवाह उत्पन्न हो जाते हैं। ज्ञानेन्द्रिय-विशेष में उत्पन्न स्नायु-प्रवाहों को अन्तर्वाहक स्नायुएँ (Afferent nerves) सुषुम्ना में ले जाती हैं। फिर वहाँ से वे स्नायु-प्रवाह बहिर्वाहक स्नायुओं (Efferent nerves) द्वारा मांसपेशियों और पिण्डों में जाते हैं। फलतः मांसपेशीय तथा पिण्ड-सम्बन्धी प्रतिक्रियाएँ उत्पन्न होती हैं, जिन्हें प्रतिक्षेप-क्रिया (Reflex action) की संज्ञा दी जाती है।

प्रतिक्षेप-क्रिया के उपर्युक्त विवेचन से उसकी निम्नांकित विशेषताएँ स्पष्ट हैं–

1. यह एक अति सरल तथा जन्मजात मांसपेशीय अथवा पिण्ड-सम्बन्धी प्रतिक्रिया है।

2. यह तात्कालिक, अर्थात् अतिशीघ्र सम्पन्न होनेवाली प्रतिक्रिया है।

3. यद्यपि प्रतिक्षेप-क्रिया से किसी-न-किसी प्रकार के अभिप्राय की सिद्धि होती है, तथापि अभिप्राय की चेतना प्राणी को नहीं रहती। वह जान-बूझकर प्रतिक्रिया प्रकट नहीं करता, बल्कि वह प्रतिक्रिया अपने-आप प्रकट हो जाती है।

4. यह चेतन तथा अचेतन, नियन्त्रणात्मक तथा अनियन्त्रणात्मक, दोनों प्रकार की होती है।

5. इसका सम्बन्ध शरीर के किसी विशेष अंग से रहता है, न कि सारे शरीर से। इसलिए इसका स्थान-निरूपण सम्भव है। उदाहरण के लिए, आँसू आने की क्रिया आँखों से, लार टपकने की क्रिया जीभ से तथा छींकने की क्रिया नाक से होती है।

6. इसमें एकरूपता पाई जाती है। एक विशेष प्रकार की उत्तेजना से सदा एक विशेष प्रकार की ही प्रतिक्षेप-क्रिया उत्पन्न होती है। इसलिए यह एक यान्त्रिक क्रिया (Mechanical action) कही गई है। उदाहरणार्थ, नाक में नस पड़ने से सदा छींकने की ही क्रिया होगी, अन्य कोई नहीं हो सकती।

प्रतिक्षेप-क्रिया के प्रकार–(Kinds of Reflex Action)–व्यावहारिकता की दृष्टि से मोटे तौर पर प्रतिक्षेप-क्रिया के दो विभाग किए जा सकते हैं–एक शरीर-सम्बन्धी प्रतिक्षेप क्रियाएँ (Physiological reflexes) जो अचेतन होती हैं, और दूसरी वे, जो चेतन होती हैं। इन दोनों प्रकार की प्रतिक्षेप-क्रियाओं का विवेचन ऊपर प्रस्तुत किया जा चुका है। प्रतिक्षेप-क्रिया के दूसरे वर्गीकरण के अनुसार भी इसे दो भागों में बाँटा जा सकता है–प्राथमिक अथवा स्वाभाविक (Unconditioned) प्रतिक्षेप-क्रिया तथा अस्वाभाविक या सम्बन्ध-प्रत्यावर्त्तित (Conditioned) प्रतिक्षेप-क्रिया। प्रत्येक प्रतिक्षेप-क्रिया की अपनी उपयुक्त उत्तेजना होती है। जब वह अपनी उपयुक्त उत्तेजना से उत्पन्न होती है, तब उसे प्राथमिक अथवा स्वाभाविक प्रतिक्षेप-क्रिया कहते हैं। उदाहरण के लिए, लार टपकने की प्रतिक्षेप-क्रिया के लिए उपयुक्त उत्तेजना है भोजन। यदि भोजन द्वारा लार टपकने की क्रिया उत्पन्न हो, तो वह प्राथमिक अथवा स्वाभाविक प्रतिक्षेप-क्रिया कही जाएगी। किन्तु यदि भोजन के अतिरिक्त अन्य किसी उत्तेजना से लार टपकने की क्रिया उत्पन्न हो, तो निश्चय ही वह अस्वाभाविक अथवा सम्बन्ध-प्रत्यावर्त्तित प्रतिक्षेप-क्रिया कही जाएगी। इस तरह की अस्वाभाविक या सम्बन्ध-प्रत्यावर्त्तित प्रतिक्षेप-क्रिया का उदाहरण पावलव (Pavlov) के प्रयोगों में मिलता है। अपने प्रयोग में पावलव ने यह दिखलाया है कि भोजन की अनुपस्थिति में भी घण्टी की आवाज सुनकर कुत्ते के मुँह से लार टपकने लगती है। वास्तव में, यह सम्बन्ध-प्रत्यावर्त्तित प्रतिक्षेप-क्रिया (Conditioned reflex action) ही है। इसी तरह के अन्य कई उदाहरणों द्वारा अस्वाभाविक प्रतिक्षेप-क्रिया का स्पष्ट प्रमाण मिलता है। किन्तु यहाँ स्पष्ट कर देना समीचीन जान पड़ता है कि सभी प्रतिक्षेप-क्रियाएँ अस्वाभाविक उत्तेजनाओं (Conditioned stimuli) से उत्पन्न नहीं हो सकती हैं।

मूल प्रवृत्त्यात्मक क्रिया
(Instinctive Action)

अमरीका के प्रसिद्ध मनोवैज्ञानिक मैकडूगल ने मानव-क्रियाओं की व्याख्या अनुप्रेरणा (Motivation) के आधार पर करने की चेष्टा की है। उन्होंने प्राथमिक प्रेरक वृत्तियों (Primary motives) के रूप में मनुष्य की मूल प्रवृत्तियों (Instincts) को स्वीकार किया है। उन्होंने मूल प्रवृत्तियों को प्रतिक्षेप-क्रियाओं का तारतम्य-मात्र (Mere chain of reflex actions) नहीं माना है, जैसा कि हरबर्ट स्पेन्सर (Herbert Spencer) ने प्रतिपादित किया था। मैकडूगल के अनुसार मूल प्रवृत्ति केवल यान्त्रिक क्रिया-मात्र ही नहीं है, बल्कि यह एक ऐसी जन्मजात मनोदैहिक (Psycho-Physical) प्रवृत्ति है, जिससे प्रभावित होकर व्यक्ति किसी उत्तेजना-विशेष की ओर ही अपना ध्यान

देता है, किसी विशेष प्रकार के संवेग अथवा आवेश (Impulse) का ही अनुभव करता है तथा उत्तेजना-विशेष के प्रति किसी विशेष (Specific) ढंग की ही प्रतिक्रिया प्रकट करता है।[1] स्पष्ट है कि मैकडूगल के अनुसार मूल प्रवृत्तियों की निम्नांकित विशेषताएँ हैं–

1. यह एक जन्मजात मनोदैहिक प्रवृत्ति है। इसे व्यक्ति अपने जीवन-काल में नहीं सीखता।
2. इससे प्रभावित होकर व्यक्ति का प्रत्यक्षीकरण विशिष्ट ढंग का हो जाता है, अथवा वह विशिष्ट वस्तु अथवा वस्तुओं के समूह पर ही अपना ध्यान देता है।
3. व्यक्ति एक विशेष प्रकार के संवेग का अनुभव करता है।
4. व्यक्ति एक विशेष ढंग की क्रिया प्रकट करता है अथवा कम-से-कम उस विशिष्ट क्रिया के आवेश का अनुभव करता है।

एक उदाहरण द्वारा मूल प्रवृत्ति की इन सभी विशेषताओं को स्पष्ट रूप से प्रस्तुत किया जा सकता है। खतरे में छुटकारा पाने की मूल प्रवृत्ति प्रायः सभी व्यक्तियों में पाई जाती है। जब कोई खतरनाक परिस्थिति किसी के सम्मुख उपस्थित हो जाती है तब वह खतरा उत्पन्न करने वाली वस्तु को विशेष रूप से देखता है। फलतः उसमें भय का संवेग उत्पन्न हो जाता है। तत्पश्चात् वह व्यक्ति वहाँ से भाग जाता है; क्योंकि खतरे से बचने की मूल प्रवृत्ति उसे वैसा करने के लिए बाध्य कर देती है।

मैकडूगल ने मूल प्रवृत्ति को मनुष्य की समस्त क्रियाओं का मूल कारण माना है। मनुष्य की विभिन्न क्रियाओं की व्याख्या के लिए उन्होंने चौदह मूल प्रवृत्तियों की एक सूची प्रस्तुत की है और यह बतलाया है कि प्रत्येक मूल प्रवृत्ति के साथ किसी-न-किसी प्रकार का संवेग आबद्ध रहता है। आगे चलकर उन्होंने अपनी चौदह मूल प्रवृत्तियों की सूची में और कई मूल प्रवृत्तियों को जोड़ दिया। मूल प्रवत्तियों की उनकी सूची के विस्तार में जाना यहाँ अपेक्षित नहीं है। मैकडूगल ने मूल प्रवृत्तियों का जो एक सिद्धान्त प्रस्तुत किया है, उसके सम्बन्ध में केवल इतना ही कहना है कि अधिकांश मनोवैज्ञानिकों ने कई कारणों से इस सिद्धान्त का खण्डन किया है तथा इसे दोषपूर्ण बतलाया है। जिन मनोवैज्ञानिकों की मूल प्रवृत्ति में कुछ आसक्ति बनी रही, उन्होंने भी मैकडूगल की अनेक मूल प्रवृत्तियों के स्थान पर फ्रायड की दो मूल प्रवृत्तियों (जीवन-धारण की मूल प्रवृत्ति तथा मृत्यु अथवा विनाश की मूल प्रवृत्ति) तथा युंग की एक ही मूल प्रवृत्ति (Libido a general energy) को स्वीकार करना अधिक उचित समझा है।

मूल प्रवृत्त्यात्मक क्रिया की विशेषताएँ–1. मूल प्रवृत्त्यात्मक क्रिया जन्मजात होती है। उसे सीखना नहीं पड़ता। उदाहरण के लिए, बच्चे को किसी भी नई वस्तु

के सम्बन्ध में जानने की बड़ी जिज्ञासा (Curiosity) रहती है। बच्चे में जिज्ञासा की यह क्षमता जन्म से ही विद्यमान रहती है, उसे सीखना नहीं पड़ता।

2. मूल प्रवृत्त्यात्मक क्रिया अपेक्षाकृत जटिल होती है। इसमें कई प्रकार की क्रियाएँ सन्निहित रहती हैं। उदाहरण के रूप में भोजनान्वेषण को प्रस्तुत किया जा सकता है।

3. मूल प्रवृत्त्यात्मक क्रिया वंशानुक्रमिक होती है। फलस्वरूप, यह सभी प्राणियों में समान रूप से पाई जाती है। उदाहरणस्वरूप, काम (Sex) की प्रवृत्ति को लिया जा सकता है। यह पशु, पक्षी, मानव आदि सभी प्राणियों में समान रूप से पाई जाती है।

4. मूल प्रवृत्त्यात्मक क्रिया में किसी-न-किसी प्रकार का संवेग विद्यमान रहता है। उदाहरण के लिए, आक्रमण करने की मूल प्रवृत्ति में क्रोध तथा छुटकारा पाने की मूल प्रवृत्ति में भय वर्तमान रहता है।

5. मूल प्रवृत्त्यात्मक क्रिया से जीवन-रक्षा अथवा लक्ष्य की प्राप्ति होती है। उदाहरणार्थ, हिंसक पशु को देखकर व्यक्ति भाग खड़ा होता है। जीवन-रक्षा के लिए भागना स्वाभाविक ही है।

6. मूल प्रवृत्त्यात्मक क्रिया अपेक्षाकृत देर से सम्पन्न होती है। उदाहरण के लिए, पक्षियों का घोंसला बनाना शीघ्र ही सम्पन्न नहीं हो जाता, वरन् उसमें देर लगती है।

7. मूल प्रवृत्त्यात्मक क्रिया में सम्पूर्ण शरीर क्रियाशील रहता है, न कि शरीर का कोई विशेष अंग। उदाहरण के लिए, जब किसी व्यक्ति में शत्रु पर आक्रमण करने की मूल प्रवृत्ति जगती है, तो उसका सारा शरीर सक्रिय हो उठता है।

8. यद्यपि मूल प्रवृत्त्यात्मक क्रिया जन्मजात होती है, तथापि शिक्षा एवं अनुभव के फलस्वरूप उसमें परिमार्जन सम्भव है। उदाहरण के लिए, काम की मूल प्रवृत्ति जन्मजात होने पर भी शिक्षा एवं अनुभव द्वारा परिमार्जित हो जाती है। यही कारण है कि मनुष्य काम-वृत्ति को सन्तुष्ट करने के अनेक ढंग अपनाता है।

प्रतिक्षेप-क्रिया तथा मूल प्रवृत्त्यात्मक क्रिया में अन्तर

प्रतिक्षेप-क्रिया की तरह ही मूल प्रवृत्ति वंश-परम्परागत अथवा जन्मजात प्रवृत्ति है। इन दोनों को जीवन-काल में सीखकर नहीं प्राप्त किया जाता, वरन् ये दोनों ही प्राणी में जन्म से ही वर्तमान रहती हैं। ये अनैच्छिक क्रियाएँ हैं। इनसे जीवन का कोई-न-कोई अभिप्राय सिद्ध होता है–चाहे प्राणी को इसकी चेतना हो, अथवा न हो। इन समानताओं के साथ-साथ दोनों में निम्नांकित अन्तर भी हैं–

1. प्रतिक्षेप-क्रिया एक अति सरल क्रिया है, जो उपयुक्त उत्तेजना के उपस्थित होते ही उत्पन्न हो जाती है, जैसे नाक में नस पड़ते ही छींक का आ जाना। इसकी

अपेक्षा मूल प्रवृत्ति एक जटिल क्रिया है, जिसमें कई प्रतिक्षेप क्रियाएँ शामिल रहती हैं, जैसे पक्षियों का घोंसला बनाना।

2. प्रतिक्षेप-क्रिया अधिकांशतः अचेतन होती है, किन्तु मूल प्रवृत्ति चेतन होती है; क्योंकि इसमें व्यक्ति को परिस्थिति अथवा वस्तु का ज्ञान रहता है और वह उनसे प्रेरित होकर एक विशिष्ट ढंग का व्यवहार प्रकट करता है। उदाहरण के रूप में खतरनाक परिस्थिति से छुटकारा पाने की मूल प्रवृत्ति को प्रस्तुत किया जा सकता है। कहना न होगा कि व्यक्ति को खतरनाक परिस्थिति की पूर्ण चेतना रहती है। प्रतिक्षेप-क्रिया से जिस अभिप्राय की सिद्धि होती है, उसका व्यक्ति को पहले कोई ज्ञान नहीं रहता। किन्तु मूल प्रवृत्ति से जिस अभिप्राय की सिद्धि होती है, उसका ज्ञान व्यक्ति को शुरू से ही रहता है। इससे यह स्पष्ट है कि प्रतिक्षेप-क्रिया अधिकांशतः अचेतन तथा मूल प्रवृत्ति चेतन होती है।

3. प्रतिक्षेप-क्रिया का स्थान-निरूपण सम्भव है; क्योंकि इसका सम्बन्ध शरीर के किसी अंग-विशेष से रहता है। उदाहरण के लिए, लार टपकने की प्रतिक्षेप-क्रिया को सहज ही जीभ में स्थापित किया जा सकता है। किन्तु मूल प्रवृत्ति का स्थान-निरूपण सम्भव नहीं है; क्योंकि इसका सम्बन्ध अंग-विशेष से न होकर सारे शरीर से होता है। उदाहरण के रूप में युद्ध की मूल प्रवृत्ति को प्रस्तुत किया जा सकता है, जिसमें व्यक्ति का सारा शरीर सक्रिय रहता है।

4. प्रतिक्षेप-क्रिया एक तात्कालिक क्रिया है। यह अतिशीघ्र सम्पन्न हो जाती है; किन्तु मूल-प्रवृत्ति एक ऐसी क्रिया है, जो अपेक्षाकृत विलम्ब रो सम्पन्न होती है। उदाहरण के लिए, आँखों में धूल पड़ते ही आँसू आने की प्रतिक्षेप-क्रिया सम्पन्न हो जाती है, किन्तु काम (Sex) की मूल प्रवृत्ति इतनी जल्दी सम्पन्न नहीं हो पाती। काम की मूल प्रवृत्त्यात्मक क्रिया (Instincitve action) अपेक्षाकृत देर से सम्पन्न होती है।

5. प्रतिक्षेप-क्रिया को उत्पन्न करने के लिए किसी बाह्य उत्तेजना की आवश्यकता होती है। उदाहरण के लिए आँखों की पुतलियाँ सिकुड़ जाएँ, इसके लिए यह आवश्यक है कि आँखों पर तीव्र प्रकाश पड़े। तीव्र प्रकाश पड़ते ही आँखों की पुतलियाँ सिकुड़ जाएँगी। किन्तु मूल प्रवृत्तियों की उत्पत्ति व्यक्ति की आन्तरिक आवश्यकताओं के कारण होती है और एक बार उत्पन्न हो जाने पर मूल प्रवृत्त्यात्मक क्रियाएँ तब तक जारी रहती हैं, जब तक कि उन आवश्यकताओं की पूर्ति नहीं हो जाती है। उदाहरण के रूप में भूख की मूल प्रवृत्ति को प्रस्तुत किया जा सकता है।

6. प्रतिक्षेप-क्रिया की अपेक्षा मूल प्रवृत्त्यात्मक क्रिया अधिक परिवर्तनशील (Variable) तथा समायोजनीय (Adaptable) होती है। वातावरण की अवस्थाओं (Conditions) के प्रभाव के फलस्वरूप मूल प्रवृत्त्यात्मक क्रिया में अपेक्षाकृत अधिक

परिवर्तन अथवा परिमार्जन होते हैं। उदाहरण के लिए, छींकने की प्रतिक्षेप-क्रिया की अपेक्षा आक्रमण करने की मूल प्रवृत्त्यात्मक क्रिया में वातावरण के अनुसार अधिक परिवर्तन सम्भव है। इस परिवर्तन के परिणामस्वरूप यह क्रिया अधिक समायोजनीय (Adaptable) हो जाती है।

7. जहाँ प्रतिक्षेप-क्रिया को अति सरल उत्तेजना के प्रति प्रतिक्रिया कह सकते हैं, वहाँ मूल प्रवृत्त्यात्मक क्रिया को सम्पूर्ण जटिल परिस्थिति के प्रति प्रतिक्रिया माना जा सकता है। उदाहरणार्थ, आँखों पर तीव्र प्रकाश पड़ते ही पुतलियाँ सिकुड़ जाती हैं। पुतलियों के सिकुड़ने की यह प्रतिक्षेप-क्रिया अति सरल उत्तेजना (प्रकाश) के प्रति प्रतिक्रिया है। किसी जंगल में हिंसक पशु, जैसे बाघ को देखकर व्यक्ति भय से भाग खड़ा होता है, किन्तु सर्कस में बाघ को देखकर वही व्यक्ति आनन्द का अनुभव करता है। स्पष्ट है कि व्यक्ति की प्रतिक्रिया केवल बाघ (उत्तेजना) के प्रति न होकर सम्पूर्ण जटिल परिस्थिति (जंगल या सर्कस) अथवा सम्पूर्ण वातावरण के प्रति होती है।

8. प्रतिक्षेप-क्रिया की अपेक्षा मूल प्रवृत्त्यात्मक क्रिया का निर्धारण अधिक जटिल है। मूल प्रवृत्त्यात्मक क्रियाएँ सामान्यतः अन्तःस्रावी पिण्डों के हॉर्मोन द्वारा निर्धारित होती हैं, किन्तु प्रतिक्षेप-क्रिया में निरन्तर रासायनिक उत्तेजक (Chemical excitement) उपस्थित नहीं रहता। प्रतिक्षेप-क्रियाएँ स्नायविक धनु (Neural arc) द्वारा निर्धारित होती हैं।

ऐच्छिक क्रिया
(Voluntary Action)

जो क्रिया किसी निश्चित लक्ष्य की पूर्ति के लिए जान-बूझकर की जाती है, उसे ऐच्छिक क्रिया कहते हैं। इसमें व्यक्ति की इच्छा अथवा चेष्टा सन्निहित रहती है। जब व्यक्ति को किसी आवश्यकता का अनुभव होता है, तो स्वभावतः उसमें तनाव की स्थिति उत्पन्न हो जाती है। यह तनाव की स्थिति तभी दूर होती है, जब उसकी आवश्यकता पूरी हो जाती है। उदाहरण के लिए, यदि किसी व्यक्ति का यह लक्ष्य हो कि उसका जीवन-यापन भली-भाँति हो, तो निश्चय ही वह अर्थोपार्जन में लग जाएगा। अर्थोपार्जन की यह क्रिया ऐच्छिक क्रिया कही जाएगी, क्योंकि व्यक्ति एक निश्चित लक्ष्य की पूर्ति के लिए इसे सचेष्ट रूप में सम्पन्न करता है।

ऐच्छिक क्रिया के विश्लेषण के आधार पर मनोवैज्ञानिकों ने उसमें निहित निम्नांकित अवस्थाओं का उल्लेख किया है–

1. मानसिक अवस्था–इसके अन्तर्गत अभाव की भावना (Feeling of want), इच्छा या प्रेरक वृत्ति (Desire or motive), प्रेरक वृत्तियों के संघर्ष (Conflict of motives), तर्क-वितर्क (Deliberation), निर्णय (Decision) और संकल्प पर विचार किया जाएगा।

2. बाह्य क्रिया की अवस्था।

3. लक्ष्य-प्राप्ति की अवस्था।

मानसिक अवस्था

1. अभाव की भावना–ऐच्छिक क्रिया का आधार है अभाव की भावना। जब जीवन के किसी भी क्षेत्र में व्यक्ति अभाव की भावना अथवा किसी आवश्यकता का अनुभव करता है, तो उसमें एक प्रकार का तनाव उत्पन्न हो जाता है। किसी भी व्यक्ति के लिए अधिक देर तक तनाव की स्थिति में रहना सम्भव नहीं। फलतः उसमें तनाव को दूर करने की इच्छा अथवा प्रेरक वृत्ति उत्पन्न हो जाती है। उदाहरण के लिए, जब पढ़ने में कमजोर छात्र अपने में बौद्धिकता का अभाव पाता है, तो उसे एक प्रकार के तनाव का अनुभव होता है। फलस्वरूप वह उस तनाव को दूर करने के लिए उद्यत हो जाता है।

2. इच्छा या प्रेरक वृत्ति–अभाव की भावना से उत्पन्न तनाव को दूर करने की इच्छा या प्रेरक वृत्ति के फलस्वरूप व्यक्ति क्रियाशील हो जाता है। उसकी यह क्रियाशीलता तब तक जारी रहती है, जब तक अभाव की पूर्ति नहीं हो जाती। ऊपर के उदाहरण से यह स्पष्ट है। बौद्धिकता की कमी अनुभव करने वाला छात्र अध्ययन में तब तक संलग्न रहता है, जब तक वह अपनी बौद्धिकता की कगी की पूर्ति नहीं कर लेता।

3. प्रेरक वृत्तियों का संघर्ष–जब व्यक्ति में एक ही साथ कई प्रबल प्रेरक वृत्तियाँ उत्पन्न हो जाती हैं, तो उनके बीच संघर्ष छिड़ जाता है। ऐसी स्थिति में व्यक्ति के लिए यह निर्णय करना बड़ा कठिन हो जाता है कि वह किसे अपनाए और किसे छोड़ दे। इसे ही प्रेरक वृत्तियों का संघर्ष कहते हैं। उदाहरण के लिए, जब व्यक्ति के सामने पत्नी-प्रेम तथा देश-रक्षा, ये दो दोनों प्रबल प्रेरक वृत्तियाँ एक ही साथ उपस्थित हो जाती हैं, तो उसे संघर्ष का सामना करना पड़ता है। कारण, वह यह निर्णय नहीं कर पाता कि इन दोनों में कौन अधिक श्रेयस्कर है, वह किसे अपनाए तथा किसे छोड़ दे।

4. तर्क-वितर्क की अवस्था–दो प्रेरक वृत्तियों के बीच संघर्ष की स्थिति में व्यक्ति एक अजीब उलझन का अनुभव करता है। वह यह नहीं समझ पाता कि किसे अपनाए तथा किसका परित्याग कर दे। फलतः वह दोनों प्रेरक वृत्तियों के सम्बन्ध में तर्क-वितर्क करता है। इस प्रकार वह कुछ समय तक दोनों प्रेरक वृत्तियों के बीच घूमता रहता है। उसे कभी पत्नी-प्रेम श्रेयस्कर जान पड़ता है, तो कभी देश-रक्षा।

5. चुनाव अथवा निर्णय–तर्क-वितर्क की अवस्था में दोनों ही प्रेरक वृत्तियों

के पक्ष में निर्णय की सम्भावना बनी रहती है। परन्तु किसी भी प्रेरक वृत्ति के पक्ष में कोई क्रिया सम्पन्न नहीं हो पाती, एक निष्क्रियता की स्थिति बनी रहती है। पर जब संघर्ष अति तीव्र हो जाता है, तब व्यक्ति अपने को तनाव से मुक्त करने के लिए निर्णय करने को बाध्य हो जाता है। फलस्वरूप वह किसी एक प्रेरक वृत्ति के पक्ष में निर्णय कर लेता है तथा दूसरे का परित्याग कर देता है। एक बार चुनाव कर चुकने पर व्यक्ति उसे कार्यान्वित करने के लिए क्रियाशील हो जाता है।

6. संकल्प–सामान्यतः निर्णय के अनुसार क्रिया शीघ्र ही सम्पन्न हो जाती है। किन्तु कभी-कभी जब क्रिया के सम्पन्न होने में देर होने लगती है, या स्थगित-सी जान पड़ने लगती है, तब संकल्प अनिवार्य हो जाता है, संकल्प से व्यक्ति में कार्य करने की दृढ़ता उत्पन्न होती है। उदाहरण के लिए, यह निर्णय कर चुकने के बाद भी कि पत्नी-प्रेम की अपेक्षा देश-रक्षा ही अधिक श्रेयस्कर है, कभी-कभी व्यक्ति वास्तविक रूप में देश-रक्षा के कार्य में लग नहीं पाता। ऐसी अवस्था में देश-रक्षा के कार्य में लगने का संकल्प अनिवार्य हो जाता है।

बाह्य क्रिया की अवस्था

तर्क-वितर्क, निर्णय और संकल्प के पश्चात् व्यक्ति सक्रिय रूप में क्रिया का सम्पादन आरम्भ कर देता है। फलस्वरूप उसके शरीर की मांसपेशियाँ सक्रिय हो जाती हैं। इसे ही बाह्य क्रिया की अवस्था कहते हैं। उदाहरण के लिए, देश-रक्षा का संकल्प कर चुकने पर व्यक्ति सक्रिय रूप से देश-रक्षा के काम में लग जाता है।

लक्ष्य-प्राप्ति की अवस्था

बाह्य-क्रिया के फलस्वरूप निश्चित लक्ष्य की प्राप्ति हो जाती है और इस प्रकार ऐच्छिक क्रिया सम्पन्न हो जाती है। जब व्यक्ति देश-रक्षा के कार्य में सफल हो जाता है, तब उसके लक्ष्य की पूर्ति हो जाती है।

सन्दर्भ

1. "Instinct is an inherited or innate psycho-physical disposition which determines its possessor to perceive and to pay attention to objects of certain class, to experience an emotional excitement of a particular quality upon perceiving such an object, and to act in regard to it in a particular manner, or at least, to experience an impulse to such action." —William Mc Dougall.

15

भाव

सामान्यतः भाव का प्रयोग कई अर्थों में किया जाता है। साहित्य में भी इसका प्रयोग भिन्न-भिन्न अर्थों में हुआ है। प्रसन्नता, उल्लास, उत्साह, असन्तोष, चिन्ता, व्यामोह, आशा, आश्चर्य, विस्मय, भय, करुणा आदि शब्दों द्वारा साहित्य में भावों का अभिव्यंजन होता है। किन्तु मनोविज्ञान में भाव का अनेक अर्थों में प्रयोग मान्य नहीं है। भाव का मनोवैज्ञानिक अर्थ है–**सुख तथा दुःख की चेतन अनुभूति।** मानव जीवन में सुख तथा दुःख के भावों की निरन्तर अनुभूति होती रहती है। कभी मनुष्य सुख में विभोर रहता है, तो कभी दुःख से आकुल-व्याकुल। अब प्रश्न यह है कि सुख तथा दुःख के भावों का मनोवैज्ञानिक आधार क्या है? सुख तथा दुःख के भावों के मनोवैज्ञानिक आधारों पर विचार करते समय हमें निम्नांकित बातों पर ध्यान देना आवश्यक प्रतीत होता है–

1. रुचिकर इन्द्रिय-संवेदना से सुख का भाव उत्पन्न होता है तथा अरुचिकर इन्द्रिय-संवेदना से दुःख के भाव की अनुभूति होती है; यथा–रसगुल्ला खाने से जो स्वाद-संवेदना (Taste-sensation) होती है, वह अत्यन्त ही रुचिकर होती है। फलतः व्यक्ति को सुख का अनुभव होता है। किन्तु कुनैन अथवा कोई अन्य कड़वी चीज खाने से जो स्वाद-संवेदना उत्पन्न होती है, वह अत्यन्त ही अरुचिकर होती है। फलस्वरूप व्यक्ति को दुःख के भाव की अनुभूति होती है। वैसे ही, मधुर संगीत से रुचिकर श्रवण-संवेदना होती है तथा व्यक्ति सुख का अनुभव करता है, किन्तु कर्णकटु एवं तीखी आवाज से अरुचिकर श्रवण-संवेदना होती है तथा व्यक्ति दुःख के भाव का अनुभव करता है।

2. अपनी अभिरुचियों एवं मूल प्रवृत्तियों (Interests and Instincts) की परितुष्टि से व्यक्ति को सन्तोष प्राप्त होता है। फलतः वह सुख का अनुभव करता है। किन्तु जब उसकी अभिरुचियों एवं मूल प्रवृत्तियों की परितुष्टि में बाधा पहुँचती

है तथा वे कुण्ठित (Repressed) होकर अतृप्त रह जाती हैं, तब उसे दुःख का अनुभव होता है। स्पष्ट है कि अभिरुचियों एवं मूल प्रवृत्तियों की तृप्ति अथवा अतृप्ति पर सुख तथा दुःख की अनुभूति निर्भर करती है। उदाहरणार्थ, यदि कोई प्यासा हो और उसे पानी मिल जाए, तो उसकी प्यास बुझ जाएगी। फलतः उसे सन्तोष प्राप्त होगा और वह सुख का अनुभव करेगा। किन्तु यदि प्यासे व्यक्ति को पानी न मिल सके, तो वह प्यासा ही रह जाएगा तथा उसकी प्यास नहीं मिट सकेगी। फलतः उसे असन्तोष होगा तथा वह दुःख का अनुभव करेगा। इसे संक्षेप में इस प्रकार व्यक्त किया जा सकता है–

अभिरुचियाँ एवं मूल प्रवृत्तियाँ–परितुष्टि–सन्तोष–सुख का भाव।

अभिरुचियाँ एवं मूल प्रवृत्तियाँ–अतृप्ति–असन्तोष–दुःख का भाव।

3. सौन्दर्य की अनुभूति से सुख का भाव उत्पन्न होता है तथा कुरूपता की अनुभूति से दुःख का भाव पैदा होता है। सुन्दर फूल, सुन्दर वस्त्र, सुन्दर आभूषण तथा सुन्दर स्त्री को देखकर सौन्दर्य की अनुभूति होती है तथा सुख का भाव उत्पन्न होता है। किन्तु असुन्दर फूल, असुन्दर वस्त्र, असुन्दर आभूषण तथा कुरूपा स्त्री को देखकर कुरूपता (Ugliness) की अनुभूति होती है तथा दुःख का भाव उत्पन्न होता है। अतएव स्पष्ट है कि सुख-दुःख के भाव सौन्दर्य एवं कुरूपता की अनुभूतियों से उत्पन्न होते हैं।

भाव का स्वरूप
(Nature of Feeling)

भाव एक सरल (Simple) एवं प्राथमिक (Elementary) मानसिक क्रिया है। इसे कई तत्त्व (Elements) में नहीं बाँटा जा सकता है। अन्य मानसिक क्रियाओं की तरह जटिल न होकर यह एक सहज मानसिक क्रिया है। इसे स्पष्ट रूप से समझने के लिए आप प्रत्यक्षीकरण पर ध्यान दें। प्रत्यक्षीकरण एक ऐसी मानसिक क्रिया है, जिसमें दो तत्त्वों का स्पष्टतः संयोग पाया जाता है–इन्द्रिय संवेदना तथा अर्थ। किन्तु भाव एक ऐसी सहज, स्वतन्त्र मानसिक क्रिया है, जिसका विश्लेषण नहीं किया जा सकता।

भाव आत्मगत (Subjective) होता है। जब मनुष्य को सुख अथवा दुःख के भाव का अनुभव होता है, तब उसे अपनी मानसिक स्थिति का ज्ञान प्राप्त होता है, न कि बाह्य उत्तेजना का। यदि किसी में सुख का भाव दीख पड़े, तो उससे जान पड़ता है कि उसकी मूल प्रवृत्ति परितुष्ट हुई है और यदि दुःख का भाव दीख पड़े, तो उससे जान पड़ता है कि उसकी कोई मूल प्रवृत्ति अतृप्त रह गई है। अतएव स्पष्ट है कि सुख-दुःख के भाव मनुष्य की मानसिक स्थिति के द्योतक हैं, न कि बाह्य उत्तेजना अथवा बाह्य परिस्थिति के। इसी दृष्टिकोण को अपनाते हुए कुछ

मनोवैज्ञानिकों ने भाव को आत्मगत कहा है। किन्तु यह विचार मनोविज्ञान में सर्वमान्य नहीं है। कुछ मनोवैज्ञानिक भाव को आत्मगत तथा वस्तुगत (Objective) दोनों ही प्रकार का मानते हैं। वस्तुगत भाव में सुख अथवा दुःख बाह्य जगत् की वस्तुओं में निहित समझा जाता है। उदाहरण के लिए, सुन्दर वस्तु में सुख-भाव निहित रहता है तथा असुन्दर वस्तु में दुःख का भाव विद्यमान रहता है। इसके विपरीत, आत्मगत भाव का सम्बन्ध मनुष्य की मानसिक स्थिति से रहता है। इस सम्बन्ध में फेलन (Fhelan) का अध्ययन महत्त्वपूर्ण है। फेलन के अध्ययन के आधार पर यह निष्कर्ष निकाला जा सकता है कि सुख तथा दुःख के भाव स्वतः न तो आत्मगत होते हैं, और न वस्तुगत ही। वे सर्वदा या तो किसी वस्तु से सम्बन्धित रहते हैं, अथवा किसी व्यक्ति से। एक अवस्था में सम्भव है, वस्तु ही सुखकर हो तथा दूसरी अवस्था में सम्भवतः व्यक्ति ही सुख की स्थिति में हो। एवं प्रकारेण आत्मगत तथा वस्तुगत, दोनों ही प्रकार के भाव सार्थक समझे जा सकते हैं। किन्तु यहाँ यह स्पष्ट कर देना आवश्यक जान पड़ता है कि अधिकांश मनोवैज्ञानिक भाव को आत्मगत ही मानते हैं।

सुख-दुःख के भाव अत्यन्त ही चंचल एवं क्षणिक होते हैं। भाव हमारे अन्दर आते हैं, कुछ समय तक ठहरते हैं, किन्तु शीघ्र ही उनका अन्त हो जाता है। साथ-ही-साथ हमारे भाव क्षण-क्षण बदलते रहते हैं। कभी हम सुख का अनुभव करते रहते हैं और फिर शीघ्र ही हमें दुःख का अनुभव होने लगता है। मान लीजिए, हमें परीक्षा में उत्तीर्ण होने की खबर मिलती है। फलस्वरूप हम सुख के भाव से भर जाते हैं। किन्तु थोड़ी ही देर बाद एकाएक अपने किसी प्रिय जन की मृत्यु का संवाद मिलता है। फलतः शीघ्र ही वह सुख का भाव विलीन हो जाता है और हम दुःख के भाव का अनुभव करने लगते हैं। इसलिए भाव को अत्यन्त चंचल एवं क्षणिक कहा गया है।

सभी भाव समान रूप से सबल या निर्बल नहीं होते। उनमें मात्रा का भेद किया जा सकता है। कोई भाव अत्यन्त सुखकर प्रतीत होता है, तो कोई अत्यन्त दुःखकर। अत्यन्त सुखद भाव से लेकर न्यूनतम सुखद भाव तक हो सकते हैं। इस प्रकार सुख-दुःख के भावों में अत्यधिक मात्राओं से लेकर न्यूनतम मात्राएँ तक पाई जाती हैं।

भाव की उत्पत्ति किसी विशेष अंग में नहीं बतलाई जा सकती है, प्रत्युत उसका प्रभाव तो सारे शरीर पर समान रूप से पड़ता है। सुख तथा दुःख के भावों का अनुभव शरीर का कोई विशेष अंग नहीं करता, वरन् सम्पूर्ण शरीर उसका अनुभव करता है। जब हम सुख का अनुभव करते हैं, तब शरीर के सभी अंगों से सुख का ही भाव अभिव्यक्त होता हुआ जान पड़ता है। वैसे ही, दुःख अथवा विषाद का अनुभव करते समय सारे शरीर से ही दुःख का भाव अभिव्यक्त होता हुआ मालूम पड़ता है।

किसी एक क्षण में एक ही तरह के भाव का अनुभव सम्भव है। दो विरोधी भावों का अनुभव एक साथ कदापि नहीं हो सकता। सुख एवं दुःख, हर्ष एवं विषाद आदि भावों का अनुभव एक साथ नहीं हो सकता। संक्षेप में, मिश्रित भावों (mixed feelings) की उपस्थिति सम्भव नहीं है। मिश्रित भावों पर विचार करते समय इस विषय का विस्तृत विवेचन प्रस्तुत किया जाएगा।

भाव तथा संवेदना में भेद

भाव तथा संवेदना में भेद करना कुछ आसान नहीं है। भावों में अन्तरिन्द्रिय परिवर्तन (Internal organic changes) सन्निहित रहते हैं। फलतः कुछ मनोवैज्ञानिकों ने भाव को प्राथमिक (Rudimentary) एवं अविकसित (Undeveloped) आन्तरिक इन्द्रिय संवेदना कहा है। किन्तु उनकी यह धारणा निराधार है। वस्तुतः भाव तथा संवेदना में बहुत अन्तर है। इन दोनों के अन्तरों के आधार पर निर्भ्रान्त रूप से यह कहा जा सकता है कि भाव संवेदना से अलग एक स्वतन्त्र मानसिक क्रिया है। अब इनके अन्तरों पर एक-एक कर विचार प्रस्तुत किया जाएगा।

1. भाव आत्मगत होता है तथा संवेदना वस्तुगत होती है। भाव मनुष्य की मानसिक स्थिति का बोध कराता है, किन्तु संवेदना से बाह्य वातावरण में उपस्थित वस्तुओं अथवा परिस्थितियों का लाभ होता है। उदाहरण के लिए जब हम जूही के फूल को देखते हैं और मधुर गीत सुनते हैं, तब क्रमशः दृष्टि-संवेदना तथा श्रवण-संवेदना का अनुभव होता है। यह दृष्टि-संवेदना हमें जूही के फूल का ज्ञान प्राप्त कराती है तथा इस श्रवण-संवेदना से हम मधुर गीत का ज्ञान प्राप्त करते हैं। किन्तु जब हम सुख अथवा दुःख के भाव का अनुभव करते हैं, तब उससे हमें अपनी परिस्थिति का ही बोध होता है, किसी बाह्य वस्तु का नहीं। इसलिए भाव आत्मगत कहा जाता है तथा संवेदना वस्तुगत कही जाती है।

2. भाव किसी इन्द्रिय-विशेष में नहीं होता, बल्कि वह तो सम्पूर्ण शरीर में व्याप्त रहता है, किन्तु संवेदना का सम्बन्ध किसी-न-किसी इन्द्रिय से रहता है। जब हमें सुख अथवा दुःख का भाव होता है, तब वह सारे शरीर में इस प्रकार फैल जाता कि हम यह नहीं कह सकते कि वह भाव शरीर के किस विशेष अंग में है, जैसे—पैर, सिर, पेट अथवा हाथ में। किन्तु संवेदना का निश्चित रूप से किसी-न-किसी इन्द्रिय से सम्बन्ध बतलाया जा सकता है। दूसरे शब्दों में, संवेदना का उत्पत्ति-स्थान किसी न किसी इन्द्रिय में बतलाया जा सकता है, यथा—देखने की संवेदना आँखों में, सुनने की संवेदना कानों में, सूँघने की संवेदना नाक में, स्वाद की संवेदना जीभ में तथा स्पर्श एवं पीड़ा की संवेदना त्वचा में होती है।

3. ज्ञानेन्द्रियों को दृष्टिकोण में रखकर संवेदना को कई वर्गों में बाँटा जा सकता है, जैसे : दृष्टि संवेदना, श्रवण-संवेदना, स्वाद-संवेदना आदि। किन्तु भाव केवल दो प्रकार के ही होते हैं, यथा, सुख एवं दुःख।

4. भावों में विरोध पाया जाता है, किन्तु संवेदना में विभिन्नता पाई जाती है। फलतः हम दो विरोधी भावों का अनुभव एक साथ नहीं कर सकते, किन्तु दो या अनेक संवेदनाओं का अनुभव एक ही साथ सम्भव है। उदाहरणार्थ, सुख एवं दुःख के भाव एक-दूसरे के विरोधी हैं। अतः सुख एवं दुःख दोनों का अनुभव एक साथ नहीं हो सकता। इसके विपरीत, संवेदनाओं में केवल विभिन्नता पाई जाती है, विरोध नहीं। अतः हम कई संवेदनाओं का अनुभव एक साथ कर सकते हैं; जैसे, किसी कमरे में बैठे हम काफी भी पीते रहते हैं, संगीत भी सुनते हैं तथा सामने की दीवार पर टँगी हुई तस्वीर को भी देखते रहते हैं। इस प्रकार, स्पष्ट है कि हमें एक ही साथ स्वाद, श्रवण तथा दृष्टि-संवेदनाओं का अनुभव हो जाता है।

5. भाव को प्रतिमा (Image) के रूप में अनुस्मृत (Reproduced) नहीं किया जा सकता, किन्तु संवेदना का प्रतिमा के रूप में अनुस्मरण (Reproduction) सम्भव है। सुख अथवा दुःख के भाव का अनुभव प्रतिमा के रूप में नहीं किया जा सकता, किन्तु नीले, हरे तथा पीले रंग की संवेदनाओं की दृष्टि-प्रतिमाओं (Visual images) का अनुभव होता है। इसी प्रकार, सुनने की संवेदनाओं का भी अनुस्मरण श्रवण-प्रतिमा (Auditory image) के रूप में होता है। यह विषय कुछ विवादग्रस्त है। कुछ लोग ऐसा मानते हैं कि भावों का भी अनुस्मरण प्रतिमा के रूप में सम्भव है। इस सम्बन्ध में यहाँ यह स्पष्ट कर देना आवश्यक प्रतीत होता है कि जब कभी हम पूर्वानुभूत भावों का अनुस्मरण करते हैं, तब वे भाव अनुस्मृत न होकर बिल्कुल नवीन भाव होते हैं।

6. ध्यान (Attention) को दृष्टि में रखते हुए हम भाव तथा संवेदना में भेद कर सकते हैं। जब हम सुख अथवा दुःख के भावों पर ध्यान देते हैं, तब वे भाव लुप्त हो जाते हैं। ठीक इसके विपरीत, जब हम संवेदना पर ध्यान देते हैं, तब वह और भी अधिक स्पष्ट हो जाती है। प्रतिदिन का अनुभव बतलाता है कि जब हम दर्द की संवेदना पर ध्यान देते हैं, तब वह अधिक स्पष्ट हो जाती है। फलतः दर्द की संवेदना तीव्र से तीव्रतर जान पड़ने लगती है। अतएव हम इस निष्कर्ष पर पहुँचते हैं कि ध्यान देने से संवेदना स्पष्ट होती है तथा भाव लुप्त हो जाते हैं।

भाव : संवेदना के गुण अथवा उसकी विशेषता के रूप में

प्रत्येक संवेदना के साथ सुख अथवा दुःख के भाव जुड़े रहते हैं, यथा अपने प्रिय मित्र को देखकर सुख का अनुभव होता है तथा अपने शत्रु को देखकर दुःख मालूम पड़ता है। वैसे ही, प्रिय गन्ध से सुख का भाव उत्पन्न होता है तथा दुर्गन्ध से असुख अथवा अप्रसन्नता होती है। इसलिए कुछ मनोवैज्ञानिकों ने भाव को संवेदना की एक विशेषता या उसका गुण माना है। वे भाव को संवेदना से अलग कोई स्वतन्त्र मानसिक क्रिया नहीं मानते हैं। किन्तु उनकी यह धारणा दोषपूर्ण है। वस्तुतः भाव

संवेदना का गुण अथवा उसकी विशेषता नहीं है। इस विचार की पुष्टि में कुछ तर्क नीचे प्रस्तुत किए जा रहे हैं—

1. अपने गुण अथवा अपनी विशेषता के कारण ही किसी वस्तु की सत्ता कायम रहती है। उदाहरणस्वरूप, हम आग को लें। आग का गुण है जलाना। जब तक आग में जलाने का गुण उपस्थित रहता है, तब तक हम उसे निस्सन्देह आग कहते हैं। लेकिन जब यह गुण आग से अनुपस्थित हो जाता है, तब हम उसे आग की संज्ञा नहीं देते, उसे राख आदि कहने लगते हैं। ठीक वैसे ही, यदि भाव संवेदना का गुण या उसकी विशेषता होता, तो बिना भाव के संवेदना की सत्ता ही असम्भव होती। दूसरे शब्दों में, बिना भाव के संवेदना का कभी अनुभव ही नहीं होता। किन्तु वास्तविकता तो यह है कि बिना किसी भाव के भी हमें संवेदनाओं का अनुभव होता है। उदाहरण के लिए, यदि हम सड़क से कहीं जा रहे हों और बगल में गेंद का खेल खेला जा रहा हो, तो सम्भवतः हमारी दृष्टि गेंद के खिलाड़ियों की ओर चली जाएगी। फलतः दृष्टि-संवेदना तो होगी, किन्तु हमें सुख अथवा दुःख के भाव का अनुभव सम्भवतः नहीं होगा; क्योंकि उस क्षण हम उस खेल से बिल्कुल तटस्थ तथा अन्यमनस्क रहेंगे और गन्तव्य स्थान की ओर जाना ही हमारा लक्ष्य रहेगा। अतः स्पष्ट है कि बिना भाव के भी संवेदना होती है। इसी आधार पर कुल्पे (Kulpe) आदि मनोवैज्ञानिकों ने जोर देकर कहा है कि भाव संवेदना का गुण अथवा उसकी विशेषता नहीं हो सकता।

2. इसमें सन्देह नहीं कि भाव संवेदना के ऊपर आश्रित रहता है, अर्थात् संवेदना के न होने पर किसी प्रकार का भाव नहीं उत्पन्न हो सकता है। लेकिन यहाँ यह उल्लेखनीय जान पड़ता है कि एक ही संवेदना के रहने पर भी भाव आत्मगत होने के कारण बदलते रहते हैं। उदाहरणार्थ, यदि किसी क्षुधा-पीड़ित व्यक्ति के सामने रसगुल्ले प्रस्तुत किए जाएँ, तो वह बड़े हर्ष के साथ उन्हें खाना प्रारम्भ कर देगा। रसगुल्ले से उत्पन्न स्वाद-संवेदना उसे प्रारम्भ में तो सुख प्रदान करेगी, किन्तु अन्ततोगत्वा एक ऐसी स्थिति पहुँच जाएगी, जब रसगुल्ले का खाना सुखमय न मालूम होकर दुःखमय जान पड़ने लगेगा। कारण, मनुष्य के भाव तो उसकी मानस वृत्ति (Mental set) के अनुकूल परिवर्तित होते रहते हैं। प्रारम्भ में रसगुल्ले को खाने में उस व्यक्ति को इसलिए सुख का अनुभव होगा कि वह भूखा रहेगा; किन्तु जब उसकी भूख मिट जाएगी, तब उसकी मानस-वृत्ति भी बदल जाएगी। फलतः रसगुल्ले को खाने से उसे सुख के बदले असुख का अनुभव होने लगेगा। अतएव हम इस निष्कर्ष पर पहुँचते हैं कि भाव संवेदना का गुण नहीं हो सकता; क्योंकि एक ही संवेदना के रहने पर भी भाव निरन्तर बदलते रहते हैं।

3. गुण किसी स्वतन्त्र क्रिया के ही होते हैं। जिस प्रकार संवेदना में प्रकार, मात्रा, सत्ताकाल आदि गुण या विशेषताएँ पाई जाती हैं, उसी प्रकार भाव में भी

प्रकार, मात्रा, सत्ताकाल आदि गुण वर्तमान रहते हैं। हमें अधिक सुख या कम सुख के भाव का अनुभव होता है। हमारे सुख तथा दुःख के भाव कभी तो बिल्कुल क्षणिक होते हैं और कभी वे अपेक्षाकृत कुछ अधिक देर तक ठहरते हैं। अतः यह स्पष्ट है कि भावों के अपने गुण (Attribute) होते हैं। इसलिए, यह निश्चित रूप से कहा जा सकता है कि भाव एक स्वतन्त्र मानसिक क्रिया है तथा यह संवेदना का लक्षण या गुण नहीं हो सकता। हम यह जानते हैं कि किसी गुण का कोई दूसरा गुण नहीं हो सकता। अतएव, हम इस निष्कर्ष पर पहुँचते हैं कि भाव संवेदना का गुण नहीं, वरन् यह एक स्वतन्त्र मानसिक क्रिया है।

प्राथमिक भावों की संख्या

प्राथमिक भावों की संख्या के सम्बन्ध में मनोवैज्ञानिकों के बीच काफी मतभेद रहा है। किन्तु परम्परागत दो ही प्राथमिक (Elementary) भाव माने जाते हैं–सुख (Pleasantness) तथा असुख (Unpleasantness)। भावों की इस परम्परागत संख्या का सर्वप्रथम वुण्ट ने खण्डन किया। उन्होंने केवल इन दो भावों (सुख तथा असुख) को स्वीकार नहीं कर भावों की संख्या पर प्रकाश डालते हुए भावों के एक नए सिद्धान्त का प्रतिपादन किया, जिसे भाव का त्रिदिशात्मक सिद्धान्त (Tri-dimensional theory of feeling) कहते हैं। अपने इस सिद्धान्त में वुण्ट ने भाव की तीन दिशाओं का उल्लेख किया है। वे तीन दिशाएँ हैं–1. सुख-असुख (Pleasantness-unpleasantness), 2. उत्तेजना-शान्ति (Excitement-quiet), तथा 3. विक्षोभ-विराम (Tension-relief)। भाव के सम्बन्ध में उनका कहना है कि यद्यपि भाव एक इकाई की अवस्था (Unitary state) है, लेकिन फिर भी हम किसी क्षण के अपने सम्पूर्ण भाव (Total feeling) को इन तीनों दिशाओं में से प्रत्येक दिशा में कहीं-न-कहीं निरूपित कर सकते हैं। उदाहरणार्थ, हमारा भाव सम्भवतः अत्यल्प सुखद, अति उत्तेजित तथा विरामयुक्त हो सकता है।

भाव के त्रिदिशात्मक सिद्धान्त की आलोचना

वुण्ट द्वारा प्रतिपादित भाव के त्रिदिशात्मक सिद्धान्त की काफी आलोचना हुई है। उनके शिष्य टिचेनर (Titchener) ने इस सिद्धान्त की आलोचना करते हुए दो प्रधान प्रश्न किए–1. क्या भावों की ये तीन दिशाएँ स्वतन्त्र मानी जा सकती हैं? 2. क्या उत्तेजना-शान्ति, विक्षोभ-विराम आदि संवेदना के ही स्वरूप नहीं हैं? इन दोनों प्रश्नों को हल करने के लिए उन्होंने कई प्रयोग किए। प्रयोग का विस्तृत वर्णन यहाँ अभीष्ट नहीं है। यहाँ केवल टिचेनर के प्रयोगों के फलों का उल्लेख ही वांछनीय है।

टिचेनर ने अपने प्रयोगों के आधार पर भावों के त्रिदिशात्मक सिद्धान्त के

विरुद्ध दो बातें पाईं–1. वुण्ट द्वारा प्रतिपादित भावों की दिशाएँ स्वतन्त्र नहीं हैं। वस्तुतः सुख-असुख ही सच्चे एवं स्वतन्त्र भाव हैं, अन्य भावों की कोई स्वतन्त्र सत्ता नहीं है। वुण्ट द्वारा प्रतिपादित उत्तेजना-शान्ति तथा विक्षोभ-विराम आदि भावों की दिशाओं की अपनी कोई स्वतन्त्र सत्ता नहीं है। 2. सुख-असुख के सिवा, भाव की अन्य दिशाएँ (उत्तेजना-शान्ति तथा विक्षोभ-विराम), मनुष्य की जटिल मानसिक अवस्थाओं (Complex mental states) के वर्णन के लिए भले ही अच्छी हों, पर उन्हें भाव के सच्चे तत्त्वों के रूप में ग्रहण किया जा सकता है। वस्तुतः वे गति एवं अन्तरिन्द्रिय संवेदनाओं के स्वरूप हैं।

टिचेनर के बाद भी अनेक मनोवैज्ञानिकों ने भावों की संख्या पर विचार किया है। अधिकांश मनोवैज्ञानिक इस बात में टिचेनर से सहमत थे कि भाव की तीन दिशाएँ, जिनका उल्लेख वुण्ट ने किया है, यथार्थ नहीं हैं। मनोवैज्ञानिक प्रयोगों को दृष्टिकोण में रखते हुए हम इस निष्कर्ष पर पहुँचते हैं कि भाव वस्तुतः दो ही होते हैं–सुख तथा असुख (Pleasantness and unpleasantness)। अन्य भाव, जिनका उल्लेख वुण्ट ने किया है, संवेदनाओं के ही स्वरूप अथवा तत्त्व हैं।

मिश्रित भाव

(Mixed Feeling)

मिश्रित भावों (Mixed feelings) के सम्बन्ध में प्रायः यह प्रश्न किया जाता है कि क्या एक ही समय सुख तथा असुख के भावों का अनुभव करना सम्भव है? इस प्रश्न का उत्तर कुछ विवादग्रस्त जान पड़ता है। कुछ मनोवैज्ञानिक ऐसा मानते हैं कि एक ही समय सुख तथा असुख के भावों का अनुभव करना सम्भव है, अर्थात् मिश्रित भाव सम्भव है। किन्तु अधिकांश मनोवैज्ञानिक इस विचार से सहमत नहीं हैं। उनका कहना है कि एक ही समय दो विरोधी भावों (सुख तथा असुख) का अनुभव नहीं हो सकता, अर्थात् मिश्रित भाव सम्भव नहीं है। वस्तुतः एक ही समय में हमें सुख तथा असुख का अनुभव नहीं हो सकता, यद्यपि सुखद तथा दुःखद वस्तुएँ एक ही साथ हमारे सामने उपस्थित हो सकती हैं। दूसरी प्रधान बात यह है कि सुख तथा असुख के भाव बहुत जल्दी-जल्दी बदल सकते हैं। किन्तु दोनों का अनुभव एक ही समय कदापि नहीं हो सकता। उपर्युक्त दोनों बातों का स्पष्टीकरण एक उदाहरण के द्वारा किया जा सकता है। सम्भव है कि हमारे सामने कोई सुगन्धित पदार्थ तथा कोई दुर्गन्धित वस्तु, दोनों ही एक साथ उपस्थित हों, किन्तु इसका यह अर्थ कदापि नहीं कि हममें सुगन्धित पदार्थ से सुख-भाव तथा दुर्गन्धित वस्तु से दुःख भाव, दोनों ही का अनुभव एक साथ होगा। हाँ, यह सम्भव है कि एक क्षण तो हमें सुगन्धित पदार्थ से सुख-भाव का अनुभव हो और दूसरे ही क्षण दुर्गन्धित वस्तु से दुःख भाव का अनुभव हो तथा इसी प्रकार सुख-दुःख

के भाव क्षण-क्षण बदलते रहें।

एक मनोवैज्ञानिक प्रयोग में एक ही साथ दो वस्तुएँ उपस्थित की गईं–मुँह में कुनैन रखा गया और नाक के नजदीक गुलाब के तेल की बोतल रख दी गई। प्रयोज्य से अन्तर्निरीक्षणात्मक विवरण (Introspective report) लिया गया। अन्तर्निरीक्षणात्मक विवरण से यह ज्ञात हुआ कि प्रयोज्य को कभी तो कड़वे कुनैन के कारण असुख या दुःख के भाव का अनुभव हुआ तथा कभी गुलाब के तेल की बोतल पर ध्यान जाते ही सुख के भाव का अनुभव हुआ। इस प्रकार, उसे कभी सुख तथा कभी असुख का अनुभव होता रहा। ये दोनों भाव जल्दी-जल्दी बदलते रहे, किन्तु दोनों भावों का अनुभव उसे एक ही साथ कभी भी नहीं हुआ।[1]

केलौग (Kellogg), फेलन (Phelan) और यंग (Young) आदि मनोवैज्ञानिकों ने भी इस विषय में प्रयोग किए। प्रयोगों के आधार पर उन लोगों ने भी यही बतलाया कि मिश्रित भाव सम्भव नहीं है, अर्थात् एक ही समय में सुख तथा असुख–दोनों का अनुभव नहीं हो सकता। अन्त में, इस विषय पर बीब-सेण्टर (Beebe-Center) के विचारों को उद्धृत कर इसे समाप्त करना समुचित जान पड़ता है। बीब-सेण्टर ने कहा–"मिश्रित भाव, सुख या असुख के तत्त्व के सहभाव अथवा सुख या असुख की विशेषता से युक्त तत्त्वों के समूहों के अर्थ में नहीं पाए जाते।"[2]

सन्दर्भ

1. "Pleasantness and unpleasantness alternate in this way till the end of the trial always coming in succession and never simultaneously. When the pleasant feeling is dominant in O's consciousness, the unpleasant feeling is wholly absent and vice-versa."—The Introspective report of a subject quoted by Woodworth, Experimental Psychology, p. 240.
2. "There are no mixed feelings in the sense of co-existence of pleasant or unpleasant elements or groups of elements with hedonictone as an attribute." —Beebe-Center.

16

संवेग

संवेग की परिभाषा–संवेग की परिभाषा के सम्बन्ध में कोई एक मत नहीं है। कुछ मनोवैज्ञानिकों का कहना है कि संवेग एक चेतन अनुभूति (Conscious experince) है, जिसमें कई प्रकार की शारीरिक क्रियाएँ शामिल रहती हैं। यहाँ प्रधानता चेतन अनुभूति को दी गई है, न कि शारीरिक क्रियाओं को। कुछ दूसरे मनोवैज्ञानिक शारीरिक क्रिया की चेतन अनुभूति-मात्र को ही संवेग की संज्ञा देते हैं। इस मत के प्रधान समर्थक जेम्स और लांजे (James and Lange) हैं। संवेग के सम्बन्ध में तीसरा प्रधान मत वुडवर्थ तथा कैनन का है। वुडवर्थ के अनुसार संवेग 'प्राणी की उत्तेजित अवस्था' है। इसकी व्याख्या करते हुए उन्होंने बतलाया है कि संवेग के समय की प्राणी की यह उत्तेजित अवस्था (Stirred up state) उसे कार्य करने के लिए तैयार करती है। प्राणी की कार्यशीलता के फलस्वरूप उसमें विभिन्न प्रकार के शारीरिक परिवर्तन होते हैं। स्पष्टतः यह परिभाषा प्राणी की मानसिक अवस्था या चेतन अनुभूति तथा संवेग में होने वाले बाह्य एवं आन्तरिक शारीरिक परिवर्तन (External and internal bodily changes), इन दोनों के महत्त्व को स्वीकार करती है।

कदाचित् यंग की परिभाषा कुछ अधिक सन्तोषजनक कही जा सकती है, क्योंकि उसमें इन सभी बातों का समावेश है। उन्होंने संवेग का वर्णन करते हुए कहा है कि संवेग "मनोवैज्ञानिक रूप से उत्पन्न समग्र व्यक्ति का तीव्र संक्षोभ है, जिसमें व्यवहार, चेतन अनुभूति एवं अन्तरावयवीय क्रियाएँ सन्निहित रहती हैं।"[1] इस परिभाषा में प्रयुक्त शब्दों पर विचार करना अनिवार्य जान पड़ता है। तीव्र संक्षोभ का तात्पर्य यह है कि संवेग अचानक उत्पन्न होता है और व्यक्ति को समग्र रूप से उत्तेजित कर देता है, उसकी सारी क्रियाएँ अस्त-व्यस्त हो जाती हैं। यह तीव्र संक्षोभ मनोवैज्ञानिक रूप से भी उत्पन्न हो सकता है तथा अन्य कारणों से भी। एड्रीनिन अथवा अन्य दवाओं की सूई (Injection) से तीव्र संक्षोभ उत्पन्न हो सकता है, किन्तु उसे संवेग की संज्ञा नहीं दी जा सकती। उसे संवेग तभी कहा जा सकता

है, जब वह मनोवैज्ञानिक रूप से उत्पन्न हो। इसके लिए मनोवैज्ञानिक परिस्थिति अनिवार्य है। मनोवैज्ञानिक परिस्थिति से हमारा तात्पर्य है व्यक्ति तथा वातावरण के बीच अचानक उपस्थित उत्तेजना की क्रिया-प्रतिक्रिया से। दूसरे शब्दों में, यह उत्तेजना-प्रतिक्रिया की परिस्थिति कही जा सकती है। यंग ने संवेग में व्यवहार, चेतन अनुभूति एवं अन्तरावयवीय क्रियाओं को इसलिए सन्निहित माना है कि उस पर इन तीनों दृष्टिकोणों से विचार किया जा सकता है।

अन्त में, संवेग को भली-भाँति समझने के लिए एक उदाहरण लें। जब अचानक कोई पागल कुत्ता किसी व्यक्ति पर आक्रमण करता है, तब वह व्यक्ति सम्भवतः किंकर्त्तव्यविमूढ़ हो जाता है तथा भय का अनुभव करने लगता है। साथ-ही-साथ उस व्यक्ति में बाह्य एवं आन्तरिक शारीरिक परिवर्तन शुरू हो जाते हैं, जैसे—उसका सारा शरीर काँपने लगता है, हृदय की गति बढ़ जाती है तथा गला सूखने लगता है। ऐसी अवस्था में शीघ्र ही वह वहाँ से भाग जाता है, जो निस्सन्देह उसके संवेगात्मक व्यवहार का द्योतक है। इस उदाहरण से स्पष्ट है कि संवेग में निम्नांकित बातें सन्निहित रहती हैं—

1. मनोवैज्ञानिक परिस्थिति का प्रत्यक्षीकरण;
2. व्यक्ति की उत्तेजित अवस्था;
3. उत्तेजित अवस्था की चेतन अनुभूति;
4. बाह्य एवं आन्तरिक परिवर्तन;
5. संवेगात्मक व्यवहार।

भाव और संवेग में अन्तर

यद्यपि भाव एवं संवेग में प्रकार-भेद नहीं है, तथापि अन्य कई बातों को लेकर इनमें भेद पाया जाता है। यहाँ इन दोनों के कुछ प्रधान अन्तरों पर प्रकाश डालना ही अपेक्षित है।

1. भाव एक सरल और प्राथमिक (Elementary) मानसिक क्रिया है। इसे कई तत्त्वों में नहीं बाँटा जा सकता है। एक सहज, स्वतन्त्र मानसिक क्रिया होने के कारण भाव का विश्लेषण सम्भव नहीं है। किन्तु संवेग एक जटिल मानसिक क्रिया है। इसमें कई प्रकार की क्रियाएँ सन्निहित रहती हैं, यथा—संवेगात्मक परिस्थिति का प्रत्यक्षीकरण, उत्तेजित अवस्था, उत्तेजित अवस्था की चेतन अनुभूति, बाह्य एवं आन्तरिक शारीरिक परिवर्तन तथा संवेगात्मक व्यवहार।

2. भाव अपेक्षाकृत आत्मगत होता है। सुख अथवा दुःख का भाव व्यक्ति की मानसिक स्थिति का द्योतक है, न कि बाह्य परिस्थिति का। यद्यपि यह विचार सर्वमान्य नहीं है, तथापि अधिकांश मनोवैज्ञानिक इसी विचार के समर्थक हैं। जहाँ तक संवेगों का सम्बन्ध है, वे अपेक्षाकृत वस्तुगत होते हैं। उनमें संवेगात्मक परिस्थिति का ज्ञान

होता है। प्रायः भयावह परिस्थिति के प्रत्यक्षीकरण के फलस्वरूप भय के तथा क्रोधात्मक परिस्थिति के प्रत्यक्षीकरण के फलस्वरूप क्रोध के संवेग का अनुभव होता है।

3. भावों में विरोध पाया जाता है, किन्तु संवेगों में विविधताएँ पाई जाती हैं। भाव या तो सुखद हो सकता है या दुःखद। परन्तु संवेग अनेक प्रकार के होते हैं, यथा–भय, क्रोध, प्रेम, घृणा, ईर्ष्या इत्यादि।

4. संवेग का अनुभव करते समय हमारी मनोवृत्ति मुख्यतः भावात्मक होती है। संवेग में सुख अथवा दुःख का भाव विद्यमान रहता है। भय, क्रोध आदि संवेगों में दुःख का भाव तथा हर्ष, प्रेम आदि संवेगों में सुख का भाव पाया जाता है। किन्तु भाव बिना संवेग के भी हो सकता है। यह आवश्यक नहीं कि सुखद भाव के साथ प्रेम के संवेग का भी अनुभव हो।

5. भाव का अनुभव करते समय व्यक्ति की क्रियाएँ सामान्य एवं क्रमबद्ध होती हैं, किन्तु संवेगात्मक अवस्था में इनका सन्तुलन भंग हो जाता है तथा इनमें कोई क्रम नहीं रह जाता। संवेगों में पर्याप्त रूप से बाह्य एवं आन्तरिक शारीरिक परिवर्तन होते हैं। उदाहरण के लिए, क्रुद्ध व्यक्ति का चेहरा तमतमा जाता है, आँखें लाल हो जाती हैं, दाँत बाहर निकल आते हैं, मुट्ठियाँ कसकर बँध जाती हैं, इत्यादि। इन बाह्य परिवर्तनों के अतिरिक्त, अनेक आन्तरिक शारीरिक परिवर्तन भी होते हैं, यथा–हृदय की धड़कन बढ़ जाती है, रक्त-चाप बढ़ जाता है, साँस लेने और साँस छोड़ने की क्रिया तेजी से होने लगती है, इत्यादि। ऐसी अवस्था में व्यक्ति बिल्कुल अशान्त और बेचैन हो जाता है। उसकी सामान्य स्थिति भंग हो जाती है। इसलिए, जहाँ भाव को अपेक्षाकृत एक निष्क्रिय अवस्था माना जाता है, वहाँ संवेग को एक सक्रिय अवस्था।

संवेगात्मक व्यवहार का विकास

शिशुओं की प्रारम्भिक संवेगात्मक प्रतिक्रियाएँ सामान्य एवं अभिन्न होती हैं। उनमें विशिष्टता का अभाव पाया जाता है। उनकी संवेगात्मक प्रतिक्रियाओं के आधार पर यह नहीं बतलाया जा सकता है कि वे किस संवेग का अनुभव कर रहे हैं तथा किस उत्तेजना से उसकी उत्पत्ति हुई है। शर्मन (Sherman), इर्विन (Irwin) आदि मनोवैज्ञानिकों के अध्ययनों से यह बात स्पष्ट हो जाती है। ब्रिजेज (Bridges) ने तो अपने अध्ययनों के आधार पर स्पष्ट रूप से यह उल्लेख किया है कि आरम्भ में बच्चों में कोई भी विशिष्ट संवेग नहीं पाया जाता। वे केवल सामान्य ढंग की संवेगात्मक प्रतिक्रिया प्रकट करते हैं, जिसे उद्दीप्तावस्था (Excitement) की संज्ञा दी जा सकती है। इस सामान्य उद्दीप्तावस्था से ही क्रमशः विशिष्ट संवेगों का विकास होता है। उन्होंने प्रारम्भिक संवेगात्मक विकास के तीन पहलुओं का उल्लेख किया है–1. क्रमशः विशिष्ट संवेगात्मक व्यवहारों की संख्या में वृद्धि होती जाती है। 2. क्रमशः संवेग अधिक निश्चित (Definite) तथा विशिष्ट (Specific) होते जाते हैं। 3. कोई भी

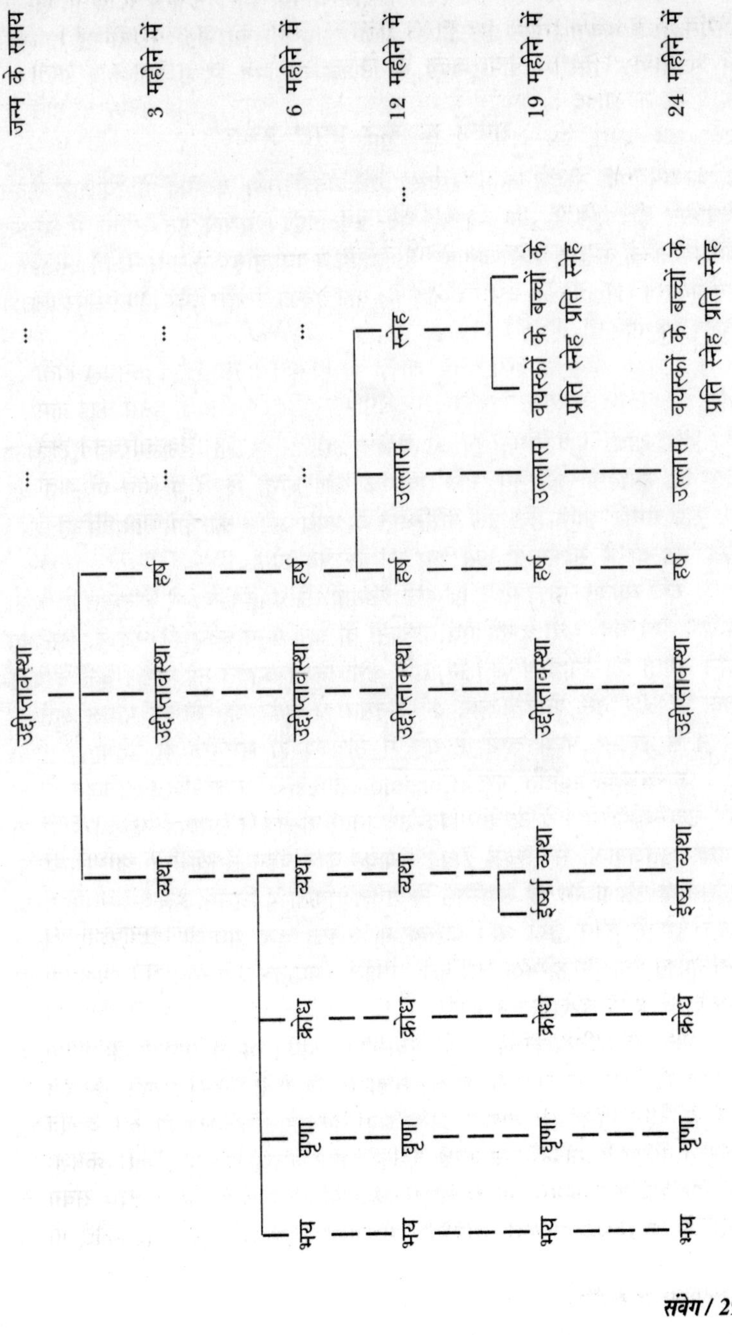
जन्म के समय
उद्दीप्तावस्था
3 महीने में
व्यथा
उद्दीप्तावस्था
हर्ष
6 महीने में
भय
घृणा
क्रोध
व्यथा
उद्दीप्तावस्था
हर्ष
12 महीने में
भय
घृणा
क्रोध
व्यथा
उद्दीप्तावस्था
हर्ष
उल्लास
स्नेह
19 महीने में
भय
घृणा
क्रोध
ईर्ष्या
व्यथा
उद्दीप्तावस्था
हर्ष
उल्लास
वयस्कों के प्रति स्नेह
बच्चों के प्रति स्नेह
24 महीने में
भय
घृणा
क्रोध
ईर्ष्या
व्यथा
उद्दीप्तावस्था
हर्ष
उल्लास
वयस्कों के प्रति स्नेह
बच्चों के प्रति स्नेह

संवेग विभिन्न आयुओं में भिन्न-भिन्न परिस्थितियों द्वारा उत्पन्न होता है, पर वे परिस्थितियाँ मूलतः समान ढंग की ही होती हैं। पृष्ठ संख्या 291 पर दी गई तालिका से संवेगात्मक विकास के सम्बन्ध में ब्रिजेज का मत स्पष्ट है।

संवेगों के कुछ प्रमुख प्रकार

परिपक्वता एवं सीखने के फलस्वरूप बड़े बच्चों तथा वयस्कों में विशिष्ट संवेग विकसित हो जाते हैं, यथा–क्रोध, भय, प्रेम आदि। यद्यपि इन संवेगों में पर्याप्त बौद्धिक तत्त्वों के द्वारा परिमार्जन होते हैं, तथापि ये पर्याप्त रूप से सामान्य (Common) एवं एकरूप (Uniform) बने रह जाते हैं। यहाँ इनकी उत्पत्ति और विकास पर प्रकाश डाला जाएगा।

भय

भय प्रायः तीव्र, आकस्मिक एवं अप्रत्याशित (Unexpected) उत्तेजनाओं से उत्पन्न होता है। उदाहरण के लिए, यदि एकाएक कोई बाधा किसी पर टूट पड़े, तो वह यह नहीं समझ पाएगा कि उस परिस्थिति के साथ अपने को कैसे समायोजित करे। ऐसी अवस्था में स्वभावतः उसे भय का अनुभव होगा।

यदि व्यक्ति को कभी दुःखों एवं आघातों की पर्याप्त रूप से अनुभूति हो चुकी रहती है, तो वह भावी दुःखों एवं आघातों के बारे में सोचकर ही भय का अनुभव करने लगता है। उदाहरण के लिए, यदि कभी किसी व्यक्ति को पागल कुत्ते ने काट लिया हो और उसे पर्याप्त कष्ट का अनुभव हो चुका हो, तो वह पागल कुत्ते के काटने से उत्पन्न भावी कष्ट के बारे में सोचकर ही भयभीत हो उठेगा।

सम्बन्ध-प्रत्यावर्तित भय (Conditioned fears) अस्वाभाविक उत्तेजनाओं के द्वारा उत्पन्न होते हैं। ये अस्वाभाविक उत्तेजनाएँ वास्तव में भयावह नहीं होतीं, किन्तु भयावह उत्तेजनाओं से सम्बद्ध होकर भयावह जान पड़ने लगती हैं। उदाहरणस्वरूप, वाट्सन के उस प्रयोग को उपस्थित किया जा सकता है जिसमें अलबर्ट नामक बच्चा उजले चूहे से डरने लगा था। वास्तव में, उजला चूहा भयावह नहीं होता, किन्तु अप्रत्याशित एवं आकस्मिक जोर की आवाज (भयावह उत्तेजना) से सम्बद्ध होकर भयावह जान पड़ने लगता है।

भय की अभिव्यक्ति–भय की अवस्था में व्यक्ति या तो भयोत्पादक परिस्थिति से दूर भाग जाता है या वहीं जड़वत खड़ा रह जाता है। उसकी गति अवरुद्ध हो जाती है, चेहरा पीला पड़ जाता है, शरीर झुक जाता है, रोंगटे खड़े हो जाते हैं, पसीना निकलने लगता है, मुट्ठियाँ बँध जाती हैं, वह काँपने लगता है और चीत्कार कर उठता है। अचानक कुछ क्षण के लिए साँस रुक जाती है अथवा उसकी गति धीमी हो जाती है, पाचन-क्रिया तथा अँतड़ियों की मथन-क्रिया भी रुक जाती है।

क्रोध

क्रोध प्रायः कार्य में बाधा अथवा विफलता के कारण उत्पन्न होता है। बाल्यकाल में क्रोध उत्पन्न करने वाली उत्तेजनाएँ अपेक्षाकृत सीधी (Direct) और सरल (Simple) होती हैं। यदि बच्चे की क्रिया में बाधा उपस्थित की जाती है अथवा उसकी रुचि के विरुद्ध कार्य करने को बाध्य किया जाता है, तो उसमें क्रोध उत्पन्न हो जाता है। वयस्कों में भी इसी भाँति क्रोध उत्पन्न होता है। जब उनकी क्रियाओं, योजनाओं या लक्ष्यों में बाधा उपस्थित की जाती है, तब वे क्रुद्ध हो जाते हैं। यहाँ यह उल्लेख्य है कि जैसे-जैसे व्यक्ति सयाना होता जाता है, वैसे-वैसे उसमें क्रोध की मात्रा कम होती जाती है तथा क्रोध उत्पन्न करने वाली उत्तेजनाएँ भी विभिन्न प्रकार की होती जाती हैं। प्रतीकात्मक अवरोध (Symbolic restraint), यथा अनुमति की अस्वीकृति, योजनाओं में परिवर्तन की आवश्यकता, उपेक्षा तथा अपमान क्रोध के अधिक प्रमुख कारण बन जाते हैं।

क्रोध की अभिव्यक्ति–जीवन के प्रारम्भिक वर्षों में क्रोध की प्रतिक्रिया व्यथा (Distress) की प्रतिक्रिया से स्पष्ट रूप से भिन्न नहीं जान पड़ती। छोटे बच्चे क्रोध की अवस्था में प्रायः साँस रोक लेते हैं, उछलते तथा पैर पटकते हैं, शरीर को कड़ा कर लेते हैं, रोते और चिल्लाते हैं, जमीन पर गिर जाते हैं, दाँत से काटते हैं, मुँह लटका लेते हैं, कसकर मुँह बन्द कर लेते हैं, पास की वस्तुओं को फेंक देते हैं तथा हाथ से मारते हैं। क्रोधावस्था में चेहरा तमतमा जाता है, आँखें लाल हो जाती हैं, नथुने फूल जाते हैं, दाँत बाहर निकल जाते हैं, मुट्ठियाँ बँध जाती हैं, आवाज कड़ी और ऊँची हो जाती है, सारा शरीर काँपने लगता है, हृदय की धड़कन तेज हो जाती है, रक्तचाप बढ़ जाता है, रक्त-संचार तेजी से होने लगता है, साँस लेने और साँस छोड़ने की क्रिया तेजी से होती है, पाचन-क्रिया तथा मथन-क्रिया रुक जाती है।

वयस्कों में प्रायः क्रोध की अभिव्यक्ति अपेक्षाकृत क्षीण ढंग की होती है, जिसे खीझ या झुँझलाहट (Annoyance) की संज्ञा दी जा सकती है। खीझ के प्रधान कारण हैं–गन्दगी, कीटाणु एवं अव्यवस्था। व्यक्तिगत बाधा के कारण भी खीझ उत्पन्न होती है, यथा बातचीत में हस्तक्षेप करने या भीड़ में धक्का देने से व्यक्ति खीझ जाता है। आलोचनाओं, कटूक्तियों तथा अपमानजनक टीका-टिप्पणियों से भी खीझ उत्पन्न होती है। खीझ को वास्तव में क्षीण ढंग का क्रोध कह सकते हैं। खीझ के अतिरिक्त, क्रोध से कुछ हद तक सम्बन्धित अन्य संवेगात्मक आदतें भी होती हैं जिन्हें ईर्ष्या, आक्रोश, घृणा आदि शब्दों द्वारा व्यक्त किया जाता है।

प्रेम–जन्म के समय व्यक्ति में प्रेम का संवेग नहीं पाया जाता। उस समय केवल सामान्य उद्दीप्तावस्था (General excitement) पाई जाती है। बारहवें महीने में प्रेम का संवेग स्पष्ट हो जाता है। जब नवजात शिशु अपनी माँ को देखकर

मुस्कराता है, तब वहीं से प्रेम का प्रादुर्भाव माना जा सकता है। प्रेम को भोजन, आराम आदि शारीरिक आवश्यकताओं पर आधारित कहा जा सकता है। इन शारीरिक आवश्यकताओं की पूर्ति किसी-न-किसी वयस्क की उपस्थिति में ही होती है। फलतः वयस्क की उपस्थिति मात्र ही सन्तोषकारी उत्तेजना बन जाती है। दुलारने-पुचकारने, शरीर सहलाने, खेलने आदि आनन्दोत्पादक क्रियाओं से प्रेम उत्पन्न होता है। जीवन के प्रारम्भिक वर्षों की सामान्य परिस्थितियों में माता-पिता के प्रति बच्चों में प्रबल प्रेम उत्पन्न हो जाता है। बच्चों का यह प्रेम माता-पिता तक ही सीमित न रहकर अन्य परिचित व्यक्तियों तथा खेल के साथियों में फैल जाता है। वास्तव में प्रेम का आधार है अनुकूल सम्बन्ध की स्थापना। जिनके साथ बच्चों का अनुकूल सम्बन्ध होता है, उनके प्रति उन्हें प्रेम हो जाता है।

प्रेम-विकास तथा भय एवं क्रोध के विकास में पर्याप्त सम्बन्ध है। जिन बच्चों को अपने माता-पिता के प्रति अपार स्नेह रहता है, वे अपने सभी कार्यों के लिए उन पर ही निर्भर करते हैं। वे स्वयं अपनी कठिनाइयों का समाधान नहीं कर पाते, प्रत्युत अपने माता-पिता से यह आशा करते हैं कि उन्हें हर चीज आसानी से मिल जाए। ऐसे बच्चे अपने रक्षकों की अनुपस्थिति में भय का अनुभव करते हैं और जब उनकी कुछ नहीं चल पाती, तो क्रुद्ध हो जाते हैं। उनकी यह मनोवृत्ति बहुधा वयस्क हो जाने पर भी कायम रह जाती है। फलस्वरूप वयस्क होने पर वे अपने आसपास के सब लोगों से माता-पिता के समान व्यवहार की आशा करते हैं। किन्तु जब उन्हें वैसा व्यवहार नहीं मिल पाता, तब कभी क्रोध और कभी भय का अनुभव करते हैं।

प्रेम की अभिव्यक्ति–प्रेम की अवस्था में चेहरे से प्रसन्नता टपकती है। प्रसन्नता एवं मुस्कराहट के कारण होठों में कम्पन जान पड़ता है, सिर ऊँचा उठा रहता है तथा छाती तनी रहती है। प्रेम की वाणी मधुर एवं लयात्मक होती है। व्यक्ति की शारीरिक मुद्रा (Bodily Posture) बदल जाती है। वह प्रेम-पात्र के पास पहुँचकर चुम्बन, आलिंगन, अंग-स्पर्श आदि क्रियाओं के द्वारा प्रेम व्यक्त करता है। यहाँ यह उल्लेख्य जान पड़ता है कि सामाजिक परम्पराओं तथा सांस्कृतिक प्रभावों के फलस्वरूप प्रेम की अभिव्यक्ति में पर्याप्त रूप से परिमार्जन सम्भव है।

संवेगों की अभिव्यक्ति
(Expression of emotion)

हम प्रायः लोगों की मुखाकृति, उनके स्वर तथा सामान्य शारीरिक मुद्रा (Bodily Posture) आदि के द्वारा उनके संवेगों को समझने की चेष्टा करते हैं। किसी भी व्यक्ति की मुखमुद्रा से आश्चर्य, भय, उल्लास आदि संवेग अभिव्यक्त होते हुए जान पड़ते हैं। किसी भी व्यक्ति का स्वर उसकी संवेगात्मक अनुभूति का द्योतक होता है। सामान्यतः किसी भी व्यक्ति के सारे शरीर का एक ओर झुका रहना

अथवा बिल्कुल तना रहना भी, उस व्यक्ति की संवेगात्मक अनुभूति का ही परिचायक होता है। इस सामान्य विचार का मनोवैज्ञानिक आधार चार्ल्स बेल (Charles Bell), चार्ल्स डार्विन (Charles Darwin) तथा पिडेरिट (Piderit) आदि विद्वानों की खोजों में मिलता है। सर्वप्रथम चार्ल्स बेल ने यह बतलाया है कि किस प्रकार संवेग मुखाकृतियों के द्वारा अभिव्यक्त होते हैं। तत्पश्चात् चार्ल्स डार्विन ने पशु एवं मनुष्य के संवेगाभिव्यंजन (Emotional expression) पर अत्यधिक प्रकाश डाला है। डार्विन का कहना था कि संवेगों का चेहरे के भाव आदि के द्वारा अभिव्यक्त होना, व्यक्ति अथवा जाति (Race) के जीवन के लिए अत्यन्त ही उपयोगी है।[2] आदिम युग का मनुष्य सम्भवतः युद्ध में दाँत पीसता था, ताकि उसके शत्रु उससे डर जाएँ, किन्तु आधुनिक युग में इस प्रकार के संवेगात्मक अभिव्यंजन (Emotional expression) का मानव-जीवन के लिए कोई विशेष उपयोग नहीं जान पड़ता। वस्तुतः ये संवेगात्मक अभिव्यंजन आदिम युग की उपयोगी संवेगात्मक चेष्टाओं के अवशेष मात्र हैं। इस प्रकार का संवेगात्मक अभिव्यंजन अभी भी कुत्ते, वनमानुष आदि पशुओं के लिए उपयोगी प्रतीत होता है। ये पशु दाँतों को तभी निकालते हैं, जब इनके सामने कोई शत्रु आ जाता है। दाँतों को देखकर बहुधा इनके शत्रु डर जाते हैं। पिडेरिट ने भी मुखाकृति द्वारा संवेगाभिव्यंजन पर प्रकाश डाला है। उन्होंने अपने सिद्धान्त में चेहरे की चेष्टाओं की वर्तमान उपयोगिता का उल्लेख किया है। उनके अनुसार चेहरे की मांसपेशियाँ ज्ञानेन्द्रियों से इस प्रकार सम्बन्धित हैं कि वे बाह्य उत्तेजना को ग्रहण करने में या तो ज्ञानेन्द्रियों को सहायता प्रदान करती हैं अथवा बाधा उपस्थित करती हैं। उदाहरणार्थ, नाक की एक विशेष स्थिति मधुर गन्ध को ग्रहण करने में सहायक सिद्ध होती है, तथा दूसरी स्थिति दुर्गन्ध से नाक को दूर रखने में सहायक सिद्ध होती है। पिडेरिट के सिद्धान्त के विस्तार में न जाकर यहाँ इतना ही प्रस्तुत करना अभीष्ट है कि किस प्रकार प्रयोगात्मक मनोवैज्ञानिकों ने चार्ल्स डार्विन तथा पिडेरिट की खोजों से प्रेरणा ग्रहण कर इस विषय पर विस्तृत रूप से प्रकाश डाला है।

संवेगों का मुखाकृतिक अभिव्यंजन
(Facial Expression of Emotions)

मनुष्य की संवेगात्मक अनुभूति उसके चेहरे द्वारा अभिव्यक्त होती है। चेहरे के विभिन्न भागों में, जैसे ललाट, आँख, नाक, मुँह आदि में अपेक्षाकृत अधिक मांसपेशियाँ पाई जाती हैं। फलतः इन मांसपेशियों की सहायता से विभिन्न प्रकार के संवेग चेहरे द्वारा अभिव्यक्त होते हैं। चेहरे की अपनी एक परम्परागत भाषा बन गई है, जिसे समझकर हम दूसरे की संवेगात्मक अनुभूति को जानने में समर्थ होते हैं। उदाहरणार्थ, जब हम यह पाते हैं कि किसी व्यक्ति की भौंहें ऊपर चढ़ गई हैं तथा

उसके ललाट में बल पड़ गए हैं, तब हम समझ लेते हैं कि वह आश्चर्य एवं विस्मय का अनुभव कर रहा होगा। क्रोध में आँखें खुली रह जाती हैं तथा लाल हो जाती हैं। अन्यमनस्कता (Indifference), दुःख एवं निराशा में आँखें कुछ-कुछ बन्द हो जाती हैं। आँखों का खुला रहना ध्यानावस्था (State of attention) का भी परिचायक है। मुँह द्वारा भी अनेक संवेग अभिव्यक्त होते हैं। लियोनार्डो-दा-विंसी (Leonardo-Da-Vinci) ने प्रसन्नता एवं अप्रसन्नता-सूचक मुँह की आकृतियों का उल्लेख किया है।

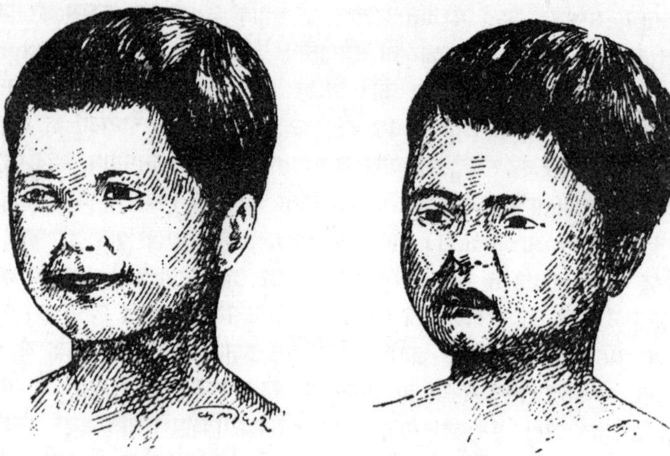

चित्र-22 : प्रसन्नता तथा अप्रसन्नता की मुखाकृतिक अभिव्यक्तियाँ

बच्चों का अपने निचले होंठ को ऊपरी होंठ से सटा लेना, उनकी अप्रसन्नता का द्योतक है। जब उनके दोनों होंठ खुले रहते हैं तथा कुछ दाँत बाहर की ओर निकले रहते हैं, तब उनकी मुखमुद्रा से प्रसन्नता प्रकट होती है। दुःख एवं निराशा में प्रायः मुँह खुला रहता है तथा नीचे की ओर झुका रहता है। क्रोध में मुँह कड़ा हो जाता है तथा निचले होंठ के ऊपर दाँत चढ़ जाते हैं।

उपर्युक्त वर्णन से स्पष्ट है कि विभिन्न प्रकार के संवेगों का अभिव्यंजन चेहरे के भावों द्वारा होता है। किन्तु, इस सम्बन्ध में किए गए मनोवैज्ञानिक प्रयोगों से पता चलता है कि मुखाकृतियों के आधार पर विशेष प्रकार के संवेगों को समझना बहुत कुछ परम्परागत संस्कृति पर निर्भर करता है। यदि किसी के सामने संवेग प्रकट करने वाले चेहरे के चित्र उपस्थित कर दिए जाएँ, किन्तु उसे यह न बताया जाए कि ये किस परिस्थिति के चित्र हैं, तो सम्भवतः वह व्यक्ति निश्चयपूर्वक यह नहीं कह सकेगा कि चेहरे से कौन-सा संवेग प्रकट हो रहा है। इस प्रकार

का एक प्रयोग डार्विन ने किया है। विभिन्न संवेगों को प्रकट करने वाले कुछ चेहरों के चित्र ले लिये गए। तत्पश्चात् बीस निर्णायकों (Judges) के सामने वे चित्र प्रस्तुत किए गए और उनसे यह निर्णय करने को कहा गया कि किस चित्र से कौन-सा संवेग प्रकट हो रहा है। कुछ चित्रों को देखकर सभी निर्णायकों ने एक ही तरह का निर्णय दिया। किन्तु अन्य चित्रों के सम्बन्ध में उनके विचार एक-से नहीं थे। जिनके सम्बन्ध में निर्णायकों के विचार एक-से नहीं थे, उनके बारे में डार्विन ने यह निष्कर्ष निकाला कि वस्तुतः ये चित्र किसी विशेष प्रकार के संवेग के द्योतक नहीं हैं। इस सम्बन्ध में डार्विन का कहना है कि संवेगात्मक परिस्थिति के पूर्ण संकेत (Suggestion) के बिना ही केवल मुखाकृति-सम्बन्धी चित्रों को देखकर उनमें अभिव्यक्त संवेगों को समझना बड़ा ही कठिन है। फर्नबर्जर (Fernberger) के प्रयोगों से भी यही बात सिद्ध होती है। फर्नबर्जर ने स्पष्ट शब्दों में बतलाया है कि चेहरे को देखकर संवेगों के निर्णय करने में पूर्वसंकेत का प्रभाव पाया जाता है। संकेत उस परिस्थिति का होना चाहिए, जिस परिस्थिति में किसी व्यक्ति के चेहरे का चित्र लिया गया है। बिना उस सम्पूर्ण परिस्थिति के संकेत के केवल चित्र को देखकर यह कहना कि उससे अमुक संवेग प्रकट हो रहा है, बड़ा ही कठिन है।[3] वुडवर्थ ने भी इस बात पर जोर दिया है।[4]

स्वराभिव्यंजन
(Vocal Expression)

स्वर अथवा वाणी द्वारा भी संवेग अभिव्यक्त होते हैं। बोलते समय मनुष्य की वाणी से भिन्न-भिन्न संवेगों का आभास मिलता है। सामान्य अनुभव के आधार पर तो यह बात सत्य मानी जाती है, किन्तु प्रयोगात्मक प्रमाण इसके विरुद्ध भी मिलते हैं। शर्मन (Sherman) ने अपने प्रयोगों में यह पाया कि सिर्फ बच्चे की आवाज सुनकर यह बतलाना कि वह बच्चा भूख के कारण रो रहा है, या किसी बाधा के कारण रो रहा है, बड़ा ही कठिन है। फिर भी, हम रोने या हँसने की आवाज में आसानी से भेद कर सकते हैं। प्यार, मजाक और निश्चय के स्वरों को भी प्रायः पहचान लिया जाता है।

स्वर की गम्भीरता, ऊँचाई, गति आदि के द्वारा संवेगों की अभिव्यक्ति होती है। ऊँचा स्वर मनुष्य की उत्तेजित अवस्था (Excited state) का द्योतक है। उत्तेजित अवस्था में स्वरों में कम्पन पाया जाता है। मनुष्य प्रायः क्रोध में जोर-जोर से बोलता है तथा उसकी बोली से कम्पन भी टपकता है। मधुर स्वर तथा कड़े स्वर में भी मनुष्य की संवेगात्मक स्थिति अभिव्यक्त होती है। किन्तु इस सम्बन्ध में वैज्ञानिक प्रमाण बहुत कम मिलते हैं। चीखने, चिल्लाने, सिसकने आदि के द्वारा भी संवेगों को अभिव्यक्त किया जाता है। इस सम्बन्ध में कई मनोवैज्ञानिक प्रमाण मिलते हैं।

भाषा द्वारा भी संवेगों को अभिव्यक्त किया जाता है। इसका प्रमाण किसी भी अच्छे वक्ता के भाषण से लिया जा सकता है। शेक्सपियर (Shakespeare) की प्रसिद्ध पुस्तक 'जुलियस सीजर' (Julius Caesar) में अण्टोनी (Antony) का भाषण उदाहरणस्वरूप प्रस्तुत किया जा सकता है। गवैये अपने गाने में भिन्न-भिन्न संवेगों को अभिव्यक्त करते हैं। अभिनेता अभिनय करते समय स्वरों का उपयोग बड़ी चातुरी के साथ करते हैं। फलतः उनके स्वरों से विभिन्न प्रकार के संवेग प्रकट होते हैं। वस्तुतः स्वर सिनेमा, थिएटर आदि में विभिन्न संवेगों को अभिव्यक्त करने का एक सुन्दर माध्यम है।

शारीरिक मुद्रा
(Bodily Posture)

संवेग भिन्न-भिन्न शारीरिक स्थितियों द्वारा अभिव्यक्त होते हैं। किन्तु कोई भी एक संवेग सभी व्यक्तियों में एक ही तरह की स्थिति उत्पन्न नहीं कर पाता, प्रत्युत एक ही संवेग की अवस्था में भी एक व्यक्ति की शारीरिक स्थिति दूसरे की शारीरिक स्थिति से भिन्न हो सकती है। सम्भवतः भय की अवस्था में या तो कोई व्यक्ति भयोत्पादक परिस्थिति में भाग खड़ा होता है, या वहीं जड़वत खड़ा रह जाता है। क्रोध की अवस्था में प्रायः मनुष्य आक्रमण कर बैठता है। प्रेम की अवस्था में मनुष्य प्रेमपात्र के समीप जाने की चेष्टा करता है। दुःख में मनुष्य का सारा शरीर कुछ झुक जाता है, किन्तु प्रसन्नता में सिर ऊँचा उठा रहता है। हाथों की गति से भी संवेग अभिव्यक्त होता है। मुट्ठी बाँधना, हाथ फैलाना, हाथ जोड़ना आदि क्रियाओं द्वारा संवेग अभिव्यक्त होते हैं। संक्षेप में, विभिन्न शारीरिक मुद्राओं द्वारा भिन्न-भिन्न प्रकार के संवेग अभिव्यक्त होते हैं।

विभिन्न प्रकार के संवेगों को अभिव्यक्त करने वाली शारीरिक मुद्राओं के उल्लेख के पश्चात् यह व्यक्त करना समीचीन प्रतीत होता है कि कहाँ तक वे स्वाभाविक हैं और किस हद तक उन पर परम्परागत संस्कृति की छाप है। वस्तुतः यह अभी भी अनुसंधान का विषय है। जेम्स-लाँजे के संवेग-सिद्धान्त में संवेगों को अभिव्यक्त करने वाली शारीरिक मुद्राओं को अत्यधिक प्रधानता है।

संवेग में शारीरिक परिवर्तन
(Bodily changes in Emotion)

भय, क्रोध, प्रेम आदि संवेगों में विभिन्न प्रकार के शारीरिक परिवर्तन होते हैं। इन शारीरिक परिवर्तनों के सम्बन्ध में अनेक मनोवैज्ञानिक अनुसंधान हुए हैं। मनोवैज्ञानिक अनुसंधान में प्रधानतः साँस लेने की क्रिया, रक्तचाप, नाड़ी की गति (Pulse-rate), पेट तथा अँतड़ियों की क्रिया, पाचन-क्रिया, पसीना निकलने की क्रिया तथा खून

में रासायनिक परिवर्तन (Chemical changes in blood) आदि शारीरिक परिवर्तनों पर अत्यधिक प्रकाश पड़ा है। कैनन ने डर एवं क्रोध में होने वाले शारीरिक परिवर्तनों का अध्ययन किया है। उन्होंने बतलाया है कि क्रोध में साँस तेजी से चलने लगती है, रक्तचाप बढ़ जाता है, पाचन-क्रिया रुक जाती है तथा खून में रासायनिक परिवर्तन होने लगते हैं। भय में भी इसी तरह के शारीरिक परिवर्तन होते हैं। अब हम संक्षेप में साँस लेने एवं साँस छोड़ने की क्रिया, हृदय की धड़कन, रक्तचाप, ऐड्रीनिन (Adrenin) का शारीरिक क्रियाओं पर प्रभाव, पाचन-क्रिया, स्वतःसंचालित स्नायु-मण्डल (Autonomic nervous system) की क्रिया इत्यादि पर प्रकाश डालेंगे।

संवेग में साँस लेने और साँस छोड़ने की क्रिया–संवेग के समय साँस लेने और साँस छोड़ने की क्रिया में परिवर्तन पाया जाता है। सामान्यतः साँस लेने और साँस छोड़ने की क्रियाओं के समय में 1 : 4 का अनुपात (Ratio) होता है। किन्तु संवेगात्मक अवस्था में यह अनुपात बदल जाता है। संवेगात्मक अवस्था में यह अनुपात प्रायः 1 : 2 या कभी-कभी 1 : 1 हो जाता है। इससे स्पष्ट है कि संवेग में साँस लेने और साँस छोड़ने की क्रिया बहुत जल्दी-जल्दी होती है।

संवेग में हृदय की धड़कन एवं रक्तचाप–संवेगात्मक अवस्था में हृदय की धड़कन बढ़ जाती है। इसकी जाँच प्रायः इलेक्ट्रो-कार्डियोग्राफ (Electro-cardio-graph) नामक यन्त्र द्वारा की जाती है। इलेक्ट्रो-कार्डियोग्राफ नामक यन्त्र के प्रयोग से यह ज्ञात होता है कि संवेगात्मक अवस्था में हृदय की गति गें कौन-कौन से परिवर्तन होते हैं। रक्तचाप (Blood-Pressure) प्रधानतः दो बातों पर निर्भर करता है– एक तो हृदय से निकलने वाले रक्त के परिमाण (Quantity) पर, दूसरे रक्त-संचार के मार्ग में धमनियों (Arteries) द्वारा उपस्थित किए गए प्रतिरोध (Resistance) पर। संवेगात्मक अवस्था में रक्तचाप बढ़ जाता है। झूठ बोलने के सम्बन्ध में किए गए प्रयोगों के आधार पर यह पाया गया है कि प्रायः 80 प्रतिशत झूठ बोलने वाले व्यक्तियों का रक्तचाप बढ़ जाता है। झूठ बोलते समय मनुष्य एक उत्तेजित अवस्था का अनुभव करता है इसलिए उसका रक्तचाप बढ़ जाता है।

ऐड्रीनिन का प्रभाव–ऐड्रीनल पिण्डों (Adrenal glands) से जो रासायनिक स्राव (Chemical Secretion) होता है, उसे ऐड्रीनिन कहते हैं। संवेगात्मक अवस्था में ऐड्रीनिन अधिक निकलता है और उससे प्रभावित होकर यकृत (Liver) खून में अधिक चीनी छोड़ता है। फलतः संवेगात्मक अवस्था में सामान्य अवस्था की अपेक्षा खून में चीनी अधिक पाई जाती है। खून में ऐड्रीनिन के मिलने के कारण और भी कितने प्रकार के शारीरिक परिवर्तन होते हैं, जैसे हृदय की धड़कन बढ़ जाती है, रक्तचाप बढ़ जाता है, चमड़े में खून की छोटी-छोटी नसें (Blood-vessels)

सिकुड़ जाती हैं, खून शीघ्रता से जम जाने लायक बन जाता है, मांसपेशियों की थकावट दूर हो जाती है तथा उन्हें अधिक शक्ति मिलती है।

कैनन ने ऐड्रीनिन द्वारा उत्पन्न अधिक शक्ति की उपयोगिता पर अत्यधिक प्रकाश डाला है। उसका कहना है कि ऐड्रीनिन के अधिक मात्रा में होने के फलस्वरूप भिन्न-भिन्न शारीरिक परिवर्तन, जिनका उल्लेख ऊपर किया जा चुका है, होते हैं। फलतः व्यक्ति अधिक शक्ति का अनुभव करता है। यह अधिक शक्ति अप्रत्याशित संवेगात्मक परिस्थिति (Unexpected emotional situation) से सामना करने के लिए उसे तैयार करती है। तभी तो, कभी-कभी मनुष्य खतरे से अपने को बचाने के लिए ऐसा साहसपूर्ण कार्य कर बैठता है, जिसे देखकर दंग रह जाना पड़ता है।

संवेग में पाचन-क्रिया–संवेग में पाचन-क्रिया सम्बन्धी कार्य बन्द हो जाते हैं। भय एवं क्रोध की अवस्था में यह शारीरिक परिवर्तन स्पष्टतः लक्षित होता है। इस सम्बन्ध में बिल्ली पर एक प्रयोग किया गया है। बिल्ली को अच्छी तरह खिलाकर एक मेज पर बिठा दिया गया। 'एक्स रे' (X-Ray) की सहायता से उसके पेट की क्रिया का अध्ययन किया गया। बिल्ली के पेट में पाचन-क्रिया शुरू हो गई थी, इसी बीच एकाएक उस कमरे में एक कुत्ता लाया गया। बिल्ली को देखकर कुत्ता भूँकने लगा। बिल्ली क्रोध के लक्षण दिखाने लगी। जैसे ही बिल्ली ने क्रोध दिखलाया, वैसे ही, उसकी पाचन-क्रिया बन्द हो गई। फिर उसकी पाचन-क्रिया तब तक शुरू नहीं हुई, जब तक कुत्ते को कमरे से बाहर गए कम-से-कम 15 मिनट नहीं बीत चुके। पेट में पाचन-क्रिया के साथ-ही-साथ अँतड़ियों की मथन-क्रिया (Churning function) भी रुक जाती है। मनुष्य के सम्बन्ध में भी यह ध्यान देने की बात है कि भोजन के तुरन्त बाद क्रोध, चिन्ता, भय आदि संवेगों का अनुभव हानिप्रद होता है।

संवेग में स्वतःसंचालित स्नायु-मण्डल की क्रियाएँ–स्वतःसंचालित स्नायु-मण्डल के दो भाग हैं–सहानुभूतिक मण्डल (Sympathetic system) तथा 2. उपसहानुभूति मण्डल (Parasympathetic system)। संवेगात्मक अवस्था में होने वाले शारीरिक परिवर्तनों का सम्बन्ध बहुधा सहानुभूतिक तथा उपसहानुभूतिक, दोनों मण्डलों से रहता है। सहानुभूतिक एवं उपसहानुभूतिक मण्डलों की क्रियाएँ परस्पर विरोधी जान पड़ती हैं। उदाहरणार्थ, जब सहानुभूतिक मण्डलों के कार्यों की प्रधानता रहती है, तब लार का टपकना रुक जाता है, हृदय की गति तीव्र हो जाती है, ऐड्रीनल पिण्ड उत्तेजित हो जाते हैं, तथा खून की छोटी-छोटी नसें सिकुड़ जाती हैं। इसके विपरीत, जब उपसहानुभूतिक मण्डल के कार्यों की प्रधानता रहती है, तब लार का टपकना बढ़ जाता है, हृदय की गति मन्द पड़ जाती है, ऐड्रीनल पिण्डों के कार्य रुक जाते हैं तथा खून की छोटी-छोटी नसें फैल जाती हैं।

इसमें कोई सन्देह नहीं कि संवेग में होने वाले आन्तरिक शारीरिक परिवर्तन अधिकांशतः सहानुभूतिक मण्डल के द्वारा ही संचालित एवं नियन्त्रित होते हैं, किन्तु

आधुनिक अनुसंधानों से पता चलता है कि संवेगात्मक अवस्था के कुछ शारीरिक परिवर्तनों को उपसहानुभूतिक मण्डल भी संचालित एवं नियन्त्रित करता है। अतएव हम इस निष्कर्ष पर पहुँचते हैं कि संवेगात्मक अवस्था में केवल सहानुभूतिक स्नायु मण्डल ही क्रियाशील नहीं रहता, वरन् सम्पूर्ण स्वतः संचालित स्नायु-मण्डल ही क्रियाशील हो उठता है।[5] स्वतःसंचालित स्नायु-मण्डल की क्रियाओं के सिवा, संवेग में हाइपोथैलेमस (Hypothalamus) और बृहन्मस्तिष्कीय वल्क (Cerebral cortex) की क्रियाओं की भी प्रधानता स्वीकार की गई है।

संवेग में हाइपोथैलेमस की क्रियाएँ–आधुनिक शरीर-वैज्ञानिकों (Physiologists) के अनुसंधानों से पता चलता है कि संवेगात्मक व्यवहार हाइपोथैलेमस द्वारा नियन्त्रित होते हैं। यदि मस्तिष्क के हाइपोथैलेमस को हटा दिया जाए, तो कुत्तों में तथा बिल्लियों में किसी भी प्रकार की संवेगात्मक अभिव्यंजना (Emotional expression) नहीं हो सकती। मस्तिष्क के किसी दूसरे भाग को हटाने से ऐसा प्रभाव नहीं पड़ता। मेसरमैन (Masserman) ने बिल्ली के ऊपर एक प्रयोग किया। उन्होंने बिल्ली के हाइपोथैलेमस को बिजली के तार की छोर से उत्तेजित किया। फलस्वरूप बिल्ली ने संवेगात्मक व्यवहार प्रदर्शित किया। उसने अपने कानों को झट फेर लिया, कुछ झुक गई, गुर्राने लगी तथा अपनी पूँछ ऊपर उठाकर हिलाने लगी।[6] इस प्रकार, स्पष्ट है कि हाइपोथैलेमस संवेगात्मक व्यवहारों को नियन्त्रित करता है।

यह ठीक है कि हाइपोथैलेसम का संवेगात्मक व्यवहारों के नियन्त्रण में प्रधान हाथ है; किन्तु इससे यह निष्कर्ष नहीं निकाला जा सकता कि हाइपोथैलेमस ही संवेगात्मक व्यवहार का एकमात्र नियन्त्रण करने वाला है। वास्तविकता तो यह है कि मस्तिष्क के दूसरे भाग का भी, विशेषतः बृहन्मस्तिष्कीय वल्क का संवेगात्मक व्यवहार पर अत्यधिक प्रभाव पाया जाता है।

संवेग में बृहन्मस्तिष्कीय वल्क की क्रियाएँ–(The Functions of the cerebral cortex in Emotion)–संवेगात्मक परिस्थिति का प्रत्यक्षीकरण बृहन्मस्तिष्कीय वल्क की सहायता से ही होता है। दूसरी प्रधान बात यह है कि बृहन्मस्तिष्कीय वल्क संवेगात्मक परिस्थिति के साथ सफल समायोजन में सहायक होता है। इसी कारण, पशु अथवा मनुष्य खतरनाक परिस्थिति से छुटकारा पाने में तथा क्रोध प्रदर्शित करने में सफल होते हैं।

यदि किसी कुत्ते अथवा बिल्ली के मस्तिष्क से बृहन्मस्तिष्कीय वल्क को ऑपरेशन द्वारा हटा लिया जाए, या उसमें किसी प्रकार से चोट आ जाए, तो संवेगात्मक परिस्थिति में सफलतापूर्वक समायोजन स्थापित करने की क्षमता कम हो जाएगी। फलतः वह कुत्ता खतरनाक परिस्थिति से अपने को नहीं बचा पाएगा तथा वह अपना क्रोध भी नहीं प्रकट कर सकेगा। ठीक यही अवस्था बिल्ली की भी होती है। बृहन्मस्तिष्कीय वल्क का तीसरा प्रधान कार्य यह है कि संवेगात्मक परिस्थिति

के हट जाने पर भी संवेगात्मक व्यवहार कुछ समय तक बने रहते हैं, जैसे क्रोध की परिस्थिति के हट जाने के बाद भी कुछ समय तक क्रोध ज्यों-का-त्यों बना रहता है। यदि बृहन्मस्तिष्कीय वल्क मस्तिष्क से हटा लिया जाएगा तो संवेगात्मक परिस्थिति के रहने पर ही संवेगात्मक व्यवहार होगा। संवेगात्मक परिस्थिति के हटते ही संवेगात्मक व्यवहार भी बन्द हो जाएगा। बृहन्मस्तिष्कीय वल्क का अन्तिम, किन्तु प्रधान कार्य यह है कि संवेगात्मक व्यवहार को अति तीव्र (Intense) नहीं होने देता है। मस्तिष्क से बृहन्मस्तिष्कीय वल्क को हटा लिये जाने पर संवेगात्मक व्यवहार बहुत तीव्र हो उठते हैं।

यों तो संवेग के कई सिद्धान्त हैं, किन्तु यहाँ संवेग के दो प्रमुख सिद्धान्तों का उल्लेख करना ही अभीष्ट है। सर्वप्रथम हम जेम्स-लाँजे के संवेग-सिद्धान्त पर प्रकाश डालेंगे। तत्पश्चात् कैनन (Cannon) एवं बार्ड (Bard) द्वारा प्रतिपादक हाइपोथैलेमिक सिद्धान्त पर विचार प्रस्तुत किया जाएगा।

संवेग-सिद्धान्त
(Theories of Emotion)

अमरीकी मनोवैज्ञानिक जेम्स तथा डेनमार्क-निवासी लाँजे ने स्वतन्त्र रूप से सन् 1880 ई॰ के लगभग संवेग के एक सिद्धान्त का प्रतिपादन किया। उन दोनों के सिद्धान्तों में इतनी समता है कि उसके सिद्धान्तों को एक ही नाम से पुकारा जाता है और वह है– जेम्स-लाँजे का संवेग-सिद्धान्त (James-Lange theory of emotion)। इस सिद्धान्त के अनुसार संवेग शारीरिक परिवर्तनों की मानसिक अनुभूति है। जब कोई संवेगात्मक परिस्थिति एकाएक उपस्थित होती है, तब व्यक्ति को उस परिस्थिति का प्रत्यक्षीकरण होता है। फिर विभिन्न प्रकार के शारीरिक परिवर्तन होते हैं और तब संवेग की अनुभूति होती है। इसे निम्नांकित क्रम में उपस्थित किया जा सकता है–

1. संवेगात्मक परिस्थिति का प्रत्यक्षीकरण;
2. शारीरिक परिवर्तन;
3. संवेगात्मक अनुभूति।

किन्तु संवेग-सम्बन्धी सामान्य विचार जेम्स-लाँजे के सिद्धान्त के विरुद्ध हैं। सामान्यतः संवेगात्मक अनुभूति के लिए संवेगात्मक परिस्थिति का प्रत्यक्षीकरण आवश्यक समझा जाता है। शारीरिक परिवर्तन तो संवेगात्मक अनुभूति के परिणाम हैं। इस विचार को निम्नांकित क्रम में उपस्थित किया जा सकता है–

1. संवेगात्मक परिस्थिति का प्रत्यक्षीकरण;
2. संवेगात्मक अनुभूति;
3. शारीरिक परिवर्तन।

जेम्स ने अपने सिद्धान्त में स्पष्ट शब्दों में कहा है कि संवेगात्मक परिस्थिति के प्रत्यक्षीकरण के बाद विभिन्न प्रकार के शारीरिक परिवर्तन होते हैं और इन शारीरिक परिवर्तनों की अनुभूति ही संवेग है।[7] इसे और भी स्पष्ट करते हुए उन्होंने कहा है कि "हम रोते हैं, इसलिए दुःख का अनुभव होता है; आक्रमण करते हैं, इसलिए क्रोध का अनुभव होता है तथा हम काँपते हैं, इसलिए भय का अनुभव करते हैं; ऐसी बात नहीं है कि हम दुःख, क्रोध अथवा भय का अनुभव करते हैं, इसलिए रोते, आक्रमण करते या काँपते हैं।"[8] जेम्स के इस कथन से स्पष्ट है कि पहले शारीरिक परिवर्तन होते हैं और तब हमें संवेग का अनुभव होता है।

जेम्स ने अपने सिद्धान्त की पुष्टि में यह तर्क प्रस्तुत किया है कि जब तक किसी भी व्यक्ति में शारीरिक परिवर्तन नहीं होंगे, तब तक वह किसी संवेग का अनुभव कदापि नहीं कर सकता। उनका कहना है कि क्या हृदय की धड़कन, साँस की गति आदि में परिवर्तन के बिना कोई किसी संवेग का अनुभव कर सकता है? अर्थात् नहीं कर सकता। उन्होंने अभिनेताओं के कथन के आधार पर यह बताया है कि जब अभिनेता विशेष प्रकार के शारीरिक परिवर्तनों के द्वारा किसी संवेग का अभिनय करने लगते हैं, तब उन्हें वस्तुतः उस संवेग का अनुभव भी होता है।

जेम्स-लाँजे-सिद्धान्त के कुछ विशेष पहलुओं पर प्रकाश डालते हुए यह बतला देना आवश्यक प्रतीत होता है कि जब अचानक कोई संवेगात्मक परिस्थिति किसी व्यक्ति के सामने आ जाती है, तब उसमें आवेश (Impulse) उत्पन्न होता है। फिर वह आवेश बृहन्मस्तिष्कीय वल्क में जाता है और वहाँ से पेट एवं अँतड़ियों की मांसपेशियों में पहुँचता है। फलतः अँतड़ियों में विभिन्न प्रकार की प्रतिक्रियाएँ होती हैं। इन प्रतिक्रियाओं के फलस्वरूप पुनः आवेश उत्पन्न होते हैं और बृहन्मस्तिष्कीय वल्क में चले जाते हैं। फलतः हमें संवेग की अनुभूति होती है। स्पष्ट है कि जेम्स-लाँजे-सिद्धान्त संवेगात्मक अनुभूतियों के लिए बृहन्मस्तिष्कीय वल्क को आवश्यक मानता है। यह सिद्धान्त संवेगात्मक अनुभूति में हाइपोथैलेमस की महत्ता का उल्लेख नहीं करता।

जेम्स-लाँजे-सिद्धान्त की आलोचना—जेम्स-लाँजे-सिद्धान्त के अनुसार संवेगात्मक अनुभूति में शारीरिक परिवर्तन आवश्यक है। निस्सन्देह प्रायः संवेगात्मक अनुभूति में शारीरिक परिवर्तन निहित रहते हैं। किन्तु, बिना शारीरिक परिवर्तनों की अनुभूति के भी संवेगों का अनुभव होता है। कभी-कभी संवेगों का अनुभव इतनी शीघ्रता के साथ हो जाता है कि हम उन्हें शारीरिक परिवर्तनों के आश्रित नहीं कह सकते। वस्तुतः संवेगात्मक परिस्थिति के सामने आते ही संवेग का अनुभव हो जाता है और शारीरिक परिवर्तन बाद में शुरू होते हैं।

शारीरिक परिवर्तनों और विशेषतः अन्तरावयव परिवर्तनों (Visceral changes) के आधार पर एक संवेग को दूसरे संवेग से अलग नहीं किया जा सकता। एक ही प्रकार के शारीरिक परिवर्तन विभिन्न प्रकार के संवेगों में होते हैं, जैसा कि क्रोध एवं भय में होने वाले शारीरिक परिवर्तनों से स्पष्ट है। अतः शारीरिक परिवर्तनों के आधार पर संवेगों की सम्यक् व्याख्या प्रस्तुत नहीं की जा सकती है।

ऐड्रीनिन के खून में मिलने के कारण अनेक प्रकार के शारीरिक परिवर्तन होते हैं; जैसे : हृदय की धड़कन, रक्तचाप आदि का बढ़ना। किन्तु यह आवश्यक नहीं है कि ऐसी अवस्था में संवेगात्मक अनुभूति भी हो। वास्तविकता तो यह है कि ऐड्रीनिन को इंजेक्शन के द्वारा खून में पहुँचाए जाने पर मनुष्य के भीतर शारीरिक परिवर्तन तो होते हैं, किन्तु वह किसी प्रकार के संवेग का अनुभव नहीं करता। अतः स्पष्ट है कि शारीरिक परिवर्तनों की अनुभूति ही संवेग नहीं है, वरन् संवेग शारीरिक परिवर्तनों से अलग कोई दूसरी अनुभूति है।

प्रसिद्ध शरीर-वैज्ञानिक शेरिंग्टन ने जेम्स-लाँजे-सिद्धान्त की परीक्षा के लिए अपनी प्रयोगशाला में एक कुत्ते पर प्रयोग किया। उन्होंने कुत्ते की कुछ स्नायुओं को ऑपरेशन के द्वारा काटकर उसे अन्तरावयव-सम्बन्धी लगभग सभी संवेदनाओं से वंचित कर दिया। परन्तु अन्तरावयव-सम्बन्धी संवेदनाओं की इस क्षति का कोई भी प्रभाव उसके संवेगात्मक व्यवहार पर स्पष्ट रूप से नहीं दीख पड़ा। वह पहले की भाँति ही अभी भी क्रोध, हर्ष, भय इत्यादि संवेगात्मक व्यवहारों को प्रकट करता रहा। इस प्रयोग के आधार पर यह निश्चित रूप से कहा जा सकता है कि संवेगात्मक व्यवहार अन्तरावयव-संवेदनाओं पर नहीं निर्भर करता।

शेरिंग्टन की तरह ही कैनन ने भी एक बिल्ली पर ऐसा ही प्रयोग किया। उन्होंने ऑपरेशन द्वारा बिल्ली की सहानुभूतिक स्नायुओं को काटकर निकाल लिया और इस प्रकार क्रोध में होने वाले अन्तरावयव-परिवर्तनों को असम्भव कर दिया। किन्तु, फिर भी बिल्ली पहले की तरह ही क्रोध के बाह्य संवेगात्मक व्यवहार–जैसे गुर्राना, दाँत दिखलाना, कानों को पीछे की ओर खींचना, अगले पंजे को उठाना इत्यादि व्यवहार–प्रकट करती रही। इस प्रयोग से यह निष्कर्ष निकलता है कि संवेग के लिए अन्तरावयव-परिवर्तन आवश्यक नहीं हैं।

जेम्स-लाँजे-सिद्धान्त के विरुद्ध मनुष्यों पर किए गए प्रयोगों से भी प्रमाण मिलते हैं। एक चालीस वर्ष की स्त्री घोड़े से गिर गई और उसकी गर्दन टूट गई। फलतः सहानुभूतिक स्नायुओं (Sympathetic nerves) का सम्बन्ध मस्तिष्क से नहीं रह गया तथा अन्तरावयव संवेदनाएँ (Visceral sensations) समाप्त हो गईं। ऐसी परिस्थिति में, जेम्स-लाँजे-सिद्धान्त के अनुसार, उस स्त्री को किसी संवेग की अनुभूति नहीं होनी चाहिए थी। किन्तु जिस साल यह दुर्घटना हुई थी, उसी साल उस स्त्री ने शोक, स्नेह, हर्ष तथा दुःख के संवेगों को प्रकट किया। इससे यह स्पष्ट हो जाता

है कि शारीरिक परिवर्तनों एवं अन्तरावयव संवेदनाओं के बिना भी संवेगात्मक व्यवहार सम्भव है।

उपर्युक्त तर्कों एवं प्रयोगात्मक प्रमाणों से जेम्स-लाँजे-सिद्धान्त की सत्यता सन्दिग्ध जान पड़ने लगती है। इसमें कोई सन्देह नहीं कि प्रायः संवेगों में कुछ शारीरिक परिवर्तन होते हैं। किन्तु इस सिद्धान्त का यह मानना कि शारीरिक परिवर्तनों की अनुभूति ही संवेग है तथा शारीरिक परिवर्तनों से स्वतन्त्र संवेगात्मक अनुभूति सम्भव नहीं है, अनुचित प्रतीत होता है।

हाइपोथैलेमिक सिद्धान्त
(Hypothalamic Theory)

कैनन एवं बार्ड नामक दो प्रसिद्ध शरीर-वैज्ञानिकों ने हाइपोथैलेमिक सिद्धान्त का प्रतिपादन किया। इस सिद्धान्त के अनुसार संवेगात्मक अनुभूति एवं संवेगात्मक व्यवहार स्वतन्त्र रूप से उत्पन्न होते हैं।

हाइपोथैलेमस में उत्पन्न आवेश एक ही साथ बृहन्मस्तिष्कीय बल्क तथा आन्तरिक अवयवों की मांसपेशियों (Muscles of the viscera) में जाते हैं। फलतः संवेगात्मक अनुभूति एवं संवेगात्मक व्यवहार करीब-करीब एक ही समय में होते हैं। स्पष्ट है कि यह सिद्धान्त हाइपोथैलेमस को संवेगों का केन्द्र मानता है। जेम्स-लाँजे सिद्धान्त की तरह हाइपोथैलेमिक सिद्धान्त संवेगों को शारीरिक परिवर्तनों का परिणाम नहीं मानता, वरन् संवेगात्मक अनुभूति एवं शारीरिक परिवर्तन, इन दोनों को एक-दूसरे से स्वतन्त्र मानता है।

हाइपोथैलेमिक सिद्धान्त के द्वारा जेम्स-लाँजे-सिद्धान्त की अनेक त्रुटियाँ दूर हो जाती हैं। सर्वप्रथम तो यह कि गर्दन में सुषुम्ना के टूट जाने से जेम्स-लाँजे-सिद्धान्त संवेगात्मक अनुभूति की सम्भावना नहीं मानता; क्योंकि ऐसी परिस्थिति में सभी अन्तरावयव-सम्बन्धी प्रतिक्रियाएँ रुक जाती हैं। किन्तु हाइपोथैलेमस की क्रियाएँ जारी रहती हैं। फलतः हाइपोथैलेमस से उत्पन्न आवेश बृहन्मस्तिष्कीय वल्क में चला जाता है और व्यक्ति को संवेगों की अनुभूति होती है। इस प्रकार स्पष्ट है कि जिसकी व्याख्या जेम्स-लाँजे-सिद्धान्त नहीं कर पाता, उसकी व्याख्या हाइपोथैलेमिक सिद्धान्त के आधार पर हो जाती है।

जेम्स-लाँजे-सिद्धान्त की एक दूसरी प्रधान त्रुटि भी हाइपोथैलेमिक सिद्धान्त द्वारा दूर हो जाती है। ऐड्रीनिन को इंजेक्शन के द्वारा खून में पहुँचाए जाने पर शारीरिक परिवर्तन तो होते हैं, किन्तु संवेगों की अनुभूति नहीं होती है। इसकी व्याख्या जेम्स-लाँजे-सिद्धान्त नहीं कर पाता। किन्तु हाइपोथैलेमिक सिद्धान्त इसकी व्याख्या सम्यक् प्रकार से करता है। इस सिद्धान्त के अनुसार संवेगों की अनुभूति

हाइपोथैलेमस में उत्पन्न आवेश के कारण होती है, न कि अन्तरावयव परिवर्तनों (Visceral changes) के कारण। अतएव स्पष्ट है कि संवेगात्मक अनुभूति स्वतन्त्र रूप से उत्पन्न होती है तथा वह अन्तरावयव परिवर्तनों पर नहीं निर्भर करती।

हाइपोथैलेमिक सिद्धान्त की विशेषताओं के उल्लेख के उपरान्त उसकी कुछ त्रुटियों की ओर भी पाठक का ध्यान आकृष्ट करना आवश्यक प्रतीत होता है। हाइपोथैलेमस को उत्तेजित करने से जो संवेगात्मक व्यवहार उत्पन्न होते हैं, वे स्वभावतः उत्पन्न संवेगात्मक व्यवहार की अपेक्षा क्षणिक होते हैं तथा उनमें समायोजन की क्षमता (Capacity of adjustment) भी बहुत कम मात्रा में पाई जाती है। इससे यह लक्षित होता है कि हाइपोथैलेमस के सिवा भी स्नायु-मण्डल के कुछ ऐसे भाग हैं, जो संवेगात्मक व्यवहार से सम्बन्धित हैं। जहाँ तक संवेगात्मक परिस्थिति के प्रति समायोजन का प्रश्न है, बृहन्मस्तिष्कीय वल्क की प्रधानता स्पष्ट है। बृहन्मस्तिष्कीय वल्क की ही यह देन है कि व्यक्ति संवेगात्मक परिस्थिति में संवेगात्मक व्यवहारों द्वारा अपने को सफलतापूर्वक समायोजित कर लेता है। हाइपोथैलेमिक सिद्धान्त में भी कितनी ही त्रुटियाँ हैं, जिनके कारण यह सिद्धान्त सर्वमान्य नहीं हो सकता।

संवेग-सिद्धान्तों के सम्बन्ध में निष्कर्ष

ऊपर जेम्स-लाँजे-सिद्धान्त तथा हाइपोथैलेमिक सिद्धान्त का विवेचन प्रस्तुत किया जा चुका है। उस विवेचन के आधार पर यह निष्कर्ष निकाला जा सकता है कि न तो जेम्स-लाँजे-सिद्धान्त ही संवेगात्मक अनुभूति एवं संवेगात्मक व्यवहार के सम्बन्ध में पूर्ण रूप से प्रकाश डालता है और न हाइपोथैलेमिक सिद्धान्त ही। वस्तुतः दोनों सिद्धान्तों के कथन में आंशिक सत्यता है, पूर्ण सत्यता किसी में नहीं। हम प्रायः संवेगात्मक अनुभूति के समय शारीरिक परिवर्तनों का भी अनुभव करते हैं। किन्तु ये शारीरिक परिवर्तन संवेगात्मक अनुभूति के लिए आवश्यक हैं, यह नहीं माना जा सकता है। इस प्रकार जेम्स-लाँजे-सिद्धान्त, जो संवेगात्मक अनुभूति के लिए शारीरिक परिवर्तनों को आवश्यक बतलाता है, आंशिक रूप में ही सत्य माना जा सकता है। ठीक यही बात हाइपोथैलेमिक सिद्धान्त के बारे में भी कही जा सकती है। इसमें कोई सन्देह नहीं कि हाइपोथैलेमस का संवेगात्मक व्यवहार में प्रधान हाथ रहता है, किन्तु हाइपोथैलेमस को संवेगों का केंद्र मानना विवादास्पद है। हाइपोथैलेमिक सिद्धान्त के अनुसार हाइपोथैलेमस ही संवेगों का केंद्र है। अतः इस सिद्धान्त में भी आंशिक सत्यता ही प्रतीत होती है। अन्त में, यह कह देना भी समीचीन प्रतीत होता है कि वही सिद्धान्त संवेगों की सम्यक् रूप से व्याख्या कर सकता है, जिसमें इन दोनों सिद्धान्तों की कुछ आवश्यक बातों का सुन्दर समन्वय हो और जो संवेग-सम्बन्धी अनुसंधानों पर आधारित हो।

सन्दर्भ

1. "An acute disturbance of the individual as a whole, psychological in origin, involving behaviour, conscious experience and visceral functioning." —Young, P.T. : Emotion in Man and Animal/New York Wiley, 1934, p. 60.
2. Charles Darwin : The Expression of Emotion in Man and Aninals, 1872.
3. "Little can be determined of an emotional state in another individual from the perception of an abstracted facial expression completely divorced from a general, total stimulus situation. If a stimulus situation is indicated, the emotional state is judged in accordance with that situation rather than in accordance with the facial expression."—Fernberger.
4. "Reading facial expression is mostly a myth and that we depend in real life on the situation in which a person is placed and what he says and does rather than on his face to reveal his emotions."—Woodworth, R.S. : Experimental Psychology, p. 249.
5. "Emotion is characterized by autonomic function rather than by sympathetic function alone."—Young, P.T.
6. Masserman, J.H. : Behaviour and Neurosis, Chicago, University of Chicago Press, 1943, p. 35.
7. "My theory—is that the bodily changes follow directly the perception of the exciting fact, and that our feeling of the same changes as thy occur is the emotion."—James, W. : Psychology: 'Briefer course', New York, Holt, 1908, p. 373.
8. "We feel sorry because we cry, angry because we strike, afraid because we tremble, and not that we cry, strike or tremble because we are sorry, angry or fearful as the case may be." James, W. : Psychology : Briefer course, New York, Holt, 1908, p. 373.

17

बुद्धि

बुद्धि का स्वरूप

बुद्धि की परिभाषा तथा स्वरूप के सम्बन्ध में मत-मतान्तरों की एक दीर्घ परम्परा है। प्रायः इसकी परिभाषा निर्धारित करने के पहले ही मनोवैज्ञानिकों ने बुद्धि-परीक्षण (Intelligence tests) का निर्माण कर मनुष्य की बौद्धिक क्षमता को मापने की चेष्टा की है। इस प्रकार बुद्धि की परिभाषा निश्चित होने के पहले ही मानसिक परीक्षण-आन्दोलन (Mental testing movement) प्रारम्भ हो गया। इस आन्दोलन की आलोचना करते हुए बोरिंग (Boring) ने कहा है–"परीक्षण जो परीक्षा करते हैं, वही बुद्धि है।"[1] इसी तरह का विचार एक दूसरे मनोवैज्ञानिक हिलगार्ड (Hilgard) ने भी व्यक्त किया। बुद्धि-परीक्षण-आन्दोलन की ओर संकेत करते हुए उन्होंने कहा है–"बुद्धि-परीक्षण जो कुछ मापता है, वही बुद्धि है।"[2] अतः बुद्धि के सच्चे स्वरूप को समझने के लिए बुद्धि-परीक्षण (Intelligence tests) के इतिहास पर दृष्टिपात करना अनिवार्य है।

Sir Francis गाल्टन (Galton) और कैटेल (Cattell) का विश्वास था कि उनके परीक्षणों द्वारा मानसिक क्षमता (Mental capacity) के आधारभूत तत्त्वों (Basic units) की माप हो जाती है। किन्तु बुद्धि की माप तब तक जनप्रिय न हो सकी, जब तक एल्फ्रेड बीने (Alfred Binet) के परीक्षण लोगों के समक्ष न आ गए। बीने के बुद्धि-परीक्षणों ने लोगों को अपनी ओर आकर्षित किया; क्योंकि अध्यापन-कार्य में वे बड़े उपयोगी सिद्ध हुए। बीने के बुद्धि-परीक्षणों के आधार पर विभिन्न अवस्थाओं के बच्चों में भेद करना तथा उन्हें वर्ग-स्तरों (Grade levels) में बाँटना आसान हो गया। फलतः स्कूल में विभिन्न अवस्थाओं के बच्चों की प्रगति का पूर्वकथन (Prediction) सम्भव हो गया। यद्यपि बुद्धि के सम्बन्ध में बीने का सैद्धान्तिक दृष्टिकोण कुछ अस्पष्ट था, पर उनके बुद्धि-परीक्षण को दृष्टि में रखते हुए कहा

जा सकता है कि बुद्धि के सम्बन्ध में उनका सैद्धान्तिक दृष्टिकोण सार्वभौम (Global) था। उनका कहना था कि बुद्धि एक सामान्य क्षमता (General capacity) है। बुद्धि का यह सार्वभौम विचार (Global concept) सफल जान पड़ा तथा बीने के बाद यह क्रमशः स्थापित होता गया।

परिभाषाएँ

बुद्धि की कई प्रकार की परिभाषाएँ की गई हैं। फ्रीमैन (Freeman) ने उन सभी परिभाषाओं को चार वर्गों में बाँटा है। प्रथम वर्ग की परिभाषाएँ व्यक्ति के सम्पूर्ण वातावरण अथवा उसके पहलुओं के प्रति उसके समायोजन पर जोर देती हैं।[3] दूसरे वर्ग की परिभाषाएँ सीखने की योग्यता को बुद्धि की प्रधान विशेषता के रूप में स्वीकार करती हैं। इस विचार से प्रभावित होकर मनोवैज्ञानिकों ने कई अनुसंधान किए हैं। उन्होंने बुद्धि-परीक्षण-फलांक (Intelligence test scores) तथा सीखने की गति (Rate of learning) में सह-सम्बन्ध (Correlation) पाया है। अतः यह कहा जा सकता है कि बुद्धि और सीखने की योग्यता में विध्यात्मक सम्बन्ध (Positive relation) है। तीसरे वर्ग की परिभाषाएँ बुद्धि को अमूर्त्त चिन्तन (Abstract thinking) की योग्यता मानती हैं।[4] इस सम्बन्ध में कई अध्ययन हुए हैं। समस्या-समाधान-सम्बन्धी पाठ (Problem-solving tasks), जिनमें अमूर्त्त चिन्तन की आवश्यकता पड़ती है, की तुलना बुद्धि-परीक्षण-लब्धांक से की गई है। बुद्धि-परीक्षण-लब्धांक के साथ इनका निश्चित रूप से सह-सम्बन्ध पाया गया है। आधुनिक बुद्धि-परीक्षण बुद्धि में निहित अमूर्त्त चिन्तन पर ही अधिक जोर देते हैं। चौथे तथा अन्तिम वर्ग की परिभाषाओं का क्षेत्र अधिक विस्तृत है; क्योंकि इनमें पहले तीन वर्गों की परिभाषाएँ अन्तर्भुक्त हैं। उदाहरण के लिए, वेस्लर (Wechsler) की परिभाषा को लें। उनके अनुसार अभिप्राय-युक्त कार्य करने, तर्कयुक्त चिन्तन करने तथा अपने वातावरण के साथ प्रभावपूर्ण ढंग से व्यवहार करने की सम्पूर्ण अथवा सार्वभौम क्षमता ही बुद्धि है।[5] स्टोड्डार्ड (Stoddard) ने भी बुद्धि की एक ऐसी ही परिभाषा दी है, जिसमें पूर्वोल्लिखित परिभाषाओं की प्रायः सभी बातें आ गई हैं।[6]

उपर्युक्त परिभाषाओं पर दृष्टिपात करने से यह स्पष्ट हो जाता है कि जो बुद्धि-परीक्षण (Intelligence tests) उपलब्ध हैं, वे बुद्धि के सभी पहलुओं की माप नहीं कर पाते। फलतः बुद्धि की परिभाषाओं और बुद्धि की वास्तविक मापों (Measurements) में पूर्ण सामंजस्य नहीं दीख पड़ता। बुद्धि की परिभाषाओं की समीक्षा करते हुए यह कहा जा सकता है कि बुद्धि की परिभाषाएँ किसी-न-किसी रूप में यह स्वीकार करती हैं कि बुद्धि एक प्रकार की सामान्य विशेषता (General attribute) है, जो प्रत्येक व्यक्ति में पाई जाती है तथा यह निर्णय करती है कि वह किस प्रकार विभिन्न समस्या-परिस्थितियों (Problem-situations) के साथ प्रभावपूर्ण

ढंग से व्यवहार करने में समर्थ हो सकेगा। बुद्धि-सम्बन्धी यही परिभाषा अधिक लोगों को मान्य है। अब बुद्धि के स्वरूप के सम्बन्ध में कुछ सैद्धान्तिक दृष्टिकोणों पर विचार उपस्थित किए जाएँगे।

बुद्धि-सम्बन्धी प्रमुख सिद्धान्त

अठारहवीं तथा उन्नीसवीं शताब्दियों में दार्शनिकों ने मानसिक न्यूनता (Mental deficiency) पर विचार करते हुए बुद्धि के स्वरूप पर प्रकाश डाला। अब उनके विचारों का ऐतिहासिक महत्त्व-मात्र रह गया है। यहाँ बुद्धि के आधुनिक सिद्धान्त के रूप में स्पीयरमैन (Spearman) के द्वि-तत्त्व सिद्धान्त (The two-factor theory) का उल्लेख किया जाएगा।

स्पीयरमैन का द्वि-तत्त्व-सिद्धान्त (Spearman's two-factor theory)–स्पीयरमैन ने बुद्धि का अपना प्रथम विश्लेषण सन् 1904 ई. में प्रकाशित किया। बाद में उन्होंने इसे परिमार्जित रूप दिया। उनके विस्तृत एवं परिमार्जित विचार 'मनुष्य की योग्यताएँ' (The Abilities of Man) नामक पुस्तक में प्रकाशित हुए। उनके अनुसार बौद्धिक योग्यताओं का विश्लेषण करने पर उनमें दो प्रकार के तत्त्व पाए जाते हैं–एक को उन्होंने सामान्य तथा दूसरे को विशिष्ट तत्त्व कहा है। सामान्य तत्त्व (General or 'G' Factor) सभी प्रकार की मानसिक क्रियाओं में निहित समझा जाता है, किन्तु विशिष्ट तत्त्व विशेष प्रकार की क्रिया में ही पाया जाता है। विभिन्न क्रियाओं के लिए भिन्न-भिन्न प्रकार के विशिष्ट तत्त्व ('S' factors) होते हैं। उदाहरण के लिए संगीतात्मक योग्यता, गणितात्मक योग्यता तथा यान्त्रिक योग्यता (Mechanical ability), ये सभी मुख्यतः बुद्धि के विशिष्ट तत्त्वों पर निर्भर करती हैं। यदि संगीतात्मक योग्यता का विश्लेषण किया जाए, तो यह जान पड़ेगा कि वह दो बातों पर निर्भर है–1. कुछ मात्रा में बुद्धि के सामान्य तत्त्व की उपस्थिति तथा 2. अत्यधिक मात्रा में बुद्धि के विशिष्ट तत्त्वों, जैसे कोटि, अर्थात् ध्वनि का चढ़ाव-उतार (Pitch), तीव्रता (Intensity), नाद-गुण (Timbre), संगीतात्मक स्मृति (Musical memory), लय (Rythm) इत्यादि का विद्यमान रहना। स्पीयरमैन के अनुसार महान् संगीतज्ञ वही हो सकता है, जिसमें अधिक मात्रा में सामान्य तत्त्व तथा वे विशिष्ट तत्त्व, जो संगीतात्मक क्रियाओं में निहित रहते हैं, पाए जाएँ। इससे यह स्पष्ट है कि सामान्य तत्त्व सभी प्रकार की मानसिक क्रियाओं को प्रभावित करते हैं, किन्तु विशिष्ट तत्त्वों से विशेष प्रकार की क्रियाएँ प्रभावित होती हैं।

सामान्य तत्त्व को स्पीयरमैन ने 'मानसिक शक्ति' (Mental energy) कहा है। बुद्धि को लेकर जो व्यक्ति-विभिन्नताएँ पाई जाती हैं, उनकी व्याख्या में स्पीयरमैन ने सामान्य तत्त्व के अतिरिक्त विशिष्ट तत्त्वों का विचार भी आवश्यक माना है। कारण यदि दो व्यक्तियों का सामान्य बौद्धिक स्तर (General intellectual level)

एक-सा हो, तो भी दोनों में अन्तर पाया जाता है, जो विशिष्ट तत्त्वों के कारण ही सम्भव है। यहाँ यह उल्लेख्य है कि यद्यपि स्पीयरमैन ने बुद्धि के दो तत्त्वों का उल्लेख किया है, किन्तु बुद्धि के सच्चे परिचायक के रूप में उन्होंने सामान्य तत्त्व को ही स्वीकार किया है। उन्होंने सामान्य तत्त्व का बुद्धि के साथ तादात्म्य (Indentification) स्थापित किया है। स्पीयरमैन के इस दृष्टिकोण का रेक्स नाइट (Rex Knight) ने भी समर्थन किया है। उन्होंने कहा है–

"यह सामान्य तत्त्व प्रमुख है; क्योंकि हम इसका बुद्धि के साथ तादात्म्य स्थापित कर सकते हैं। स्पीयरमैन स्वतः इसे 'जी' कहते हैं...तो भी वह प्रत्यक्षतः इसका बुद्धि के साथ एक से अधिक अध्यायों में तादात्म्य स्थापित करते हैं, और जैसा कि हम देखेंगे, यह तादात्म्य पूर्णतः उचित भी है।"

स्पीयरमैन का द्वि-तत्त्व-सिद्धान्त भी सभी मनोवैज्ञानिकों को मान्य नहीं है। थौर्नडाइक (Thorndike), टॉमसन (Thompson) तथा थर्स्टन (Thurston) इत्यादि मनोवैज्ञानिकों ने इसकी आलोचना की है तथा बुद्धि के स्वरूप पर अपने-अपने ढंग से प्रकाश डाला है।

थौर्नडाइक का बहुतत्त्व या संश्लेषणात्मक सिद्धान्त
(Thorndike's Multifactor or Synthetic Theory)

थौर्नडाइक ने स्पीयरमैन के सिद्धान्त की आलोचना करते हुए बुद्धि के बहुतत्त्व या संश्लेषणात्मक सिद्धान्त का प्रतिपादन किया। उन्होंने बुद्धि के सामान्य तत्त्व के बदले बौद्धिक योग्यता में निहित विशिष्ट क्रियाओं (Specific acts) को मान्यता दी। उन्होंने बतलाया कि उन विशिष्ट क्रियाओं में कुछ सामान्य बातें भी पाई जा सकती हैं। ऐसी स्थिति में बुद्धि के विभिन्न परीक्षणों में अन्तर-सहसम्बन्धों (Inter-correlations) का पाया जाना स्वाभाविक ही है। स्पष्ट है कि विभिन्न बुद्धि-परीक्षणों में पाए जानेवाले अन्तर-सहसम्बन्धों की थौर्नडाइक द्वारा की गई व्याख्या स्पीयरमैन की व्याख्या से भिन्न है।

थौर्नडाइक के अनुसार बुद्धि का निर्माण कई पृथक्-पृथक् तत्त्वों से होता है। वे बुद्धि को सामान्य नहीं मानते, वरन् बुद्धि में निहित विशिष्ट कार्यों का उल्लेख करते हैं। उन्होंने बुद्धि को तीन विस्तृत प्रकारों में बाँटने की चेष्टा की है। वे ये हैं–1. सामाजिक बुद्धि (Social intelligence), 2. मूर्त्त बुद्धि (Concrete intelligence) तथा 3. अमूर्त्त बुद्धि (Abstract intelligence)। स्पष्टतः यह वर्गीकरण मानसिक संगठन (Mental organization) का नहीं, प्रत्युत कार्यों के प्रकारों का है। कार्यों के प्रकारों के आधार पर ही तीन प्रकार की बुद्धि मान ली गई है। थौर्नडाइक का कहना है कि मानसिक संगठन का निर्माण सरल बौद्धिक क्रियाओं के समूह से होता है।

स्पीयरमैन और थौर्नडाइक के सैद्धान्तिक दृष्टिकोण में अन्तर है, पर जहाँ तक वास्तविक बुद्धि-माप का प्रश्न है, दोनों में कोई मौलिक अन्तर नहीं जान पड़ता। बुद्धि-माप के जैसे मानदण्डों में थौर्नडाइक की अभिरुचि थी, स्पीयरमैन ने भी मूलतः वैसे ही मानदण्ड अपनाए थे।

टॉमसन (Thompson, 1939) ने भी स्पीयरमैन के सिद्धान्त की आलोचना की, पर उन्होंने भी सामान्य तत्त्व के व्यावहारिक महत्त्व को स्वीकार किया। उन्होंने स्पीयरमैन की आलोचना करते हुए बतलाया है कि कई बुद्धि-परीक्षणों में जो अन्तर-सहसम्बन्ध पाए जाते हैं, उनका कारण सामान्य तत्त्व नहीं, बल्कि कुछ स्वतन्त्र तत्त्वों का सामान्य रूप में उन सभी बुद्धि-परीक्षणों में पाया जाना है। जब ये सभी बुद्धि-परीक्षण कुछ एक ही प्रकार के स्वतन्त्र तत्त्वों को मापते हैं, तब ऐसा लगता है कि वे एक ही सामान्य तत्त्व की माप कर रहे हैं। किन्तु वास्तविकता यह है कि वे किसी एक ही सामान्य तत्त्व की माप नहीं करते।

बुद्धि का तात्त्विक दृष्टिकोण
(Factorial Approach of Intelligence)

तात्त्विक दृष्टिकोण को अपनाकर बुद्धि के सम्बन्ध में अध्ययन करने वाले मनोवैज्ञानिकों में थर्स्टन का नाम उल्लेख्य है। उनका अध्ययन बुद्धि के अनेक परीक्षणों के बीच पाए जाने वाले अन्तर-सहसम्बन्धों (Inter-correlations) पर आधारित था। उन्होंने अपने अध्ययन में स्पीयरमैन की अपेक्षा परिगणनात्मक विश्लेषण (Statistical analysis) की अधिक उन्नत पद्धतियों (Improved techniques) को अपनाया था। फलतः वे बुद्धि के स्वरूप के सम्बन्ध में स्पीयरमैन से भिन्न निष्कर्ष पर पहुँचे। उन्होंने एक बुद्धि-परीक्षण प्रकाशित किया, जो अनेक तत्त्व-विश्लेषण-पद्धति (Factor analysis technique) के परिणामों पर आधारित था। तत्त्व-विश्लेषण-पद्धति (Factor analysis technique) का प्रयोग प्रसिद्ध मनोवैज्ञानिक कैटेल (Cattell, 1946) ने व्यक्तित्व के अध्ययन में किया। यहाँ तत्त्व-विश्लेषण-पद्धति का विशद विवेचन अपेक्षित नहीं, पर संक्षेप में यह बतला देना उचित जान पड़ रहा है कि यह पद्धति बौद्धिक क्रिया में होने वाले परिवर्तनों (Variations) की व्याख्या में सहायता प्रदान करती है। यह कम-से-कम संख्या में ऐसे तत्त्वों का निर्णय करती है, जिनके आधार पर बौद्धिक क्रिया में होने वाले परिवर्तनों की व्याख्या की जा सकती है।

थर्स्टन (Thurston) के अनुसार बौद्धिक क्रिया कई तत्त्वों की अभिव्यक्ति है, न कि केवल एक सामान्य तत्त्व की। उन्होंने बुद्धि-परीक्षण-निर्माण के दो प्रधान लक्ष्यों का उल्लेख किया–1. बुद्धि के प्रारम्भिक तत्त्वों का पृथक्करण तथा 2. ऐसे बुद्धि-परीक्षणों का निर्माण, जो सभी तत्त्वों की अलग-अलग परीक्षा करने में समर्थ हों। प्रारम्भ में (सन् 1935, 1938 ई.) उन्होंने कई ऐसे तत्त्वों को घोषित किया।

किन्तु बाद में अपने विचारों में संशोधन कर इस प्रकार के छः तत्त्वों का ही उल्लेख किया। वे ये हैं–1. स्थानिक (Spatial), 2. सांख्यिक (Numerical), 3. वाचिक सम्बन्ध (Verbal relation), 4. स्मृति (Memory), 5. वाक्पटुता (Word fluency); 6. विचार-शक्ति (Resaoning)।

तत्त्व-विश्लेषण-पद्धति को अपनाकर केली (Kelley) ने भी बुद्धि के स्वरूप का अध्ययन किया। उन्होंने बुद्धि-निर्माण के निम्नांकित तत्त्वों का उल्लेख किया है–

1. वाचिक योग्यता (Verbal ability)
2. सांख्यिक योग्यता (Numerical ability)
3. स्थानिक सम्बन्धों के साथ सफल व्यवहार करने की क्षमता (Ability to deal with spatial relations)
4. क्रियात्मक योग्यता (Motor ability)
5. संगीतात्मक मेधा (Musical talent)
6. यान्त्रिक योग्यता (Mechanical ability)
7. सामाजिक बुद्धि (Social intelligence)
8. अभिरुचियाँ (Interests)
9. शारीरिक बल (Physical strength)

उपर्युक्त विवेचन से यह स्पष्ट है कि बुद्धि के स्वरूप के सम्बन्ध में मनोविज्ञानवेत्ता एकमत नहीं हैं। कुछ मनोवैज्ञानिकों ने तो बुद्धि-निर्माण में अबौद्धिक तत्त्वों (Non-intellective factors) तक की चर्चा की है। ऐसे मनोवैज्ञानिकों में वेस्लर तथा गुडएनफ (Goodenough) के नाम उल्लेखनीय हैं। वेस्लर ने बुद्धि को सम्पूर्ण व्यक्तित्व की एक क्रिया माना है। उन्होंने बुद्धि में संवेगात्मक तथा इच्छात्मक पहलुओं को भी स्थान दिया है।[7] बुद्धि के स्वरूप के सम्बन्ध में गुडएनफ की भी कुछ ऐसी ही धारणा है। उन्होंने बुद्धि की व्याख्या के लिए आत्म-नियन्त्रण, आकांक्षा के स्तर, उपलब्धि में अभिरुचि तथा उत्साह आदि तत्त्वों को आवश्यक माना है।[8]

बुद्धि-माप
(Measurement of Intelligence)

बुद्धि के प्रारम्भिक परीक्षण (Early Tests of Intelligence)–वैयक्तिक विभिन्नताओं (Individual differences) के स्वरूप तथा उनके कारणों को जानने की अभिरुचि जैसे-जैसे बलवती होती गई, वैसे-वैसे मनुष्य की बौद्धिक योग्यताओं की माप के लिए भी समुचित एवं वैज्ञानिक पद्धतियों का निर्माण होता गया। उन्नीसवीं शताब्दी के उत्तरार्द्ध में सर फ्रैंसिस गाल्टन (Sir Francis Galton) ने कई प्रकार के ऐन्द्रिक परीक्षणों (Sensory tests) का निर्माण किया, जिनके द्वारा उन्होंने ऐन्द्रिक विभेदीकरण

(Sensory discrimination), ऐन्द्रिक प्रत्यक्षीकरण (Sensory perception) तथा ऐन्द्रिक तीक्ष्णता (Sensory acuity) की माप की। ये परीक्षण प्रधान रूप से ऐन्द्रिक कार्यों (Sensory performances) की ही माप करते थे, किन्तु व्यक्ति की प्रतिक्रियाओं से भी इनका निश्चित सम्बन्ध था। इनका प्रयोग कुछ इस प्रकार के मानव-व्यवहारों की माप के लिए भी किया गया, जिनमें कुछ हद तक मानसिक योग्यता की आवश्यकता होती है। अतः इन्हें बुद्धि-परीक्षण का अग्रदूत कह सकते हैं।

अमरीका के प्रसिद्ध मनोवैज्ञानिक कैटेल (Cattell, 1890) ने भी कुछ मानसिक परीक्षणों (Mental tests) का निर्माण किया। अपने परीक्षणों के आधार पर उन्होंने कोलम्बिया-विश्वविद्यालय के विद्यार्थियों में वैयक्तिक विभिन्नताओं का अध्ययन किया। इन परीक्षणों द्वारा प्रतिक्रिया की गति (Speed of reaction), ऐन्द्रिक तीक्ष्णता (Sensory acuity), स्मृति (Memory) तथा सरल मानसिक क्रियाओं की माप की गई। कैटेल की अभिरुचि इस बात की खोज में थी कि वैयक्तिक विभिन्नताएँ किस हद तक पाई जाती हैं और उनका क्या स्वरूप होता है। अतः मानसिक परीक्षणों के व्यावहारिक उपयोग पर उनका ध्यान नहीं गया।

बीने-साइमन-बुद्धि-परीक्षण
(Binet-Simon Intelligence Test)

सन् 1880 ई. के कुछ पहले फ्रांस के प्रसिद्ध मनोवैज्ञानिक अल्फ्रेड बीने (Alfred Binet) पाठशाला में पढ़ने वाले बच्चों की मनोवैज्ञानिक क्रियाओं का अनुसंधान कर रहे थे। अनुसंधान के सिलसिले में उन्होंने पाया कि अल्पबुद्धि बच्चों को विशेष प्रकार की कक्षाओं में रखकर उनकी योग्यता के अनुकूल दी गई शिक्षा ही उपयोगी हो सकती है। सन् 1904 ई. में एक जाँच-सभा बनाई गई, जिसका उद्देश्य था पेरिस की पाठशाला में पढ़ने वाले उन अल्पबुद्धि बच्चों का अध्ययन, जो पाठशाला के अध्ययन से लाभ उठाने में असमर्थ थे। बीने उस जाँच-सभा में नियुक्त किए गए। जाँच-सभा के सामने सबसे बड़ी समस्या यह थी कि वह पता लगाए कि कितने बच्चे बुद्धि की कमी के कारण पाठशाला में असफल होते हैं और कितने अनुप्रेरणा की कमी के कारण। अतः एक ऐसे मानदण्ड की आवश्यकता जान पड़ी, जिनके द्वारा बुद्धि की जाँच की जा सके। बीने ने बतलाया कि ऐसे मानदण्ड का निर्माण किया जा सकता है, जिसमें मनोवैज्ञानिक परीक्षणों (Psychological tests) का एक क्रम (Series) हो और सभी परीक्षण समान कठिनाई के न होकर विभिन्न कठिनाइयों के हों। ऐसे मानदण्ड द्वारा प्रत्येक व्यक्ति के बौद्धिक स्तर की माप की जा सकती है। उन्होंने साइमन के सहयोग से एक ऐसा मानदण्ड तैयार किया, जो बीने-साइमन-मानदण्ड (Binet-Simon-scale) के नाम से प्रसिद्ध है। सन् 1905 ई. में प्रथम बार बीने-साइमन मानदण्ड प्रकाशित हुआ। उस मानदण्ड में तीस क्रियाओं (Tasks) का समावेश

किया गया। सरलतम क्रिया, फिर अपेक्षाकृत कठिन क्रिया और अन्ततोगत्वा सबसे कठिन क्रिया को स्थान दिया गया। इस मानदण्ड का प्रयोग अल्पबुद्धि तथा पाठशाला में औसत प्रगति करने वाले, दोनों ही प्रकार के बच्चों पर किया गया। इस अध्ययन के आधार पर ही बीने तथा साइमन ने विभिन्न अवस्था-स्तरों (Age-levels) के लिए प्रतिमान (Norms) स्थापित किए।

बीने और साइमन ने बुद्धि-परीक्षणों के आधार पर पाठशाला के बच्चों के मानसिक विकास का अध्ययन किया। यदि कोई पाँच वर्ष का बच्चा मानदण्ड की केवल प्रथम नौ क्रियाओं का ही सफल सम्पादन कर पाता है, जो औसत तीन वर्ष के बच्चे भी कर लेते हैं, तो यह कहा जाएगा कि वह अपने मानसिक विकास में दो वर्ष पीछे है। इसी प्रकार, यदि पाठशाला का कोई बच्चा छः प्रथम क्रियाओं से अधिक का सफल सम्पादन नहीं कर पाता, जो जड़ (Idiot) के द्वारा भी कर लिये जाते हैं, तो निश्चय ही उसे जड़ समझना उपयुक्त होगा।

बीने और साइमन ने अपने मौलिक मानदण्ड की त्रुटियों को दूर करने की दृष्टि से उसमें कई प्रकार के संशोधन किए। संशोधित मानदण्ड सन् 1908 ई. और फिर सन् 1911 ई. में प्रकाशित हुआ। इसमें निम्नांकित संशोधन किए गए–

1. मानदण्ड में प्रयुक्त तीस क्रियाओं (Tasks) को बढ़ाकर चौवन कर दिया गया।

2. वे क्रियाएँ, जो विशिष्ट निपुणता (Special skill) पर निर्भर करने वाली थीं, यथासम्भव हटा दी गईं।

3. विभिन्न अवस्था-स्तरों (Age-levels) को दृष्टिकोण में रखकर क्रियाओं का समावेश किया गया। तीन वर्ष से लेकर प्रौढ़ावस्था (Adulthood) तक के निश्चित बुद्धि-परीक्षणों का निर्माण किया गया। यहाँ यह उल्लेख्य जान पड़ता है कि अवस्था-विशेष के लिए निर्धारित परीक्षण में उन्हीं विषयों (Items) का समावेश किया जाता है, जो उस अवस्था से कम अवस्था वाले बच्चों के लिए काफी कठिन हों तथा उससे अधिक अवस्था वाले बच्चों के लिए अति सरल हों।

स्टैनफोर्ड-बीने-मानदण्ड
(Stanford-Binet Scale)

टर्मन (Terman) ने बीने-साइमन-मानदण्ड (Benet-Simon-scale) का संशोधन कर उसे स्टैनफोर्ड-बीने-मानदण्ड के नाम से सन् 1916 ई. में प्रकाशित किया। टर्मन और मेरिल (Merril) ने पुनः उसमें संशोधन किया। वह संशोधित स्टैनफोर्ड-बीने-मानदण्ड सन् 1937 ई. में प्रकाशित हुआ। उसकी निम्नांकित विशेषताओं का उल्लेख अनिवार्य जान पड़ता है–

1. उस मानदण्ड में परीक्षण-सम्बन्धी अधिक विषयों का समावेश किया गया।

2. उसे दो वर्ष से लेकर चौदह वर्ष की आयु के लिए उपयुक्त बनाया गया।

3. उस मानदण्ड में दो वर्ष से लेकर चार वर्ष तक की आयु के बच्चों के लिए दो प्रकार के परीक्षणों को स्थान दिया गया, वार्षिक तथा अर्द्धवार्षिक।

4. प्रौढ़ावस्था के व्यक्तियों की परीक्षा के लिए उसमें कई नए विषयों को शामिल किया गया।

5. प्रत्येक अवस्था-स्तर के लिए छः या आठ विषय रखे गए।

6. उस मानदण्ड में समान कठिनाई के दो फॉर्म का प्रयोग किया गया। इससे परीक्षा करने वाले को लाभ यह होता है कि वह किसी भी व्यक्ति की बुद्धि-परीक्षा थोड़े समय के ही भीतर दो बार कर सकता है।

मौलिक बीने-साइमन-बुद्धि-परीक्षण तथा उनके अनेक संशोधित रूपों को वाचिक वैयक्तिक बुद्धि-परीक्षणों (Verbal individual intelligence tests) के अन्तर्गत रखा जा सकता है। इस प्रकार के परीक्षण की विशेषता यह है कि किसी एक समय में एक ही व्यक्ति की बुद्धि-परीक्षा की जाती है। अतः यह स्वाभाविक ही है कि व्यक्ति-विशेष के सम्बन्ध में विश्वसनीय सूचनाएँ प्राप्त हों। इस विशेषता के साथ-ही-साथ इसमें कुछ त्रुटियाँ भी हैं–

1. इस परीक्षण में अधिक समय व्यय होता है; क्योंकि किसी एक समय में केवल एक ही व्यक्ति की परीक्षा हो सकती है।

2. इसका प्रयोग बहुत कुशल विशेषज्ञ ही कर सकता है, साधारण परीक्षक नहीं।

3. प्रयोज्य (Subject) को निर्देश (Instructions) देना, उसके प्रत्युत्तरों को लिख लेना तथा उनका मूल्यांकन करना, सर्वसुलभ नहीं है। यह बहुत-कुछ परीक्षक की विचार-शक्ति तथा उसके समायोजनों पर निर्भर है।

4. प्रयोज्य की मनोवृत्ति तथा उनके प्रत्युत्तरों के निर्णय में परीक्षक के व्यक्तित्व का प्रभाव सम्भावित है।

शैफर (Shaffer) और लेजारस (Lazarus) ने बीने-साइमन-बुद्धि-परीक्षण की आलोचना करते हुए निम्नांकित बातों का उल्लेख किया है–

1. बीने-साइमन-बुद्धि-परीक्षण जन्मजात योग्यता की जाँच नहीं करता। इसमें वाचिक विषयों (Verbal items) का प्रयोग किया जाता है, जो शैक्षिक तथा सांस्कृतिक अनुभवों से प्रभावित होते हैं।

2. बुद्धि-फलांक (Intelligence score) की व्याख्या में उन अबौद्धिक तत्त्वों (Non-intellective factors) पर, जो बौद्धिक क्रिया को प्रभावित करते हैं, विचार नहीं किया जाता। उदाहरणार्थ, बुद्धि-फलांक की व्याख्या में हठ, आत्मविश्वास, चंचलता इत्यादि व्यक्तित्व की विशेषताओं पर कोई विचार नहीं किया जाता।

3. यह परीक्षण चौदह या पन्द्रह वर्ष की आयु से ऊपर के व्यक्तियों के

लिए अनुपयुक्त है।

4. यह मानसिक योग्यता की माप का एक ही सूचनांक (Index) उपस्थित करता है। इसमें विभिन्न प्रकार की बौद्धिक क्रियाओं के लिए विभिन्न मापों (Measures) की गुंजाइश नहीं।

5. इसके आधार पर शैक्षिक उपलब्धि (Academic achievement) का पूर्वकथन सदा एक-सा नहीं होता।

6. इसके आधार पर प्राप्त बुद्धि-लब्धि (I.Q.) बुद्धि का एक दुर्बल मानदण्ड है।

वाचिक सामूहिक बुद्धि-परीक्षण
(Verbal Group Tests of Intelligence)

कम समय में अधिकाधिक व्यक्तियों की बुद्धि की जाँच की आवश्यकता ने मनोवैज्ञानिकों का ध्यान सामूहिक बुद्धि-परीक्षणों (Group intelligence tests) की ओर आकृष्ट किया। स्टैनफोर्ड-बीने-परीक्षण में अति कुशल परीक्षक को भी प्रत्येक व्यक्ति की जाँच में लगभग एक घण्टा समय लग जाता है। सामूहिक बुद्धि-परीक्षणों में एक ही साथ अनेक व्यक्तियों की जाँच हो जाती है। सभी व्यक्तियों को एक ही तरह के रिक्त पत्र (Blanks) दिए जाते हैं, जिनमें कुछ रिक्त स्थान होते हैं। सभी को ठीक एक ही तरह के निर्देश (Instructions) दिए जाते हैं। सभी को निर्देशन-पुस्तिका (Manual of direction) से एक-एक शब्द सावधानीपूर्वक पढ़ना पड़ता है। सभी को रिक्त पत्र के रिक्त स्थानों की पूर्ति के लिए बराबर समय दिया जाता है। परीक्षण के अन्त में परीक्षक एक ही टीका (Key) के सहारे सभी रिक्त पत्रों के लब्धांक (Score) निकालता है। लब्धांक प्रायः विशेष प्रकार की मशीन द्वारा निकाला जाता है। फलतः आत्मनिष्ठ निर्णय (Subjective Judgment) की गुंजाइश नहीं रह जाती और कई कुशल परीक्षकों की भी आवश्यकता नहीं होती।

सन् 1917-18 ई. में अमरीका के सैनिकों की जाँच के लिए सामूहिक बुद्धि-परीक्षणों की आवश्यकता जान पड़ी। प्रथम विश्व-महायुद्ध के शुरू होने के पहले ही अमरीका के कुछ मनोवैज्ञानिक ऐसे बुद्धि-परीक्षणों का निर्माण कर रहे थे, जिनका प्रयोग व्यक्तियों के समूह पर किया जा सके। अतः विश्व-महायुद्ध शुरू होने पर जब उन्हें सैनिकों की जाँच के लिए सामूहिक बुद्धि-परीक्षणों का निर्माण करना पड़ा, तब उन्हें कुछ सुगमता का अनुभव हुआ। पहले की उपलब्ध सामग्रियों के अतिरिक्त कुछ और नई सामग्रियाँ संग्रहीत कर उन्होंने दो प्रकार के सामूहिक बुद्धि-परीक्षणों का निर्माण किया–1. 'आर्मी-अल्फा' (Army Alpha), तथा 2. 'आर्मी-बीटा' (Army Beta)। 'आर्मी-अल्फा' का प्रयोग पढ़े-लिखे लोगों पर किया गया तथा 'आर्मी-बीटा' का निरक्षर लोगों पर। परीक्षणों के परिणामों (Results) से ये बातें ज्ञात हुईं–

1. ऐसे लोगों का पता चला, जो अपनी मन्दबुद्धिता के कारण सेना में कोई

भी स्थान पाने योग्य नहीं थे।

2. कुछ ऐसे मन्दबुद्धि लोग भी पाए गए, जिनके लिए कर्त्तव्य-सम्बन्धी सरल क्रियाओं का प्रशिक्षण (Training) आवश्यक प्रतीत हुआ।

3. कुछ ऐसे लोग भी थे, जिनमें अति कुशल विशेषज्ञ होने की क्षमता विद्यमान थी।

4. कुछ इस तरह के लोग भी पाए गए, जिनकी बुद्धि बड़े अफसर होने के लायक थी।

प्रथम विश्व-महायुद्ध में इन सामूहिक बुद्धि-परीक्षणों की सफलता के फलस्वरूप द्वितीय विश्व-महायुद्ध के पहले और जब द्वितीय महायुद्ध चल रहा था, तब युद्ध और नौसेना-विभागों (War and navy departments) ने सैनिकों के वर्गीकरण के लिए कुछ सामूहिक बुद्धि-परीक्षणों के निर्माणार्थ मनोवैज्ञानिकों को नियुक्त किया। सर्वोन्नत तथा सुविकसित परीक्षणों में दो के नाम उल्लेख्य हैं–1. नौसेना सामान्य वर्गीकरण परीक्षण (Navy general classification test or NGCT), तथा 2. सैन्य सामान्य वर्गीकरण परीक्षण (Army general classification test or AGCT)।

आज भी सैन्य सामान्य वर्गीकरण परीक्षण (AGCT) कई रूपों में विद्यमान है। क्रूज (Cruze) ने बतलाया है कि इसके द्वारा सन् 1941-46 ई. के बीच एक अरब से अधिक स्त्री-पुरुषों की जाँच की गई है। बाद में सैन्य सामान्य वर्गीकरण परीक्षण में संशोधन हुआ और सेना में उस संशोधित परीक्षण का प्रयोग किया गया। मौलिक सामान्य वर्गीकरण परीक्षण (Original AGCT) का प्रयोग सभ्य नागरिकों की बुद्धि-माप के लिए किया जाने लगा। जो फॉर्म अभी उपलब्ध हैं, उनका प्रयोग स्कूल और कॉलेज के प्रौढ़ विद्यार्थियों के समूहों पर किया जा सकता है। उनमें प्रधानतः तीन प्रकार के परीक्षण विषय हैं–1. शब्दकोश-समस्याएँ (Vocabulary Problems), जो वाचिक समझ (Verbal comprehension) की माप करती हैं, 2. अंकगणित-शब्द-समस्याएँ, (Arithmetic Word-Problems), जो संख्यात्मक चिन्तन (Quantitative thinking) की माप करती हैं तथा 3. ब्लॉक-परिगणन-समस्याएँ (Block counting problems), जिनके द्वारा स्थानिक चिन्तन (Spatial thinking), की माप की जाती है।

वाचिक सामूहिक बुद्धि-परीक्षण का प्रयोग–वाचिक सामूहिक बुद्धि-परीक्षण के सफल प्रयोग के लिए दो बातें अनिवार्य जान पड़ती हैं। पहली तो यह कि परीक्षक (Tester) को परीक्षण (Test) का सम्यक् ज्ञान हो और दूसरी यह कि परीक्षण सम्बन्धी निर्देशनों (Directions) से वह भली-भाँति परिचित हो। अतः यह अच्छा समझा जाता है कि परीक्षक पहले स्वयं अपनी परीक्षा कर ले और तब दूसरे लोगों पर परीक्षण को लागू करे। सम्भवतः ऐसा करने से वह परीक्षण के स्वरूप तथा परीक्षण-सम्बन्धी निर्देशनों का सम्यक् ज्ञान प्राप्त कर लेता है। इन दोनों बातों के

अतिरिक्त परीक्षणों से पूर्व ही परीक्षण-परिस्थिति के कुछ यान्त्रिक पहलुओं (Mechanical aspects) पर विचार कर लेना आवश्यक होता है। परिस्थिति के कुछ प्रधान यान्त्रिक पहलू निम्नांकित हैं–

1. प्रयोज्य को बैठाने का समुचित प्रबन्ध;
2. परीक्षण-रिक्त पत्रों (Test blanks) का वितरण;
3. परीक्षण सम्बन्धी विशेष प्रकार की पेन्सिल इत्यादि का प्रबन्ध।

वाचिक सामूहिक बुद्धि-परीक्षण के प्रयोग में पूर्वोल्लिखित सावधानियों के बाद भी कुछ ऐसे तत्त्व रह जाते हैं जो परीक्षण-फलों (Test-results) की सत्यता (Validity) को सन्दिग्ध बना सकते हैं। वे ये हैं–

1. परीक्षक इस बात के लिए सर्वथा निश्चित नहीं हो सकते कि प्रयोज्य अपनी योग्यता के अनुसार पर्याप्त सहयोग दे रहे हैं।
2. यह भी निश्चित करना कठिन है कि जिस समय लोगों की परीक्षा की जा रही हो, उस समय वे शारीरिक और सांवेगिक सन्तुलन की स्थिति में हों।
3. इस बात के लिए भी निश्चिन्त होना कठिन है कि परीक्षण-परिस्थिति (Test-situation) में प्रयोज्य सहजता (Ease) का अनुभव कर रहे हैं।
4. यह भी निश्चित नहीं किया जा सकता है कि प्रयोज्य अपने आसपास उपस्थित लोगों के उत्तर की नकल नहीं कर रहे हैं।

इन सम्भावनाओं (Possibilities) का नियन्त्रण वैयक्तिक परीक्षण-पद्धतियों (Individual testing techniques) द्वारा ही सम्भव है। इसलिए वैयक्तिक परीक्षण-फल (Individual test-results) सामूहिक परीक्षण-फलों (Group test-results) की अपेक्षा अधिक निश्चित (Accurate) समझे जाते हैं। पर इन सीमाओं के रहते हुए भी ये सामूहिक बुद्धि-परीक्षण कुछ व्यावहारिक परिस्थिति में प्रयोग के लिए अधिक उपयुक्त तथा उपयोगी समझे जा सकते हैं। उदाहरणार्थ, यह पहले ही व्यक्त किया जा चुका है कि इनके प्रयोग द्वारा सैनिकों का वर्गीकरण बड़ी सफलता के साथ किया गया है। इसी प्रकार, स्कूल या कॉलेज के विद्यार्थियों पर भी इनका सफलतापूर्वक प्रयोग हुआ है। स्कूल या कॉलेज में भरती करने के निमित्त विद्यार्थियों के चुनाव तथा पहले से भरती विद्यार्थियों के पथ-प्रदर्शन, इन दोनों ही के लिए ये परीक्षण बड़े उपयोगी सिद्ध हुए हैं।

क्रियात्मक बुद्धि-परीक्षण
(Performance Test of Intelligence)

यों तो सभी बुद्धि-परीक्षण क्रिया (Performance) की ही माप करते हैं, किन्तु यहाँ 'क्रिया' शब्द का प्रयोग एक विशिष्ट अर्थ में किया जा रहा है। इसमें उन परीक्षणों

का बोध होता है, जिनमें भाषा की समझ और प्रयोग की बहुत ही कम आवश्यकता पड़ती है।[9] क्रियात्मक परीक्षणों में ऐसे विषयों (Items) का प्रयोग किया जाता है कि प्रयोज्य कार्यों द्वारा ही अपने प्रत्युत्तर प्रकट करता है, न कि भाषा के द्वारा। इन क्रियात्मक परीक्षणों के आधार पर कुछ बुनियादी मनोवैज्ञानिक क्रियाओं–जैसे, तर्क सम्बन्धों का प्रत्यक्षीकरण इत्यादि–की प्रधान रूप से जाँच होती है। इन परीक्षणों को विशेष प्रकार के शैक्षिक तथा सांस्कृतिक अवसरों की अपेक्षा नहीं। इनके द्वारा ऐसे व्यक्तियों की बुद्धि-माप सम्भव है, जो शिशु होने के कारण भाषा नहीं सीख सकते, जो निरक्षर हैं, जो मन्दबुद्धि (Feeble-minded) हैं और जो केवल विदेशी भाषा ही जानते हैं

पिंटनर-पेटर्सन-क्रियात्मक मानदण्ड (Pintner-Paterson-Performance Scale)–प्रथम क्रियात्मक मानदण्ड (Performance Scale) का प्रकाशन पिंटनर और पेटर्सन ने सन् 1917 ई. में किया। उन्होंने अपने मानदण्ड में पन्द्रह परीक्षणों को सन्निहित किया। यह मानदण्ड चार वर्ष से लेकर पन्द्रह वर्ष की आयु के बच्चों के लिए उपयुक्त समझा गया। उस परीक्षण के अधिकांश विषय ऐसे थे, जिनका बाद के निर्मित क्रियात्मक परीक्षणों में भी प्रयोग किया गया। परीक्षण-विषयों में प्रधान थे–फॉर्म-बोर्ड (Form Board), चित्र-प्रहेलिकाएँ (Picture Puzzles), चित्र-पूर्ति (Picture Completion), अनुकरण (Imitation) आदि।

पोर्टियस-भूलभुलैया-परीक्षण (Porteus Maze Tests)–पोर्टियस ने क्रियात्मक परीक्षण के रूप में कागज-पेन्सिल भूलभुलैया-परीक्षण (Paper-Pencil maze tests) का प्रयोग किया। उन्होंने अपने परीक्षण में तीन वर्ष से लेकर चौदह वर्ष की आयु के बच्चों के लिए उत्तरोत्तर कठिन भूलभुलैया का प्रयोग किया। इस परीक्षण में प्रयोज्य को प्रवेश-द्वार से शुरू कर निर्गमन-मार्ग तक सही रास्ते को चिह्नित करना पड़ता है। जब उसकी पेन्सिल भूलभुलैया के संकीर्ण मार्ग को पार कर जाती है, तब उसे भूलभुलैया की एक नई प्रति देकर पुनः सही मार्ग को चिह्नित करने के निर्देश दिए जाते हैं। यदि वह इस दूसरे प्रयत्न में भी असफल हो जाता है, तो यह समझा जाता है कि वह उस विशेष अवस्था-स्तर (Age-level) के परीक्षण में असफल हो गया। 12 और 14 वर्ष की आयु के बच्चों के परीक्षण में दो के बदले चार प्रयत्नों के लिए अवसर दिए जाते हैं। स्टैनफोर्ड-बीने-परीक्षण (Stanford-Binet test) के सदृश इसके द्वारा भी मानसिक आयु (M.A.) तथा बुद्धि-लब्धि (I.Q.) का निर्णय किया जाता है।

अपने परीक्षण के पक्ष में पोर्टियस का कहना है कि बुद्धि के कुछ ऐसे पहलू (Aspects) भी हैं, जिनकी माप स्टैनफोर्ड-बीने-परीक्षण नहीं कर पाता। किन्तु उन पहलुओं की भी माप इस परीक्षण द्वारा हो जाती है। बुद्धि के ऐसे पहलू हैं–स्थिर ध्यान, दूरदर्शिता और चातुरी की क्षमताएँ। पोर्टियस ने अपने परीक्षण को स्टैनफोर्ड बीने-परीक्षण के स्थानापन्न (Substitute) के रूप में नहीं ग्रहण किया, बल्कि उन्होंने

इसे स्टैनफोर्ड-बीने-परीक्षण का पूरक माना। वास्तव में, आदिम बुद्धि (Primitive intelligence) की माप में जहाँ स्टैनफोर्ड-बीने-परीक्षण असफल हो जाता है, वहाँ पोर्टियस का परीक्षण उपयोगी सिद्ध होता है।

फॉर्म-बोर्ड परीक्षण (Form Board Test)–इस प्रकार के परीक्षण में प्रयोज्य को विभिन्न आकार के ब्लॉक दे दिए जाए जाते हैं और उस बोर्ड में निर्मित ब्लॉक के अनुरूप छेदों में उन्हें सुव्यवस्थित ढंग से रखना पड़ता है। इस परीक्षण का लब्धांक निकालते समय दो बातों पर ध्यान रखा जाता है। पहली तो यह कि ब्लॉक को उनके अनुरूप छेदों में रखने में प्रयोज्य को कितना समय लगता है, दूसरी यह कि प्रयोज्य कितनी गलतियाँ करता है। असमान आकार के छेदों में ब्लॉक रखने के प्रयासों की गणना गलतियों में की जाती है।

फॉर्म-बोर्ड-परीक्षण बच्चों की जाँच के लिए अधिक उपयोगी सिद्ध हुआ है। फॉर्म-बोर्ड-परीक्षणों में सेग्यून (Seguin) और गोड्डार्ड (Goddard) के फॉर्म-बोर्ड-परीक्षण बड़े प्रसिद्ध माने जाते हैं।

वेस्लर-बेल्लव्यू-परीक्षण (Wechsler-Belleveue test)–सन् 1927 ई. का संशोधित स्टैनफोर्ड-बीने-परीक्षण भी प्रौढ़ व्यक्तियों पर प्रयोग के लिए उपयुक्त नहीं सिद्ध हुआ। कारण, उसका प्रतिमान (Norm) बच्चों की परीक्षा पर आधारित था। इसके साथ ही, बुद्धि-लब्धि (Intellegence Quotient) प्रौढ़ व्यक्तियों के परीक्षण के लिए एक अनपयुक्त मानदण्ड (Inadequate measure) है। ऐसी स्थिति में सन् 1939 ई. के पहले तक प्रौढ़ व्यवितयों के लिए कोई भी उपयुक्त परीक्षण उपलब्ध नहीं हो सका। सन् 1939 ई. में वेस्लर-बेल्लव्यू-परीक्षण का निर्माण हुआ और यह प्रौढ़ व्यक्तियों की बुद्धि-माप के लिए काफी जनप्रिय बन गया। इसका निर्माण इस प्रकार हुआ था कि इसके सहारे दस से लेकर साठ वर्ष तक के लोगों की बुद्धि-माप की जा सकती थी। फलस्वरूप अभी तक प्रौढ़ व्यक्तियों की बुद्धि-माप के लिए यही एकमात्र उपयुक्त वैयक्तिक परीक्षण माना जाता है। शैफर और लेजारस (Shaffer and Lazarus) ने इसकी मुक्तकण्ठ से प्रशंसा की है।[10]

वेस्लर-बेल्लव्यू-परीक्षण का प्रयोग मौखिक रूप से किया जाता है। इसमें दस सहायक-परीक्षण (Sub-tests) होते हैं–पाँच वाचिक (Verbal) और पाँच क्रियात्मक (Performance)। वाचिक मानदण्ड (Verbal scale) में निम्नांकित सहायक परीक्षण (Sub-test) सन्निहित रहते हैं–1. सूचना (Information), 2. समझ (Comprehension), 3. अंकगणित-सम्बन्धी तर्क (Arithmetical Reasoning), 4. अंकों का स्मृति-विस्तार (Memory span for digits) और 5. सादृश्य (Similarities)। क्रियात्मक मानदण्ड में पूर्व-क्रियात्मक परीक्षणों के बहुत-कुछ मिलते-जुलते क्रियात्मक विषय (Performance Items) सम्मिलित रहते हैं। वे ये हैं–(1) चित्र-विधान (Picture arrangement), (2) चित्र-पूर्ति (Picture completion), (3) ब्लॉक डिजाइन (Block design), (4) वस्तु-संग्रह (Object assembly) और (5) अंक-प्रतीक (Digit symbol)।

वेस्लर-बेल्लव्यू-परीक्षण एक बिन्दु-मानदण्ड (Point scale) है। इस परीक्षण के लब्धांक की भी अभिव्यक्ति बुद्धि-लब्धि (I.Q.) में ही की जाती है। किन्तु यह बुद्धि-लब्धि (I.Q.) स्टैनफोर्ड-बीने-बुद्धि-लब्धि (Stanford-Binet I.Q.) से भिन्न अर्थ की होती है।

स्टैनफोर्ड-बीने-परीक्षण की तरह इसकी भी कुछ अपनी सीमाएँ हैं। लेकिन तो भी बुद्धि-परीक्षण के क्षेत्र में इसका अपना विशिष्ट स्थान है। इसकी सबसे बड़ी विशेषता कदाचित् यह है कि इसके द्वारा स्टैनफोर्ड-बीने-परीक्षण के समान मानसिक योग्यता का केवल एक ही सूचनांक नहीं प्राप्त होता, बल्कि योग्यताओं के समुच्चय (Profile of abilities) की उपलब्धि हो जाती है। अन्त में यह कह देना समुचित जान पड़ता है कि यदि इसकी सीमाओं को दृष्टि में रखते हुए इसका प्रयोग किया जाए, तो यह बुद्धि-परीक्षण का एक मूल्यवान उपकरण (Tool) सिद्ध हो सकता है।

सामूहिक क्रियात्मक परीक्षण
(Group Performance Tests)

आर्मी-बीटा (Army Beta) को प्रथम सामूहिक क्रियात्मक परीक्षण कहा जा सकता है। इसमें भाषा की बहुत थोड़ी-सी समझ ही पर्याप्त होती है। प्रयोज्यों को इतनी सुलभ भाषा में निर्देश (Instruction) दिए जाते हैं कि वे उन्हें भलीभाँति समझ सकें अथवा भाषा की इस थोड़ी-सी समझ की अनिवार्यता को भी हटाने की दृष्टि से परीक्षण की रीति को ही प्रयोज्यों के सामने प्रदर्शित कर दिया जाता है। प्रयोज्य कुछ रेखाएँ खींचकर, रिक्त पत्रों के कुछ रिक्त स्थानों को चिह्नित कर, या कुछ इसी प्रकार की सरल प्रतिक्रियाओं के द्वारा अपनी योग्यताएँ प्रकट करते हैं।

क्रियात्मक परीक्षणों (वैयक्तिक तथा सामूहिक) का मूल्यांकन–क्रियात्मक परीक्षणों पर विभिन्न मनोवैज्ञानिकों के विभिन्न मत हैं। कुछ वैज्ञानिकों का कहना है कि क्रियात्मक परीक्षणों के लब्धांक बुद्धि के उपयुक्त मानदण्ड नहीं हैं। उन्हें व्यावहारिक या क्रियात्मक योग्यता के मानदण्ड के रूप में ग्रहण करना ही उचित है। इसके विपरीत, कुछ मनोवैज्ञानिकों ने इन्हें वाचिक परीक्षणों (Verbal tests) से उत्तम माना है। उनके अनुसार ये वाचिक परीक्षणों की अपेक्षा बुद्धि के अधिक उपयुक्त मानदण्ड हैं।[11] सचमुच निम्नांकित बातों को लेकर इनका महत्त्व स्वीकृत हो चुका है–

1. इनके द्वारा छोटे बच्चों की बुद्धि-परीक्षा सम्भव है।
2. इनके आधार पर विभिन्न भाषाओं तथा विभिन्न संस्कृतियों के व्यक्ति-समूहों की तुलना की जा सकती है।
3. इनकी सहायता से ऐसे सैनिकों की खोज की जा सकती है, जिनमें पढ़ने-लिखने तथा सीखने की क्षमता बिल्कुल नहीं होती। ऐसी स्थिति में सेना से

उन्हें हटा देना सेना के लिए हितकर सिद्ध होता है।

4. इन परीक्षणों के परिणामों (Results) को दृष्टि में रखकर कुछ वर्गों के लोगों को उचित परामर्श दिया जा सकता है।

बुद्धि-परीक्षण-फलों की व्याख्या
(Interpretaion of Intelligence Test Results)

मानसिक आयु (Mental Age or M.A.)–बीने-बुद्धि-परीक्षणों से स्पष्ट हो चुका है कि विभिन्न अवस्था-स्तरों (Age-levels) के लिए अलग-अलग परीक्षण निर्धारित किए गए हैं। यदि कोई बच्चा नौ वर्ष की आयु के लिए निर्धारित बुद्धि-परीक्षण में सफल हो जाता है, तो उसकी मानसिक आयु (Mental age or M.A.) नौ वर्ष की समझी जाएगी, उसकी वास्तविक आयु (Chronological age) चाहे जो भी हो। नौ वर्ष की मानसिक आयु का तात्पर्य यह है कि उस बच्चे की बुद्धि नौ वर्ष के औसत बच्चों की बुद्धि के समान है। यदि कोई बारह वर्ष का बच्चा नौ वर्ष की आयु के लिए निर्धारित बुद्धि-परीक्षण में ही सफल हो पाता है, तो उसकी मानसिक आयु नौ वर्ष की ही कही जाएगी, यद्यपि उसकी वास्तविक आयु (Chronological age) बारह वर्ष की है। इसी प्रकार, यदि कोई छः वर्ष का बच्चा नौ वर्ष की आयु के निर्धारित बुद्धि-परीक्षण में ही सफल हो जाता है, तो उसकी मानसिक आयु नौ वर्ष की कही जाएगी, यद्यपि उसकी वास्तविक आयु केवल छः वर्ष की ही है। जिस अवस्था के लिए जो बुद्धि-परीक्षण निर्धारित हो, यदि कोई उसी में सफल हो पाता है, तो यह कहा जाएगा कि उसकी मानसिक आयु तथा वास्तविक आयु, दोनों ही समान हैं।

बुद्धि-लब्धि
(Intelligene Quotient or I.Q.)

मानसिक आयु (M.A.) से व्यक्ति की योग्यता के स्तर (Level of ability) का ज्ञान होता है, उसकी सापेक्ष (Relative) तीव्रबुद्धिता, मन्दबुद्धिता तथा सामान्य-बुद्धिता का ज्ञान नहीं होता। उदाहरणार्थ, यदि दो बच्चों की मानसिक आयु एक-सी हो, पर उनकी वास्तविक आयु भिन्न-भिन्न हो, तो यह नहीं कहा जा सकता कि दोनों एक-से बुद्धिमान हैं। इन दोनों में जिसकी वास्तविक आयु कम होगी; वह दूसरे की अपेक्षा अधिक तीव्र बुद्धि समझा जाएगा। इसी प्रकार, इन दोनों में जिसकी वास्तविक आयु अधिक होगी, वह अपेक्षाकृत मन्दबुद्धि समझा जाएगा। अतः स्पष्ट है कि मानसिक आयु से वास्तविक आयु तथा मानसिक आयु के परस्पर-सम्बन्ध का ज्ञान नहीं होता। फलतः मानसिक आयु का विचार सापेक्ष तीव्रबुद्धिता, मन्दबुद्धिता तथा सामान्यबुद्धिता पर ही प्रकाश डाल पाता है। यह कमी बुद्धि-लब्धि (I.Q.) के द्वारा पूर्ण होती है। बुद्धि-लब्धि से यह ज्ञात होता है कि कोई व्यक्ति अपनी आयु के अन्य व्यक्तियों

से अधिक बुद्धि का है या कम बुद्धि का।[12] बुद्धि-लब्धि की विधि का सर्वप्रथम प्रयोग स्टर्न (Stern) ने सन् 1912 ई. में किया। बुद्धि-लब्धि निम्नांकित विधि से निकाली जाती है–

$$\text{बुद्धि-लब्धि} = \frac{\text{मानसिक आयु}}{\text{वास्तविक आयु}} \times 100$$

यदि किसी की मानसिक आयु 5 वर्ष हो और वास्तविक आयु भी 5 ही वर्ष, तो इस विधि के अनुसार उसकी बुद्धि-लब्धि (I.Q.) 100 (5/5×100) होगी। इसी प्रकार, किसी की मानसिक आयु 6 वर्ष हो और वास्तविक आयु 5 ही वर्ष, तो उसकी बुद्धि-लब्धि 120 (6/5×100) होगी। ऐसे ही, यदि किसी की मानसिक आयु 4 वर्ष हो, यद्यपि उसकी वास्तविक आयु 5 वर्ष हो, तो उसकी बुद्धि-लब्धि 80(4/5×100) होगी।

यहाँ यह उल्लेख कर देना आवश्यक जान पड़ता है कि सामान्य व्यक्तियों (Normal individuals) की मानसिक तथा वास्तविक आयु बराबर होने के कारण उनकी बुद्धि-लब्धि लगभग 100 होती है। 100 बुद्धि-लब्धि होने का तात्पर्य है औसत बुद्धि (Average intelligence)। जिनकी मानसिक आयु वास्तविक आयु से अधिक होती है, उनकी बुद्धि लब्धि स्वभावतः 100 से अधिक होती है। 100 से अधिक बुद्धि-लब्धि से तीव्रबुद्धिता का परिचय प्राप्त होता है। इसके विपरीत, जिनकी मानसिक आयु वास्तविक आयु से कम होती है, उनकी बुद्धि-लब्धि 100 से कम होती है। 100 से कम बुद्धि-लब्धि मन्दबुद्धिता सूचित करती है।

बुद्धि-लब्धि के आधार पर मनोवैज्ञानिकों ने बच्चों को निम्नांकित वर्गों में बाँटने की चेष्टा की है–

विभिन्न वर्ग		बुद्धि-लब्धि (I.Q.)
जड़ (Idiot)	...	0–25
मूढ़ (Imbecile)	...	26–50
मूर्ख (Moron)	...	51–70
मन्दबुद्धि (Dull)	...	71–80
निम्नसामान्य (Low normal)	...	81–90
सामान्य (Normal)	...	91–110
श्रेष्ठ या तीव्र (Superior or Bright)	...	111–120
अति श्रेष्ठ या तीव्र (Very superior or Very Bright)	...	121–140
प्रतिभाशाली (Genius)	...	141 और इससे अधिक

बुद्धि-लब्धि-स्थैर्य (I.Q. Constancy)–इस पर विचार करने के पूर्व प्रतिदिन के जीवन में पाई जानेवाली तीव्रबुद्धिता तथा मन्दबुद्धिता की संगति (Consistency) पर ध्यान देना वांछित जान पड़ता है। तीव्रबुद्धि व्यक्ति बराबर तीव्रबुद्धि ही रह जाते हैं तथा मन्दबुद्धि व्यक्ति बराबर मन्दबुद्धि। इसके कई उदाहरण हैं–

जॉन स्टुआर्ट मिल (John Stuart Mill) ने तीन वर्ष की आयु में ग्रीक का अध्ययन शुरू कर दिया था। सात वर्ष की आयु में उन्होंने प्लेटो (Plato) की सारी रचनाओं को पढ़ लिया था। आठ वर्ष की आयु तक उन्होंने रेखागणित, बीजगणित इत्यादि का अध्ययन कर लिया था, तथा बारह वर्ष की आयु में उन्होंने दर्शनशास्त्र का अध्ययन शुरू कर दिया था।

चार्ल्स डिकेन्स (Charls Dickens) का मानसिक विकास भी कुछ इसी प्रकार हुआ था। सात बर्ष की आयु के पहले ही उन्होंने एक दुःखान्त नाटक (Tragedy)की रचना कर ली थी।

तीव्रबुद्धिता के समान ही मन्दबुद्धिता की संगति (Consistency) के भी उदाहरण मिलते हैं। इस प्रकार के उदाहरण का उल्लेख मन (Munn) ने अपनी पुस्तक 'मनोविज्ञान' में किया है। वह इस प्रकार है–

ग्रेस नाम की एक लड़की ने सात वर्ष की आयु में किंडरगार्टेन में प्रवेश किया। स्कूल के प्रारम्भिक वर्षों में वह किसी चीज को सीख सकती थी, किन्तु उसे याद रखने के लिए पर्याप्त रूप से अभ्यास करने की आवश्यकता पड़ती थी। किशोरावस्था के पूर्व ही वह दूसरे बच्चों से मिलने-जुलने में कठिनाई अनुभव करने लगी। अन्ततः अन्य बच्चों से मिलना तथा उनके साथ रहना, उसके लिए असम्भव हो गया। स्कूल में भी उसकी प्रगति रुक-सी गई। पन्द्रह की आयु होते-होते शब्दों को पहचानने में कठिनाई का अनुभव करने लगी। सत्रह वर्ष की आयु में उसे पढ़ने, वर्ण-विवृत्ति (Spelling) तथा शब्दोच्चारण में कठिनाई होने लगी। ऐसी समस्याएँ, जिनमें अंकगणित-सम्बन्धी तर्क या विचार-शक्ति की आवश्यकता थी, उसकी समझ के परे की बात हो गई। बीस वर्ष की आयु में वह काम-समस्या (Sex-Problem) से आक्रान्त रहने लगी। अन्ततोगत्वा उसने एक होटल में दासी का काम शुरू कर दिया। इस प्रकार एक प्रौढ़ व्यक्ति के रूप में उसका सामान्य मानसिक स्तर आठ या दो वर्ष के लगभग ही रह गया।

जब मानसिक आयु में स्थिरता सम्भव है, तब बुद्धि-लब्धि (I.Q.) को भी एक हद तक स्थिर (Constant) माना जा सकता है। औसत तौर पर बुद्धि-लब्धि में 5 अंकों (+ या–) तक परिवर्तन सम्भव है। बुद्धि-लब्धि का यह परिवर्तन (Variation) लगातार पाँच या छः वर्षों तक चल सकता है उदाहरणार्थ, जिनकी बुद्धि-लब्धि छः वर्ष की आयु में 100 है, उनकी बुद्धि-लब्धि में सात, आठ, नौ, दस या ग्यारह की आयु तक सम्भवतः पाँच अंकों का परिवर्तन हो सकता है, अर्थात् उनकी

बुद्धि-लब्धि 95 या 105 तक हो सकती है, 95 से कम और 105 से अधिक की गुंजाइश नहीं। यहाँ 'सम्भवतः' शब्द का प्रयोग इसलिए किया गया है कि इसमें कुछ अपवाद भी पाए जाते हैं।

बुद्धि-लब्धि की स्थिरता के सम्बन्ध में यह कहा जा सकता है कि कुछ सीमाओं के भीतर यह सापेक्ष रूप से स्थिर होती है, इसमें विशेष परविर्तन नहीं होते। किन्तु यह भी मानना उचित ही है कि इसमें कुछ परिवर्तन होते हैं। इस बात पर ध्यान नहीं देने से इसके सम्बन्ध में कई प्रकार की गलत धारणाएँ बन जाती हैं। बुद्धि-लब्धि के परिवर्तनों के कारणों का उल्लेख करते हुए शैफर (Shaffer) और लेजारस (Lazarus) का कहना है कि "ये परिवर्तन उन माप-विधियों के स्वरूप की क्रिया-मात्र हैं; जिनका प्रयोग हमलोग योग्यता के मूल्यांकन के लिए करते हैं।"[13] उदाहरणार्थ, स्टैनफोर्ड-बीने-परीक्षण में जो क्रियाएँ सन्निहित हैं; यदि बच्चे के परीक्षण के पूर्व ही उस प्रकार की क्रियाओं की शिक्षा दे दी जाए, तो सम्भवतः बच्चे की बुद्धि-लब्धि में परिवर्तन हो जाएगा। यदि कुछ बच्चों की बुद्धि-लब्धि सांवेगिक कठिनाइयों (Emotional difficulties) के कारण कम हो और उनकी सांवेगिक कठिनाइयों को मनोवैज्ञानिक विधियों से दूर कर दिया जाए, तो उनकी बुद्धि-लब्धि में परिवर्तन सम्भव है। इन बातों के अतिरिक्त कुछ ऐसे तत्त्वों की भी चर्चा की जा सकती है, जो बुद्धि-लब्धि में परिवर्तन के उत्तरदायी कहे जा सकते हैं। उनमें से निम्नांकित प्रधान हैं–

1. प्रतिकूल शारीरिक अवस्था (Adverse Physical Condition)–कुछ मनोवैज्ञानिकों ने बतलाया है कि शारीरिक अवस्था ठीक न हो, तो बुद्धि-लब्धि में कमी आ जाती है। उदाहरणार्थ, थाइरॉइड-पिण्ड (Thyroid gland) की क्रियाओं में कमी होने से बुद्धि-लब्धि में परिवर्तन हो जाता है।

2. असामान्य वातावरण–मनोवैज्ञानिकों का कहना है कि सामान्य वातावरण नहीं मिलने से सम्भवतः बच्चों की बुद्धि-लब्धि कुछ कम हो जाती है। यदि किसी बच्चे को स्कूल में सामान्य ढंग की शिक्षा न मिल सके, तो स्वभावतः उसकी बुद्धि-लब्धि में कुछ कमी आ जाएगी। अतः शैक्षिक अवसरों (Educational opportunities) को बुद्धि-लब्धि के परिवर्तन का कारण माना जा सकता है।

उपर्युक्त बातों से स्पष्ट है कि बुद्धि-लब्धि का परिवर्तन वंश-परम्परा (Heredity) तथा वातावरण, इन दोनों ही पर निर्भर करता है। वंश-परम्परा तथा वातावरण के प्रभाव का विशद विवेचन यहाँ अपेक्षित नहीं।

बुद्धि-लब्धि-निर्धारण के मूल्य (Values of I.Q. Determination)–बुद्धि-लब्धि-निर्धारण का महत्त्व इस बात में है कि यह जान लेने पर कि अमुक बच्चे निम्न बुद्धि के हैं, उन्हें उनके ही अनुकूल विशेष प्रकार के स्कूलों में शिक्षा दी जाती है। इसी प्रकार, जिन बच्चों की बुद्धि-लब्धि अधिक होती है, उनके लिए उनकी क्षमता के अनुकूल शिक्षा की व्यवस्था की जा सकती है। बुद्धि-लब्धि-निर्धारण से एक

बहुत बड़ा लाभ यह भी होता है कि शिक्षक और अभिभावक इसे दृष्टिकोण में रखकर व्यवसाय या पेशा (Vocation) चुनने में बच्चों का मार्ग निश्चित कर सकते हैं।

बुद्धि-परीक्षण की उपयोगिताएँ

व्यावहारिक जीवन में बुद्धि-परीक्षण की उपयोगिताएँ सिद्ध हो चुकी हैं। यहाँ कुछ प्रधान उपयोगिताओं पर ही संक्षेप में प्रकाश डाला जाएगा। बुद्धि-परीक्षण की निम्नांकित उपयोगिताएँ हैं–

1. मानसिक न्यूनता का निदान (Diagnosis of Mental Deficiency)– बुद्धि-परीक्षणों का प्रयोग मानसिक न्यूनता के निदान में किया जाता है। बुद्धि मापने के अलावा बुद्धि-परीक्षण व्यक्ति के सम्बन्ध में और भी कितने ही प्रकार की सूचनाएँ प्रदान करते हैं। उनके आधार पर हम केवल किसी व्यक्ति के सम्पूर्ण लब्धांक (Total Score) का ही निर्णय नहीं करते, वरन् उसकी क्रिया (Performance) का भी निरीक्षण करते हैं। इतना ही नहीं, हमें यह भी ज्ञान हो जाता है कि उसके उत्तर निरर्थक हैं या अनिश्चित अथवा वह अपने-आप होने वाली पुनरावृत्तियों को अभिव्यक्त कर रहा है, जो मानसिक न्यूनता के लक्षण हैं।

2. छात्रों का वर्गीकरण (Grading of Pupils)–बुद्धि-परीक्षण का प्रयोग कर स्कूल के छात्रों को कई वर्गों में बाँटा जा सकता है। स्कूलों में प्रायः निम्नांकित वर्गों का प्रयोग किया जाता है–1. तीव्रबुद्धि बच्चे, 2. सामान्यबुद्धि बच्चे तथा 3. मन्दबुद्धि बच्चे। इन तीनों वर्गों के बच्चों को तीन प्रकार के पाठ्यक्रम का अनुसरण कराया जाता है। तीव्रबुद्धि बच्चों का पाठ्यक्रम अधिक समृद्ध होता है, सामान्यबुद्धि बच्चों का पाठ्यक्रम सामान्य तथा मन्दबुद्धि बच्चों का पाठ्यक्रम अति सरल। सचमुच यह अच्छा होता है कि यथासम्भव छात्रों को पहले उनकी बुद्धि के अनुसार कई वर्गों में बाँट लिया जाए। तत्पश्चात् उनका वर्गीकरण उनकी आयु को दृष्टिकोण में रखकर किया जाए।

परम्परागत रीति के अनुसार छात्रों का वर्गीकरण केवल उनकी आयु को दृष्टिकोण में रखकर ही किया जाता है, उनकी बुद्धि पर ध्यान नहीं दिया जाता। फलतः वह शिक्षा न तो तीव्रबुद्धि बच्चों के लिए ही समुचित होती है और न मन्दबुद्धि बच्चों के लिए ही।

3. बाल-निर्देशन (Child Guidance)–बच्चों के निर्देशन अथवा मार्ग-प्रदर्शन में बुद्धि-परीक्षण का प्रमुख स्थान है। विदेशों में कई ऐसे उपचार-गृह (Clinics) स्थापित किए गए हैं, जो किसी भी मनोवैज्ञानिक कठिनाई (Psychological difficulty) से आक्रान्त बच्चों का मार्ग-निर्देशन करते हैं, जैसे, लन्दन, मैनचेस्टर, एडिनबरा, ग्लासगो, एबरडीन इत्यादि में। ये उपचार-गृह प्रायः उन बच्चों का इलाज करते हैं, जो 'समस्या-शिशु' (Problem children) होते हैं। ऐसे बच्चे अपने

असन्तोषजनक मानसिक विकास या व्यवहार के कारण अपने को सफलतापूर्वक समायोजित नहीं कर पाते। इनके असन्तोषजनक मानसिक विकास या व्यवहार के कारण प्रायः इनकी शारीरिक अवस्था, इनके धातुस्वभाव (Temperament) तथा इनके स्कूल के वातावरण में निहित रहती है। फलस्वरूप, इन सभी पक्षों का अध्ययन अनिवार्य है। इस बात को बर्ट (Burt)[14] तथा रेक्स नाइट (Rex Knight)[15] ने बड़ा महत्त्व प्रदान किया है।

अनुसंधानों के आधार पर यह पाया गया है कि बच्चों के पिछड़ने का कारण बुद्धि की कमी है। बच्चे प्रायः अपनी मन्दबुद्धिता को असामाजिक व्यवहारों (Delinquent behaviour) या स्कूल की अत्यल्प उपलब्धियों में अभिव्यक्त करते हैं। बर्ट के अनुसार 90 प्रतिशत अपराधी बच्चे (Delinquent children) अपनी बुद्धि में सामान्य बच्चों से कम होते हैं। सम्भव है कि मन्दबुद्धिता किसी में अपराध (Delinquency) की सृष्टि न कर सके, किन्तु अन्य कई प्रकार के कुप्रभाव उत्पन्न कर सकती है। ये कुप्रभाव कभी-कभी स्वतः मन्दबुद्धिता की अपेक्षा उसकी चेतना-मात्र से भी उत्पन्न हो सकते हैं। यह पाया गया है कि कुछ बच्चों की कठिनाइयों का कारण होती है उनकी यह गलत धारणा कि वे मन्दबुद्धि हैं। इसके चलते उनकी क्रियाओं में एक अवरोध उपस्थित हो जाता है और कभी-कभी यह मानसिक रोग का भी रूप लेता है। बुद्धि-परीक्षणों का प्रयोग कर उन बच्चों की इस गलत धारणा को, कि वे सामान्य बच्चों से कम बुद्धि के हैं, दूर किया जा सकता है और इस प्रकार उनकी मनोवैज्ञानिक कठिनाइयों का अन्त किया जा सकता है।

कुछ ऐसे भी उदाहरण मिलते हैं कि अति तीव्रबुद्धि बच्चे मनोवैज्ञानिक कठिनाइयों से आक्रान्त रहते हैं। कारण, उन्हें घर अथवा स्कूल में योग्यता की अभिव्यक्ति का सुअवसर नहीं मिल पाता। मनोवैज्ञानिक प्रयोगों से भी यही निष्कर्ष निकला है। सचमुच, बच्चों में अधिक बुद्धि स्वतः अपराध का कारण नहीं, बल्कि उनकी समुचित अभिव्यक्ति में रुकावट का होना ही बच्चों को अपराध की ओर ले जाता है। कभी-कभी बच्चे की तीव्रबुद्धिता तथा माँ-बाप की मन्दबुद्धिता के कारण एक असमानता (Disparity) की स्थिति उत्पन्न हो जाती है। वैसे ही, जब महत्त्वाकांक्षी बच्चे को संकीर्ण तथा एकरसता से परिपूर्ण व्यवसाय में लगा दिया जाता है, तब भी असमानता की स्थिति उत्पन्न हो जाती है। इसी प्रकार, बच्चे की गरीबी और उनके साथियों की अमीरी भी असमानता की स्थिति उत्पन्न करती है। ये सभी असमानताएँ अपराध के कारण हैं, न कि स्वतः तीव्रबुद्धिता। आन्तरिक सांवेगिक संघर्ष भी अपराध का कारण हो सकता है। ऐसी स्थिति में निम्नांकित निष्कर्ष समुचित जान पड़ता है, जैसा कि बर्ट ने कहा है–

"तीव्रबुद्धि पद्धति की प्रेरणा देती है, न कि अपराध करने की प्रेरक वृत्ति की।"[16]

4. व्यवसाय-निर्देशन और चुनाव (Vocational Guidance and Selection)– किसी भी व्यक्ति को उसके जीवन-व्यवसाय के लिए निर्देशित करने के पूर्व उसकी शारीरिक और मानसिक क्षमताओं की जाँच कर ली जाती है और तब उसे परामर्श दिया जाता है कि वह किस व्यवसाय या पेशा के योग्य है। व्यवसाय-सम्बन्धी निर्देशन के लिए व्यक्ति की बुद्धि का यथार्थ परिज्ञान अनिवार्य है। यहाँ उल्लेख्य है कि किसी को विशेष प्रकार के व्यवसाय या पेशा का परामर्श देते हुए केवल उसकी बुद्धि पर ही ध्यान नहीं देना चाहिए, बल्कि उसकी शारीरिक बनावट, उसके चरित्र, ज्ञान तथा विशिष्ट योग्यताओं पर भी विचार करना चाहिए। अनेक मनोवैज्ञानिक प्रयोगों को दृष्टि में रखते हुए यह कहा जा सकता है कि सभी प्रकार के व्यवसायों के सफल सम्पादन के लिए एक हद तक बुद्धि की आवश्यकता होती है। इस प्रकार के एक अध्ययन को नीचे प्रस्तुत किया जा रहा है–

एक लड़के ने जब मैट्रिकुलेशन की परीक्षा पास की, तब उसे साधारण बुद्धि का समझकर उसके पिता ने उसे एक सरल काम में लगा दिया। उस काम के सम्पादन के लिए अधिक योग्यता की आवश्यकता नहीं थी। वह लड़का उस कार्य से असन्तुष्ट रहने लगा और कुछ वर्षों के बाद उसका धातुस्वभाव (Temperament) बदल गया। फिर उसके पिता उसे एक मनोवैज्ञानिक के पास ले गए। उन्होंने मनोवैज्ञानिक से कहा कि इसका ऐसा उपचार कर दीजिए कि यह अपने जीवन में पुनः आनन्द का अनुभव करने लगे। मनोवैज्ञानिक ने उसकी बुद्धि-परीक्षा की। बुद्धि-परीक्षा में उसका लब्धांक विश्वविद्यालय में अध्यापन करने वाले स्नातकों के बराबर आया। फलस्वरूप, उस मनोवैज्ञानिक ने उसके पिता को यह राय दी कि उसे ऐसे व्यवसाय में लगाना अनिवार्य है, जिसमें अधिक योग्यता की आवश्यकता हो। ऐसा करने पर उसका जीवन सुखी हो जाएगा। लड़के के पिता ने उसे कैम्ब्रिज में पढ़ाना शुरू किया। वहाँ उसे केवल सफलता ही नहीं मिली, वरन् उसके जीवन में सुख और आनन्द का भी संचार हो गया।

व्यवसाय-विशेष के लिए चुनाव एक ऐसी विधि है, जिसमें शारीरिक और मानसिक परीक्षणों द्वारा व्यवसाय-विशेष के लिए सबसे योग्य व्यक्ति का चुनाव किया जाता है। व्यवसाय-सम्बन्धी चुनाव में बुद्धि-परीक्षणों का महत्त्व सिद्ध हो चुका है। उद्योग-धन्धों में इनका अत्यधिक प्रयोग होता है। इन्हीं के सहारे विभिन्न कार्यों के लिए योग्य व्यक्तियों का चुनाव किया जाता है। द्वितीय विश्व-महायुद्ध में इनका प्रयोग कर ही विभिन्न व्यक्तियों को भिन्न-भिन्न प्रकार के कार्य-भार सौंपे गए थे।

सन्दर्भ

1. "Intelligence is what the tests test."—Boring (1923).
2. "Intelligence is what an intelligence test measures."—Hillgard : Introduction to Psychology, 1953, p. 366.

3. "Intelligence is a general capacity of the individual consciously to adjust his thinking to new requirements."—Stern (1914)

   "Intelligence is the ability to adjust adequately to new and different situation."—Cruze : 'Psychology for college students', 1951, p. 291.

4. "An individual is intelligent in proportion as he is able to carry on abstract thinking."—Terman (1921)

5. "Intelligence is the aggregate or global capacity of the individual to act purposefully to think rationally and to deal effectively with his environment."—Wechsler (1944)

6. "Intelligence is the ability to undertake activites that are characterised by (1) difficulty, (2) complexity, (3) abstractness, (4) economy, (5) adaptiveness, (6) social value, (7) the emergence of originals, and to maintain such activities under conditions that demand a concentration of energy and resistance to emotional forces."—Stoddard (1943)

7. "General intelligence is the function of the personality as a whole and is determined by emotion and conative factors..."—Wechsler, 1950

8. "That such factors as self-control, level of aspiration, interest and zest in achievement, and a host of other matters by which potential abilities are either energized or constricted in their manifestations play an important part both in performance on mental tests and in larger problems of real life is generally admitted..."—Goodenougth : The mathematical Analysis of Non-intellectual Traits, 1949, p. 291.

9. "The term performance is costomarily applied to tests which call for minimum understanding and use of language."—N. L. Munn : Psychology (1946), p. 425.

10. "In the modern clinic it ranks with the Binet as one of the most important tools of measurement."—Shaffer and Lazarus Fundamental Concepts in Clinical Psychology (1952), p. 120.

11. "A perfect performance battery would be a better measure of 'g' than perfect verbal battery."—Alexander.

12. "I.Q. is merely a device used to indicate the relationship of an individual in intelligence to the general population of the country."—Cruze : psychology for college students, p. 313.

13. "These variations are a funciton of the nature of the measuring devices which we use to estimate ability."—Shaffer and Lazarus : Fundamental Concepts in Clinical Psyhchology, 1952, p. 103.

14. "A lack of intelligence may be the main reason for his faults or the possession of intelligence the sole hope of reform."—Burt.

15. "Our own experience in Aberdeen has confirmed the facts. that in every case the child's intelligence must also be examined." —Rex Knight.

16. "A quick intelligence inspires the method rather than the motive of the crime."—Burt.

18

व्यक्तित्व

व्यक्तित्व की परिभाषा

व्यक्तित्व की परिभाषा के सम्बन्ध में विविध दृष्टिकोण पाए जाते हैं। सभी दृष्टिकोणों की सम्यक् व्याख्या यहाँ अपेक्षित नहीं है। कुछ दृष्टिकोणों को उपस्थित करके ही व्यक्तित्व की परिभाषा निर्धारित करने की चेष्टा की जाएगी। पहला दृष्टिकोण व्यक्ति की सभी जन्मजात एवं अर्जित प्रवृत्तियों के संग्रह को व्यक्तित्व की संज्ञा देता है।[1] दूसरा दृष्टिकोण व्यक्ति की सभी प्रवृत्तियों के समन्वय (Integration) को व्यक्तित्व मानता है।[2] तीसरा दृष्टिकोण व्यवहारवादी मनोवैज्ञानिकों का है। उसके अनुसार व्यक्तित्व उन अभ्यासों का समन्वय है, जो वातावरण के प्रति व्यक्ति के विशिष्ट समायोजन (Characteristic Adjustment) का निर्देशन करते हैं।[3] स्पष्टतः इस दृष्टिकोण में व्यक्ति के विशिष्ट समायोजन पर अधिक जोर दिया गया है। चौथा दृष्टिकोण व्यक्तित्व-विकास में सामाजिक अथवा सांस्कृतिक पक्ष की प्रधानता मानता है। अतएव, व्यक्तित्व की परिभाषा करते हुए कहता है कि व्यक्तित्व व्यक्ति की उन प्रवृत्तियों एवं अभ्यासों का समन्वय है, जिनके कारण वह अपने को समाज के अन्य व्यक्तियों से अलग कर पाता है।[4] वस्तुतः यह व्यक्तित्व का ही फल है कि हमें एक व्यक्ति दूसरे व्यक्ति से भिन्न जान पड़ता है। शोएन (Schoen) ने स्पष्ट शब्दों में कहा है कि "यदि किसी सामाजिक दल के सभी सदस्य एक ही ढंग से काम करें, एक ही तरह से सोचें तथा समान भावों का ही अनुभव करें, तो व्यक्तित्व का अस्तित्व ही नहीं रह जाएगा।[5] इस बात पर जोर देते हुए वुडवर्थ ने भी कहा है कि व्यक्तित्व से यह प्रकट होता है कि कोई भी व्यक्ति किस प्रकार से कोई कार्य करेगा, अर्थात्, व्यक्तित्व व्यक्ति की जीवन-शैली का द्योतक है। निस्सन्देह, किसी भी व्यक्ति के सभी कार्य उसके व्यक्तित्व से अनुरंजित रहते हैं। कहना न होगा कि प्रत्येक व्यक्ति के सभी कार्य करने के ढंग एक-दूसरे से भिन्न हुआ करते

हैं, उसकी जीवन-शैली विशिष्ट ढंग की हुआ करती है। अतएव, व्यक्तित्व के आधार पर एक व्यक्ति को आसानी से दूसरे व्यक्ति से पृथक् किया जा सकता है।

उपर्युक्त सभी दृष्टिकोणों का सुन्दर समन्वय ऑलपोर्ट (Allport) की परिभाषा में मिलता है। ऑलपोर्ट ने व्यक्तित्व की परिभाषा करते हुए कहा है–

"व्यक्तित्व व्यक्ति के भीतर उन मनोदैहिक गुणों का गत्यात्मक संगठन है, जो वातावरण के प्रति होने वाले उसके अपूर्व समायोजनों का निर्णय करते हैं।[6]

अब हम ऑलपोर्ट की इस परिभाषा का संक्षेप में विवेचन प्रस्तुत करेंगे। मनोदैहिक गुणों से ऑलपोर्ट का तात्पर्य यह है कि व्यक्तित्व के अन्तर्गत व्यक्ति के शारीरिक तथा मानसिक, दोनों प्रकार के गुणों का संगठन रहता है। फिर वे इन गुणों (Systems of traits) के संग्रह-मात्र (Mere collection) को ही व्यक्तित्व नहीं मानते, वरन् इनके गत्यात्मक संगठन को व्यक्तित्व की संज्ञा देते हैं। गत्यात्मक संगठन (Dynamic organisation) से उनका तात्पर्य यह है कि व्यक्ति के शारीरिक एवं मानसिक गुणों में एक सामंजस्य पाया जाता है तथा वे परिवर्तित होते रहते हैं। वे सर्वदा एक-ही से नहीं बने रहते। व्यक्ति के ये शारीरिक एवं मानसिक गुण उसके जीवन की गतिविधि को प्रभावित करते हैं। इसके कारण उसके जीवन की एक विशिष्ट शैली बन जाती है। उस जीवन-शैली से प्रभावित होकर व्यक्ति अपूर्व एवं विशिष्ट ढंग से अपने को वातावरण में समायोजित करता है। स्पष्ट है कि ऑलपोर्ट ने समायोजन की अपूर्वता (Uniqueness) तथा विशिष्टता (Distinctiveness) पर अत्यधिक जोर दिया है। वस्तुतः कोई भी व्यक्ति वातावरण के प्रति अपने अपूर्व (Unique) एवं विशिष्ट (Distinctive) समायोजन के कारण ही तो अपने को अन्य व्यक्तियों से भिन्न कर पाता है। उदाहरणार्थ, यदि कोई उलझनों से भरी हुई परिस्थिति किसी व्यक्ति के सामने आ जाती है, तो वह शान्ति, धैर्य एवं प्रसन्नता का परिचय देता है, तो हम शान्ति, धैर्य एवं प्रसन्नता आदि को उसके व्यक्तित्व के विशिष्ट गुण कहेंगे। कारण, ऐसी परिस्थिति में सामान्यतः अन्य व्यक्ति घबराहट, धैर्यहीनता एवं दुःख ही प्रकट करेंगे। अतएव, यह स्पष्ट है कि वह व्यक्ति शान्ति, धैर्य, प्रसन्नता आदि अपने विशिष्ट गुणों के कारण अन्य व्यक्तियों से अपने को पृथक् कर लेता है।

अन्त में, व्यक्तित्व की परिभाषा करते हुए कहा जा सकता है कि व्यक्तित्व व्यक्ति के विशिष्ट गुणों (Characteristic traits) का गत्यात्मक समन्वय (Integration) है। इस परिभाषा में प्रयुक्त प्रायः सभी शब्दों की व्याख्या उपर्युक्त परिभाषाओं के विवेचन-क्रम में प्रस्तुत की जा चुकी है। स्पष्टतः इस परिभाषा से व्यक्ति के गुणों एवं व्यवहारों की विशिष्टता की प्रधानता प्रकट होती है। विशिष्ट व्यवहार-प्रणालियों से हमारा तात्पर्य यह है कि यदि एक ही तरह की परिस्थिति विभिन्न व्यक्तियों के समक्ष उपस्थित की जाए, तो सम्भवतः सभी व्यक्ति अपने-अपने ढंग से उस परिस्थिति के प्रति अपने व्यवहार प्रकट करेंगे। उनके व्यवहार के विशिष्ट ढंगों से उनके व्यक्तित्व

का परिचय मिलेगा। उदाहरण के लिए, यदि कोई दो मित्र एक साथ सड़क पर भ्रमण कर रहे हों तथा कुछ ही दूर जाने पर उन्हें चिथड़ों में लिपटी एक भिखारिन दो-चार पैसे माँगती हुई मिल जाए, तो सम्भव है कि एक दया-द्रवित हो झट उसे कुछ दे दे और दूसरा उसके इस कार्य की खिल्ली उड़ाए। दोनों के विभिन्न व्यवहारों से उनके विभिन्न व्यक्तित्व की झलक मिलती है। एक के व्यक्तित्व में यदि दया, सहानुभूति आदि विशिष्ट गुण पाए जाते हैं, तो दूसरे के व्यक्तित्व में ठीक इसके विपरीत, दया, सहानुभूति आदि के कोई भाव नहीं दीख पड़ते। अपने इन गुणों के कारण दोनों शीघ्र ही एक-दूसरे से भिन्न कर लिए जाते हैं।

व्यक्तित्व के निर्धारक
(Determiners of personality)

व्यक्तित्व के विकास पर वंश-परम्परागत गुणों एवं विशेषताओं तथा वातावरण का अत्यधिक प्रभाव पड़ता है। अब प्रश्न यह है कि क्या वंश-परम्परा (Heredity) व्यक्तित्व को अधिक प्रभावित करती है या वातावरण का प्रभाव व्यक्तित्व पर अधिक पड़ता है? इस प्रश्न का उत्तर देते हुए वंश-परम्परा के समर्थकों का कहना है कि मनुष्य का प्रधान निर्माता वंश-परम्परा है, न कि वातावरण। दो व्यक्तियों में जो विभिन्नता देखने को मिलती है, उसका कारण है, वंश-परम्परा। इसके विपरीत व्यवहारवादी मनोवैज्ञानिकों ने वातावरण का समर्थन करते हुए बतलाया है कि व्यक्तित्व-विकास के लिए वातावरण आवश्यक है। वाट्सन (Watson) नामक प्रसिद्ध व्यावहारिक मनोवैज्ञानिक ने तो वंश-परम्परा के समर्थकों को चुनौती देते हुए यहाँ तक कह डाला कि मनुष्य योग्यता, मेधा (Talent), धातुस्वभाव (Temperament) तथा मानसिक बनावट एवं विशेषताओं को अपनी वंश-परम्परा से नहीं ग्रहण करता, अपितु व्यक्तित्व का विकास पूर्ण रूप से वातावरण पर ही निर्भर करता है। वस्तुतः इन दोनों ही उक्तियों में अतिशयोक्ति है। मनुष्य का व्यक्तित्व न तो केवल वंश-परम्परा पर ही निर्भर करता है और न केवल वातावरण पर ही, वरन् दोनों की क्रिया-प्रतिक्रिया के फलस्वरूप व्यक्तित्व का निर्माण होता है। इसलिए व्यक्तित्व को वंश-परम्परा एवं वातावरण का गुणनफल कहा गया है (व्यक्तित्व=वंश-परम्परा×वातारण)। अब हम व्यक्तित्व के निर्धारक के रूप में वंश-परम्परा तथा वातावरण पर सम्यक् रूप से प्रकाश डालेंगे। वंश-परम्परा के अन्तर्गत शारीरिक बनावट (Physique), धातुस्वभाव (Temperament), बुद्धि (Intelligence), मेधा (Talent), अन्तःस्रावी पिण्डों (Endocrine glands) तथा स्नायु-मण्डल के प्रभाव आदि पर विचार प्रस्तुत किया जाएगा।

शारीरिक बनावट तथा धातुस्वभाव–शारीरिक बनावट व्यक्तित्व का प्रधान अंग है। लम्बाई, स्वास्थ्य, वजन, भिन्न-भिन्न अंगों के अनुपात, शारीरिक सुन्दरता आदि शारीरिक बनावट की कुछ विशेषताएँ हैं। इन सबों को मिलाकर किसी का

व्यक्तित्व प्रभावशाली अथवा प्रभावशून्य होता है। शारीरिक बनावट का महत्त्व इस बात में है कि विभिन्न प्रकार की शारीरिक बनावटों के प्रति लोग भिन्न-भिन्न प्रकार की प्रतिक्रियाएँ प्रकट करते हैं। जिस व्यक्तित्व की शारीरिक बनावट बहुत अच्छी होती है, उसकी ओर स्वभावतः सभी लोगों का आकर्षण हो जाता है। उसकी शारीरिक बनावट की लोग भूरि-भूरि प्रशंसा करते हैं। फलतः उसमें आत्मविश्वास की भावना का उदय होता है, जो व्यक्तित्व का प्रधान गुण समझा जाता है। जिस व्यक्ति की शारीरिक बनावट अच्छी नहीं होती, जो नाटा एवं कुरूप होता है, सम्भवतः सभी लोग उसकी कमी की ओर संकेत करते हैं तथा उसके प्रति अन्यमनस्कता का भाव प्रकट करते हैं। फलतः वह व्यक्ति अपनी कमी का अनुभव करता है तथा हीनता की भावना (Feeling of inferiority) से आक्रान्त हो जाता है। अपनी इस हीनता की भावना को दूर करने के लिए वह क्षतिपूर्त्यात्मक (Compensatory) आचरण करता है। इसका ज्वलन्त उदाहरण हमें नेपोलियन एवं सुकरात के व्यक्तित्व में मिलता है। नेपोलियन अत्यन्त ही छोटे कद का था। अतः उसमें शारीरिक बनावट के सम्बन्ध में हीनता की भावना का होना स्वाभाविक ही था। अपनी इस हीनता की भावना की पूर्ति उसने अद्वितीय सैनिक उपलब्धियों द्वारा की। वैसे ही, सुकरात अत्यन्त कुरूप था। कुरूपता से उत्पन्न हीनता की भावना की पूर्ति उसने अत्यधिक ज्ञान प्राप्त कर की। वह अपने समय का बहुत बड़ा विद्वान था।

कुछ मनोवैज्ञानिकों ने शारीरिक बनावट के आधार पर व्यक्तियों का वर्गीकरण किया है तथा उन्होंने शारीरिक बनावट और धातुस्वभाव के सम्बन्ध पर भी प्रकाश डालने की चेष्टा की है। इस सम्बन्ध में क्रेशमर (Kretchmer) का अनुसंधान महत्त्वपूर्ण है। क्रेशमर ने शारीरिक बनावट के आधार पर मनुष्यों को दो वर्गों में बाँटा है–साइक्ल्वायड् (Cycloid) तथा सिज्वायड् (Schizoid)। साइक्ल्वायड् मोटे होते हैं, तथा सिज्वायड् लम्बे और दुबले-पतले होते हैं। साइक्ल्वायड् के धातुस्वभाव का वर्णन करते हुए क्रेशमर ने बतलाया है कि वे वस्तुवादी (Objective), मिलनसार, सामाजिक तथा प्रसन्न हुआ करते हैं। सिज्वायड् के धातुस्वभाव के सम्बन्ध में क्रेशमर का कहना है कि वे आत्म-केन्द्रित (Self-centered), भावुक (Sensitive), संकोचशील, शान्त तथा एकान्तप्रिय होते हैं। फिर क्रेशमर ने इन दो प्रधान वर्गों को भी छोटे-छोटे वर्गों में बाँटा है, जिनमें प्रधान हैं–ऐस्थेनिक (Asthenic), ऐथलेटिक (Athletic), तथा पिकनिक (Pyknic)। ऐस्थेनिक दुबले-पतले तथा छोटे कन्धे वाले होते हैं। ऐथलेटिक की शारीरिक गठन बहुत अच्छी होती है। इनका कन्धा चौड़ा होता है तथा कमर पतली होती है। पिकनिक का शरीर मांस से लदा रहता है। वह प्रायः मोटा होता है। उसका पेट निकला रहता है तथा मुँह गोल रहता है। इन तीनों वर्गों के व्यक्तियों का धातुस्वभाव भी एक-दूसरे से भिन्न होता है। ऐस्थेनिक आत्म-केन्द्रित, स्वप्न-द्रष्टा, भावुक, बौद्धिक, शान्त तथा एकान्तप्रिय होते हैं। ऐथलेटिक व्यवहारकुशल, सामाजिक तथा क्रियाशील

होते हैं। पिकनिक खुश-मिजाज तथा मिलनसार स्वभाव के होते हैं।[7]

शेल्डन (Sheldon) ने भी शारीरिक बनावट तथा धातुस्वभाव के सम्बन्ध पर प्रकाश डालने की चेष्टा की है। शारीरिक बनावट के आधार पर उन्होंने व्यक्तियों को तीन वर्गों में बाँटा है–एण्डोमॉर्फिक (Endomorphic), मेसोमॉर्फिक (Mesomorphic) और ऐक्टोमॉर्फिक। एण्डोमॉर्फिक व्यक्ति प्रायः मोटे होते हैं। उनका पेट बड़ा होता है तथा पाचनक्रिया-सम्बन्धी अँतड़ियाँ अधिक विकसित होती हैं। मेसोमॉर्फिक व्यक्तियों के शरीर की हड्डियाँ तथा मांसपेशियाँ अधिक विकसित होती हैं। उनका शरीर भारी तथा कड़ा होता है। ऐक्टोमॉर्फिक व्यक्तियों की शारीरिक बनावट कमजोर होती है। उनकी हड्डियाँ लम्बी तथा कोमल होती हैं।

शेल्डन ने उपर्युक्त तीन प्रकार की शारीरिक बनावटों के अनुरूप ही तीन प्रकार के धातुस्वभावों का भी उल्लेख किया है। वे तीन प्रकार के धातुस्वभाव हैं–विसेरोटोनिया (Viscerotonia), सोमैटोटोनिया (Somatotonia) तथा सेरिब्रोटोनिया (Cerebrotonia)। जो व्यक्ति विसेरोटोनिक होते हैं, उनमें भोजन-क्रियाओं की प्रधानता रहती है। फलतः वे भोजन-प्रिय तथा आराम-तलब होते हैं और दूसरों से प्यार पाने के इच्छुक बने रहते हैं। उनकी नींद गहरी होती है तथा आपत्ति पड़ने पर दूसरों की सहायता चाहते हैं। मेसोमॉर्फिक व्यक्ति सोमेटोटोनिक धातुस्वभाव (Somatotonic temperament) के होते हैं। वे अधिक शक्तिशाली, साहसी, अधिकार के भूखे तथा जोर से बोलनेवाले होते हैं और विपत्ति पड़ने पर अधिक क्रियाशील हो उठते हैं। ऐक्टोमॉर्फिक व्यक्ति सेरिब्रोटोनिक धातुस्वभाव (Cerebrotonic temperament) के होते हैं। ये अपनी भावनाओं तथा आदतों को दबाए रखते हैं, संकोचशील तथा एकान्तप्रिय होते हैं, धीरे-धीरे बोलते हैं, उन्हें अच्छी तरह नींद नहीं आती तथा आपत्ति में दूसरों की सहायता नहीं चाहते, वरन् अपने में ही सीमित रहना पसन्द करते हैं।[8]

क्रेशमर तथा शेल्डन के वर्गीकरण की आलोचना करते हुए यह कहा जा सकता है कि अधिकाधिक व्यक्तियों की शारीरिक बनावट तथा उनके धातुस्वभाव में सभी वर्गों का समन्वय पाया जाता है। वे निश्चित रूप से किसी एक वर्ग में नहीं रखे जा सकते। इन अध्ययनों से शारीरिक बनावट तथा धातुस्वभाव के सम्बन्ध का पता चलता है। इन दोनों के निर्माण में अन्तःस्रावी पिण्डों (Endocrine glands) का बहुत हाथ होता है।

बुद्धि (Intelligence) एवं **मेधा** (Talent)–गाल्टन का कहना है कि मनुष्य अपने मानसिक गुणों को वंश-परम्परा से पाता है।[9] मानसिक गुणों में बुद्धि तथा मेधा प्रधान समझी जाती हैं। बुद्धि वंश-परम्परागत (Hereditary) होती है। इस सम्बन्ध में गोड्डार्ड (Goddard) का अध्ययन उल्लेखनीय है। गोड्डार्ड ने कालिकाक (Kallikak) के परिवार का अध्ययन किया। उन्होंने यह पाया कि बुद्धि वंश-परम्परागत होती है। मार्टिन कालिकाक ने पहले एक सामान्यबुद्धि की स्त्री से विवाह किया। उस स्त्री से जितनी सन्तानें हुईं, वे सामान्य (Normal) तथा तीव्र बुद्धि की थीं।

बाद में उसने एक मन्दबुद्धि स्त्री से शादी कर ली। उस स्त्री से जितनी सन्तानें हुईं, उनमें अधिकांश मन्दबुद्धि तथा दुश्चरित्र थीं। इससे स्पष्ट है कि मनुष्य बुद्धि को वंश-परम्परा से पाता है।

व्यक्तित्व के विकास में बुद्धि का अधिक महत्त्व है। बुद्धि मनुष्य को नई एवं विषम परिस्थिति को समझने में सहायता प्रदान करती है तथा उसे सामाजिक समायोजन (Social adjustment) की क्षमता देती है। सामाजिक समायोजन पर व्यक्तित्व का निर्माण बहुत-कुछ निर्भर करता है। बुद्धि के ही फलस्वरूप सुकरात, अरस्तु, मार्क्स, फ्रायड, डार्विन आदि व्यक्तियों की गणना महान् व्यक्तियों के रूप में की जाती है।

बुद्धि के ही सदृश संगीत एवं गणित की मेधाएँ भी वंश-परम्परागत ही होती हैं। जिन व्यक्तियों में मेधाएँ रहती हैं, वे ही बड़े संगीतज्ञ एवं गणितज्ञ हो पाते हैं। कहना न होगा कि मनुष्य के व्यक्तित्व पर उसकी मेधा का अत्यधिक प्रभाव पड़ता है।

अन्तःस्रावी पिण्डों का प्रभाव–अन्तःस्रावी पिण्डों से एक प्रकार का तरल पदार्थ निकलता है, जिसे हॉर्मोन (Hormone) कहते हैं। ये हॉर्मोन खून की धारा में मिल जाते हैं तथा शरीर के सभी भागों में फैल जाते हैं। इनके कारण अनेक प्रकार की प्रतिक्रियाएँ उत्पन्न होती हैं। अन्तःस्रावी पिण्डों के कुछ समर्थकों ने मनुष्यों के व्यक्तित्व पर अनेक प्रभाव को बतलाते हुए यहाँ तक कह डाला है कि मनुष्य का व्यक्तित्व अन्तःस्रावी पिण्डों से ही संचालित होता है। एक ने तो यहाँ तक कहा है कि 'हम अन्तःस्रावी पिण्डों की दया पर बहुत बुरी तरह आश्रित हैं।" जब अन्तःस्रावी पिण्डों से निकला हुआ हॉर्मोन समुचित मात्रा में खून की धारा में नहीं मिल पाता, तब सारे शरीर में गड़बड़ी मच जाती है तथा व्यक्तित्व के सभी अंगों, जैसे बुद्धि, धातुस्वभाव, शारीरिक बनावट तथा चेहरे में परिवर्तन दीख पड़ने लगते हैं। सभी परिवर्तनों का प्रभाव मनुष्य की सामाजिक आदतों एवं मनोवृत्तियों पर पड़ता है।

विभिन्न अन्तःस्रावी पिण्डों के कार्यों के अलग-अलग विवरण प्रस्तुत करने के पूर्व उनके परस्पर-सम्बन्ध पर ध्यान देना आवश्यक है। इन अन्तःस्रावी पिण्डों का आपस में ऐसा सम्बन्ध है कि ये एक-दूसरे को निरन्तर प्रभावित करते रहते हैं। यदि एक अन्तः स्रावी पिण्ड के कार्यों में गड़बड़ी उत्पन्न हो जाती है, तो इसका प्रभाव अन्य अन्तःस्रावी पिण्डों पर भी पड़ता है। अतएव, यह कहा जा सकता है कि मनुष्य के व्यक्तित्व पर किसी एक अन्तःस्रावी पिण्ड का उतना प्रभाव नहीं पड़ता, जितना कि उनके परस्पर-सम्बन्ध का प्रभाव पड़ता है। अन्तःस्रावी पिण्डों के परस्पर-सम्बन्ध के कारण यह कहना कठिन जान पड़ता है कि किसी विशेष अन्तःस्रावी पिण्ड के कौन-कौन-से निश्चित कार्य होते हैं। विभिन्न अन्तःस्रावी पिण्डों के कार्यों का निश्चित रूप से उल्लेख करने में एक और कठिनाई उपस्थित होती है, और वह यह है कि एक ही अन्तःस्रावी पिण्ड से कई प्रकार के हॉर्मोन निकलते हैं। उदाहरण के लिए, पिट्यूटरी पिण्ड (Pituitary gland) से कम-से-कम आठ प्रकार के हॉर्मोन निकलते

हैं। ऐसे ही, ऐड्रीनल पिण्ड (Adrenal gland) से दो तथा गोनैड्स (Gonads) से भी दो प्रकार के हॉर्मोन निकलते हैं। यहाँ यह स्पष्ट कर देना आवश्यक है कि स्त्री या पुरुष, दोनों के गोनैड्स से दो-दो हार्मोन निकलते हैं।

अब हम अन्तःस्रावी पिण्डों के कार्यों का उल्लेख करेंगे, जिनका व्यक्तित्व को प्रभावित करने में प्रमुख स्थान है। थाइरॉइड पिण्ड (Thyroid glands), जो कण्ठ की गुठली के ऊपर दोनों ओर पाए जाते हैं, मनुष्य की सामान्य शक्ति तथा धातु-स्वभाव को प्रभावित करते हैं। जब ये पिण्ड आवश्यकता से अधिक क्रियाशील हो जाते हैं, तब मनुष्य अति शक्ति तथा उत्तेजनशीलता का अनुभव करता है। इसके विपरीत, जब इन पिण्डों में आवश्यकता से कम क्रियाशीलता पाई जाती है, तब मनुष्य में शिथिलता एवं सुस्ती आ जाती है। ऐड्रीनल पिण्डों से जो हॉर्मोन निकलता है, उसे ऐड्रीनिन कहते हैं। ये पिण्ड दोनों गुर्दों के ऊपर स्थित हैं। ऐड्रीनिन मनुष्य के संवेगात्मक व्यवहार को अत्यधिक प्रभावित करता है। इसका सम्यक् रूप से उल्लेख संवेग के अध्ययन में किया जा चुका है। पिट्यूटरी पिण्ड, जिसका स्थान मस्तिष्क में है, अन्य सभी अन्तःस्रावी पिण्डों के कार्यों पर नियन्त्रण रखता है। किन्तु विशेष रूप से यह सामान्य शारीरिक विकास तथा यौन-अंगों के विकास को प्रभावित करता है। जब पिट्यूटरी पिण्ड आवश्यकता से अधिक क्रियाशील हो जाता है, तब व्यक्ति सम्भवतः सामान्य व्यक्तियों की अपेक्षा अधिक विशालकाय (Giant) हो जाता है। इसके विपरीत, जब पिट्यूटरी पिण्ड में आवश्यकता से कम क्रियाशीलता पाई जाती है, तब व्यक्ति का शारीरिक विकास रुक जाता है अथवा बहुत धीरे-धीरे होता है। फलतः वह बौना (Dwarf) हो जाता है। अन्त में, गोनैड्स के कार्यों का उल्लेख करते हुए कहा जा सकता है कि गोनैड्स पिट्यूटरी तथा ऐड्रीनल पिण्डों के सहयोग से यौनसम्बन्धी सभी परवर्ती विशेषताओं (Secondary sex characteristic) को निर्धारित करते हैं। यौन सम्बन्धी विशेषताओं के अन्तर्गत शरीर पर बालों के वितरण, स्तन-विकास, कण्ठ-स्वर आदि आते हैं।

अन्त में, यह कह देना आवश्यक है कि अन्तःस्रावी पिण्डों का प्रभाव व्यक्ति की शारीरिक बनावट और उसके धातुस्वभाव पर पड़ता है, किन्तु ये अन्तःस्रावी पिण्ड मनुष्य के व्यक्तित्व को प्रत्यक्ष रूप से (Directly) निर्धारित नहीं करते। अन्तःस्रावी पिण्डों के कुछ आलोचकों का भी ऐसा ही मत है। व्यक्तित्व को निर्धारित करने में व्यक्ति की आदतों, मनोवृत्तियों तथा उसकी जीवन-शैली की प्रधानता रहती है, न कि अन्तःस्रावी पिण्डों की। इस सम्बन्ध में फ्रीमैन (Freeman) का अध्ययन महत्त्वपूर्ण है। उन्होंने व्यक्तित्व की विशेषताओं के निर्धारण में अन्तःस्रावी पिण्डों की प्रमुखता को नहीं माना है।[10]

स्नायु-मण्डल का प्रभाव–स्नायु-मण्डल व्यक्ति का प्रधान निर्धारक है। व्यक्तित्व के निर्धारक के रूप में स्नायु-मण्डल का महत्त्व केम्फ (Kempf) के व्यक्तित्व सम्बन्धी जीव-शास्त्रीय सिद्धान्त (Biological theory of personality) से स्पष्ट हो

जाता है। केम्फ ने अपने सिद्धान्त में यह बतलाया है कि मनुष्य की ऐन्द्रिक लालसाओं (Organic cravings) की उत्पत्ति स्वतःसंचालित स्नायु-मण्डल द्वारा होती है। जब ऐन्द्रिक लालसाओं और वातावरण के बीच संघर्ष होता है, तब व्यक्ति को वातावरण में सफलतांपूर्वक समायोजित करने की आवश्यकता पड़ती है। व्यक्ति के इस समायोजन में केन्द्रीय स्नायु-मण्डल सहायता प्रदान करता है। फलतः वह व्यक्ति अपने को सफलतापूर्वक वातावरण में समायोजित कर लेता है। इस समायोजन की विधि को ही केम्फ ने व्यक्तित्व की संज्ञा दी है।[11] अतः स्पष्ट है कि व्यक्तित्व स्वतःसंचालित स्नायु-मंडल तथा केन्द्रीय स्नायु-मण्डल, दोनों ही से प्रभावित होता है।

ऐन्द्रिक लालसाएँ, जिनमें खाने-पीने तथा काम-तृप्ति (Sexual statisfaction) की लालसाएँ प्रधान हैं, मनुष्य को कार्य करने की प्रेरणा देती हैं। जब इन लालसाओं का वातावरण के साथ संघर्ष हो जाता है, तब केन्द्रीय स्नायु-मण्डल कुछ ऐसा मार्ग ढूँढ़ निकालता है, जिससे व्यक्ति इस संघर्ष को दूर कर अपने को सफलतापूर्वक वातावरण में समायोजित कर सके। इससे यह स्पष्ट है कि व्यक्ति को समायोजन की प्रेरणा स्वतःसंचालित स्नायु-मण्डल में उत्पन्न ऐन्द्रिक लालसाओं से मिलती है, किन्तु समायोजन की सफलता केन्द्रीय स्नायु-मण्डल पर निर्भर करती है। अतएव, यह कहा जा सकता है कि व्यक्ति के समायोजन में स्वतः संचालित स्नायु-मण्डल तथा केन्द्रीय स्नायु-मण्डल, दोनों ही एक-दूसरे के सहयोगी के रूप में काम करते हैं। यदि पहले से समायोजन की प्रेरणा मिलती है, तो दूसरे से समायोजन कार्यान्वित होता है।

वातावरण–वातावरण के अन्तर्गत मुख्यतः निम्नांकित बातों पर विचार प्रस्तुत किया जाएगा–

1. व्यक्तित्व-निर्माण में जीवन के प्रारम्भिक कार्यों का महत्त्व;
2. घर का प्रभाव;
3. एकलौता बच्चा तथा जन्म-क्रम (The only child and birth order) :
4. समुदाय तथा संस्कृति का प्रभाव।

व्यक्तित्व-निर्माण में जीवन के प्रारम्भिक वर्षों का महत्त्व–मनोविश्लेषण (Psycho-analysis) के विशेषज्ञों ने बतलाया है कि व्यक्तित्व-निर्माण में जीवन के प्रारम्भिक वर्षों का महत्त्वपूर्ण स्थान है। वस्तुतः बचपन की प्रारम्भिक अनुभूतियाँ ही जीवन-शैली निर्धारित करती हैं। वे व्यक्ति के सामने एक मार्ग प्रस्तुत करती हैं, जिसका वह जीवन में अनुसरण करता है। मनुष्य की मानस-वृत्ति (Mental dishposition) का निर्माण बाल्यकाल की प्रारम्भिक अनुभूतियों के आधार पर ही होता है। जब एक बार मनुष्य में मानस-वृत्ति का निर्माण हो जाता है, तब बाद के सभी व्यवहारों पर उसका प्रभाव पड़ता है। मानस-वृत्ति के अनुकूल ही कोई व्यक्ति किसी विषय की ओर आकृष्ट होता है तथा उसे सीखने का प्रयास करता है। इस प्रकार स्पष्ट है कि मानस-वृत्ति ही यह निर्णय करती है कि कोई व्यक्ति अपने

जीवन में क्या सीखेगा।

किस प्रकार प्रारम्भिक अनुभूतियाँ व्यक्तित्व पर अपनी अमिट छाप छोड़ जाती हैं, इसे एक उदाहरण द्वारा समझाने की चेष्टा की जाएगी। एक कॉलेज का विद्यार्थी, जिसने पर्याप्त प्रतिष्ठा एवं ख्याति प्राप्त की थी, हीनता की भावना (Feeling of inferiority) से निरन्तर आक्रान्त रहता था। उसकी वर्तमान परिस्थिति, सम्मान तथा उपलब्धियों को देखकर किसी को यह शंका भी नहीं होती थी कि वह अपने में हीनता का अनुभव करता होगा। किन्तु, वह जब कभी अपने मित्रों से मिलता, तब यही कहता कि उसे कॉलेज में जो सम्मान मिलता है, वह उसके योग्य नहीं है और सम्मान प्रदान करने वालों ने उसकी योग्यता का ठीक-ठीक मूल्यांकन नहीं किया है। उसकी इस प्रकार की मनोवृत्ति का कोई भी कारण वर्तमान परिस्थिति में नहीं दीख पड़ा। तब उसके बाल्यकाल की प्रारम्भिक अनुभूतियों की खोज की गई। उसने बतलाया कि जब वह छोटा बच्चा था, तब उसके पिता ने बराबर उसके बड़े भाई को ही प्रमुखता दी। बड़े भाई को ही उन्होंने अधिक बुद्धिमान समझा। अब यह स्पष्ट है कि बचपन में ही उसके भीतर बौद्धिक हीनता की भावना उत्पन्न हो गई थी। यह हीनता की भावना बाद के जीवन में भी बनी रही। फलतः उसे अपनी उपलब्धियों को देखकर जहाँ प्रसन्नता तथा सन्तोष का अनुभव होना चाहिए था, वहाँ वह भीतर-ही-भीतर बराबर खिन्न रहा करता था। यद्यपि दुःखद अनुभूति (हीनता की भावना) दमन के कारण उसके चेतन (Conscious) में नहीं रह गई थी, तथापि उसके उपचेतन (Subconscious) में सतत रूप में वर्तमान थी। उपचेतन में बैठी उसकी हीनता की भावना निरन्तर उसके विचारों को प्रभावित करती थी। फलस्वरूप, उसका सम्पूर्ण व्यक्तित्व ही इस भावना से अनुरंजित था।

घर का प्रभाव—जन्म के बाद बच्चा सर्वप्रथम अपने माँ-बाप के सम्पर्क में आता है। भोजन-वस्त्र और अपनी रक्षा के लिए वह माँ-बाप पर ही आश्रित रहता है। उसकी स्नेह की आकांक्षा माँ-बाप से ही पूरी होती है। माँ-बाप बच्चे की रक्षा के साथ-साथ उसे प्यार भी करते हैं। माँ-बाप का समुचित प्यार पाकर बच्चों का व्यक्तित्व सम्यक् रूप से विकसित होता है। माँ-बाप का अतिस्नेह (Over affection) बच्चे के व्यक्तित्व के समुचित विकास में बाधक सिद्ध होता है। यदि माँ-बाप अपने बच्चे के प्रति अधिक स्नेह दिखलाते तथा उसकी आवश्यकताओं की पूर्ति के लिए सतत् तत्पर रहते हैं, तो बच्चे में आश्रितता (Dependence) की भावना उत्पन्न होती है, उसमें स्वावलम्बन नहीं आने पाता। बचपन की यह आश्रितता की भावना उसके बाद के जीवन में भी अभिव्यक्त होती है। मनोविश्लेषण के महान् प्रणेता सिग्मण्ड फ्रायड (Sigmund Freud) ने बतलाया है कि बचपन की पिता के ऊपर आश्रित रहने की भावना ही बाद के जीवन में नेता पर आश्रित रहने की भावना के रूप में परिणत हो जाती है। जिस प्रकार बच्चा अपने पिता को

शक्ति का केन्द्र मानता है तथा उनके साथ तादात्म्य स्थापित कर अपने सभी भावों तथा अपनी सारी अतृप्त इच्छाओं की परितुष्टि करता है, उसी प्रकार प्रौढ़ व्यक्ति अपने नेता को शक्ति का केन्द्र मानता है तथा उनके साथ तादात्म्य स्थापित कर अपनी सारी इच्छाओं की पूर्ति करता है।

यदि माँ-बाप के अतिस्नेह से बच्चों में आश्रितता आती है, तो उनके स्नेह के नितान्त अभाव में भी बच्चे के व्यक्तित्व का अवांछनीय विकास ही होता है। जब माँ-बाप अपने बच्चे के प्रति स्नेह अभिव्यक्त नहीं करते, तब स्वभावतः बच्चे की स्नेह पाने की भावना अतृप्त रह जाती है। फलतः वह अन्तर्मुखी स्वभाव (Introverted nature) का हो जाता है तथा कल्पना के संसार में या दिवा-स्वप्नों में अपनी अतृप्त स्नेह की भावना को तृप्त करता है। अपराध-विज्ञान (Criminology) के विशेषज्ञों ने बतलाया है कि जिन बच्चों की संवेगात्मक अनुभूति एवं स्नेह की भावना बचपन में तृप्त नहीं हो पाती, वे प्रायः अपराधी (Delinquent) हो जाते हैं। असामाजिक व्यवहारों द्वारा वे अपनी अतृप्त भावना को तृप्त करने की चेष्टा करते हैं। हिली और ब्रोनर (Healy and Bronner) ने अपने अध्ययन के आधार पर इस प्रकार के कई उदाहरण प्रस्तुत किए हैं। एक अपराधी बच्चे (Delinquent child) का अध्ययन हिली और ब्रोनर ने किया। अपने इस अध्ययन के आधार पर वे इस निष्कर्ष पर पहुँचे कि बच्चे के अपराधी होने का एकमात्र कारण है, उसके पिता का उसके प्रति दुर्व्यवहार। सचमुच यह बच्चा जब दो महीने का था, तभी उसके पिता ने उसकी ओर अपनी घोर अरुचि दिखलानी शुरू कर दी थी। उसके पिता ने पूछने पर बतलाया कि वह अपने बच्चे को बिल्कुल नहीं चाहता। अपने उस बच्चे को पास रखने की अपेक्षा वह एक सर्प को अपने पास रखना अधिक अच्छा समझता है। उसी के शब्दों में– "I can't bear to have him touch me, I would rather have snake around me than have him." हिली और ब्रोनर ने बच्चे के अपराध की व्याख्या करते हुए बतलाया है कि बच्चे में अपराध की भावना आने के तीन कारण हो सकते हैं–(1) दुःखद परिस्थिति से छुटकारा पाने का प्रयास, (2) पिता से उनके दुर्व्यवहारों के लिए बदला लेने की भावना तथा (3) बचपन की अतृप्त इच्छाओं को तृप्त करने की चेष्टा।

घर में निरन्तर संवेगात्मक तथा संघर्षात्मक परिस्थिति का विद्यमान रहना भी बच्चे के समुचित व्यक्तित्व-विकास के लिए श्रेयस्कर नहीं है। जिस बच्चे के माँ-बाप आपस में झगड़ते रहते हैं, उस बच्चे की मनोवृत्ति पर इसका अत्यधिक प्रभाव पड़ता है। वह बच्चा भी सम्भवतः झगड़ालू तथा चंचल स्वभाव का हो जाता है, वह कभी-कभी अपराधी भी हो जाता है। इस प्रकार, स्पष्ट है कि किसी भी व्यक्ति का व्यक्तित्व बचपन से उसके माँ-बाप की उसके प्रति प्रकट की गई मनोवृत्ति पर बहुत-कुछ निर्भर करता है। अन्त में, यह कह देना आवश्यक जान पड़ता है कि एक ही तरह की परिस्थिति के होते हुए भी दो बच्चों का व्यक्तित्व उनके धातु-स्वभाव,

उनकी शारीरिक बनावट तथा उनके बाहर की अवस्था में भिन्नता होने के कारण दो तरह का हो सकता है। अतएव, व्यक्तित्व-निर्माण के सम्बन्ध में घर के प्रभाव पर ध्यान रखते हुए अन्य आवश्यक बातों पर विचार करना भी अनिवार्य हो जाता है।

इकलौता बच्चा तथा जन्म-क्रम (The Only Child and Birth Order)–बच्चे के व्यक्तित्व पर माँ-बाप के प्रभाव का उल्लेख किया जा चुका है। अब यह बतलाने की चेष्टा की जाएगी कि बच्चे के व्यक्तित्व पर किस प्रकार उसके दूसरे भाई-बहनों का भी असर पड़ता है। अपने माँ-बाप के साथ सम्बन्ध होने के कारण बच्चा यह सीखता है कि उसे समाज के अन्य गुरुजनों के साथ किस प्रकार व्यवहार करना चाहिए तथा अपने भाई-बहनों के साथ सम्बन्ध होने के कारण वह यह जान लेता है कि समान स्तर के लोगों के साथ किस प्रकार होड़ लेनी चाहिए। अतः स्पष्ट है कि बच्चे का अपने भाई-बहनों के साथ का सम्बन्ध भी माँ-बाप के सम्बन्ध की तरह सामाजिक समायोजन में योग प्रदान करता है। एकलौता बच्चा भाई-बहनों के सम्बन्ध से वंचित रह जाता है। फलतः उसे समान स्तर के लोगों के साथ व्यवहार करने में कुशलता प्राप्त नहीं हो पाती और उसे अपने सामाजिक समायोजन में कठिनाई का अनुभव होता है। स्पष्ट है कि एकलौता होने के कारण उसके व्यक्तित्व के समुचित विकास में बाधा पहुँचती है। किन्तु एकलौता होने पर भी इस बाधा को दूर किया जा सकता है। अनेक मनोवैज्ञानिक अध्ययनों के आधार पर कहा जा सकता है कि यदि माँ-बाप एकलौते बच्चे को दूसरे बच्चों के साथ मिलने-जुलने तथा खेलने-कूदने का समुचित अवसर प्रदान करें तो सामाजिक समायोजन में कठिनाई का अनुभव नहीं होगा। इस सम्बन्ध में दूसरी प्रधान बात यह है कि माँ-बाप अपने एकलौते बच्चे पर आवश्यकता से अधिक ध्यान न दें, तो भी उसके व्यक्तित्व का वांछनीय विकास होगा तथा उसे सामाजिक समायोजन में कठिनाई का अनुभव नहीं होगा। एकलौते बच्चे के व्यक्तित्व-विकास के सम्बन्ध में उपर्युक्त विचार प्रस्तुत करने के बाद यह निष्कर्ष निकालना कठिन नहीं है कि एकलौते बच्चे के समुचित व्यक्तित्व-विकास तथा सामाजिक समायोजन के लिए उसका एकाकीपन उतना उत्तरदायी नहीं है, जितना कि उसके माँ-बाप के द्वारा उसके प्रति प्रकट किए गए व्यवहार।

अलफ्रेड ऐडलर ने बतलाया है कि बच्चे का परिवार में स्थान या उसका जन्म-क्रम (Birth order) भी उसके व्यक्तित्व को प्रभावित करता है। जो बच्चा एकलौता होता है, स्वभावतः उसके अधिकार एवं आराम में हिस्सा बँटानेवाला कोई दूसरा नहीं रहता। उसे माँ-बाप का अत्यधिक प्यार भी मिलता है। फलस्वरूप उसमें एकाधिपत्य की भावना आ जाती है तथा वह परावलम्बी हो जाता है। किन्तु जब उसके छोटे भाई का जन्म हो जाता है, तब उसका छोटा भाई, उसके अधिकार, आराम तथा माँ-बाप के स्नेह में हिस्सा बाँटता है। फलतः बड़े भाई में छोटे भाई के लिए ईर्ष्या उत्पन्न हो जाती है। वह अपने अधिकार को निरन्तर पूर्ववत् बनाए

रखने की चेष्टा करता है। दूसरा बच्चा परिवार में स्थान बनाने के लिए सतत प्रयत्नशील रहता है। फलतः वह एक अति उत्सुक व्यक्ति भी हो सकता है तथा वर्तमान परिस्थिति के प्रति विद्रोह करने वाला भी हो सकता है। परिवार में जो सबसे छोटा बच्चा होता है, वह सर्वदा सबसे प्यार और सहायता की आशा करता है। फलतः वह परमुखापेक्षी होता है।[12]

यद्यपि बच्चे के जन्म-क्रम के सम्बन्ध में बहुत कुछ लिखा गया है, तथापि मनोवैज्ञानिक प्रयोगों के आधार पर कहा जा सकता है कि बच्चे के जन्म-क्रम तथा उसके व्यक्तित्व में कोई निश्चित सम्बन्ध नहीं है। एक ही प्रकार की व्यक्तित्व सम्बन्धी उलझनें परिवार के सबसे बड़े बच्चे, दूसरे तथा सबसे छोटे बच्चे के सामने आ सकती हैं।

समुदाय तथा संस्कृति का प्रभाव–बच्चों के व्यक्तित्व-विकास के अध्ययन के लिए उनके खेल-समुदायों (Play-groups) का अध्ययन भी अत्यन्त आवश्यक है। बच्चे अपने खेल के साथियों में अधिक अभिरुचि लेते हैं। समुदाय में अपने साथियों के साथ खेलने से बच्चों में स्वावलम्बन की भावना का उदय होता है। उनकी आश्रितता की भावना जाती रहती है। उन्हें साहसपूर्ण कार्य करने का समुचित अवसर मिलता है। समुदाय की एक अपनी नियमावली होती है, जिसका उन्हें पालन करना पड़ता है। फलतः उनमें नियम-पालन की भावना उत्पन्न होती है। खेल के समुदाय में रहकर बच्चे अपने उत्तरदायित्व को निभाना सीखते हैं तथा उनमें अनुशासन-प्रियता आती है। बच्चों को सर्वप्रथम खेल के समुदाय में ही सहयोग की भावना का अनुभव होता है। इससे स्पष्ट है कि बच्चे खेल के समुदाय में जो कुछ सीखते हैं, उन सबों का उनके व्यक्तित्व पर प्रभाव पड़ता है।

संस्कृति से भी बच्चे का व्यक्तित्व कम प्रभावित नहीं होता। जन्म के बाद बच्चे के व्यक्तित्व-निर्माण में वातावरण का प्रभाव आरम्भ हो जाता है। वातावरण में समाज के लोगों तथा संस्कृतियों की प्रधानता होती है। समाज के लोगों तथा संस्कृतियों का सम्बन्ध इतना घनिष्ठ है कि उन्हें एक-दूसरे से अलग नहीं किया जा सकता। संस्कृति से समाज का प्रत्येक व्यक्ति प्रभावित होता है। फिर वह व्यक्ति अपने सम्पर्क में आए हुए बच्चे को प्रभावित करता है। माँ-बाप बच्चे के प्रति स्नेह के भाव प्रकट करेंगे अथवा अन्यमनस्कता के भाव दिखलाएँगे, यह बहुत-कुछ उनकी संस्कृति पर निर्भर करता है। कहीं-कहीं पिता अपने बच्चे के सम्पर्क में अधिक आता है, तो कहीं माता बच्चे के सम्पर्क में अधिक आती है। इसका कारण यह है कि सभी जगहों की संस्कृति समान नहीं होती है। कहीं की संस्कृति के अनुसार माता को ही बच्चे के सम्पर्क में आने का अधिक अवसर मिलता है, तो किसी जगह की संस्कृति के अनुसार पिता को ही बच्चे के सम्पर्क में आने का अधिक अवसर मिलता है। माँ-बाप का बच्चों के साथ कैसा सम्बन्ध होगा, यह बहुत हद तक उनकी संस्कृति पर निर्भर करता है।

व्यक्तित्व के गुण या उसकी विशेषताएँ
(Traits of Personality)

जब कोई व्यक्ति एक तरह की परिस्थिति में सर्वदा एक विशेष ढंग का ही व्यवहार प्रकट करता है, तब हम कह सकते हैं कि उसके व्यक्तित्व की यह विशेषता है। व्यक्तित्व की विशेषता के कारण ही समाज का कोई एक व्यक्ति अपने को अन्य व्यक्तियों से पृथक् कर पाता है। व्यक्तित्व की विशेषताओं से यह प्रकट होता है कि व्यक्ति कहाँ तक अन्य व्यक्तियों के समान है और कहाँ तक उनसे भिन्न है। यदि कोई व्यक्ति सर्वदा दूसरों पर प्रभुत्व स्थापित करने की प्रवृत्ति दिखलाता है, तो हम कह सकते हैं कि प्रभुत्व की प्रवृत्ति (Dominance-tendency) उसके व्यक्तित्व की विशेषता है। वैसे ही, यदि कोई सहज भाव से दूसरों की अधीनता स्वीकार कर लेता है, तो यह कहा जा सकता है कि अधीनता की प्रवृत्ति (Tendency of Submission) उसके व्यक्तित्व की विशेषता है।

विशेषताओं के स्वरूप (Nature of traits) पर प्रकाश डालते हुए कुछ मनोवैज्ञानिकों का कहना है कि ये सामान्य ढंग (General nature) की होती हैं। अतएव, अपेक्षाकृत स्थायी तथा क्रमबद्ध होती हैं। किन्तु दूसरे मनोवैज्ञानिकों ने इस मत की अलोचना की है तथा यह बतलाया है कि व्यक्ति की विशेषताएँ सामान्य ढंग की नहीं होतीं, वरन् विशिष्ट ढंग (Specific nature) की होती हैं। अतएव, ये अस्थायी (Unstable) तथा क्रमहीन (Inconsistent) होती हैं। वातावरण से प्रभावित होकर ये निरन्तर बदलती रहती हैं। इन दोनों मतों में समन्वय स्थापित करते हुए मनोवैज्ञानिकों का कहना है कि व्यक्तित्व की कुछ विशेषताएँ सामान्य ढंग की होती हैं तथा कुछ विशिष्ट ढंग की। अतः यदि व्यक्तित्व की कुछ विशेषताएँ स्थायी एवं क्रमबद्ध हो सकती हैं, तो कुछ अस्थायी, परिवर्तनशील तथा क्रमहीन भी हो सकती हैं। अब यहाँ व्यक्तित्व की कुछ प्रमुख विशेषताओं का उल्लेख अपेक्षित है।

अन्तर्मुखता-बहिर्मुखता (Introversion Extroversion)–मनोवैज्ञानिक अनुसंधानों से पता चलता है कि प्रायः प्रत्येक व्यक्ति का संवेगात्मक समायोजन (Emotional adjustment) एक-दूसरे से भिन्न होता है। जब व्यक्ति के सामने कोई संघर्षात्मक परिस्थिति उपस्थित होती है, तब संवेगात्मक समायोजन अनिवार्य हो जाता है। संवेगात्मक समायोजन के क्रम में प्रत्येक व्यक्ति संघर्षात्मक परिस्थिति के प्रति अलग-अलग ढंग की प्रतिक्रियाएँ प्रकट करता है। अलग-अलग ढंग की प्रतिक्रियाओं के आधार पर व्यक्तित्व की दो प्रमुख विशेषताओं का उल्लेख मिलता है–अन्तर्मुखता (Introversion) तथा बहिर्मुखता (Extroversion)। इन दोनों विशेषताओं का प्रतिपादन सर्वप्रथम युंग ने किया था। तब से अधिकांश लोगों का ध्यान इस ओर आकर्षित होता है।

अन्तर्मुखी व्यक्ति (Introverted person) आदर्शवादी एवं स्वप्नद्रष्टा होता

है, तथा बहिर्मुखी व्यक्ति (Extroverted person) व्यवहार-कुशल। फलतः अन्तर्मुखी व्यक्ति अपने जीवन की समस्याओं का समाधान बाह्य जगत् की संघर्षात्मक परिस्थिति से दूर हटकर अपने आदर्शों एवं विचारों के संसार में करता है, किन्तु बहिर्मुखी व्यक्ति अपने जीवन की समस्याओं का समाधान बाह्य जगत् में प्रत्यक्ष कार्यों के द्वारा करता है। बहुत-से मनोवैज्ञानिकों को व्यक्तित्व का यह वर्गीकरण मान्य नहीं है। उनका कहना है कि अन्तर्मुखता तथा बहिर्मुखता, दोनों विशेषताएँ प्रायः प्रत्येक व्यक्ति में पाई जाती हैं। अतएव, इन दोनों विशेषताओं के आधार पर व्यक्तित्व का वर्गीकरण समुचित नहीं है। प्रत्येक व्यक्ति कभी अन्तर्मुखता की ओर उन्मुख होता है, तो कभी बहिर्मुखता की ओर। फिर भी यह सम्भव है कि किसी में अन्तर्मुखी प्रवृत्तियाँ बहिर्मुखी प्रवृत्तियों की अपेक्षा अधिक हों। ऐसी अवस्था में उसे अन्तर्मुखी व्यक्ति कहा जा सकता है। इसी प्रकार, यदि किसी में अपेक्षाकृत बहिर्मुखी प्रवृत्तियाँ अधिक हों, तो उसे बहिर्मुखी व्यक्ति कहा जा सकता है।

कुछ विचारकों ने अन्तर्मुखता के तीन प्रधान पक्षों का उल्लेख किया है। वे ये हैं–1. व्यक्ति की अभिरुचि, 2. व्यक्ति का सामाजिक समायोजन, तथा 3. व्यक्ति की संवेगात्मकता। व्यक्तित्व अभिरुचि की दृष्टि से अन्तर्मुखी व्यक्ति आत्मकेन्द्रित (Self-centred) कहा जा सकता है, क्योंकि वह अपने भाव-जगत् में ही तल्लीन रहता है; किन्तु बहिर्मुखी व्यक्ति की अभिरुचि अपने-आप में उतनी नहीं होती, जितनी बाह्य जगत् में। सामाजिक समायोजन की दृष्टि से यह कहा जा सकता है कि अन्तर्मुखी व्यक्ति समाज की अपेक्षा एकान्त की ओर अधिक प्रवृत्त होता है, किन्तु बहिर्मुखी व्यक्ति अपने को आसानी से समाज में समायोजित कर लेता है। जहाँ तक व्यक्ति की संवेगात्मकता का प्रश्न है, यह माना जाता है कि अन्तर्मुखी व्यक्ति संवेगों को स्वतन्त्रतापूर्वक अभिव्यक्त नहीं करता, वरन्, उन्हें दबा देता है। इसके विपरीत बहिर्मुखी व्यक्ति स्वतन्त्रतापूर्वक अपने संवेगों को अभिव्यक्त करता है। अन्तर्मुखी व्यक्ति प्रायः कवि, कलाकार तथा विचारक होते हैं। बहिर्मुखी व्यक्ति प्रायः सामाजिक नेता हुआ करते हैं।

प्रभुत्व-अधीनता (Ascendance-Submission)–प्रभुत्व-अधीनता बहुत-कुछ व्यक्ति के उन व्यवहारों का वर्णन करती है, जिन्हें हम अन्तर्मुखता-बहिर्मुखता के आधार पर भी समझ सकते हैं। किन्तु, इन दोनों में दृष्टिकोण का अन्तर है। जहाँ अन्तर्मुखता-बहिर्मुखता से यह प्रकट होता है कि कोई व्यक्ति किस प्रकार अपने जीवन की समस्याओं को सुलझाने की चेष्टा करेगा, वहाँ प्रभुत्व-अधीनता व्यक्तियों के परस्पर-सम्बन्ध को प्रकट करती है। जिस व्यक्ति में प्रभुत्व की प्रवृत्ति पाई जाती है, वह अन्य व्यक्तियों पर अपना आधिपत्य स्थापित करना चाहता है। किन्तु जिसमें अधीनता की प्रवृत्ति वर्तमान रहती है, वह आसानी से दूसरे व्यक्तियों की बातों को मान लेता है तथा उनकी अधीनता स्वीकार कर लेता है। इसी आधार पर सामाजिक

मनोविज्ञान के विशेषज्ञों ने व्यक्तियों को दो वर्गों में बाँटा है–नेता तथा अनुयायी। नेताओं में प्रभुत्व-वृत्ति की विशेषता पाई जाती है तथा अनुयायियों में आधिन्य-वृत्ति की प्रधानता रहती है। प्रभुत्वप्रिय व्यक्ति प्रायः नेता होता है तथा अधीनताप्रिय व्यक्ति अनुयायी।

मनुष्य के सिवा, पशुओं में भी प्रभुत्व-अधीनता की विशेषताएँ पाई जाती हैं। कुछ बन्दरों पर किए गए प्रयोगों के आधार पर पाया गया है कि प्रभुत्वप्रिय पशु अधिक लड़ाकू, खिलाड़ी तथा क्रियाशील होते हैं तथा अधीनताप्रिय पशु निष्क्रिय (Passive) और पलायनवादी (Escapist)। जब बलवान् तथा अधिकारप्रिय पशु आधिन्यवृत्ति वाले पशुओं पर आक्रमण करते हैं, तब वे वहाँ से भागकर अपनी निष्क्रियता का परिचय देते हैं।

कुछ मनोवैज्ञानिकों का कहना है कि जिस व्यक्ति में प्रभुत्व-वृत्ति की विशेषता पाई जाती है, वह प्रायः सभी परिस्थितियों में प्रभुत्व प्रदर्शित करता है। वैसे ही, जिसमें आधिन्य-वृत्ति की विशेषता पाई जाती है, वह प्रायः सभी परिस्थितियों में कायरता तथा दुर्बलता दिखलाता है। इस सम्बन्ध में स्कूल में प्रवेश करने के पूर्व कुछ बच्चों का अध्ययन किया गया है। इसके आधार पर यह पाया गया है कि कुछ बच्चों में प्रभुत्व-वृत्ति निश्चित रूप से वर्तमान रहती है। ये प्रभुत्वप्रिय बच्चे अपने मित्रों पर बराबर आधिपत्य बनाए रखने की चेष्टा करते हैं। इन अध्ययनों से ऐसा जान पड़ता है कि प्रभुत्व-वृत्ति या आधिन्य-वृत्ति की विशेषताएँ व्यक्ति में स्थायी रूप से बनी रहती हैं। किन्तु यह धारणा समुचित नहीं है। वस्तुतः कुछ ही ऐसे व्यक्ति होते हैं, जिनमें प्रभुत्व-वृत्ति या आधिन्य-वृत्ति की मात्रा बहुत अधिक होती है और उन्हीं के सम्बन्ध में उपर्युक्त विचार सही कहा जा सकता है। किन्तु अधिकांश व्यक्ति ऐसे होते हैं, जिनमें प्रभुत्व वृत्ति तथा आधिन्य-वृत्ति दोनों ही की विशेषताएँ वर्तमान रहती हैं। वे किस समय प्रभुत्व प्रदर्शित करेंगे तथा कब अधीनता प्रकट करेंगे, यह बहुत-कुछ परिस्थिति तथा उनकी तात्कालिक मनोवृत्ति पर निर्भर करता है। अधिकांश व्यक्ति प्रायः अपने से उच्च पद वाले के सामने समर्पण या अधीनता के भाव दिखलाते हैं तथा वे ही अपने नीचे काम करने वालों पर प्रभुत्व प्रदर्शित करते हैं। अतः यह कहा जा सकता है कि प्रभुत्व-वृत्ति तथा आधिन्य-वृत्ति की विशेषताएँ स्थायी नहीं हैं, वरन् परिस्थिति तथा व्यक्ति की तात्कालिक मनोवृत्ति पर निर्भर करती हैं।

संवेगात्मक अस्थिरता (Emotional instability)–संवेगात्मक अस्थिरता, व्यक्तित्व की एक प्रधान विशेषता है। जिस व्यक्ति में यह विशेषता पाई जाती है, वह प्रायः चंचल स्वभाव का होता है। आगामी दुःखों एवं निराशाओं की आशंका से भी वह अत्यधिक चिन्तित हो जाता है। दुःख के वास्तविक कारणों के अभाव में भी वह प्रायः दुःख का अनुभव करता है। इस प्रकार के व्यक्ति के जीवन में सामान्य

रूप से अस्थिरता होने के कारण सुख-दुःख के भाव क्षण-क्षण बदलते रहते हैं। वह जीवन की वास्तविकता से दूर रहकर अपने अधिकांश समय को दिवा-स्वप्नों में ही व्यतीत करता है।

प्रसक्ति या हठ (Persistance)–प्रसक्ति व्यक्ति की एक ऐसी प्रवृत्ति है, जो उसे अनेक कठिनाइयों एवं बाधाओं के बीच भी तात्कालिक लक्ष्य की पूर्ति के लिए सतत प्रत्यनशील रखती है। इस विशेषता से युक्त व्यक्ति जब किसी काम को एक बार अपने हाथ में लेता है, तब उसे सम्पन्न करने के लिए जी-जान से कोशिश करता है। इसके विपरीत, जिस व्यक्ति में यह गुण नहीं पाया जाता है, वह कठिनाइयों एवं बाधाओं से शीघ्र ही निरुत्साह होकर अपने कार्य को बीच में ही छोड़ देता है, वह उसे पूरा करने की चेष्टा नहीं करता।

भीरुता या संकोच (Shyness)–भीरुता या संकोच की विशेषता से युक्त व्यक्ति प्रायः असामाजिक हुआ करता है। वह समाज के कुछ ही लोगों के साथ अपना सम्पर्क स्थापित कर पाता है। फलतः उसके मित्रों की संख्या बहुत थोड़ी होती है। वह सामाजिक संस्थाओं या सभाओं में जाने से हिचकिचाता है तथा किसी भी संस्था में रहकर अगुआ का काम नहीं करना चाहता। जब कभी उसे अपरिचित व्यक्तियों से भेंट हो जाती है, तब वह उनसे सम्पर्क स्थापित करने तथा बातचीत करने में हिचकिचाहट का अनुभव करता है। तात्पर्य यह है कि संकोचशील अथवा भीरु व्यक्ति में समाज से अलग रहने की प्रवृत्ति प्रबल रूप से वर्तमान रहती है।

चिन्तनशीलता (Reflectiveness)–चिन्तनशीलता व्यक्ति को आत्मकेन्द्रित तथा अन्तर्मुखी बना देती है। इस विशेषता से युक्त व्यक्ति की प्रवृत्ति मुख्यतः दार्शनिक होती है। वह निरन्तर दार्शनिक विचारों में ही तल्लीन रहा करता है। वह सामान्यतः जीवन सम्बन्धी प्रश्नों और समस्याओं पर अपने मित्रों से विचार-विमर्श करता है। तात्पर्य यह है कि चिन्तनशीलता उसके जीवन का एक अंग बन जाती है।

खिन्नता (Depression)–खिन्नता की विशेषता से युक्त व्यक्ति का व्यक्तित्व चिन्ता, दुःख, निराशा, इत्यादि से अनुरंजित हुआ करता है। वह आगामी दुःखों पर विचार करके ही अत्यधिक निरुत्साह तथा चिन्ता-मग्न हो जाता है। यदि उसे जीवन में किसी क्षण प्रसन्नता का अनुभव होता भी है, तो वह शीघ्र ही विलीन हो जाता है। अन्ततः वह दुःख, चिन्ता, निराशा इत्यादि का ही अनुभव करता रहता है। स्पष्टतः उसका जीवन चिन्तामय तथा दुःखी होता है। संक्षेप में, उसके जीवन में खिन्नता की प्रधानता पाई जाती है।

उपर्युक्त व्यक्तिगत विशेषताओं के अतिरिक्त कुछ अन्य विशेषताओं के सम्बन्ध में भी मनोवैज्ञानिक अध्ययन हुए हैं, जिनका विवेचन यहाँ अपेक्षित नहीं है। व्यक्तित्व की विशेषताओं के अन्तर्गत शारीरिक बनावट, बुद्धि, धातु-स्वभाव तथा चरित्र-सम्बन्धी विशेषताओं–जैसे सचाई, ईमानदारी–को रखा जा सकता है।

व्यक्तित्व को मापने की विधियाँ

(Methods of Measuring Personality)

व्यक्तित्व की माप के लिए अनेक विधियों का प्रयोग किया गया है। उनमें से कुछ प्रधान विधियों पर प्रकाश डालना ही यहाँ अपेक्षित है। वे प्रधान विधियाँ हैं– 1. व्यक्ति-इतिहास (Case history), 2. इण्टरव्यू (Interview), 3. प्रश्नावली (Questionnaire), 4. श्रेणी-मूल्यांकन (Rating scale), 5. परिस्थिति-परीक्षण (Situation tests), 6. मनोविश्लेषणात्मक परीक्षण (Psycho-analytic tests) तथा 7. आरोपणात्मक विधियाँ (Projective methods)।

व्यक्ति-इतिहास (Case history)–इस विधि का प्रधान लक्ष्य है–व्यक्ति के वंश-इतिहास (Family history), सामाजिक वातावरण, शारीरिक अवस्था, शिक्षा, आर्थिक अनुभव, वर्तमान आदत, समायोजन, सन्तोष इत्यादि का समुचित ज्ञान प्राप्त करना। संक्षेप में, यह विधि व्यक्ति के व्यक्तित्व पर प्रकाश डालने वाली सारी बातों की जानकारी प्राप्त करने की चेष्टा करती है। इस विधि का सफलतापूर्वक प्रयोग वही कर सकता है, जिसे इस विधि के प्रयोग की शिक्षा पूर्णरूप से प्राप्त हो। इस विधि का प्रयोग सामान्य तथा असामान्य, दोनों ही प्रकार के व्यक्तियों के व्यक्तित्व की जानकारी के लिए किया जाता है।

इण्टरव्यू (Interview)–व्यक्तित्व की परीक्षा के लिए 'इण्टरव्यू' की विधि अत्यन्त व्यावहारिक समझी जाती है। किसी पद पर नियुक्त करने के पहले प्रायः कई उम्मीदवारों पर इस विधि का प्रयोग किया जाता है। अन्त में किसी एक व्यक्ति को पद पर नियुक्त करने के लिए चुन लिया जाता है।

'इण्टरव्यू' की विधि व्यक्तित्व की परीक्षा के लिए तभी एक सफल विधि समझी जा सकती है, जब 'इण्टरव्यू' लेनेवाला (Interviewer) इस विधि के प्रयोग में निपुण हो। दूसरी बात यह है कि 'इण्टरव्यू' लेनेवाले को पदविशेष के लिए आवश्यक योग्यताओं का पूर्ण ज्ञान होना चाहिए। तीसरी प्रधान बात यह है कि आवश्यक योग्यताओं से सम्बन्धित प्रश्नों की एक सूची तैयार कर लेनी चाहिए, फिर उन्हीं प्रश्नों को 'इण्टरव्यू' के समय क्रमबद्ध ढंग से पूछना चाहिए। इस प्रकार लिये गए 'इण्टरव्यू' के आधार पर उम्मीदवारों के व्यक्तित्व की परीक्षाएँ बहुत-कुछ सफल समझी जा सकती हैं।

प्रश्नावली (Questionnaire)–व्यक्तित्व की परीक्षा के लिए प्रश्नावली का प्रयोग किया गया है। इस सम्बन्ध में वुडवर्थ तथा ऑलपोर्ट आदि मनोवैज्ञानिकों ने अत्यधिक कार्य किया है। मनोवैज्ञानिक प्रश्नावली, प्रश्नों की वह सूची है जिसका उत्तर 'हाँ' या 'ना' में दिया जाता है। व्यक्तित्व की प्रधान विशेषताओं की जानकारी के लिए प्रश्नावलियों का निर्माण हो चुका है। प्रश्नावलियों के आधार

पर अन्तर्मुखता-बहिर्मुखता (Introversion-Extroversion), प्रभुत्व-अधीनता (Assendance-Submission), सामाजिक-एकान्तता (Sociability- Solitariness) आदि व्यक्तित्व की विशेषताओं की जाँच की जाती है। जाँच करने वाला प्रायः व्यक्तियों के उत्तर का विश्लेषण कर उनके व्यक्तित्व की विशेषताओं का ज्ञान प्राप्त करता है। इस विधि में एक बड़ी कठिनाई यह होती है कि प्रयोज्य प्रायः झूठे उत्तर देकर अपने व्यक्तित्व को छिपाने की चेष्टा करते हैं। यह विधि व्यक्तिगत अध्ययन की अपेक्षा समुदाय के अध्ययन में अधिक सफल हुई है।

श्रेणी-मूल्यांकन (Rating scale)–इस विधि के प्रयोग के लिए व्यक्तित्व की विशेषताओं को कई श्रेणियों में बाँट लिया जाता है। फिर इस विधि का प्रयोग कर व्यक्ति के व्यक्तित्व की विशेषताओं का उल्लेख कुछ नपे-तुल परिणामबोधक शब्दों में किया जाता है। उदाहरण के लिए, यदि हमें किसी व्यक्ति की ईमानदारी की जाँच करनी है, तो हम ईमानदारी को कई श्रेणियों में बाँटकर एक मानदण्ड तैयार कर लेंगे। फिर कुछ प्रश्नों के सहारे उस व्यक्ति से वर्तमान ईमानदारी की मात्रा की परीक्षा करेंगे। नमूने के रूप में ईमानदारी का मानदण्ड यहाँ प्रस्तुत है–

ईमानदारी

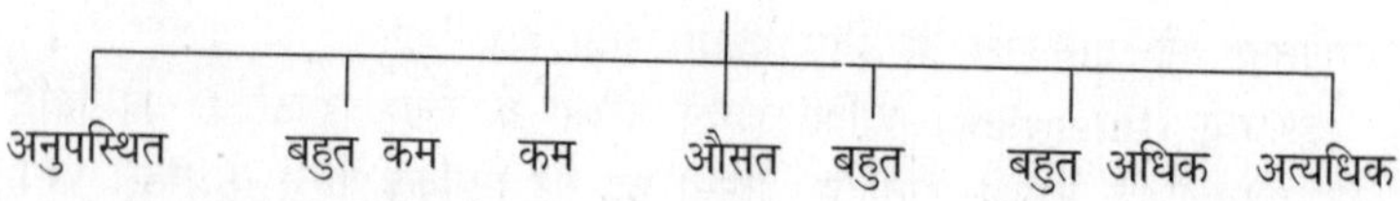

इस श्रेणी-मूल्यांकन से स्पष्ट से है कि व्यक्ति की ईमानदारी की जाँच सात निश्चित श्रेणियों में की जा सकती है। श्रेणी-मूल्यांकन के सफल प्रयोग के लिए यह आवश्यक है कि प्रयोग करने वालों अथवा निर्णायकों (Judges) को इस विधि की पूर्ण शिक्षा हो, दूसरे, श्रेणी-मूल्यांकन का समुचित रूप से निर्माण होना चाहिए। निर्णायकों के निर्णय में जितनी अधिक समानता होती है, इस विधि के आधार पर पाया हुआ निष्कर्ष भी उतना ही प्रामाणिक तथा विश्वसनीय समझा जाता है।

परिस्थिति-परीक्षण (Situation tests)–परिस्थिति-परीक्षणों के आधार पर यह जाँच की जाती है कि किसी विशेष परिस्थिति के उपस्थित होने पर व्यक्ति किस प्रकार का व्यवहार प्रकट करता है। परिस्थिति-परीक्षणों का प्रयोग अधिकतर बच्चों पर किया जाता है। हार्टशोर्न (Hartshorne) और मे (May) ने कुछ बच्चों की ईमानदारी की जाँच वास्तविक परिस्थितियों में की। वे सभी परिस्थितियाँ ऐसी थीं, जिनमें ईमानदारी तथा बेईमानी, दोनों ही प्रकट करने की पूरी गुंजाइश थी। हार्टशोर्न और मे ने एक सौ बच्चों पर प्रयोग किया। वह परिस्थिति, जिसमें उनकी ईमानदारी की परीक्षा की गई, यह थी–

एक कमरे में एक बक्सा रख दिया गया। बच्चों से कहा गया कि वहाँ जाकर

बक्से में कुछ पैसे रख आएँ। वे पैसे गरीबों को दान दिए जाएँगे। कुछ बच्चों ने वहाँ जाकर उस बक्से में कुछ पैसे रख दिए, किन्तु कुछ बच्चों ने पैसे रखने के बदले बक्से में से कुछ पैसे निकाल लिये।

एक दूसरी परिस्थिति में भी जाँच की गई। उन्हें कुछ कठिन शब्दों के अर्थ लिखने को कहा गया और शब्द-कोश भी दे दिया गया। उन्हें स्पष्ट शब्दों में कह दिया गया कि बिना शब्द-कोश देखे वे सभी शब्दों के अर्थ लिखें। ऐसी परिस्थिति में कुछ बच्चों ने तो सचमुच बिना शब्द-कोश देखे ही, शब्दों के अर्थ लिख दिए, किन्तु दूसरे ने शब्द-कोश को देखकर शब्दों के अर्थ लिखने की चेष्टा की। इस तरह, अन्य परिस्थितियों में भी उनकी ईमानदारी की परीक्षा की गई। इन परीक्षणों में यह आसानी से पता चल जाता है कि वास्तविक परिस्थिति में व्यक्तित्व की विशेषताएँ किस प्रकार प्रकट होती हैं।

परिस्थिति-परीक्षणों की समीक्षा करते हुए कहा जा सकता है कि इनका क्षेत्र बड़ा ही सीमित है। इनका सफलतापूर्वक प्रयोग बच्चों पर तो सम्भव है, किन्तु प्रौढ़ व्यक्तियों पर नहीं। प्रौढ़ व्यक्तियों के व्यवहार सभी परिस्थितियों में भिन्न-भिन्न ढंग के हुआ करते हैं। अतएव, कुछ परिस्थितियों में किए गए परीक्षणों के आधार पर उनके व्यक्तित्व की विशेषताओं का समुचित ज्ञान प्राप्त नहीं हो सकता। साथ ही, यह भी सम्भव नहीं है कि व्यक्ति अपने जीवन में जितनी परिस्थितियों का सामना करता है, उन सबका अलग-अलग अध्ययन किया जाए। अतः प्रौढ़ व्यक्तियों के व्यक्तित्व की विशेषताओं का निश्चित ज्ञान परिस्थिति-परीक्षणों के आधार पर नहीं हो सकता, यह इस विधि की सबसे बड़ी त्रुटि है।

मनोविश्लेषणात्मक परीक्षण (Psycho-analytic tests)–मनोविश्लेषणात्मक परीक्षणों में प्रमुख हैं–स्वतन्त्र साहचर्य (Free association) तथा स्वप्न-विश्लेषण (Dream-analysis)। इनकी सहायता से व्यक्ति के व्यक्तित्व की उन विशेषताओं की जानकारी प्राप्त होती है, जो अप्रत्यक्ष रूप में उसमें निरन्तर विद्यमान रहती हैं। दूसरों शब्दों में, अचेतन तथा उपचेतन में वर्तमान व्यक्तित्व की विशेषताएँ इन्हीं के आधार पर व्यक्त होती हैं। इनका प्रयोग असामान्य व्यक्तियों (Abnormal individuals) के व्यक्तित्व की जाँच के लिए अधिक सफलतापूर्वक हुआ है। मानसिक रोगियों की चिकित्सा में भी ये विधियाँ लाभदायी सिद्ध हुई हैं।

स्वतन्त्र साहचर्य की पद्धति का प्रयोग करते समय प्रयोज्य को आराम से बिठा दिया जाता है। फिर मनोविश्लेषक प्रयोज्य से यह कहता है कि उसके समक्ष जैसी भी बातें आएँ, उन्हें वह स्वतन्त्रतापूर्वक कहता चले। बीच-बीच में मनोविश्लेषक प्रश्न पूछकर उसके व्यक्तित्व की छिपी हुई विशेषताओं को जानने का भी प्रयास करता है। इस पद्धति के आधार पर प्रयोज्य के जीवन के आवश्यक पहलुओं पर अच्छा प्रकाश पड़ता है। स्वप्न-विश्लेषण में प्रयोज्य अपने स्वप्नों का वर्णन करता है। मनोविश्लेषक उसके स्वप्नों का विश्लेषण कर उसके व्यक्तित्व की अप्रत्यक्ष

तथा छिपी हुई विशेषताओं को जानने में समर्थ होता है।

मनोविश्लेषणात्मक परीक्षणों के बाद मनोविश्लेषक अपने प्रयोज्य को उसकी त्रुटियों का ज्ञान करा देता है। अतः यह कहा जा सकता है कि मनोविश्लेषणात्मक परीक्षण व्यक्तित्व की छिपी हुई विशेषताओं के ज्ञान के लिए अत्यन्त उपयोगी हैं।

आरोपणात्मक विधियाँ (Projective methods)–आरोपणात्मक विधियों के प्रयोग के लिए कई तरह की परिस्थितियों का निर्माण किया गया है। वे परिस्थितियाँ ऐसी होती हैं, जिनमें व्यक्ति अपने व्यक्तित्व की विशेषताओं को स्वतन्त्रतापूर्वक आरोपित करते हैं। आरोपणात्मक विधियों में प्रधानतः रोर्शा (Rorschach) तथा मर्रे (Murray) के परीक्षणों का विवेचन-मात्र ही यहाँ अपेक्षित है। रोर्शा का मसिचिह्न-परीक्षण (Ink-blot test) अत्यन्त प्रसिद्ध है। रोर्शा के इस परीक्षण में स्याही के दस धब्बों का प्रयोग किया जाता है। इसमें पाँच धब्बे सफेद कागज पर बिल्कुल काले होते हैं तथा दूसरे पाँच धब्बे कई रंगों के होते हैं। इनमें से प्रत्येक धब्बे को एक-एक कर प्रयोज्य को दिखलाया जाता है और उससे कहा जाता है कि धब्बे को अच्छी तरह देखने के बाद वह यह बतलाए कि उसमें उसने कौन-सी चीजें देखीं अथवा उस धब्बे का उसने क्या अर्थ समझा। संक्षेप में, धब्बों के देखने से उसके ऊपर जो प्रभाव पड़ता है, उससे उसका वर्णन करने को कहा जाता है। फिर मनोविश्लेषक उसके वर्णनों का विश्लेषण कर उसके व्यक्तित्व की विशेषताओं पर प्रकाश डालता है।

मर्रे ने व्यक्तित्व की जाँच के लिए कुछ अस्पष्ट चित्रों का संग्रह किया है। वे अस्पष्ट चित्र प्रयोज्य के सामने प्रस्तुत किए जाते हैं तथा उन चित्रों को देखकर कथा या कहानी रचने, अथवा उनकी व्याख्या प्रस्तुत करने को कहा जाता है। एक ही अस्पष्ट चित्र को देखकर सभी प्रयोज्य प्रायः अलग-अलग कहानियाँ रचते तथा उनकी अलग-अलग व्याख्या प्रस्तुत करते हैं। उनकी कहानियों तथा व्याख्याओं का विश्लेषण कर मनोविश्लेषक यह निष्कर्ष निकालता है कि ये कहानियाँ तथा व्याख्याएँ व्यक्ति के व्यक्तित्व की प्रमुख विशेषताओं को प्रकट करती हैं। वस्तुतः व्यक्ति इन कहानियों तथा व्याख्याओं में अपने व्यक्तित्व की विशेषताओं को आरोपित करता है। मर्रे के द्वारा उल्लेख किए गए इस परीक्षण को कथा-संस्कार परीक्षण (Thematic apperception test) कहते हैं।

रोर्शा तथा मर्रे की आरोपणात्मक विधियों की समीक्षा करते हुए कहा जा सकता है कि इन विधियों के आधार पर प्रयोज्य के व्यक्तित्व की अप्रत्यक्ष तथा छिपी हुई विशेषताओं का ज्ञान प्राप्त हो जाता है। प्रयोज्य यह बिल्कुल नहीं समझ पाता कि इन परीक्षणों का फल क्या होगा, क्योंकि इन परिस्थितियों में प्रकट की गई प्रतिक्रियाओं के वास्तविक अर्थ का उसे कोई ज्ञान नहीं रहता। किन्तु मनोविश्लेषक उसकी प्रतिक्रियाओं

की व्याख्या कर उसके व्यक्तित्व के सम्बन्ध में ज्ञान प्राप्त कर लेता है। आरोपणात्मक विधियों के आलोचक मनोविश्लेषक की व्याख्याओं की प्रामाणिकता पर सन्देह प्रकट करते हैं। उनका कहना है कि आरोपणात्मक विधियों में मनोविश्लेषक की व्याख्या की प्रधानता होती है। किन्तु यह व्याख्या वैज्ञानिक दृष्टिकोण से कहाँ तक प्रामाणिक और विश्वसनीय हो सकती है, यह सन्देह का विषय है।

सन्दर्भ

1. "Personality is the sum-total of all the biological innate disposition impulses, tendencies, appetites and instincts of the individual, and the acquired dispositions and tendencies acquried by experience."—Morton Prince : 'The Unconscious', 1524, p. 532.
2. "Personality is an integration of patterns (interests) which gives a peculiar individual trend to the behaviour of the organism."—J.T. Maccurdy : 'Common Principles in Psychology and Physiology', 1528, p. 333.
3. "Personality is 'the integration of those systems of habits that represent an individual's characteristic adjustment to his environment."—E. J. Kempf : 'The Autonomic Functions and the Personality'.
4. "Personality is the organised system, the functioning whole or unit of habits, dispositions and sentiments that mark off any one member of a group as being different from any other member of the same group." —M. Schoen : 'Human Nature', 1930, p. 397.
5. "If all the members of any social group acted alike, thought alike and felt alike, personality would not exist."—Schoen.
6. "Personality is the dynamic organization within the individual of thosc psycho-physical systems that determine his unique adjustment to his environment."—Allport, C.W. : 'Personality—A Psychological Interpretation', p. 18.
7. Kretschmer, E. : 'Physique and Character', 1933.
8. Sheldon, W.H., S.S. Stevens, and W.B. Tucker : 'The Varieties of Human Physique', 1950 and Sheldon, W.H. and S.S. Stevens : 'The Varieties of Temperament', 1942.
9. Galton : Hereditary genius.
10. "As far as determinig whether an individual shall be a proud, sensitive, suspicious, paranoid individual or a timid, shut-in- dreamy, schizoid person, a boisterous, jolly, hailfellow, well met, cycloid, or a moody, pedantic, egocentric, epileptoid individual, the endocrine glands would seem to have little say in the matter."—W. Freeman.
11. Kempf, E.J. : "The Autonomic function and personality." Nervous and mental disease monograph, 1928, No. 28.
12. Woodworth, R.S. and Marquis, D.G. : 'Psychology'—A study of mental life, 1947, p. 138.

अभ्यास के प्रश्न

1. विषय-प्रवेश

1. Psyhchology studies adjustment of the organism to its environment. Discuss.
2. Psychology is a positive science which studies activities of the organism in relation to its environment. Discuss.
3. Examine the statement that Psychology is the science of mental activities of the individual.
4. Explain and examine the view that Psychology is the science of behaviour. What do you consider to be the correct definition of Psychology?
5. Psychology is the science of experience. Do you agree with the view? Give reasons for your answer.
6. Discuss why both experience and behaviour are studied in Psychology?
7. What is the proper subject-matter of Psychology? Indicate its main uses.
8. How is Psychology related to other sciences? Show its relation to Physiology and Biology.

1. मनोविज्ञान वातावरण के प्रति प्राणी के समायोजन का अध्ययन करता है। विवेचन कीजिए।
2. मनोविज्ञान एक समर्थक विज्ञान है जो वातावरण के प्रति होनेवाली प्राणी की क्रियाओं का अध्ययन करता है। विवेचन कीजिए।
3. इस कथन का मूल्यांकन कीजिए की मनोविज्ञान व्यक्ति की मानसिक क्रियाओं का विज्ञान है।
4. इस मत की व्याख्या और मूल्यांकन कीजिए की मनोविज्ञान व्यवहार का विज्ञान है। आप मनोविज्ञान की सही परिभाषा किसे मानते हैं?

5. मनोविज्ञान अनुभूति का विज्ञान है। क्या आप इस विचार से सहमत हैं? अपने उत्तर के लिए कारण दीजिए।
6. विवेचन कीजिए कि क्यों मनोविज्ञान में अनुभूति और व्यवहार, दोनों ही का अध्ययन किया जाता है।
7. मनोविज्ञान की समुचित विषय-वस्तु क्या है? इसकी प्रमुख उपयोगिताओं का उल्लेख कीजिए।
8. मनोविज्ञान किस प्रकार अन्य विज्ञानों से सम्बन्धित है? शरीर-विज्ञान और जीव-विज्ञान के साथ इसके सम्बन्ध दिखलाइए।

2. मनोविज्ञान की विधियाँ तथा शाखाएँ

1. Explain fully the methods employed in the study of Psychology.
2. What is meant by Introspection? What are the main objections against it? Do you consider them valid?
3. What do you mean by objective observation? Discuss its merits and demerits.
4. What is experimental method? Discuss its merits and demerits.

1. मनोविज्ञान के अध्ययन में काम में लाई जाने वाली विधियों की पूर्ण रूप से व्याख्या कीजिए।
2. अन्तर्निरीक्षण का क्या तात्पर्य है? इसके विरुद्ध कौन-कौन-सी प्रमुख आपत्तियाँ हैं? क्या आप उन्हें सही मानते हैं?
3. बाह्य निरीक्षण से आप क्या समझते हैं? उसके गुण-दोषों का विवेचन कीजिए।
4. प्रयोगात्मक विधि क्या है? उसके गुण-दोषों का विवेचन कीजिए।

3. स्नायु-मण्डल

1. Describe in brief the structure and the general functions of the central nervous system.
2. Explain the general nature of nerve-impluse.
3. What is the All-or-None law? Discuss its implications in neural activity.
4. What different techniques may be used for localizing functions in the brain? Discuss the localization of functions in the cerebral cortex.
5. What sensory and motor functions have been definitely indentified as associated with specific areas within the cortex?
6. What is meant by the "Localization of brain-functions"? Discuss the theory of equipoteniality and mass action of brain.

7. Write short notes on the following—
   (a) Receptors and Effectors.
   (b) Glands.
   (c) Neurons.
   (d) Reflex arc.

1. केन्द्रीय स्नायु-मण्डल की बनावट और सामान्य क्रियाओं का संक्षेप में वर्णन कीजिए।
2. स्नायु-प्रवाह के सामान्य स्वरूप की व्याख्या कीजिए।
3. सम्पूर्ण-या-बिल्कुल नहीं का नियम क्या है? स्नायविक क्रिया में इसके महत्त्वों का विवेचन कीजिए।
4. मस्तिष्क में क्रियाओं के स्थान-निरूपण के लिए कौन-कौन-सी विभिन्न विधियाँ काम में लाई जा सकती हैं? बृहन्मस्तिष्कीय वल्क में क्रियाओं के स्थान-निरूपण का विवेचन कीजिए।
5. कौन-कौन-सी ऐन्द्रिक तथा गतिवाही क्रियाएँ बृहन्मस्तिष्कीय वल्क के विशेष क्षेत्रों से निश्चित रूप से सम्बन्धित पाई गई हैं?
6. "मस्तिष्क की क्रियाओं के स्थान-निरूपण" से आप क्या समझते हैं? मस्तिष्क की समक्षमता तथा पूँजीभूत क्रिया के सिद्धान्त का विवेचन कीजिए।
7. निम्नांकित पर संक्षिप्त टिप्पणी लिखें—
   (क) ग्राहक एवं प्रभावक।
   (ख) पिण्ड।
   (ग) स्नायु-कोष।
   (घ) सन्धि-स्थल।
   (ङ.) प्रतिक्षेप धनु।

4. संवेदना

1. What is sensation? Distinguish it from perception with the help of concrete examples.
2. Describe with the help of examples, the main attributes of sensation.
3. Give a description of the structure of the eye and indicate its main functions.
4. Explain with the help of examples, the phenomena of colour-mixture and colour-blindness.
5. Describe briefly structure of the eye and explain the nature of stimulus necessary to produce visual sensation.
6. Write short notes on the following—

(a) Light-adaptation and Dark-adaptation.
(b) Rods and Cones.
(c) After-images.
(d) Colour-blindness.
(e) Complementary colour.

7. Descibe the structure of the ear and explain how does auditory sensation arise?
8. Discuss the nature of Ether-vibration and explain attributes of pitch, loudness and timbre.

1. संवेदना क्या है? मूर्त्त उदाहरणों के सहारे प्रत्यक्षीकरण से इसका अन्तर बतलाइए।
2. उदाहरणों के सहारे संवेदना की प्रमुख विशेषताओं का वर्णन कीजिए।
3. आँख की बनावट का विवरण प्रस्तुत कीजिए तथा उसकी प्रमुख क्रियाओं का उल्लेख कीजिए।
4. रंग-सम्मिश्रण तथा रंग-अन्धापन के व्यापारों की सोदाहरण व्याख्या कीजिए।
5. आँख की बनावट का संक्षेप में वर्णन कीजिए तथा दृष्टि-संवेदना उत्पन्न करने के लिए अनिवार्य उत्तेजना के स्वरूप की व्याख्या कीजिए।
6. निम्नांकित पर संक्षिप्त टिप्पणी लिखें–

(क) प्रकाश-समायोजन तथा अन्धकार-समायोजन।
(ख) दण्ड एवं सूचियाँ।
(ग) अनुबिम्ब।
(घ) रंग-अन्धापन।
(च) पूरक रंग।

7. कान की बनावट का वर्णन कीजिए तथा व्याख्या कीजिए की श्रवण-संवेदना किस प्रकार उत्पन्न होती है?
8. शब्द-प्रकम्पन के स्वरूप का विवेचन कीजिए तथा कोटि, घनत्व और नाद-गुण की विशेषताओं की व्याख्या कीजिए।

5. प्रत्यक्षीकरण

1. What is perception? How does the perception, of an object arise?
2. Distinguish between sensation and perception and explain the importance of past experience in perception.
3. "We see things as we are, not as they are." To what extent is this statement true?
4. Explain clearly how perception is a complex process but a unitary experience. Indicate with special reference to visual field, the principles governing unit-formation.

5. Indicate the role of ground in perceiving a figure. How would you distinguish a figure from a ground?
6. Distinguish between pereception and illusion; illusion and hallucination.
7. What is illusion? Illustrate its various types and indicate why do they occur.

1. प्रत्यक्षीकरण क्या है? किसी वस्तु का प्रत्यक्षीकरण कैसे होता है?
2. संवेदना तथा प्रत्यक्षीकरण में भेद कीजिए तथा प्रत्यक्षीकरण में पूर्वानुभूति के महत्त्व की व्याख्या कीजिए।
3. "हम जैसे हैं, उसी रूप में वस्तुओं को देखते हैं, न कि वे वस्तुएँ जैसी हैं।" यह कथन कहाँ तक सच है?
4. स्पष्ट रूप से व्याख्या कीजिए कि किस प्रकार प्रत्यक्षीकरण एक जटिल प्रक्रिया होते हुए भी एकात्मक अनुभूति है। दृष्टि-क्षेत्र के विशेष प्रसंग में इकाई-निर्माण में निहित सिद्धान्तों का उल्लेख कीजिए।
5. आकार के प्रत्यक्षीकरण में आधारभूमि की भूमिका का उल्लेख कीजिए। आप आधारभूमि से आकार का अन्तर किस प्रकार बतलाएँगे?
6. प्रत्यक्षीकरण और विपर्यय तथा विपर्यय और विभ्रम में अन्तर कीजिए।
7. विपर्यय क्या है? इसके विभिन्न प्रकारों को सोदाहरण समझाइए तथा यह बतलाइए कि वे क्यों घटित होते हैं।

6. ध्यान

1. What is attention? Point out the main bodily accompaniments in the process of attending an object.
2. Explain and illustrate the different kinds of attention.
3. Distinguish between Voluntary attention and Involuntary attention and throw light on Habitual attention.
4. What do you mean by conditions or determiners of attention? Discuss the main conditions of attention.
5. Bring out clearly a distinction between the subjective and the objective condition of attention. Discuss with the help of examples the main objective conditions of attention.
6. Define attention and discuss the subjective conditions of attenton.
7. "Interest is latent attention and attention is interest in action." Explain this statement and point out the other subjective conditions of attention.
8. Discuss the nature of attention. Can we attend to two things at a time? Give reasons for your answer.

1. ध्यान क्या है? किसी वस्तु पर ध्यान देने की प्रक्रिया में निहित प्रमुख शारीरिक समायोजनों का उल्लेख कीजिए।
2. ध्यान के विभिन्न प्रकारों की सोदाहरण व्याख्या कीजिए।
3. ऐच्छिक तथा अनैच्छिक ध्यान में अन्तर कीजिए तथा स्वाभाविक ध्यान पर प्रकाश डालिए।
4. ध्यान की अवस्थाओं अथवा निर्धारकों से आप क्या समझते हैं? ध्यान की प्रमुख अवस्थाओं का विवेचन कीजिए।
5. ध्यान की आन्तरिक तथा बाह्य अवस्थाओं में स्पष्ट रूप से अन्तर कीजिए। उदाहरणों के सहारे ध्यान की प्रमुख बाह्य अवस्थाओं की विवेचना कीजिए।
6. ध्यान की परिभाषा दें तथा ध्यान की आन्तरिक अवस्थाओं की विवेचना करें।
7. "अभिरुचि अस्फुट ध्यान है तथा ध्यान अभिरुचि का ही स्फुट रूप है।" इस कथन की व्याख्या कीजिए तथा ध्यान की अन्य आन्तरिक अवस्थाओं का उल्लेख कीजिए।
8. ध्यान के स्वरूप की विवेचना कीजिए। क्या हम एक ही समय दो वस्तुओं पर ध्यान दे सकते हैं? अपने उत्तर के लिए कारण प्रस्तुत कीजिए।

7. सीखना

1. What is learning? Distinguish it from maturation, using suitable examples.
2. Explain the law of exercise and the law of effect. What part do they play in trial and error learning.
3. What is meant by the trial and error learning? Can all learning be treated as a trial and error process?
4. Explain learning by trial and error, using suitable examples and experiments.
5. Distinguish between human learning and animal learning. Discuss the role of insight in learning.
6. Give a comparative estimate of the trial and error learning and learning by insight.
7. What is meant by insight? Can you explain all learning through it?
8. Explain fully the conditioned reflex theory of learning. Does it satisfactorily explain all kinds of learning?
9. "Practice makes perfect." How far is the saying true or false with reference to learning.?

10. What are the main learning procedures? Give a critical view of the whole and part learning.
11. Indicate the advantages of recitation in learning a list of nonsense syllables. Discuss massed versus spaced learning.
12. What is verbal learning? Explain important methods employed in verbal learning.
13. What do you mean by the association of ideas? Explain the various laws of association with the help of examples.
14. Describe the conditions favourable to learning.

1. सीखना क्या है? उपयुक्त उदाहरणों के द्वारा परिपक्वता से इसकी भिन्नता बतलाइए।
2. अभ्यास के नियम तथा प्रभाव के नियम की व्याख्या कीजिए तथा यह बतलाइए कि प्रयत्न और भूल द्वारा सीखने में इनका क्या हाथ है?
3. प्रयत्न और भूल द्वारा सीखने से आपका क्या तात्पर्य है? क्या सभी प्रकार के सीखने को प्रयत्न और भूल की प्रक्रिया माना जा सकता है?
4. उपयुक्त उदाहरणों तथा प्रयोगों के सहारे प्रयत्न और भूल द्वारा सीखने की व्याख्या कीजिए।
5. मनुष्य तथा पशु के सीखने में अन्तर कीजिए। सीखने में सूझ की भूमिका की विवेचना कीजिए।
6. प्रयत्न और भूल द्वारा सीखने तथा सूझ द्वारा सीखने की तुलनात्मक समीक्षा कीजिए।
7. सूझ का क्या तात्पर्य है? क्या इसके द्वारा आप सभी प्रकार के सीखने की व्याख्या कर सकते हैं?
8. सीखने के सम्बन्ध-प्रत्यावर्त्तन सिद्धान्त की पूर्णरूप से व्याख्या कीजिए। क्या यह सभी प्रकार के सीखने की सन्तोषप्रद व्याख्या करता है?
9. "अभ्यास पूर्ण बनाता है।" यह उक्ति सीखने के प्रसंग में कहाँ तक सही या गलत है?
10. सीखने की प्रमुख विधियाँ कौन-कौन हैं? पूर्ण तथा आंशिक विधि से सीखने के सम्बन्ध में अपने आलोचनात्मक विचार दीजिए।
11. निरर्थक शब्द-खण्डों की एक सूची सीखने में आवृत्तिकरण के लाभों का उल्लेख कीजिए। अविराम बनाम विराम रीति से सीखने की विवेचना कीजिए।
12. वाचिक सीखना क्या है? वाचिक सीखने की प्रमुख विधियों की व्याख्या कीजिए।
13. विचारों के साहचर्य से आप क्या समझते हैं? उदाहरणों के सहारे साहचर्य के विभिन्न नियमों की व्याख्या कीजिए।
14. सीखने की अनुकूल अवस्थाओं का वर्णन कीजिए।

8. स्मरण-विस्मरण

1. Describe with the help of examples, the processes involved in the act of remembering.
2. What is the nature of remembering? Discuss the processes of retention, recall and recognition in remembering an event.
3. Discuss the important factors which influence retention.
4. Distinguish between recall and recognition. Can you say that what cannot be recalled is not retained?
5. Describe the conditions of recall. Can you say that what is retained must be recalled?
6. Discuss the conditions of good memory. Can memory be trained?
7. Explain the nature and causes of forgetting.
8. Is forgetting due to mere lapse of time? Explain the role of repression and retroactive inhibition in forgetting.

1. स्मरण करने की क्रिया में निहित प्रक्रियाओं का सोदाहरण वर्णन कीजिए।
2. स्मरण का स्वरूप क्या है? किसी क्रिया के स्मरण करने में धारण, प्रत्याह्वान तथा पहचान की प्रक्रियाओं का विवेचन कीजिए।
3. धारण को प्रभावित करने वाले तत्त्वों का विवेचन कीजिए।
4. प्रत्याह्वान और पहचान में अन्तर कीजिए। क्या आप कह सकते हैं कि जिसका प्रत्याह्वान नहीं हो सकता, उसका धारण भी नहीं होता है?
5. प्रत्याह्वान की अवस्थाओं का वर्णन कीजिए। क्या आप कह सकते हैं कि जिसका धारण होता है, उसका प्रत्याह्वान भी अवश्य ही होता है?
6. अच्छी स्मृति की अवस्थाओं का विवेचन कीजिए। क्या स्मृति को प्रशिक्षित किया जा सकता है?
7. भूलने के स्वरूप तथा प्रमुख कारणों की व्याख्या कीजिए।
8. क्या भूलना मात्र समय बीतने के कारण होता है? भूलने में दमन तथा पृष्ठोन्मुख अवरोध की भूमिका की व्याख्या कीजिए।

9. प्रतिमा और कल्पना

1. What is image? How does a percept differ from an image?
2. Discuss with the help of examples, the different kinds of images.
3. Distinguish between the memory-image and the imagination-image. Explain the eidetic image with the help of examples.
4. Discuss the main characteristics of an image. How does it arise?
5. What is imagination? How does it differ from the act of remembering and perceiving?

6. Discuss the nature and forms of imagination.
7. Distinguish between different kinds of imagination with the help of concrete examples and indicate the main uses of imagination.

1. प्रतिमा क्या है? प्रत्यक्ष किस प्रकार प्रतिमा से भिन्न होता है?
2. उदाहरणों के सहारे प्रतिमाओं के विभिन्न प्रकारों का विवेचन कीजिए।
3. स्मृति-प्रतिमा तथा काल्पनिक प्रतिमा में अन्तर कीजिए। उदाहरणों के सहारे प्रत्यक्ष-प्रतिमा की व्याख्या कीजिए।
4. प्रतिमा की प्रमुख विशेषताओं का विवेचन कीजिए। यह कैसे उत्पन्न होती है?
5. कल्पना क्या है? यह स्मरण तथा प्रत्यक्षीकरण की क्रिया से किस प्रकार भिन्न है?
6. कल्पना के स्वरूप तथा प्रकारों का विवेचन कीजिए।
7. मूर्त उदाहरणों के सहारे कल्पना के विभिन्न प्रकारों के बीच भेद कीजिए तथा कल्पना की प्रमुख उपयोगिताओं का उल्लेख कीजिए।

10. चिन्तन

1. What is thinking? Distinguish thinking from imagination.
2. Analyse the process of thinking in solving a problem. Can it be regarded as a trial and error process?
3. How is thinking related to language? Can you say that thinking is nothing but a sub-vocal talking?
4. What is thinking? Discuss the main characteristics of thinking.
5. How is a concept formed? Discuss the role of concept in thinking.
6. What is meant by creative thinking? Discuss its main stages.

1. चिन्तन क्या है? कल्पना और चिन्तन में अन्तर कीजिए।
2. समस्या के समाधान में चिन्तन-प्रक्रिया का विश्लेषण कीजिए। क्या इसे प्रयत्न और भूल की प्रक्रिया माना जा सकता है?
3. चिन्तन भाषा से किस प्रकार सम्बन्धित है? क्या आप कह सकते हैं कि चिन्तन और कुछ नहीं है, यह मात्र आन्तरिक सम्भाषण है?
4. चिन्तन क्या है? चिन्तन की प्रमुख विशेषताओं का विवेचन कीजिए।
5. धारणा किस प्रकार बनती है? चिन्तन में धारणा की भूमिका का विवेचन कीजिए।
6. रचनात्मक चिन्तन से आप क्या समझते हैं? इसकी प्रमुख अवस्थाओं का विवेचन कीजिए।

11. अचेतन तथा स्वप्न

1. What is unconscious? Why do you believe in the existence of unconscious?
2. Discuss the nature and contents of unconscious.
3. How does Freud explain his theory of Libido? Do other psycho-analysts agree with him?
4. Discuss the wish-fulfilment theory of dreams. How can you say that dream is the guardian of sleep?
5. Dream is not merely a wish-fulfilment but attempted wish fulfilment. Explain the significance of this statement.
6. "What underlies a given dream is certainly much more than finds a place in any interpretation." Discuss this statement fully.
7. Write short notes on the following—
   (a) Dream-Censor. (b) Dream-Contents. (c) Dream-Work.
   (d) Dream-Symbols. (e) Libido. (f) Collective unconscious.

1. अचेतन क्या है? आप अचेतन के अस्तित्व में क्यों विश्वास करते हैं?
2. अचेतन के स्वरूप तथा विषयों का विवेचन कीजिए।
3. फ्रायड अपने 'लिबिडो' सिद्धान्त की व्याख्या किस प्रकार करता है? क्या अन्य मनोविश्लेषक उससे सहमत हैं?
4. स्वप्नों की 'इच्छा-पूर्ति' सिद्धान्त का विवेचन कीजिए। आप कैसे कह सकते हैं कि स्वप्न नींद का अभिभावक है?
5. स्वप्न मात्र इच्छा-पूर्ति नहीं है, बल्कि सचेष्ट इच्छा-पूर्ति है। इस कथन के महत्त्व की व्याख्या कीजिए।
6. "किसी भी स्वप्न-व्याख्या में जितनी बातें आ पाती हैं, निश्चय ही उससे बहुत अधिक बातें स्वप्न में निहित रहती हैं।" इस कथन का पूर्ण रूप से विवेचन करें।
7. निम्नांकित पर संक्षेप में टिप्पणी लिखें–
   (क) स्वप्न-प्रतिबन्धक।
   (ख) स्वप्न-विषय।
   (ग) स्वप्न-क्रिया।
   (घ) स्वप्न-प्रतीक।
   (ङ.) लिबिडो।
   (च) सामूहिक अचेतन।

12. अनुप्रेरणा

1. "A motive is a tendency to activity initiated by a drive and concluded by an adjustment." Discuss
2. Distinguish accurately between Need, Drive and Incentive, giving suitable examples.
3. What do you mean by motivation? Explain the role of unconscious motivation in individual's activities.
4. Distinguish between Personal and Social motives and analyse development of social motives in man.
5. What is meant by motive? Give a full description of the physiological background of motivated behaviour.
6. Distinguish between interest and attitude and explain the development of attitude.
7. Write notes on the following—

   (a) Level of aspiration. (b) Force of habit. (c) Interests and attitudes. (d) Life-goal.

1. "प्रेरक-वृत्ति क्रिया की ऐसी प्रवृत्ति है जो प्रणोदन द्वारा उत्पन्न होती तथा समायोजन द्वारा समाप्त हो जाती है।" विवेचन कीजिए।
2. उपयुक्त उदाहरण देते हुए आवश्यकता, प्रणोदन तथा उद्दीपन में स्पष्ट भेद कीजिए।
3. अनुप्रेरणा से आप क्या समझते हैं? व्यक्ति की क्रियाओं में अचेतन अनुप्रेरणा की भूमिका की व्याख्या कीजिए।
4. व्यक्तिगत तथा सामाजिक प्रेरक वृत्तियों के बीच अन्तर कीजिए तथा मनुष्य में सामाजिक प्रेरक वृत्तियों के विकास का विश्लेषण कीजिए।
5. प्रेरक वृत्ति का क्या तात्पर्य है? अनुप्रेरित व्यवहार की शारीरिक पृष्ठभूमि का पूर्ण विवरण प्रस्तुत कीजिए।
6. अभिरुचि तथा मनोवृत्ति में अन्तर बतलाइए तथा मनोवृत्ति के विकास की व्याख्या कीजिए।
7. निम्नांकित पर टिप्पणी लिखें–

   (क) आकांक्षा का स्तर।

   (ख) अभ्यास की विवशता।

   (ग) अभिरुचियाँ एवं मनोवृत्तियाँ।

   (घ) जीवन-लक्ष्य।

13. प्रेरक वृत्तियों का संघर्ष

1. How does conflict of motives arise? How can an individual solve such a conflict?
2. Describe the mental processes involved in deciding to carry out the order of your father than to marry the lady of your choice.
3. Explain the important mechanisms that are employed in resolving a conflict.

1. प्रेरक वृत्तियों का संघर्ष कैसे उत्पन्न होता है? व्यक्ति किस प्रकार ऐसे संघर्ष का समाधान कर सकता है?
2. मनपसन्द महिला से शादी करने की बजाय अपने पिता की आज्ञा का पालन करने के निर्णय में निहित मानसिक प्रक्रियाओं का वर्णन कीजिए।
3. संघर्ष-समाधान के लिए काम में लाई जाने वाली प्रमुख पद्धतियों की व्याख्या कीजिए।

14. क्रिया

1. What is meant by reflex aciton? Point out its chief characteristics.
2. How can you distinguish a reflex action from an instinctive action? Explain the main characteristics of instinct.
3. What is instinct? What is the difference between instinctive action and voluntary action.
4. What do you mean by voluntary action? Explain the mechanism of deliberation and decision involved in it.
5. Analyse with the help of examples, the processes which comprise voluntary action.

1. प्रतिक्षेप क्रिया का क्या तात्पर्य है? इसकी प्रमुख विशेषताओं का उल्लेख कीजिए।
2. प्रतिक्षेप क्रिया को मूल प्रवृत्त्यात्मक क्रिया से आप किस प्रकार अलग करेंगे? मूल प्रवृत्ति की प्रमुख विशेषताओं की व्याख्या कीजिए।
3. मूल प्रवृत्ति क्या है? मूल प्रवृत्त्यात्मक क्रिया तथा ऐच्छिक क्रिया में क्या अन्तर है?
4. ऐच्छिक क्रिया से आप क्या समझते हैं? इसमें निहित तर्क-वितर्क तथा निर्णय की पद्धतियों की व्याख्या कीजिए।
5. उदाहरणों के सहारे ऐच्छिक क्रिया में निहित प्रक्रियाओं का विश्लेषण कीजिए।

15. भाव

1. What is feeling ? How can you distinguish feeling from sensation?
2. What are the main characteristics of feeling? How does it differ from an emotion?
3. Describe the nature of feeling. Is feelling an attribute of sensation?
4. State and explain the Tri-dimensional theory of feeling.
5. Can you think of any possibility of mixed feeling? Give reasons for your answer.

1. भाव क्या है? भाव को आप संवेदना से कैसे अलग करेंगे?
2. भाव की प्रमुख विशेषताएँ क्या हैं? यह संवेग से किस प्रकार भिन्न है?
3. भाव के स्वरूप का वर्णन कीजिए। क्या भाव संवेदना का गुण है?
4. भाव के त्रिदिशात्मक सिद्धान्त को प्रस्तुत कर उसका मूल्यांकन कीजिए।
5. क्या आप मिश्रित भाव की कोई सम्भावना मानते हैं? अपने उत्तर के लिए कारण दीजिए।

16. संवेग

1. What is meant by emotion? Show its relation to instinct.
2. How are fear and anger caused and expressed? How fear can be eliminated?
3. State and examine the James-Lange theory of emotion.
4. Describe the main bodily chages involved in emotion.
5. What do you mean by the facial expression of emotion? Indicate some of the important facial expressions of emotion.
6. "We feel sorry because we cry, angry because we strike, afraid because we tremble." Examine the validity of this statement.

1. संवेग का क्या तात्पर्य है? मूल प्रवृत्ति के साथ इसका सम्बन्ध दिखलाइए।
2. भय एवं क्रोध किस प्रकार उत्पन्न तथा अभिव्यक्त होते हैं? भय को किस प्रकार दूर किया जा सकता है?
3. संवेग के जेम्स-लाँजे सिद्धान्त का उल्लेख कर उसका मूल्यांकन कीजिए।
4. संवेग में निहित प्रमुख शारीरिक परिवर्तनों का वर्णन कीजिए।
5. संवेग के मुखाकृतिक अभिव्यंजन से आप क्या समझते हैं? संवेग के कुछ महत्त्वपूर्ण मुखाकृतिक अभिव्यंजनों का उल्लेख कीजिए।
6. "हम रोते हैं, इसलिए दुःख का अनुभव होता है; आक्रमण करते हैं, इसलिए क्रोध का अनुभव होता है तथा हम काँपते हैं, इसलिए भय का अनुभव करते हैं।" इस कथन की सत्यता की परीक्षा कीजिए।

17. बुद्धि

1. Discuss the nature of intelligence and explain the concept of mental age.
2. Give a critical exposition of the different psychological tests for measuring intelligence.
3. Explain fully the Binet-Simon test of intelligence and indicate the role of Terman in perfecting the test.
4. Give a comparative estimate of the verbal and performance tests of intelligence.
5. "A perfect performance battery would be a better measure of 'g' than a perfect verbal battery." Discuss.
6. Make out a clear distinction between the individual and the group tests of intelligence and discuss their merits and demerits.
7. What do you mean by I.Q.? Do you consider it to be constant? Give reasons for your answer.
8. How might the fact that different abilities correlate more highly in children than in adults be reasonably explained?
9. How far theTwo-Factor theory of Spearman explains the nature of intelligence?
10. The Wechsler-Bellevue test is one of the most inportant tools of measurement of intelligence. Do you agree?
11. How is I.Q. determined? Point out the uses of I.Q. determinatiton.
12. "General intelligence is the funciton of the personality as a whole and is determined by emotion and conative factors." Discuss.

1. बुद्धि के स्वरूप का विवेचन कीजिए तथा मानसिक आयु की धारणा की व्याख्या कीजिए।
2. बुद्धि मापने के विभिन्न मनोवैज्ञानिक परीक्षणों का आलोचनात्मक विवरण प्रस्तुत कीजिए।
3. बुद्धि के बीने-साइमन परीक्षण की पूर्णरूप से व्याख्या कीजिए तथा यह बतलाइए कि इस परीक्षण को पूर्ण बनाने में टर्मन का क्या हाथ है?
4. बुद्धि के वाचिक तथा क्रियात्मक परीक्षणों की तुलनात्मक समीक्षा प्रस्तुत कीजिए।
5. "पूर्ण वाचिक परीक्षण पुंज की अपेक्षा पूर्ण क्रियात्मक परीक्षण पुंज सामान्य तत्त्व ('जी') की अच्छी माप है।" विवेचन कीजिए।
6. वैयक्तिक तथा सामूहिक बुद्धि-परीक्षणों के बीच स्पष्ट अन्तर कीजिए तथा उनके गुण-दोषों का विवेचन कीजिए।

7. बुद्धि-लब्धि से आप क्या समझते हैं? क्या आप इसे स्थिर मानते हैं? अपने उत्तर के लिए कारण दीजिए।
8. किस प्रकार इस तथ्य की तार्किक व्याख्या की जा सकती है कि वयस्कों की अपेक्षा बच्चों में विभिन्न योग्यताओं के बीच अधिक सहसम्बन्ध पाया जाता है?
9. स्पीयरमैनं का द्वि-तत्त्व सिद्धान्त कहाँ तक बुद्धि के स्वरूप की व्याख्या कर पाता है?
10. वेस्लर-बेल्लव्यू परीक्षण बुद्धि-माप के सर्वाधिक महत्त्वपूर्ण उपकरणों में से एक है। क्या आप इससे सहमत हैं?
11. बुद्धि-लब्धि कैसे निर्धारित की जाती है? बुद्धि-लब्धि निर्धारण की उपयोगिताओं का उल्लेख करें।
12. सामान्य बुद्धि सम्पूर्ण व्यक्तित्व की एक क्रिया है तथा वह संवेगों एवं इच्छात्मक तत्त्वों द्वारा निर्धारित होती है। विवेचन कीजिए।

18. व्यक्तित्व

1. What is meant by the term 'Personality'? Give a short account of the factors on which personality depends.
2. Discuss the social and biological factors in the formation of personality.
3. What do you mean by the trait of personality? Discuss giving suitable examples, the important traits of personality.
4. Describe the different types of personality. Is it correct to classify personality into different types?
5. What is personality? How can it be measured?
6. What is meant by the projective technique? Explain the utility of the Thematic apperception test and the Rorschach's ink-blot test.

1. 'व्यक्तित्व' शब्द का क्या तात्पर्य है? उन तत्त्वों का संक्षिप्त विवरण प्रस्तुत कीजिए जिन पर व्यक्तित्व निर्भर करता है।
2. व्यक्तित्व-निर्माण के सामाजिक तथा जैविक तत्त्वों का विवेचन कीजिए।
3. व्यक्तित्व की विशेषता से आप क्या समझते हैं? उपयुक्त उदाहरण देते हुए व्यक्तित्व की प्रमुख विशेषताओं का विवेचन कीजिए।
4. व्यक्तित्व के विभिन्न प्रकारों का वर्णन कीजिए। क्या व्यक्तित्व को विभिन्न प्रकारों में बाँटना सही है?
5. व्यक्तित्व क्या है? इसे कैसे मापा जा सकता है?
6. आरोपणात्मक विधि का क्या तात्पर्य है? कथा-संस्कार परीक्षण तथा रोर्शा के मसि-चिह्न परीक्षण की उपयोगिता की व्याख्या कीजिए।

सहायक ग्रन्थों की सूची

1. Asher, Tiffin and Knight : Introduction to General Psychology.
2. A.G. Bills : General Experimental Psychology.
3. Alfred Adler : Individual Psychology.
4. Boring, Langfeld and Weld : Psychology.
5. Boring, Langfeld and Weld : Foundations of Psychology.
6. C. H. Sheldon and S. S. Stevens : The Varieties of Temperament.
7. C. J. Warden : Animal Motivation.
8. C. T. Morgan and E. Stellar : Physiological Psychology.
9. C. S. Sherringtion : The Integrative Action of the Nervous System.
10. C. G. Jung : Contributions to Analytical Psychology (translated by H.G. and C. F. Baynes; Harcourt Brace & Co. 1928).
11. C. G. Jung : Psychological Types.
12. C. G. Jung : Collected papers.
13. C. A. Ruckmick : The Psychology of Feeling and Emotion.
14. Charles Darwin : The Expression of Emotion in Man and Animals.
15. D. Wechsler : The Measurement of Adult Intelligence. (Revd. Edn.)
16. E. Bagby : The Psychology of Personality.
17. E. G. Boring : A History of Experimental Psychology.
18. E. G. Boring : Sensation and Perception in the History of Experimental Psychology.
19. E. B. Titchener : Experimental Psychology.
20. E. J. Kempf : The Autonomic Functions and Personality.
21. E. J. Downey : Creative Imagination.
22. E. R. Hilgard : Introduction to Psychology.
23. E. K. Strong : Change of Interests with Age.
24. E. L. Thorndike : The Measurement of Intelligence.
25. E. Kretschmer : Physique and Character.

26. F. C. Bartlett : Remembering.
27. F. Galton : Hereditary Genius.
28. G. Murphy : A Historical Introduction to Modern Psychology.
29. G. W. Allport : Personality—A Psychological Interpretation.
30. G. W. Shaffer and R. S. Lazarus : Fundamental Concepts in Clinical Psychology.
31. G. M. Whipple : Manual of Mental and Physical Tests.
32. Goodenough : The Mathematical Analysis of Non-intellectual Traits.
33. H. E. Garrett : Great Experiments in Psychology.
34. H. Hartshorne and M. May : Studies in the Nature of Character.
35. I. P. Pavlov : Conditioned Reflexes (translated by G. V. Aurep).
36. J. P. Guilford : General Psychology.
37. J. B. Watson : Psychology from the Standpoint of a Behaviourist.
38. J. B. Watson : Behaviourism.
39. J. H. Masserman : Behavior and Neurosis.
40. J. T. Maccurdy : Common Principles of Psychology and Physiology.
41. K. Kaffka : Principles of Gestalt Psychology.
42. L. W. Crafts, T. C. Schneirla, E. E. Robinson. R. M. Gilbert : Recent Experiments in Psychology.
43. L. M. Terman : The Measurement of Intelligence.
44. L. M. Terman and M.A. Merrill : Measuring Intelligence.
45. L. L. Thurston and T. G. Thurston : The Chicago Test of Primary mental abilities; Manual of Instruction.
46. Morton Prince : The Unconscious (2nd Edn.)
47. M. Schoen : Human Nature.
48. N. L. Munn : Psychology.
49. N. L. Munn : Psychological Development.
50. Oakley and Macrae : A Handbook of Vocational Guidance.
51. P. T. Young : Emotion in Man and Animals.
52. P. T. Young : Motivation of Behaviour.
53. R. S. Woodworth : Psychology—A study of mental life.
54. R. S. Woodworth : Experimental Psychology.
55. R. S. Woodworth : Contemporary School of Psychology.
56. R. S. Woodworth : Dynamic Psychology.
57. Rex Knight : Intelligence and intelligence Tests.
58. Shaffer, Gilmer and Schoen : Psychology.
59. Spearman : The Nature of Intelligence.
60. S. Freud : Group Psychology and Analysis of the Ego.

61. S. Freud : The Interpretation of Dreams.
62. S. Freud : Introductory lectures on Psycho-analysis.
63. S. Freud : New Introductory lectures on Psycho-analysis.
64. S. D. Porteus : The Maze test and Mental differences.
65. William McDougall : Physiological Psychology.
66. William McDougall : Introduction to Social Psychology.
67. W. James : Principles of Psychology.
68. W. Wundt : Lectures on Human and animal Psychology—(translated by J. E. Greighton and E. B. Titchener)
69. W. B. Pillsbury : Essentials of Psychology.
70. W. James : Psychology, Briefer Course.
71. W. H. Sheldon, S. S. Stevens and W.B. Tucker : The Varieties of Human Physique.
72. W. B. Cannon : Bodily change in Pain, Hunger, Fear and Rage.
73. W. Kohler : Gestalt Psychology.
74. W. Kohler : The Mentality of Apes.
75. Wendell W. Cruze : Psychology for college students.

शब्द-सूची

A

Abnormal	असामान्य
Abnormal Psychology	असामान्य मनोविज्ञान
Abstract	अमूर्त्त
Abstract experience	अमूर्त्त अनुभव
Abstract intelligence	अमूर्त्त बुद्धि
Abstract thinking	अमूर्त्त चिन्तन
Abstraction	भावकरण, पृथक्करण
Achievement	उपलब्धि
Accurate	यथार्थ, निश्चित
Active	सक्रिय
Active imagination	सक्रिय कल्पना
Activity	क्रिया
Acquired motive	अर्जित प्रेरक वृत्ति
Acquisitiveness	अर्जनात्मकता
Adequate	उपयुक्त, समुचित
Adequate adjustment	समुचित समायोजन
Adequate stimulus	उपयुक्त उत्तेजना, समुचित उत्तेजना
Adjustment	समायोजन
Adjustment centre	व्यवस्था-केन्द्र
Adjustment response	समायोजनात्मक प्रतिक्रिया
Afferent nerves	अन्तर्वाहक स्नायुएँ
After-image	अनुबिम्ब
After-sensation	अनुसंवेदना

Affective	भावात्मक
Age-level	अवस्था-स्तर
All-or-none law	सम्पूर्ण-या-बिल्कुल नहीं का नियम
Alternative	विकल्प
Amount	मात्रा, परिमाण
Afferent neuron	ज्ञानवाही स्नायु-कोष
Axon-hillock	मुख्यतन्तु-पर्वती
Association neuron	साहचर्य-स्नायु-कोष
Absolute refractory period	निरपेक्ष निष्क्रियावस्था
Association area	साहचर्य-क्षेत्र
Association fibres	साहचर्य-स्नायु-तन्तु
Agnosia	प्रज्ञाशून्यता
Auditory agnosia	श्रवण-प्रज्ञाशून्यता
Aphasia	वाक्-शून्यता
Apraxia	चेष्टा-शून्यता
Auditory area	श्रवण-क्षेत्र
Analysis	विश्लेषण
Analytical Psychology	विश्लेषणात्मक मनोविज्ञान
Animal Psychology	पशु-मनोविज्ञान
Anxiety-dream	चिन्ता-स्वप्न
Anvil	निहाई
Aqueous humor	जलद्रव
Army general Classification test or A.G.C.T.	सैन्य सामान्य वर्गीकरण परीक्षण
Arithmetic Word problem	अंकगणित-शब्द-समस्याएँ
Arteries	धमनियाँ
Archetype	संस्कार
Association	साहचर्य
Associationist Psychologist	साहचर्यवादी मनोवैज्ञानिक
As a whole	समग्र रूप में
Ascendance	प्रभुत्व
Attributes	गुण
Attempted wish-fulfilment	सचेष्ट इच्छा-पूर्ति

Auditory centre	श्रवण-केन्द्र
Auditory nerve-centre	श्रवण-स्नायु-केन्द्र
Auditory sensation	श्रवण-संवेदना
Auditory tube	कर्ण-नली
Auditory image	श्रवण-प्रतिमा
Audile	श्रावक
Autonomic Nervous system	स्वतः संचालित स्नायु-मण्डल
Average	औसत
Average result	औसत फल
Axon	मुख्य तन्तु

B

Background	आधार-भूमि
Basic units	आधारभूत तत्त्व
Branches	शाखाएँ
Basal ganglia	मूलभूत स्नायु-पुंज
Behaviour	व्यवहार, आचरण
Behaviourism	व्यवहारवाद
Behavioural level	आचरणात्मक स्तर
Biology	जीव-विज्ञान
Biological theory	जीवशास्त्रीय सिद्धान्त
Birth-order	जन्म-क्रम
Blanks	रिक्त-पत्र
Block counting problems	ब्लॉक-परिगणन-समस्याएँ
Blood-circulation	रक्त-प्रवाह
Blood-pressure	रक्त-चाप
Blind alley	अन्ध-पथ
Body	शरीर
Bodily attitude	शारीरिक मुद्रा, तनमुद्रा
Brain	मस्तिष्क
Breathless attention	श्वास रहित ध्यान

C

Case history	व्यक्ति-इतिहास
Cerebellum	लघु मस्तिष्क
Cerebrum	बृहत् मस्तिष्क
Central nervous system	केन्द्रीय स्नायु-मण्डल
Central nervous adjustment	केन्द्रीय स्नायु-सम्बन्धी समायोजन
Cerebral cortex	बृहन्मस्तिष्कीय वल्क
Cell	कोषाणु
Cell body	जीव-कोष
Cell membrane	कोषावरण
Cytoplasm	कोषद्रव
Central theory	केन्द्रीय सिद्धान्त
Chemistry	रसायन-विज्ञान
Chemical	रासायनिक
Chemical change	रासायनिक परिवर्तन
Child Psychology	बाल-मनोविज्ञान
Child guidance	बाल-निर्देशन
Chronological age or C.A.	वास्तविक आयु
Choice	चुनाव
Choroid	मध्यपटल
Chemical secretion	रासायनिक स्राव
Conductivity	संचरण
Cardiac muscle	हृद्-मांसपेशी
Central fissure	मध्य दरार या माध्यमिक दरार
Commisural fibres	संयोजक तन्तु
Clinics	उपचार-गृह
Conscious	चेतन
Consciousness	चेतना
Conscious experience	चेतन अनुभूति
Conduct	आचरण
Conclusion	निष्कर्ष
Controlled	नियन्त्रित

Controlled conditions	नियन्त्रित अवस्थाएँ
Controlled imagination	नियन्त्रित कल्पना
Constant	स्थिर
Conditioned response	सम्बन्ध-प्रत्यावर्त्तित प्रतिक्रिया
Conditioning	सम्बन्ध-प्रत्यावर्त्तन
Co-ordinated	सुसंगठित
Co-ordinating nerve-centre	संयोजक स्नायु-केन्द्र
Cones	सूचियाँ
Cornea	कनीनिका
Cochlea	कॉक्लिया, कर्णावर्त्त
Collector	संग्रहकर्त्ता
Colour-blindness	रंग-अन्धापन
Colour-mixing	रंग-सम्मिश्रण
Colour-mixing-instrument	रंग-सम्मिश्रण-यन्त्र
Complementary colour	पूरक रंग
Cognitive aspect	प्रज्ञात्मक पहलू
Cutaneous sensation	त्वक्-संवेदना
Cold spots	शीत-बिन्दु
Continuity	अविच्छिन्नता
Comparative Psychology	तुलनात्मक मनोविज्ञान
Concrete experience	मूर्त्त अनुभव
Concrete intelligence	मूर्त्त बुद्धि
Context	प्रसंग
Condensation	संक्षेपण
Constructive intellect	रचनात्मक बुद्धि
Collective unconscious	सामूहिक अचेतन
Collection of facts	तथ्य-संग्रह
Compensatory behaviour	क्षतिपूर्त्यात्मक आचरण
Conflict	संघर्ष
Contraction	संकोचन
Correlation	सह-सम्बन्ध
Constancy	स्थैर्य, स्थिरता
Criminology	अपराध-विज्ञान

Criteria	मान्यताएँ
Creative imagination	रचनात्मक कल्पना

D

Diencephalon	अन्तर-मस्तिष्क
Data	सामग्री
Day-dream	दिवा-स्वप्न
Dark-adaptation	अन्धकार-समायोजन
Demerit	दोष
Dependent variable	आश्रित परिवर्त्य
Dendrite	सिखा-तन्तु
Definiteness	निश्चितता
Descriptive	वर्णनात्मक
Decision	निर्णय
Deliberation	तर्क-वितर्क
Definite recognition	निश्चित पहचान
Delinquent	बाल अपराधी
Delinquency	बाल-अपराध
Depression	खिन्नता
Digit symbol	अंक-प्रतीक
Distracting stimuli	बाधक उत्तेजनाएँ
Division of attention	ध्यान का विभाजन
Distinctiveness	विशिष्टता
Displacement	विस्थापन
Distorted form	विकृत रूप
Dominance	प्रभुत्व, अधिकार
Dominant	अधिकारप्रिय
Dream	स्वप्न
Dream-analysis	स्वप्न-विश्लेषण
Dream-analyst	स्वप्न-विश्लेषक
Dream-work	स्वप्न-क्रिया
Dream-interpretation	स्वप्न-व्याख्या

Dramatization	नाट्यीकरण
Drive	प्रणोदन
Drug addiction	मद-व्यसन
Dull	मन्दबुद्धि
Duct glands	बहिःस्रावी पिण्ड
Ductless glands	अन्तःस्रावी पिण्ड
Duration	सत्ताकाल, अवधि
Dwarf	बौना
Dynamic	गतिशील, गत्यात्मक

E

Ear-drum	कान का ढोल
Educational Psychology	शिक्षा-मनोविज्ञान
Effector	प्रभावक
Efferent nerves	बहिर्वाहक स्नायुएँ
Ego-ideal	अहंभाव
Eidetic image	प्रत्यक्ष प्रतिमा
Element	तत्त्व
Electro-chemical disturbance	वैद्युत-रासायनिक संक्षोभ
Elementary	प्रारम्भिक
Electric shock	विद्युत्-आघात
Emotion	संवेग
Emergency motive	आपात प्रेरक वृत्ति
Emotional instability	संवेगात्मक अस्थिरता
Environment	वातावरण
Environmentalist	वातावरणवादी
Energy-balance	शक्ति-संतुलन
Equipotentiality	समक्षमता
Ethics	आचारशास्त्र
Ether vibration	शब्द-प्रकम्पन
Experiment	प्रयोग
Experimental condition	प्रयोगात्मक अवस्था

Experimental method	प्रयोगात्मक विधि
Experimental Psychology	प्रयोगात्मक मनोविज्ञान
Existentialism	अस्तित्ववाद
Expression	अभिव्यक्ति, अभिव्यंजन
Experimenter	प्रयोगकर्त्ता
Exploration	अन्वेषण
Extensity	व्याप्ति, विस्तार
Exercise	अभ्यास
Explanatory	व्याख्यात्मक
Excitement-quiet	उत्तेजना-शान्ति
Excited state	उत्तेजित अवस्था
Extraversion	बहिर्मुखता

F

Fact	यथार्थता, तथ्य
Factor	तत्त्व
Factor analysis	तत्त्व-विश्लेषण
Factor analysis technique	तत्त्व-विश्लेषण-पद्धति
Factorial approach	तात्त्विक दृष्टिकोण
Favourable	अनुकूल
Favourable reaction	अनुकूल प्रतिक्रिया
False perception	अयथार्थ प्रत्यक्षीकरण
Facial expression	मुखाकृतिक अभिव्यंजन
Family history	वंश-इतिहास
Feeble minded	मन्दबुद्धि
Feeling	भाव
Feeling inferiority	हीनता की भावना
Fibre-tract	तन्तु-विचार
Fluid	तरल
Figure	आकार
Fluctuation of attention	ध्यान की अस्थिरता
Fore-brain	अग्रमस्तिष्क

Frontal lobe	अग्रखण्ड
Functional juncture	क्रियात्मक सन्धि
Forgetting curve	विस्मरण-रेखा
Force of habit	अभ्यास की विवशता
Foresight	दूरदर्शिता
Free association	स्वतन्त्र साहचर्य
Function	क्रिया
Fundamental tone	मूल स्वर
Facilitation	संवर्द्धन

G

General Psychology	सामान्य मनोविज्ञान
General law	सामान्य नियम
General capacity	सामान्य क्षमता
General attribute	सामान्य विशेषता
General factor or 'G' factor	सामान्य तत्त्व
General intellectual level	सामान्य बौद्धिक स्तर
Genius	प्रतिभाशाली
Geometrical optical illusion	रेखागणित-सम्बन्धी दृष्टि-विपर्यय
Generalization	सामान्यीकरण
Gestaltism	जेस्टॉल्टवाद
Giant	विशालकाय
Gland	पिण्ड
Glandular reaction	पिण्ड-प्रतिक्रियाएँ
Glandular secretion	पिण्ड-स्राव
Glandular duct	पिण्ड-नलिका
Global	सार्वभौम
Global concept	सार्वभौम विचार
Goal-directed behaviour	लक्ष्य-निर्देशित व्यवहार
Good figure	उत्तम आकार
Grade levels	वर्ग-स्तर
Gregariousness	सामुदायिकता

Group performance test	सामूहिक क्रियात्मक परीक्षण
Group action	सामूहिक क्रिया
Gradual	क्रमिक
Gustatory image	स्वाद-प्रतिमा
Gray matter	भूरा पदार्थ
Ganglia	स्नायु-पुंज
Gustatory area	स्वाद-क्षेत्र

H

Hind brain	पृष्ठ मस्तिष्क
Habit of behaviour	व्यवहार के अभ्यास
Hair cells	केश-पेशियाँ
Hammer	मुद्गर
Hallucination	विभ्रम
Habitual attention	स्वाभाविक ध्यान
Habit-formation	आदत-निर्माण
Heat-spots	ताप-बिन्दु
Heredity	वंशानुक्रम, वंशपरम्परा
Hereditarian	वंशानुक्रमवादी
Higher centres of brain	मस्तिष्क के ऊँचे केन्द्र
Hunger-drive	भूख-प्रणोदन
Hypothesis	अनुमान

I

Idiot	जड़
Idea	विचार
Identification	तादात्म्य
Illusion	विपर्यय
Illumination	स्फुरण
Immaterial	अभौतिक
Image	बिम्ब, प्रतिमा

Imagination	कल्पना
Impersonal	अवैयक्तिक
Immediate	तात्कालिक, क्षणिक
Imagination image	काल्पनिक प्रतिमा
Imagery	बिम्ब, प्रतिमा
Imbecile	मूढ़
Impulse	आवेश
Individual development	व्यक्ति-विकास
Incentive	उद्दीपन
Instruction	निर्देश
Inferiority complex	हीनता-ग्रन्थि
Irritability	संक्षोभ
Inhibition	अवरोधन, रुकावट
Integrating centre	समन्वयात्मक केन्द्र
Infantile sexuality	शैशविक कामेच्छा
Index	सूचनांक
Intelligence test	बुद्धि-परीक्षण
Intelligence test-score	बुद्धि-परीक्षण-लब्धांक
Intellectual performance	बौद्धिक क्रिया
Individual performance test	वैयक्तिक क्रियात्मक परीक्षण
Intelligence quotient or I. Q.	बुद्धि-लब्धि
I.Q. Constancy	बुद्धि-लब्धि-स्थैर्य
I. Q. Determination	बुद्धि-लब्धि-निर्धारण
Inter-correlations	अन्तर-सहसम्बन्ध
Iindividual difference	व्यक्ति-भिन्नताएँ
Internal experience	आन्तरिक अनुभूति
Introspection	अन्तर्निरीक्षण
Introspective method	अन्तर्निरीक्षणात्मक विधि
Introspective report	अन्तर्निरीक्षणात्मक विवरण
Introspective data	अन्तर्निरीक्षणात्मक सामग्री
Introspectionist	अन्तर्निरीक्षक
Individual action	व्यक्तिगत क्रिया
Instinct	मूल प्रवृत्ति

Instrument	यन्त्र
Independent variable	स्वतन्त्र परिवर्त्य
Industrial psychology	औद्योगिक मनोविज्ञान
Innate	जन्मजात
Innate motive	जन्मजात प्रेरक वृत्ति
Interest	अभिरुचि
Instinct of escape	पलायन-वृत्ति
Instinct of combat	आक्रमण-वृत्ति
Involuntary	अनैच्छिक
Involuntary action	अनैच्छिक क्रिया, अनात्मप्रेरित क्रिया
Involuntary attention	अनैच्छिक ध्यान
Inadequate	अनुपयुक्त
Intensity	तीव्रता
Inner ear	अन्तःकर्ण
Intention	लक्ष्य
Insight	अन्तर्दृष्टि, सूझ
Insight theory	अन्तर्दृष्टि का सिद्धान्त, सूझ का सिद्धान्त
Insightful learning	अन्तर्दृष्ट्यात्मक सीखना
Interval	अवकाश
Indefinite recognition	अनिश्चित पहचान
Internal speech	आन्तरिक संभाषण
Incubation	गर्भीकरण
Instinct of laughter	हास्य-वृत्ति
Instinct of food-seeking	भोजनान्वेषण-वृत्ति
Instinctive	मूल प्रवृत्यात्मक
Instinctual wishes	मूल प्रवृत्यात्मक इच्छाएँ
Inborn	जन्मजात
Integration	समन्वय
Intelligence	बुद्धि
Introverted nature	अन्तर्मुखी स्वभाव
Introversion	अन्तर्मुखता
Ink-blot test	मसि-चिह्न-परीक्षण

Interaction	परस्पर-क्रिया
Iris	उपतारा

J

Job analysis	कार्य-विश्लेषण
Joints	सन्धि-स्थल

K

Kidney	गुर्दा
Kinesthetic sensation	गति-संवेदना

L

Laboratory	प्रयोगशाला
Laws of association	साहचर्य-नियम
Law of exercise	अभ्यास-नियम
Law of effect	प्रभाव-नियम
Lateral fissure	पार्श्व दरार
Law of contiguity	समीपता का नियम
Law of similarity	समानता का नियम
Law of contrast	विरोध का नियम
Law of recency	आसन्नता का नियम
Law of frequency	बारम्बारता का नियम
Law of vividness	स्पष्टता का नियम
Law of primacy	प्राथमिकता का नियम
Lapse of time	काल-व्यवधान
Learning	सीखना
Level of aspiration	आकांक्षा का स्तर
Level of achievement	उपलब्धि-स्तर
Life-energy	जीवन-शक्ति
Life-goal	जीवन-लक्ष्य

Living cell	जीवित कोष
Liver	यकृत
Light waves	प्रकाश-तरंगें
Light adaptation	प्रकाश-समायोजन
Liquid substance	तरल पदार्थ
Logical	तार्किक, तर्कयुक्त
Localization	स्थान-निरूपण
Local sign	स्थानीय चिह्न
Loudness	घनत्व
Low normal	निम्न सामान्य

M

Manual of direction	निर्देशन-पुस्तिका
Maturation	परिपक्वता
Maze	भूलभुलैया
Manual dexterity	हस्त-कौशल
Manifest content	व्यक्त विषय
Massed method	अविराम विधि
Matter-of-fact	वस्तुवादी
Mental balance	मानसिक संतुलन
Melody	राग
Mesencephalon	मध्य मस्तिष्क
Metencephalon	अनुमस्तिष्क
Myclencephalon	सुषुम्नाशीर्ष
Mid brain	मध्यमस्तिष्क
Motor area	गतिवाही क्षेत्र
Motor learning	गतिवाही सीखना
Meaningful sensation	सार्थक संवेदना
Memory-trace	स्मृति-चिह्न
Memory-image	स्मृति-प्रतिमा
Mental capacity	मानसिक क्षमता
Mental deficiency	मानसिक न्यूनता

Mental energy	मानसिक शक्ति
Mental organization	मानसिक संगठन
Mental age or M.A.	मानसिक आयु
Mental level	मानसिक स्तर
Mental review	मानसिक पर्यवेक्षण
Memory training	स्मृति-शिक्षण
Mental alertness	मानसिक सतर्कता
Mechanical action	यान्त्रिक क्रिया
Mental disposition	मानसिक स्थिति, मानस-वृत्ति
Mental shock	मानसिक संक्षोभ
Method	विधि
Measurement	माप
Mental ability	मानसिक योग्यता
Mechanical puzzle	यान्त्रिक उलझन, यान्त्रिक प्रहेलिका
Mechanism	यन्त्ररचना, कार्य-पद्धति
Mental activity	मानसिक क्रिया
Merit	गुण
Mechanical aptitude	यान्त्रिक कौशल
Mechanical ability	यान्त्रिक योग्यता
Mechanical aspect	यान्त्रिक पहलू
Memory span	स्मृति-विस्तार
Mental testing movement	मानसिक परीक्षण-आन्दोलन
Mental set	मानस-वृत्ति
Medulla oblongata	सुषुम्नाशीर्ष
Middle ear	मध्यकर्ण
Mixed feeling	मिश्रित भाव
Mind	मन
Motion and inertia	गति एवं निश्चलता
Motor neuron	गतिवाही स्नायुकोष
Motive	प्रेरक वृत्ति
Motivation	अनुप्रेरणा
Motivating	अनुप्रेरणात्मक
Motivational process	अनुप्रेरणात्मक प्रक्रिया

Motivated behaviour	अनुप्रेरित व्यवहार
Moral	नैतिक
Monotony	एकरसता
Motor nerve	गतिवाही स्नायु
Motor organs	कर्मेन्द्रियाँ
Modification	परिमार्जन
Motor trial and error	गतिवाही प्रयत्न और भूल
Motor theory of thinking	चिन्तन का गतिवाही सिद्धान्त
Motor ability	क्रियात्मक योग्यता
Moron	मूर्ख
Mode of behaviour	व्यवहार-प्रणाली
Muscle	मांसपेशी
Muscular activity	मांसपेशी-सम्बन्धी क्रिया
Muscle tension	मांसपेशियों का तनाव
Musical memory	संगीतात्मक स्मृति
Musical talent	संगीतात्मक मेधा
Multifactor theory	बहुतत्त्व-सिद्धान्त

N

Navy general classification test or N.G.C.T.	नौसेना सामान्य वर्गीकरण-परीक्षण
Nature	स्वरूप
Natural Science	प्राकृतिक विज्ञान
Nausea	वमन
Nasal cavity	नासिका-रन्ध्र
Nerve-cells	स्नायविक जीवाणु
Negative after image	प्रतिरूप अनुबिम्ब
Nerve-fibre	स्नायु-तन्तु
Nerve-impulse	स्नायु-प्रवाह
Need satisfaction	आवश्यकता-सन्तृप्ति
Neuron	स्नायु-कोष
Nerve-centre	स्नायु-केन्द्र

Nervous system	स्नायु-मण्डल
Nerve	स्नायु
Normative Science	आदर्श-निर्धारक विज्ञान
Normal	सामान्य
Norm	प्रतिमान
Non-intellective factors	अबौद्धिक तत्त्व
Nonsense syllables	निरर्थक शब्द-खण्ड
Nucleus	कोष-केन्द्र
Numerical	सांख्यिक

O

Occipital lobe	पृष्ठखण्ड
Objective method	वस्तुनिष्ठ विधि
Objective observation	बाह्य निरीक्षण
Objective observer	बाह्य निरीक्षक
Objection	आपत्ति
Object assembly	वस्तु-संग्रह
Objective conditions	बाह्य अवस्थाएँ
Olfactory sensation	घ्राण-संवेदना
Olfactory image	घ्राण-प्रतिमा
Olfactory bulb	घ्राण-कन्द
Optic nerve	दृष्टि-स्नायु
Organic craving	ऐन्द्रिक लालसाएँ
Organism	प्राणी
Organic sensation	आन्तरिक संवेदना
Organic need	शारीरिक आवश्यकताएँ
Outer ear	बाह्य कर्ण
Overtone	अधिस्वर
Over learning	विशेष रूप से सीखना
Over affection	अति स्नेह

P

Part method	आंशिक रीति
Parasympathetic system	उपसहानुभूतिक मण्डल
Peripheral nervous system	सीमान्त स्नायु-मण्डल
Parietal lobe	मध्यखण्ड
Projection fibre	प्रक्षेपण-तन्तु
Pyramidal cell	शुण्डाकार कोष
Paralysis	गति-शून्यता
Phrenologist	मस्तिष्क-वैज्ञानिक
Property	गुण
Passive	निष्क्रिय
Passive imagination	निष्क्रिय कल्पना
Pain spot	वेदना-बिन्दु
Percept	प्रत्यक्ष
Perception	प्रत्यक्षीकरण
Personal	व्यक्तिगत
Personal motive	व्यक्तिगत प्रेरक वृत्ति
Performance	कार्य, क्रिया
Performance test	क्रियात्मक परीक्षण
Performer	कार्यकर्त्ता
Personality	व्यक्तित्व
Persistence	प्रशक्ति, हठ
Personal unconscious	व्यक्तिगत अचेतन
Physics	भौतिक विज्ञान
Physical process	भौतिक क्रिया
Physiology	शरीर-विज्ञान
Physiological needs	शारीरिक आवश्यकताएँ
Physical strength	शारीरिक बल
Philosophy	दर्शनशास्त्र
Philosophical	दार्शनिक
Physiological Psychology	शारीरिक मनोविज्ञान, दैहिक मनोविज्ञान

Physiologist	शरीर-वैज्ञानिक
Physiological theory	दैहिक सिद्धान्त
Physique	शारीरिक बनावट
Pitch	कोटि
Picture arrangement	चित्र-विधान
Picture completion	चित्र-पूर्ति
Pleasantness	सुखप्रियता
Positive science	समर्थक विज्ञान
Pons	सेतु
Postural adjustment	तनमुद्रात्मक समायोजन
Positive after-image	अनुरूप अनुबिम्ब
Positive relation	विध्यात्मक सम्बन्ध
Post-hypnotic suggestion	सम्मोहनोत्तर संकेत
Porteus maze test	पोर्टियस-भूलभुलैया-परीक्षण
Process	प्रक्रिया
Problem	समस्या
Projective method	आरोपणात्मक विधि
Pressure spot	चाप-बिन्दु
Progressive part method	प्रगतिशील आंशिक रीति
Prohibition	निषेध
Protective	रक्षात्मक
Prejudice	पूर्वधारणा
Prediction	पूर्वकथन
Problem children	समस्या-शिशु
Problem situation	समस्या-परिस्थिति
Primitive intelligence	आदिम बुद्धि
Prudence	चातुरी
Profile of abilities	योग्यताओं का समुच्चय
Propaganda	प्रचार
Psycho-physical	मनोदैहिक
Psycho-analysis	मनोविश्लेषण
Psycho-analyst	मनोविश्लेषक
Psycho-analytic test	मनोविश्लेषणात्मक परीक्षण

Psychic trauma	मानसिक आघात
Psychological law	मनोवैज्ञानिक नियम
Psychological test	मनोवैज्ञानिक परीक्षण
Psychological activity	मनोवैज्ञानिक क्रिया
Psycho-pathology of everyday life	दैनिक मनोविकृति
Purposivism	प्रयोजनवाद
Pugnacity	युयुत्सा
Public opinion	जनमत
Puzzle-box	उलझन-बक्स
Purposive	साभिप्राय
Punishment-dream	दण्ड-स्वप्न
Pupil	पुतली
Pure sensation	विशुद्ध संवेदना

Q

Quality	प्रकार
Questionnaire	प्रश्नावली
Quantiative thinking	संख्यात्मक चिन्तन

R

Racial characteristics	जातीय विशेषताएँ
Rating scale	श्रेणी-मूल्यांकन
Racial rivalry	जातीय विद्वेष
Reflex	प्रतिक्षेप
Reflex action	प्रतिक्षेप-क्रिया
Reaction	प्रतिक्रिया
Response	प्रत्युत्तर
Retrospection	अनुनिरीक्षण
Reliability	विश्वसनीयता
Reflex arc	प्रतिक्षेप धनु

Retina	अक्षिपट
Retinal image	अक्षिपट की प्रतिमा
Receptor	ग्राहक
Receptor cell	ग्राहक कोष
Receptor adjustment	ग्राहकेन्द्रिय-समायोजन
Repetition	आवृत्ति
Recitation	आवृत्तिकरण
Recall	प्रत्याह्वान
Remembering	स्मरण
Retention	धारण
Relearning	पुनःसीखना
Recognizing	पहचानना
Recognition	पहचान
Reasoning	विचार-शक्ति
Rationalization	युक्त्याभास
Regression	अवसर्पण
Relative refractory period	सापेक्ष निष्क्रियावस्था
Restraint	अवरोध
Relative	सापेक्ष
Repression	दमन
Retroactive inhibition	पृष्ठोन्मुख अवरोध
Reproduction	अनुस्मरण, पुनरावृत्ति
Resistance	प्रतिरोध
Resolution	संकल्प
Reflectiveness	चिन्तनशीलता
Reproductive imagination	पुनरावृत्त्यात्मक कल्पना
Rhythm	लय
Rivalry	स्पर्धा
Rods	दण्ड
Rudimentary	प्राथमिकता

S

Salivary gland	लार-पिण्ड

Score	फलांक, लब्धांक
Sclerotic	श्वेत पटल
Scale	मानदण्ड
Sense-organ	ज्ञानेन्द्रिय
Sex-instinct	काम-वृत्ति
Security	सुरक्षा
Secretion	स्राव
Sensory nerve centre	ज्ञानात्मक स्नायु-केन्द्र
Sexual craving	कामातुरता
Selective process	चयनात्मक प्रक्रिया
Sexual desire	यौन-प्रवृत्ति
Sensory stimuli	ऐन्द्रिक उत्तेजनाएँ
Sequence	अनुक्रम
Self-confidence	आत्मविश्वास
Set	तत्परता
Sentiment	स्थायीभाव
Sex-motive	काम-प्रेरक-वृत्ति
Sex-drive	काम-प्रणोदन
Sex-conflict	काम-संघर्ष
Sex-problem	काम-समस्या
Self-regarding sentiment	आत्मसम्मान का स्थायीभाव
Sensitive	भावुक
Self-centred	आत्मकेन्द्रित
Sexual satisfaction	काम-तृप्ति
Sensory impression	ऐन्द्रिक प्रभाव
Secondary elaboration	परवर्त्ती विस्तार
Self-assertion	आत्म-स्थापन
Sensory test	ऐन्द्रिक परीक्षण
Sensory discrimination	ऐन्द्रिक विभेदीकरण
Sensory perception	ऐन्द्रिक प्रत्यक्षीकरण
Sensory performance	ऐन्द्रिक क्रिया
Sensory acuity	ऐन्द्रिक तीक्ष्णता
S R formula	उत्तेजना-प्रतिक्रिया-सूत्र

Shyness	भीरुता, संकोच
Situation test	परिस्थिति-परीक्षण
Simple	सरल, सहज
Soul	आत्मा
Social Psychology	सामाजिक मनोविज्ञान
Social adjustment	सामाजिक समायोजन
Social intelligence	सामाजिक बुद्धि
Social motive	सामाजिक प्रेरक वृत्ति
Sound vibration	ध्वनि-प्रकंपन
Sound proof	ध्वनि-रक्षक
Sociability	सामाजिकता
Solitariness	एकान्तता
Spinal cord	सुषुम्ना, मेरुदण्ड
Speech-centre	वाक्-केन्द्र
Spaced method	विराम-विधि
Specialization	विशेषीकरण
Spatial	स्थानिक
Spatial thinking	स्थानिक चिन्तन
Special skill	विशिष्ट निपुणता
Specific factors or 'S' factors	विशिष्ट तत्त्व
Specific act	विशिष्ट क्रिया
Spelling	वर्ण-विवृत्ति
Stimulus	उत्तेजना
Striped muscle	धारीदार मांसपेशी
Structure	बनावट, रचना
Stirrup	रकाब
Style of life	जीवन-शैली
Statistical	परिगणनात्मक
Statistical analysis technique	परिगणनात्मक विश्लेषण-पद्धति
Stanford-Binet scale	स्टैनफोर्ड-बीने-मानदण्ड
State of attention	ध्यानावस्था
Stirred-up stage	उत्तेजित अवस्था
Subject	प्रयोज्य

Subjective	आत्मनिष्ठ, आत्मगत
Sudden	आकस्मिक
Subjective evaluation	आत्मनिष्ठ मूल्यांकन
Submissive	अधीनताप्रिय
Submission	आधिन्य, अधीनता
Subjective conditions	आन्तरिक अवस्थाएँ
Suppressed	कुंठित
Super-ego	श्रेष्ठ अहंभाव
Superior or Bright	श्रेष्ठ या तीव्र
Superiority complex	श्रेष्ठता-ग्रन्थि
Sustained attention	स्थिर ध्यान
Substitute	स्थानापन्न
Sweat-gland	स्वेद-पिण्ड
Sex-development	काम-विकास
Symbol	प्रतीक
Symbolic form	प्रतीकात्मक रूप
Synapse	सन्धि-स्थल
Sympathetic system	सहानुभूतिक मण्डल
Somatic nervous system	दैहिक स्नायु-मण्डल
Spatial summation	स्थानिक योग
Somesthetic area	त्वक्पेशी सम्वेदन-क्षेत्र
Somesthetic agnosia	त्वक्पेशी सम्वेदन-प्रज्ञाशून्यता
Sublimation	उन्नयन
Sensory area	ज्ञानवाही क्षेत्र
Sympathetic nerve	सहानुभूतिक स्नायु
Symbolization	प्रतीकीकरण
Synthetic theory	संश्लेषणात्मक सिद्धान्त
Sensory neuron	गतिवाही स्नायु-कोष

T

Taste sensation	स्वाद-संवेदना
Taste buds	स्वाद-कलिकाएँ

Tactual sensation	स्पर्श-संवेदना
Tactual image	स्पर्श-प्रतिमा
Talent	मेधा
Temperature	तापक्रम
Temperament	धातुस्वभाव
Tension	तनाव
Tendon	पुट्ठा
Tension-Relief	विक्षोभ-विराम
Test	परीक्षण
Test-item	परीक्षण-विषय
Test result	परीक्षण-फल
Tester	परीक्षक
Testing situation	परीक्षण-परिस्थिति
Testing technique	परीक्षण-पद्धति
Thematic apperception test	कथा-संस्कार-परीक्षण
Theory of evolution	विकासवाद का सिद्धान्त
Thinking	चिन्तन
Thought-process	चिन्तन-क्रिया
Theory of conditioning	सम्बन्ध-प्रत्यावर्त्तन का सिद्धान्त
Timbre	नाद-गुण
Time relation	काल-सम्बन्ध
Tone	लयात्मक ध्वनि
Transparent	पारदर्शी
Transformer	परिवर्तनकर्त्ता
Trial	प्रयत्न
Trial and error	प्रयत्न और भूल
Telencephalon	मस्तिष्क-खण्ड
Temporal summation	सामयिक योग
Temporal lobe	शंख-खण्ड
Tri-dimensional theory of feeling	भाव का त्रिदिशात्मक सिद्धान्त
Trait	गुण, विशेषता
Traumatic neurosis	आघातिक मनोदौर्बल्य
Two-factor theory	द्वितत्त्व-सिद्धान्त

U

Unique	अपूर्व
Universal	सार्वजनिक
Unpleasantness	असुख, अप्रियता
Unexpected emotional situation	अप्रत्याशित संवेगात्मक परिस्थिति
Uncontrolled imagination	अनियन्त्रित कल्पना
Unconscious	अचेतन
Unconscious attitude	अचेतन मनोवृत्ति
Unconscious motivation	अचेतन अनुप्रेरणा

V

Validity	सत्यता
Variation	परिवर्तन
Verification	सत्यापन
Verbal comprehension	वाचिक समझ
Verbal ability	वाचिक योग्यता
Verbal items	वाचिक विषय
Verbal relations	वाचिक सम्बन्ध
Verbal individual intelligence test	वाचिक वैयक्तिक बुद्धि-परीक्षण
Verbal group intelligence test	वाचिक सामूहिक बुद्धि-परीक्षण
Very superior or very Bright	अति श्रेष्ठ या अति तीव्र
Vital functions	प्राण-सम्बन्धी क्रियाएँ
Visual centre	दृष्टि-केन्द्र
Visual agnosia	दृष्टि प्रज्ञाशून्यता
Visual area	दृष्टि-क्षेत्र
Verbal learning	वाचिक सीखना
Visual sensation	दृष्टि-संवेदना
Vividness	स्पष्टता
Vitreous humor	काचद्रव
Visual light waves	दृश्य प्रकाश-तरंगें
Visual field	दृष्टि-क्षेत्र
Visual image	दृष्टि-प्रतिमा

Visile	चाक्षुषी
Viscera	अन्तरावयव
Visceral change	अन्तरावयव-परिवर्तन
Voluntary	ऐच्छिक
Voluntary action	ऐच्छिक या आत्मप्रेरित क्रिया
Voluntary attention	ऐच्छिक ध्यान
Vocal expression	स्वराभिव्यंजन
Volume of sound	ध्वनि-विस्तार
Vocabulary problems	शब्दकोश-समस्याएँ
Vocational guidance	व्यवसाय-निर्देशन

W

White matter	श्वेत पदार्थ
Walls of blood-vessels	रक्त-नलिकाओं की दीवारें
Wechsler-Bellevue test	वेस्लर-बेल्लव्यू-परीक्षण
Wish-fulfilment	इच्छा-पूर्ति
Whole method	पूर्ण रीति
Whole unit	पूर्ण इकाई
Word fluency	वाक्-पटुता
Will to power	शक्ति की कामना

नामानुक्रमणिका